성경의 원리(上)

흔볽 변찬린 지음

한국신학연구소

성경의 원리(上)

저자 / 흔붉 변찬린

초판발행 / 1979년 8월 30일
재판발행 / 1988년 6월 10일
삼판발행 / 1992년 12월 25일
개정판발행 / 2019년 4월 19일

펴낸이 / 김성일
펴낸곳 / 한국신학연구소

등록 / 1973년 6월 28일 제 300-2002-10호
주소 / 서울시 서대문구 경기대로 55 선교교육원 내
전화 / 02)738-3265 팩스 / 02)738-0167
E-mail / ktsi@chollian.net, amigo386@daum.net
홈페이지 / http://ktsi.or.kr

값 28,000원

ISBN 978-89-487-0332-0 94230(세트바코드)
978-89-487-0331-3 94230(상권)

* 이 도서의 국립중앙도서관 출판예정도서목록(CIP)는 서지정보유통지원시스템 홈페이지(http://seoji.nl.go.kr)와 국가자료종합목록시스템(http://www.nl.go.kr/kolisnet)에서 이용하실 수 있습니다.(CIP제어번호 : CIP2019014100)

성경의 원리(上)

한붉 변찬린 지음

읽어두기

1. 『성경의 원리』 4부작의 초판은 대한성서공회에서 발간한 『성경전서 개역한글판』(1961)의 성구를 인용하였으나, 개정판은 대한성서공회의 『성경전서 개역개정』(1998)을 인용하였다. 그러나 『공동번역 성서』(1977)의 성구는 초판을 준용하였다.
2. 저자의 성경해석과 관련된 부분은 초판 내용을 그대로 보존한다.
3. 독자의 가독성을 높이고, 『성경의 원리』 4부작의 편집 일관성을 유지하기 위하여 원저를 훼손하지 않는 범위 내에서 몇 가지 보완을 하였다.
   1) 원문의 한자는 가능하면 한글로 바꿔었다. 그러나 한글로만 했을 경우 의미가 명확하지 않은 부분은 한자를 같이 적어두었다. 특히, 문맥에 따라 문장 이해에 혼동을 줄 수 있는 단어는 한글과 한자를 여러 번 반복하여 적어 의미전달을 명확히 하였다.
   2) 오탈자를 포함한 명백한 오기와 신명, 인명, 지명, 방언, 외래어 등이 혼용된 경우에는 특별한 사례를 제외하고는 한글 맞춤법에 준하여 바로잡았다.
   3) 초판의 원문에는 책과 장, 절의 구분을 특별히 하지 않았으나, 개정판에는 책은 『 』와 장과 절은 「 」로 구분하여 표시하였다.
4. 저자의 독창적인 개념과 용어를 포함하여 최근 자주 사용하지 않는 용어는 간단한 설명과 풀이를 한 [개념과 용어해설]을 책 뒤에 첨부하여 독자의 이해를 도모하였다.

발간사

한국신학연구소는 1973년 발족한 이래 세계 신학의 성과를 한국에 알리기 위해 『국제성서주석』, 『신학사상』을 비롯한 500여종의 단행본을 출판하여 한국의 입장에서 재조명함은 물론 한국의 민중신학(Minjung Theology)을 세계적 신학으로 발돋음하는데 신학적 이론의 토대를 제공하는 등 한국 신학 발전에 크게 기여하여 왔습니다.

한국에 기독교가 들어온 지 200여년이 지나면서 놀랄만한 교세성장을 이루었지만, 현 한국 교회는 총체적인 난국에 봉착되어 있는 것이 아닌지 우려스러운 상황입니다. 즉, 목회현장의 윤리적 타락, 자본신앙과 기복신앙에 치우친 설교, 교단과 교파의 난립 등은 한국 사회를 추동하던 긍정적인 모습을 상실한 위기의 한국 교회를 상징하는 단면이기도 합니다. 이는 '한국 신학은 무엇인가?', '한국 교회는 무엇을 하여야 하는가' 또는 '한국 목회현장에 무엇을 바라는가'라는 근본적인 질문과 직결되는 긴급한 사안이기도 합니다. 반면 지구촌의 유일한 냉전 구도의 이데올로기가 대척점에 있는 분단한국이라는 국제 정치적 환경, 유교와 불교, 도교 등 아시아 종교전통이 축적적으로 다원화된 역사적 종교문화전통, 그리고 과학기술의 발전에 따른 기존 가치체계의 붕괴에 따른 불확실성의 확산 등은 한국 교회가 어떻게 대처하는 가에 따라 세계 교회와 인류사회에 기여할 수 있는 절호의 기회이기도 합니다. 한국 교회의 새로운 길의 단초는 새로운 성서해석으로부터 비롯될 것입니다. 다원화된 사회와 다원적인 종교 환경은 성서라는 텍스트가 시대의 변천에 따라 끊임없이 새롭게 해석되어 당대인과 소통되고 실천되어야 합니다. 이런 관점에서 한국의 종교신학적 지평과 목회환경은 새로운 성서해석을 통해 한국 교계와 세계 교회와 인류사회에 기여할 수 있는 최적의 환경에 놓여 있습니다.

이런 문제에 공감의식을 가지고 변찬린은 새로운 성경해석을 통해 한국 신학의 독창성과 세계 신학의 흐름에 발맞추어 보편성을 추구하며 하나의 해답을 제시하고 있습니다. 즉, 성경을 조직신학적으로 정립한 『성경의 원리(상)』(1979), 구약의 사건을 통시적으로 해석한 『성경의 원리(중)』(1980), 신약사건을 인물과 사건으로 해석한 『성경의 원리(하)』(1982), 그리고 요한 계시록의 장과 절을 해석한 유작인 『요한 계시록 신해』(1986) 등이 있습니다. 이 책들은 "성경을 성경으로 풀이한다"는 해석학적 대원칙으로 유·불·도 등 아시아 종교와의 해후, 그리고 현대 학문을 다학제적으로 융합한 성경해석의 새 지평을 선보이고 있습니다. 이를 통해 새 시대, 새 종교, 초 인류 등 인류문명에 대한 새로운 통찰과 보편화를 시도하고 있습니다. 이로 인해 『성경의 원리』 4부작은 발간 후부터 목회현장에서 설교자료로 이용되어 일부 대형교회의 폭발적인 교세를 형성한 성서교재로 이용되기도 하였고, "한국 교회의 제 3의 물결"을 이끄는 성서교재라는 호평도 있었습니다. 더불어 성경의 진리를 알고자 하는 많은 신도와 목회자를 포함한 목회현장의 재 발간 요구가 있어 왔습니다.

이런 상황에서 최근에 종교학자 이호재 박사가 20여 년에 걸친 추적조사를 통해 베일에 가려있던 변찬린의 생애와 사상, 그리고 그의 성경해석을 '혼붉성경해석학'이란 해석체계로 명명하며 『혼붉 변찬린(한국종교사상사)』(2017)에서 복원했습니다. 또한 『포스트종교운동』(2018)에서는 '피안신앙'과 '건물성전' 등에 치우친 한국 교회의 타락상을 고발하며 올바른 교회상을 제시하며, 기독교를 넘어서 참다운 종교개혁운동을 표방하여 전개한 변찬린의 '새 교회' 운동을 역사적인 사례로서 조명하고 있습니다. 이렇게 재조명된 변찬린의 성경해석체계와 종교운동은 학계의 관심을 촉발시켰습니다. 김상일(전 한신대 교수)은 2017년 12월 18일 《교수신문》에 "한국의 선맥과 기독교의 부활사상을 상호 교차적이며, 융합적으로 이해한 것은 변찬린이 세계종교계에서 최초라고 평가된다. 어느 누구도 변찬린과 같이 "성경은 선맥이다"라는 논지를 초지일관 주장하지 못했다"고 말하여, 이어서 "변찬린은 한국적 화합에 의해 기독교를 통해 '선맥'을 다시 찾으려 했다, 『성경의 원리』 상권은 신선사상인 도맥론과 불교의 윤회론을 언급하고 있다. 이 말은 변찬린이 선맥을 불교나 도가 사상과 화합시켰음을 의미한다"고 평가하고 있습니다. 원로 신학자인 서창원(전 감신대 교수)은 2018년 3월 『기독교 사상』에서 "경전해석의 새로운 패러다임을 시도한 변찬린의 'ᄒᆞᆫᄇᆞᆰ성경해석학'이란 제명으로 "동방종교 심성에 근거한 변찬린의 'ᄒᆞᆫᄇᆞᆰ성경해석학'과 독자반응 비평이 새롭게 주목받아 독창적 해석학으로 자리잡기를 기대한다"라고 하며 한국 신학이 한국의 종교적 심성과 성경의 영성적 지평이 융합되기를 바랜다는 염원을 드러내기도 합니다. 또한 한국종교문화연구소 이사 윤승용은 《뉴스레터》(504호, 2018.1.10.)에서 "ᄒᆞᆫᄇᆞᆰ 변찬린, 새 축(軸)의 시대 '한국적 기독교'해석 틀을 만들다"라는 제명의 글에서 변찬린의 성경해석학과 ᄒᆞᆫᄇᆞᆰ사상은 "문화신학자들이 가졌던 기독교와 한국문화의 진정한 화해, 주체적 성경해석 그룹이 초종교적 자리에서 추구한 기독교의 주체적 수용, 영통 계시파들이 바라는 선(仙)을 바탕으로 한 성경해석적인 통일한국론"을 모두 아우르며 "우리의 삶의 현장을 고려한 주체적 신학담론을 형성하고 있다는 점에서 그리고 미래 인류의 생명과 문명을 고려한 생명신학이라는 점에서 우리의 삶의 현장 신학이고, 새로운 축의 시대를 대비하는 인류 미래신학으로 손색이 없다"고 논평하는 등 한국 신학계와 종교계에서 다양한 관심을 보이고 있습니다.

이에 한국신학연구소는 한국적 상황에서 한국 신학의 주체적인 독자성을 추구하며, 세계 신학의 큰 흐름에서 성경해석의 새로운 지평을 열었다고 평가받는『성경의 원리』4부작을 재 발간하여 한국 신학의 한 성과물로서 한국 교계와 세계 교회에 소개합니다. 이를 통하여 한국 기독교계의 큰 염원인 서구 신학으로부터 탈피하여 한국에서 내놓은 세계적인 성경해석의 틀로써 새 축 시대의 신학담론을 주도하는 계기가 되기를 바랍니다. 아울러 이 책이 한국 교회와 목회현장에 혁신과 변화를 주도하여 다가오는 통일한국과 인류문명에 새 길을 밝히는 큰 빛이 되기를 바랍니다.

끝으로 이 책을 재 발간하는데 도움을 주신 유족 등 여러 분에게 감사의 말씀을 드립니다.

2019년 3월

한국신학연구소

머리말

옛날 빛나고 위대했던 혼들은 그 시대의 고뇌를 안고 바른 해답을 얻기 위하여 산으로 퇴수(退修)했다. 조로아스타도 붓다도 모세도 산과 광야로 퇴수하여 깊은 명상과 피나는 구도를 통해 신령한 불을 받고 하산했다.

산에서 점화한 이들 정신들의 불꽃으로 말미암아 미개와 야만의 황무지에서 방황하던 인류의 심성은 높이 도약하고 가시와 엉겅퀴와 잡초가 무성하던 세계심전(世界心田)은 옥토로 개간되기 시작했다.

미망(迷妄)과 무명(無明)의 심연에 던져져 돌과 나무의 정령(精靈)들을 숭배하던 애니미즘과 맹수의 탈을 쓰고 부족간의 혈투를 일삼던 토테미즘과 원시의 동굴 속에서 무병(巫病)을 앓으면서 강령(降靈)에 떨던 샤마니즘의 낡은 하늘은 균열(龜裂)되고 그 틈 사이로 고등종교의 새 하늘이 개천되기 시작했다. 범천(梵天)과 도솔천과 여호와의 하늘이 열린 것이다.

밝은 정오의 의식아래 진리의 태양이 찬란하게 빛나던 성인들의 하늘도 현대에 이르러 변색되고 그 영력(靈力)은 사라져 갔다.

회색 버섯구름이 감도는 하늘에서는 방사성 낙진이 섞인 죽음의 비가 내리고 조직과 기계의 부속품으로 전락한 비인간(非人間)들이 단절된 유리의 밀실에 갇혀 깊은 우수와 불안과 절망을 안고 허무의 한기(寒氣)에 떨면서 쾌락의 독주(毒酒)를 마시고 있다.

계시(啓示) 없는 하늘에서는 온갖 사령(邪靈)과 붉은 잡신(雜神)들이 병든 현대인의 내면에 은밀히 잠입하여 우상을 진신(眞神)으로 착각시키는 작업을 치밀하게 자행하고 있다.

그리하여 종교와 심령과학을 혼동하는 미신(迷信)이 풍미하고 계시와 영통(靈通)을 동일시하는 광신(狂信)이 난무하며 성령강림과 무령강림(巫靈降臨)을 분별 못하는 맹신(盲信)이 심령부흥회 속에서 독버섯처럼 돋아나고 있다.

곳곳에서 삯군 목자와 거짓 선지자들이 일어나고 적그리스도들이 나타나 종교적인 유언비어를 퍼뜨리면서 위기의식을 조성하고 기한부 말세를 예언하여 혹세무민(惑世誣民)하고 있지 않은가. 모든 산업공해, 농약공해와 더불어 종교공해야말로 심령을 시들게 하는 아편이요 양심을 마비시키는 최면(催眠)이며 이성을 병들게 하는 암(癌)이다.

무출구(無出口)의 현대적인 상황 속에서 이 시대를 뚫어보는 깬 자라면 마땅히 산으로 퇴수해야 한다.

현대의 산은 어디 있는가? 우리가 올라야 할 산은 히말라야산도 시내산도 계룡산도 아니다. 성경은 상징의 아아(峨峨)한 영산(靈山)이다. 이 산에 입산하여 서양의 지혜에 의해 잘 못 해석된 하나님의 말씀을 바르게 풀어야 한다.

성경의 산은 해골의 깃발이 나부끼는 골고다이다. 사탄 마귀에게 피살된 아담의 촉루(髑髏)로부터 이데올로기의 전쟁 속에서 죽어가고 있는 현대인에 이르기까지 모든 죽은 자들이 원과 한을 안고 누워있는 시산(屍山)이다.

자유와 평화를 명상하면서 깊은 밤 은밀히 귀를 기울여 보아라. 월광(月光)이 괴괴한 에스골 골짜기에서는 악마의 치소(嗤笑)소리가 들려오고 전사한 구도자들의 한맺힌 신음소리가 메아리쳐 오지 않은가. 우리는 이 해골의 산에 올라 저 백골(白骨)의 기(旗)를 내리고 부활의 성기(聖旗)를 게양해야 한다. 그리하여 자유의 성일(聖日)을 개명(開明)하고 평화의 성대(聖代)를 개벽해야 한다.

멜기세덱과 예수의 도맥(道脈)을 이은 산 자들이 호모 사피엔스(Homo Sapiens)의 가지에서 분화(分化)되어 부활한 초인(超人)으로 회귀할 것이다. 잠시 후 비터에서 천둥 번개가 울려 인간을 새 품종(品種)으로 개량할 것이다. 볍씨가 방사선 동위원소에 조사(照射)되어 새 품종으로 탈바꿈하듯 썩어질 육(肉)의 종자(種子)인 우리들도 성령의 불에 조사되어 영생할 영(靈)의 품종으로 변화할 것이다.

예수가 승천하고 사도들이 순교한 후 진리의 정맥(正脈)은 지하깊이 스며들고 역사의 지표(地表)에는 연원(淵源)을 잃은 온갖 교파들이 백강(百江)의 흐름처럼 아집과 독선의 탁류(濁流)를 일으키면서 도도(滔滔)히 흘러

갔다.

생명수의 뿌리를 잃고 온갖 교리로 절단된 삽목(揷木)들이 나라와 민족과 풍토와 습관에 따라 심어지기 시작했다. 성경의 진리가 로마에 이식(移植)되면서 부터 정치적으로 이용되어 곡해되고 헬레니즘과 혼음(混淫)한 후 기독교(가톨릭)라는 옷을 입고 서양화된다.

모든 고등종교는 동양에서 발아(發芽)되어 정과(正果)를 맺었다. 성경도 동양의 심성 속에 계시된 평화의 문서인데 피묻은 서양의 가위로 오리가리 재단(裁斷)되어 사과(邪果)를 맺고 있다. 하나님이 이스라엘 민족에게 참 포도나무가 되길 원했으나 쓸개 포도가 된 것처럼…….

그리하여 성경과 기독교를 동일시하는 착각이 2천 년 동안 지속되면서 오늘에 이르고 있다.

먼저 이 엄청난 미망과 허위와 독단을 타파해야 한다.

변화산에 서서 저 산 밑 현대의 황야(荒野)를 보아라. 아론이 주조(鑄造)한 금송아지 우상을 놓고 자본주의의 시녀가 된 기독교가 먹고 마시고 뛰놀고 있지 않은가. 또 가인의 밀명(密命)을 받은 카알 마르크스의 괴뢰들은 형제를 죽이는 유혈의 참극을 함부로 감행하고 있지 않은가. 자본주의와 공산주의는 쌍두(雙頭)의 괴사(怪蛇)이다. 자본주의는 성경의 진리를 훔친 오른편 강도이고, 기독교의 썩은 자궁에서 세균처럼 자생한 공산주의는 왼편 강도이다.

이 쌍두의 대사(大蛇)를 번개의 칼, 성령의 화염검을 높이 쳐들어 참수(斬首)해야 한다. 이 성업(聖業)이 이 시대의 고뇌를 안은 참 깬 자들의 도적(道的) 과제(課題)이다.

신학에 의해 난도질당한 성경, 그리하여 핵분열처럼 찢어진 무수한 교파들, 시대에 따라 유행하는 갈보의 의상모양 재단되어 나온 교리들, 이 묵은 교리들을 휴지처럼 쓰레기통에 폐기하고 교파의 와실(蝸室)을 부숴 버리고 절대자유한 대인(大人)들이 되어 대식견(大識見)의 날개로 비상하자.

낡은 유대교에서 탈출한 갈릴리의 어부들이 예수의 제자가 되듯 낡은 기독교에서 탈출한 산 자들만이 다시 오시는 어린 양의 신부가 될 것이다.

성경은 어느 특정종교의 전용문서(專用文書)가 아닌 대도(大道)의 문서이다.

현대의 탕자들이여! 이제 남루(襤褸)해진 서양 거지들의 누더기 옷을 훌훌 벗어 던지고 맨몸으로 성경의 자리에 돌아가 하늘 아버지께 참회의 눈물을 흘리자.

새 날 성경 속에 암호화되고 상징화된 진리는 동방(東方)의 지혜에 의해 바르게 대각(大覺)될 것이다.

성경속에 뻗어내린 대도(大道)의 정맥(正脈)은 선맥(僊,仙脈)이었다. 성경은 선(僊)을 은장(隱藏)한 문서이다. 에녹과 멜기세덱과 엘리야와 모세와 예수로 이어지는 도맥은 이 날까지 미개발의 황금광맥이었다.

산 자의 영맥(靈脈)인 선(僊)은 동방의 지혜가 아니면 해독(解讀)할 수 없는 비의(秘義)이다. 『성경의 원리』 상·중·하 3권은 선맥(僊脈)을 따라 난삽(難澁)한 성경의 암호를 해독하였다.

서양신학에 오염되지 않은 무지하고 염담(恬淡)한 마음으로 전인미답(前人未踏)의 비경(秘境)인 성경의 산으로 입산하였다.

번개와 피와 아픔으로 쓴 글임을 고백한다.

『성경의 원리』가 새 종교의 새벽을 예고하는 예루살렘의 홰쳐 우는 닭소리가 되길 바란다.

빛은 동방으로 부터 비칠 것이다.

1979년 부활절

ᄒᆞᆫ붉 산인(散人) 식(識)

차례

〈상권〉 진리편

제4장 부활론

제5장 하나님론

제9장 초림(初臨) 및 재림론(再臨論)

제10장 성모론

제13장 천사론

제14장 하늘론

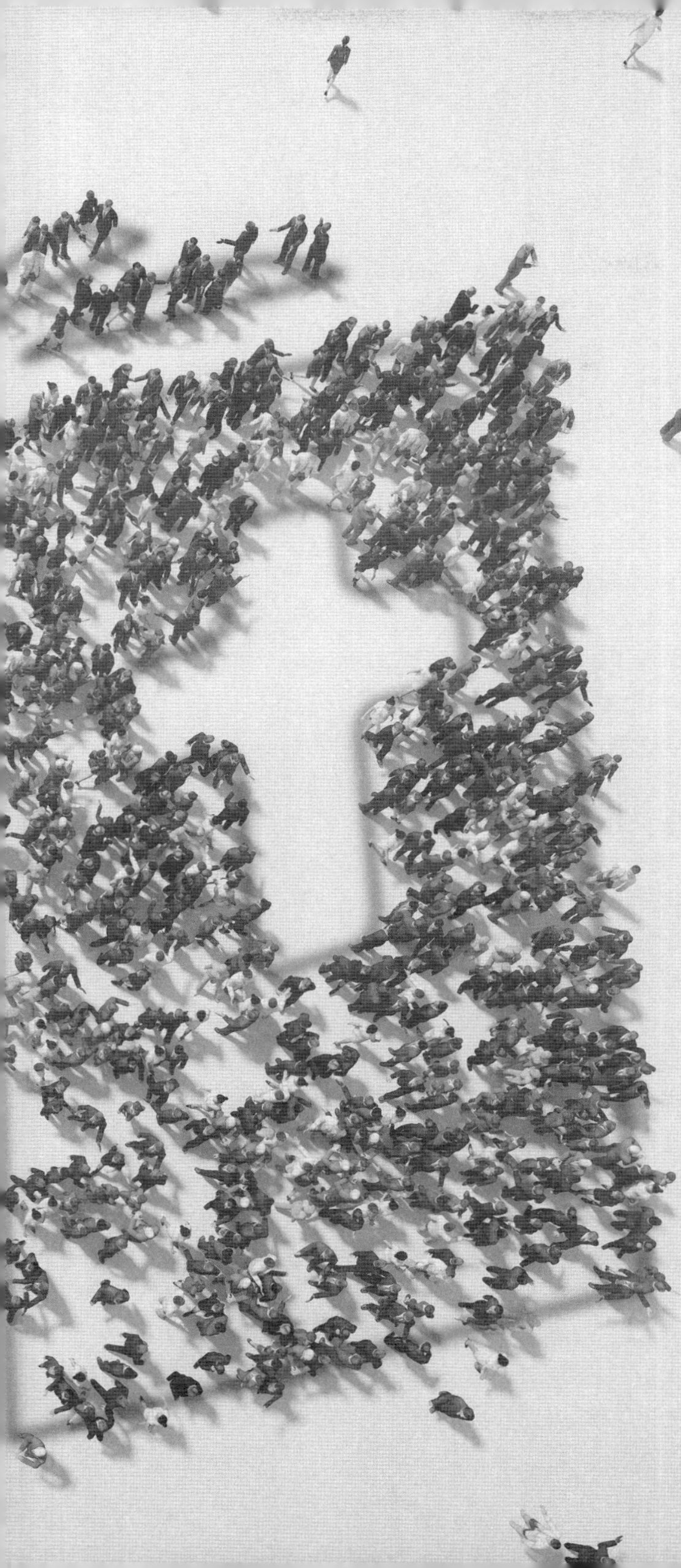

상권

진 리 편

성경론
도맥론
타락론
부활론
하나님론
예수론
성령론
대속론
초림 및 재림론
성모론
장자론
신부론
천사론
하늘론
영혼론
윤회론
예정론
종말론

제1장
성 경 론

제1장 성경론

너희는 여호와의 책에서 찾아 읽어보라 이것들 가운데서 빠진 것이 하나도 없고 제 짝이 없는 것이 없으리니 이는 여호와의 입이 이를 명령하셨고 그의 영이 이것들을 모으셨음이라(사 34:16).

여기 맑고 깨끗한 샘물이 있다. 이 샘물을 소가 마시면 사람에게 이로운 우유를 내지만 뱀이 마시면 사람을 죽이는 독액(毒液)을 낸다. 한 샘물을 마셨는데 왜 이처럼 무서운 차이가 생기는가?

여기 한 덩어리 아편이 있다. 사람이 병들었을 때 현명한 양의(良醫)를 만나 적절한 처방으로 이 아편을 먹으면 선약(仙藥)이 되지만 돌파리 의사를 만나 잘못 이 약을 쓰면 사람을 망치는 마물(魔物)이 된다.

이 얼마나 무서운 차이인가?

성경(聖經)을 정독(正讀)하고 정독(精讀)하여, 정각(正覺)하고 정해(正解)하면 천국에 가는 씨가 되지만 성경을 사독(邪讀)하고, 사독(私讀)하여, 오각(誤覺)하고 곡해(曲解)하면 지옥에 떨어지는 씨가 된다. 다시 말해서 성경을 하나님이 뿌린 씨가 읽으면 생명나무 열매를 따먹고 산 자의 도(道)를 얻지만 마귀가 뿌린 씨가 읽으면 선악나무 열매를 따먹고 거짓 진리를 얻어 혹세무민(惑世誣民)하는 거짓 선지자가 된다. 성경을 성령을 따라난 언약의 씨가 읽으면 심전(心田)을 개발하여 중생의 변화를 일으키지만 혈맥(血脈)을 따라난 육신의 씨가 읽으면 종교적인 사기꾼이 되는 것이다. 이 날까지 성경을 잘못 읽고 또 제 욕심으로 사사롭게 억지로 풀다가 지옥에 떨어진 무리가 얼마나 많았던가.

성령을 받지 못한 자들이 사탄의 영과 밀통(密通)하여 성경을 잘못 읽고 그릇되게 해석하여 양들을 미혹하고 있다. 그들의 특색은 종말론적인 유언비어를 퍼뜨리며 사제교리(私製教理)를 만들어 그 근거를 성경의 몇 구절만 인용하고 있는 것이다.

말세의 징후 중에 가장 먼저 나타나는 현상은 성경을 잘못 해석한 종교 사기꾼인 적그리스도와 거짓 선지자가 도처에서 출현한다는 사실이다. 그러므로 우리는 성령의 감동에 따라 성경을 정독(正讀)하고 정독(精讀)해야 한다. 성경을 바르게 깨닫지 못하면 종교 사기꾼들의 야바위 교리에 속아 아집과 독선으로 굳어져버린 심령이 되어 지옥에 떨어질 것이다.

예수를 믿으면서 성경을 읽지 않는 사람은 비유컨대 학교에 다니는 학생이 책을 읽지 않음과 같다. 공부하지 않는 불량 학생은 악에 유혹될 소질이 있는 것 같이 성경을 읽지 않는 불량하고 부실한 성도들은 적그리스도와 거짓 선지자들의 유언비어에 쉽게 넘어가서 패가망신 할 것이다. 온갖 세상 지식으로 교묘하게 꾸민 목자들의 영력(靈力)없는 설교에 귀 기울이지 말고 성경으로 돌아가 성경을 읽자.

성경의 산에 입산(入山)하여 깊은 기도와 명상 가운데서 성경의 암호를 해독하자.

제1절 어떻게 성경을 읽을 것인가

어떻게 읽는 것이 성경을 바르게 읽고 이해하는 방법인가?

성경을 읽을 때에는 먼저 수건을 벗고 읽어야 한다. 수건을 벗고 읽지 않는 한 성경은 바르게 풀리지 않을 것이다.

> 그러나 그들의 마음이 완고하여 오늘까지도 구약을 읽을 때에 그 수건이 벗겨지지 아니하고 있으니 그 수건은 그리스도 안에서 없어질 것이라 오늘까지 모세의 글을 읽을 때에 수건이 그 마음을 덮었도다 그러나 언제든지 주께로 돌아가면 그 수건이 벗겨지리라 주는 영이시니 주의 영이 계신 곳에는 자유가 있느니라 우리가 다 수건을 벗은 얼굴로 거울을 보는 것 같이 주의 영광을 보매 그와 같은 형상으로 변화하여 영광에서 영광에 이르니 곧 주의 영으로 말미암음이니라(고후 3:14-18).

이 성구는 성경을 읽는 방법에 대하여 대단히 중요한 암시를 우리에게 던져주고 있다. 성경을 바르게 읽자면 두 가지 방법이 있다. 첫째 수건을 벗고 읽어야 하며, 둘째 자유한 자가 되어 성경을 읽어야 한다.

1. 수건을 벗고 성경을 읽어야 한다

수건을 벗고 성경을 읽어야 하는데 수건이란 무엇을 뜻하는가?

수건은 생명의 실상을 보지 못하게 가린 막(幕)을 의미한다. 지성소에 들어가는 길이 휘장(揮帳)으로 가리워져 있으므로 휘장 안에 있는 생명나무 진리에 대하여 우리는 알 길이 없다. 이 휘장은 예수가 십자가에 달릴 때 찢겨졌으므로 우리는 생명의 지성소에 나아갈 수 있다.

> 성령이 이로써 보이신 것은 첫 장막이 서 있을 동안에는 성소에 들어가는 길이 아직 나타나지 아니한 것이라(히 9:8).
>
> 예수께서 다시 크게 소리 지르시고 영혼이 떠나시니라 이에 성소 휘장이 위로부터 아래까지 찢어져 둘이 되고 땅이 진동하며 바위가 터지고……(마 27:50-51).

아담이 에덴동산에서 쫓겨난 이래 생명나무의 길은 그룹과 화염검으로 막혔다. 인간은 이 막힌 생명나무의 길을 열 수 없었다. 이 막힌 길이 성막양식(聖幕樣式)에 이르러 휘장으로 나타나는 것이다. 다시 말해서 등대와 상과 진설병이 있는 성소, 금향로와 언약궤와 만나를 담은 항아리, 아론의 싹난 지팡이와 언약의 비석들이 있는 지성소는 생명나무 곧 예수의 몸과 마음을 상징함인데 이것들이 휘장 안에 가리워져 있었으므로 나아갈 길이 없었다. 마치 생명나무의 길이 그룹과 화염검으로 막혀 나아갈 길이 없는 것과 같다. 그런데 예수가 십자가에 달림으로서 이 막힌 휘장은 찢겼다. 곧 생명나무의 길을 막았던 화염검도 열리고 불의 성령은 오순절 때 임하여 생명나무의 길, 지성소에 나가는 길이 열리게 된다. 하나님과 인간 사이를 가로막은 휘장이 곧 수건인 것이다. 이 수건을 보다 자세히 설명하자.

> 모세가 그 증거의 두 판을 모세의 손에 들고 시내 산에서 내려오니 그 산

> 에서 내려올 때에 모세는 자기가 여호와와 말하였음으로 말미암아 얼굴 피부에 광채가 나나 깨닫지 못하였더라 아론과 온 이스라엘 자손이 모세를 볼 때에 모세의 얼굴 피부에 광채가 남을 보고 그에게 가까이 하기를 두려워하더니…… 그들에게 말하기를 마치고 수건으로 자기 얼굴을 가렸더라…… 이스라엘 자손이 모세의 얼굴의 광채를 보므로 모세가 여호와께 말하러 들어가기까지 다시 수건으로 자기 얼굴을 가렸더라(출 34:29-35).

모세가 시내산에서 십계의 석판을 가지고 하산했을 때 그 얼굴에 광채가 나므로 이스라엘 백성이 쳐다보기를 두려워했다. 그러므로 모세는 자기 얼굴을 수건으로 가리고 아론과 이스라엘 백성과 대면했다. 이 사실은 무엇을 말하고 있는가?

얼굴에 광채가 나는 것은 영원한 생명의 도(道), 곧 변화의 도를 터득했음을 의미한다. 예수도 변화산에서 그 얼굴에 광채가 났다. 이 때 엘리야와 모세도 빛나는 발광체로 나타났다.

인간은 본래 타락하지 않았다면 죽지 않고 변화되어 발광체(發光體)가 되었을 것이다. 인간이 발광체가 됨은 진리의 태양을 옷 입었기 때문이다. 그런데 타락하여 달 같은 암체(暗體)가 되었다. 암체는 곧 죽은 자요 발광체는 곧 산 자를 의미한다. 모세는 하나님과 대면하여 발광체가 되었다. 이는 그가 부활의 도를 체득하였음을 암시한다. 그런데 아론과 이스라엘 백성은 모세의 얼굴을 보기를 두려워하고 기피하였다. 이는 그들이 산 자의 도, 변화의 도를 깨닫지 못한 죽은 자들이었기 때문이다. 그러므로 모세는 얼굴의 광채를 가리기 위하여 수건을 쓴다. 이 수건은 산 자의 도, 무궁한 생명의 도를 가리는 휘장이 되므로 죽은 자들은 빛나는 얼굴을 볼 수 없게 된다. 이 말을 바꾸어 말하면 이스라엘 민족이 그 얼굴에 수건이 가리게 되어 빛나는 생명의 도를 보지 못하게 됨을 의미하게 된다. 죽은 자들은 그 얼굴에 수건이 가리게 되니 생명의 실상을 어떻게 볼 수 있겠는가? 이는 수건이 가리웠으므로 진리도 깨달을 수 없게 됨을 나타낸다. 수건은 죽은 자의 얼굴을 가리는 율법과 계명인 것이다. 다음 성구를 보고 깊이 깨닫자.

> 이 말씀을 하시고 큰 소리로 나사로야 나오라 부르시니 죽은 자가 수족을 베로 동인 채로 나오는데 〈그 얼굴은 수건에 싸였더라〉 예수께서 이르시되 풀어 놓아 다니게 하라 하시니라(요 11:43-44).

이 성구는 예수가 나사로를 부활시키는 장면이다. 나사로의 수족은 베로 동여매졌고 그 얼굴은 수건으로 가리어 있었다. 예수는 수건을 벗기고 수족을 묶은 끈을 풀게 하여 자유케 하라 선언한다.

아담 이후 모든 인간들은 죽은 자들이다. 인간의 수족은 율법과 계명의 끈으로 동여매어 노예가 된 상태이고 그들의 얼굴에는 수건으로 가려져 진리의 빛을 볼 수 없는 산 송장들이었다. 구약의 율법과 계명은 인간을 정죄(定罪)하여 죽음에 옭아매는 끈이었다. 구약의 인간은 그 손발을 율법과 계명의 끈이 동여맨 자유 없는 죽은 존재들이었다.

> 전에 율법을 깨닫지 못했을 때에는 내가 살았더니 계명이 이르매 죄는 살아나고 나는 죽었도다 생명에 이르게 할 그 계명이 내게 대하여 도리어 사망에 이르게 하는 것이 되었도다(롬 7:9-10).

율법과 계명에 의해 죽은 자들이므로 그 얼굴을 수건으로 가리지 않을 수 없었다. 우리는 영적으로 보면 다 나사로와 같은 무덤 속에 장사된 썩고 있는 존재들이다.

모세가 전해준 생명의 길은 광채 나는 얼굴 곧 변화의 도, 부활의 비의(秘儀)였는데 그 광채는 눈이 부셔 보지 못하고 그가 전해주는 돌비에 쓴 계명 곧 죽게 하는 율법을 그들은 받아들였던 것이다.

이 얼마나 기막힌 도비(道秘)인가?

돌에 새긴 십계보다는 빛나는 얼굴의 비의를 깨달아야 했는데 금송아지 우상으로 타락한 이스라엘 백성은 수건으로 얼굴을 가리어 빛나는 모세의 얼굴을 기피하고 십계와 율법의 노예가 된다. 구약을 대할 때 바리새인들이 수건을 쓰고 읽었으니 예수에 대한 구약의 예언이 바르게 해독될 리 있겠는가?

예수는 하나님의 영광의 광채인데 모세의 얼굴도 쳐다보지 못하고 수건을 쓴 이스라엘의 바리새인들이 어찌 예수의 진리를 인식할 수 있겠는가? 그러므로 성경을 읽을 때는 죽은 자의 얼굴을 가리운 수건을 벗어야 한다. 나사로가 부활했을 때 그 얼굴에서 수건이 벗어지고 손발에서 노끈이 풀리듯 우리들도 죽은 자의 수건을 벗고 율법과 계명의 노끈에서 해방된 자리에서 성경을 읽어야 한다.

다시 말해서 부활한 자, 곧 산 자가 되어 성경을 읽어야 한다는 뜻이다. 우리는 이 날까지 죽은 자의 무덤 속에서 성경을 읽었으니 그 성경이 바르게 해독될 이치가 없다. 수건으로 가리고 어찌 빛나는 얼굴, 변화의 도, 산 자의 맥락을 깨달을 수 있겠는가?

율법과 계명의 올가미, 죄와 죽음의 수건을 벗어버리고 성경을 읽어야 한다. 수건을 벗자. 그리고 성경을 읽자.

2. 자유한 자리에서 성경을 읽어야 한다

예수는 우리를 자유케 하였다. 계명과 율법의 질고에서 자유케 하였고 죄와 사망의 권세에서 우리를 자유케 하였다. 그러므로 자유한 자리에서 성경을 읽어야만 바르게 풀리는 법이다.

자유한 존재란 언약을 따라난 자들이며 무덤에서 부활한 산 자를 의미한다. 예수는 하나님의 영광의 광채였다. 성경은 예수를 증거하기 위한 계약문서이다. 그러므로 수건을 벗고 그 영광의 광채를 보며 우리들도 영광에 이르는 존재로 변화 받아야 한다.

> 주는 영이시니 주의 영이 계신 곳에는 자유가 있느니라(고후 3:17).
>
> 그리스도께서 우리를 자유롭게 하려고 자유를 주셨으니 그러므로 굳건하게 서서 다시는 종의 멍에를 메지 말라(갈 5:1).
>
> 진리를 알지니 진리가 너희를 자유롭게 하리라(요 8:32).

구약시대는 종의 영이 사역했으므로 그들은 율법과 계율의 노예가 되어 죄와 죽음의 자리에서 하나님을 아버지라 부를 수 없었다.

> 너희는 다시 무서워하는 종의 영을 받지 아니하고 양자의 영을 받았으므

로 우리가 아빠 아버지라고 부르짖느니라(롬 8:15)

율법과 계율에서 자유한 자, 죄와 무덤에서 해방 받은 자들은 아버지의 아들로서 절대 자유한 자들이다.

율법주의, 형식주의, 계율주의의 수건을 가리고 성경을 읽는 한 성경은 바르게 해독되지 않는다. 그러므로 절망과 죄책과 공포와 우수와 불안의 자리에서 성경을 읽으면 잘못 풀릴 것이다.

성경은 자유한 자만이 읽을 자격이 있는 문서이다. 한 샘물을 소가 마시면 우유를 내고 뱀이 마시면 독을 내듯 자유한 자가 성경을 읽으면 빛나는 예수와 해후하지만 종된 자가 읽으면 율법과 계율의 노예가 되고 불안과 절망과 공포와 죄의식 속에서 병든 실존으로 전락할 것이다.

자유한 자는 그 영이 건강한 자이다. 생명의 실상이 절대 자유인데 자유한 자 아니고 어찌 생명나무의 열매를 따먹을 수 있겠는가? 예수의 십자가도 우리에게 자유를 주기 위함이었다. 그런데 아직까지 우리는 구약의 수건을 쓰고 성경을 읽고 있으니 어찌 산 자의 도를 깨달을 수 있겠는가? 하나님은 죽은 자의 하나님이 아니고 산 자의 하나님이시다.

산 자란 절대 자유한 존재이며 성령을 따라 거듭난 언약의 씨들이다. 진리가 우리를 자유케 하므로 진리의 영은 곧 성령이다.

> 증언하는 이는 성령이시니 성령은 진리니라(요일 5:6).
>
> 내가 아버지께 구하겠으니 그가 또 다른 보혜사를 너희에게 주사 영원토록 너희와 함께 있게 하리니 〈그는 진리의 영〉이라(요 14:16-17).
>
> 내가 아버지께로부터 너희에게 보낼 보혜사 곧 아버지께로부터 나오시는 진리의 성령이 오실 때에 그가 나를 증언하실 것이요(요 15:26).

성령은 진리의 영이므로 성령을 받은 자만이 진리로 자유케 될 것이다. 그러므로 자유한 자는 곧 성령을 따라 진리를 깨달은 자이다. 진리를 모르는 자는 자유자가 아니다. 진리를 모르고 예수 믿는 자들은 스스로 속고 있는 어리석은 종들이다. 수건을 쓰고 예수를 믿는 자들이다. 수건을 벗으면 거울을 보는 것 같이 모세와 예수의 얼굴이 영광 속에 빛났던 그 비의를 환하게 깨달을 수 있을 것이다.

에녹과 멜기세덱과 엘리야와 모세와 예수의 도맥(道脈)과 연결될 것이다. 산 자의 맥락과 연결된 자만이 영광의 존재로 변화 받을 것이다.

> 우리가 다 수건을 벗은 얼굴로 거울을 보는 것 같이 주의 영광을 보매 그와 같은 형상으로 변화하여 영광에서 영광에 이르니 곧 주의 영으로 말미암음이니라(고후 3:18).
>
> 그는 만물을 자기에게 복종하게 하실 수 있는 자의 역사로 우리의 낮은 몸을 자기 영광의 몸의 형체와 같이 변하게 하시리라(빌 3:21).
>
> 우리 생명이신 그리스도께서 나타나실 그 때에 너희도 그와 함께 영광 중에 나타나리라 (골 3:4).

성령을 따라 참 생명의 진리로 자유한 자들은 발광체로 변화받아야 한다. 발광체로 변화받은 자만이 하나님을 만날 수 있다. 죽으면 영혼이 천당가서 하나님을 만난다는 비성경적 피안종교(彼岸宗敎)는 죽은 자들의 종교이다. 구약의 수건, 죽은 자의 수건을 벗자. 그리고 성경을 읽자.

제2절 왜 성경을 읽어야 하는가

아담이 에덴동산에서 추방당한 이래 인간은 하나님과 단절된 상태에 놓여 있었다. 하나님은 각 시대에 따라 선지자를 보내어 하나님의 구원 섭리와 메시아에 대하여 부분적으로 예언케 하였다. 잃어버린 생명나무의 길을 어떻게 찾아가며, 생명과 진리의 실상이 무엇이며, 무엇이 하나님이 기뻐하시는 제사이며, 메시아가 어떤 존재며, 사망과 부활의 참 뜻이 무엇이며, 육체의 씨와 언약의 씨가 무엇인가 하는 수많은 도적(道的) 과제들이 성경 속에 비유와 상징으로 기록되어 있다. 성경은 하나님을 찾아 가는데 북극성과 같고 나침반과 같은 문서이다. 성경을 모르면 나침반이 없는 배가 대양에서 기항지(寄港地)를 찾지 못하고 거친 파도에 밀려 파선당하는 배처럼 그 믿음이 파선당할 것이다(딤전 1:19).

또 심산(深山)과 수해(樹海)에서 방향을 잃었을 때 북극성의 위치를 찾지 못하면 미로(迷路) 속에 헤매다가 조난(遭難)당하여 그 시체는 이리와 늑대의 밥이 될 것이다. 성경을 모르고 하나님을 바르게 찾아간 구도자는 동서고금에 없었고 성경을 읽지 않고 예수의 진리를 깨달은 사람은 아담 이래 한 사람도 없었다. 성경을 읽지 않고 하나님을 믿는 자는 비유컨대 총 없이 전쟁에 나가는 병사와 같고 그물 없이 바다에 가서 고기를 잡는 어리석은 어부와 같다. 성경을 읽고 생명의 도리와 진리를 상고(詳考)하지 않으면 우리는 현대의 황야(荒野)에서 마귀의 밥이 되고 잡신의 괴뢰가 되며 적그리스도의 노예가 될 것이다.

왜 성경을 읽어야 하는가? 그 이유에 대하여 성경을 사경해 보자.

1. 성경에는 영생의 말씀이 있다

> 너희가 성경에서 영생을 얻는 줄 생각하고 성경을 연구하거니와 이 성경이 곧 내게 대하여 증언하는 것이니라 그러나 너희가 영생을 얻기 위하여 내게 오기를 원하지 아니하는도다(요 5:39-40).

성경은 생명나무이신 예수에 대한 증거이다.

생명과를 따먹지 않고는 영생할 길이 없다. 생명과는 예수가 우리에게 계시해 주신 진리의 말씀이다. 이 진리의 말씀이 성경에 기록되어 있으므로 반드시 성경을 읽어야 한다.

유대인들은 성경 속에 영생의 길이 있는 줄 알면서도 영생의 실체이신 예수는 부인하였다. 이런 어리석음을 우리는 되풀이해서는 안 된다.

성경을 읽는 목적이 생명의 실체이신 예수를 바르게 이해함에 있다.

> 오직 이것을 기록함은 너희로 예수께서 하나님의 아들 그리스도이심을 믿게 하려 함이요 또 너희로 믿고 그 이름을 힘입어 생명을 얻게 하려 함이니라(요 20:31).

성경을 읽지 않으면 예수를 알 수 없음이 불을 보듯 확실한 일이 아니겠는가. 거짓 예수와 거짓 선지자들에게 미혹되는 원인도 성경을 모르는 데서 오는 무지(無知) 때문이다. 무지는 죄이다. 앎은 힘이다.

2. 성경에는 구원에 이르는 지혜가 있다

> 또 어려서부터 성경을 알았나니 성경은 능히 너로 하여금 그리스도 예수 안에 있는 믿음으로 말미암아 구원에 이르는 지혜가 있게 하느니라(딤후 3:15).

생명과 영생을 얻으려면 참 지혜의 열매를 따먹어야 한다. 성경 속에는 구원에 이르게 하는 참 지혜의 열매가 있다. 이 열매는 성경을 바르게 읽는 자만이 따먹을 수 있는 생명나무 지혜이다. 그러나 성경을 잘못 읽으면 스스로의 욕심을 따라 사사롭게 풀어 선악나무의 열매 곧 거짓 열매를 따먹을 것이다. 바리새인들은 성경을 잘못 읽고 오해한 자들이다.

> 예수께서 대답하여 이르시되 너희가 성경도, 하나님의 능력도 알지 못하는 고로 오해하였도다(마 22:29).

오늘날도 마찬가지이다. 성경을 읽으면서 성경을 오해하는 자가 허다하다. 이는 성경을 읽으면서 바르게 읽지 못하고 사욕을 가지고 형식적으로 읽기 때문이다. 옛날의 바리새인들과 같이 오늘날의 거짓 목자들도 성경을 잘못 오해하고 있는 자들이다.

3. 성경에는 안위와 소망이 있다.

> 무엇이든지 전에 기록된 바는 우리의 교훈을 위하여 기록된 것이니 우리로 하여금 인내로 또는 성경의 위로로 소망을 가지게 함이니라(롬 15:4).

생명나무 열매를 따먹기까지 우리 앞에는 무수한 고난과 형극의 길이 가로 놓여 있다. 사탄 마귀가 주권을 잡은 이 세상에서 예수 믿고 구원받는 일이란 쉬운 것이 아니다. 우리를 에워싸는 불안, 공포, 절망의 상황 속에서 성경을 읽음으로서 산 소망과 힘이 솟구치게 된다.

성경을 읽지 않고 마귀를 이길 영력을 받은 자 없다.

절망과 패배 속에서도 성경을 읽을 때 비로소 새 힘이 생기고 산 소망의 길이 보일 것이다.

제3절 성경을 상고한 예(例)

「모세 오경」과 「선지서」가 편찬된 이래 하나님을 믿는 성도들은 항상 성경을 상고하였다. 바리새인들은 성경에 능통한 자들이었으나 그들은 아집과 독선으로 목이 곧고 마음이 강퍅했으므로 성경을 바르게 풀지 못하였다. 그들은 죽은 자의 수건을 쓰고 성경을 읽었으므로 예수의 형상을 보지 못하고 도리어 구세주를 살해하기에 이른다.

성경을 바르게 읽고 풀자면 성령을 받아야 가능하다. 성경을 바르게 읽고 바르게 푼 사람은 예수였다. 모든 성경은 예수를 위한 사건과 모형과 예언이었다. 그러므로 예언된 당사자인 예수 자신만이 성경을 바르게 풀 수 있는 것이다. 예수는 타락한 아담의 모양으로 이 땅에 오셔서 피땀 흘린 구도생활을 통해 성경을 정각(正覺)하고 자신이 메시아임을 크게 깨달았던 것이다. 예수 이래 사도들은 성령을 받고 성경을 정해(正解)할 수 있었으며 초대 교회도 성령을 받고 성경에 기록된 예언의 바른 뜻을 이해할 수 있었던 것이다.

1. 예수도 성경을 상고하였다

예수는 항상 성경을 상고하였고 성경에 능통하였다.

그는 메시아가 고난 받아야 함을 성경에 근거해서 제자들에게 해명하였고 부활과 종말과 심판도 성경에 근거하여 증거하였다. 다시 말해서 하나님의 구원 섭리의 뜻이 성경 속에 기록되어 있었으므로 성경을 정확하게 읽어야 만이 예언된 사실의 바른 인식이 가능한 것이다. 사람의 아들이신 예수도 성경을 모르고는 하나님의 뜻을 이룰 수 없으므로 성경을 상고하고 성경에 능통해야 했던 것이다.

> 이에 모세와 모든 선지자의 글로 시작하여 모든 성경에 쓴 바 자기에 관한 것을 자세히 설명하시니라(눅 24:27).
>
> 내가 날마다 너희와 함께 성전에 있으면서 가르쳤으되 너희가 나를 잡지 아니하였도다 그러나 이는 성경을 이루려 함이니라 하시더라(막 14:49)
>
> 선지자 이사야의 글을 드리거늘 책을 펴서 이렇게 기록된 데를 찾으시니…… 이 글이 오늘 너희 귀에 응하였느니라(눅 4:17-21)
>
> 너희가 성경에서 영생을 얻는 줄 생각하고 성경을 연구하거니와 이 성경이 곧 내게 대하여 증언하는 것이니라(요 5:39)

이상의 성구들을 종합 분석해 보면 예수가 얼마나 성경에 능통했는가를 알 수 있다. 뿐만 아니라 예수도 광야에서 마귀에게 3대 시험을 받을 때도 임의대로 말씀하지 않고 성경에 있는 말씀을 인용하여 대답하였던 것이다.

> 사람이 떡으로만 살 것이 아니요 하나님의 입으로부터 나오는 모든 말씀으로 살 것이라(마 4:4, 신 8:3).
>
> 너의 하나님을 시험하지 말라 하였느니라(마 4:7, 신 6:16).
>
> 주 너의 하나님께 경배하고 다만 그를 섬기라 하였느니라(마 4:10, 신 6:13).

예수가 성경의 말씀을 인용하여 마귀를 물리친 사실은 우리에게 무엇을 암시하고 있는가? 우리들도 마귀의 유혹을 받을 때 성경을 알고 있어야만 승리할 수 있음을 의미한다. 성경을 모르면 마귀와 적그리스도의 밥이 될 것이다.

2. 사도들도 성경을 상고하였다

예수의 도맥을 이어받은 사도들도 성경에 능통하였고 설교 때마다 자유자재로 성구를 인용하였다. 사도들은 성경에 근거하여 양들에게 바른 꼴을 먹였다. 오늘날 사견(私見)으로 설교하는 삯꾼 목자들하고는 달랐다.

> 베드로도 성경을 인용하여 설교하였음(행 2:14-40),
> 스데반도 성경을 인용하여 설교하였음(행 7:1-20),
> 아볼로도 성경에 능통함(행 18:24-28),
> 바울도 성경강론으로 그리스도를 증거함(행 28:23-31).

3. 초대교회 성도들도 성경을 상고하였다.

> 베뢰아에 있는 사람들은 데살로니가에 있는 사람들보다 더 너그러워서 간절한 마음으로 말씀을 받고 이것이 그러한가 하여 날마다 성경을 상고하므로 그 중에 믿는 사람이 많고……(행 17:11-12)

베뢰아의 성도들은 복음의 말씀을 함부로 받지 않고 반드시 성경을 상고하는 신중함을 보였다. 왜냐하면 복음 속에는 거짓 복음이 혼합되기 마련인데 거짓 복음은 성경에 없는 말씀인 연고이다.

오늘날 우리들도 베뢰아 성도같이 신중하게 성경을 상고함으로써 참 복음과 거짓 복음을 분별할 줄 알아야 한다. 데살로니가 사람들은 경박해서 참 복음과 거짓 복음을 분별하지 않고 받아들였던 것이다.

성경을 모르면 마귀의 말도 하나님의 말로 착각하여 받아들일 수 있다. 예수와 사도들과 초대교회 성도들은 한결 같이 성경을 정독하고 상고하는 전통을 보여 주었다.

오늘날 우리들은 어떠한가? 10년, 20년, 30년 교회에 출석해도 성경을 다 읽어본 일이 있는가 없는가? 예수는 제자들에게 다음과 같이 말씀했다.

> 예수께서 이르시되 그러므로 천국의 제자된 서기관마다 마치 새것과 옛것을 그 곳간에서 내오는 집주인과 같으니라(마 13:52)

예수의 제자들은 천국의 서기관들이다. 천국의 제자된 자들은 곳간 속에서 새 것과 옛 것을 내어주는 집주인과 같아야 한다. 이 말씀은 무엇을 의미하는가? 새 것과 옛 것은 신약과 구약이다. 집주인들은 객이 먹을 양식(진리)을 요구할 때 새 것과 옛 것을 창고(성경) 속에서 자유자재로 내놓을 줄 알아야 한다. 오늘날 목자들은 어떠한가? 양들이 생선을 달라하는데 뱀을 주고 떡을 달라하면 돌을 주고 있는 형편이 아닌가? 불량 식품이 범람하듯 참 복음이 아닌 종교적 불량식품과 가짜 식품들이 종교계에 범람하고 있다. 양들은 식중독에 걸려 죽어가고 있다. 창고주인은 창고 선반에 무엇이 있는가를 소상하게 알아야 하듯 하나님의 일꾼들도 성경에 능통해야 한다.

제4절 성경을 어떻게 풀 것인가?

성경은 비유와 상징과 암호로 된 문서이다. 타락과 부활, 성령 잉태와 언약의 자식, 예수와 성령, 심판과 종말, 이 모든 문제들이 도비(道秘) 속에서 난해한 상징과 암호로 우리 앞에 제시되어 있다. 그러므로 성경은 풀어야 할 문서이다. 해석을 하지 않으면 성경의 뜻은 풀리지 않는다. 성경을 정해(正解)하지 못하면 하나님의 뜻을 바르게 알 수 없다.

어떻게 해야 성경을 정해할 수 있을 것인가? 성경을 푸는 어떤 방법이 없을까? 성경을 바르게 푸는 방법에 대해서도 성경 속에서 그 해답을 찾지 않으면 안 된다.

〈성경은 성경으로 풀어야 한다〉 이것이 성경을 푸는 가장 정확하고 유일한 방법이다. 하나님은 성경 속에 여러 가지 문제를 제시하고 그 해답도 성경 속에 숨겨놓고 있다. 그러므로 세상 지혜로 성경을 풀지 말아야 하며 성경 밖에서 성경을 풀지 말아야 한다. 그러면 이제부터 성경을 해독하는 몇 가지 방법에 대하여 사경(査經)해 보도록 하자.

1. 성경에는 짝이 있다.

성경에는 짝이 있다. 그러므로 그 짝을 찾아야만 성경이 풀린다.

> 너희는 여호와의 책에서 찾아 읽어보라 이것들 가운데서 빠진 것이 하나도 없고 제 짝이 없는 것이 없으리니 이는 여호와의 입이 이를 명령하셨고 그의 영이 이것들을 모으셨음이라(사 34:16).

미물의 짐승도 다 짝이 있는데 하나님의 말씀이 어찌 짝이 없겠는가. 하나님은 창조의 청사진과 구원의 대 경륜을 각 시대마다 여러 선지자를 통해 부분적으로 말씀하시고 예언케 하였다.

그 어떤 위대한 선지자도 하나님의 계획의 전체를 알 수 없었다. 오랜 세월을 두고 여러 선지자를 보내어 부분적으로 말씀하셨으므로 우리는 선지자들의 말씀하신 부분과 부분의 짝을 맞추어 완성된 그리스도 전체상을 재구성하지 않으면 안 된다.

> 옛적에 선지자들을 통하여 여러 부분과 여러 모양으로 우리 조상들에게 말씀하신 하나님이 이 모든 날 마지막에는 아들을 통하여 우리에게 말씀하셨으니 이 아들을 만유의 상속자로 세우시고 또 그로 말미암아 모든 세계를 지으셨느니라(히 1:1-2).

이 성구가 성경이 어떻게 편집 되었는가를 잘 말해주고 있다.

「모세 오경」과 「선지서」와 「역사서」와 '지혜 문학'과 '시 잠언'들은 그 속에 부분적으로 하나님의 구속의 계획에 대하여 기록하고 있다. 「시편」을 읽고 하나님의 전체 계획을 알 수 없고 「선지서」만 읽고 하나님의 비밀을 알 수 없다. 마찬 가지로 「모세 오경」만 읽고 하나님의 계획을 알 수 없으며 '지혜 문서'만 읽고도 알 수 없다.

모든 문서가 각 시대에 따라 부분적으로 기록되었으므로 우리는 성경 전체를 읽고 그 짝을 맞추어야만 하나님의 구속 계획의 청사진을 완전히 이해할 수 있는 것이다. 「모세 오경」 속에 제기된 어떤 문제의 해답이 「요한복음」 속에 숨겨있고 「마태복음」 속에 제기된 문제의 해답이 「이사야」와 「예레미야」에 있을 수 있고 「다니엘」에 제기된 문제의 해답이 「요한 계시록」에 있을 수 있고 「시편」에 제기된 해답이 「로마서」에 있을 수 있는 것이다. 그러므로 성경은 짝을 바르게 맞추어야만 정해(正解)되는 것이다.

성경은 부분 부분을 보면 절대로 풀리지 않는다. 성경은 전체가 유기적으로 연쇄된 생명체와 같은 문서이므로 전체적으로 보아야만 풀린다.

2. 성경은 가감할 수 없다.

성경을 부분적으로 보면 빠뜨린 것이 많은 것처럼 보이지만 전체를 놓고 조립(組立)해 보면 하나도 빠짐없이 하나님의 구원 섭리의 청사진을 인화(印畫)할 수 있다. 성경 속에는 빠진 것이 하나도 없다. 그러므로 성경을 함부로 가감할 수 없는 것이다.

> 하나님의 말씀은 다 순전하며 하나님은 그를 의지하는 자의 방패시니라 너는 그의 말씀에 더하지 말라 그가 너를 책망하시겠고 너는 거짓말하는 자가 될까 두려우니라(잠 30:5-6),
>
> 내가 너희에게 명령하는 말을 너희는 가감하지 말고 내가 너희에게 내리는 너희 하나님 여호와의 명령을 지키라(신 4:2),
>
> 내가 너희에게 명령하는 이 모든 말을 너희는 지켜 행하고 그것에 가감하지 말지니라(신 12:32),
>
> 내가 이 두루마리의 예언의 말씀을 듣는 모든 사람에게 증언하노니 만일 누구든지 이것들 외에 더하면 하나님이 이 두루마리에 기록된 재앙들을 그에게 더하실 것이요 만일 누구든지 이 두루마리의 예언의 말씀에서 제하여 버리면 하나님이 이 두루마리에 기록된 생명나무와 및 거룩한 성에 참여함을 제하여 버리시리라(계 22:18-19).

이처럼 성경은 절대로 가감할 수 없고 가감해서는 안 된다. 그런데 적그리스도들과 거짓 선지자들은 제멋대로 성경을 가감하고 제멋대로 가위질을 하고 난도질을 하여 무책임한 거짓말을 지껄이고 있다. 그들은 하나님의 말씀을 날조하고 위조하는 종교적 공문서 위조범들이며 하나님의 인감을 위조한 도적(道賊)들인 것이다.

성경을 가감하면 바르게 풀리지 않는다. 온전한 건축물은 그 곳에서 벽돌 한 장을 빼내어도 흠이 생기는 법이다. 신약과 구약은 하나님이 계시한 완전한 청사진이요 건축물이다. 어찌 인간의 지혜로 가감할 수 있겠는가. 어찌 성경을 함부로 가위질 할 수 있겠는가.

3. 성경을 사사롭게 풀지 말라

적그리스도와 거짓 선지자들과 삯군 목자들의 공통점은 그들이 한결같이 성경을 사사롭게 푸는 도인(道人) 아닌 도인(盜人)이란 점이다. 그들은 성경을 난도질 하고 제멋대로 가감하여 성경의 몇 조각만 가지고 그릇되게 해석하고 있다.

성경을 억지로 뜯어 맞추어 교리화되고 주형화(鑄型化)된 이데올로기를 강요하며 무당이 점을 치듯 재림시기를 점치고 있는 것이다. 성경을 사사롭게 풀다가 멸망당한 무지한 자들이 얼마나 많았던가.

> 먼저 알 것은 성경의 모든 예언은 사사로이 풀 것이 아니니 예언은 언제든지 사람의 뜻으로 낸 것이 아니요 오직 성령의 감동하심을 받은 사람들이 하나님께 받아 말한 것임이라(벧후 1:20-21).
>
> 또 그 모든 편지에도 이런 일에 관하여 말하였으되 그 중에 알기 어려운 것이 더러 있으니 무식한 자들과 굳세지 못한 자들이 다른 성경과 같이 그것도 억지로 풀다가 스스로 멸망에 이르느니라(벧후 3:16).

근자에 와서 성경을 '정감록'이나 『토정비결』을 풀 듯 억지로 푸는 기독교 무당들이 많은 사실을 볼 수 있다. 더욱 「예언서」와 「요한 계시록」을 제멋대로 푸는 데는 경악을 금치 못하겠다. 성경의 예언은 '정감록'이 아니며 '도참비결'이 아니다. 성경을 사사롭게 몇 구절만 인용하여 아전인수(我田引水)격으로 나팔불지 말아야 한다.

4. 성경은 성령의 감동으로 풀어야 한다.

성경은 성령의 감동으로 기록된 문서이니 마땅히 성령의 감동으로 풀어야 한다. 성경을 사사롭게 풀이하는 것은 성령이 아닌 다른 영을 받아 풀기 때문이다. 성령이 아닌 다른 영과 야합(野合) 공모(共謀)하여 성경을 풀면 성경을 정감록 식으로 풀어 기독교 무당이 되는 것이다.

성령만이 진리의 영이다. 성령이 아닌 다른 영은 진리의 비밀을 알 수 없다. 성경은 하나님의 진리를 기록한 문서이므로 진리의 영을 받아야만 바르게 풀 수 있는 것이다.

> 오직 하나님이 성령으로 이것을 우리에게 보이셨으니 성령은 모든 것 곧 하나님의 깊은 것까지도 통달하시느니라…… 우리가 세상의 영을 받지 아니하고 오직 하나님으로부터 온 영을 받았으니 이는 우리로 하여금 하나님께서 우리에게 은혜로 주신 것들을 알게 하려 하심이라…… 영적인 일은 영적인 것으로 분별하느니라(고전 2:10-13)
>
> 모든 성경은 하나님의 감동으로 된 것으로……(딤후 3:16),
>
> 우리 주 예수 그리스도의 하나님, 영광의 아버지께서 지혜와 계시의 영을 너희에게 주사 하나님을 알게 하시고……(엡 1:17)
>
> 그가 와서 죄에 대하여, 의에 대하여, 심판에 대하여 세상을 책망하시리라…… 진리의 성령이 오시면 그가 너희를 모든 진리 가운데로 인도하시리니(요 16:8-13).

이처럼 성경은 진리의 영인 성령의 감동으로 풀어야 한다. 성경의 비밀은 성령을 받은 자에게는 소상하게 풀리지만 세상 영을 받은 자들에게는 풀리지 않는다.

성경은 성령을 받은 자에게는 개봉(開封)된 문서이나 다른 영을 받은 자에게는 인봉(印封)된 문서이다.

> 너는 증거의 말씀을 싸매며 율법을 내 제자들 가운데에서 봉함하라(사 8:16).
>
> 대저 여호와께서 깊이 잠들게 하는 영을 너희에게 부어 주사 너희의 눈을 감기셨음이니 그가 선지자들과 너희의 지도자인 선견자들을 덮으셨음이라 그러므로 모든 계시가 너희에게는 봉한 책의 말처럼 되었으니(사 29:10-11)

이 성구가 시사하는 바와 같이 적그리스도와 거짓 선지자들에게는 성경이 굳게 인봉된 문서이다. 어찌 그들이 성경을 바르게 풀 수 있겠는가?

예수 당시 교만한 제사장과 바리새인들도 성경에 능통하다고 뻐기고 우쭐했지만 예수에 의해 성경에 무지한 자들임이 드러났다. 그들은 부활의 문제 하나도 바르게 풀지 못했던 것이다.

> 너희가 성경도, 하나님의 능력도 알지 못하는 고로 오해하였도다(마 22:29).

그들은 성령의 감동없이 성경을 풀이하다가 책망을 받았던 것이다. 바리새인들은 성구를 줄줄 암송한 자들인데 그 뜻은 알지 못하고 광신적으로 읽기만 하였던 것이다. 사도들도 성령을 받기 전에는 십자가와 부활의 의미를 깨닫지 못하였다.

> 그들은 성경에 그가 죽은 자 가운데서 다시 살아나야 하리라 하신 말씀을 아직 알지 못하더라(요 20:9).

그러나 오순절 성령을 받은 다음부터는 십자가의 의미와 부활의 비의를 확실하게 깨닫고 복음 전파에 나섰던 것이다.

제5절 성경은 왜 비유와 상징으로 되어 있는가?

성경은 비유와 상징으로 기록된 일종의 암호문서이다.

왜 하나님은 구원의 계획과 예수 그리스도의 비밀을 계시하면서 그것을 비유와 상징으로 기록시켰을까? 이 문제는 성경을 해명하고 이해하는데 중대한 열쇠가 되므로 깊이 연구해야 한다. 성경을 비유와 상징으로 기록하는 데는 두 가지 숨은 목적이 있기 때문이다.

첫째, 성경이 암호문서로 기록되는 이유는 다른 영들이 하나님의 섭리와 구원의 뜻을 해독하지 못하게 하기 위해서이다.

하나님은 자기의 계획을 암호화 내지 상징화함으로서 그 암호의 참 뜻을 해독할 수 있는 지혜는 〈하나님의 영〉 밖에는 없게 하기 위해서이다. 천지간에 존재하는 수많은 영들과 신들은 성경이 암호화되어 있기 때문에 그것을 풀려고 온갖 지혜를 경주하나 풀 수 없는 것이다.

둘째, 성경을 비유와 상징으로 인봉하므로서 〈하나님의 영〉을 받은 사람만이 성경을 풀게 하기 위해서이다.

다시 말해서 성령을 받은 사람이 아니면 인봉된 성경을 풀 수 없게 하기 위함이다. 즉 적그리스도와 거짓 선지자들도 성경을 풀지만 그들은 하나님의 영을 받지 않고 다른 영의 지혜로 성경을 풀기 때문에 그들의 거짓을 드러내기 위해서 성경은 인봉되었던 것이다.

성경은 〈계시된 문서〉이면서 동시에 〈은폐된 문서〉이다. 하나님의 택한 씨에게는 계시된 열린 문서이나 마귀의 씨에게는 은폐된 닫힌 문서이다. 적그리스도와 거짓 선지자들이 성경을 억지로 풀다가 멸망 받는 이유가 그들에게는 성경이 닫힌 문서이기 때문이다.

하나님의 영이 아닌 다른 영을 받아 성경을 해명하려다가 결국 사사롭게 성경을 풀고 성경을 가감하게 되는 범죄를 하게 된다. 성경이 하나님의 씨에게는 〈열린 문서〉이지만 마귀의 씨에게는 〈닫힌 문서〉인 예증을 보기로 하자.

1. 구약의 예

ㄱ. 요셉의 몽시(夢示)와 꿈을 푸는 지혜

요셉은 꿈꾸는 사람이요 꿈을 푸는 사람이었다. 그가 꿈을 꾸고 형제들에게 미움을 받아 애굽에 팔려가서 총리대신이 된다. 보디발의 아내의 유혹을 물리친 연고로 누명을 쓰고 감방에서 술 맡은 관원과 떡 맡은 관원의 꿈을 해몽한다.

바로 왕이 꿈을 꾸었는데 애굽의 술객들과 박사들은 해몽을 못한다. 바로 왕의 꿈은 보통 꿈이 아니고 하나님이 꾸게 하신 몽시였던 연고로 하나님의 영을 받지 못하면 그 꿈을 해석할 지혜가 없는 것이다. 하나님은 바로에게 꿈을 꾸게 하고 그 해몽의 지혜와 열쇠는 요셉에게 준다. 애굽의 술객과 박사들은 다른 영을 받았으므로 바로의 꿈을 해몽하지 못하지만 하나님의 영의 감동을 받은 요셉은 바로의 꿈을 정확하게 해몽하여 총리대신이 된다.

ㄴ. 다니엘의 환상과 계시를 푸는 지혜

바벨론왕 느부갓네살은 밤에 침상에 누워 장래 일을 생각하다가 큰 우상의 꿈을 꾼다. 그 꿈은 장래의 국가 흥망사를 계시한 하나님이 주신 꿈이었다. 그런데 밤에 꾼 꿈의 내용을 아침에 눈을 뜬 느부갓네살은 다 잊어 먹고 있었다. 그 꿈이 심히 중대한 것은 알고 있으면서 꿈 꾼 내용을 모르게 된다. 그는 바벨론 제국의 박사와 술객을 초청하여 잊어버린 꿈을 복원하라고 억지를 부린다.

설사 꿈의 내용을 소상히 알았다 해도 하나님의 영을 받지 못한 바벨론의 박사와 술객들이 풀 길이 없는데 하물며 잊어버린 꿈을 어떻게 해몽(解夢)할 것인가? 하나님은 장래의 꿈은 느부갓네살 대왕이 꾸게 하고 그 해답의 지혜는 다니엘에게 준다. 다니엘은 느부갓네살 대왕의 잊어버린 꿈을 찾아내고 그 내용을 소상하게 해몽하면서 장래의 국가 흥망사를 열거하며 말세의 사실까지 예언한다.

요셉과 다니엘의 예는 성경을 해명할 방법이 무엇임을 우리에게 암시하고 있다. 성경은 하나님의 대몽(大夢)을 기록한 문서이다. 하나님의 구원의 대계획을 기록한 문서가 성경인데 이 성경을 풀려면 애굽의 술객이나 박사들도 다른 영을 받고는 풀 수가 없는 것이다. 하나님의 영을 받고 생명나무의 지혜를 받은 요셉과 다니엘 같은 선지자가 아니면 성경은 절대 풀리지 않는 〈닫힌 문서〉요 〈인봉된 책〉인 것이다. 「요한 계시록」이 일곱 인으로 봉한 책인데 천상 천하에 아무도 풀 자가 없었다. 오직 하나님의 독생자인 어린 양이 일곱 인을 뗀다. 성경은 예수께서 보내신 보혜사 성령을 받은 자가 아니면 풀리지 않는다.

2. 신약의 예

ㄱ. 예수도 천국을 비유로 말씀하였다.

예수도 천국 복음을 증거할 때 비유와 상징으로 말한 다음 은밀한 자리에서 사도들에게는 그 비유를 다시 해석해 주었다. 여기에서 우리는 복음의 특수한 성격을 알게 된다.

복음은 일반적인 자리에서는 비유와 상징으로 말씀되나 특수한 자리에서만 그것이 소수의 사도들에게 해명이 된다는 사실이다. 왜 그런가? 일반적인 자리에는 거짓 선지자와 적그리스도격인 바리새인과 사두개인과 제사장과 교법사들이 예수의 복음을 훔치기 위해 민중 틈에 숨어있기 때문이다. 그러므로 저들에게는 하늘나라의 소식을 은폐시킬 필요가 있다. 만약 은폐시키지 않고 공개하면 저들 적그리스도와 거짓 선지자들은 복음을 훔쳐가기 때문이다.

> 제자들이 예수께 나아와 이르되 어찌하여 그들에게 비유로 말씀하시나이까 대답하여 이르시되 천국의 비밀을 아는 것이 너희에게는 허락되었으나 그들에게는 아니되었나니 무릇 있는 자는 받아 넉넉하게 되되 없는 자는 그 있는 것도 빼앗기리라(마 13:10-12).

이 성구는 왜 성경이 비유로 되었는가를 암시하고 있다. 천국의 복음은 하나님의 씨에게 허락된 소식이지 마귀의 씨에게는 허락되지 않았다. 마귀의 씨에게 허락되었다 하더라도 그들은 그 복음을 받아들이지 않았다. 이것에 대하여 이사야는 이렇게 예언하고 있다.

> 이사야의 예언이 그들에게 이루어졌으니 일렀으되 너희가 듣기는 들어도 깨닫지 못할 것이요 보기는 보아도 알지 못하리라 이 백성들의 마음이 완악하여져서 그 귀는 듣기에 둔하고 눈은 감았으니 이는 눈으로 보고 귀로 듣고 마음으로 깨달아 돌이켜 내게 고침을 받을까 두려워함이라(마 13:14-15).

이 성구를 보아도 하나님이 인간을 버린 것이 아니라 인간 자신이 하나님을 버리고 또한 하나님의 고침도 거부하므로 성경은 그들에게는 〈닫힌 문서〉가 되고 만다. 성경이란 구원 얻을 자에게는 하나님의 지혜이지만 멸망 받을 자에게는 어리석은 문서인 것이다.

> 십자가의 도가 멸망하는 자들에게는 미련한 것이요 구원을 받는 우리에게는 하나님의 능력이라(고전 1:18)

성령의 지혜가 아니면 십자가의 도가 무엇인지 알 길이 없는 것이다. 세상의 지혜는 다른 영들의 지혜인 까닭에 적그리스도와 거짓 선지자들은 세상 지혜는 밝은 것이다. 다음 성구를 보면 예수가 비유로 말씀하신 의도가 더 한층 명확하게 이해될 것이다.

> 하나님 나라의 비밀을 너희에게는 주었으나 외인에게는 모든 것을 비유로 하나니(막 4:11),
>
> 예수께서 이러한 많은 비유로 그들이 알아 들을 수 있는 대로 말씀을 가르치시되 비유가 아니면 말씀하지 아니하시고 다만 혼자 계실 때에 그 제자들에게 모든 것을 해석하시더라(막 4:33-34)
>
> 예수께서 이 모든 것을 무리에게 비유로 말씀하시고 비유가 아니면 아무것도 말씀하지 아니하셨으니 이는 선지자를 통하여 말씀하신 바 내가 입을 열어 비유로 말하고 창세부터 감추인 것들을 드러내리라 함을 이루려 하심이라(마 13:34-35).

성경은 대부분 비유와 상징으로 되어 있다. 성경을 다시 풀어야 하는 이유가 성경이 비유와 상징으로 된 문서이기 때문이다. 하나님은 타락한 마귀의 세상 속에서 태초부터 예정된 하나님의 씨를 찾기 위해서 비유와 상징으로 된 성경을 주시고 그 성경의 바른 의미는 선택된 자에게 성령으로 지혜를 주어 요셉과 다니엘처럼 풀게 하시는 것이다.

ㄴ. 사도 바울도 성경을 비유로 보았다.

성경의 여러 사건을 비유로 해석한 최초의 사도가 바울이었다. 바울은 성경을 해석하는 방법을 우리에게 제시한 사도임을 우리는 다음 성구를 통해 알 수 있다.

> 기록된 바 아브라함에게 두 아들이 있으니 하나는 여종에게서, 하나는 자유 있는 여자에게서 났다 하였으며 여종에게서는 육체를 따라 났고 자유 있는 여자에게서는 약속으로 말미암았느니라 이것은 〈비유〉니 이 여자들은 두 언약이라 하나는 시내 산으로부터 종을 낳은 자니 곧 하갈이라 이 하갈은

> 아라비아에 있는 시내 산으로서 지금 있는 예루살렘과 같은 곳이니 그가 그 자녀들과 더불어 종노릇하고 오직 위에 있는 예루살렘은 자유자니 곧 우리 어머니라(갈 4:22-26).

이 성구는 우리들에게 성경을 푸는 방법론을 암시하는 대단히 중요한 구절이다. 사라와 하갈은 아브라함의 두 아내요, 이삭과 이스마엘은 아브라함의 두 아들로서 역사상 실존했던 인물들이었다.

이 역사적인 인물을 두고 수천 년이 지난 다음 바울은 이것을 비유로 보고 사라는 성령의 모태, 하갈은 육신의 모태로 새롭게 해석한다. 따라서 하갈은 구약을 상징하는 모성으로서 시내산에서 종의 계명을 주는 언약으로 해석하고 사라는 신약을 상징하는 모성으로서 하늘에 있는 자유한 자들의 어머니 예루살렘을 상징한다고 해석한다.

이것이 바울이 성경의 암호를 해독하는 방법론이었다. 바울은 지난날 성경에 전개된 역사적 사실도 다 비유로 해석한다. 아담과 에덴동산의 여러 사건, 노아의 사건, 아브라함. 이삭, 야곱의 사건, 모세와 출애굽기, 광야와 가나안 땅에서 전개된 역사적 사건들이 현존하는 우리 앞에 모두가 비유와 상징으로 도전해 오므로 우리는 이 암호를 해독하지 않으면 안 된다.

다음 성구를 보면 보다 명확하게 바울의 성경 해석관을 엿볼 수 있다.

> 성령이 이로써 보이신 것은 첫 장막이 서 있을 동안에는 성소에 들어가는 길이 아직 나타나지 아니한 것이라 이 장막은 현재까지의 〈비유〉니 이에 따라 드리는 예물과 제사는 섬기는 자를 그 양심상 온전하게 할 수 없나니 이런 것은 먹고 마시는 것과 여러 가지 씻는 것과 함께 육체의 예법일 뿐이며 개혁할 때까지 맡겨 둔 것이니라(히 9:8-10).

이 성구에서 보듯 구약의 성막과 성전도 비유와 상징과 암호인 것이다. 성경 전체가 비유와 상징으로 되었으니 성령의 지혜로 다시 해독해야 한다. 성경을 문자 그대로 믿거나 해석하는 자는 성경의 바른 의미를 알 수 없을 것이다. 성경에 기록된 모든 사건들은 그것이 역사적인 사건인 동시에 어떤 의미를 지닌 비유와 상징이었던 것이다. 이 날까지 성경 해석이 그릇된 이유는 성경에 기록된 역사적 사건은 단순하게 지나간 세월의 흔적으로 해석했고 이것들이 비유와 상징으로 현존하는 우리들 앞에 제시된 암호임을 몰랐던 것이다.

성경은 역사와 사건인 동시에 비유와 상징이다. 역사와 사건이 형식이라면 비유와 상징은 내용인 것이다. 따라서 역사와 사건의 피상적인 관찰보다는 역사와 사건 속에 담긴 의미가 어떻게 비유화 되고 상징화되었는가를 해석해야 만 하나님의 섭리의 청사진이 바르게 이해되는 것이다.

또 성경은 일종의 은어(隱語)이다. 비유와 상징과 암호는 일종의 은어로서 우리 앞에 제시된다. 은어란 동류끼리만 알아들을 수 있도록 만들어진 약속의 말이다.

다음 성구는 성경의 은어성을 나타내고 있다.

> 내가 진리를 말하는데도 어찌하여 나를 믿지 아니하느냐 하나님께 속한 자는 하나님의 말씀을 듣나니 너희가 듣지 아니함은 하나님께 속하지 아니하였음이로다(요 8:46-47).
>
> 우리는 하나님께 속하였으니 하나님을 아는 자는 우리의 말을 듣고 하나님께 속하지 아니한 자는 우리의 말을 듣지 아니하나니 진리의 영과 미혹의 영을 이로써 아느니라(요일 4:6).

바리새인들은 예수의 말씀을 이해하지 못하였다. 그들은 영적으로 예수의 동류가 아니기 때문에 예수의 진리가 그들이 알아들을 수 없는 은어였던 것이다. 마찬가지로 적그리스도와 거짓 선지자들이 성경을 억지로 푸는 것은 성경이 그들에게는 알아들을 수 없는 은어의 말씀으로 기록된 까닭이다. 성경이 비유와 상징으로 된 것은 오직 동류들을 찾기 위한 섭리의 방법이었다. 이 세상은 하나님의 씨와 마귀의 씨가 같은 밭에 뿌려져 있다.

> 천국은 좋은 씨를 제 밭에 뿌린 사람과 같으니 사람들이 잘 때에 그 원수가 와서 곡식 가운데 가라지를 덧뿌리고 갔더니 싹이 나고 결실할 때에 가

라지도 보이거늘 집 주인의 종들이 와서 말하되 주여 밭에 좋은 씨를 뿌리지 아니하였나이까 그런데 가라지가 어디서 생겼나이까 주인이 이르되 원수가 이렇게 하였구나(마 13:24-28)

대답하여 이르시되 좋은 씨를 뿌리는 이는 인자요 밭은 세상이요 좋은 씨는 천국의 아들들이요 가라지는 악한 자의 아들들이요 가라지를 뿌린 원수는 마귀요 추수 때는 세상 끝이요 추수꾼은 천사들이니(마 13:37-40)

이 세상에는 하나님의 씨와 마귀의 씨가 혼재(混在)하므로 하나님은 자기 씨를 거두기 위하여 성경을 비유와 상징과 암호와 은어로 기록한 것이다. 성경이 아무리 난해한 상징으로 구성되었다 할지라도 하나님의 씨는 풀게 되어있는 문서이다. 반대로 성경을 바르게 풀지 못하면 그는 하나님의 씨가 아닌 것이다.

제6절 성경의 구조에 대하여

성경은 어떤 구조로 된 문서인가? 이런 물음은 성경을 해석하는데 대단히 중요한 문제가 아닐 수 없다.

성경은 66권으로 편집된 문서인데 각 권은 모두가 독립적이면서도 전체가 유기적 관계를 가지고 있다. 한 마디로 말해서 성경은 인체와 같은 조직으로 구성되어 있는 문서이다. 인간이 육체와 영혼으로 구성되어 있듯이 성경은 구약과 신약으로 구성되어 있다. 구약은 육체와 같고 신약은 영혼과 같다.

하나님은 인간을 창조할 때 먼저 흙으로 몸을 빚고 나중에 생기를 불어 넣었다. 성경도 이와 마찬가지로 먼저 육신인 구약이 편찬되고 그 후에 생기인 신약이 성립된다.

구약은 육체이므로 종이고 따라서 육신을 정죄하는 십계와 율법이 시내산에서 제정된다. 이때는 아직 영혼이 육신에 주입이 안 된 시대이므로 예수가 없고 천사가 야웨신(神)으로 채찍을 들어 육신인 종을 초달하던 시대였다. 그러나 흙으로 빚은 육체에 생기가 주입되듯 예수의 탄생으로 말미암아 영에 해당하는 신약시대가 열린다.

신약은 영혼과 같은 문서이다. 따라서 예수는 이렇게 선언한다.

> 하나님은 영이시니 예배하는 자가 영과 진리로 예배할지니라(요 4:24).

이와 같은 선언은 구약에서는 찾아볼 수 없다. 육신인 구약시대이기 때문에 모세와 같은 위대한 선지자도 하나님의 형상을 보여 달라고 애원했던 것이다. 구약은 몸이기 때문에 그 때 인간들은 하나님도 육신처럼 어떤 형상이 있는 존재로 인식하고 있었다. 신약시대 예수는 잠시 이 세상에 왔다 다시 부활 승천하여 하나님 우편에 앉아 계신다.

신약도 두 가지 성질의 문서로 구성되어 있다. 「사복음」과 「편지서」들은 영혼 중에 혼에 해당하고 「요한 계시록」은 영에 해당한다고 볼 수 있다. 마치 우리의 몸이 육과 혼과 영으로 구성되어 있듯이 성경도 구약인 몸과 신약인 혼과 「요한 계시록」인 영으로 구성된다. 이는 인간의 의식이 무의식(無意識)과 현의식(現意識)과 초의식(超意識)으로 구성된 것과 동일하다. 구약은 무의식의 세계요 신약은 현의식의 세계요 요한 계시록은 초의식의 세계이다.

구약이 몸과 무의식의 마당[場]이기 때문에 구약에 전개된 사건은 대부분 성적(性的) 스캔들이었다. 구약이 성서(聖書)가 아닌 성서(性書)로 기록되는 이유도 그 마당에는 하나님이 등장하지 않은 동물적인 차원의 마당이었던 까닭이다. 그러나 예수가 등장하므로 구약은 영의 차원으로 고양된다.

그러나 예수가 잠시 이 세상에 있다 승천함으로서 신약적 인간인 현존하는 우리들은 다시 오실 예수를 바라보는 자리에 있다. 다시 말해서 우리는 현의식의 자리에서 초의식 세계로 비상하려는 원(願)이 있는 한편 육신의 인력(引力)이 무중력 상태로 비상하려는 우리의 현의식을 잡고 놓지 않는다. 이것이 바울의 다음과 같은 성구에 잘 나타나고 있다.

> 내 속사람으로는 하나님의 법을 즐거워하되 내 지체 속에서 한 다른 법이 내 마음의 법과 싸워 내 지체 속에 있는 죄의 법으로 나를 사로잡는 것을 보

> 는도다 오호라 나는 곤고한 사람이로다 이 사망의 몸에서 누가 나를 건져내랴 우리 주 예수 그리스도로 말미암아 하나님께 감사하리로다 그런즉 내 자신이 마음으로는 하나님의 법을 육신으로는 죄의 법을 섬기노라(롬 7:22-25).

이 바울의 실존적 체험은 모든 인간의 고뇌와 신음을 대표한 것이다. 우리의 현의식은 육체의 중력과 비상하려는 초의식의 의지 사이에서 고뇌하는 자아인 것이다.

왜 그런가? 이는 현존하는 마당에 예수가 없기 때문이다. 예수는 지금 우리보다 한 차원 높은 하나님 우편에 앉아 계시므로 예수가 계신 차원은 현의식인 신약의 마당에서 볼 때 초의식의 차원이다. 「요한 계시록」이 기록되는 이유가 바로 여기에 있다. 「요한 계시록」은 초의식의 차원에 있는 예수가 다시 세계 속에서 어떻게 성도들을 구원하고 고양할 것인가를 기록한 문서이다.

구약적인 육체와 무의식은 아직도 죄와 사망과 율법으로 우리를 괴롭힌다. 그러나 예수의 십자가 보혈로 구원받은 우리들은 지금도 고뇌의 실존으로서 예수의 재림을 기다린다.

우리는 신약의 마당 곧 현의식, 고뇌하는 자아로서 초의식 세계의 예수가 다시 와서 고양(高揚)해 줄 것을 고대하고 있다. 예수가 다시 오는 날 우리는 초의식의 마당으로 고양되어 인간은 분열이 없는 통일된 자아로서 새로운 피조물이 될 것이다.

성경이 이같이 인체의 구조처럼 몸인 구약과 마음인 신약으로 구성된 것은 참으로 오묘한 하나님의 섭리이다. 그러므로 구약에서 일어나고 있는 사건들은 우리들의 육신의 소욕(所欲) 속에서 일어나고 있는 사건의 비유와 상징이며, 신약 속에서 일어나고 있는 사건들은 마음과 영혼이 어떻게 육신의 소욕을 초극하고 승리하는가를 보여주는 비유와 상징인 것이다.

인간의 몸과 마음은 곧 성경인 것이다. 성경은 인간 그 자체의 역사적 실존적 전개이다. 그러므로 성경을 읽고 그 암호 해독은 인간 자신 속에서 그 해답을 찾을 때 바른 해답을 발견할 수 있다. 모든 것이 현존인 내 안에 존재하고 있다. 나 밖에 성경은 존재하지 않는다. 그러므로 성경은 인격성이 있는 문서이다. 성경은 인간을 구원하기 위한 문서이므로 인간의 몸과 마음을 닮게 구성되고 기록된 것은 당연한 이치가 아니겠는가?

몸이 없으면 마음이 없고 마음이 없이 몸이 없듯 몸과 마음은 쌍전(雙全)해야 한다. 때문에 구약이 없이 신약이 없고 신약이 없이 구약이 있을 수 없다. 우리는 신약과 구약을 함께 연구하고 그 암호를 해독해야 한다. 어떤 자들은 예수의 십자가만 믿으면 된다고 구약을 유기(遺棄)하고 있는데 이는 올바른 성경 연구의 자세가 아니다.

몸이 병들면 마음도 병든다. 구약은 병든 몸과 같이 온갖 마귀의 병균이 침입한 마당이다. 그러므로 인간의 마음도 병들었다. 그러나 예수가 와서 우리 몸과 마음 안에 깃든 마귀를 추방했으므로 병든 구약도 신약의 마음과 더불어 온전한 몸으로 회복되었던 것이다.

우리는 건전한 마음과 몸으로 구약과 신약을 읽자. 예수의 신유(神癒) 받은 자들이여 성경을 읽자. 성경의 암호를 해독하자.

제7절 성경 속에 기록된 상징의 참 뜻

성경 속에는 여러 가지 사건들이 기술되어 있다. 특히 구약 속에는 여러 가지 형태의 성적 스캔들이 기록되어 있다. 성문서(聖文書)인 성경 속에 어찌하여 성적 사건이 기록되어 있는가?

이 문제를 바르게 이해 못한 이유가 성경 속에 기록된 사건들을 인간 안에서 그 해답을 찾지 않고 역사적 사건 그 자체에서 해답을 찾으려 했기 때문이다. 다시 말해서 성경 속에 제기된 여러 사건의 해답을 인간의 마음과 몸 안에서 그 해답을 얻으려 하지 않고 인간의 마음과 몸 밖에서 즉 사건 자체에서 해답을 얻으려 했기 때문에 바르게 해독되지 못했던 것이다. 이에 그 세 가지 예를 들어보도록 하자.

1. 성 전

구약 최대의 사건은 모세와 솔로몬이 성막과 성전을 건축한 사건이었다. 모세는 시내산에서 십계를 받으면서 성막의 양식을 계시받았다. 모세가 계시받은 성막 양식은 하늘에 있는 원형을 본 딴 것이었는데 이것이 그대로 성전 건축 양식이 되었다.

> 내가 그들 중에 거할 성소를 그들이 나를 위하여 짓되 무릇 내가 네게 보이는 모양대로 장막을 짓고 기구들도 그 모양을 따라 지을지니라(출 25:8-9).
> 너는 삼가 이 산에서 네게 보인 양식대로 할지니라(출 25:40).
> 너는 산에서 보인 양식대로 성막을 세울지니라(출 26:30).

이 성구에 기록된 대로 모세가 세울 성막과 성소의 식양(式様)은 모세가 임의로 설계한 식양이 아니고 하나님이 하늘에 있는 성전의 식양을 보여주고 그 하늘에 있는 원형대로 땅 위에 세울 것을 명하였던 것이다. 성막뿐만 아니라 성소와 지성소에 진열할 기구들도 하늘에 있는 원형을 본 뜬 것이었다.

그런데 우리가 여기서 깊이 깨닫고 넘어가야 할 문제는 하늘에 어떤 구조물인 성전이 있어서 그 모양대로 땅 위에 세우라고 하지 않았다는 사실이다.

유대인과 기독교인은 이 사실을 알지 못했기 때문에 성경이 풀리지 않았던 것이다. 하늘에 있는 성전은 어떤 건축물이 아니라 예수 자신의 몸이었는데 유대인들과 바리새인들은 건축물로서의 성전을 중요시 했던 것이다. 땅위에 건축된 성전은 예수의 몸을 상징하는 한 상징물에 지나지 않는데 타락한 인간들은 건축물 자체만 신성시했지 그것이 예수의 몸의 상징인 줄 몰랐다.

구약세대는 예수가 없는 마당이었으므로 예수의 몸을 상징하는 건축물을 세워 예수가 올 때까지 〈속죄의 집〉으로 사용하게 하였다. 그러므로 지상에 세운 성전은 예수가 오면 건축물로서의 존재 가치는 없어지고 돌로 지은 성전의 사명은 끝나는 것이다.

그런데 예수가 왔는데도 유대인의 대제사장과 바리새인들은 건축물로서의 성전을 하나님이 계시는 성전으로 착각하고 있었다. 그러므로 그들은 예수의 다음과 같은 말을 이해할 수 없었다.

> 예수께서 대답하여 이르시되 너희가 이 성전을 헐라 내가 사흘 동안에 일으키리라 유대인들이 이르되 이 성전은 사십육 년 동안에 지었거늘 네가 삼일 동안에 일으키겠느냐 하더라 그러나 예수는 〈성전된 자기 육체〉를 가리켜 말씀하신 것이라 죽은 자 가운데서 살아나신 후에야 제자들이 이 말씀하신 것을 기억하고 성경과 예수께서 하신 말씀을 믿었더라(요 2:19-22).

이 성구에서 보듯이 〈성전은 예수의 몸〉의 상징인데 유대인들은 상징물만 중요시하고 그 실체가 무엇인지 깨닫지 못하고 있었다. 실체 자체와 상징을 그들은 구별할 참 지혜가 없었다. 예수가 성전은 자신의 몸을 상징하는 구조물임을 천명(闡明)한 후 사도들도 비로소 크게 깨달아 예수 승천 후 성전은 곧 인간의 몸을 상징하고 있음을 알게 되었다.

그들은 구속 받은 인간의 몸이 곧 성령이 거하는 성전임을 깊이 인식했던 것이다.

> 너희는 너희가 하나님의 성전인 것과 하나님의 성령이 너희 안에 계시는 것을 알지 못하느냐(고전 3:16).
>
> 너희 몸은 너희가 하나님께로부터 받은 바 너희 가운데 계신 성령의 전인 줄을 알지 못하느냐(고전 6:19).
>
> 우리는 살아 계신 하나님의 성전이라(고후 6:16).
>
> 너희도 성령 안에서 하나님이 거하실 처소가 되기 위하여 그리스도 예수 안에서 함께 지어져 가느니라(엡 2:22).

이처럼 우리의 몸이 곧 성전인 것이다. 그런데 아직까지 우리의 몸이 성전인 줄 잊고 돌과 시멘트로 지은 성전이 교회인 줄 착각하고 있지 않은가? 하나님은 인간 그 자체 안에 거하시는 분이지 건축물 속에 거하지 않는데 우리는 아직도 구약적인 사고방식을 탈피 못하고 있기 때문에 구조물로 이룩된 성전을 중요시하고 있다.

이와 같은 착각과 미망(迷妄)은 재림 예수가 오기까지 유대교와 기독교에서 계속 될 것이다. 새 하늘과 새 땅이 개명(開明)되면 이 땅에는 건축물로 된 성전과 교회는 자취도 없이 사라질 것이다. 인간의 몸이 성전인데 돌과 시멘트로 성전을 세울 필요가 있겠는가?

2. 두 언약

두 언약은 구약과 신약을 뜻한다. 그런데 두 언약에 대하여도 우리들은 착각하고 있다. 석판에 새긴 십계와 양피지의 기록과 율법과 그리고 종이에 인쇄된 신약성서가 언약인 줄 오해하고 있다. 양피지에 기록된 구약이나 종이에 기록된 신약이 두 언약이 아니다.

이 두 언약도 인간의 몸을 상징하고 있다.

> 기록된 바 아브라함에게 두 아들이 있으니 하나는 여종에게서, 하나는 자유 있는 여자에게서 났다 하였으며 여종에게서는 육체를 따라 났고 자유 있는 여자에게서는 약속으로 말미암았느니라 이것은 비유니 이 여자들은 두 언약이라 하나는 시내 산으로부터 종을 낳은 자니 곧 하갈이라 이 하갈은 아라비아에 있는 시내 산으로서 지금 있는 예루살렘과 같은 곳이니 그가 그 자녀들과 더불어 종노릇 하고 오직 위에 있는 예루살렘은 자유자니 곧 우리 어머니라 기록된 바 잉태하지 못한 자여 즐거워하라 산고를 모르는 자여 소리 질러 외치라 이는 홀로 사는 자의 자녀가 남편 있는 자의 자녀보다 많음이라 하였으니 형제들아 너희는 이삭과 같이 약속의 자녀라(갈 4:22-28).

이 성구는 참으로 중대한 의미를 내포하고 있다. 바울은 두 언약 곧 낡은 약속과 새 약속은 아브라함의 두 처 사라와 하갈로 해석하고 있다.

이와 같은 바울의 성경해독 방법은 성경 해석의 새 지평을 열고 있다. 어찌하여 사라와 하갈이 두 언약이 되는가? 하나님은 아브라함과 언약을 맺었다. 그 언약은 젖과 꿀이 흐르는 가나안 복지를 네 자손에게 주리라는 언약이었다.

구약과 신약은 하나님이 아브라함과 맺은 언약을 이행하기 위하여 전개된 문서였다.

가나안 땅은 지리적인 팔레스티나가 아닌 하늘나라의 상징이었다. 그런데 구약의 유대인들은 요단강 서편에 자리한 지리적 땅으로 이해하였다. 예수는 우리를 영적 가나안 땅에 부활시키기 위해 오셨다. 그러므로 가나안 땅에 들어갈 무리도 두 종류가 있다. 육신을 좇아 율법의 종으로 낳은 자들은 지리적 가나안 땅을 약속의 땅으로 착각하지만 언약을 좇아 자유인으로 거듭난 진리의 아들 딸들은 영적 가나안 곧 하늘나라에 안식할 것이다.

하나님이 아브라함과 언약을 맺어도 그 언약의 자식은 여인의 몸을 통해 생산되어야 한다. 하갈은 육신을 따라 이스마엘을 낳았고 사라는 언약을 따라 이삭을 낳았다.

하갈은 육신의 자식을 낳았으므로 그 자식은 십계와 율법의 노예로 죄 아래 죽은 자식이었고 사라는 언약을 따라 자유한 자식을 낳았으므로 이삭은 예수 안에서 부활한 자의 상징이 된다. 죄 아래 죽은 자식을 낳았으므로 하갈은 십계를 준 시내산이며 동시에 땅에 있는 예루살렘이 되고 죄에서 자유한 자식을 낳은 사라는 하늘에 있는 예루살렘이 된다. 두 언약이 두 여인으로 상징되는 원인이 바로 여기에 있다. 죽은 인간이든 부활한 인간이든 여인의 모태를 통해 탄생되기 때문에 사라와 하갈은 두 언약이 된다.

종과 율법과 사망을 낳은 하갈은 구약이었고 자유자와 사랑과 부활을 낳은 사라는 신약이었다. 하나님이 아브라함과 계약을 맺으므로 아브라함의 두 아내는 두 언약이었는데 이 비밀을 이 날까지 모르고 성경에 기록된 문자 곧 구약 성경과 신약 성경이 두 언약인 줄 오해하고 있는 것이다.

하갈이 낳은 자식은 육신의 자식이자 죄의 종이며 죽은 자이므로 참 의미의 가나안 복지에는 들어갈 수 없다. 사라가 낳은 자유한 자, 부활한 자, 언약의 자식만이 새 하늘과 새 땅이 개명될 때 안식의 땅 가나안 복지에 들어갈 수 있다.

타락한 우리들은 하갈적 모성을 통해 이 땅 위에 태어나서 십계와 율법의 초달(楚撻)아래 구도하고 있지만 사라적 모성을 통해 언약의 아들로 중생되고 부활될 때 자유자가 될 것이다.

사라는 성령을 따라 이삭을 낳았으므로 사라는 성령으로 잉태할 새 날의 모성을 상징하고 있다. 사라는 하늘에 있는 새 예루살렘이다.

「요한 계시록」 21장에 나오는 새 예루살렘도 하늘에서 내려오는 건축물이 아니고 새 하늘과 새 땅이 개명될 때 부활한 자식을 낳아줄 영적 어머님의 상징임을 잊지 말자.

두 언약 곧 구약과 신약은 종이에 글로 기록된 문서가 아니고 두 여인 곧 하갈과 사라임을 깊이 깨닫자.

3. 시온과 예루살렘

시온과 예루살렘도 팔레스티나에 있는 성산(聖山)과 성도(聖都)가 아닌 인간의 몸의 상징이다. 성전을 돌로 지은 건축물로 오해하고 두 언약을 양피지에 기록된 문서로 착각한 것처럼 시온과 예루살렘도 유대 땅에 있는 성산과 성도로 우리들은 이 날까지 그릇되게 인식해 왔다.

시온은 순결한 처녀 딸 동정녀의 상징이고 예루살렘은 거룩한 어머니 영모(靈母)의 상징이다.

> 딸 시온은 포도원의 망대 같이, 참외밭의 원두막 같이, 에워 싸인 성읍 같이 겨우 남았도다(사 1:8),
>
> 이 날에 그가 놉에서 쉬고 딸 시온 산 곧 예루살렘 산을 향하여 그 손을 흔들리로다(사 10:32),
>
> 여호와께서 그에 대하여 이같이 이르시되 처녀 딸 시온이 너를 멸시하며 조소하였고 딸 예루살렘이 너를 향하여 머리를 흔들었느니라(사 37:22).

이 성구에서 보듯이 시온은 처녀 딸을 상징하고 있다. 시온과 예루살렘을 처녀 딸에 비유한 것이 아니라 처녀 딸에 비유된 것이 시온과 예루살렘이었는데 우리는 반대로 이해했던 것이다. 이는 다음 성구를 이해하면 더욱 명확하게 해독(解讀)될 것이다.

> 여호와의 말씀에 시온의 딸아 노래하고 기뻐하라 이는 내가 와서 네 가운데에 머물 것임이라 그 날에 많은 나라가 여호와께 속하여 내 백성이 될 것이요 나는 네 가운데에 머물리라 네가 만군의 여호와께서 나를 네게 보내신 줄 알리라(슥 2:10-11).
>
> 시온의 딸아 크게 기뻐할지어다 예루살렘의 딸아 즐거이 부를지어다 보라

네 왕이 네게 임하시나니……(슥 9:9).

이 성구는 하나님이 인간 안에 거할 것을 예고하고 있다. 하나님이 시온과 예루살렘의 건물 속에 거할 것이 아니라 순결한 딸 시온 속에 거하여 부활의 역사를 일으킬 것을 암시하고 있는 것이다(「신부론」 참조).

예루살렘은 사라와 같은 모성, 언약의 자식을 낳아 줄 하늘의 어머니의 상징이다.

오직 위에 있는 예루살렘은 자유자니 곧 우리 어머니라 기록된 바 잉태하지 못한 자여 즐거워하라 산고를 모르는 자여 소리 질러 외치라 이는 홀로 사는 자의 자녀가 남편 있는 자의 자녀보다 많음이라(갈 4:26-27).

또 내가 보매 거룩한 성 새 예루살렘이 하나님께로부터 하늘에서 내려오니 그 준비한 것이 신부가 남편을 위하여 단장한 것 같더라(계 21:2).

이 성구에서 보듯이 하늘에 있는 예루살렘은 부활한 자식, 언약의 자식을 낳아 줄 새 날의 신부이며 어머니인 것이다. 새 하늘과 새 땅에 살려면 죽었던 인간들은 순결한 신부인 시온과 깨끗한 어머니인 예루살렘을 통해 다시 중생하고 부활하지 않으면 안 된다.

어린 양 잔치란 하나님이 성령을 따라 잉태할 동정녀와 성모 속에 거하여 인간을 부활시키는 잔치임을 잊지 말자.

이상 세가지 예, 즉 성전, 두 언약, 시온과 예루살렘이 인간의 몸을 상징하고 있음을 사경하였지만 에덴동산에서 남상(濫觴)된 성경의 모든 사건은 인간의 몸과 마음속에서 일어난 사건의 전개였음을 깊이 깨달아야 한다. 성경 속에 전개된 사건의 암호 해독은 『신령편(神靈編)』에서 자세히 기술될 것이다.

〈성경 즉 인간〉 〈인간 즉 성경〉 임을 대각(大覺)하자. 인간 밖에 성경이 없고 성경 밖에 인간이 없다. 인간의 몸과 마음을 깊이 이해하고 성경을 해석하자.

제2장

도맥론(道脈論)

제2장 도맥론(道脈論)

하나님은 죽은 자의 하나님이 아니요 살아 있는 자의 하나님이시라(눅 20:38).

나는 처음이요 마지막이니 곧 살아 있는 자라 내가 전에 죽었었노라(계 1:17-18).

산에는 산맥(山脈)이 있다. 산을 알자면 산맥을 알아야 한다. 봉우리와 골짜기, 수림과 늪, 여울과 벌판은 산세와 지형에 따라 다르므로 이것들을 종합하여 알기 전에는 그 산을 알았다고 할 수 없다.

지하에는 수맥(水脈)이 있다. 우물을 파는 자는 수맥을 더듬어 파야 물을 얻을 것이다. 수맥을 모르고 아무 곳에나 파면 생수를 얻지 못하고 그 노력은 도로(徒勞)에 그치고 말 것이다.

이와 마찬가지로 종교에는 도맥(道脈)이 있다. 도맥을 모르고 어찌 종교를 알았다 하겠는가. 성경에는 어떤 도맥이 뻗어 있는가? 성경 속에는 어떤 황금 광맥이 묻혀 있는가?

이 날까지 구미 신학자들은 성경을 난도질 했지만 성경의 도맥을 발굴하지 못했다. 아니 그들은 〈도맥〉이라는 개념 자체도 모르고 있었다. 산을 알자면 산 속에서는 그 산세와 지형을 정확하게 알 수 없다. 높이 비상하여 조감(鳥瞰)함으로써 산 전체의 모습을 알 수 있다. 성경을 연구함에 있어서도 성경 속에서 성경을 읽고 대붕(大鵬)의 날개로 높이 날아올라 성경에 뻗어 내린 맥락을 일목요연(一目瞭然)하게 잡아야 한다.

아담으로 부터 남상(濫觴)한 성경은 노아와 아브라함과 모세와 다윗과 선지자들의 거봉(巨峰)을 융기시키면서 그 은계(隱溪)와 유곡(幽谷)에는 사라와 리브가와 라헬의 강물이 고요히 흘러간다. 노아 부인의 보랏빛 습지가 있는가 하면 레아와 라헬의 호수가 펼쳐져 이스라엘의 열 두 아들이 백조처럼 춤추고 있다. 성경의 산하(山河)에는 밝은 양지가 있는 한편 어두운 공동(空洞)이 뚫린 스산하고 음습한 음지가 있으며 그 땅에는 죄악의 독버섯들이 귀기(鬼機)와 인광(燐光)을 발하고 있다. 노아 홍수 때 수중에 침몰된 수중혼(水中魂)들이 부활의 소식을 기다리고 있는가 하면 소돔 고모라의 생령들을 소사(燒死)시킨 유황 불구덩이에 사해(死海)의 물결이 출렁거리고 있다. 시내 산에는 폭풍 같은 야웨신의 음성이 있고 역사의 광야에는 선지자들의 성난 음성이 메아리치고 있다.

성경의 도맥을 어떻게 발굴할 것인가?

산맥을 정확하게 안 다음 황금과 우라늄 광맥을 개발하려면 그 산맥의 내부로 굴착해 들어가듯 성경 연구도 이 방법을 잊어서는 안 된다. 대붕의 날개로 성경을 조감하여 성경 속에 형성된 산맥과 수맥을 면밀히 조사한 다음 잠시 날개를 접어두고 성경 안으로 다시 돌아와 성경의 내부를 향해 굴착해 들어가야 한다.

성경의 산하에는 비유와 상징과 암호화 된 무진장의 황금 광맥이 뻗어 있다. 우리는 성경의 산하를 주마간산(走馬看山)격으로 스치고 지나갈 종교관광객이 아니고 피와 살을 소비하여 진리를 찾고 있는 진지하고 경건한 구도자임을 잊지 말자. 우리는 성경 속에 묻힌 도의 광맥을 파헤쳐 영원히 썩지 않고 변치 않는 진리의 다이아몬드와 황금에 미친 하늘의 노다지군임을 잊지 말자.

> 은이 나는 곳이 있고 금을 제련하는 곳이 있으며 철은 흙에서 캐내고 동은 돌에서 녹여 얻느니라 사람은 어둠을 뚫고 모든 것을 끝까지 탐지하여 어둠과 죽음의 그늘에 있는 광석도 탐지하되 그는 사람이 사는 곳에서 멀리 떠나 갱도를 깊이 뚫고 발길이 닿지 않는 곳 사람이 없는 곳에 매달려 흔들리느니라……(욥 28:1-11).

욥기의 이 성구는 도맥을 굴착해 들어가는 비유이다.

또 우리는 성경의 영산(靈山)을 헤매며 6천 년 묵은 영생의 비약(秘葯)인 산삼을 찾는 심마니들이다. 많은 구도자와 신학자와 도인들이 성경의 산에 입산하여 영생의 산삼을 찾아 헤매었으나 그들은 그 산삼의 진리를 밟고 지나갔다.

그러므로 우리는 들은 것에 더욱 유념함으로 우리가 흘러 떠내려가지 않도록 함이 마땅하니라(히 2:1).

이 성구는 성경의 진리를 잡지 못하고 흘러버린 것을 염려하고 있다. 이 날까지 성경을 읽으면서도 성경의 참 뜻을 몰랐으니 흘러 떠내려 보낸 것과 마찬가지가 아닌가.

서양의 신학은 성경의 산에 입산하여 도라지와 더덕 몇 뿌리를 캐가지고 산삼으로 착각한 신학이었다. 도라지와 더덕은 산삼이 아니다. 산삼은 동방의 심마니들만 알고 있는 신비한 약초이다. 이제 성경의 산을 향해 하나님께 백일기도 드리고 영생의 산삼을 캐러 입산하자.

제1절 성경에 있는 도맥

성경의 산에는 두 갈래의 도맥이 뻗어있다. 그 한 맥은 〈죽은 자의 맥〉이며 다른 한 맥은 〈산 자의 맥〉이다. 죽은 자의 맥은 사탄이 침범한 맥이며 산 자의 맥은 하나님이 도전한 맥이다. 죽은 자의 맥은 혈대(血代)와 육맥(肉脈)이며 산 자의 맥은 보혈로 거듭난 영맥(靈脈)이다.

죽은 자의 맥은 성경의 산하에 무덤을 남겼고 산 자의 맥은 성경의 산하에 무덤을 남기지 않았다. 이 두 도맥에 대하여 사경하자.

1. 죽은 자의 맥에 대하여

그러므로 한 사람으로 말미암아 죄가 세상에 들어오고 죄로 말미암아 사망이 들어왔나니 이와 같이 모든 사람이 죄를 지었으므로 사망이 모든 사람에게 이르렀느니라(롬 5:12).

한 사람의 범죄로 말미암아 사망이 그 한 사람을 통하여 왕 노릇 하였은즉……(롬 5:17).

이 성구는 죽은 자의 맥이 어떻게 남상되었는가를 말해주고 있다. 성경을 정독하면 죽은 자의 맥은 곤륜산맥처럼 거대한 맥을 형성하고 있지만 산 자의 맥은 황금의 광맥처럼 성경의 지표(地表)에 노출되지 않고 지하 깊숙이 은장(隱藏)되어 있다. 이 날까지 성경을 읽으면서 도맥을 발굴하지 못한 원인도 산 자의 맥이 노출되어 있지 않았기 때문에 그 맥을 깨달을 수 없었다.

아담 이래 죄 아래 있는 모든 사람들은 죽음의 존재로 전락하였다. 하나님은 〈선악과를 따먹으면 반드시 죽으리라〉(창 3:17) 하였다. 죽음이란 선악과를 따먹은 결과이며 만약 생명과를 따먹었다면 아담 이래 인류에게는 죽음이 없고 무덤이 없었을 것이다. 죽음은 아담으로 부터 비롯되었다. 아담 이전에는 죽음이란 없었다. 생물학적 의미의 생멸은 원시인에게 있어서도 성경적 의미의 죽음은 아담으로 부터 시작된다(「타락론」 및 「부활론」 참조).

성경적 의미의 죽음은 죄와 깊은 관계가 있다. 아담은 죄로 말미암아 죽음의 존재로 전락하였다. 죽은 자의 맥은 타락으로 인하여 생긴 비본래적인 도맥이다. 이는 마귀의 권세 아래 놓인 맥이며 이로 말미암아 인간은 불안·공포·절망·우수 속에서 고뇌하다 죽음에 이르는 존재가 되었다. 죽음의 한계상황! 누가 이 마귀의 권세에서 자유할 수 있었던가? 절망의 심연 속에 거대한 아가리를 벌린 죽음의 늪이야말로 선악과를 따먹은 자들의 한(恨)과 원(怨)이 고인 밑 없는 독(甕)이다.

아담 이래 모든 사람은 죽음의 노예가 되었다. 그러므로 죽은 자의 맥은 혈맥이며 동시에 그 맥은 족보로 연결되는 맥이다. 아담 이래 족보란 인간들이 죽은 순서를 나열한 문서이다. 때문에 족보란 죽은 자들의 기록이다. 본래 의미의 족보란 승천한 순서를 기록해야 할 문서인데 인간이 죽음의 존재가 되므로 무덤에 묻힌 순서를 기록한 문서가 되었다.

요절과 장수의 차이가 있을 뿐 아담 이래 모든 사람은 죽었다. 아담도 930세에 죽었고(창 5:4), 노아도 950세에 죽었고(창 9:29), 아브라함도 175세에 죽었고(창 25:7-11), 이삭도 180세에 죽었고(창 35:28), 야곱도 147세에 죽었고(창 47:28, 49:33), 모세도 120세에 죽었고(신 34:7), 여호수아도 110세에 죽었고(수 24:29), 다윗도 70세에 죽지 않았던가(왕상 2:10).

이처럼 모든 사람이 사망 아래 놓여 있었으므로 우리는 죽음이란 당연한 생명의 귀결로 착각하게끔 되어 버렸다. 죽음이란 하나님의 뜻이며 죽으면 몸은 무덤에서 썩고 영혼이 하늘나라로 간다는 어리석은 지혜를 참 지혜인 것처럼 받아들이고 있다.

하나님은 죽은 자의 영혼이나 불러올리는 염라대왕이 아니다. 이와 같은 거짓 지혜는 인간이 타락함으로서 생긴 오각(誤覺)의 결과이다. 우리는 하루 빨리 죽은 자의 맥에서 탈출하여 산 자의 맥락과 연결되어야 한다. 땅 위에는 무덤이 없고 하늘에는 죽은 자들의 영계가 없는 것이 하나님의 뜻이었다. 혈대는 죽은 자의 맥이므로 이 혈대로는 산 자의 하나님을 깨달을 수 없다.

이를 네게 알게 한 이는 혈육이 아니요 하늘에 계신 내 아버지시니라(마 16:17).

그 이름을 믿는 자들에게는 하나님의 자녀가 되는 권세를 주셨으니 이는 혈통으로나 육정으로나 사람의 뜻으로 나지 아니하고 오직 하나님께로부터 난 자들이니라(요 1:12-13).

혈과 육은 하나님 나라를 이어 받을 수 없고……(고전 15:50).

살리는 것은 영이니 육은 무익하니라(요 6:63).

우리의 씨름은 혈과 육을 상대하는 것이 아니요 통치자들과 권세들과 이 어둠의 세상 주관자들과 하늘에 있는 악의 영들을 상대함이라(엡 6:12).

너희가 거듭난 것은 썩어질 씨로 된 것이 아니요 썩지 아니할 씨로 된 것이니 살아 있고 항상 있는 하나님의 말씀으로 되었느니라(벧전 1:23).

혈대와 육맥으로는 하늘나라에 갈 수 없고 하나님과 대면할 수도 없다. 우리는 대붕(大鵬)의 날개로 비상(飛翔)하여 죽은 자의 도맥을 벗어나 산 자의 영맥을 조감하자.

2. 산 자의 맥에 대하여

아담 이후 모든 인류는 죽어 성경에는 사자(死者)의 맥이 곤륜산처럼 거대하게 역사의 광야에 뻗어 내렸다. 그러나 이 산맥을 정밀히 관찰하면 구름 속에 가리워진 신비한 영봉(靈峰)들이 우뚝 솟아 있으니 에녹과 멜기세덱과 엘리야와 모세와 예수의 봉우리들이다.

천고(千古)의 신비 속에 가리워진 에녹과 멜기세덱과 엘리야와 모세와 예수의 기봉(奇峰)들은 산 자의 맥을 형성하는 성경의 도맥이며 이는 아직 누구도 발굴 못한 미개발의 보고이다. 에녹과 멜기세덱과 엘리야는 죽어서 그 영혼이 하늘나라로 간 자가 아니다. 그들은 죽지 않고 승천했으며 환골탈태(換骨奪胎)한 변화체가 되어 우화등선(羽化登仙)하였다.

산 자의 맥이란 살아서 승천하는 선맥(僊(仙)脈)을 말한다. 이것이 본래의 도맥이며 죽지 않고 수렴(收斂)되는 산 자의 진면목인 것이다.

에녹이 하나님과 동행하더니 하나님이 그를 데려가시므로 세상에 있지 아니하였더라(창 5:24).

믿음으로 에녹은 죽음을 보지 않고 옮겨졌으니 하나님이 그를 옮기심으로 다시 보이지 아니하였느니라(히 11:5).

두 사람이 길을 가며 말하더니 불수레와 불말들이 두 사람을 갈라놓고 엘리야가 회오리 바람으로 하늘로 올라가더라(왕하 2:11).

이 사건은 구약 속에 섬광(閃光)처럼 번뜩인 경이이며, 최대의 신비이며, 최고의 비의(秘義)였다. 에녹과 엘리야가 죽지 않고 선화(僊化)한 도비(道秘)는 하나님이 인간을 수렴하는 본래적인 방법인데 인간은 타락하여 이 도맥을 상실한 채 죽으면 영혼이나 천당 간다고 착각했던 것이다.

이 에녹과 엘리야의 선화는 죽은 자들은 깨달을 수 없는 도맥이므로 죽은 자들이 살아나는 〈부활의 도맥〉을 발굴하지 않을 수 없다. 모세가 그 표본인 것이다.

모세가 여호와의 말씀대로 모압 땅에서 죽어 벳브올 맞은편 모압 땅에 있는 골짜기에 장사되었고 오늘까지 그의 묻힌 곳을 아는 자가 없느니라(신 34:5-6).

천사장 미가엘이 모세의 시체에 관하여 마귀와 다투어 변론할 때에 감히 비방하는 판결을 내리지 못하고 다만 말하되 주께서 너를 꾸짖으시기를 원하노라(유 1:9).

모세의 무덤과 시체에 대한 이 두 성구는 난해하고 기이한 암호이다. 모세의 무덤이 왜 없어졌으며 마귀와 미가엘이 왜 시체를 놓고 싸웠을까?

하나님은 산 자의 하나님이므로 죽은 자의 시체를 놓고 다툴 수 없다. 시체는 마귀의 소유로서 무덤 속에 인봉된다. 천사가 모세의 시체를 놓고 마귀와 다툰 것은 그 시체는 부활될 몸이었기 때문이다. 또 모세의 무덤이 없어진 것은 하나님이 모세를 은밀히 부활시켰기 때문이다. 모세를 부활시킬 수 있는 성경적인 근거는 무엇인가? 아무런 근거 없이 부활의 도를 제시하면 마귀의 참소를 받는다.

> 모세는 자기가 여호와와 말하였음으로 말미암아 얼굴 피부에 광채가 나나 깨닫지 못하였더라…… 이스라엘 자손이 모세의 얼굴의 광채를 보므로 모세가 여호와께 말하러 들어가기까지 다시 수건으로 자기 얼굴을 가렸더라(출 34:29, 35).

이 성구가 바로 모세를 부활시킬 수 있는 성경적 근거이다.

얼굴에서 광채가 나는 발광체의 경험은 모세가 선화(僊化)의 비의(秘義)를 체험한 것을 암시하고 있다. 모세의 이 경험은 변화산에서 광채가 난 예수의 도맥과 연결된다. 모세는 예수의 구약적 표상이었다. 그러므로 시내산에서 발광체가 된 모세의 체험은 장차 부활할 예수의 모형이다. 예수도 무덤에 매장되기 전에 변화산에서 발광체가 되었다.

모세는 비록 이스라엘 민족이 완악하므로 므리바 반석을 2타(二打)하여 가나안 땅에 들어가지 못했으나 그는 산 자의 도비(道秘)를 은밀히 깨닫고 있었다.

모세가 발광체의 경험 곧 선화될 도비를 깨달은 존재이므로 하나님은 그를 은밀히 부활시켰다. 또 모세는 장차 부활의 도를 선언할 예수의 구약적인 모형이므로 그 시체가 마귀의 소유물이 되어 무덤 속에 영원히 인봉될 수 없다.

그러나 부활의 주인인 예수가 부활의 도를 열기까지 종의 마당인 구약에서는 모세의 부활은 개봉할 수 없는 도비였다. 이스라엘 민족은 이런 도비를 몰랐던 까닭으로 왜 모세의 무덤이 없어졌고 왜 천사가 마귀와 시체 문제로 싸웠는가를 깨달을 수 없었다. 이 문제는 오늘날 기독교도들도 아직 그 암호를 해독하지 못하고 있는 것과 마찬가지이다. 〈무덤 부재〉와 〈시체 논쟁〉, 이 두 암호는 산 자가 아니면 깨달을 수 없는 일급 비밀이다.

아! 촉루(髑髏)를 갈아 마셔본 자 아니고 어찌 이 도를 깨닫겠는가. 괴괴한 구약의 밤, 썩은 시신을 안고 통곡해본 자 아니고 어찌 산 자의 하나님을 알 수 있겠는가. 에녹과 엘리야와 모세는 구약 산맥 속에 나타난 영봉이었다. 우리는 이 영봉에 올라 대각(大覺)의 깃발을 꽂자.

제2절 변화산의 비의(秘義)

예수는 골고다에서 십자가에 달리기 전 거룩한 산에 가서 변화의 경험을 하였다. 그는 죽기 전에 변화의 체험을 함으로써 죽어서 부활할 수 있는 비의를 터득하였다. 다시 말해서 변화산의 신비한 체험이 없으면 부활할 수 없다. 예수는 죽기 전 이미 부활을 선험하였기 때문에 죽어 부활할 수 있었다.

우리는 성경을 읽으면서 변화산의 암호를 바르게 해독하지 못하였다. 구약에는 기라성(綺羅星)같은 선지자들이 많은데 왜 변화산에서 예수 앞에 모세와 엘리야만 나타났을까?

> 모세와 엘리야라 영광중에 나타나서 장차 예수께서 예루살렘에서 별세하실 것을 말할새……(눅 9:30-32, 마 17:1-8, 막 9:2-8).

이 성구를 보면 영광 중에 나타난 모세와 엘리야는 예수의 별세에 대하여 말씀하였다고 기록되어 있다. 예수의 죽음에 대하여 세 분이 의논한 사실! 여기에는 참으로 심오한 비의가 있다. 변화산에서 모세와 엘리야가 나타난 이유는 다른 구약의 선지자들은 죽어서 땅속에 묻혀 썩음을 당했지만 모세와 엘리야는 승천하고 부활한 존재였기 때문에 예수 앞에 나타날 수 있었다.

산 자의 도에는 두 가지 모형이 있다. 엘리야적 승천과 모세적 부활이다. 죽지 않고 승천하는 엘리야적 선맥(僊脈)과 죽었다 시해선(屍解仙)하는 모세적 선맥(仙脈)이 있다.

본래 인간이 타락하지 않았다면 인간은 땅 위에서 장생불사(長生不死)하다가 하늘나라로 수렴될 때 죽지 않고 신령한 몸으로 변화받아 선화(僊化)되는 길이 있었는데 타락으로 죽음의 존재로 전락된 까닭으로 죽었다 부활하는 혈로(血路)를 개척하지 않으면 안 되었다. 그러므로 부활이란 비본래적인 제2의적(第二義的)인 길이다.

예수는 변화산에서 용모가 변하고 옷에 광채가 나서 발광체의 체험을 했다. 인간은 선화되면 영광스러운 몸으로 빛나는 것이다. 예수는 변화산에서 엘리야적인 승천의 길을 선택할 수 있었다. 그러나 엘리야적 선맥은 죽은 인간과는 관계없는 길이었다. 죽은 인간과 연결지어 주기 위하여는 죽었다 살아나는 모세적 시해선의 길을 선택하지 않을 수 없었다.

에녹과 엘리야의 승천은 섬광처럼 보여준 모형일 뿐 인류 보편의 길이 아니었다. 그 누가 죽은 자리에서 에녹과 엘리야의 길을 대각하여 승천할 수 있겠는가? 에녹과 엘리야의 승천은 특수한 모형일 뿐 죽은 인간들을 살리는 보편적인 길은 부활의 길이었다.

예수는 엘리야적 선화와 모세적 부활의 두 길 중 모세가 모형으로 보여준 부활의 길을 선택했다. 죽었다 부활하는 길만이 죽은 인간의 후예를 살릴 수 있는 유일한 방법이요 보편적인 수단이기 때문에 예수는 변화산에서 골고다를 조망했던 것이다.

에녹과 엘리야의 승천은 죽은 자하고는 연결될 수 없는 비의의 도맥임을 잊어서는 안 된다. 하나님이 에녹과 엘리야를 통하여 승천의 도맥을 섬광처럼 보여준 뜻은 그 길이 본래적인 길이었음을 모형으로 보여주기 위함이었다.

그러나 죽은 자들에게는 부활의 길만이 참 길이 되었다. 예수는 산 자로서 죽었고 죽은 자로서 다시 산 자가 되어 인류 구원의 대도(大道)를 개명(開明)했던 것이다.

그리스도께서 죽었다가 다시 살아나셨으니 곧 죽은 자와 산 자의 주가 되려 하심이라(롬 14:9).

우리에게 명하사 백성에게 전도하되 하나님이 살아 있는 자와 죽은 자의 재판장으로 정하신 자가 곧 이 사람인 것을 증언하게 하셨고……(행 10:42).

나는 처음이요 마지막이니 곧 살아 있는 자라 내가 전에 죽었었노라(계 1:17-18).

예수가 죽은 자의 구세주가 된 것은 죽은 자들에게 부활의 소식을 전해준 연고이다. 예수는 갈보리의 십자가에 달리면서 부활할 것을 알고 있었다. 그는 변화산의 체험을 통하여 선화의 길을 선험(先驗)했기 때문이다.

군인들이 예수를 십자가에 못 박고 그의 옷을 취하여 네 깃에 나눠 각각 한 깃씩 얻고 속옷도 취하니 이 속옷은 호지 아니하고 위에서부터 통으로 짠 것이라(요 19:23).

이 성구는 깊은 뜻이 내포되어 있다. 예수의 겉옷은 네 깃에 찢었으나 호지 않은 통옷은 찢지 않았다. 〈호지 않은 통옷〉이 있을 수 있는가? 〈호지 않은 통옷〉은 천의무봉(天衣無縫)을 말함이다. 하늘 옷은 호지 않고 통으로 짠 것이다. 이는 서양의 지혜로는 알 수 없는 비의이다.

변화산에서 예수의 용모가 변하고 옷이 광채가 났을 때 예수는 하나님의 아들로서 은밀히 호지 않은 통옷을 입었던 것이다. 통옷은 산 자의 옷을 의미한다. 에녹도 엘리야도 모세도 승천할 때 하늘나라 옷 곧 통옷을 입었던 것이다. 예수도 이 통옷을 입고 선교하였다. 그가 비록 죽음의 골고다를 향해 걸어갔지만 그의 속진리(속옷)는 산 자의 도비가 있었던 것이다.

로마 군병들이 겉옷(겉진리)은 네 깃으로 찢는다. 이는 로마로부터 시작되는 기독교가 오리가리 찢겨 교파와 열교(裂教)를 형성할 것을 암시하고 있으나 속옷은 찢지 않았다. 이는 산 자의 도맥은 찢겨나갈 수 없음을 암시하고 있는 것이다.

우리는 예수의 찢긴 겉옷의 진리가 아닌 속옷의 진리, 통으로 짠 천의 무봉의 진리를 간직하여 산 자가 되어야 한다. 겉옷은 죽은 자들의 진리를 암시하고 통옷은 산 자들의 진리를 암시하고 있다.

예수가 체험한 변화산의 비의와 부활의 비의는 공교히 만든 이야기가 아니다.

> 우리 주 예수 그리스도의 능력과 강림하심을 너희에게 알게 한 것이 교묘히 만든 이야기를 따른 것이 아니요 우리는 그의 크신 위엄을 친히 본 자라 지극히 큰 영광 중에서 이러한 소리가 그에게 나기를 이는 내 사랑하는 아들이요 내 기뻐하는 자라 하실 때에 그가 하나님 아버지께 존귀와 영광을 받으셨느니라 이 소리는 우리가 그와 함께 거룩한 산에 있을 때에 하늘로부터 난 것을 들은 것이라(벧후 1:16-18).

죽은 자들은 달 같은 암체(暗體)이지만 산 자는 해 같은 발광체로 변화 받는다. 모세도 시내산에서 발광체의 체험을 하였고 예수도 변화산에서 발광체의 영험을 하였다.

> 그 때에 의인들은 자기 아버지 나라에서 해와 같이 빛나리라 귀 있는 자는 들으라(마 13:43).

산 자가 아니면 아버지의 아들이 되지 못한다. 하나님은 죽은 자의 하나님이 아닌 산 자의 하나님임을 다시 한 번 명심하자.

우리는 호지 않은 진리의 옷을 입고 찬란히 빛날 부활의 날을 기다리자. 예수가 재림하실 때 우리들은 발광체가 되는 신령한 몸으로 변화될 것이다.

엘리야적 변화의 종교와 모세적 부활의 종교의 차는 다음과 같다.

ㄱ. **변화** … 타락하지 않았을 때 개명되는 본래적인 도맥
　부활 … 타락으로 인하여 계시되는 비본래적인 도맥

ㄴ. **변화** … 평화의 종교, 선화의 도

부활 … 피의 종교, 희생의 도
ㄷ. **변화** … 장생불사·천의무봉·환골탈태·우화등천(羽化登天)
부활 … 생노병사·묘지인봉(墓地印封)·시해선
ㄹ. **변화** … 멜기세덱의 도
부활 … 예수 그리스도의 도

제3절 왜 두 가지 맥이 생기었나

하나님은 〈사람농사〉하는 농부이다. 하나님이 〈사람농사〉하는 방법은 육으로 심고 영으로 거두는 것이었다. 하나님은 흙(육)으로 인간을 짓고 그 속에 생기를 불어넣어 생령(生靈)이 되게 하였다.

> 하나님이 땅의 흙으로 사람을 지으시고 생기를 그 코에 불어넣으시니 사람이 생령이 되니라(창 2:7).

산 자란 생령을 의미한다. 그런데 인간은 타락해서 죽음이 침입하여 음령(陰靈)이 되었다. 죽은 자란 생령이 아닌 음령을 말함이다.

> 주의 죽은 자들은 살아나고 그들의 시체들은 일어나리이다 티끌에 누운 자들아 너희는 깨어 노래하라 주의 이슬은 빛난 이슬이니 땅이 죽은 자들을 내놓으리로다(사 26:19).

아담은 산 자 곧 생령이었는데 선악과를 따먹고 죽은 자 곧 음령이 되었다. 〈로고스의 씨〉를 육체 속에 심어 생령이 되게 하신 하나님은 아담을 추수할 때도 신령한 몸으로 변화 받은 산 자로 추수하려 했다. 그러나 죽음이 침입하므로 영혼과 육체가 분리되는 존재가 되었다.

산 자의 하나님이신 창조주는 죽은 인간의 영혼이나 수집하는 염라대왕 같은 존재가 아니다. 하나님은 〈생명 그 자체〉인데 어찌 죽은 자들이 하나님을 만날 수 있겠는가?

죽음은 마귀의 침입으로 비롯되는 현상이지 생명의 본체이신 하나님과는 아무런 관계가 없는 것이다. 그러므로 죽어서 영혼이 하늘나라에 간다는 기독교의 신관과 내세관은 비성경적이며 성경을 바르게 깨닫지 못한 망견(妄見)임을 잊어서는 안 된다.

인간은 영육 아울러 이 땅에서 나무처럼 장수하다가(사 65:22) 귀천(歸天)할 때는 죽어서 육신은 땅에 묻고 영혼만이 하늘나라로 가는 것이 아니라 영육 아울러 죽지 않는 신령한 변화체가 되어 영으로 선화(僊化)되어 승천하게 되어있다. 하나님이 인간을 추수하는 방법도 산 영을 수렴하는 것이지 죽은 영혼을 추수하는 것이 아니다. 성경이 우리에게 계시하는 참 도맥은 선맥(僊脈)인 것이다.

> 육의 몸으로 심고 신령한 몸으로 다시 살아나나니 육의 몸이 있은즉 또 영의 몸도 있느니라(고전 15:44).
>
> 우리가 흙에 속한 자의 형상을 입은 것 같이 또한 하늘에 속한 이의 형상을 입으리라(고전 15:49).

인간의 육신은 이 땅에 살기에 합당한 형체이며, 이 몸이 하늘나라로 갈 때는 하늘나라에 적합한 신령한 몸으로 변화 받아야 한다. 에녹과 엘리야도 변화받아 영으로 승천했고, 모세와 예수도 영육 아울러 부활하여 영으로 화하여 승천했던 것이다.

비유컨대 번데기의 몸이 나비의 몸으로 탈바꿈하듯이 땅 차원의 우리의 육신은 하늘 차원의 신령한 몸으로 변신되어야 한다. 탄소인 숯이 고열과 고압을 받으면 다이아몬드로 변화되듯 산 자는 수렴될 때 성령의 불에 의해 다이아몬드 같은 불변하는 진리체로 변화되어야 한다. 숯 같은 육신이 다이아몬드 같은 진리체로 변하는 것이다.

현상계를 보아라 모든 생명 있는 존재들은 미물에서 짐승에 이르기까지 사라질 때는 다 제 몸을 제가 처리하는 지혜가 있거늘 만물의 영장(靈長)으로 자부하는 인간이 죽으면 더러운 시신을 자식들에게 남겨놓고 애곡하며 장례식을 치르게 하나님이 창조했단 말인가?

우리는 타락한 비본래적 가인(假人)이지 참 사람이 아니다. 하나님이 이 땅에 인간의 씨를 뿌린것은 땅에서 장생불사하면서 참 진리를 깨치고 귀천할 때는 환골탈태, 우화등선하여 해 같은 발광체가 되게 하기 위함이었다.

인간은 이 땅 위에 살 때 육신을 쓰고 무병장수(無病長壽)하면서 참 생명의 도리를 깨치면 후광이 빛나는 발광체가 되는 것이다. 이런 인간은 귀천할 때 육신의 몸은 성령의 불꽃 속에 완전히 녹여 버리고 신령한 몸으로 변신되는 것이다. 더럽고 추한 시체를 자식에게 남겨 놓고 영혼이 하늘나라로 간다는 망견과 망상은 타락한 인간들이 방편으로 깨달은 진리였다.

그런데 아담은 생명과를 따먹기 전에 선악과를 따먹음으로써 타락했다. 생명과란 선화(僊化)의 도과(道果)이며 선악과란 분별지를 내고 모든 차별상에 떨어지는 죽음의 열매인 것이다. 인간은 선악과를 따먹은 후 영혼과 육신이 분리되는 비본래적인 존재로 전락되었던 것이다.

타락으로 말미암아 첫 아담(인류)은 선화의 도맥을 상실하여 죽은 존재로 변신되었으므로 이 죽은 자를 살리기 위하여 후(後) 아담은 부활의 도맥을 개척해야 하였다. 진실로 죽은 자의 도맥은 선악과를 따먹는 순간부터 남상되기 시작했다. 부활의 길은 아무도 개척할 수 없는 전인미답의 비경(秘境)이었다.

어떤 성인(聖人)도 죽음의 아가리 속에서 생명의 자유와 해방을 선언할 수 없었다. 생명의 본체인 예수가 수육(受肉)하기까지 인간은 사망의 음침한 골짜기에 누워 생명의 태양이 떠오르기까지 통곡하면서 기다려야 했다.

예수만이 부활의 대도(大道)를 개척하여 무덤 속에서 생명의 새 소식을 증거했던 것이다. 죽은 자를 살리는 방법은 〈생명 그 자체〉인 예수가 죽어 무덤에 인봉 되었다가 사망과 음부의 권세를 깨뜨리는 방법밖에는 없다.

자녀들은 혈과 육에 속하였으매 그도 또한 같은 모양으로 혈과 육을 함께 지니심은 죽음을 통하여 죽음의 세력을 잡은 자 곧 마귀를 멸하시며 또 죽기를 무서워하므로 한평생 매여 종 노릇 하는 모든 자들을 놓아 주려 하심이니(히 2:14-15).

이 성구에서 보듯이 마귀는 사망의 권세를 잡은 자요 죽음의 종노릇 하는 인간은 모두가 마귀의 권세 아래 놓여있다. 예수는 이 사망의 권세를 깨뜨리고 부활하여 무덤의 문을 열고 죽음에서 자유하였다.

죽음에서의 자유와 해방의 선언! 이것이 복음인 것이다.

그러므로 부활의 도는 타락과 죽음으로 생긴 비본래적, 제2의적(第二義的) 도맥이다. 본래적이며 제1의적인(第一義的) 도맥은 선맥(僊脈)이며 평화의 도맥이다. 타락으로 인하여 하나님이 인간을 추수하는데 두 가지 도맥이 생겼다.

ㄱ. 산 자 — 변화 — 영으로 수렴
ㄴ. 죽은 자 — 부활 — 영으로 수렴

변화의 길은 하나님께 이르는 바르고 곧은 길이지만 부활의 길은 돌고 굽은 길인 것이다. 변화로 선화하든 부활로 승천하든 결과적으로는 산 자만이 하나님과 해후할 수 있는 것이다.

죽어서 영혼이 천당 간다는 망념을 깨뜨리고 산 자의 도맥을 대각(大覺)하자. 예수께서 아버지의 영광으로 재림하실 때 산 자는 홀연히 발광체로 변화하고 죽은 자는 부활할 것이다.

그는 만물을 자기에게 복종하게 하실 수 있는 자의 역사로 우리의 낮은 몸을 자기 영광의 몸의 형체와 같이 변하게 하시리라(빌 3:21).

우리 생명이신 그리스도께서 나타나실 그 때에 너희도 그와 함께 영광 중에 나타나리라(골 3:4).

보라 내가 너희에게 비밀을 말하노니 우리가 다 잠 잘 것이 아니요 마지막 나팔에 순식간에 홀연히 다 변화되리니 나팔 소리가 나매 죽은 자들이 썩지 아니할 것으로 다시 살아나고 우리도 변화되리라(고전 15:51-52).

제4절 멜기세덱에 대하여

성경 안에 뻗어나간 도맥 중 산 자의 맥은 〈감추어진 맥〉이므로 그 영산(靈山) 비경(秘境)은 뜨내기 도인(道人)이나 야바위 종교상인(宗教商人)들은 알지도 못하고 듣지도 못한 소식이었고 전인미답의 신비로운 처녀지였다.

산 자의 맥은 변화 승천한 에녹과 엘리야와 부활 승천한 모세와 예수 네 사람이었으나 무운(巫雲)속에 가리워 드러나지 않은 한 비봉(秘峰)이 있으니 그것이 다름 아닌 멜기세덱의 봉우리였다.

멜기세덱은 누구인가? 그 암호는 무엇인가? 이 문제를 놓고 수천 년 동안 유대교와 기독교의 신학자들은 풀려고 애썼으나 해답을 얻지 못한 채 불가사의한 숙제로 남겨 놓고 있다. 멜기세덱이야말로 성경의 여러 암호 중 가장 기이한 암호이다. 멜기세덱이 최초로 출현한 것은 아브라함과의 해후에서였다.

> 살렘 왕 멜기세덱이 떡과 포도주를 가지고 나왔으니 그는 지극히 높으신 하나님의 제사장이었더라 그가 아브람에게 축복하여 이르되 천지의 주재이시요 지극히 높으신 하나님이여 아브람에게 복을 주옵소서…… 아브람이 그 얻은 것에서 십분의 일을 멜기세덱에게 주었더라(창 14:18-20).

멜기세덱은 아브라함을 축복하였고 아브라함은 그에게 십일조를 바쳤다. 아브라함을 축복했다는 사실은 유대교로서는 이해할 수 없는 일이다. 폐일언하고 축복은 높은 자가 낮은 자에게 하는 법인데 유대인의 조상이며 믿음의 조상이요 만민의 복의 기관인 아브라함을 축복한 멜기세덱의 정체는 무엇일까?

이 해답은 『구약 성경』에는 없다. 유대교의 지혜로서는 해독할 수 없는 암호였다. 그런데 그 해답이 『신약 성경』에 발견된다. 히브리기자는 멜기세덱의 암호를 풀면서도 해독하기 어려운 존재임을 전제로 하고 있다.

> 멜기세덱에 관하여는 우리가 할 말이 많으나 너희가 듣는 것이 둔하므로

> 설명하기 어려우니라 때가…… 이는 젖을 먹는 자마다 어린 아이니 의의 말씀을 경험하지 못한 자요 단단한 음식은 장성한 자의 것이니 그들은 지각을 사용함으로 연단을 받아 선악을 분별하는 자들이니라(히 5:11-14).

히브리 기자는 멜기세덱의 이해는 신앙의 유아들에게는 밝힐 수 없는 비의임을 갈파한다. 믿음의 분량이 성장하여 선악을 분별하는 (이는 선악과를 뛰어넘은) 경지에 도달하지 못하면 멜기세덱의 존재를 이해할 수 없다는 뜻이다. 다시 말해서 선악과를 따먹지 않고 생명나무 열매를 따먹은 경지가 아니고는 멜기세덱의 해독은 불가능하다는 뜻이 된다.

> 이 멜기세덱은 살렘 왕이요 지극히 높으신 하나님의 제사장이라…… 그 이름을 해석하면 먼저는 의의 왕이요 그 다음은 살렘 왕이니 곧 평강의 왕이요 아버지도 없고 어머니도 없고 족보도 없고 시작한 날도 없고 생명의 끝도 없어 하나님의 아들과 닮아서 항상 제사장으로 있느니라(히 7:1-3).

히브리 기자는 이 처럼 멜기세덱을 해독했으나 성경을 읽는 우리들은 이 성구의 난해성 앞에 또 해석하지 않으면 안 되는 난제에 부딪힌다. 아비도 없고 어미도 없고 족보도 없는 존재란 무슨 뜻인가? 시작한 날도 없고 생명의 끝도 없는 존재란 어떤 존재인가?

멜기세덱의 문제는 〈해석한 해석을 또 해석〉해야 하는 어려움이 있다. 히브리 기자는 해석하기 어렵다고 전제해 놓고 해석한 것이 아비도 없고 어미도 없고 족보도 없고 생명의 시작도 끝도 없다고 난해하게 해석했다. 이 어려운 해석을 우리는 또 해석해야 한다.

1. 아비도 없고 어미도 없는 존재

이 뜻은 혈대와 육맥을 초극한 영원한 존재 즉 영화(靈化)된 존재라는 뜻이다.

육의 태(胎)를 벗어나서 환골탈태한 존재 즉 선화(僊化)된 존재라는 뜻이다. 아비와 어미는 타락된 아담 하와의 혈대와 육맥을 의미한다. 우리들은 아비와 어미가 있는 존재이다. 아비 어미가 있는 존재는 육적 존재이다. 그러나 하늘나라는 혈과 육으로는 갈수 없다. 영으로 거듭나야 한다. 육태(肉胎)에서 해산된 존재가 도태(道胎)에서 거듭나야 한다. 아비도 없고 어미도 없다는 뜻은 도태에서 거듭난 존재임을 의미한다. 아비와 어미가 있는 육신이 선화될 때 그 존재는 아비와 어미의 혈대와 육맥의 차원을 초월하므로 아비와 어미가 있을 수 없다.

하나님은 육으로 심고 영으로 거두신다. 육의 차원은 혈대와 육맥의 아비 어미가 있지만 영으로 거두는 차원은 아비 어미가 없는 고양된 마당이다. 땅에 있는 자는 아버지(어머니)라 할 수 없다.

> 땅에 있는 자를 아버지라 하지 말라 너희의 아버지는 한 분이시니 곧 하늘에 계신 이시니라(마 23:9).

혈대와 육맥의 아비와 어미의 차원을 뛰어넘을 때 비로소 우리 앞에는 영원한 영의 아버지가 나타날 것이다.

2. 족보도 없는 존재

세상 나라의 족보란 아비 어미와 자손들의 생(生)과 사(死)를 기록한 문서이다. 그러나 선화되고 영화된 존재들은 죽은 자들의 족보에 기록될 수 없다. 혈대와 육맥을 초극한 존재인데 어찌 족보가 있을 수 있겠는가? 영의 차원으로 비상되고 고양된 존재는 족보가 필요 없는 것이다.

엘리야의 족보는 성경에 없다. 유대인들은 한 인물을 말할 때 반드시 5대조(五代祖)까지 들먹인다. 이것이 구약의 관례였다. 그런데 엘리야는 큰 선지자였는데도 그의 아비가 누구라는 기록이 없다. 이것은 구약에서는 특수한 일이었다.

왜 엘리야의 족보가 소개되지 않는가? 이는 엘리야가 혈대와 육맥의 차원을 초월하여 승천한 존재였기 때문이다. 엘리야는 〈죽은 자의 족보〉에서 자유하고 해방된 자였다. 산 자의 자리에서 보면 〈죽은 자의 족보〉란 쓰레기통에 버려야 할 휴지이다.

그런데 세상 사람들은 〈죽은 자의 족보〉를 신주처럼 들고 앉아서 가문을 따지고 피의 순수성을 들먹이고 혈대의 순서를 계산하고 있다. 이는 생명의 대도를 깨닫지 못한 어리석은 자들의 노름이다. 개(犬)에게도 족보가 있지 않은가? 개의 족보나 인간의 혈대를 기록한 족보의 차이가 무엇인가?

우리는 하루빨리 〈죽은 자의 족보〉에서 탈출해야 한다. 그때 비로소 영의 새 차원이 열릴 것이다. 족보 없는 마당으로 높이 비상하자. 족보의 난곡(卵穀)을 깨고 영의 차원으로 도약 비상하자.

멜기세덱이 족보가 없는 존재란 뜻은 참으로 심오한 생명의 비의였다.

3. 시작한 날도 생명의 끝도 없는 존재

아비와 어미가 없는 즉 족보에서의 자유는 곧 생(生)과 사(死)의 윤회바퀴에서의 해방을 의미한다.

시작도 끝도 없는 무시무종(無始無終)한 원적(圓的)시간 속에 수렴된 존재이다. 아비와 어미가 있는 존재는 생과 사가 있는 선적(線的)시간 속의 존재이다. 생명의 시작도 끝도 없는 존재란 온 곳도 없고 간 곳도 없는 영원한 중장(中場)에 소요(逍遙)하는 절대 자유한 존재란 뜻이다.

예수도 이와 같은 견지를 말씀하였다.

> 육으로 난 것은 육이요 영으로 난 것은 영이니 내가 네게 거듭나야 하겠다 하는 말을 놀랍게 여기지 말라 바람이 임의로 불매 네가 그 소리는 들어도 어디서 와서 어디로 가는지 알지 못하나니 성령으로 난 사람도 다 그러하니라(요 3:6-8).

바람 같은 존재 즉 풍류체(風流體)를 이룬 존재는 생명의 시작도 끝도 없는 존재가 되는 것이다. 풍류체는 선화(僊化)되고 영화(靈化)된 존재들을 말한다.

제5절 멜기세덱과 예수

멜기세덱과 예수는 어떤 관계가 있는가? 어떤 관계가 있기에 예수는 멜기세덱의 반차를 좇아(따라) 하늘의 대제사장이 되는가?

> 여호와는 맹세하고 변하지 아니하시리라 이르시기를 너는 멜기세덱의 서열을 따라 영원한 제사장이라 하셨도다(시 110:4).
>
> 그리로 앞서 가신 예수께서 멜기세덱의 반차를 따라 영원히 대제사장이 되어 우리를 위하여 들어 가셨느니라(히 6:20).

멜기세덱과 예수의 관계를 보다 철저하게 규명하자.

1. 멜기세덱

멜기세덱은 평화의 왕이다. 멜기세덱의 도는 피흘림이 없는 도를 말한다. 다시 말해서 타락되지 않은 세계의 도를 의미한다. 아담이 타락하지 않았다면 멜기세덱의 도맥이 땅 위에 전개되었을 것이다.

죄와 죽음이 없는 세계에서 선화(僊化)될 수 있는 비의의 제사장이 멜기세덱이었다. 이는 본래적이며 제1의적(第一義的)인 도맥인 선맥(僊脈)을 의미한다. 그러므로 멜기세덱의 도맥은 타락된 인간과는 관계지을 수 없는 은폐된 맥이다.

멜기세덱은 제사장이지만 우리의 속죄를 담당할 제사장은 아니었다.

2. 예수

예수는 인간의 속죄를 위하여 피를 흘렸다. 피흘림이 없이는 죄사함이 없기 때문이다(히 9:22).

멜기세덱은 피를 흘리지 않은 제사장이었다. 그러나 예수는 피를 흘린 제사장이었다. 같은 하늘의 제사장이지만 타락한 인간에게는 피를 흘린 제사장이 구세주가 되는 법이다.

그러므로 우리는 예수의 부활의 도맥과 연결되어지는 것이다. 예수의 피흘림은 아담의 타락으로 인한 결과이다. 만약 아담이 타락하지 않았다면 예수의 십자가와 부활의 도맥은 남상되지 않았을 것이다.

멜기세덱과 예수는 별개의 인물이 아니라 한 인물의 두 가지 다른 표현이라 할 수 있다. 인간이 생명과를 따먹고 타락하지 않았다면 멜기세덱의 도맥이 남상되었을 것인데 선악과를 따먹음으로써 예수의 도맥이 남상된다. 멜기세덱은 타락하지 않은 세계에서 하나님 독생자의 이름이고 예수는 타락한 세상에서 하나님 독생자의 이름이다.

이 이름은 다 방편인 것이다. 멜기세덱은 산 자들의 선맥을 이어주는 제사장이고 예수는 죽은 자들의 부활의 맥을 이어주는 속죄의 제사장인 것이다. 하나님은 〈사람농사〉하면서 두 가지 계획을 세우셨다.

첫째, 지혜천사가 선악과로 인간을 유혹할 때 인간이 악마의 유혹을 초극하면 본래적이며 제일의적인 선맥인 멜기세덱의 도맥을 남상시켜 죽음과 죄가 없는 세계심전(世界心田)에서 사람농사하는 방법이었다.

둘째, 지혜천사가 선악과로 인간을 유혹할 때 인간이 지혜천사와의 도적(道的) 씨름에서 패배하여 선악과를 따먹고 죽으면 비본래적이며 제2의적(第二義的)인 부활의 맥을 개척하기 위하여 예수를 보내어 구속의 도를 이루어 사람농사하는 방법이다.

평화의 제사장으로서의 멜기세덱은 타락한 인간의 마당에서 보면 영원히 본체계(本體界)의 제사장이고 죄의 제사장으로서의 예수는 현상계(現象界)의 제사장이라 할 수 있다.

멜기세덱과 예수는 본래 하나인데 인간이 죽음의 존재로 전락하였기 때문에 하나님의 독생자가 예수라는 이름으로 이 세상에 오셔서 살신성인(殺身成仁)하여 저주의 자리에서 피의 십자가를 지셨던 것이다.

제6절 멜기세덱이 아브라함을 축복한 이유

멜기세덱은 산 자요 아브라함은 죽은 자였다. 산 자인 멜기세덱이 죽은 자인 아브라함을 축복한 비의는 장차 메시아로 오실 예수 그리스도의 도맥과 연결시켜 주는 부활의 비밀이 숨어있는 것이다.

> 살렘 왕 멜기세덱이 떡과 포도주를 가지고 나왔으니 그는 지극히 높으신 하나님의 제사장이었더라 그가 아브람에게 축복하여 이르되 천지의 주재이시요 지극히 높으신 하나님이여 아브람에게 복을 주옵소서(창 14:18-19).

이 성구를 보면 멜기세덱은 떡과 포도주를 가지고 아브라함을 축복하였다. 떡과 포도주는 장차 예수가 인류를 위하여 희생될 피와 살을 암시하고 있다. 멜기세덱의 떡과 포도주는 그리스도의 성만찬을 의미하고 있으며 동시에 예수의 진리와 신령의 암호이다.

구약은 예수가 나타날 수 없는 마당이었다. 믿음의 조상인 아브라함을 축복할 때도 예수 대신 멜기세덱이 등장한 이유도 바로 여기에 있다. 에녹과 엘리야를 산 자의 표본으로 선화(僊化)시킨 구약의 마당이므로 영원한 선맥(僊脈)의 제사장인 멜기세덱이 나타났던 것이다. 또 멜기세덱이 아브라함을 축복한 이유는 산 자가 죽은 자를 축복하여 산 자의 도맥을 남상시키기 위함이었다.

멜기세덱의 축복을 받으므로 아브라함은 산 자의 조상, 믿음의 조상으로 등장한다. 부활의 비맥(秘脈)이 아브라함으로부터 시작되는 원인도 아브라함이 산 자의 축복을 받았기 때문이다. (「타락론」 및 『신령편』 중 「아브라함 노정」 참조).

창세기에는 우리에게 세 가지 조상을 보여 주고 있다. 아담과 노아와 아브라함이다. 아담과 노아는 믿음의 조상이 되지 못했지만 아브라함이 믿음의 조상이 되고 만민(萬民)의 복의 기관이 되는 원인도 그가 산 자인 멜기세덱의 축복을 받고 선맥과 연결지었기 때문이었다. 멜기세덱의 축복은 예수의 피(포도주)와 살(떡)에 의한 부활의 축복이다.

하나님이 아브라함의 하나님, 이삭의 하나님, 야곱의 하나님으로 기록되는 원인도 이 3대에 걸쳐 부활의 도맥이 은장(隱藏)되었기 때문이었다.

하나님은 아담의 하나님, 노아의 하나님이라 부를 수 없다. 왜냐하면 이들 조상에게는 산 자의 도맥이 연결되지 못하였다. 그러므로 아담과 노아가 우리들 혈대의 조상은 될 수 있을지언정 믿음의 조상은 되지 못한다.

> 죽은 자가 살아난다는 것은 모세도 가시나무 떨기에 관한 글에서 주를 아브라함의 하나님이요 이삭의 하나님이요 야곱의 하나님이시라 칭하였나니 하나님은 죽은 자의 하나님이 아니요 살아 있는 자의 하나님이시라(눅 20:37-38).

이 성구에는 부활의 황금 광맥이 묻혀있다.

아브라함·이삭·야곱의 하나님은 죽은 자의 하나님이 아니다. 산 자의 도맥이 아브라함으로부터 시작되는 원인이 산 자인 멜기세덱이 축복한데 있다. 아브라함을 유대인들의 혈대의 조상으로 오해해서는 안 된다. 아브라함은 영맥으로 이어지는 믿음의 조상이기 때문에 그를 복의 기관으로 세웠던 것이다.

> 내 언약이 너와 함께 있으니 너는 여러 민족의 아버지가 될지라 이제 후로는 네 이름을 아브람이라 하지 아니하고 아브라함이라 하리니 이는 내가 너를 여러 민족의 아버지가 되게 함이니라(창 17:4-5).

하나님의 이 축복은 아브라함을 믿음의 조상으로 세우고 모든 믿는 자들을 영맥으로 연결시켜 주기 위함이었다.

성경은 영맥을 중요시한다. 혈과 육은 하늘나라를 유업으로 받을 수 없다. 그러므로 혈맥을 따지는 유대인은 하나님의 선민이 아니며 영맥을 따라 만국에서 결실된 믿음의 자식들이 참 선민인 것이다.

부활의 비맥(秘脈)은 아브라함으로 부터 시작되어 이삭·야곱·요셉에게 은장(隱藏)된다.

멜기세덱은 아브라함에게 축복한 후 다시는 성경에 등장하지 않는다. 믿음의 조상인 아브라함에게 산 자의 축복을 하여 선맥을 연결시켜 주었으므로 멜기세덱은 사명을 다하였기 때문이다.

> 논란의 여지 없이 낮은 자가 높은 자에게서 축복을 받느니라 또 여기(레위)는 죽을 자들이 십분의 일을 받으나 저기(멜기세덱)는 산다고 증거를 얻은 자가 받았느니라 또한 십분의 일을 받는 레위도 아브라함으로 말미암아 십분의 일을 바쳤다고 할 수 있나니 이는 멜기세덱이 아브라함을 만날 때에 레위는 이미 자기 조상의 허리에 있었음이라(히 7:7-10).

이 성구를 보아도 두 가지 도맥이 갈림을 알 수 있다. 육신을 따라 제사장이 된 레위 계통은 다 죽은 자들이나 아브라함이 십일조를 바친 멜기세덱은 영원히 산 자인 것이다. 아브라함이 산다고 증거를 받은 제사장에게 십일조를 바치므로 그의 영적 허리에 있는 모든 믿음의 후손들도 산 자인 제사장에게 십일조를 바쳤다 할 수 있다. 그러므로 산 자의 도맥을 발굴한 자들이야말로 아브라함의 후손이며 멜기세덱과 예수의 선맥에 연결된 자들인 것이다.

오늘날 기독교는 죽은 자의 하나님을 믿고 죽을 자들에게 십일조를 바치는 종교이다. 왜냐하면 그들은 죽어서 영혼이 천당간다는 사자(死者)의 종교를 믿고 있으며, 산 자의 도맥을 발굴하지 못한 죽은 제사장들에게 십일조를 바치고 있기 때문이다.

아브라함이 멜기세덱에게 산 자의 축복을 받을 때 믿음의 성도들도 함께 축복을 받았고 예수가 부활할 때 믿음의 성도들도 부활했던 것이다.

제7절 영맥(靈脈)과 혈맥(血脈)에 대하여

전술한 바와 같이 성경 속에는 〈죽은 자의 맥〉과 〈산 자의 맥〉이 있는 사실을 발굴하였다. 이 〈죽은 자의 맥〉과 〈산 자의 맥〉을 다른 측면으로 관찰하면 죽은 자들은 〈육신의 씨〉이고 산 자들은 〈언약의 씨〉임을 알 수 있다. 이 〈언약의 자식〉과 〈육신의 자식〉에 대하여 사경하자.

1. 언약의 씨와 육신의 씨

> 형제들아 너희는 이삭과 같이 약속의 자녀라 그러나 그 때에 육체를 따라 난 자가 성령을 따라 난 자를 박해한 것 같이 이제도 그러하도다 그러나 성경이 무엇을 말하느냐 여종과 그 아들을 내쫓으라 여종의 아들이 자유 있는 여자의 아들과 더불어 유업을 얻지 못하리라 하였느니라(갈 4:28-30).

이 성구를 보면 〈언약의 자식〉과 〈육신의 자식〉이 무엇임을 알 수 있다. 언약의 자식이란 성령을 따라난 자들이며 육신의 자식이란 혈대와 육맥을 따라난 자식들이다.

인간은 이삭적 존재인 언약의 자식과 이스마엘적 존재인 육신의 자식으로 대별된다. 바꾸어 말해서 우리들에게는 두 가지 형의 모성이 있다. 하늘에 있는 예루살렘을 상징하는 〈사라적 모성〉과 땅에 있는 예루살렘을 상징하는 〈하갈적 모성〉이다.

> 기록된 바 아브라함에게 두 아들이 있으니 하나는 여종에게서, 하나는 자유 있는 여자에게서 났다 하였으며 여종에게서는 육체를 따라 났고 자유 있는 여자에게서는 약속으로 말미암았느니라 이것은 비유니 이 여자들은 두 언약이라 하나는 시내 산으로부터 종을 낳은 자니 곧 하갈이라 이 하갈은 아라비아에 있는 시내 산으로서 지금 있는 예루살렘과 같은 곳이니 그가 그 자녀들과 더불어 종 노릇 하고 오직 위에 있는 예루살렘은 자유자니 곧 우리 어머니라 기록된 바 잉태하지 못한 자여 즐거워하라 산고를 모르는 자여 소리 질러 외치라 이는 홀로 사는 자의 자녀가 남편 있는 자의 자녀보다 많음이라(갈 4:22-27).

이 성구는 참으로 중대한 비밀이 숨어있다. 육신을 따라난 이스마엘적 존재는 시내산에서 율법을 받은 종이며 그들의 모성은 하갈로서 이는 땅 위에 있는 예루살렘이며 그 성전에서는 죽은 자인 레위지파가 제사장이 되어있다.

성령을 따라 난 이삭적 존재는 약속을 따라 난 자유한 자들이며 그들의 모성은 사라로서 이는 하늘에 있는 예루살렘이고 그 성전에서는 산 자인 멜기세덱의 반차를 따라 예수가 제사장이 되어 있다.

약속의 자식과 육신의 자식은 외형적으로 보기에는 동일한 사람 같으나 성경의 안목으로 깊이 뚫어 보면 운니(雲泥)의 차가 있다. 시내산에서 십계를 받은 모세는 종이었고 율법에서 우리를 해방하여 자유케하신 예수는 아들이었다.

> 또한 모세는 장래에 말할 것을 증언하기 위하여 하나님의 온 집에서 종으로서 신실하였고 그리스도는 하나님의 집을 맡은 아들로서 그와 같이 하셨으니……(히 3:5-6).

우리는 예수 그리스도를 따라 성령으로 거듭난 언약의 자식이지 모세를 따라난 육신의 자식이 아니다. 우리는 종이 아니며 자유한 존재들임을 잊어서는 안 된다. 하갈의 모성은 육신의 자식을 낳는 육태이며 사라의 모성은 성령을 따라 낳은 도태이다.

> 물과 성령으로 나지 아니하면 하나님의 나라에 들어갈 수 없느니라 육으로 난 것은 육이요 영으로 난 것은 영이니 내가 네게 거듭나야 하겠다 하는 말을 놀랍게 여기지 말라(요 3:5-7).

이 성구가 내포하고 있는 도비(道秘)도 육태와 도태의 비밀을 암시하고 있다. 거듭난다는 것은 육태에서 난 인간이 성령의 도태 속에서 다시 나야 새 사람이 됨을 암시하고 있는 것이다. 성령으로 거듭난 자 아니면 선화될 수 없고 또 산 자의 도맥을 깨칠 수 없다. 혈과 육은 하늘나라를 유업으로 받을 수 없고 무익한 것이다. 혈과 육은 하갈적 모성이 낳은 죄의 종자이며 죽음에 이르는 절망의 존재들인 것이다.

> 살리는 것은 영이니 육은 무익하니라(요 6:63).
>
> 만일 너희 속에 하나님의 영이 거하시면 너희가 육신에 있지 아니하고 영에 있나니 누구든지 그리스도의 영이 없으면 그리스도의 사람이 아니라(롬 8:9).
>
> 무릇 하나님의 영으로 인도함을 받는 사람은 곧 하나님의 아들이라 너희는 다시 무서워하는 종의 영을 받지 아니하고 양자의 영을 받았으므로 우리가 아빠 아버지라고 부르짖느니라 성령이 친히 우리의 영과 더불어 우리가 하나님의 자녀인 것을 증언하시나니(롬 8:14-16).

예수의 보혈이 아닌 인간의 피는 무익한 것이다. 현재 인간은 〈피는 물보다 진하다〉라는 차원에 와 있으나 〈영은 피보다 진하다〉는 차원에는 이르지 못하고 있다. 예수의 보배로운 피가 육신을 따라난 더러운 피의 죄악을 사해 주시고 우리를 성령으로 거듭나게 할 때 〈영은 피보다 진한 차원〉이 전개될 것이다.

> 누가 내 어머니이며 내 동생들이냐…… 누구든지 하늘에 계신 내 아버지의 뜻대로 하는 자가 내 형제요 자매요 어머니이니라(마 12:48-50).

예수 당시에도 종교상인들은 혈맥을 중요시 하였고 오늘날 거짓 선지자와 적그리스도들은 피를 중요시하고 있는데 이는 다 비성경적 마귀의 교리다.

2. 예수는 다윗의 자손인가

바리새인들은 영맥을 깨닫지 못한 자들이었으므로 혈맥을 중요시하여 메시아는 다윗의 혈통으로 온다고 믿고 있었다. 그들은 메시아가 약속을 따라 성령으로 탄생하는 〈언약의 자식〉임을 몰랐고 혈대와 육맥을 따라 하갈적 모성에게서 탄생하는 다윗의 씨임을 고집하고 있었다.

성모 마리아는 사라적 모성이지 하갈적 모성이 아니다. 성모 마리아는 성령을 따라 잉태하였지 육신의 남편을 따라 잉태한 것이 아니다. 그러므로 예수는 혈맥으로 볼 때 다윗의 자식이 아닌 것이다.

> 바리새인들이 모였을 때에 예수께서 그들에게 물으시되 너희는 그리스도에 대하여 어떻게 생각하느냐 누구의 자손이냐 대답하되 다윗의 자손이니이다 이르시되 그러면 다윗이 성령에 감동되어 어찌 그리스도를 주라 칭하여 말하되 주께서 내 주께 이르시되 내가 네 원수를 네 발 아래에 둘 때까지 내 우편에 앉아 있으라 하셨도다 하였느냐 다윗이 그리스도를 주라 칭하였은즉 어찌 그의 자손이 되겠느냐 하시니(마 22:41-45).

이 성구를 볼 때 예수는 다윗의 자손이 아님을 천명하고 있다. 다윗의 자손인 요셉은 예수의 양부(養父)였지 친부가 아니었다. 친부는 하나님이었다. 마리아는 다윗 계통의 여인이었으므로 모혈(母血)로 볼 때 예수는 다윗의 혈손(血孫)이 된다. 그러면 성경 속에 산견(散見)되는 다윗의 씨란 무엇인가?

> 그의 아들에 관하여 말하면 육신으로는 다윗의 혈통(씨)에서 나셨고……

(롬 1:3).

이 성구는 다윗의 혈통을 말하지 않고 마리아의 혈통을 받아 예수가 수육되었음을 말한다. 그 증거는 다음 성구에 기록되어 있다.

때가 차매 하나님이 그 아들을 보내사 여자에게서 나게 하시고……(갈 4:4).

마태 족보를 분석하면 남자가 아들을 낳고 있다. 이는 혈대와 씨가 남자의 씨임을 강조하기 위함이었다. 그러나 마태 족보의 마지막에 오면 〈마리아에게서 그리스도라 칭하는 예수가 나시니라〉라고 기록되어 있다. 예수는 마리아의 아들이고 요셉에게는 양자였던 것이다. 그렇다면 이 성구는 어떻게 해석할 것인가?

나는 다윗의 뿌리요 자손이니 곧 광명한 새벽 별이라 하시더라(계 22:16).

유대 지파의 사자 다윗의 뿌리가 이겼으니 그 두루마리와 그 일곱 인을 떼시리라 하더라(계 5:5).

이 성구에서 보는 다윗의 뿌리와 자손은 혈대와 육맥을 말하지 않고 영맥을 말하고 있다. 다윗은 하나님의 뜻에 합당한 성왕(聖王)이었다. 뜻으로 볼 때 다윗은 예수의 표상 인물이다. 그러므로 예수도 뜻으로 볼 때 다윗의 씨요 자손격이다. 성경은 영맥이지 혈맥이 아님을 누누이 사경하였다. 다음 성구에서 모든 것이 밝히 이해될 것이다.

내 종 다윗이 그들의 왕이 되리니 그들 모두에게 한 목자가 있을 것이라(겔 37:24).

내가 한 목자를 그들 위에 세워 먹이게 하리니 그는 내 종 다윗이라 그가 그들을 먹이고 그들의 목자가 될지라 나 여호와는 그들의 하나님이 되고 내 종 다윗은 그들 중에 왕이 되리라(겔 34:23-24).

에스겔이 예언한 이 성구의 다윗은 곧 예수 그리스도를 말하고 있다.

에스겔은 다윗이 죽은 후의 예언자인데 그가 장차 메시아를 다윗으로 표현한 것도 영적인 의미에서였음을 이해하자.

제3장
타 락 론

제3장 타락론

여호와 하나님이 그 사람에게 명하여 이르시되 동산 각종 나무의 열매는 네가 임의로 먹되 선악을 알게 하는 나무의 열매는 먹지 말라 네가 먹는 날에는 반드시 죽으리라 하시니라(창 2:16-17).

성경은 개권(開卷) 첫머리부터 우리들에게 지난(至難)한 암호를 제시하며 그 해독을 요구하고 있다. 그것은 다름 아닌 타락의 문제이다. 타락은 성경이 제기한 물음 중에 제일 어려운 숙제로 수천 년 동안 미해결의 장으로 남겨진 채 오늘에 이르고 있다. 얼마나 많은 구도자들이 상징의 숲속을 방황하다가 미로(迷路)에 쓰러져 촉루(髑髏)로 화했던가. 얼마나 많은 도인들이 비유의 유곡(幽谷)에서 기도하다가 마귀의 영감에 기만당했던가.

아담 하와의 시신이 묻힌 타락의 산은 피묻은 해골의 깃발이 나부끼는 골고다이며 원망과 한의 무기(巫氣)가 감도는 구도(求道)의 격전장이다. 에덴동산이 어느 곳이며 생명나무와 선악나무는 무엇이며 뱀의 정체는 무엇인가?

일체의 문제가 해독되지 않은 채 기독교 2천년 역사는 타락의 산에 교리의 바벨탑을 쌓았고 신학적 유언비어를 골고다에 메아리치게 했다.

진리의 태양은 암운(暗雲)에 가리운 채 구름 속에서 사탄 마귀는 온갖 거짓 영감을 방전(放電)하고 공중에 유리하는 영들은 사이비 종교인들과 밀통하여 성경을 잘못 해석하였다. 각 시대마다 유행한 서구의 신학은 교파의 밀실 속에서 자파(自派)의 신자들을 밀봉교육시켜 자유인들을 교리의 노예로 비소화(卑小化)시켰다.

성경의 남상인 타락의 비밀이 풀리지 않으면 다른 문제도 풀리지 않음을 명심해야 한다. 난마(亂麻)처럼 엉킨 성경의 문제를 푸는 단서가 타락의 비밀이다. 괴괴한 구약의 밤, 마귀들은 홍소(哄笑)하고 영적 여우들은 묘구(墓丘)를 파는 공동묘지에 앉아 타락의 비밀을 정각(正覺)하자.

제1절 아담의 의미

아담은 성경에 등장하는 최초의 인물이다. 아담은 누구이며 그 의미는 무엇인가?

이 물음에 대답하기 위하여 성경이 제기하는 〈사람〉이라는 개념을 먼저 이해해야 한다. 왜냐하면 아담은 〈사람〉이라는 뜻이기 때문이다. 아담은 성경 연대로 소급하면 지금부터 6천 년 전에 성경의 지평에 등장한 사람이다. 그러나 인류학이나 고생물학이나 고고학적인 견지에서는 인간의 발생 연대는 백만 년 전까지 소급된다. 6천 년과 백만 년의 시간적 괴리(乖離) 현상을 어떻게 해석할 것인가?

백만 년 전부터 지구상에는 의식의 희뿌연 안개가 원시의 광야와 수림 속에서 피어오르고 있었다. 피테칸트로푸스형의 원인(猿人)이며, 시난트로푸스형의 북경인이며, 하이델베르크인과 필트다운인이며, 네안데르탈인과 크로마뇽인이 서서히 사멸(死滅)해간 광야에 지금으로 부터 3만 년 전 호모사피엔스들이 영의 하늘을 개천하려고 몸부림치고 있었다. 애니미즘과 토테미즘과 샤머니즘의 발생은 인간 심령이 하늘을 향해 눈을 뜨던 최초의 종교적 몸부림이었다. 원시 광야에 산재하여 취락을 이루면서 모계사회의 무도덕과 비윤리는 혼음과 난륜(亂倫)의 인간 군상을 형성하였다. 그들은 생물학적 내지 인류학적 의미의 〈사람〉이라 할 수 있어도 성경적 의미의 사람은 아니었다.

바로 이 점이 아담을 이해하는 핵인 것이다. 아담 이전에 존재한 원시인들은 생물학적 의미의 인간이었고 아담은 성경적 의미에서의 인간이었다. 성경적 의미의 〈사람 = 아담〉이란 무엇인가?

성경은 창조주 하나님을 찾아가는 문서이다. 그러므로 성경적 의미의 사람은 하나님을 인식하기 시작한 존재가 곧 〈사람〉으로 등장한다. 아담 곧 사람이란 의미는 하나님과 대면할 수 있는 인격적 존재의 의미임을 깨달아야 한다.

아담 이전의 사람(?)들은 하나님의 대상으로서의 사람은 아니었다. 물론 그들에게도 종교의 싹은 움트기 시작했으나 그 영감은 하나님의 도전에 의한 것이 아니었다. 미개 야만한 그들에게는 사자와 선령(先靈)들이 꿈에 나타났고 저급 하늘의 잡신과 무령(巫靈)들이 인광처럼 희미한 영감을 방전하고 있었다. 그들의 의식과 능력과 영대(靈臺)로는 하나님을 인식할 수 없었다. 그들의 외모는 사람의 탈을 썼으나 내면과 마음은 짐승의 영역을 겨우 벗어나고 있었다.

그러므로 그들은 생물학적 내지 인류학적 의미에서는 사람이라 할 수 있어도 성경적 의미에서는 사람이 아니었다. 이렇게 볼 때 6천 년 전의 아담과 백만 년 전의 인간 발생은 아무런 모순도 없이 그 정체가 해명된다.

후 아담인 예수가 이 세상에 왔을 때도 이 세상에는 죄인은 있었으나 사람은 없었다. 죽은 자는 있었으나 산 자는 없었다. 죄인은 가인(假人)이지 참 의미의 사람은 아니다. 오직 예수 한 사람만이 참 아담(사람)이었던 것이다.

우리는 아담의 존재를 다음과 같이 정의할 수 있다.

첫째, 아담은 저급종교의 원시 광야에서 고등종교인 창조주 하나님을 깨닫기 시작한 최초의 사람이다.

둘째, 아담의 등장으로 선사시대는 서서히 종말을 고하고 역사시대가 개명된다. 아담은 역사시대를 개명한 최초의 사람이다.

세째, 아담은 부계사회의 시조이다. 원시모계 사회의 혼음과 난륜에서 벗어나 유일하신 하나님을 인식하기 시작하므로 그는 부계의 도덕과 윤리를 자각한다.

> 하나님이 〈사람〉을 창조하실 때에 하나님의 모양대로 지으시되 남자와 여자를 창조하셨고 그들이 창조되던 날에 하나님이 그들에게 복을 주시고 그들의 이름을 〈사람〉이라 일컬으셨더라(창 5:1).

이 말씀에 담긴 〈사람〉은 아담 이전의 인간들은 성경적 의미의 사람이 아니었음을 시사(示唆)하고 있다.

제2절 아담 이전의 심전(心田) 상태

원시광야에 혼거하면서 취락을 이루고 살던 원시인들은 윤리도 도덕율도 없는 미개 야만(未開野蠻)한 존재였다. 외형상 짐승의 지경을 벗어나 사람의 가면을 쓰고 있었으나 인면수심(人面獸心)이었다.

한 마디로 말해서 원시인들은 심전을 개발하지 못하고 있었다. 그들의 마음밭은 잡초가 무성하고 가시와 엉겅퀴가 뻗어 황량한 돌밭과 같았다.

> 여호와 하나님이 땅에 비를 내리지 아니하셨고 땅을 갈 사람도 없었으므로 들에는 초목이 아직 없었고 밭에는 채소가 나지 아니하였으며 안개만 당에서 올라와 온 지면을 적셨더라(창 2:5-6).

이 성구는 자연의 황무지를 말하는 듯 하나 인간 심전을 비유하고 있다. 마음밭의 황무지는 개간되어 있지 않았고 혼돈의 안개만이 자욱하게 피어나고 있었다. 미개하고 야만한 심전에는 순화되지 못한 야성의 본능들이 뱀처럼 꿈틀거렸고 미신이 독버섯처럼 돋아나고 있었다. 아담은 마음밭의 황무지를 개간한 최초의 사람이었다. 그는 잡초를 뽑고 가시와 엉겅퀴를 불사르고 돌을 골라내고 옥토를 가꾸려고 노력하였다.

다시 말해서 무도덕과 비윤리의 심전을 갈아엎고 높은 도덕과 윤리의식을 소유함으로써 하나님을 인식하려 했다.

> 땅이 그 위에 자주 내리는 비를 흡수하여 밭가는 자들이 쓰기에 합당한 채소를 내면 하나님께 복을 받고 만일 가시와 엉겅퀴를 내면 버림을 당하고 저주함에 가까워 그 마지막은 불사름이 되리라(히 6:7-8).

이 성구도 밭을 심전 개발에 비유한 말씀이다. 예수도 사람의 심전을 네 가지로 구분하였다. 길가와 같은 심전, 돌밭과 같은 심전, 가시덤불과 같은 심전, 옥토와 같은 심전(마 13:3-9)이 그것인데, 황무지 같은 미개하고 야만한 인간 심성을 개발하지 않고는 하늘을 개천할 수 없다.

타락 후 아담에게 하나님이 내린 형벌도 마귀가 침입한 심성을 다시 피와 땀을 흘려 개간할 것을 당부한다.

> 아담에게 이르시되 네가 네 아내의 말을 듣고 내가 네게 먹지 말라 한 나무의 열매를 먹었은즉 땅은 너로 말미암아 저주를 받고 너는 네 평생에 수고하여야 그 소산을 먹으리라 땅이 네게 가시덤불과 엉겅퀴를 낼 것이라(창 3:17-18).

이 성구는 다시 인간 심전이 황폐해졌으므로 피땀흘려 구도할 것을 비유하고 있다.

모세가 하나님과 해후할 때 하나님이 가시덤불 속에 나타난 것도 황폐한 인간 심전에 도전해 오고 있음을 암시하고 있는 것이다. 이 때문에 모세에게 십계명을 주게 된다. 인류가 자각한 모든 고등종교는 황무지인 마음밭의 개간을 위한 방법론을 제시하고 있다.

아담이 창조될 당시 세계심전(世界心田)은 그 누구도 개간 못한 미개하고 야만하고 무명(無明)한 밭이었음을 다시 한번 명심하자.

제3절 아담을 흙으로 창조한 의미

창조적 진화의 계통수(系統樹)를 보아라. 아메바로부터 영장류로 창조적 진화를 하기 까지 수십만 년의 세월이 흘러갔다. 영장류의 가지에서 인간이 발생하기까지 또 수백만 년의 세월이 흘러갔다. 원인(原人)의 맨 윗가지에서 호모사피엔스가 발아(發芽)되기까지 또 수만 년의 세월이 흘러갔다. 호모사피엔스의 연한 가지에서 아담이 돌현(突現)하기까지 또 얼마나 세월이 흘러갔던가?

이 생명의 계통수를 보면 모든 생물의 존재는 그 뿌리를 흙에 내리고 있다. 모든 생명은 흙에서 발생한 존재들이다. 또 이 생명의 계통수는 연쇄된 유기체의 고리(環)들이다. 아담은 아메바로부터 발아된 생명의 계통수의 맨 윗가지에 꽃핀 존재였다.

여호와 하나님이 땅의 흙으로 사람을 지으시고 생기를 그 코에 불어넣으시니 사람이 생령이 되니라(창 2:7).

이 성구가 암시하는 바와 같이 하나님은 아담을 흙으로 짓고 그 코에 생기를 불어넣어 생령이 되게 했다. 이 말씀은 아담 이전의 인간은 생령의 존재가 아님을 암시하고 있다. 아담은 생명의 계통수 맨 윗가지에 핀 단순한 생물학적 의미의 존재가 아니고 그 속에 생령이 주입된 자였다. 생령이 된 존재는 그 뿌리는 흙에 박혀 있지만 그 열매는 물질의 차원을 떠나 영의 차원에 수렴됨을 의미하고 있다.

생물이 창조적 진화한 상향(上向)의 끝이 아담의 생령이고 생령이 하향(下向)한 밑바닥 근저는 물질이다. 곧 흙이며 육신이다. 그러므로 육신과 영혼은 두 가지 별개의 실체가 아니라 한 실체의 두 끝(極)인 것이다. 흙(물질)인 육신의 상향한 끝이 생령이며 생령이 발생한 뿌리는 육신인 것이다.

인간이 죽음의 존재로 전락하지 않았다면 육신은 생령의 열매로 변화받아 신령한 몸으로 돌변할 수 있었는데 타락으로 말미암아 육신과 영혼이 분리되는 비 본래적 고통을 잠정적으로 체험하게 된다. 육신과 영혼은 분리될 수 없는 것인데 이것이 분리되는 것이 죽음인 것이다.

아담의 의식 속에는 전 생물계의 의식이 농축되어 있다. 아메바로부터 원인(原人)에 이르는 모든 의식이 무의식 속에 녹아있는 것이다. 뿐만 아니라 육체적으로 볼 때도 아메바로부터 원인에 이르는 창조적 진화의 전 과정이 세포 속에 응결되어 있다. 아담은 이 세계내(世界內)에 있는 전 생명의 결정체이며 전 의식의 총화이며 전 물질의 열매로 지음 받은 것이다.

하나님이 물질을 근거로 생물계를 전개시킨 이유는 이것들을 근거로 하여 영으로 사람을 수렴하기 위함이었다.

육의 몸으로 심고 신령한 몸으로 다시 살아나나니 육의 몸이 있은즉 또 영의 몸도 있느니라(고전 15:44).

이 성구가 암시하듯 육으로 심고 영으로 거두시는 것이 하나님의 농사하는 방법이었다. 아담이 흙으로 지음 받은 뜻은 그가 곧 땅 차원의 존재임을 나타낸다.

> 첫 사람(아담)은 땅에서 났으니 흙에 속한 자이거니와 둘째 사람은 하늘에서 나셨느니라(고전 15:47).

땅 차원의 흙으로 짓고 하늘 차원의 영으로 수렴하는 것, 이것이 인간 창조의 원리이다. 흙인 육신 속에 생기를 불어넣어 생령이 되게 한 원인도 바로 여기에 있다.

인간은 처음 흙에 속한 자의 형상을 입고 이 땅에서 살다가 하늘에 속한 자의 형상으로 변화 받게 지음 받았는데 사탄 마귀의 침입으로 죽음이 개입되어 이 도맥은 사라지고 부활의 길이 개척되지 않았던가.

> 무릇 흙에 속한 자들은 저 흙에 속한 자와 같고 무릇 하늘에 속한 자들은 저 하늘에 속한 이와 같으니 우리가 흙에 속한 자의 형상을 입은 것 같이 또한 하늘에 속한 이의 형상을 입으리라(고전 15:48-49).

이렇게 볼 때 인간은 〈창조된 존재〉가 아니라 현재도 〈창조되고 있는 도상의 존재〉임을 알아야 한다.

인간은 아직 한 단계 변화를 앞에 놓고 비상(飛翔)의 자세를 취하고 도약하려고 하늘을 향해 웅크리고 있는 가능적 존재이다. 아담은 생령의 도약대 위에서 하늘 차원으로 비상할 수 있는 존재였는데 그는 선악과를 따먹고 퇴화(退化)하여 죽음의 존재가 되어 땅 차원에 주저앉아 무덤에 묻혀 흙으로 돌아갔다.

> 네가 흙으로 돌아갈 때까지 얼굴에 땀을 흘려야 먹을 것을 먹으리니 네가 그것에서 취함을 입었음이라 너는 흙이니 흙으로 돌아갈 것이니라(창 3:19).

영의 차원으로 비상하지 못한 아담에게 하나님은 흙으로 돌아갈 것을 선언한다. 언제 우리들의 어깨에 비상의 날개가 돋아날 것인가?

우리는 참 하늘을 향해 〈흙의 알〉을 깨고 영으로 고양되어야 할 〈날개

돋힌 존재〉이다. 생명의 계통수 맨 윗가지 아담의 가지에서 비둘기의 날개가 돋아 저 절대 자유한 시공으로 날아갈 날을 기다리고 있는 〈바람(願)의 존재〉이다. 예수가 재림할 때 공중으로 들림 받는 비밀이 곧 이것이다. 그 날을 기다리면서 참 성도들은 흙 속에서 티끌 속에서 분분질질(扮扮猍猍) 하자.

이처럼 아담은 흙 차원에서 하늘 차원으로 비상할 수 있는 생령이었는데 사탄 마귀의 침입으로 죽은 존재로 전락되었기 때문에 예수는 〈살려 주시는 영〉으로 왔다.

> 첫 사람 아담은 생령이 되었다 함과 같이 마지막 아담은 살려 주는 영이 되었나니(고전 15:45)

살려주는 영의 도적(道的) 작업이 곧 부활의 역사였다. 또 하나님이 아담을 흙으로 짓는 데는 창조적 의장(意匠)이 비유된 점을 간과해서는 안 된다.

> 그러나 여호와여, 이제 주는 우리 아버지시니이다 우리는 진흙이요 주는 토기장이시니 우리는 다 주의 손으로 지으신 것이니이다(사 64:8).
>
> 진흙으로 만든 그릇이 토기장이의 손에서 터지매 그가 그것으로 자기 의견에 좋은 대로 다른 그릇을 만들더라(렘 18:4).

이 성구에서 보는 바와 같이 하나님이 흙으로 아담을 짓는 것은 토기장이가 흙으로 오지그릇을 만들어 물건을 담듯 흙으로 지은 인간의 육신도 마음을 담는 그릇이다. 하나님은 흙으로 아담의 심기(心器)를 빚은 것이다. 우리의 몸은 생령의 그릇인 동시에 하나님의 성령이 거하시는 성전인 것이다.

> 너희 몸은 너희가 하나님께로부터 받은 바 너희 가운데 계신 성령의 전인 줄을 알지 못하느냐(고전 6:19).
>
> 너희는 너희가 하나님의 성전인 것과 하나님의 성령이 너희 안에 계시는

것을 알지 못하느냐(고전 3:16).

우리는 살아 계신 하나님의 성전이라(고후 6:16).

너희도 성령 안에서 하나님이 거하실 처소가 되기 위하여 그리스도 예수 안에서 함께 지어져 가느니라(엡 2:22).

이처럼 흙으로 지은 몸은 그릇이며 성전인데 마귀가 침입하므로 마음 그릇은 깨어지고 성전은 귀신의 집합소가 되었다. 인간의 심기(心器)는 죄의 쓰레기통이 되었고 군대 귀신과 일곱 귀신의 더러운 처소가 되었다.

하나님은 흙으로 사람을 만든 토기장이이며 예수도 우리를 흙으로 다시 빚은 토기장이었다. 예수는 소경을 고칠 때 진흙에 침을 발라 이겨서 소경의 눈에 발랐다.

이 말씀을 하시고 땅에 침을 뱉어 진흙을 이겨 그의 눈에 바르시고 이르시되 실로암 못에 가서 씻으라 하시니……(요 9:6).

이 성구를 피상적으로 해독하면 예수의 치유법이 비위생적이고 미신적인 듯 하지만 깊은 안목으로 보면 진흙에 침을 뱉는 것은 다시 창조하는 뜻이 깃들어 있는 것이다. 진흙은 아담을 만들던 소재(素材)이며 침은 예수의 생명적 요소 즉 생기(生氣)의 상징인 것이다.

흙에 침을 뱉어 이겨 소경의 눈에 바르는 것은 토기장이가 깨어진 토기를 다시 이겨 선한 그릇을 만드는 영적 비유임을 깨달아야 한다.

진흙으로 만든 그릇이 토기장이의 손에서 터지매 그가 그것으로 자기 의견에 좋은 대로 다른 그릇을 만들더라(렘 18:4).

제4절 에덴동산은 어디에 있나?

많은 신학자들과 성경 고고학자들이 에덴동산의 소재를 규명하려다 실패하였다. 대부분의 신학자들은 「창세기」 2장에 근거하여 에덴동산은 유프라테스강과 티그리스강이 발원하는 그 어디에 있을 것이라 추측하고 있다.

기독교인들은 시적 환상적 상상력으로 에덴은 지구 안에 있는 비경(祕境)으로 생각했으며 그 동산은 사과, 복숭아, 바나나, 망고 따위 과일이 풍성한 과수원으로 상상하고 있다. 에덴동산의 소재는 어딘가? 또 그 현주소는 어딘가?

이 문제를 해독하기 위하여 우리는 시적 환상적 상상력을 버리고 성경을 사경하여 규명토록 하자. 한 마디로 잘라 말해서 에덴동산은 땅에 있는 과수원이 아니다. 에덴동산은 하늘 차원에 이르는 도적(道的) 과수원이다.

> 네가 옛적에 〈하나님의 동산〉 에덴에 있어서…… 너는 기름 부음을 받고 지키는 그룹임이여 내가 너를 세우매 네가 〈하나님의 성산〉에 있어서 불타는 돌들 사이에 왕래하였도다…… 너 지키는 그룹아 그러므로 내가 너를 더럽게 여겨 〈하나님의 산〉에서 쫓아냈고 불타는 돌들 사이에서 멸하였도다(겔 28:13-16).

이 성구를 보면 에덴동산은 〈하나님의 성산〉이며 〈하나님의 산〉임을 알 수 있다. 타락한 지혜천사가 에덴동산에서 타락하는 과정을 묘사하고 있다. 또 다른 성구를 보자.

> 그 뿌리가 큰 물 가에 있으므로 그 나무가 크고 가지가 길어 모양이 아름다우매 〈하나님의 동산〉의 백향목이 능히 그를 가리지 못하며 잣나무가 그 굵은 가지만 못하며 단풍나무가 그 가는 가지만 못하며 〈하나님의 동산〉의 어떤 나무도 그 아름다운 모양과 같지 못하였도다 내가 그 가지를 많게 하여 모양이 아름답게 하였더니 〈하나님의 동산 에덴〉에 있는 모든 나무가 다 시기하였느니라(겔 31:7-9).

이 성구를 보아도 에덴은 〈하나님의 동산〉이지 〈사람의 동산〉이 아닌 것이다. 에덴동산에는 여러 나무와 선악나무와 생명나무가 있었다. 에덴에 있는 여러 나무 즉 백향목과 잣나무와 단풍나무가 다 지혜천사를 투기한 도비(道秘)를 이 성구는 보여주고 있다.

그럼 하나님은 아담을 창조한 후 왜 에덴에 두었을까? 아담을 에덴동산에 두었다는 의미는 무슨 뜻일까?

이는 아담이 구도하는 모습을 시적 메타포(隱喻)로 나타낸 문학적 표현이었다. 인간이 구도할 때 그 몸은 3차원 공간에 있으나 그 영(정신·마음)은 3차원 공간을 뛰어넘어 신비한 엑스타시의 경험을 한다. 하나님은 영인 까닭으로 하나님과 교통하려면 인간의 영은 에덴동산에 가지 않으면 안 된다. 왜냐하면 에덴동산에는 각종의 도과(道果)가 있기 때문에 그 열매를 따먹지 않으면 성도(成道)할 수 없기 때문이다.

하나님이 흙으로 지은 아담을 에덴동산에 두었다는 뜻은 그가 생명나무의 열매를 따먹고 성도(成道)하기를 바랬기 때문이었다. 흙(3차원 공간의 존재)으로 지음받은 인간은 그 영이 영차원 성공간(靈次元) 영공간(聖空間)으로 비상 도약하여 영이신 하나님과 해후해야 한다. 깊은 뜻은 피하고 상식적으로 한번 생각해 보자. 우리가 기도할 때 혹은 묵념이나 명상할 때 우리 몸은 골방이나 토굴 속에 있지만 그 마음과 정신과 영은 다른 차원에 가 있지 않는가.

모든 구도자와 도인들은 한결같이 에덴동산에 입산한 자들이었다. 에덴동산이란 구도의 도량(道場)을 의미하고 있다. 이 문제를 좀 더 자세히 이해하기 위하여 신약을 사경토록 하자.

> 무익하나마 내가 부득불 자랑하노니 주의 환상과 계시를 말하리라 내가 그리스도 안에 있는 한 사람을 아노니 그는 십사 년 전에 셋째 하늘에 이끌려 간 자라 (그가 몸 안에 있었는지 몸 밖에 있었는지 나는 모르거니와 하나님은 아시느니라) 내가 이런 사람을 아노니 (그가 몸 안에 있었는지 몸 밖에 있었는지 나는 모르거니와 하나님은 아시느니라) 그가 낙원으로 이끌려 가서 말로 표현할 수 없는 말을 들었으니 사람이 가히 이르지 못할 말이로다 (고후 12:1-4).

사도 바울은 신비한 체험을 통하여 셋째 하늘 곧 낙원에 가서 하늘의 비밀을 계시받고 왔다고 고백하고 있다. 그는 입신(入神)상태를 〈몸 안에 있었는지 몸 밖에 있었는지〉 알지 못한 상태에서 황홀한 엑스타시에 몰입하였던 것이다. 에덴동산이란 셋째 하늘 곧 낙원을 의미한다. 사도 요한도 밧모섬에서 「요한 계시록」을 기록할 때 그 몸은 밧모섬에 있었지만 그 영은 에덴의 차원에 가서 계시를 받았다.

> 이 일 후에 내가 보니 하늘에 열린 문이 있는데 내가 들은 바 처음에 내게 말하던 나팔 소리 같은 그 음성이 이르되 〈이리로 올라오라〉 이 후에 마땅히 일어날 일들을 내가 네게 보이리라 하시더라(계 4:1).

이 성구를 보면 요한도 하늘 차원으로 올라가서 하나님의 비밀을 알았던 것이다. 예수도 십자가의 오른편 강도에게 낙원(에덴)에 갈 것을 허락하였다(눅 23:43). 강도가 간 낙원도 하늘 차원이지 땅 차원이 아닌 것이다. 강도에게 낙원을 허락한 뜻은 「하늘론」에서 자세히 해명될 것이다.

> 이기는 그에게는 내가 〈하나님의 낙원에 있는 생명나무의 열매〉를 주어 먹게 하리라(계 2:7).

이 성구를 보아도 생명나무가 있는 낙원은 땅의 차원이 아닌 하늘 차원임을 알 수 있다. 에덴동산은 낙원이며 동시에 셋째 하늘인 것이다. 이 비밀을 모르고 기독교는 이날까지 에덴동산이 중동 지방의 어느 오지에 있다고 착각하고 있는 것이다.

에덴동산의 암호를 해독 못했으니 다른 문제가 어떻게 풀릴 수 있겠는가? 유프라테스강과 티그리스강의 함정 때문에 에덴동산을 지상에 있는 낙원으로 오해하였던 것이다. 네 강의 비밀은 다음 항에서 자세하게 해명될 것이다.

에덴이란 내재적(內在的)이면서 초월적(超越的)인 영(靈)의 마당(場)이다. 이것이 에덴동산의 주소이다.

첫째, 에덴이란 지상이 아닌 하늘의 차원이다.

둘째, 에덴이란 낙원이며 셋째 하늘이다.

세째, 에덴이란 입신하는 구도의 도장이며 그 곳에는 각종의 도과(道果)가 있는 영의 과수원이다.

이것이 성경이 우리에게 가르치고 있는 에덴동산의 바른 해답이다.

그러므로 에덴동산에서 추방당한 상태는 하나님의 생명과를 따먹을 수 없는 상태를 말한다. 유일하신 하나님, 생명의 예수와 단절되므로 다시 그 심령이 무명 상태로 떨어져 그 심전(心田)에는 가시와 엉겅퀴와 잡초가 무성함을 의미하고 있다. 아담은 에덴에서 정과(正果)를 따먹지 못하고 사과(邪果)를 따먹었으므로 죄와 죽음의 종으로 전락하였다. 에덴동산으로 높이 날아오른 아담은 날개가 꺾인 존재가 되어 무명의 심연으로 추락하였다.

구도자의 영적 퇴화(退化), 이것이 곧 에덴에서의 추방인 것이다.

구도자들이여! 우리는 아담에게 깊은 조의(弔意)를 표하면서 생명나무의 정과를 따먹기 위해 에덴에 입산하자.

제5절 나무의 암호해독

에덴동산에 있는 생명나무와 선악나무와 각종 나무는 무엇을 상징하는 나무일까?

이 나무들은 식물성의 나무가 아니다. 성경 속에는 많은 나무가 등장한다. 예를 들어 보자. 예수는 자기를 포도나무에 비유했고(요 15:1), 느부갓네살왕은 땅의 중앙에 있는 거목으로 비유했고(단 4:10-17), 다윗은 악인의 큰 세력을 본토에 선 나무에 비유했고(시 37:35), 이사야는 구속받은 자들을 의의 나무로 비유했고(사 61:1-3), 「요한 계시록」에는 끝 날 사명자를 감람나무로 비유했다(계 11:4). 이 모든 나무들은 인격을 상징하고 있음을 알 수 있다.

다음 성구를 분석해 보자.

> 그에게 안수하시고 무엇이 보이느냐 물으시니 쳐다보며 이르되 사람들이 보이나이다 나무 같은 것들이 걸어가는 것을 보나이다 하거늘 이에 그 눈에

다시 안수하시매 그가 주목하여 보더니 나아서 모든 것을 밝히 보는지라(막 8:23-25).

이 성구는 소경이 두 가지로 개안(開眼)되는 과정을 보여주고 있다.

첫 번째 안수로 벳세다의 소경은 영안(靈眼)이 열려 하늘을 우러러보니 〈사람들이 보이는데 나무처럼 보인다〉라고 고백한다. 두 번째 안수하니 육안(肉眼)이 열려 만물을 밝히 보았던 것이다.

먼저 영안이 열린 벳세다의 소경은 에덴동산의 여러 나무들을 보았던 것이다. 에덴동산의 나무들은 영적 인격들의 상징이며 비유인 것이다. 생명나무와 선악나무와 각종 나무를 성경적 안목으로 분석해 보자.

1. 생명나무

생명나무는 누구인가? 이는 곧 예수 그리스도이다.

태초부터 있는 생명의 말씀에 관하여는 우리가 들은 바요 눈으로 본 바요 자세히 보고 우리의 손으로 만진 바라 이 생명이 나타내신 바 된지라 이 영원한 생명을 우리가 보았고 증언하여 너희에게 전하노니 이는 아버지와 함께 계시다가 우리에게 나타내신 바 된 이시니라(요일 1:1-2).

그가 우리에게 약속하신 것은 이것이니 곧 영원한 생명이니라(요일 2:25).

또 증거는 이것이니 하나님이 우리에게 영생을 주신 것과 이 생명이 그의 아들 안에 있는 그것이니라 아들이 있는 자에게는 생명이 있고 하나님의 아들이 없는 자에게는 생명이 없느니라(요일 5:11-12).

그 안에 생명이 있었으니 이 생명은 사람들의 빛이라 빛이 어둠에 비치되 어둠이 깨닫지 못하더라(요 1:4-5).

내가 곧 길이요 진리요 생명이니 나로 말미암지 않고는 아버지께로 올 자가 없느니라(요 14:6).

오직 이것을 기록함은 너희로 예수께서 하나님의 아들 그리스도이심을 믿게 하려 함이요 또 너희로 믿고 그 이름을 힘입어 생명을 얻게 하려 함이니라(요 20:31).

이상의 성구들을 볼 때 예수 그리스도가 곧 〈생명 그 자체〉인 것이다. 생명나무란 예수를 비유한 말씀이다. 예수는 하나님 안에 감추었던 생명이며 동시에 인간으로 수육(受肉)한 영원한 생명이었다.

예수는 수육되기 전에 에덴동산에서 생명나무로 비유되고 있었다. 아담은 에덴의 구도에서 이 예수와 해후하여 영원한 생명의 도과(道果)를 따먹으면 영생할 수 있었던 것이다. 그러나 아담은 선악과를 따먹었다.

생명과는 참 지혜이고 선악과는 거짓 지혜이다. 생명과는 정과(正果)이고 선악과는 사과(邪果)이다.

우리는 참 지혜를 얻으면 곧 생명나무에 접붙임을 받아 생명나무가 될 수 있는 것이다.

지혜는 그 얻은 자에게 생명나무라 지혜를 가진 자는 복되도다(잠 3:18).

의인의 열매는 생명나무라 지혜로운 자는 사람을 얻느니라(잠 11:30).

온순한 혀는 곧 생명나무이지만 패역한 혀는 마음을 상하게 하느니라(잠 15:4).

구도자는 에덴동산에서 참 지혜의 과실을 먹어야 한다. 거짓 지혜의 과실을 먹으면 죽음에 이르는 존재로 타락된다. 성경 해석도 참 지혜로 풀어야지 거짓 지혜로 풀면 거짓 선지자와 적그리스도가 된다.

생명나무와 선악나무는 아직도 모든 구도자 앞에 존재하고 있음을 깨닫자. 현대인인 우리들도 에덴동산에 지음받은 존재임을 깨닫자. 어떤 열매를 따먹을 것인가.

2. 선악나무

선악나무는 누구의 상징인가?

선악을 알게 하는 나무의 열매는 먹지 말라 네가 먹는 날에는 반드시 죽으리라 하시니라(창 2:17).

동산 중앙에 있는 나무의 열매는 하나님의 말씀에 너희는 먹지도 말고 만지지도 말라 너희가 죽을까 하노라(창 3:3).

이 성구를 보면 선악나무는 〈죽음의 나무〉인데 그 특징은 에덴동산 〈중앙에 있는 나무〉임을 알 수 있다. 중앙에 있는 나무는 곧 〈중심 인물〉임을 비유한 것이다. 바벨론의 제왕 느부갓네살도 〈땅 중앙에 선 나무〉로 비유했고(단 10:17), 교만한 두로왕도 자기를 〈바다 중앙에 앉은 신〉이라고 비유했다(겔 28:2). 느부갓네살 왕은 고대 세계의 중심인물이었고 두로왕도 고대 세계에서 무역의 중심지를 다스리던 왕이었다. 여러 나무의 중앙에 위치한 나무란 여러 인격적 영물 중에 가장 중심 인물이란 뜻이다.

또 이 선악나무의 특징은 〈지혜를 알 만큼 탐스러운 열매를 맺은 나무〉라는 점이다. 이는 중앙에 있는 나무가 곧 지혜천사임을 암시하고 있다. 이제 그 선악나무가 하나님의 조직 속에 한 인물임을 사경하자.

> 하나님이 이르시되 보라 이 사람이 선악을 아는 일에 〈우리 중 하나〉 같이 되었으니 그가 그의 손을 들어 생명나무 열매도 따먹고 영생할까 하노라 하시고(창 3:22).

이 성구에서 〈우리 중 하나〉라는데 주목하기 바란다. 〈우리 중 하나〉란 뜻은 하나님의 조직 속의 한 인물이란 뜻이다. 성조직(聖組織) 속에서 암세포처럼 돌변한 존재가 곧 선악을 아는 지혜천사였다.

> 너는 기름 부음을 받고 지키는 그룹임이여 내가 너를 세우매 네가 하나님의 성산에 있어서 불타는 돌들 사이에 왕래하였도다 네가 지음을 받던 날로부터 네 모든 길에 완전하더니 마침내 네게서 불의가 드러났도다…… 너 지키는 그룹아 그러므로 내가 너를 더럽게 여겨 하나님의 산에서 쫓아냈고 불타는 돌들 사이에서 멸하였도다 네가 아름다우므로 마음이 교만하였으며 네가 영화로우므로 네 지혜를 더럽혔음이여(겔 28:14-17).

이 성구를 보면 지혜천사는 〈기름 부음을 받은 자〉이며 〈덮는 그룹〉으로 지음받은 아름답고 영화로운 존재였다. 그는 여러 천사 중 중심 인물이 될 만한 존재였다. 이런 지혜천사가 아름다우므로 교만해졌고 영화로

우므로 지혜를 더럽혀 사탄 마귀가 되었던 것이다. 〈덮는 그룹으로 기름 부음을 받은 지혜천사〉란 무슨 뜻인가?

하나님은 덮는 그룹 사이에서 인간에게 나타난다.

여호와께서 그룹 사이에 좌정하시니(시 99:1),

그룹 사이에 좌정하신 이여 빛을 비추소서(시 80:1).

거기서 내가 너와 만나고 속죄소 위 곧 증거궤 위에 있는 두 그룹 사이에서 내가 이스라엘 자손을 위하여 네게 명령할 모든 일을 네게 이르리라(출 25:22),

내소 안에 감람나무로 두 그룹을 만들었는데…… 솔로몬이 내소 가운데에 그룹을 두었으니 그룹들의 날개가 펴져 있는데 이쪽 그룹의 날개는 이쪽 벽에 닿았고 저쪽 그룹의 날개는 저쪽 벽에 닿았으며 두 날개는 성전의 중앙에서 서로 닿았더라(왕상 6:23-27).

이들 성구를 종합 분석해 보면 그룹은 〈날개 돋힌 천사〉이고 하나님은 반드시 그룹 사이에 나타나는 존재임을 알 수 있다. 하나님 좌우에서 하나님을 모시는 영화로운 존재가 곧 그룹인 것이다. 지혜천사는 그룹의 위치를 떠나서 하나님으로 자처한 것이 곧 타락이었다.

그럼 지혜천사를 왜 선악나무로 비유했을까? 〈선과 악〉이란 상대적인 개념이다. 선과 악을 앎이란 곧 분별지를 의미한다. 이 분별지는 거짓 지혜인 것이다. 분별지를 내므로 차별상(差別相)에 떨어져 만유를 평등하게 보지 않고 선과 악의 모순, 갈등, 이율배반의 세계로 타락하게 된다. 선과 악, 미(美)와 추(醜), 진(眞)과 위(僞), 이 따위 상대개념은 하나님의 참 지혜가 아닌 것이다.

불사선(不思善) 불사악(不思惡)의 자리가 곧 하나님의 자리이다. 하나님은 상대를 초월한 절대세계의 실재이다. 참 생명의 자리에는 〈선과 악〉이 있을 수 없다.

거짓 지혜는 또 피조물의 지혜를 의미한다. 지혜천사도 피조물이었다. 그가 교만으로 하나님의 자리에 앉고 북극집회(北極集會)에서 북극성의 자리에 앉으려 하였으나(사 14:12-13) 그의 거짓 지혜는 상대차별의 세계에 떨어져 모순, 갈등, 이율배반의 심연으로 전락되었다. 지혜천사를 선악나무로 비유한 이유가 바로 이런 뜻이 내포되어 있었던 것이다.

3. 각종 나무

각종 나무는 에덴동산의 여러 천사들을 상징하는 나무이다.

> 그 뿌리가 큰 물 가에 있으므로 그 나무가 크고 가지가 길어 모양이 아름다우매 하나님의 동산의 백향목이 능히 그를 가리지 못하며 잣나무가 그 굵은 가지만 못하며 단풍나무가 그 가는 가지만 못하며 하나님의 동산의 어떤 나무도 그 아름다운 모양과 같지 못하였도다 내가 그 가지를 많게 하여 모양이 아름답게 하였더니 하나님의 동산 에덴에 있는 모든 나무가 다 시기하였느니라(겔 31:7-9).

이 성구는 에덴동산의 지혜천사가 교만해지는 과정을 나무에 비유하고 있는 것이다. 에덴동산의 각종 나무(여러 천사)들이 가지가 많은 그의 아름다운 모양을 투기하고 있음을 보여주고 있다. 그런데 우리가 깊이 천착(穿鑿)해야 할 사실은 에덴동산의 나무들 중 생명나무와 선악나무는 그 이름이 〈종교와 도덕적인 개념〉으로 명명되었으나 다른 천사들은 브통 나무인 식물의 이름으로 명명된 사실에 주목해야 한다. 이 문제는 에덴동산에서 발원한 네 강이 유프라테스와 티그리스라는 지리적인 강의 이름으로 명명된 사실과 같은 뜻이 숨어있는 것이다.

생명나무와 선악나무는 아담이 구도생활 속에서 마지막으로 대면해야 할 존재들이었다. 참 진리와 해후하기 전에 거짓 진리가 먼저 나타나는 법이다. 생명나무이신 예수를 대면하는 자각의 정상에 오르기 직전 거짓인 선악나무가 나타나서 구도자를 속인다.

에덴동산의 각종 나무는 이미 아담이 초극(超克)한 존재들이었으므로 그들의 이름이 아담 앞에 〈상징과 암호〉로 등장할 수 없었다.

> 여호와 하나님이 그 사람에게 명하여 이르시되 동산 각종 나무의 열매는 네가 임의로 먹되……(창 2:16).

이 성구를 보면 하나님은 아담에게 각종 나무의 실과는 임의로 먹으라 허락하였다. 다시 말해서 각종 나무의 실과는 아담이 임의로 따먹고 초극할 수 있음을 암시하고 있는 것이다.

각종 나무 열매를 따먹고 그들 천사들의 도를 초극할 때 아담 앞에 마지막으로 나타난 암호와 상징이 선악나무와 생명나무였던 것이다.

이미 초극한 존재는 해독된 존재이므로 암호와 상징으로 나타날 수 없다. 아담은 각종 나무의 암호와 상징은 해독했던 까닭에 여러 나무는 비유가 아닌 식물성의 나무로 성경에 기록되는 것이다.

제6절 열매-선악과란 무엇인가?

생명과와 선악과란 무엇인가?

사과나 복숭아 따위 식물성의 열매가 아님은 두말할 나위가 없다. 우선 이 열매를 풀어보기 전에 성경에 기록된 열매들을 사경해 보자.

성경을 정독해 보면 여러 가지 열매가 있음을 알 수 있다.

ㄱ. 거룩한 열매(롬 6:22),
ㄴ. 성령의 열매(갈 5:22),
ㄷ. 빛의 열매(엡 5:9),
ㄹ. 의의 열매(약 3:18),
ㅁ. 사망의 열매(롬 6:21).

이처럼 성경이 우리에게 보여주는 열매는 도과(道果)이지 결코 식물성의 열매가 아니다. 선악과는 지혜천사의 도과이다. 지혜천사가 아담에게 먹인 거짓 지혜의 열매이다. 사탄 마귀가 아담에게 준 거짓 지혜의 도과의 비밀을 성경 속에서 풀어 보도록 하자.

> 뱀이 그 간계로 하와를 미혹한 것 같이 너희 마음이 그리스도를 향하는 진실함과 깨끗함에서 떠나 부패할까 두려워하노라 만일 누가 가서 우리가

> 전파하지 아니한 〈다른 예수〉를 전파하거나 혹은 너희가 받지 아니한 〈다른 영〉을 받게 하거나 혹은 너희가 받지 아니한 〈다른 복음〉을 받게 할 때에는 너희가 잘 용납하는구나(고후 11:3-4),
>
> 〈다른 복음〉은 없나니 다만 어떤 사람들이 너희를 교란하여 그리스도의 복음을 변하게 하려 함이라 그러나 우리나 혹은 하늘로부터 온 천사라도 우리가 너희에게 전한 복음 외에 다른 복음을 전하면 저주를 받을지어다(갈 1:7-8).

이 성구를 깊이 뚫어보면 뱀이 무엇으로 인류모성을 유혹했는가를 알 수 있다. 지혜천사가 뱀을 통하여 아담에게 따 먹게 한 도과는 〈다른 예수〉, 〈다른 영〉, 〈다른 복음〉이었다.

1. 다른 예수란 무엇인가?

이는 지혜천사가 교만해져서 자칭 생명나무임을 자처함을 뜻한다. 거짓 선지자와 적그리스도들은 이 사탄 마귀의 열매를 따먹고 예수의 이름으로 이적과 기사를 행하며 택한 자를 미혹함과 같다.

하나님이 아니면서 하나님으로 자처한 것이 지혜천사였고, 생명나무가 아니면서 생명나무로 자처한 것이 루시퍼(Lucifer, 누시엘이라고도 함)였고, 예수가 아니면서 진리로 자처한 것이 사탄 마귀였다. 이것이 〈다른 예수〉이다. 아담은 심령이 미혹에 들어 이 〈다른 예수〉를 참 예수로 착각하고 오각(誤覺)했던 것이다. 아담이 정각(正覺)했다면 선악나무를 초극했을 것인데 오각으로 말미암아 지혜천사에게 예배하여 최초의 우상숭배자로 전락했던 것이다.

> 사탄도 자기를 광명의 천사로 가장하나니 그러므로 사탄의 일꾼들도 자기를 의의 일꾼으로 가장하는 것이 또한 대단한 일이 아니니라(고후 11:14).

지혜천사는 최초의 거짓말쟁이이고 영적 사기꾼이고 도(道)의 야바위꾼이었다. 이 종교적 사기에 농락당한 것이 인간 시조(始祖)였다. 참 예수가 나타나기 전에 반드시 거짓 선지자와 적그리스도가 먼저 가장하여 나타나는 원리가 바로 여기에 있다.

재림 예수가 오기에 앞서 거짓 선지자, 적그리스도가 먼저 참 예수처럼 가장해 나타날 것을 성경은 예언하고 있다.

> 그 때에 사람이 너희에게 말하되 보라 그리스도가 여기 있다 혹은 저기 있다 하여도 믿지 말라 거짓 그리스도들과 거짓 선지자들이 일어나 큰 표적과 기사를 보여 할 수만 있으면 택하신 자들도 미혹하리라(마 24:23-24).
>
> 그 날에 많은 사람이 나더러 이르되 주여 주여 우리가 주의 이름으로 선지자 노릇 하며 주의 이름으로 귀신을 쫓아내며 주의 이름으로 많은 권능을 행하지 아니하였나이까…… 내가 너희를 도무지 알지 못하니 불법을 행하는 자들아 내게서 떠나가라 하리라(마 7:22-23).

〈다른 예수〉란 〈적그리스도〉인 것이다. 지혜천사는 〈적그리스도〉인데 참 예수처럼 아담을 속였던 것이다. 시조(始祖) 아담이 종교적 사기에 미혹되었기 때문에 역사의 종말에도 종교적 사기꾼들이 나타나는 것이다.

2. 다른 영이란 무엇인가?

성령이 아닌 〈다른 영〉이다. 아담이 생명나무와 대면하면 성령을 받았을 것이다. 그러나 사탄 마귀와 해후하여 마귀의 영을 받아 죄의 종이 되고 죽음의 존재가 되었다.

> 사랑하는 자들아 영을 다 믿지 말고 오직 영들이 하나님께 속하였나 분별하라 많은 거짓 선지자가 세상에 나왔음이라(요일 4:1).

아담은 생명나무와 해후하지 못하였으므로 성령과 마귀의 영을 분별할 능력이 없었다. 그는 마귀의 영을 받고 참 영을 받았다고 오신(誤信)했던 것이다. 말세에도 마찬가지로 적그리스도들이 발호(跋扈)하므로 성령이 아닌 〈다른 영〉들의 강신현상(降神現象)이 있게 된다. 각종 부흥회마다 성신 충만을 선전하고 있는데 그것이 참으로 성령 강림인지 〈다른 영〉의 강림인지 깊이 천착해야 할 때가 바로 현대이다. 〈다른 영〉을 받고도 얼마든지 이적과 기사를 행할 수 있다. 그러므로 이적과 기사가 있고 병 고침이 있는 집회라 할지라도 그것이 성령 강림의 현상인지 〈다른 영〉들의 미혹하는 작용인지 우리는 분별해야 한다.

3. 다른 복음이란 무엇인가?

참 말씀이 아닌 거짓말이 〈다른 복음〉이다. 생명의 말씀이 아니고 죽음을 부르는 거짓 복음이다.

> 너희는 너희 아비 마귀에게서 났으니 너희 아비의 욕심대로 너희도 행하고자 하느니라 그는 처음부터 살인한 자요 〈진리가 그 속에 없으므로 진리에 서지 못하고〉 거짓을 말할 때마다 제 것으로 말하나니 이는 그가 거짓말쟁이요 거짓의 아비가 되었음이라…… 내가 진리를 말하는데도 어찌하여 나를 믿지 아니하느냐(요 8:44-46).

이 성구를 볼 때 참 말씀 곧 진리는 하나님과 예수 그리스도밖에는 없다. 마귀는 거짓말을 함으로서 아담을 속였던 것이다. 지혜천사는 진리가 아닌 거짓 복음으로 아담을 꾀었고 아담은 거짓말을 참말로 받아들였던 것이다. 그들도 마귀를 닮아 온갖 거짓 복음으로서 진리를 혼란시키고 성경을 사사롭게 풀 것이다.

> 때가 이르리니 사람이 바른 교훈을 받지 아니하며 귀가 가려워서 자기의 사욕을 따를 스승을 많이 두고 또 그 귀를 진리에서 돌이켜 허탄한 이야기를 따르리라(딤후 4:3-4).

인감(印鑑)을 위조하듯 하나님의 말씀을 교묘하게 변조하여 성경 속에 없는 말씀도 있는 듯 증거하고, 성령이 아닌 다른 영과 밀통(密通)하여 함부로 거짓말을 할 것이다.

이처럼 〈다른 예수〉, 〈다른 영〉, 〈다른 복음〉을 받아들인 것이 곧 선악과였다. 선악과는 마귀가 준 사과(邪果)인 것이다. 반대로 생명과는 〈참 예수〉와 〈참 성령〉과 〈참 복음〉을 의미하고 있다. 생명과는 하나님이 주시는 정과(正果)인 것이다.

제7절 에덴동산에 흐르는 강

에덴동산에는 몇 줄기의 강이 흐르고 있느냐고 물을 때 기독교인들은 네 강이 흐르고 있다고 자신있게 대답할 것이다. 이는 평신도뿐만 아니라 저명한 신학자들도 아무런 의심도 없이 네 강이 흐르고 있다고 대답할 것이다. 정말 에덴동산에는 네 강이 흐르고 있을까?

> 강이 에덴에서 흘러 나와 동산을 적시고 〈거기서부터 갈라져 네 근원이 되었으니〉 첫째의 이름은 비손이라…… 둘째 강의 이름은 기혼이라…… 셋째 강의 이름은 힛데겔이라…… 넷째 강은 유브라데더라(창 2:10-14).
>
> 에덴에서 강 하나가 흘러 나와 그 동산을 적신 다음 네 줄기로 갈라졌다(창 2:10 공동번역).

이 두 성구는 개역과 공동번역에서 뽑아 본 것이다.

에덴동산에는 한 줄기의 강이 있을 뿐이다. 이 한 줄기 강이 에덴동산을 적신 다음 네 줄기로 갈라지는 강은 에덴동산을 적신 강이 아니고 세상에 흐르는 강들이었다.

성경을 읽을 때 소설 읽듯 흘러버리면 진리의 참 뜻을 놓치고 만다. 영안이 열려 정독(正讀)하고 정독(精讀)해야 한다.

에덴동산에 흐르는 한 줄기 강의 이름은 「창세기」에는 밝히지 않고 있다. 네 강의 이름은 지상에 있는 강의 이름을 붙였다. 이것이 바로 도적(道的) 함정인 것이다. 이 함정 때문에 성경을 읽는 기독교인들은 에덴동산에는 네 강이 있다고 믿게 되었고 이름이 없는 한 강의 비밀은 놓쳐버렸던 것이다. 이런 연고로 유프라테스와 티그리스강 상류 어딘가에 에덴동산이 있다고 믿게 된다. 지금까지 신학자들과 성경 고고학자들은 중동지방을 에덴동산의 원적지(原籍地)라고 어리석게 믿고 있는 것이다.

미망을 깨고 신령한 눈으로 성경을 고쳐 읽자.

에덴동산에 흐르는 한 줄기 강은 〈성령의 강〉을 의미한다. 〈성령의 강〉은 곧 〈생명수가 흐르는 강〉이며 이 강은 〈복락의 강〉이다.

> 주께서 주의 복락의 강물을 마시게 하시리이다 진실로 생명의 원천이 주께 있사오니 주의 빛 안에서 우리가 빛을 보리이다(시 36:8-9).

〈생명나무〉와 〈생명의 강〉, 이것이 에덴동산의 비밀이었다. 〈생명의 강〉을 상실했을 때 그 강은 은폐되고 속화(俗化)된 네 강으로 갈라져 지상에 있는 강이름으로 바뀌는 것이다.

> 또 그가 수정 같이 맑은 생명수의 강을 내게 보이니 하나님과 및 어린 양의 보좌로부터 나와서 길 가운데로 흐르더라 강 좌우에 생명나무가 있어 열두 가지 열매를 맺되 달마다 그 열매를 맺고 그 나무 잎사귀들은 만국을 치료하기 위하여 있더라(계 22:1-2).

이 성구는 〈회복된 낙원〉을 묘사하고 있다.

생명나무와 생명수의 강이 에덴동산에 있는 생명의 비밀이었다. 생명수의 강은 곧 성령의 강인데 어린 양의 보좌가 그 발원지이다.

> 나를 믿는 자는 성경에 이름과 같이 그 배에서 생수의 강이 흘러나오리라 하시니 이는 그를 믿는 자들이 받을 성령을 가리켜 말씀하신 것이라(요 7:38-39).

생명수 강은 어린 양 보좌에서 혹은 예수의 배에서 흘러내리는 성령의 암호이다(겔 47:1-12). 생명나무가 예수 상징이라면 생명강은 성령의 상징이다. 성령의 강물이 아담의 타락으로 숨어버리고 갈라진 강이 네 줄기로 흐르기 시작한다.

갈라지는 것은 다 거짓이다. 선악을 알게 하는 나무도 〈선과 악〉으로 갈라질 때 사탄 마귀가 되었고 강도 네 줄기로 갈라질 때 이는 타락한 인류모성의 네 형태를 암시하게 되는 것이다. 강은 성령의 암호인 동시에 모성의 암호이다. 이 문제를 더 깊이 파헤쳐 보자.

「도맥론」에서 이미 밝힌 바와같이 〈언약의 자식〉과 〈육신의 자식〉이 있음을 우리는 알고 있다. 〈언약의 자식〉은 성령을 따라 잉태된 자들이다. 예수도 성령을 따라 동정녀 마리아의 무염(無染)한 도태(道胎)에서 출생했다. 마리아의 무염 도태에는 성령의 강이 흘러갔던 것이다. 그러나 육신의 자식을 낳은 죄의 육태(肉胎)들은 죽은 존재를 낳지 않았던가. 갈라진 네 강은 〈죽은 육태〉, 〈죽은 모성의 네 가지 유형〉을 상징하는 강인 것이다.

이 강들이 마태 족보 속에 암호화되어 있다. 마태 족보에는 다섯 여인이 등장한다. 다말과 라합과 룻과 밧세바와 성모 마리아다. 다말, 라합, 룻, 밧세바 네 여인은 이방 여인인데 이는 타락한 모성의 상징이고 성모 마리아는 본방 여인으로 이는 타락하지 않은 모성의 상징인 것이다.

타락한 모성의 상징인 네 여인을 살펴보자(「성모론」 참조). 다말은 과부형이고, 라합은 기생형이고, 룻은 열녀형이고, 밧세바는 유부녀형이다. 오직 마리아만이 순결한 처녀형인 것이다.

하나님이 볼 때 죽은 모성인 모든 여인들은 순결한 동정녀가 아니었다. 과부·기생·열녀·유부녀는 순결을 더럽힌 자들의 네 가지 모형이었다. 처녀 마리아만이 성령으로 잉태할 수 있는 강이고 타락한 네 여인은 갈라진 네 강의 인간화 된 모형이었다.

모든 종교에 있어서 강은 모성의 상징이다. 세례를 강에서 베푸는 이유도 죄에 오염된 인간이 모성의 자궁 속에서 다시 태어나는 상징적인 의식인 것이다.

에덴동산에는 오직 한 줄기 생명의 강, 성령의 강이 흘렀는데 인간의 타락으로 그 비의(秘義)는 은폐되고 네 줄기 속화된 강이 지상에 있는 강의 이름으로 명명되었으므로 이 날까지 성경을 읽으면서도 이 비밀을 알지 못했다.

신약 첫 머리에 마태 족보가 등장하고 그 족보 속에 다섯 여인이 기록된 것은 참으로 큰 도비(道秘)가 있었던 것이다. 성도들은 영적 안목으로 보면 성령으로 거듭난 자들이다. 성령으로 다시 태어남은 곧 영적 의미로 볼 때 성모 마리아와 같은 무염시태(無染始胎)한 성령의 모태 속에서 태어남을 의미한다. 우리는 타락한 네 강인 과부·기생·열녀·유부녀의 혈대와 육맥이 아닌 것이다.

성령의 도태 속에서 거듭나는 비의는 성경이 우리에게 제시한 일급 비밀이다.

> 사람이 거듭나지 아니하면 하나님의 나라를 볼 수 없느니라 니고데모가 이르되 사람이 늙으면 어떻게 날 수 있사옵나이까 〈두 번째 모태에 들어갔다가 날 수 있사옵나이까〉…… 육으로 난 것은 육이요 영으로 난 것은 영이니 내가 네게 거듭나야 하겠다 하는 말을 놀랍게 여기지 말라 바람이 임의로 불매 네가 그 소리는 들어도 어디서 와서 어디로 가는지 알지 못하나니 성령으로 난 사람도 다 그러하니라 니고데모가 대답하여 이르되 〈어찌 그러한 일이 있을 수 있나이까〉(요 3:3-9),

이 성구의 깊은 도비를 누가 바르게 해명했던가.

모세가 애굽의 나일강을 쳐서 썩은 피냄새가 나는 혈강(血江)으로 만드는 기적도 강이 더러운 타락의 혈대로 흐르고 있음을 암시하고 있다. 네 강은 네 가지 유형의 혈대를 지리적 강의 이름으로 암호화한 것이다.

니고데모도 도태의 비밀을 깨닫지 못하고 〈어찌하여 이런 일이 있을 수 있나이까〉라고 의심하였던 것이다.

제8절 아담과 하와의 관계

아담과 하와는 단순한 육적 부부가 아닌 〈도(道)의 부부〉였다. 하나님을 인식하기 시작한 최초의 부부로서 일부일처였다. 아담 이전의 원시광야에는 모계사회의 취락을 이룬 원시인들이 일처다부(一妻多夫)의 생활을 하고 있었다.

> 하나님이 자기 형상 곧 하나님의 형상대로 사람을 창조하시되 남자와 여자를 창조하시고(창 1:27),

이 성구를 보면 아담과 하와는 하나님을 닮아 정음(正陰)과 정양(正陽)으로 창조되었음을 알 수 있다. 하나님이 인간을 창조한 원리는 정음 정양으로 평등하게 만들었으나 그 순서는 남자가 먼저였다.

> 하나님이 이르시되 사람이 혼자 사는 것이 좋지 아니하니 내가 그를 위하여 돕는 배필을 지으리라(창 2:18).
>
> 아담이 모든 가축과 공중의 새와 들의 모든 짐승에게 이름을 주니라 아담이 돕는 배필이 없으므로 여호와 하나님이 아담을 깊이 잠들게 하시니 잠들매 그가 그 갈빗대 하나를 취하고 살로 대신 채우시고 여호와 하나님이 아담에게서 취하신 그 갈빗대로 여자를 만드시고 그를 아담에게로 이끌어 오시니(창 2:20-22).

하나님은 먼저 아담을 짓고 그에게 만물의 이름을 짓게 하였다. 그가 만물의 이름을 명명(命名)하니 그가 독처하는 것을 좋지 않게 여겨 돕는 배필로서 하와를 창조하였다.

이 뜻은 아담이 에덴동산에서 〈진리의 도〉를 터득하고 있음을 말해준다. 만물의 이름을 지을 수 있으려면 만물의 이치를 인식해야만 가능하다. 아담은 구도하면서 만물의 이치를 터득했다. 아담은 구도의 한계에 부딪혔다. 왜냐하면 신령의 열매인 생명과는 아담 혼자서는 따먹을 수 없는 것이다. 열매는 여자가 따야 하기 때문이다.

하나님은 영이시므로 진리와 신령으로 예배해야 한다(요 4:24).

하나님이 지으신 남자는 진리의 화신체(化身體)이고 여자는 신령의 화신체이다. 남자는 이성(理性)의 존재요, 여자는 감성(感性)의 존재이다. 그러므로 남자가 이치를 깨쳤을 때 마지막 구도의 정상에서 도과(道果)를 따먹자면 돕는 배필이 필요한 것이다. 아담의 갈빗대로 하와를 짓는 이유가 바로 여기에 있다. 갈빗대란 아담이 깨친 진리의 중추골격(中樞骨格)을 뜻한다. 아담이 깨친 진리의 골격으로 하나님은 하와를 지으신 것이다. 아담의 갈비뼈는 진리의 골격, 말씀의 골육(骨肉)을 의미한다.

> 인자의 살을 먹지 아니하고 인자의 피를 마시지 아니하면 너희 속에 생명

이 없느니라 내 살을 먹고 내 피를 마시는 자는 영생을 가졌고 마지막 날에 내가 그를 다시 살리리니 내 살은 참된 양식이요 내 피는 참된 음료로다(요 6:53-55).

이 성구처럼 우리는 예수의 뼈(피) 살을 먹고 지음 받은 피조물이듯 하와는 아담이 깨친 만물의 이치와 말씀을 듣고 비로소 유일하신 하나님을 인식하여 생명나무 열매를 따먹을 수 있는 데까지 개안(開眼)하게 된다. 하와는 아담의 진리의 말씀을 듣고 유일하신 창조주 하나님을 인식했으나 다음 단계에는 아담이 하와가 따주는 신령한 열매를 먹어야 한다.

하나님 → 아담 → 하와 …… 진리의 단계
하나님 → 하와 → 아담 …… 신령의 단계

이것이 구도의 원리이다. 남자 혼자서는 도를 깨칠 수 없고 여자 혼자서도 도를 깨칠 수 없다. 남자와 여자가 하나가 되어 〈도의 부부〉가 될 때 비로소 정도(正道)를 정각(正覺)하여 정행(正行)할 수 있는 것이다.

이러므로 남자가 부모를 떠나 그의 아내와 합하여 둘이 한 몸을 이룰지로다(창 2:24).
그러므로 사람이 부모를 떠나 그의 아내와 합하여 그 둘이 한 육체가 될지니 이 비밀이 크도다(엡 5:31-32).

이 성구도 〈도의 부부〉의 비밀이 큼을 말하고 있다.
열매는 생명과이든 선악과이든 여자가 따서 남자에게 주게 되어 있다. 하와는 하나님의 아내인 동시에 아담의 아내이다. 하와는 사과(邪果)를 따서 아담에게 주었으므로 타락 이후 여자는 남자의 노리개요 부속물로 가치 절하가 되어 오늘에 이르고 있다.

제9절 뱀의 정체

뱀은 누구인가? 누구이기에 하와를 꾀어 선악과를 따먹게 하였는가?

큰 용이 내쫓기니 옛 뱀 곧 마귀라고도 하고 사탄이라고도 하며 온 천하를 꾀는 자라(계 12:9).

용을 잡으니 곧 옛 뱀이요 마귀요 사탄이라(계 20:2).

이 성구들을 보면 〈옛 뱀〉이 곧 하와를 꾄 자인데 이는 사탄 마귀임을 알 수 있다. 이 〈옛 뱀〉의 이름은 〈리워야단〉이다.

그 날에 여호와께서 그의 견고하고 크고 강한 칼로 날랜 뱀 리워야단 곧 꼬불꼬불한 뱀 리워야단을 벌하시며 바다에 있는 용(혹은 악어)을 죽이시리라(사 27:1).

성경을 정밀하게 사경하여 용과 뱀의 정체를 파헤쳐 보자.

용과 뱀은 그들이 존재하는 장(場)과 차원이 다르다. 용은 하늘 차원에 있고 뱀은 땅 차원에 있다. 용은 비상한 존재이고 뱀은 땅에 밀착하여 기어 다니는 파충류이다. 용은 타락한 지혜천사이고 뱀은 지혜천사의 하수인의 암호이다.

영적 존재인 사탄 마귀는 하늘의 존재인데 이 마귀의 지령을 받고 〈거짓 예수〉, 〈거짓 영〉, 〈거짓 복음〉을 밀수입한 지상의 존재가 곧 뱀인 것이다. 이 뱀은 복음서에는 바리새인 같은 거짓 선지자들임을 보여주고 있다.

뱀들아 독사의 새끼들아 너희가 어떻게 지옥의 판결을 피하겠느냐(마 23:33).

그 열매로 나무를 아느니라 독사의 자식들아 너희는 악하니 어떻게 선한 말을 할 수 있느냐(마 12:33-34).

요한이 많은 바리새인들과 사두개인들이 세례 베푸는 데로 오는 것을 보고 이르되 독사의 자식들아 누가 너희를 가르쳐 임박한 진노를 피하라 하더냐(마 3:7).

이 성구들을 보더라도 성경에 기록된 〈뱀〉은 거짓 선지자와 적그리스도의 상징임을 알 수 있다. 하와를 꾄 뱀도 사탄의 〈거짓 예수〉, 〈거짓 영〉, 〈거짓 복음〉을 아담 몰래 밀수입하여 교묘한 변설(辯舌)로 하와를 유혹하였다. 예수의 제자 중 가룟 유다와 같은 인물이었다.

아담은 원시 광야에서 최초로 하나님의 존재를 자각한 선지자였고 그에게도 제자가 있었다. 후 아담의 행적을 미루어 보아 첫 아담의 비밀도 알 수 있는 것이다.

지혜천사의 이름은 루시퍼였고(사 14:12) 뱀의 이름은 리워야단이었다(사 27:1). 흔히 리워야단을 바빌론이나 이집트신화 속에 나오는 짐승으로 머리가 일곱이요 뿔이 열개인 괴사(怪蛇)로 묘사하고 있다. 용을 미개한 고대인들은 나일강의 악어로 생각하기도 하였다(겔 29:3). 그러나 이 리워야단은 괴사가 아닌 하와를 꾄 인간의 암호였고 최초의 적그리스도의 화신이었다.

사탄 마귀는 하늘의 존재였으나 가룟 유다가 그 마귀의 밀명을 받고 예수를 배신할 때 그는 곧 인간화 된 마귀가 되는 것이다.

내가 너희 열둘을 택하지 아니하였느냐 그러나 너희 중의 한 사람은 마귀니라(요 6:70).

이 성구를 보더라도 가룟 유다는 곧 마귀의 화신이었다.

하늘의 용(루시퍼)이 땅의 뱀(가룟 유다-리워야단)이 될 수 있으므로 용 = 뱀의 등식(等式)이 성립되는 것이다. 지금도 〈적그리스도〉들은 뱀들이며 그들이 사제(私製)한 〈거짓 복음〉은 독사의 독인 것이다.

그들이 마음속으로 악을 꾀하고 싸우기 위하여 매일 모이오며 뱀 같이 그 혀를 날카롭게 하니 그 입술 아래에는 독사의 독이 있나이다(시 140:2-3).

뱀은 독설(毒舌) 곧 거짓 복음으로서 산 자인 아담과 하와를 죽여 죽은 자의 시조로 만들었던 것이다. 산 것을 통째로 삼키는 뱀은 산 자인 아담 하와를 무덤의 아가리를 벌려 통째로 삼켜버린 것이다. 가롯 유다가 정체불명의 인간이듯 리워야단도 정체불명의 인간이었다. 둘다 인간 X였다.

뱀을 모세 노정에서 고찰해 보자. 모세의 지팡이가 뱀이 된다. 모세는 바로 앞에서 하나님 격이고 그 지팡이는 예수의 상징이 된다. 이 지팡이가 뱀이 된다. 지팡이는 도구(道具)이며 보조역할을 하는 막대기이다. 애굽 술객의 지팡이도 뱀이 된다.

모세의 뱀은 참 지혜 곧 예수의 상징이고 애굽 술객의 뱀은 거짓 지혜 곧 거짓 예수의 상징이다. 모세의 뱀이 술객의 뱀을 삼킨 사실은 하나님의 참 지혜가 마귀의 거짓 지혜를 집어삼키는 것을 뜻하고 있다.

가롯 유다는 마귀의 지팡이었고 마귀가 그것을 던질 때 뱀이 된다. 하나님의 도구인 지팡이(뱀)는 참 제사장, 참 선지자, 참 왕의 상징이고 마귀의 도구인 지팡이(뱀)는 거짓 제사장, 거짓 선지자, 거짓 왕의 상징이다.

예수는 영광의 광채가 나는 뱀이므로 놋뱀이었고, 리워야단은 시조 어머니를 죽인자인 까닭으로 독사 곧 살모사(殺母蛇)였다. 살모사를 잡자. 살모사를 잡아 성령의 불에 구워 먹자.

제10절 타락사건 그 현장분석

「창세기」 3장을 자세히 읽어보면 타락의 현장은 연극의 무대처럼 전개되고 있음을 알 수 있다. 그 현장에는 선악나무(지혜천사)와 뱀(거짓 선지자)과 하와가 등장되고 있다. 하와는 뱀의 간지(奸智)와 교언(巧言)에 속아 선악나무를 쳐다본다.

> 여자가 그 나무를 본즉 먹음직도 하고 보암직도 하고 지혜롭게 할 만큼 탐스럽기도 한 나무인지라(창 3:6).

참 예수로 가장한 사탄 마귀는 영화롭고 빛나는 존재처럼 사교(邪教)

에 미혹당한 하와에게 클로즈업 된다. 마치 독버섯이 아름다운 색깔로 단장되고 가짜 상품일수록 포장이 근사하듯 영적 지혜천사의 모습은 아름다웠다. 그 열매인 사과(邪果)는 보암직하고 먹음직스러웠다. 뱀이 하와를 꾀는 수법은 참으로 교묘하다.

> 뱀이 여자에게 물어 이르되 하나님이 참으로 너희에게 동산 모든 나무의 열매를 먹지 말라 하시더냐(창 3:1).

뱀은 선악나무와 모든 나무를 동일하게 생각하도록 하와에게 유도질문을 던진다. 그 다음 뱀은 여자에게 허욕을 일으키는 심리수법을 쓴다.

> 뱀이 여자에게 이르되 너희가 결코 죽지 아니하리라 너희가 그것을 먹는 날에는 너희 눈이 밝아져 하나님과 같이 되어 선악을 알 줄 하나님이 아심이니라(창 3:4-5).

이 성구를 분석하면 두 가지 거짓 복음의 내용이 담겨져 있다. 〈따먹어도 죽지 않는다〉는 거짓 생사관과 〈하나님과 같이 선악을 아는 존재〉라는 거짓 신관이 바로 그것이다. 선악과를 따먹으면 하나님은 반드시 죽으리라 말씀하였다. 그러나 뱀은 죽지 않는다고 말한다. 또 뱀은 하나님을 〈선악을 아는 존재〉로 하와에게 증거하고 있다. 선악을 아는 존재는 지혜천사이지 하나님은 아닌 것이다. 하나님은 선악을 뛰어넘은 〈생명 그 자체〉인데 뱀은 선악을 아는 존재로 하나님을 거짓 증거하고 있다.

〈죽지 않는다〉, 〈선악을 아는 하나님〉, 이 두 가지가 〈거짓 복음〉의 내용인 것이다. 그릇된 생사관과 신관은 뱀이 지혜천사의 사주를 받아 밀수입한 거짓 종교이다. 이로 말미암아 하와는 진신(眞神)이 아닌 가신(假神)을 하나님처럼 섬겨 최초의 우상숭배자로 타락된다. 성경은 우상숭배를 간음(姦淫)으로 보고 있다.

진실로 지혜천사는 뱀과 공모하여 하와를 유혹한 것이다. 한 가지 우리가 깊이 깨달아야 할 사실은 뱀이 하와를 유혹하는 현장에는 아담이 없었다는 사실이다. 아담이 없는 틈을 노려 뱀은 지혜천사의 거짓 복음을 하와에게 주입시켰다는 사실에 주목해야 한다.

하와가 혼자 있을 때 하늘에서 지혜천사의 붉은 영감(靈感)이 도전해 왔고 땅에서는 뱀이 거짓 복음으로 꾀어 〈거짓 진리〉와 〈거짓 신령〉이 하와를 정복했던 것이다. 이미 타락한 하와는 〈거짓 예수〉, 〈거짓 영〉, 〈거짓 복음〉의 괴뢰와 노예가 되어 아담에게 사과(邪果)를 주어 먹게 한다. 아담은 영분별함도 없이 아내의 교태에 뇌살되어 사교의 광신자로 전락되었다. 한 마디로 아담과 하와는 에덴의 도장에서 정각(正覺)을 이루지 못하고 오각(誤覺)한 것이 타락인 것이다.

오늘날도 마찬가지이다. 얼마나 많은 구도자들이 에덴에 입산하여 사령(邪靈)과 잡신과 교감했던가. 이른바 재림주로 자처하는 자들은 다 〈적그리스도〉임을 알아야 한다. 하와는 제 분수를 모르고 하나님처럼 되려고 했다. 이는 곧 마귀의 마음인 것이다.

제11절 부끄러움의 의미

아담과 하와는 선악과를 따먹고 부끄러워 무화과 잎사귀로 하체를 가리었다.

> 아담과 그의 아내 두 사람이 벌거벗었으나 부끄러워하지 아니하니라(창 2:25).
>
> 이에 그들의 눈이 밝아져 자기들이 벗은 줄을 알고 무화과나무 잎을 엮어 치마로 삼았더라(창 3:7).

이 두 성구를 보면 범죄하기 전에는 부끄러워하지 않았으나 범죄한 후에 부끄러워하였음을 알 수 있다. 부끄러움은 죄와 관계가 있고 죄는 죽음과 관계가 있다.

우리는 이 날까지 의상을 입지 않고 생식기를 드러낸 상태를 부끄러워하는 것으로 착각하고 있다. 그것도 물론 부끄러움의 일종임에는 틀림없다. 그러나 성경에서 말하는 부끄러움이란 도적(道的) 부끄러움을 말하고 있음을 깨달아야 한다.

부끄러움과 죄와 죽음의 함수관계란 어떤 것일까? 범죄 후 부끄러워 했다. 죄는 죽음의 통로이다. 그러므로 부끄러워함은 죽음이 침입했음을 의미한다.

> 참으로 우리가 여기 있어 탄식하며 하늘로부터 오는 우리 처소로 덧입기를 간절히 사모하노라 이렇게 입음은 우리가 〈벗은 자〉들로 발견되지 않으려 함이라 참으로 이 장막에 있는 우리가 짐진 것 같이 탄식하는 것은 〈벗고자 함이 아니요〉 오히려 덧입고자 함이니 죽을 것이 생명에 삼킨 바 되게 하려 함이라(고후 5:2-4).

이 성구를 보더라도 성경적 의미의 부끄러움은 죽음의 상태를 말하고 있음을 알 수 있다.

> 너희가 그 때에 무슨 열매를 얻었느냐 이제는 너희가 그 일을 부끄러워하나니 이는 그 마지막이 사망임이라 그러나 이제는 너희가 죄로부터 해방되고 하나님께 종이 되어 거룩함에 이르는 열매를 맺었으니 그 마지막은 영생이라 죄의 삯은 사망이요……(롬 6:21-23).

이 성구도 부끄러움이 죄와 죽음과 관계되어 있음을 시사하고 있다. 이처럼 부끄러움은 성적 순결과 관계된 것이 아니고 죄와 죽음과 직결되어 있는 것이다.

아담 하와가 하체를 가리운 것은 상징적인 의미이지 문자 그대로 성적 범죄로 말미암은 것이 아니었다. 성경은 우상숭배를 간음(姦淫)으로 간주하므로 도적(道的) 간음을 상징적으로 나타낼 때 성기를 가리우게 했던 것이다.

우리는 성경을 읽을 때 차원 높은 안목으로 읽어야 하며 대식견의 예리한 안목으로 분석할 줄 알아야 한다. 교리의 주형(鑄型)에 찍힌 소인배들 모양 성경의 문자에 얽매여 목을 매어 죽는 죽은 무리가 되지 말자.

그럼 왜 아담과 하와는 범죄 후 무화과 잎으로 하체를 가리는가? 무화과의 무성한 잎으로 하체를 은폐하는 것은 성도(成道) 못함을 의미하고 있다. 예수는 무화과 열매가 없고 잎만 무성한 나무를 저주하였다(막 11:12-14, 마 21:18). 예수는 말세의 현상도 무화과나무에 비유하였다.

> 무화과나무의 비유를 배우라 그 가지가 연하여지고 잎사귀를 내면 여름이 가까운 줄 아나니 이와 같이 너희가 이런 일이 일어나는 것을 보거든 인자가 가까이 곧 문 앞에 이른 줄 알라(막 13:28-29).

이 성경의 비유도 열매 없는 잎만 무성할 때 예수가 재림한다 했다. 열매 없고 잎만 무성한 것은 성도(成道) 못한 것을 비유함이다. 잎만 무성하듯 신학과 교리와 온갖 부흥회와 성신 강림의 행사가 있지만 진짜 알곡은 없고 가라지만 무성한 말세를 나타내는 것이다.

또 무화과는 은화(隱花)식물이다. 꽃이 없이 열매를 맺고 그 열매 속에 꽃을 감춘다. 이것은 구도할 때 꽃피우지 말 것을 의미한다. 겉으로 화려하게 꽃을 피우면 난봉군 나비들이 날아오듯 마귀가 침입하는 법이다.

> 또 이와 같이 여자들도 단정하게 옷을 입으며 소박함과 정절로써 자기를 단장하고 땋은 머리와 금이나 진주나 값진 옷으로 하지 말고 오직 선행으로 하기를 원하노라 이것이 하나님을 경외한다 하는 자들에게 마땅한 것이니라(딤전 2:9-10).

이 성구도 교회에서 구도하는 여인들이 겉으로 화려하게 꽃을 피우지 말고 무화과 열매처럼 꽃을 내면으로 숨길 것을 당부하고 있다. 하와는 에덴동산에서 꽃을 피웠으므로 뱀이 유혹한 것이다.

무화과 열매가 없이 (이는 도과(道果)가 없는 상태를 말함) 잎만 무성한 상태가 아담 하와였으므로 무화과 잎으로 하체를 가리웠던 것이다.

성경을 정독하면 하나님은 선민 이스라엘을 무화과나무로 비유하고 있음을 알 수 있다. 하나님은 무화과의 열매를 구했는데 그들은 잎만 무성하고 열매 없는 백성이 되었으므로 저주받았던 것이다. 예수가 열매 없는 무화과나무를 저주한 것도 같은 뜻이 포함되어 있음을 알아야 한다.

> 옛적에 내가 이스라엘을 만나기를 광야에서 포도를 만남 같이 하였으며 너희 조상들을 보기를 무화과나무에서 처음 맺힌 첫 열매를 봄 같이 하였거늘 그들이 바알브올에 가서 부끄러운 우상에게 몸을 드림으로 저희가 사랑하는 우상 같이 가증하여졌도다(호 9:10).
> 재앙이로다 나여 나는 여름 과일을 딴 후와 포도를 거둔 후 같아서 먹을 포도송이가 없으며 내 마음에 사모하는 처음 익은 무화과가 없도다 경건한 자가 세상에서 끊어졌고 정직한 자가 사람들 가운데 없도다(미 7:1-2).

하나님은 아담 하와에게 첫 무화과 열매가 맺히기를 기다렸는데 그들은 열매 없이 잎만 무성한 부실한 존재가 되어 그 잎으로 하체를 가리우는 부끄러운 우상숭배자가 되었던 것이다.

제12절 죄와 벌

뱀과 인간은 타락 후 다 같이 하나님의 엄중한 벌을 받는다. 하나님이 내린 벌이 무엇인지 고찰해 보자.

1. 뱀이 받은 벌

> 여호와 하나님이 뱀에게 이르시되 네가 이렇게 하였으니 네가 모든 가축과 들의 모든 짐승보다 더욱 저주를 받아 배로 다니고 살아 있는 동안 흙을 먹을지니라(창 3:14).

뱀은 저주를 받아 〈배로 다니고 흙을 먹는 벌〉을 받았다. 이 벌은 뱀은 영원히 성도(成道)할 수 없음을 암시한다. 배로 기어 다니는 상태는 하늘에 시민권(市民權)이 없는 무신론자를 말하고 있다.

> 그들의 마침은 멸망이요 그들의 신은 배요 그 영광은 그들의 부끄러움에 있고 땅의 일을 생각하는 자라 그러나 우리의 시민권은 하늘에 있는지라(빌

> 3:19-20).
>
> 이같은 자들은 우리 주 그리스도를 섬기지 아니하고 다만 자기들의 배만 섬기나니 교활한 말과 아첨하는 말로 순진한 자들의 마음을 미혹하느니라(롬 16:18).

배로 다닌다는 뜻은 땅의 일만 생각하고 하늘의 일은 잃어버린 상태를 나타내는 말이다. 흙을 먹는다는 뜻은 하나님의 말씀이 아닌 물질의 양식만 위한다는 말이다. 뱀은 물질주의, 유물주의, 무신론자인 것이다. 뱀의 사상은 물질주의적 유토피아로서 교묘한 사상 체계를 세워 아담의 후손을 미혹하고 있다.

〈배를 땅에 붙이고 흙을 먹는 사상〉, 이것이 뱀이 하나님께 받은 형벌이었다. 뱀은 영원히 성도(成道)못할 존재임을 암시하고 있다.

2. 하와가 받은 벌

> 또 여자에게 이르시되 내가 네게 임신하는 고통을 크게 더하리니 네가 수고하고 자식을 낳을 것이며 너는 남편을 원하고 남편은 너를 다스릴 것이니라(창 3:16).

하와는 잉태의 고통과 남편을 사모하는 벌을 받았다.

잉태의 고통이란 육태(肉胎)의 자식을 생산하게 됨을 뜻한다. 자연계의 동물들은 해산할 때 고통을 느끼지 않는다. 고등 동물인 포유류도 고통을 하지 않고 생산하는데 사람만은 생사를 넘나드는 고통을 당한다. 이는 비본래적인 모습인 것이다. 하와는 〈산 자의 어미〉로서 생명과를 따먹으면 육신의 자식이 아닌 성령의 자식을 잉태하는 모성이 될 수 있었다. 하와의 태는 육태가 아닌 도태(道胎)였는데 타락으로 말미암아 육신의 자식을 생산하게 되었다. 그러므로 하나님은 생산의 고통을 더하신 것이다.

하와가 낳은 자식은 〈산 자가 아닌 죽은 자〉였고 육신의 씨는 동물의 차원을 넘어서지 못한 존재였다.

성령의 씨만이 하나님의 아들로 목렴(牧斂)되어 영차원(靈次元)의 존재로 변화되는 것이다. 또 하와는 본래 아담과 일체로서 평등한 정음(正陰)과 정양(正陽)으로 창조되었으나 그가 죄의 통로(通路)가 되므로 저주를 받아 남자의 부속물로 평가절하된다.

억음존양(抑陰尊陽), 여성하위의 시대가 개막된다. 하와가 죄를 밀수입한 이래 6천 년의 인간 역사는 여성이 학대받고 비인간화된 시대였다.

3. 아담이 받은 벌

> 아담에게 이르시되 네가 네 아내의 말을 듣고 내가 네게 먹지 말라 한 나무의 열매를 먹었은즉 땅은 너로 말미암아 저주를 받고 너는 네 평생에 수고하여야 그 소산을 먹으리라. 땅이 네게 가시덤불과 엉겅퀴를 낼 것이라…… 너는 흙이니 흙으로 돌아갈 것이니라 하시니라(창 3:17–19).

아담은 아내의 말만 믿고 영도 분별하지 않고 선악과의 도리를 받아들였다. 그는 최초의 공처가였던가? 아무튼 아담에게 내린 벌은 엉겅퀴와 가시가 무성한 황무지를 땀흘려 개간하는 작업이었다. 이미 전술한 바와 같이 가시와 엉겅퀴의 황무지는 인간 심전(心田)의 황폐된 상태를 나타내는 비유이다.

원시광야인 미개하고 야만한 심전을 개간하여 아담은 유일신 하나님을 인식할 수 있는 영적 존재가 되었으나 범죄로 인해 그의 피나는 구도는 무위로 돌아갔고 오유(烏有)로 화하였다. '십년공부 도로아미타불'격이 되었다.

그의 심령은 다시 혼돈의 심연으로 떨어져 무명의 광야로 방황하며 모색하는 처량한 신세가 되었다. 하나님은 우상숭배로 잡초가 무성한 그의 심전을 다시 개간할 것을 당부하였다. 아담이래 모든 구도자는 남자였다. 그들은 피땀을 흘리면서 암혈(暗穴)과 토굴, 짐승이 우는 광야와 산 속에서 잃어버린 심전 개발을 위하여 용맹정진하였다.

인간이 깨달은 모든 종교는 심전 개발을 위한 방법론이었다. 불교·도교·유교·기독교도 황폐한 마음밭을 갈아 옥토를 만들려는 인간의 피땀어린 구도였음을 잊지 말자.

제13절 지혜천사가 범죄한 이유

하나님의 완전한 인(印)이었고 지혜가 충족하며 온전히 아름다웠던 지혜천사가 타락한 이유는 무엇일까? 다른 천사보다 월등하게 뛰어난 그룹천사인 루시퍼가 하나님을 배반한 내적 동기가 무엇일까?

이 문제도 우리는 그 해답을 성경에서 찾아야 한다. 철학적인 망견과 세상 지혜를 버리고 성경을 사경토록 하자. 성경을 분석하면 천사가 범죄한 이유를 다음 몇 가지로 기록하고 있다.

1. 교만(驕慢)한 마음을 내다

지혜천사가 타락한 원인은 교만이었다. 그는 피조물임을 망각하고 창조주 하나님으로 행세하려 교만하였다.

> 네가 아름다우므로 마음이 교만하였으며 네가 영화로우므로 네 지혜를 더럽혔음이여(겔 28:17),
>
> 그러므로 주 여호와께서 이같이 말씀하셨느니라 그의 키가 크고 꼭대기가 구름에 닿아서 높이 솟아났으므로 마음이 교만하였은즉……(겔 31:10),
>
> 네가 네 마음에 이르기를 내가 하늘에 올라 하나님의 뭇 별 위에 내 자리를 높이리라 내가 북극 집회의 산 위에 앉으리라 가장 높은 구름에 올라가 지극히 높은 이와 같아지리라 하는도다(사 14:13-14).

이 성구들은 지혜천사의 교만한 발심(發心)상태를 잘 비유하고 있다. 지혜천사는 아름다우므로 교만해졌고 하늘의 뭇별 중 북극성 같은 하나님의 지위를 탐내어 교만해졌던 것이다. 교만은 제 분수를 망각한 데서 비롯되는 심리상태이며 심리현상이다.

피조물이 어찌 조물주가 될 수 있겠는가? 천사들은 신적 존재이지 하나님은 될 수 없는 것이다.

> 네 마음이 교만하여 말하기를 나는 신이라 내가 하나님의 자리 곧 바다 가운데에 앉아 있다 하도다(겔 28:2).

이 성구가 교만한 지혜천사의 마음을 잘 나타내고 있다.

2. 머리를 붙들지 않다

지혜천사가 교만한 마음을 내므로 도(道)의 머리를 붙들지 않았다.

> 그가 그 본 것에 의지하여 그 육신의 생각을 따라 헛되이 과장하고 머리를 붙들지 아니하는지라(골 2:18-19).

예수는 도의 머리요 천사들은 그 지체(肢體)였다. 창조주는 머리격이고 피조물인 천사들은 지체격이다. 그런데 지체가 머리가 되려고 하였다. 그러므로 제 위치를 떠나게 된다.

> 또 자기 지위를 지키지 아니하고 자기 처소를 떠난 천사들을 큰 날의 심판까지 영원한 결박으로 흑암에 가두셨으며(유 1:6).

지체가 머리가 될 수 없다. 손과 발이 어찌 머리가 될 수 있겠는가? 예수는 머리였는데 천사장은 그 자리를 넘보았던 것이다.

> 오직 사랑 안에서 참된 것을 하여 범사에 그에게까지 자랄지라 그는 머리니 곧 그리스도라(엡 4:15).
>
> 또 만물을 그의 발 아래에 복종하게 하시고 그를 만물 위에 교회의 머리로 삼으셨느니라 교회는 그의 몸이니 만물 안에서 만물을 충만하게 하시는 이의 충만함이니라(엡 1:22).
>
> 땅의 임금들의 머리가 되신 예수 그리스도로 말미암아……(계 1:5).

예수는 만물의 머리요 교회의 머리요 임금들의 머리인데 지혜천사는 제 분수를 넘어 자기가 머리가 되려고 하였던 것이다.

예수는 하나님 품안에 숨어있는 독생자였는데 그 오의(奧義)를 모르고 아들인 지혜천사가 머리가 되려고 교만한 마음을 내었던 것이다.

3. 자기 뜻을 행하려 하다

하나님의 창조사업과 그 거룩하신 경륜을 무시하고 지혜천사는 자기의 뜻을 인간에게 펴보려고 시도하였다. 다시 말해서 천사는 하나님의 계획에 불만을 품었다.

> 화 있을진저 그들의 일을 어두운 데에서 행하며 이르기를 누가 우리를 보랴 누가 우리를 알랴 하니…… 빚음을 받은 물건이 자기를 빚은 이에게 대하여 이르기를 그가 총명이 없다 하겠느냐(사 29:15-16).
>
> 사람의 마음에는 많은 계획이 있어도 오직 여호와의 뜻만이 완전히 서리라(잠 19:21).
>
> 어찌하여 이방 나라들이 분노하며 민족들이 헛된 일을 꾸미는가 세상의 군왕들이 나서며 관원들이 서로 꾀하여 여호와와 그의 기름 부음 받은 자를 대적하며 우리가 그들의 맨 것을 끊고 그의 결박을 벗어 버리자 하는도다(시 2:1-3).

이 성구들은 마귀가 자기 계획과 도모(圖謀)를 세상에 실천해 보고 제 뜻을 이룩해 보려함을 암시하고 있다. 그는 하나님의 뜻에 불만을 품고 토기장이를 업신여겼다. 그러나 예수는 자기 뜻을 행하려 이 세상에 온 것이 아니다. 예수는 오직 하나님의 뜻을 행하려 왔던 것이다.

> 내가 하늘에서 내려온 것은 내 뜻을 행하려 함이 아니요 나를 보내신 이의 뜻을 행하려 함이니라(요 6:38).
>
> 내 교훈은 내 것이 아니요 나를 보내신 이의 것이니라(요 7:16).
>
> 나는 나의 뜻대로 하려 하지 않고 나를 보내신 이의 뜻대로 하려 하므로 내 심판은 의로우니라(요 5:30).
>
> 예수께서 이르시되 나의 양식은 나를 보내신 이의 뜻을 행하며 그의 일을 온전히 이루는 이것이니라(요 4:34).

예수는 하나님의 뜻을 이루기 위해 왔지만 지혜천사는 자기 뜻을 이루기 위해 반역하였다.

> 너희는 너희 아비 마귀에게서 났으니 너희 아비의 욕심대로 너희도 행하고자 하느니라(요 8:44).

천사는 허욕으로 자기 도모를 인간 역사에 전개하려 하였고 아담의 타락으로 말미암아 사탄 마귀의 뜻이 전개된 것은 6천 년의 역사였다. 이상으로 지혜천사가 타락하게 된 원인을 대강 사경하였다.

타락의 여러 원인 중 가장 근본은 교만이다. 흐르던 물이 정지되면 썩듯이 도심(道心)이 정지되어 썩은 상태가 곧 교만이다. 마음에 집착이 생길 때 그 마음은 정지되고 정지된 마음은 썩고, 썩은 마음은 교만의 화신이 되는 법이다.

지혜천사도 피조물인 이상 완전한 존재가 아니다. 인간이 볼 때 천사는 완전한 존재로 보일지라도 하나님이 볼 때 그들은 어디까지나 불완전한 피조물인 것이다. 천사의 완성이란 〈미완성의 완성〉임을 잊어서는 안 된다.

> 하나님은 거룩한 자들을 믿지 아니하시나니 하늘이라도 그가 보시기에 부정하거든 하물며 악을 저지르기를 물 마심 같이 하는 가증하고 부패한 사람을 용납하시겠느냐(욥 15:15-16).
>
> 하나님은 그의 종이라도 그대로 믿지 아니하시며 그의 천사라도 미련하다 하시나니 하물며 흙 집에 살며 티끌로 터를 삼고 하루살이 앞에서라도 무너질 자이겠느냐(욥 4:18-19).

이 성구를 보아도 하나님은 천사라도 믿지 않으신다. 그들은 피조물이기 때문이다. 피조물은 조물주가 볼 때는 다 불완전한 존재들이다. 인간이건 천사이건 피조물인 이상 〈영원한 구도자〉임을 잊어서는 안 된다.

인간은 땅에서 구도하고 천사는 하늘에서 구도해야 한다. 구도자가 그 마음을 정지할 때 물이 썩듯 교만이 움튼다. 아무 곳에도 집착하지 않고 머무른 바 없는 마음을 내야한다.

제14절 하나님이 타락을 간섭하지 않은 이유

지혜천사와 아담이 타락하려 할 때 하나님은 왜 간섭하지 않았을까?

1. 천사의 타락을 간섭하지 않은 이유

ㄱ. 참소(讒訴)를 받지 않기 위하여

천사가 품었던 도모와 계획을 못하게 하면 그는 하나님의 뜻에 대하여 사사건건 비웃고 참소할 것이다. 하나님은 참소를 듣지 않기 위하여 천사가 은밀히 품은 뜻을 전개시킬 기회를 주어야 한다.

인류역사 6천 년이란 지혜천사가 자기 뜻을 각종 사상과 주의로 전개시켜 본 전시장에 지나지 않는다. 각 시대마다 유행한 사상과 주의와 이데올로기는 천사가 그 도모와 계획을 이뤄 보려는 몸부림이었다.

ㄴ. 자기의 지혜와 능력의 한계성을 인식시키기 위하여

아무리 지혜가 뛰어난 천사라도 피조물의 한계와 능력을 벗어날 수 없다. 지혜천사는 그 청사진을 전개시켜 본 후 그의 사상과 주의로 유토피아가 전개되지 못함을 깨달을 때 그는 스스로 그 능력과 지혜의 한계성을 깨닫고 하나님 앞에 무력하고 무능한 존재임을 깨닫게 될 것이다.

ㄷ. 하늘의 다른 권세자들에게 본(本)을 보여주기 위하여

하늘 조직을 이탈하여 제 뜻을 전개하던 반역 천사의 말로(末路)를 다른 권세자와 천사들에게 본보기로 보여주기 위함이었다. 사탄 마귀로 전락한 자가 받을 형벌은 「요한 계시록」에 기록되어 있다. 이것이 타락하지 않은 천사들에게는 일벌백계(一罰百戒)가 될 것이다.

2. 아담의 타락을 간섭하지 않으신 이유

ㄱ. 죄 속에서 죽은 인간에게 하나님의 참 사랑을 인식시키기 위하여

예수의 십자가는 하나님이 인간을 향한 사랑의 표시였다. 십자가는 사

랑의 정표(情表)였으므로 하나님의 참 사랑을 인간 스스로가 깨닫게 하기 위하여 타락을 간섭하지 않으셨다.

ㄴ. 인간 스스로 천사를 초극할 능력을 키워주기 위하여

선악나무를 경계시킨 이유는 인간 스스로의 깨달음으로 선악나무를 초극할 수 있는 능력이 있기 때문이었다. 예컨대 야곱은 천사와 씨름하여 이겼다. 하나님이 인간 내면에 심어준 〈로고스의 씨〉는 천사를 초극할 수 있는 능력이 있게 창조했다. 아담도 지혜천사와 〈도의 씨름〉을 하면 이길 수 있었으나 그는 씨름하기 전 하와의 유혹에 굴복했던 것이다.

ㄷ. 자유의 값어치를 인식시키기 위하여

죄와 사망에서 자유하고 해방된 값어치를 인간 스스로가 깨달아야 한다. 죄와 사망의 쓴 잔을 마셔본 자가 아니면 어찌 자유의 참 뜻을 이해하겠는가?

성경은 하나님이 타락을 간섭하지 않으신 이유에 대하여 확실한 해답을 제시하지 않는다. 이 문제는 문자로 표현할 수 없는 오의(奧義)와 비의(秘義)가 있기 때문이다.

오직 불립문자(不立文字)의 자리에서 직관으로 깨달아야 한다. 타락의 비밀은 철학적인 지혜와 지식으로 인식될 수 없는 문제임을 명심하자.

제4장

부 활 론

제4장 부활론

> 죽은 자가 살아난다는 것은 모세도 가시나무 떨기에 관한 글에서 주를 아브라함의 하나님이요 이삭의 하나님이요 야곱의 하나님이시라 칭하였나니 하나님은 죽은 자의 하나님이 아니요 살아 있는 자의 하나님이시라(눅 20:37-38).

타락에 대한 암호해독이 끝나면 또 하나의 난해한 문제가 있으니 이것이 곧 부활의 비의(秘義)이다. 성경이 제기하는 여러 문제 중 부활은 가장 핵심적인 과제이다. 따라서 부활의 참 뜻을 풀지 못하면 우리의 믿음은 미신이 될 것이다.

아무도 죽음을 정복하거나 초극할 수 없다. 그 어떤 초인도 영웅도 성자도 죽음의 권세에서 해방되지 못했다. 죽음은 타락한 인간으로는 뛰어넘을 수 없는 한계상황이다. 오직 만유의 근본이며 도의 머리이며 성령의 처음 익은 열매이신 예수만이 무덤과 죽음의 권세를 이기시고 부활의 통로를 우리 앞에 제시했다.

무엇이 부활인가? 부활의 참 뜻은 무엇인가? 무덤이 쪼개져서 해골이 살아나는 것이 부활인가? 음부(陰府)에서 잠자던 영혼이 일어나는 것이 부활인가? 아니면 예수의 사상과 이념을 현존 안에 구현하려는 정신이 부활인가? 우리는 백골(白骨)의 깃발이 나부끼는 골고다 골짜기에 앉아서 부활의 참 뜻을 자각해야 한다.

다른 종교의 경전에는 부활이란 소식이 없다. 부활이란 개념은 성경이 제시한 특수용어이다. 부활은 하나님이 인간과 약속하신 구속사업의 가장 핵심이다. 낡은 약속과 새 약속인 성경 전체가 부활을 위한 메아리이며 교향시이다. 그럼 부활이란 말이 왜 생겼을까?

하나님은 선악과를 따먹으면 반드시 죽으리라 경고하였다. 아담은 선악과를 따먹고 죽은 자가 되었다. 아담 안에서 모든 인류는 죽은 자가 되었다. 죽은 인간을 다시 살리기 위해서 부활의 성업(聖業)이 시작된다.

아담이 범죄하지 않고 사망이 없었다면 부활이란 낱말은 성경 속에 나타나지 않았을 것이다.

사망과 부활! 이는 성경의 두 얼굴이다.

타락론은 곧 사망론이며 부활론은 곧 생명론이다. 죽음은 사탄 마귀가 인간에게 도전한 결과이며 부활은 예수가 인간에게 도전한 결과이다. 따라서 부활의 문제를 바르게 이해하려면 먼저 죽음의 문제를 바르게 이해해야 한다.

성경에서 말하는 죽음과 무덤은 어떤 상태를 말하고 있는가?

제1절 죽음이란 무엇인가?

아메바로부터 유인원(類人猿)에 이르는 전 생물권에는 죽음이란 존재하지 않는다. 그들의 생명 현상은 자연 원리의 궤적을 달리고 있을 뿐이다. 즉 성(成)주(住)괴(壞)공(空)(생성·성장·발전·소멸)의 자연적 원리에 따라 소멸해 갈 뿐이다.

죽음이란 인간에게만 있는 특수현상이며 심리현상이다. 인간이 생물계에도 죽음이 있다고 생각하는 것은 죽음의 존재로 전락한 〈인간의 안경〉을 쓰고 보기 때문에 생긴 착각이다. 생물들은 살다가 소멸되어 갈 뿐 그들에게는 죽음의 의식이 없다. 죽음은 아담의 범죄로 인해 생긴 〈죄의식의 열매〉였다.

선악과를 따먹으면 반드시 죽으리라 하였다. 이 말씀을 깊이 천착해 보면 선악과를 따먹기 이전에는 죽음이 존재하지 않고 있음을 알 수 있다. 그러므로 아담의 범죄 이전에는 죽음이 없었다는 것이 성경의 견해이다.

> 그러므로 한 사람으로 말미암아 죄가 세상에 들어오고 죄로 말미암아 사망이 들어왔나니 이와 같이 모든 사람이 죄를 지었으므로 사망이 모든 사람에게 이르렀느니라(롬 5:12).
>
> 죄의 삯은 사망이요(롬 6:23),
>
> 욕심이 잉태한즉 죄를 낳고 죄가 장성한즉 사망을 낳느니라(약 1:15).

죽음은 죄와 깊은 관계가 있다. 생물계에는 죄란 존재하지 않는다. 그러므로 생물계에는 죽음이 없는 것이다. 이런 초보적인 원리조차 모르고 죽음은 아담 이전에도 존재했고 전 생물권에도 존재한 줄로 그릇 알고 있다. 생물들은 사라져 갈 뿐 그들은 죽어가고 있는 존재임을 깨닫지 못하고 있는 것이다.

죽음이란 범죄한 인간에게만 있는 심리현상임을 깊이 인식해야 한다. 인간만이 자신이 죽어가고 있는 존재임을 자각한다. 따라서 생물학적 의미의 죽음과 성경적 의미의 죽음은 구별되어야 한다. 보통 우리들이 말하는 죽음이란 육체의 죽음을 의미한다. 그러나 성경은 살아 움직이고 있는 인간도 죽은 존재로 보고 있는 것이다.

> 예수께서 이르시되 〈죽은 자들이 그들의 죽은 자〉들을 장사하게 하고 너는 나를 따르라 하시니라(마 8:22).

개나 돼지처럼 육신이 살아있다 하여 성경은 인간을 산 자로 보지 않는다. 아담이 범죄한 후에도 그의 육신은 살아 움직였다. 다만 아담의 생령이 죽어 음령(陰靈)이 되어 죽은 자가 되었던 것이다.

죽음은 죄의 결과이다. 죄란 생명의 본체이신 하나님과의 단절된 상태를 말한다. 〈생명 그 자체〉와 단절되었으므로 죽은 자가 된 것이다. 산 자란 생령(生靈)이며 죽은 자란 음령(陰靈)이다.

> 그들은 죽었은즉 다시 살지 못하겠고 사망(음령)하였은즉 일어나지 못할 것이니 이는 주께서 벌하여 그들을 멸하사 그들의 모든 기억을 없이하셨음이니이다(사 26:14).
>
> 주의 죽은 자들은 살아나고 그들의 시체들은 일어나리이다 티끌에 누운 자들아 너희는 깨어 노래하라 주의 이슬은 빛난 이슬이니 땅이 죽은 자(음령)들을 내놓으리로다(사 26:19).

이 성구는 죽은 자가 곧 음령임을 시사하고 있다.

생령은 영생할 수 있는 존재인데 반하여 음령은 죽어 스올에 묻힌 존재임을 말한다. 범죄 후 아담은 죽은 자로 전락했으나 그의 육신은 여전히 살아 움직였다. 아담은 껍데기만 인간의 탈을 썼을 뿐 속사람 생령은 죽어 죽은 음령으로 화했던 것이다.

하나님은 흙으로 아담을 짓고 코에 생기를 불어넣어 생령이 되게 하였다. 인간은 〈생령의 존재〉로 창조되므로 생물권의 다른 짐승과 구별되는 것이다. 다시 말해서 인간은 생령이 되므로 영생할 수 있는 존재가 되었으나 생령이 없는 다른 생물들은 성·주·괴·공의 자연원리의 수레바퀴에서 자유할 수 없는 존재인 것이다.

아담 이전 원시광야에 존재했던 미개인들도 희미하게나마 영혼의 존재를 인식하여 저급한 종교의식으로 무덤을 만들었지만 그들은 〈생령의 존재〉는 아니었다. 원시인과 아담은 같은 지평위에 놓인 존재처럼 보이지만 아담은 영적으로 높이 도약한 새로운 실재였다. 이것을 성경은 표현하기를 하나님이 아담을 창조했다고 기록하였다. 첫 사람 아담은 산 영이었으나 범죄로 인해 죽은 영이 되었다. 이 죽은 자를 살리기 위하여 후 아담 예수는 살려 주시는 영 곧 부활의 영으로 오셨다.

> 기록된 바 첫 사람 아담은 생령이 되었다 함과 같이 마지막 아담은 살려 주는 영이 되었나니(고전 15:45),

생령인 아담이 타락하지 않았다면 그는 이 땅위에서 나무처럼 장수하다가 하늘나라에 수렴될 때는 신령한 존재로 변화 받아 영생할 수 있었는데 죄로 말미암아 죽은 자가 되었다. 죽음은 죄의 결과이다. 그러므로 죄에서 해방되면 부활의 마당으로 옮겨지는 것이다. 성경이 십자가로서 속죄를 강조하고 십자가를 진 후 예수가 부활하게 되는 원인도 속죄 없이는 부활이 있을 수 없음을 보여주기 위함이었다.

제2절 무덤이란 무엇인가?

무덤이라면 우리는 망우리 묘지나 국립묘지의 무덤을 연상한다. 북망

산에 옹기종기 널려있는 비석(碑石)있는 유택(幽宅)을 무덤이라 생각한다. 물론 무덤임엔 틀림없다. 그러나 성경을 깊이 연구해 보면 참 의미의 무덤은 망우리 묘지가 아님을 깨닫게 된다.

우리는 이 문제를 근원으로 부터 따져보자.

> 아담이 그의 아내의 이름을 하와라 불렀으니 그는 모든 산 자의 어머니가 됨이더라(창 3 :20).

이 성구는 짧고 간결하지만 그 품고 있는 내용은 참으로 큰 것이다. 하와라는 이름은 〈모든 산 자의 어미〉라는 뜻이다. 이 이름은 아담이 지었지만 실상은 하나님이 하와에게 향한 뜻이 무엇인가를 깨달은 작명(作名)이었다. 〈하와는 모든 산 자의 어미〉인데 범죄하므로 〈모든 죽은 자의 어미〉가 되었던 것이다.

이는 아담도 마찬가지다.

> 여호와 하나님이 땅의 흙으로 사람을 지으시고 생기를 그 코에 불어넣으시니 사람이 생령이 되니라(창 2:7).
>
> 기록된 바 첫 사람 아담은 생령이 되었다 함과 같이……(고전 15:45).

아담은 산 자 곧 생령이었고 하와는 〈모든 산 자의 어미〉로 지음 받았다. 그런데 타락으로 말미암아 아담과 하와는 죽은 자가 되었던 것이다. 따라서 하와는 죽은 자를 생산하는 모성이 된 것이다.

하와는 죽은 자를 생산하는 기관이 되었다. 그러므로 하와의 육태가 곧 무덤인 것이다. 인간은 여인의 탯 속에서 이미 죽은 자가 되어 자궁밖으로 나왔고 죽은 인간이 육신을 쓰고 알맹이 없는 허깨비로 살다가 망우리 무덤에 매장되는 것이다. 망우리 묘지는 육태 속에서 생산된 죽은 인간들을 처리하는 장소이며 참 의미의 무덤은 우리를 낳은 하와의 태인 것이다.

이 근본 문제를 이 날까지 깨닫지 못했기 때문에 참다운 의미의 무덤이 무엇인지 몰랐고 따라서 참 부활의 비의도 바르게 해독하지 못했던 것이다.

참 뜻의 무덤은 여인의 태이며 망우리는 상징적인 무덤이다. 죄인은 이미 죽은 자이며 인간은 태어날 때부터 죄의 낙인이 찍혀 죽은 자로 출생하였다.

> 그러므로 한 사람으로 말미암아 죄가 세상에 들어오고 죄로 말미암아 사망이 들어왔나니 이와 같이 모든 사람이 죄를 지었으므로 사망이 모든 사람에게 이르렀느니라(롬 5:12).

하와는 죄와 사망을 받아들인 통로였다. 그는 〈산 자의 어미〉로 지음 받았는데 죄와 사망의 통로가 되므로 말미암아 그의 도태는 동물적 차원의 육태가 되었고 이 육태는 죄와 죽음이 침입한 무덤이 되어 모든 죽은 자를 생산해냈던 것이다.

〈원죄의 어미〉, 〈부정(不淨)한 어미〉, 〈죽은 자의 어미〉, 이것이 하와이며 모든 여인의 태이다.

> 여인에게서 태어난 사람은 생애가 짧고 걱정이 가득하며…… 누가 깨끗한 것을 더러운 것 가운데에서 낼 수 있으리이까 하나도 없나이다(욥 14:1-4).
>
> 사람이 어찌 깨끗하겠느냐 여인에게서 난 자가 어찌 의롭겠느냐(욥 15:14).

여인의 몸에서 난 자 중 깨끗하고 의로운 자 어디 있는가? 오직 여인의 몸에서 난 자 중 예수만이 흠과 점과 티가 없는 자였다. 성모 마리아는 성령의 도태였던 까닭이다. 하와도 생명과를 따먹었다면 성령으로 잉태하여 〈모든 산 자의 어미〉로서 〈죄 없는 씨〉를 생산했을 것이다.

하와는 〈하나님의 아내이면서 아담의 아내〉였는데 타락으로 말미암아 생명이 없는 아담의 아내가 되어 성령 잉태의 비의는 성모 마리아가 출현하기까지 깊이 은폐되었던 것이다. 죽은 여인의 탯 속에서 산 자의 모형이 출생되는 비밀은 사라·리브가·라헬에게서 비롯된다. 이 비밀은 다음에서 해명될 것이다.

제3절 부활의 유형

성경에는 부활의 사건이 몇 가지 제시되어 있다. 그러나 이 몇 가지 부활의 유형은 참 부활의 그림자로 보여준 사건이었음을 잊어서는 안 된다.

구약과 신약에 나타난 몇 가지 유형의 부활을 분석하여 참 부활이 무엇인가 사경해 보자.

1. 구약의 마당에서

생명나무이신 예수가 수육하여 인간으로 나타나 부활의 대도를 개척하기 전에는 부활의 비의는 개봉할 수 없는 도의 비밀이었다. 구약시대는 예수가 나타나지 않은 마당(場)이므로 엄밀한 의미에서 부활의 참 뜻을 알 수 없는 시대였다. 그러나 구약은 신약의 마당을 전개시킬 서장(序場)이므로 부활의 도맥을 그 지하에 묻어두지 않을 수 없었다.

부활의 비의는 아브라함(사라)·이삭(리브가)·야곱(라헬)을 통하여 황금의 광맥처럼 묻어 두었는데 이 도맥을 유대인들은 발굴하지 못하였다. 부활의 참 비밀을 아브라함 3대에 묻어두고 외적으로 부활의 맥을 산 자인 엘리야를 통해 분출시켰던 것이다. 엘리야는 에녹과 더불어 멜기세덱의 도맥을 계승한 구약의 경이적인 인물이었다.

죽은 자는 죽은 자를 부활시킬 수 없다. 죽은 자의 부활은 산 자로 말미암지 않으면 안된다.

죽은 자를 살리는 기적이 엘리야로부터 시작되는 이유가 바로 여기에 있는 것이다. 엘리야는 죽지 않고 승천한 생령이었기 때문에 부활의 역사는 엘리야로 부터 시작된다.

ㄱ. 엘리야가 행한 부활의 기적

엘리야는 사렙땅 과부의 아들을 살렸다.

> 그 아이 위에 몸을 세 번 펴서 엎드리고 여호와께 부르짖어 이르되 내 하나님 여호와여 원하건대 이 아이의 혼으로 그의 몸에 돌아오게 하옵소서 하니 여호와께서 엘리야의 소리를 들으시므로 그 아이의 혼이 몸으로 돌아오

고 살아난지라(왕상 17:21-22).

이처럼 엘리야는 죽은 자를 살리는 기적을 행하였다. 그러나 이 기적은 참 부활의 표상이요 모형일 뿐 엄밀한 의미에서 부활은 아니었다.

ㄴ. 엘리사가 행한 부활의 기적

엘리사는 엘리야의 도맥을 이어받아 죽은 자를 살리는 기적을 행하였다. 마치 예수의 제자들이 예수의 도맥을 계승받아 죽은 자를 살린 것과 같다. 그러나 예수의 제자들도 스승처럼 승천하지 못했다.

> 아이 위에 올라 엎드려 자기 입을 그의 입에, 자기 눈을 그의 눈에, 자기 손을 그의 손에 대고 그의 몸에 엎드리니 아이의 살이 차차 따뜻하더라 엘리사가 내려서 집 안에서 한 번 이리 저리 다니고 다시 아이 위에 올라 엎드리니 아이가 일곱 번 재채기 하고 눈을 뜨는지라(왕하 4:34-35).

이처럼 엘리사도 스승 엘리야 모양 여인의 외아들을 살렸다.

그러나 이것도 엄밀한 의미에서 참 부활은 아니었다. 엘리야나 엘리사가 살린 어린이들은 영원히 산 자로 부활한 것이 아니라 그들도 살다 늙어 죽은 자가 되었던 것이다. 또 엘리사는 죽어 묘에 묻힌 그의 뼈가 죽은 자를 살리는 기적을 행하였다.

> 마침 사람을 장사하는 자들이 그 도적 떼를 보고 그의 시체를 엘리사의 묘실에 들이던지매 시체가 엘리사의 뼈에 닿자 곧 회생하여 일어섰더라(왕하 13:21).

이 성구는 무엇을 암시하고 있을까? 뼈는 성경에서 도맥을 상징하고 있다. 십자가에 달린 예수를 로마 군병들은 창으로 찔러 그 몸은 훼상(毁傷)했지만 그 뼈는 꺾지 않았다(요 19:33). 이는 산 자의 도맥이 꺾이지 않음을 암시하고 있는 것이다.

엘리사는 비록 스승처럼 승천 못하고 죽어 무덤 속에 매장되었으나 그

뼈는 산 자의 맥이 이어져 마지막 참 부활의 날을 대망(大望)하고 있음을 암시하고 있는 것이다.

2. 신약의 마당에서

생명나무의 실체로서 오신 예수님은 사망의 권세에서 인간을 해방시키기 위해 이 세상에 오셨다. 예수는 속죄의 성업을 이루기 위해 십자가에 달렸고 부활의 대업을 이루기 위해 무덤의 권세를 깨뜨리고 부활 승천하였다. 공생애 중 예수는 죽은 자를 살리셨고 그 맥을 사도들이 이어받아 베드로와 바울도 죽은 자를 일으켰던 것이다.

ㄱ. 예수가 행한 부활의 기적

예수는 회당장집 딸을 살렸고 나인성 과부의 딸을 살렸고 죽은지 나흘이 되는 나사로를 살렸다.

예수께서 이르시되 울지 말라 죽은 것이 아니라 잔다 하시니 그들이 그 죽은 것을 아는 고로 비웃더라 예수께서 아이의 손을 잡고 불러 이르시되 아이야 일어나라 하시니 그 영이 돌아와 아이가 곧 일어나거늘……(눅 8:52-55).

성문에 가까이 이르실 때에 사람들이 한 죽은 자를 메고 나오니 이는 한 어머니의 독자요 그의 어머니는 과부라…… 가까이 가서 그 관에 손을 대시니 멘 자들이 서는지라 예수께서 이르시되 청년아 내가 네게 말하노니 일어나라 하시매 죽었던 자가 일어나 앉고 말도 하거늘……(눅 7:12-15).

이 말씀을 하시고 큰 소리로 나사로야 나오라 부르시니 죽은 자가 수족을 베로 동인 채로 나오는데 그 얼굴은 수건에 싸였더라(요 11:43-44).

이처럼 예수는 죽은 자들을 살리셨다. 그러나 이 부활도 참 부활의 모형이며 방편일 뿐 다시 살아난 이들도 영원히 산 자가 된 것은 아니었다.

ㄴ. 사도들이 행한 부활의 기적

엘리야의 도맥을 이은 엘리사가 죽은 자를 일으키듯 예수의 제자인 베드로와 바울도 죽은 자를 살렸다.

> 그 때에 병들어 죽으매 시체를 씻어 다락에 누이니라…… 베드로가 사람을 다 내보내고 무릎을 꿇고 기도하고 돌이켜 시체를 향하여 이르되 다비다야 일어나라 하니 그가 눈을 떠 베드로를 보고 일어나 앉는지라(행 9:37-40).
>
> 삼층에서 떨어지거늘 일으켜보니 죽었는지라 바울이 내려가서 그 위에 엎드려 그 몸을 안고 말하되 떠들지 말라 생명이 그에게 있다 하고…… 사람들이 살아난 청년을 데리고 가서 적지 않게 위로를 받았더라(행 20:9-12).

이 사도들이 행한 부활의 기적도 방편으로 행한 것임을 잊지 말자. 오직 참 부활은 다시 죽지 않는 영생의 차원으로 도약하는 것이다.

ㄷ. 심령(心靈)의 부활

최초의 적그리스도인 사탄의 영과 그 거짓 복음을 받아들이고 우상숭배한 아담은 심령이 죽은 자였다. 예수는 죽은 인간의 심령을 참 복음으로 소생시키지 않으면 안 된다. 예수의 음성을 들은 많은 사람들이 심령이 되살아나는 체험을 하였다. 이는 곧 심령의 부활인 것이다.

우리들의 심령도 죽었는데 예수의 말씀과 그 음성을 듣고 살아났다.

> 내 말을 듣고 또 나 보내신 이를 믿는 자는 영생을 얻었고 심판에 이르지 아니하나니 사망에서 생명으로 옮겼느니라(요 5:24).
>
> 죽은 자들이 하나님의 아들의 음성을 들을 때가 오나니 곧 이 때라 듣는 자는 살아나리라(요 5:25).
>
> 너희 자신을 죄에 대하여는 죽은 자요 그리스도 예수 안에서 하나님께 대하여는 살아 있는 자로 여길지어다(롬 6:11).
>
> 그러나 이제는 너희가 죄로부터 해방되고 하나님께 종이 되어 거룩함에 이르는 열매를 맺었으니 그 마지막은 영생이라(롬 6:22).

그러나 이 심령의 부활도 참 부활은 아니었다. 심령이 부활한 우리들의 몸은 여전히 사탄 마귀가 침입하여 우리의 신앙생활은 고뇌 속에서 몸부림치고 있지 않는가.

3. 구약 영(靈)들의 부활

구약시대는 낙원에서 추방된 시대였으므로 인간이 죽으면 하늘 차원에 오르는 길은 완전히 차단상태에 놓이게 되었다. 따라서 구약인들은 죽으면 육신은 무덤 속에서 썩어지고 그들 영혼은 하늘에 오를 수 없었다. 이 때문에 구약의 영혼들은 스올(陰府) 어두운데 유폐당했다. 이 같은 상태는 생명나무이신 예수가 와서 사망의 권세를 파괴할 때까지 계속되지 않을 수 없었다.

그러므로 구약시대의 의인들과 선지자들과 성도들의 최대의 소망은 예수가 와서 낙원에의 통로를 열어 그들의 영혼을 해방시켜 하늘차원으로 부활시켜 주는 것이었다.

낙원에서 추방당한 구약인은 영생의 관념이 없었고 하나님의 품으로 돌아가는 사상도 있을 수 없었다. 그러기에 그들은 죽어 하나님의 품이 아닌 열조(列祖)의 품으로 돌아간다고 믿고 있었다.

> 너는 장수하다가 평안히 조상에게로 돌아가 장사될 것이요(창 15:15).
>
> 아브라함의 향년이 백칠십오 세라 그의 나이가 높고 늙어서 기운이 다하여 죽어 자기 열조에게로 돌아가매(창 25:7-8),
>
> 이삭의 나이가 백팔십 세라 이삭이 나이가 많고 늙어 기운이 다하매 죽어 자기 열조에게로 돌아가니 그의 아들 에서와 야곱이 그를 장사하였더라(창 35:28-29)
>
> 야곱이 아들에게 명하기를 마치고 그 발을 침상에 모으고 숨을 거두니 그의 백성에게로 돌아갔더라(창 49:33).
>
> 다윗이 그의 조상들과 함께 누워 다윗 성에 장사되니……(왕상 2:10),
>
> 솔로몬이 그의 조상들과 함께 자매 그의 아버지 다윗의 성읍에 장사되고……(왕상 11:43),

이처럼 구약인은 죽어 하나님의 품이 아닌 열조의 품으로 돌아갔던 것이다. 하나님의 품으로 돌아가는 길은 예수가 와서 부활하기까지 인봉된 길이었다. 예수가 십자가에 달려 속죄의 제사를 드릴 때 비로소 구약의 의인들은 스올에서 해방되었고 예수가 부활할 때 그들도 부활하여 잃어버린 낙원에 오르는 길이 열렸던 것이다. 이것이 구약 영들의 부활이었다.

> 예수께서 다시 크게 소리 지르시고 영혼이 떠나시니라 이에 성소 휘장이 위로부터 아래까지 찢어져 둘이 되고 땅이 진동하며 바위가 터지고 무덤들이 열리며 자던 성도의 몸이 많이 일어나되 예수의 부활 후에 그들이 무덤에서 나와서 거룩한 성에 들어가 많은 사람에게 보이니라(마 27:50-53).

이 성구는 참으로 깊은 의미가 함축되어 있다. 이 날까지 이 성구를 그릇되게 푸는 자가 많았다.

구약의 영혼은 스올에 유폐당하고 그들은 메시아가 와서 하늘 차원으로 부활시킬 것을 학수고대(鶴首苦待)하고 있었던 것이다.

예수가 십자가에 달려 오른편 강도에게 낙원을 허락하므로 구약의 영혼들도 낙원에 오를 수 있는 길이 열렸던 것이다. 그러나 이 낙원(에덴)은 셋째 하늘이며 이는 곧 구도의 도량임을 잊어서는 안 된다.

낙원이 곧 하늘나라는 아닌 것이다. 낙원은 생명나무 열매를 조망하는 장소이다. 구약 영혼들이 스올에서 부활의 날을 기다리고 있듯이 그 영혼이 낙원에서 구도하고 있는 모든 성도들의 영혼은 참 부활의 날을 기다리고 있는 것이다.

셋째 하늘인 에덴 낙원은 아담이 구도하여 올라갔던 영적 기준이 있으므로 심령이 부활한 죽은 자들의 영혼도 낙원에까지 오를 수 있는 것이다.

4. 마지막 날의 부활

마지막 날의 부활은 낙원에 간 성도들의 영혼이 전체적으로 부활받는 때이며 지상의 성도들은 덧입는 때를 말한다. 다시 말해서 재림 예수가 와서 죄와 사망의 권세에서 인간을 완전히 해방시키는 자유의 성일(聖日)에 있을 부활이다.

이날 성도들은 범죄 전 아담의 상태로 돌아가 각자가 생령이 되어 영생할 수 있는 생명나무 열매를 따먹을 것이다. 우리가 현재 받고 있는 구원은 마지막 날의 부활 때 완전구원받을 수 있는 〈보증구원(保證救援)〉임을 잊어서는 안 된다. 현존하는 우리는 성령의 인(印)침으로 〈보증구원〉을 받고 있는 것이다.

> 하나님의 성령을 근심하게 하지 말라 그 안에서 너희가 구원의 날까지 인치심을 받았느니라(엡 4:30).
>
> 너희는 말세에 나타내기로 예비하신 구원을 얻기 위하여 믿음으로 말미암아 하나님의 능력으로 보호하심을 받았느니라……(벧전 1:5).
>
> 또한 우리 곧 성령의 처음 익은 열매를 받은 우리까지도 속으로 탄식하여 양자 될 것 곧 우리 몸의 속량을 기다리느니라(롬 8:23).
>
> 그러나 각각 자기 차례대로 되리니 먼저는 첫 열매인 그리스도요 다음에는 그가 강림하실 때에 그리스도에게 속한 자요 그 후에는 마지막이니 그가 모든 통치와 모든 권세와 능력을 멸하시고 나라를 아버지 하나님께 바칠 때라(고전 15:23-26).
>
> 이 장막에 있는 우리가 짐진 것 같이 탄식하는 것은 벗고자 함이 아니요 오히려 덧입고자 함이니 죽을 것이 생명에 삼킨 바 되게 하려 함이라 곧 이것을 우리에게 이루게 하시고 보증으로 성령을 우리에게 주신 이는 하나님이시니라(고후 5:4-5).

이 성구들을 볼 때 우리가 현재 받은 구원은 〈보증구원〉이지 〈완전구원〉이 아니다. 우리들의 몸은 아직 사탄 마귀의 올가미에서 해방 받지 못하고 있다. 완전구원이란 영육 아울러 받는 생령의 구원이지 영혼만의 구원이 아닌 것이다.

우리 지상의 성도들과 낙원의 영혼들은 다 같이 마지막 날의 부활을 바라보면서 〈보증구원〉을 이룬 상태에서 살고 있는 것이다. 지상의 우리들은 이날까지 〈개인구원〉을 얻었다. 예수 믿는 때가 각자 달랐고 또 죽는 시간도 각자 달랐다. 그러나 마지막 날 참 부활 때가 오면 인간은 〈전체 구원〉의 새 날을 맞이할 것이다. 엄밀한 의미에서 구원과 부활은 〈전체〉이지 〈개인〉이 아닌 사실을 깊이 인식해야 한다.

그러나 아직 지상과 낙원이 동시에 부활 받고 구원받는 때까지 역사시대의 시간이 남아 있다. 성도들은 지금 이 시간에도 죽어가고 있지만 그들의 죽음은 본질상 이방인 같은 죽음이 아니다. 비록 우리는 죽어가고 있는 듯하지만 부활의 날까지 잠자고 있음을 깨닫자.

> 그러므로 이르시기를 잠자는 자여 깨어서 죽은 자들 가운데서 일어나라 그리스도께서 너에게 비추이시리라 하셨느니라(엡 5:14).
>
> 그러나 이제 그리스도께서 죽은 자 가운데서 다시 살아나사 잠자는 자들의 첫 열매가 되셨도다(고전 15:20).

믿음 안에서 죽은 성도들은 죽은 것이 아니라 자면서 부활의 대몽(大夢)을 꾸고 있는 것이다.

5. 첫째 부활

마지막 날의 부활과 첫째 부활은 어떤 차이가 있을까? 마지막 날의 부활이 보편성을 띤 성도들의 부활이라면 첫째 부활은 정선(精選)된 소수자의 부활이다.

모든 성도가 마지막 날에 부활하나 첫째 부활에 참여할 자들은 순교한 성도들이다. 이들은 아담 이후 신앙의 절개와 더불어 예수의 증거와 말씀을 위하여 목 베임을 받은 순교자들이며 짐승과 우상에게 경배하지 않은 성도들이다. 이 정선된 소수의 인간들은 도(道)의 머리이신 예수와 더불어 천년 동안 왕 노릇 할 영적 신성(神聖)조직의 구성원들이며 예수의 반열을 따라 인류 속에서 수렴된 첫째 부활의 열매이다. 예수는 부활의 첫 열매이며 성령의 처음 익은 열매이다(고전 15:20-23, 골 1:18).

다른 말로 표현해서 첫째 부활에 참여할 자들은 뇌세포에 해당되고 보통 성도들은 지체의 세포에 해당되는 것이다. 예컨대 열 두 지파 중 레위 지파만 제사장이 될 수 있고 다른 지파는 제사장이 될 수 없다. 그러므로 레위 지파는 이스라엘 민족의 머리이고 다른 지파는 지체와 같다.

예수는 부활하여 첫 열매가 되었지만 도의 머리이신 예수 안에 뇌세포가 있어야 한다. 이 뇌세포는 14만 4천인과 첫째 부활한 자로 구성될 것이다. 비유컨대 완전구원 받을 새 인류의 조직은 인체와 같은 것이다. 도의 머리가 있고 도의 지체가 있다.

머리는 예수와 장자들이고 지체는 천사와 성도들이다. 예수는 장자이고 천사들은 차자이듯 인류속에서 수렴된 인간들도 장자의 수렴과 차자들의 수렴이 있는 것이다.

장자들로 수렴되어 첫째 부활에 참여하는 자들은 머리이신 예수를 중심하여 그 뇌조직을 형성하게 된다. 그러나 14만 4천인과 첫째 부활한 자들은 구별해야 한다. 14만 4천인은 죽지 않고 성령으로 거듭난 순결한 자들이고 첫째 부활 받을 자들은 죽었다 다시 살아날 순교자와 예수의 증인들이다. 나머지 성도들은 지체조직의 구성원들이다. 머리와 지체가 연합하여 한 인격을 형성하듯 14만 4천인과 첫째 부활할 순교자들과 성도들은 연합하여 거룩한 하나님의 형상을 이룩할 것이다.

첫째 부활이란 개념은 둘째 부활이 있음을 암시하고 있다. 첫째 부활이 신성조직의 뇌세포를 형성할 장자의 부활이라면 둘째 부활은 지체조직을 형성할 성도들의 부활일 것이다. 비유컨대 산모가 순산하자면 아기의 머리 부분이 먼저 나오고 지체는 나중 나옴과 같다. 영적으로 볼 때도 예수를 중심하여 뇌세포를 형성할 머리가 새 하늘과 새 땅에 먼저 나오고 나중에 지체부분이 해산될 것이다.

제4절 예수의 부활

예수는 부활하여 성령의 처음 익은 열매가 되었다.

> 그러나 이제 그리스도께서 죽은 자 가운데서 다시 살아나사 잠자는 자들의 첫 열매가 되셨도다(고전 15:20).
>
> 그는 몸인 교회의 머리시라 그가 근본이시요 죽은 자들 가운데서 먼저 나신 이시니 이는 친히 만물의 으뜸이 되려 하심이요(골 1:18).

예수는 어떻게 부활하였을까? 그의 부활은 영적인 부활인가 아니면 육적인 부활인가? 이 문제도 성경을 사경하여 그 본질을 규명하자.

예수는 영육 아울러 부활하여 잠자는 자의 첫 열매가 되었다. 그는 부활 후 승천하여 하나님의 오른편에 앉아 계신다.

1. 영적(靈的) 부활

잠긴 문을 열지 않고 예수는 출입하였다.

이 날 곧 안식 후 첫날 저녁 때에 제자들이 유대인들을 두려워하여 모인 곳의 문들을 닫았더니 예수께서 오사 가운데 서서 이르시되 너희에게 평강이 있을지어다 이 말씀을 하시고 손과 옆구리를 보이시니 제자들이 주를 보고 기뻐하더라(요 20:19-21).

여드레를 지나서 제자들이 다시 집 안에 있을 때에 도마도 함께 있고 문들이 닫혔는데 예수께서 오사 가운데 서서……(요 20:26),

이 성구는 예수 부활의 영성을 강조하고 있다. 닫힌 문을 열지 않고 출입함은 그 몸이 풍류체(風流體)가 되어 있음을 암시하고 있다. 엠마오에 낙향하던 두 제자들도 홀연히 나타난 예수의 풍류체와 해후한다(눅 24:13-31). 그러나 이 영적 풍류체는 육신이 없는 영혼이 아닌 것이다.

다음 성구들은 예수가 육적으로 부활하였음을 강조하고 있다.

2. 육적(肉的) 부활

예수는 영혼뿐만 아니라 그 육신도 다시 살아 풍류체가 되었던 것이다. 도마는 예수의 육적 부활을 의심하다가 책망을 들었다. 뿐만 아니라 부활한 예수는 생선도 잡수셨다.

도마에게 이르시되 네 손가락을 이리 내밀어 내 손을 보고 네 손을 내밀어 내 옆구리에 넣어 보라 그리하여 믿음 없는 자가 되지 말고 믿는 자가 되라(요 20:27).

내 손과 발을 보고 나인 줄 알라 또 나를 만져 보라 영은 살과 뼈가 없으되 너희 보는 바와 같이 나는 있느니라(눅 24:39).

예수께서 가셔서 떡을 가져다가 그들에게 주시고 생선도 그와 같이 하시니라(요 21:13).

이처럼 예수는 육신도 부활하였던 것이다.

영과 육이 온전히 부활한 사실을 부인하지 말자. 닫힌 문을 열지 않고 출입하신 사건과 생선을 잡수신 사건은 서로 모순된 사건처럼 보이지만 신실재(新實在)로 변화하신 예수는 자유자재로 시공(時空)을 초월하여 그 진신(眞身)을 나타내신 것이다. 부활하신 예수는 진리의 화신(化身)이었다.

부활하여 신실재가 되신 예수의 모습은 3년 공생애 노정을 걸으신 그 모습이 아니므로 막달라 마리아도 부활하신 예수를 알아보지 못했고 제자들도 알아보지 못했던 것이다.

> 이 말을 하고 뒤로 돌이켜 예수께서 서 계신 것을 보았으나 예수이신 줄은 알지 못하더라(요 20:14).
>
> 그들이 서로 이야기하며 문의할 때에 예수께서 가까이 이르러 그들과 동행하시나 그들의 눈이 가리어져서 그인 줄 알아보지 못하거늘……(눅 24:15-16).

예수는 영육 아울러 부활하여 사망의 권세를 이겼기 때문에 온 인류의 구세주가 되신 것이다.

제5절 부활, 그 참 비의

지금까지 성경에 나타난 부활의 여러 유형을 사경하였다.

이들 부활(예수의 부활은 제외)은 참 부활의 그림자요 표상이었다. 또 이들 부활은 죽어 나흘이 되기 전에 소생한 부활이었다. 무덤에 묻힌 나사로의 부활을 제외하면 어린이들을 소생시킨 사건은 엄밀한 의미에서 부활이 아닌 소생이었음이 더 적절한 표현일 것이다.

성도들이 죽어 2천 년이 지나고 그들의 뼈와 살이 무덤 속에서 흔적도 없는데 마지막 날에 어떻게 부활할 것인가? 부활의 참 비의는 아브라함·이삭·야곱 속에 황금의 광맥처럼 은장(隱藏)되어 있다. 이 광맥을 시굴하여 부활의 참 뜻을 노출시켜 보자.

바리새인들은 자칭 성경에 능통(能通)하다고 뻐기며 우쭐대는 자들이었다. 그들은 부활의 문제에 대하여 예수께 물음을 제기하였다. 바리새인의 물음에 대답하여 예수는 다음과 같이 말씀하였다.

> 너희가 성경도, 하나님의 능력도 알지 못하는 고로 오해하였도다(마 22:29).

이 성구는 무엇을 말하고 있는가?

바리새인들은 성경을 자기들만이 정해(正解)하고 있다고 우쭐거렸는데 예수는 그들이 성경을 곡해하고 그릇되게 푼다고 매도(罵倒)하였다.

마찬가지로 오늘날 기독교인들과 신학자들도 부활에 대한 문제를 오해하고 있는 것이다. 부활 때 무덤이 터져 해골이 살아난다는 유취한 전통적인 부활관 내지 예수의 정신만이 현존안에 부활한다는 자유주의 신학자들의 부활관도 성경을 오해하므로 야기되는 인간적인 견해이다. 우리는 부활의 문제도 성경에서 정답을 얻어야 한다.

> 죽은 자가 살아난다는 것은 모세도 가시나무 떨기에 관한 글에서 주를 아브라함의 하나님이요 이삭의 하나님이요 야곱의 하나님이시라 칭하였나니 하나님은 죽은 자의 하나님이 아니요 살아 있는 자의 하나님이시라 하나님에게는 모든 사람이 살았느니라 하시니(눅 20:37-38),

이 성구 속에는 참으로 큰 비밀이 숨겨져 있다.

〈죽은 자가 살아난다는 것은…….〉 이렇게 예수는 전제하고 아브라함·이삭·야곱의 생애 속에 부활의 비의가 숨겨져 있음을 암시하고 있다. 모세는 아브라함의 하나님, 이삭의 하나님, 야곱의 하나님을 조상의 하나님으로 이해했다. 그러나 예수는 조상의 하나님이 아닌 부활의 하나님으로 이해했던 것이다.

조상의 하나님이란 혈대와 육맥의 하나님을 의미하고 부활의 하나님이란 언약의 하나님 영맥(靈脈)의 하나님을 의미하고 있다. 이것은 참으로 중대한 차이가 아닐 수 없다. 아담 이후 모든 자들은 혈대와 육맥을 따라 아들을 낳았으나 아브라함·이삭·야곱은 언약의 자식을 낳았던 것이다. 언약의 자식이 곧 부활의 자식을 암시하고 있다(도맥론 참조).

이미 「도맥론」에서 밝힌 바 있듯이 성경에는 두 가지 맥이 있다.

첫째는 혈대(血代)로서 자식을 번식해 가는 육맥(肉脈)인데 이는 죽은 자의 맥이다.

둘째는 영대(靈代)로서 언약의 자식을 번식해 가는 영맥(靈脈)으로 이는 산 자의 맥이다. 하나님이 죽은 자의 하나님이 아니요 산 자의 하나님이란 뜻은 하나님은 혈맥(血脈)의 하나님, 조상의 하나님이 아닌 언약의 하나님, 부활한 자의 하나님이란 뜻이다.

죽은 자란 혈맥을 따라난 씨요 산 자란 언약을 따라난 씨다. 구약인들은 이 비밀을 이해하지 못했다. 유대교는 오늘날까지 이해 못하고 있다. 그뿐만 아니라 기독교에서도 이 비밀을 이 날까지 깨닫지 못하고 있다.

왜 하나님은 아담의 하나님, 노아의 하나님, 모세의 하나님, 다윗의 하나님이라 부르지 못하고 〈아브라함의 하나님·이삭의 하나님·야곱의 하나님〉이라 불렀을까?

여기에는 깊은 비밀이 숨겨져 있다. 아담도 노아도 우리 조상들이지만 그들은 〈믿음의 조상〉은 아니었다. 참 의미의 조상은 아브라함이었던 까닭으로 그는 만민(萬民)의 복(福)의 기관이 되는 것이다. 아브라함이 조상이 되는 것도 믿음의 자리에서 이해되어야 하며 그를 혈대의 조상으로 이해하면 성경은 바르게 이해되지 못한다.

아브라함이 어떻게 믿음의 조상이 되며 그가 믿은 것은 무엇인가? 이 비밀을 파헤쳐 보자.

믿음의 조상 아브라함은 무자(無子)하였다. 그의 아내 사라는 석녀(石女)였다. 아브라함 100세, 사라는 90세가 되도록 자식이 없었다. 사라는 석녀이며 나이 늙고 경수(經水)도 끊어진 소망이 없는 여인이었다. 사라는 무덤 같고 사막 같고 죽은 반석같고 마른 막대기 같은 여인이었다. 이 사라가 하나님의 도전으로 잉태하여 이삭을 낳는다.

> 그가 이르시되 내년 이맘때 내가 반드시 네게로 돌아오리니 네 아내 사라에게 아들이 있으리라(창 18:10).
>
> 여호와께서 말씀하신 대로 사라를 돌보셨고 여호와께서 말씀하신 대로 사라에게 행하셨으므로 사라가 임신하고 하나님이 말씀하신 시기가 되어 노

년의 아브라함에게 아들을 낳으니……(창 21:1-2),

석녀 사라에게 하나님이 도전하시므로 언약의 아들 이삭을 낳는다. 사라가 이삭을 낳은 것은 마치 마른 막대기에서 꽃이 피고 사막에서 시내가 흐르고 죽은 반석에서 생수가 솟은 기적과 같은 것이다. 사라의 태는 무덤이었다. 그 죽은 무덤 속에서 언약의 아들 이삭이 생산됨은 부활의 비의가 숨어있음을 보여주고 있다. 이미 전술한 바 있거니와 하나님이 아브라함과 언약을 맺은 것도 그가 멜기세덱을 통하여 산 자의 축복을 받았기 때문이었다. 사라는 육태로서 자식을 낳을 수 없어서 남편을 하갈과 동침시켜 혈육의 자식 이스마엘을 생산케 하였다. 그러나 육신의 씨인 이스마엘을 아브라함의 후사로 하나님은 허락하지 않았다.

무덤 같은 사라의 탯속에 하나님이 도전하시므로 사라의 태는 도태(道胎)가 되었고 이로 말미암아 언약의 자식인 이삭을 낳게 된다.

언약의 자식은 곧 부활의 자식의 암호이다. 사라가 낳은 이삭은 산 자, 부활한 자의 표상이었다. 인류역사 최초 사라로 말미암아 언약의 자식을 낳게 된다. 여기서 우리는 잠시 아브라함과 사라의 이름을 아담과 하와의 이름과 비교해 보자.

아담은 최초의 사람으로 〈산 자〉였다. 그리고 하와는 〈모든 산 자의 어미〉였다. 그런데 타락으로 말미암아 아담은 〈죽은 자〉가 되었고 〈하와는 모든 죽은 자의 어미〉가 되었다.

이들로 말미암아 혈대와 육맥은 죽은 자들의 맥이 된다. 그러므로 하나님은 아담과 하와형의 부부를 다시 선택해야 한다. 이 도의 부부로 선택받은 자가 아브라함과 사라였다. 하나님은 그들이 100세와 90세가 되도록 도전하지 않았다. 왜냐하면 그들이 젊어서 생산케 되면 그 자식이 언약의 자식이란 믿음이 없어지기 때문이다.

마른 막대기와 같은 존재, 사막과 같고 죽은 반석과 무덤 같은 존재가 되었을 때에 하나님이 도전하여 생산시키면 그 자식이 하나님으로 말미암은 자식으로 인식되기 때문이었다.

사라라는 이름은 여주(女主)라는 뜻인데 이는 〈열국(列國)의 어미〉라는 의미가 함축되어 있다.

> 내가 그에게 복을 주어 그가 네게 아들을 낳아 주게 하며 내가 그에게 복을 주어 그를 〈여러 민족의 어머니(개역한글 : 열국의 어미)〉가 되게 하리니 민족의 여러 왕이 그에게서 나리라(창 17:16).

이처럼 사라의 이름은 〈열국의 어미〉라는 뜻이 있으므로 이는 하와의 이름인 〈모든 산 자의 어미〉와 같은 뜻이 포함되어 있는 것이다. 하와는 타락으로 산 자의 이름을 상실했지만 사라는 이삭을 낳음으로써 〈열국의 어미〉로 축복받았던 것이다. 뜻으로 볼 때 〈열국의 어미 = 모든 산 자의 어미〉가 된다. 아브라함의 이름도 마찬가지다.

> 보라 내 언약이 너와 함께 있으니그를 〈여러 민족의 아버지(개역한글 : 열국의 아비)〉가 될지라 이제 후로는 네 이름을 아브람이라 하지 아니하고 아브라함이라 하리니 이는 내가 너를 여러 민족의 아버지가 되게 함이니라(창 17:4-5).

아브라함은 〈열국(列國)의 아비〉가 되었다. 이 이름은 아브라함이 부활을 믿으므로 믿음과 언약의 조상이 되었으니 뜻으로 볼 때 아브라함이 비로소 사람(아담)이 되었다 할 수 있다. 〈열국의 아비〉와 〈열국의 어미〉가 된 아브라함과 사라는 아담과 하와가 받으려다 받지 못한 산 자의 축복을 하나님께로부터 받았던 것이다.

그러므로 믿음과 뜻의 입장에서 볼 때 아브라함과 사라는 우리들의 시조가 되는 것이다. 이삭은 언약의 자식이었다.

> 형제들아 너희는 이삭과 같이 약속의 자녀라 그러나 그 때에 육체를 따라 난 자가 성령을 따라 난 자를 박해한 것 같이 이제도 그러하도다(갈 4:28-29).
>
> 이삭이 그의 아내가 임신하지 못하므로 그를 위하여 여호와께 간구하매 여호와께서 그의 간구를 들으셨으므로 그의 아내 리브가가 임신하였더니……(창 25:21),

이삭은 부활을 표상(表象)하는 씨였다. 그런데 이삭의 부인 리브가도 시어미처럼 석녀였다. 리브가도 불임의 석녀였는데 이삭이 하나님께 간구하여 하나님이 리브가의 태에 도전하므로 야곱을 낳게 된다. 리브가도 육태로서는 자식을 생산하지 못하고 성령을 따라 도태로서 야곱을 낳았던 것이다.

그런데 야곱의 아내 라헬도 불임의 석녀였다. 라헬의 태도 하나님이 여셨으므로 그가 잉태하여 요셉을 낳는다.

> 하나님이 라헬을 생각하신지라 하나님이 그의 소원을 들으시고 그의 태를 여셨으므로 그가 임신하여 아들을 낳고 이르되 하나님이 내 부끄러움을 씻으셨다 하고 그 이름을 요셉이라 하니……(창 30:22-24),

이처럼 사라·리브가·라헬 세 여인은 그 태가 무덤같은 석녀들이었는데 하나님은 그 무덤 속에서 이삭·야곱·요셉을 낳게 하셨다. 이삭·야곱·요셉은 육신의 자식이 아닌 언약의 자식이며 이들은 성령을 따라난 자식들이었다. 사라·리브가·라헬의 잉태는 장차 메시아가 성령으로 잉태될 성모 마리아의 구약적인 모형이었다.

아브라함은 부활을 믿은 첫 사람이었고 이삭과 야곱은 성령을 따라 언약의 자식으로 영맥을 계승하므로 말미암아 하나님은 아브라함의 하나님, 이삭의 하나님, 야곱의 하나님이 되는 것이다.

산 자의 하나님도 3대의 하나님이 되었으므로 부활의 황금광맥을 그들 3대 속에 묻어 두고 그 지표위에 죽은 자의 산맥을 융기시켰으니 누가 지하 깊이 매장된 산 자의 도맥을 발굴할 수 있었겠는가.

언약의 자식 곧 약속받은 자가 아니면 장차 부활의 반열에 참여할 수 없는 것이다. 지난날 성도들은 예수를 믿고 잠들었지만 그들은 한결같이 마지막 날 부활할 것을 믿고 잠들었으며 또 하나님은 마지막 날 그들을 다시 살리실 것을 약속하였던 것이다.

그러므로 언약을 믿고 잠들었기 때문에 그들도 언약의 자식으로 부활할 수 있는 것이다. 언약의 자식은 성령의 도태를 통해 무덤 속에서 다시 살아날 것이다.

> 이 사람들은 다 믿음으로 말미암아 증거를 받았으나 약속된 것을 받지

못하였으니 이는 하나님이 우리를 위하여 더 좋은 것을 예비하셨은즉 우리가 아니면 그들로 온전함을 이루지 못하게 하려 하심이라(히 11:39-40).

이 성구는 깊은 뜻을 암시하고 있다.

잠든 자들은 깨어있는 현존하는 우리가 아니면 온전함을 이룰 수 없는 것이다. 이미 무덤의 정의를 내린 바 있지만 망우리나 신세계 묘지가 무덤이 아니고 여인들의 태가 무덤인 것이다.

〈죽은 자의 어미〉가 된 육태가 〈산 자의 어미〉인 도태가 될 때 이삭 같은 언약의 씨, 부활의 자식이 하늘의 별처럼 생산될 것이다.

무덤이 터져 해골이 살아나는 종교적 환상은 인간의 지혜가 성장하지 못하여 미숙할 때 하나님이 방편으로 쓴 섭리인데 이 날까지 우리는 유취한 신앙에서 성장 못하고 있다.

하와의 태는 무덤이었다. 그 무덤 속에는 죽은 자들이 출입하였다. 그러나 사라의 태는 부활의 무덤이었다. 그 속에서는 열국(列國)의 산 자들이 생산될 것이다.

제6절 부활, 그 모성에 대한 고찰

부활한 자는 혈육의 자식이 아니요 반드시 언약의 자식임을 우리는 이미 알고 있다.

상징적으로 볼 때 육신의 자식이란 하갈이 낳은 이스마엘적 자식이니 이는 율법의 노예가 된 자들이고 언약의 자식이란 사라가 낳은 이삭적 자식이니 이는 자유한 자들이다. 죄와 죽음에서 자유한 자들만이 언약의 씨이며 부활한 자식이다.

아브라함에게 두 아들이 있으니 하나는 여종에게서, 하나는 자유 있는 여자에게서 났다 하였으며 여종에게서는 육체를 따라 났고 자유 있는 여자에게서는 약속으로 말미암았느니라 이것은 비유니 〈이 여자들은 두 언약〉이라 하나는 시내 산으로부터 종을 낳은 자니 곧 하갈이라 이 하갈은 아라비아에

> 있는 시내 산으로서 지금 있는 예루살렘과 같은 곳이니 그가 그 자녀들과 더불어 종 노릇 하고 오직 위에 있는 예루살렘은 자유자니 곧 우리 어머니라 기록된 바 잉태하지 못한 자여 즐거워하라 산고를 모르는 자여 소리 질러 외치라 이는 홀로 사는 자의 자녀가 남편 있는 자의 자녀보다 많음이라 하였으니 형제들아 너희는 이삭과 같이 약속의 자녀라(갈 4:22-28).

이 성구 속에는 깊은 도비가 농축(濃縮)되어 있다.

하갈과 사라는 두 언약의 상징이다. 하갈(하와의 상징)은 죽은 자 곧 육체를 따라 자식을 낳았는데 이 자식은 율법의 노예로서 죄와 죽음의 인간을 다스리는 땅에 있는 예루살렘의 상징이요, 사라는 산 자 곧 성령을 따라 언약의 자식을 낳았는데 이 자식은 죄와 죽음에서 자유한 자로서 하늘에 있는 예루살렘의 아들이었다.

하갈은 땅에 있는 예루살렘(율법과 십계)의 상징이고 사라는 하늘에 있는 예루살렘(자유와 사랑)의 상징이다. 하갈은 타락한 모성이며 사라(성모 마리아)는 자유한 모성의 상징이다. 하갈은 구약의 상징이고 사라는 신약의 상징이다.

두 모성은 두 언약인데 왜 이 두 여인이 언약의 상징이 되는 것일까? 죄와 죽음의 씨도 그리고 자유한 씨도 인간존재는 여인을 통하지 않으면 이 세상에 나올 수 없는 것이다. 생명나무이신 예수도 수육하기 위하여는 마리아의 탯속에 잉태되지 않았던가. 비록 창조주 하나님이신 예수도 인간으로 태어나기 위하여는 여인의 태를 통과해야 한다. 여인의 태란 육태가 될 때 죽은 자를 낳고 도태가 될 때 산 자를 낳는다. 산 자이든 죽은 자이든 여인의 태는 생명의 근본 자리인 것이다. 생명의 출발점이며 고향인 것이다. 이런 까닭에 두 모성은 두 언약이 되는 것이다.

구약은 하와(하갈)가 죄와 율법의 노예가 된 죽은 자를 낳았고, 신약은 마리아(사라)가 죄와 죽음에서 자유케 할 산 자를 낳았던 것이다. 언약의 자식 곧 부활의 자식은 반드시 하늘에 있는 어머니인 예루살렘에게서 태어나지 않으면 안 된다.

> 오직 위에 있는 예루살렘은 자유자니 곧 우리 어머니라(갈 4:26).

> 또 내가 보매 거룩한 성 새 예루살렘이 하나님께로부터 하늘에서 내려오니 그 준비한 것이 신부가 남편을 위하여 단장한 것 같더라(계 21:2).

이 성구에서 보듯이 예루살렘은 건물이 아니라 〈어머니〉를 상징하고 있음을 알 수 있다.

새 예루살렘은 장차 부활의 모성으로 새 신부가 되어 땅에 강림할 것을 암시하고 있다. 새 신부이며 부활의 모성인 하늘의 예루살렘은 성도들의 영원한 어머니로서 잠든 자를 부활시킬 것이다.

이 영원한 어머니는 곧 성령의 상징이다. 예수도 성령 잉태로 마리아의 도태에서 나지 않았던가. 성령은 어머니의 도태가 되어 이삭, 야곱, 요셉과 같은 산 자를 부활시킬 것이다.

부활이란 곧 성령으로 거듭남이다. 니고데모가 어리석게 물은 육신의 태가 아니고 성령은 거룩하고 깨끗한 〈도태〉를 말한다. 부활이란 망우리 무덤 속에서 뼈가 일어나는 사건이 아니라 성령의 도태를 통해 산 자로 태어남을 말한다.

> 잉태하지 못하며 출산하지 못한 너는 노래할지어다 산고를 겪지 못한 너는 외쳐 노래할지어다 이는 홀로 된 여인의 자식이 남편 있는 자의 자식보다 많음이라(사 54:1, 사 66:7-9).
>
> 시온은 진통을 하기 전에 해산하며 고통을 당하기 전에 남아를 낳았으니 이러한 일을 들은 자가 누구이며 이러한 일을 본 자가 누구이냐 나라가 어찌 하루에 생기겠으며 민족이 어찌 한 순간에 태어나겠느냐 그러나 시온은 진통하는 즉시 그 아들을 순산하였도다 여호와께서 이르시되 내가 아이를 갖도록 하였은즉 해산하게 하지 아니하겠느냐 네 하나님이 이르시되 나는 해산하게 하는 이인즉 어찌 태를 닫겠느냐 하시니라(사 66:7-9).

이 성구 속에는 깊은 뜻이 숨겨져 있다.

잉태치 못한 자는 사라형·리브가형·라헬형의 여인들을 상징한다. 이들은 육신의 남편에게서는 자식을 낳지 못했으나 하나님이 그들의 남편이 될 때 언약의 자식을 낳았던 것이다.

또 시온은 순결한 〈도의 처녀〉를 상징하는데 이 시온이 순식간에 민족(이는 부활한 성도) 을 생산해 낼 것을 암시하고 있다. 이미 「타락론」에서 밝힌 바 있지만 하와는 하나님의 아내이면서 아담의 아내였는데 그가 타락하므로 아담의 아내가 되어 그의 태는 육태가 되었던 것이다.

끝날 새 예루살렘이며 시온같은 깨끗한 모성은 하나님의 아내가 되어 부활한 자들을 생산해 낼 것이다.

> 나는 시온의 의가 빛같이, 예루살렘의 구원이 횃불같이 나타나도록 시온을 위하여 잠잠하지 아니하며 예루살렘을 위하여 쉬지 아니할 것인즉…… 다시는 너를 버림 받은 자라 부르지 아니하며 다시는 네 땅을 황무지라 부르지 아니하고 오직 너를 헵시바라 하며 네 땅을 쁄라(결혼한 여자)라 하리니 이는 여호와께서 너를 기뻐하실 것이며 네 땅이 결혼한 것처럼 될 것임이라 마치 청년이 처녀와 결혼함 같이 네 아들들이 너를 취하겠고 신랑이 신부를 기뻐함 같이 네 하나님이 너를 기뻐하시리라(사 62:1-5).

얼마나 놀라운 성구이며 약속인가.

시온은 순결한 처녀의 상징이고 예루살렘은 새 어머니의 상징이다. 결혼한 땅은 성령 잉태할 여인의 상징인 것이다. 하나님이 땅(여인)과 결혼하는 날 이 땅에서 죽은 자를 낳았던 하와와 하갈형의 육태는 사라지고 사라와 마리아형의 도태가 다시 성도들을 낳아 부활시킬 것이다.

> 우리가 잉태하고 산고를 당하였을지라도 바람을 낳은 것 같아서 땅에 구원을 베풀지 못하였고 세계의 거민을 출산하지 못하였나이다 주의 죽은 자들은 살아나고 그들의 시체들은 일어나리이다 티끌에 누운 자들아 너희는 깨어 노래하라 주의 이슬은 빛난 이슬이니 땅이 죽은 자들을 내놓으리로다(사 26:18-19).

이사야가 노래한 이 성구도 육태에서 낳은 자는 무익하고 도태 속에서 부활한 자들이 탄생됨을 은유(隱喩)하고 있다.

여인들이여 아담의 아내가 되기 전에 먼저 깨달아 하나님의 아내가 되

라. 동물적인 육태가 되어 죽은 자를 낳지 말고 거룩하고 깨끗한 도태가 되어 산 자를 낳아라. 구도의 정상에서는 여인이 정각을 이루어야 한다. 여자라면 목숨을 걸고 골고다의 정상에서 한 번 기도해보아야만 하지 않는가?

성경은 우리들에게 세 여인을 계시하고 있다.

하와와 마리아와 「요한 계시록」에 나오는 영모(靈母)이다. 하와는 타락한 육모(肉母)이고 마리아는 예수를 성령으로 잉태한 성모이고 「요한 계시록」에 나오는 여인은 장차 부활할 자식을 낳을 영모의 상징이다.

> 하늘에 큰 이적이 보이니 해를 옷 입은 한 여자가 있는데 그 발 아래에는 달이 있고 그 머리에는 열두 별의 관을 썼더라 이 여자가 아이를 배어 해산하게 되매 아파서 애를 쓰며 부르짖더라…… 여자가 아들을 낳으니 이는 장차 철장으로 만국을 다스릴 남자라 그 아이를 하나님 앞과 그 보좌 앞으로 올려가더라(계 12:1-5).

〈해를 옷입은 여인〉은 참 지혜와 진리로 옷입어 성도(成道)한 여인을 상징하고 있으며 그 여인은 거짓 지혜인 달(月)을 정복하고 초극하고 있다. 생명과를 따먹은 여인들은 달을 밟고 서야 한다. 달은 육신의 상징이며 월경을 따라 혈대의 자식을 낳는 거짓 진리의 상징이다. 해를 옷입고 자식을 낳을 때 철장으로 만국을 다스릴 참 자식을 낳는 것이다.

열 두 별의 면류관은 열 두 자식을 암시한다. 이는 영적 새 이스라엘의 열 두 지파의 상징이다.

하와는 용의 삼킨 바 된 여인이었으나 이 영모는 붉은 용이 삼키지 못하였다. 성도(成道)한 여인을 어찌 마귀가 삼킬 수 있겠는가? 이 〈해를 옷입은 여인〉은 어떤 실재의 인물이 아닌 상징적인 인물임을 잊지말자. 이 여인은 〈성령의 화신〉인 것이다.

이 날까지 타락한 인류역사는 하와가 낳은 죽은 자들의 역사였다. 하나님은 이 낡은 역사를 마무리 짓고 새 일을 창조하실 것이다.

> 여호와가 새 일을 세상에 창조하였나니 곧 여자가 남자를 둘러싸리라(렘

31:22).

이 성구가 예언한 것처럼 〈여자가 남자를 안는 때〉는 성도한 새 하와가 탄생하는 때다. 즉 성신(聖神)이 모든 여인들의 도태 속에 임재(臨在)하는 때다. 그 날이 어서 오라. 구원의 모성들이여 모든 죽은 자들을 다시 낳아다오.

제7절 부활과 아브라함의 의(義)

아브라함은 왜 믿음의 조상이 되었는가? 아브라함이 믿은 것이 무엇이었기에 하나님은 그것을 의로 여겼을까? 이 문제는 반드시 해명하고 넘어가야 할 과제이다.

하나님이 아브라함과 언약을 할 때 아브라함은 무자(無子)하였다. 사라는 잉태 못하는 석녀였고 나이도 늙고 경수도 끊어진 소망 없는 늙은이었다. 그런데 하나님은 네 자손이 하늘의 별같이 번식되리라 언약하였다. 아브라함은 하나님의 말씀을 듣고 처음 종 가운데서 다메섹 엘리에셀을 양자(養子)로 삼아 자기 후사(後嗣)로 세우려 하였다. 그런데 하나님은 그것을 허락하지 않았다.

> 주 여호와여 무엇을 내게 주시려 하나이까 나는 자식이 없사오니 나의 상속자는 이 다메섹 사람 엘리에셀이니이다 아브람이 또 이르되 주께서 내게 씨를 주지 아니하셨으니 내 집에서 길린 자가 내 상속자가 될 것이니이다 여호와의 말씀이 그에게 임하여 이르시되 그 사람이 네 상속자가 아니라 네 몸에서 날 자가 네 상속자가 되리라(창 15:2-4).

하나님은 아브라함에게 양자를 허락하지 않았다. 아브라함은 이 때까지 하나님의 뜻을 깨닫지 못하고 있었다. 아브라함은 자기 몸에서 난 씨를 얻기 위하여 사라의 몸종 하갈을 취하여 이스마엘을 낳았다. 아브라함이 이스마엘은 자기 씨이므로 하나님이 허락하리라 믿었다. 그러나 하나님은 이스마엘도 유업을 이을 아들로 허락하지 않았다(창 16:1-2, 창 21:8-12).

> 그러나 성경이 무엇을 말하느냐 여종과 그 아들을 내쫓으라 여종의 아들이 자유 있는 여자의 아들과 더불어 유업을 얻지 못하리라(갈 4:30).

양자인 엘리에셀도 서자(庶子)인 이스마엘도 하나님 앞에 거절당함으로써 아브라함은 한 때 깊은 회의에 빠졌다.

엘리에셀도 이스마엘도 후사가 아니라면 늙은 사라가 아들을 낳아야 하는데 마른 막대기와 같고 죽은 반석과 같고 물 없는 사막과 같고 그 태가 무덤과 같은 사라가 어찌 아들을 낳을 수 있을 것인가? 사라가 잉태하여 아브라함의 씨를 생산한다는 것은 있을 수 없는 기적이 아닐 수 없었다. 이 때까지도 아브라함은 하나님의 뜻을 깨닫지 못하고 육신의 씨의 관념에서 벗어나지 못하고 있었다.

언약의 씨, 부활의 자식을 낳을 수 있는 영맥이 있음을 깨닫지 못하고 있다가 아브라함은 홀연히 하나님의 뜻을 대각하게 된다. 그는 마른 막대기에 꽃이 피듯 사막에 물이 흐르듯 반석에서 생수가 터지듯 죽은 무덤 같은 사라의 탯속에 하나님이 언약의 씨를 심어주실 것을 믿게 된다. 아브라함은 비로소 부활의 믿음이 생겼던 것이다.

> 그가 백 세나 되어 자기 몸이 죽은 것 같고 사라의 태가 죽은 것 같음을 알고도 믿음이 약하여지지 아니하고 믿음이 없어 하나님의 약속을 의심하지 않고 믿음으로 견고하여져서 하나님께 영광을 돌리며 약속하신 그것을 또한 능히 이루실 줄을 확신하였으니그러므로 그것이 그에게 의로 여겨졌느니라(롬 4:19-22).
>
> 믿음으로 사라 자신도 나이가 많아 단산하였으나 잉태할 수 있는 힘을 얻었으니 이는 약속하신 이를 미쁘신 줄 알았음이라 이러므로 죽은 자와 같은 한 사람으로 말미암아 하늘의 허다한 별과 또 해변의 무수한 모래와 같이 많은 후손이 생육하였느니라(히 11:11-12).

이 두 성구는 아브라함과 사라의 믿음이 무엇이었는가를 말해 주고 있다. 아브라함과 사라는 처음에는 웃었으나 나중에는 하나님의 언약을 굳게 믿고 죽은 무덤 같은 태에서 언약의 씨가 생길 것을 믿었던 것이다. 이 믿음은 곧 부활을 믿은 것이다. 이삭은 사라의 죽은 탯 속에서 열매 맺은 부활의 씨이므로 이것이 부활의 원의(原義)가 되는 것이다.

이 부활의 도맥이 성경에 숨겨지지 않았다면 성경은 미신의 문서요 죽은 시체와 같은 사문서(死文書)가 된다.

이삭뿐만 아니라 야곱도 요셉도 다 죽은 무덤 같은 탯속에서 하나님이 잉태시킨 언약의 씨요 부활의 자식이었다. 뜻으로 볼 때 우리는 영맥을 이은 아브라함의 후손이므로 죽은 탯속에서 이삭·야곱·요셉처럼 살아날 것이다.

부활은 조(祖)·부(父)·자(子) 3대로서 완성된다. 때문에 하나님은 아브라함·이삭·야곱 3대의 하나님이 되는 것이다. 아브라함·이삭·야곱·요셉의 노정 속에는 부활의 황금광맥이 은폐된 보고임을 다시 한번 대각하자.

마지막으로 우리는 언약의 자식과 육신의 자식에 대하여 짚고 넘어가야 할 성구가 있다.

> 그를 이끌고 밖으로 나가 이르시되 하늘을 우러러 뭇별을 셀 수 있나 보라 또 그에게 이르시되 네 자손이 이와 같으리라(창 15:5).
>
> 이러므로 죽은 자와 같은 한 사람으로 말미암아 하늘의 허다한 별과 또 해변의 무수한 모래와 같이 많은 후손이 생육하였느니라(히 11:12).

하나님은 아브라함과 언약을 맺으며 〈네 자손이 하늘의 별같이 많을 것이다〉라고 축복하였다. 그런데 나중의 축복에는 〈바닷가의 모래같이 많은 자손〉을 언약하고 있다.

> 내가 네게 큰 복을 주고 네 씨가 크게 번성하여 하늘의 별과 같고 바닷가의 모래와 같게 하리니……(창 22:17),

여기에서 〈하늘의 별 같은 자식〉은 언약의 자식이고 〈바닷가의 모래 같은 자식〉은 육신의 자식이다. 이 축복은 이스마엘이 생긴 이후의 축복이므로 처음 축복 때 없던 〈바닷가의 모래 같은 자식〉을 추가하고 있다. 하늘의 별 같은 자손은 언약의 씨이고 바닷가의 모래 같은 자식은 육신의 자식을 상징한다.

이 성구는 다음 성구를 깨달으면 해명될 것이다.

> 첫 사람은 땅에서 났으니 흙에 속한 자이거니와 둘째 사람은 하늘에서 나셨느니라(고전 15:47).

육신의 자식들은 아담의 혈대와 육맥을 따라 땅에서 난 자들이며 언약의 자식들은 뜻으로 볼 때 영맥을 따라 하늘에서 난 자들이다. 하나님이 아브라함을 축복할 때 〈하늘의 별같이〉하신 말씀의 뜻은 언약의 자식은 별같은 존재, 하늘 차원의 씨임을 암시하고 있는 것이다. 히브리 기자가 〈바닷가의 모래같이〉라고 기록한 것은 육신의 자식들은 모래와 같이 땅 차원의 씨임을 암시하기 위함이었다. 다시 말해서 아브라함의 자식이 두 가지 맥으로 나누일 것을 보여준 것이다. 육적 이스라엘과 영적 이스라엘처럼 아브라함의 자식도 하나님의 부활의 섭리가 조상 삼대 속에 묻혀 있음을 깨닫지 못하면 이는 아브라함의 육적 자식들로서 바닷가의 모래처럼 중다(衆多)히 생육할 것이요 부활의 맥이 묻혀있는 비밀을 깨닫는 산 자들은 별처럼 하늘 차원의 씨로서 허다히 번식할 것을 암시하고 있는 것이다.

실상 육적 이스라엘은 바닷가의 모래 같은 존재들이고 영적 이스라엘은 하늘의 별 같은 존재들인 것이다. 예수는 하늘에서 나셨으므로 새벽별이었고 그를 믿고 구원받은 언약의 씨, 부활의 자손들은 하늘의 별 같은 존재이다. 요셉이 꿈 꾼 열 두 별의 면류관도 별이 열 두 지파의 상징임을 암시하고 있다.

그러나 아담은 땅에서 났으므로 혈대와 육맥을 고집하는 자들은 바닷가의 모래 같은 존재이다. 붉은 용이 해를 옷 입은 여인의 자식들과 싸울 때도 바다의 모래 위에 서 있음을 보여주고 있다(계 12:17). 이는 붉은 용이 육신의 자식들을 정복하고 언약의 자식(여인의 자식)들과 대결함을 암시하는 것이다.

〈별과 모래〉 이는 언약의 자식과 육신의 자식의 비유인 것이다.

제8절 부활과 생명록과의 관계

어떤 자들이 부활할 수 있는가? 생명록(生命錄)에 기록된 자들만이 부활할 수 있다. 하늘의 생명록에는 언약을 따라난 자들만이 기록된다. 왜냐하면 생명록은 하늘 차원의 문서이기 때문에 하늘에 빛나는 별같은 자들만이 녹명(錄名)되는 것이다.

> 여호와께서 모세에게 이르시되 누구든지 내게 범죄하면 내가 내 책에서 그를 지워 버리리라(출 32:33).
>
> 그들을 생명책에서 지우사 의인들과 함께 기록되지 말게 하소서(시 69:28).
>
> 그 때에 네 민족을 호위하는 큰 군주 미가엘이 일어날 것이요 또 환난이 있으리니 이는 개국 이래로 그 때까지 없던 환난일 것이며 그 때에 네 백성 중 책에 기록된 모든 자가 구원을 받을 것이라(단 12:1).

이처럼 구약에는 생명록의 사상이 있다. 의인(義人)과 구원받을 자들은 반드시 하나님의 책인 생명록에 기록된다고 믿었다. 이와 같은 사상은 신약에서도 나타나고 있다.

> 그러나 귀신들이 너희에게 항복하는 것으로 기뻐하지 말고 너희 이름이 하늘에 기록된 것으로 기뻐하라 하시니라(눅 10:20).
>
> 또 참으로 나와 멍에를 같이한 네게 구하노니 복음에 나와 함께 힘쓰던 저 여인들을 돕고 또한 글레멘드와 그 외에 나의 동역자들을 도우라 그 이름들이 생명책에 있느니라(빌 4:3).
>
> 또 내가 보니 죽은 자들이 큰 자나 작은 자나 그 보좌 앞에 서 있는데 책들이 펴 있고 또 다른 책이 펴졌으니 곧 생명책이라(계 20:12).
>
> 무엇이든지 속된 것이나 가증한 일 또는 거짓말하는 자는 결코 그리로 들

어가지 못하되 오직 어린 양의 생명책에 기록된 자들만 들어가리라(계 21:27).

이 생명책은 어린양의 책이므로 어린양의 피로 구속함을 입고 언약을 따라 부활할 자들이 아니면 기록되지 못한다.

생명책에 녹명 못된 자는 다른 책에 기록되어 그 행위대로 심판받을 것이다. 또 악인들의 이름은 땅의 차원에 기록되어 그 이름이 썩을 것이다.

의인을 기념할 때에는 칭찬하거니와 악인의 이름은 썩게 되느니라(잠 10:7).

무릇 여호와를 떠나는 자는 흙에 기록이 되오리니 이는 생수의 근원이신 여호와를 버림이니이다(렘 17:13).

악인과 하나님을 떠난 자들은 흙에 기록된다. 바닷가의 모래 같은 자들이다. 흙에 기록된다는 뜻은 성령을 따라난 언약의 씨가 아니라 육체를 따라난 썩을 자들인 것이다.

부활한 자들은 무덤 속에서 그 몸이 썩지 않으나 육신의 자식들은 사망과 음부의 권세를 이기지 못하여 무덤에서 썩음을 당하는 것이다.

부활의 비의(秘義)를 정해(正解)하자.

부활의 진리는 성경의 씨(核)이다.

제5장
하나님론

제5장 하나님론

하나님은 사랑이시라(요일 4:16).
하나님은 말씀이시라(요 1:1).
하나님은 영이시라(요 4:24).
하나님은 빛이시라(요일 1:5).
하나님은 참이시라(롬 3:4).

아담이 타락한 결과는 낙원으로부터 추방당하는 형벌을 받은데 있다.

생명과를 따먹을 수 있는 구도의 도량인 에덴동산에서 추방당함은 하나님과의 단절을 의미하며 생명나무에 이르는 길의 상실을 의미한다. 따라서 영생의 생명과를 따먹지 못한 아담은 죽음의 실존으로 전락당한다. 아담은 영생의 도과를 앞에 놓고 죽음에 이르는 비극적인 존재로 변신하였다. 아담은 참 사람이 아닌 가인(假人)으로 전락했고 그의 생명은 생령이 죽어 육체만 살아 움직이는 허깨비가 되었다. 죄의 노예, 마귀의 괴뢰, 죽음의 아가리에 삼키우는 우수·불안·절망·공포의 존재가 되어버렸다.

아담의 타락으로 말미암아 하나님과 단절된 인간은 로고스의 실체인 예수가 이 땅 위에 수육하기까지는 하나님과 교통할 수 있는 길이 없었고 따라서 성령을 받을 수 있는 길도 없었다. 다시 말해서 예수가 오시기까지 구약시대는 생명나무에 나아갈 길이 막혀있던 시대였다.

하나님과 사람 사이를 화해시킬 수 있는 존재는 예수밖에는 없으나 메시아가 사람의 아들로 이 땅에 오시기까지 하나님은 간접적인 방법으로 인간 구원의 섭리를 하였다. 간접적인 그 방법이란 무엇인가?

천사를 중보(仲保)로 세워 섭리하던 시대가 구약의 장이었다.

그런즉 율법은 무엇이냐 범법하므로 더하여진 것이라 천사들을 통하여 한 중보자의 손으로 베푸신 것인데 약속하신 자손이 오시기까지 있을 것이라(갈

3:19).

내가 또 말하노니 유업을 이을 자가 모든 것의 주인이나 어렸을 동안에는 종과 다름이 없어서 그 아버지가 정한 때까지 후견인과 청지기 아래에 있나니 이와 같이 우리도 어렸을 때에 이 세상의 초등학문 아래에 있어서 종 노릇 하였더니 때가 차매 하나님이 그 아들을 보내사 여자에게서 나게 하시고 율법 아래에 나게 하신 것은 율법 아래에 있는 자들을 속량하시고 우리로 아들의 명분을 얻게 하려 하심이라(갈 4:1-5).

이 성구에서 명확하게 밝혀지듯이 구약은 천사가 중보노릇을 하여 우리를 인도하는 몽학선생(蒙學先生)과 후견인(後見人)이 되어 약속하신 자손인 예수가 오실 때까지 하나님대신 나타나 섭리하였다. 천사는 인간에게 십계와 율법을 전해 주었고 죄의 종인 인간을 율법으로 초달하면서 하나님 노릇을 대신하였다.

우리가 성경을 정독(正讀)하고 정각(正覺) 해야 할 사실은 인간은 완성되어 생령으로 수렴되기까지는 하나님을 대면할 수 없다는 사실이다.

에덴동산에서 추방된 존재는 다시 에덴동산에 올라 생명나무 열매를 따먹고 영생할 수 있는 존재로 탈바꿈하기 전에는 하나님과 해후할 수 없다는 사실을 인식해야 한다. 다시 말해서 죽음의 존재인 가인(假人)으로서는 참 생명의 근원인 하나님과 교통할 수 없는 것이다. 그러므로 예수가 부재한 구약의 마당에는 하나님이 인간에게 나타날 수 없다. 천사를 하나님 대신 존재로 세워 사역하던 시대가 구약이었다.

하나님은 천사라는 존재를 방편으로 세워 예수가 오시기까지 섭리하였다. 죄의 종이요 율법의 채찍아래 있는 인간에게 하나님은 나타날 수 없고 죄와 죽음에서 자유한 존재에게만 하나님은 나타날 수 있다. 생명의 근원인 하나님은 자유한 존재이므로 자유한 자가 아니면 하나님과 대면할 수 없다. 메시아인 예수가 오신 뜻은 인간을 진리로 자유케하여 하나님과 교제시킴에 있었다.

진리를 알지니 진리가 너희를 자유롭게 하리라(요 8:32).
주는 영이시니 주의 영이 계신 곳에는 자유가 있느니라(고후 3:17).

> 그리스도께서 우리를 자유롭게 하려고 자유를 주셨으니 그러므로 굳건하게 서서 다시는 종의 멍에를 메지 말라(갈 5:1).

종에게는 하나님이 나타날 수 없고 그 종이 아들로 변신되었을 때 하나님은 인간에게 나타난다. 이런 관점에서 볼 때 구약을 하나님이 직접 사역한 성부시대(聖父時代)로 착각한 기독교 신학은 마땅히 폐기되어야 한다.

구약시대에 나타났던 하나님은 천사가 방편으로 하나님 노릇한 것이지 참 하나님은 나타나지 않았다. 이 지극히 초보적인 원리조차 모르고 오늘날까지 구약에 방편으로 나타났던 야웨를 참 하나님으로 착각하고 있는 것이다. 그러므로 2천 년 동안 권위를 자랑하던 기독교의 신관은 비성경적이었므로 마땅히 폐기되어야 한다.

우리는 구미 신학자들이 교리로 조작해낸 신관과 성경이 우리에게 계시한 신관과는 구별할 줄 알아야 한다. 우리는 믿음의 근거인 올바른 신관을 세워 새 종교의 문을 열지 않으면 안 된다.

이 날까지 기독교가 조작된 신관을 세운 것도 그 근본 원인이 에덴의 암호를 바르게 해독 못한 연고였다.

구약의 마당에 나타났던 야웨신의 이름이 신약의 마당에 오면 자취를 감추고 아버지로 우리에게 나타난다. 그 까닭은 무엇인가?

성경을 사경하여 야웨의 정체를 파헤쳐 보자.

제1절 하나님이 구약의 마당에 나타날 수 없는 이유

아담은 지혜천사의 유혹에 넘어가 선악나무의 열매를 따먹고 타락하였다. 아담은 하나님과 해후하기 전에 지혜천사와 해후하였다. 생명나무 열매를 따먹고 영생의 도를 깨닫기 전에 선악나무 열매를 따먹고 죽은 자가 되었다. 생령으로 지음 받은 아담이 죽은 자 곧 음령(陰靈)이 되었다.

하나님과 해후하기 전 생명나무 열매를 따먹기에 앞서 타락했으므로 미완성 존재이며 죽음의 실존인 인간에게 하나님이 나타날 수 있겠는가.

구약은 종의 시대였다. 아들이 아닌 종에게 아버지로서의 하나님은 나타날 수 없다. 구약의 마당에 하나님이 나타날 수 없는 여러 가지 이유 중 크게 세 가지로 나누어 생각해 보자.

첫째, 에덴동산에서 추방당한 이후 하나님께 나아갈 수 있는 지성소의 휘장은 닫혀 있었다. 이 휘장은 예수가 오시기까지 그 누구도 열 수 없었다. 지성소의 휘장이 닫혀있는 한 그 누구도 하나님에게 나아갈 수 없다. 구약은 휘장이 닫힌 시대였다. 구약의 대제사장은 1년에 한 번씩 휘장을 열고 지성소에 나가 제사를 드렸으나 이는 참 성전인 예수가 오시기까지 그림자로 드리는 제사였다.

예수가 오셔서 십자가로서 이 휘장은 찢어지고 인간들은 하나님 앞에 나가는 길이 열렸다.

> 이에 성소 휘장이 위로부터 아래까지 찢어져 둘이 되고 땅이 진동하며 바위가 터지고 무덤들이 열리며 자던 성도의 몸이 많이 일어나되 예수의 부활 후에 그들이 무덤에서 나와서 거룩한 성에 들어가 많은 사람에게 보이니라(마 27:51-53).
>
> 성령이 이로써 보이신 것은 첫 장막이 서 있을 동안에는 성소에 들어가는 길이 아직 나타나지 아니한 것이라(히 9:8).
>
> 그리스도께서는 장래 좋은 일의 대제사장으로 오사 손으로 짓지 아니한 것 곧 이 창조에 속하지 아니한 더 크고 온전한 장막으로 말미암아 염소와 송아지의 피로 하지 아니하고 오직 자기의 피로 영원한 속죄를 이루사 단번에 성소에 들어가셨느니라(히 9:11-12).
>
> 우리가 이 소망을 가지고 있는 것은 영혼의 닻 같아서 튼튼하고 견고하여 휘장 안에 들어 가나니 그리로 앞서 가신 예수께서 멜기세덱의 반차를 따라 영원히 대제사장이 되어 우리를 위하여 들어가셨느니라(히 6:19-20).

둘째, 하나님은 산 자의 하나님이다. 그러므로 산 자만이 하나님과 해후할 수 있다. 아담 이후 모든 자는 죽은 자가 되었다. 죽은 자는 하나님과 해후할 수 없다. 예수가 오셔서 이들 죽은 자를 부활시키기 전에는 인간에게 하나님은 나타날 수 없다. 죽음이란 생령이 음령이 되었음을 의미한다(사 26:14). 그러므로 이 죽은 음령이 다시 생령으로 부활할 때 인간은 하나님과 해후할 수 있는 것이다.

> 죽은 자가 살아난다는 것은 모세도 가시나무 떨기에 관한 글에서 주를 아브라함의 하나님이요 이삭의 하나님이요 야곱의 하나님이시라 칭하였나니 하나님은 죽은 자의 하나님이 아니요 살아 있는 자의 하나님이시라 하나님에게는 모든 사람이 살았느니라(눅 20:37-38).

이 성구에서 예수가 천명했듯이 하나님은 부활한 자의 하나님 곧 산 자의 하나님이신데 구약은 부활의 복음이 없던 시대였으므로 인간은 하나님과 대면할 수 없고 해후할 수 없었다.

셋째, 아담은 하나님과 해후하기 전 구도의 도상에서 지혜천사의 유혹으로 타락하였다. 그러므로 천사 이상의 존재가 인간에게 나타날 수 없다. 이 때문에 구약은 종의 시대였다. 하나님을 아버지라 부를 수 없던 시대였다.

> 그러나 너희가 그 때에는 하나님을 알지 못하여 본질상 하나님이 아닌 자들에게 종 노릇 하였더니 이제는 너희가 하나님을 알 뿐 아니라 더욱이 하나님이 아신 바 되었거늘 어찌하여 다시 약하고 천박한 초등학문으로 돌아가서 다시 그들에게 종 노릇 하려 하느냐(갈 4:8-9).

그러나 천사도 신적 존재이므로 예수가 오시기까지 방편으로 인간에게 하나님처럼 나타나 중보의 사명을 하였다. 예수로 말미암아 종인 인간이 아들로 탈바꿈한 것이다.

> 때가 차매 하나님이 그 아들을 보내사 여자에게서 나게 하시고 율법 아래에 나게 하신 것은 율법 아래에 있는 자들을 속량하시고 우리로 아들의 명분을 얻게 하려 하심이라 너희가 아들이므로 하나님이 그 아들의 영을 우리

마음 가운데 보내사 아빠 아버지라 부르게 하셨느니라 그러므로 네가 이 후로는 종이 아니요 아들이니 아들이면 하나님으로 말미암아 유업을 받을 자니라(갈 4:4-7).

종에게는 하나님이 나타날 수 없는 것이다. 우리는 이 날까지 구약의 마당에도 하나님이 나타났다고 믿고 있었다. 이는 바른 깨달음이 아닌 착각이며 비성경적 견해이다. 인간이 부활되어 완성되기 전에는 하나님과 해후할 수 없다. 인간의 완성이란 예수가 재림하여 죽었던 인간을 부활시켜 영광의 존재로 탈바꿈하는 때이며 하늘의 장막이 땅 위에 거할 때이다(계 21:1-7). 엄밀한 의미에서 참 하나님은 아담 타락 이래 인간에게 한 번도 나타난 일이 없었다.

구약의 마당에는 천사가 방편상 하나님으로 나타나 사역하였고 초림 예수는 하나님의 아들로 와서 우리에게 아버지를 부르게 하였으나 재림 때 예수는 비로소 아버지의 영광으로 오실 것이다. 그러므로 서양의 신학자들이 성경을 제멋대로 마름질하여 온갖 유행에 따르는 신학사상의 의상을 만들어 내다가 마지막에는 〈하나님 죽음의 신학〉까지 조작해 낸 사실은 어리석은 만행이 아닐 수 없다.

구미 신학자들은 제멋대로 하나님을 죽이기도 하고 살리기도 하는 요술을 부리고 있는데 이런 사상에 현혹(眩惑)되어서는 안 된다. 하나님이 아직 인간에게 나타난 일이 없는데 어찌하여 〈하나님 죽음의 신학〉을 함부로 지껄이는가. 인간의 손에 죽고 인간의 손에 살아날 하나님이 어디에 있단 말인가?

참 하나님은 상미존(尙未存)의 시간 속에서 우리를 향해 오고 있으며 우리는 참 하나님을 향해 가고 있는 도상(途上)의 존재이다.

2천년 이래 모든 신학사상이 다 전개되고 그 전개된 신학과 교리가 소리 없이 죽어갈 때 성경 속에 계시된 참 하나님이 참 하나님이 우리 앞에 그 모습을 드러낼 것이다.

제2절 구약에 나타난 하나님은 천사

『구약 성경』을 정독(正讀)하고 정독(精讀)해 보면 하나님은 아브라함에게 나타났고 야곱에게 나타났고 모세에게 나타났고 그밖에 여러 선지자에게 나타나고 있다. 특히 모세에게 나타난 하나님은 시내산에서 십계명을 주고 성막의 모형을 계시하신 야웨이다.

우리들은 성경을 읽으면서 참 뜻을 흘려버렸기 때문에 구약에 나타난 하나님을 진신(眞神)인 줄 오해하고 있다. 그러므로 성경을 정밀하게 사경하여 구약에 나타난 하나님이 천사였음을 증명하자.

1. 모세에게 나타난 하나님

모세는 구약 최대의 선지자였고 예수의 표상이 되는 인물이었다. 이 모세에게 여러 번 하나님이 나타난다. 호렙산 가시덤불 속에 나타나 모세를 소명하였고 시내산 영봉에 나타나 모세에게 십계명을 주었다. 이 날까지 우리는 모세에게 나타난 야웨가 천사인 줄 모르고 참 하나님으로 오해하였다.

야웨가 천사인 것을 깨달은 최초의 무리가 오순절 성령강림 후 사도들이었다. 하나님께서 예수의 이름으로 주신 보혜사 성령을 받고 사도들은 구약에 나타난 하나님이 천사였음을 깨달았던 것이다.

> 여호와의 사자가 떨기나무 가운데로부터 나오는 불꽃 안에서 그에게 나타나시니라…… 하나님이 떨기나무 가운데서 그를 불러 이르시되 모세야 모세야 하시매 그가 이르되 내가 여기 있나이다…… 나는 네 조상의 하나님이니 아브라함의 하나님, 이삭의 하나님, 야곱의 하나님이니라(출 3:2-6).

이 성구를 보면 떨기나무 불꽃 속에 나타난 야웨는 하나님의 사자인데 나중에는 하나님으로 묘사되고 있다. 신약에 오면 이 하나님의 정체가 드러난다.

> 사십 년이 차매 〈천사〉가 시내 산 광야 가시나무 떨기 불꽃 가운데서 그에

게 보이거늘(행 7:30),

그 모세를 하나님은 가시나무 떨기 가운데서 보이던 〈천사〉의 손으로 관리와 속량하는 자로서 보내셨으니(행 7:35),

이 구약과 신약의 성구를 맞춰보면 가시떨기 속에서 모세를 소명한 존재가 천사였음을 밝히 알 수 있다. 그 뿐인가. 시내산에서 십계명을 주신 하나님도 천사였음을 알 수 있다.

모세가 하나님 앞에 올라가니 여호와께서 산에서 그를 불러 말씀하시되……(출 19:3),

백성은 멀리 서 있고 모세는 하나님이 계신 흑암으로 가까이 가니라(출 20:21).

하나님이 이 모든 말씀으로 말씀하여 이르시되 나는 너를 애굽 땅, 종 되었던 집에서 인도하여 낸 네 하나님 여호와니라(출 20:1-2).

이 성구들을 보면 모세에게 십계명을 주기 위하여 나타난 야웨가 하나님처럼 묘사되어 있다. 그러나 사도들은 시내산에 나타난 야웨도 천사라고 해명하고 있다.

시내 산에서 말하던 그 〈천사〉와 우리 조상들과 함께 광야 교회에 있었고 또 살아 있는 말씀을 받아 우리에게 주던 자가 이 사람이라(행 7:38).

너희는 〈천사〉가 전한 율법을 받고도 지키지 아니하였도다(행 7: 53).

그런즉 율법은 무엇이냐 범법하므로 더하여진 것이라 〈천사〉들을 통하여 한 중보자의 손으로 베푸신 것인데 약속하신 자손이 오시기까지 있을 것이라(갈 3:19)

여호와께서 시내 산에서 오시고 세일 산에서 일어나시고 바란 산에서 비추시고 일만 성도 가운데에 강림하셨고 그의 오른손에는 그들을 위해 번쩍이는 불(율법)이 있도다(신 33:2).

〈천사〉들을 통하여 하신 말씀이 견고하게 되어 모든 범죄함과 순종하지 아니함이 공정한 보응을 받았거든(히 2:2),

그러나 너희가 그 때에는 하나님을 알지 못하여 본질상 하나님이 아닌 자들에게 종 노릇 하였더니(갈 4:8),

이상 사경한 바와 같이 구약에 나타났던 야웨는 천사였음을 알 수 있다. 우리는 이 날까지 기독교의 그릇된 신관으로 말미암아 구약과 신약에 나타난 하나님이 동일한 야웨인 줄 착각하고 있다.

신약에는 야웨가 없다. 야웨는 구약의 종들에게 방편으로 나타난 하나님이었다. 아들인 우리에게 어찌 천사가 하나님처럼 나타나 율법으로 우리를 초달(楚撻)할 수 있겠는가. 우리는 야웨의 질곡(桎梏)에서 해방 받은 자유한 자들이다.

2. 아브라함에게 나타난 하나님

하나님을 본 자가 없고(요 1:18), 하나님을 보고 살 자가 없다(출 33:20).

하나님은 볼 수 있는 존재가 아니며 그 보이지 않는 하나님이 보이는 하나님으로 나타난 존재가 예수였다(골 1:15, 히 1:3, 요 14:9). 그러나 아브라함에게 나타난 야웨신은 보이는 사람이었고 세 천사로 나타났다.

여호와께서 마므레의 상수리나무들이 있는 곳에서 아브라함에게 나타나시니라 날이 뜨거울 때에 그가 장막 문에 앉아 있다가 눈을 들어 본즉 사람 셋이 맞은편에 서 있는지라(창 18:1-2).

그 사람들이 거기서 떠나 소돔으로 향하여 가고 아브라함은 여호와 앞에 그대로 섰더니……(창 18:22),

여호와께서 아브라함과 말씀을 마치시고 가시니 아브라함도 자기 곳으로 돌아갔더라(창 18:33).

이 성구들을 보면 아브라함에게 세 사람이 하나님으로 나타났고 소돔 고모라를 심판하기 위하여 두 사람이 갔고 남은 한 사람이 하나님이 되어 아브라함과 대화한다. 아브라함에게 세 사람이 하나님으로 나타나는 이유는 세 사람 곧 세 천사는 삼위신(三位神)의 상징인 것이다.

저녁 때에 그 두 천사가 소돔에 이르니 마침 롯이 소돔 성문에 앉아 있다가 그들을 보고 일어나 영접하고 땅에 엎드려 절하며……(창 19:1).

이처럼 아브라함에게 나타났던 야웨신도 천사였던 것이다. 하나님은 천사를 보내어 그들을 하나님처럼 방편으로 섭리하였다.

3. 야곱에게 나타난 하나님

얍복나루를 건너기 직전 밤에 야곱은 하나님과 씨름하여 승리한다. 이스라엘이란 이름은 하나님과 겨루어 승리하였다는 뜻이며 브니엘은 하나님의 얼굴을 대면하였다는 뜻이다.

야곱은 홀로 남았더니 어떤 사람이 날이 새도록 야곱과 씨름하다가 자기가 야곱을 이기지 못함을 보고……(창 32:24-25).

그 사람이 그에게 이르되 네 이름이 무엇이냐 그가 이르되 야곱이니이다 그가 이르되 네 이름을 다시는 야곱이라 부를 것이 아니요 이스라엘이라 부를 것이니 이는 네가 하나님과 및 사람들과 겨루어 이겼음이니라(창 32:27-28).

그러므로 야곱이 그 곳 이름을 브니엘이라 하였으니 그가 이르기를 내가 하나님과 대면하여 보았으나 내 생명이 보전되었다 함이더라(창 27:30).

이 성구를 보면 야곱에게 나타나 〈도의 씨름〉을 한 사람이 하나님처럼 묘사되었으나 이 사람도 천사였다.

야곱은 모태에서 그의 형의 발뒤꿈치를 잡았고 또 힘으로는 〈하나님과 겨루되 천사와 겨루어 이기고〉 울며 그에게 간구하였으며 하나님은 벧엘에서 그를 만나셨고……(호 12:3-4).

이 성구를 보면 야곱이 겨루어 이긴 하나님도 천사였음을 알 수 있다.

제3절 야웨의 정체

야웨 혹은 여호와(Yahweh or Jahveh)는 구약에 나타났던 하나님의 이름이었다. 유대인들은 경건(敬虔)의 동기로서 그들의 하나님의 이름 부르기를 피하여 대신 아도나이(Adonai) 즉 나의 주님(My Lord)이라고 부르다가 그 본래의 발음을 잊어버렸다. 그 후 자음만으로 되어있는 하나님의 이름에 〈아도나이〉의 모음을 붙여서 임시로 야웨 혹은 여호와라고 불렀다.

그럼 야웨는 창조주 하나님의 이름이었던가? 창조주 하나님에게 이름이 있을 수 있겠는가? 이름이란 피조 세계에서 사물과 사물을 구별하기 위한 방편이다. 현상계의 여러 사물들에게는 다른 존재와 구별되는 고유한 이름이 있다. 천사들도 피조물이므로 신적 존재인 그들에게도 이름이 있다. 그러나 창조주 하나님에게는 이름이 있을 수 없는 것이다.

모세가 하나님의 이름을 물은 원인은 애굽적 다신교와 미디안과 가나안 땅의 다신교의 제신(諸神)들과 구별하기 위함이었다. 야웨란 하나님이 구약적 섭리를 위하여 천사에게 방편으로 붙여준 이름이었다. 야웨란 이스라엘 민족신의 이름이며 군신(軍神)의 이름이었다.

> 만군의 여호와께서 싸움을 위하여 군대를 검열하심이로다(사 13:4)
> 여호와는 만군의 하나님이시라(호 12:5).
> 내가 만군의 하나님 여호와께 열심이 유별하오니(왕상 19:10).

우리는 구약의 마당에 하나님이 나타날 수 없는 이유를 사경하여 알고 있다. 야웨란 이름은 하나님이 구약적 구원 섭리를 하기 위하여 천사에게 방편으로 붙여준 이스라엘 민족신의 이름이었다.

구약은 종의 시대이므로 야웨의 신관이 형성되었고 아들인 신약시대가 개장(開場)되면 〈아버지의 신관〉이 확립되기에 이른다. 우리는 아들이므로 창조주 하나님을 〈아버지〉라 부르면 된다.

아들에게는 〈아버지〉가 전부이지 달리 아버지의 이름이 필요 없는 것이다. 아버지의 이름이란 아들에게 필요하여 지어진 것이 아니며 다른 존재들과 종들에게 부르게 하기 위하여 지어진 것이다.

야웨라는 이름도 아들이 없던 종의 시대였으므로 그들에게 방편으로 주어진 가명(假名)이며 이방신(異邦神)과 구별하기 위한 방편이었던 것이다. 하나님이 나타날 수 없는 구약의 마당인데 어떻게 참 하나님의 이름이 계시될 수 있겠는가? 예수는 하나님을 야웨라 부르지 않고 아버지라 불렀다.

> 내가 아버지의 이름을 그들에게 알게 하였고 또 알게 하리니 이는 나를 사랑하신 사랑이 그들 안에 있고 나도 그들 안에 있게 하려 함이니이다(요 17:26).

이 성구에서 보듯 예수는 제자들에게 아버지의 이름을 제자들에게 알게 했다. 그러나 아버지의 이름이 어떤 명사로 제자들에게 알려진 것이 아니고 예수의 〈사랑〉 그것이 곧 아버지의 이름이었던 것이다.

우리는 구약에 나타난 야웨의 속성을 사경하여 야웨가 얼마나 잔인하고 두려운 질투의 신이었나를 살펴보도록 하자. 그리고 예수가 우리에게 계시하신 참 하나님의 성품과 야웨의 성품을 대조하여 바른 신관을 확립하자.

1. 질투의 신 야웨

구약에 나타난 야웨는 무섭도록 질투가 강한 신이었다. 야웨라는 말은 질투의 하나님이라는 뜻이 포함되어 있다.

> 나 네 하나님 여호와는 질투하는 하나님인즉……(출 20:5),
>
> 너는 다른 신에게 절하지 말라 여호와는 질투라 이름하는 질투의 하나님임이니라(출 34:14).
>
> 네 하나님 여호와는 소멸하는 불이시요 질투하시는 하나님이시니라(신 4:24).
>
> 너희 중에 계신 너희의 하나님 여호와는 질투하시는 하나님이신즉 너희의 하나님 여호와께서 네게 진노하사 너를 지면에서 멸절시키실까 두려워하노라

(신 6:15).

너희가 여호와를 능히 섬기지 못할 것은 그는 거룩하신 하나님이시요 질투하시는 하나님이시니 너희의 잘못과 죄들을 사하지 아니하실 것임이라(수 24:19).

이처럼 야웨는 질투의 신이었다. 우주를 창조하시고 만유를 통일하시는 하나님에게 질투의 성품이 있다면 이 얼마나 치졸(稚拙)한 신관인가. 질투는 피조물의 속성이다.

그럼 왜 하나님은 질투의 신으로 구약에 나타났을까?

아담은 선악과를 따먹고 우상숭배자로 전락하였다. 참 하나님과 해후하기 전에 거짓 하나님인 지혜천사와 교감(交感)하였다. 천사장은 피조물인데 아담은 하나님으로 가장한 지혜천사를 섬기므로 우상숭배자가 된 것이다. 우상숭배란 피조물 숭배인데 이는 성경적 입장에서 볼 때 도적(道的) 간음에 해당되는 것이다.

에덴동산에는 여러 나무(여러 천사)가 있었고 지혜천사는 중앙에 위치한 나무였다. 지혜천사는 여러 군장(천사장) 중 지혜를 맡은 천사였다. 그 지혜천사에게 인간이 하나님처럼 경배할 때 다른 천사장들은 질투를 느끼지 않을 수 없었다. 아담이 지혜천사를 하나님으로 착각하고 그에게 예배할 때 동류의 천사들은 질투하지 않을 수 없었다.

그 뿌리가 큰 물 가에 있으므로 그 나무가 크고 가지가 길어 모양이 아름다우매 (지혜천사) 하나님의 동산의 백향목이 능히 그를 가리지 못하며 잣나무가 그 굵은 가지만 못하며 단풍나무가 그 가는 가지만 못하며 하나님의 동산의 어떤 나무도 그 아름다운 모양과 같지 못하였도다 내가 그 가지를 많게 하여 모양이 아름답게 하였더니 하나님의 동산 에덴에 있는 모든 나무가 다 〈시기〉하였느니라(겔 31:7-9).

이 성구에서 에덴동산의 천사들이 중앙에 있는 지혜천사를 질투하였음을 알 수 있다. 천사는 인간에게 경배받을 수 없는 존재이다.

이것들을 보고 들은 자는 나 요한이니 내가 듣고 볼 때에 이 일을 내게 보이던 천사의 발 앞에 경배하려고 엎드렸더니 그가 내게 말하기를 나는 너와 네 형제 선지자들과 또 이 두루마리의 말을 지키는 자들과 함께 된 종이니 그리하지 말고 하나님께 경배하라 하더라(계 22:8-9).

이 성구를 보더라도 타락하지 않은 선한 천사들은 인간의 경배를 받지 않고 오직 영광을 하나님께 돌릴 것을 권고하고 있다. 그런데 에덴동산 중앙에 있는 지혜천사는 스스로 교만하고 높아져 하나님처럼 아담 하와의 경배를 받았으므로 다른 천사들은 투기하지 않을 수 없었다.

『구약 성경』 전체에 일관되어 흐르는 사상은 다른 신을 섬길 때 야웨는 무서운 질투를 하였다. 구약 시대는 천사 시대였다. 타락한 천사가 우상이 되어 인간들의 예배를 받을 때 타락하지 않은 천사들은 질투하므로 목이 곧고 마음이 강퍅한 이스라엘 민족의 신앙을 바르게 고치려고 하였던 것이다. 출애굽한 이스라엘 민족 60만 명이 광야에서 다 사멸한 것도 그들이 우상숭배로 야웨의 질투를 유발시켰기 때문이다.

그리한즉 나는 네게 대한 내 분노가 그치며 내 질투가 네게서 떠나고 마음이 평안하여 다시는 노하지 아니하리라(겔 16:42).

이처럼 이스라엘 민족의 우상숭배가 없을 때 야웨의 질투가 그칠 것을 구약은 약속하고 있다. 타락한 천사와 타락하지 않은 천사가 도전(挑戰)하는 마당이 곧 구약이었다. 질투란 창조주 하나님의 성품이 아니며 피조물인 천사들의 성품임을 깨달아야 한다.

2. 두려운 신 야웨

야웨는 두려운 공포의 신이었다. 어찌나 두렵고 무서운 존재인지 사람들이 가까이 할 수 없는 신이었다. 종의 시대였으므로 두렵고 떨리는 〈외경(畏敬)의 신관〉이 형성되지 않을 수 없었다. 그러므로 계명과 율법을 주어 인간을 무자비하게 채찍질했고 법도를 어기면 용서 없이 형벌을 가하는 시대가 구약이었다.

너희의 하나님 여호와 곧 크고 두려운 하나님이 너희 중에 계심이니라(신 7:21).

네가 만일 이 책에 기록한 이 율법의 모든 말씀을 지켜 행하지 아니하고 네 하나님 여호와라 하는 영화롭고 두려운 이름을 경외하지 아니하면 여호와께서 네 재앙과 네 자손의 재앙을 극렬하게 하시리니 그 재앙이 크고 오래고 그 질병이 중하고 오랠 것이라(신 28:58-59).

하늘의 하나님 여호와 크고 두려우신 하나님이여……(느 1:5).

우리 하나님이여 광대하시고 능하시고 두려우시며……(신 9:22).

이처럼 두렵고 떨리는 무서운 하나님으로 군림(君臨)하였다. 하나님의 집의 사환인 모세도 야웨를 두려워하였다.

모세가 하나님 뵈옵기를 두려워하여 얼굴을 가리매……(출 3:6).

셋째 날 아침에 우레와 번개와 빽빽한 구름이 산 위에 있고 나팔 소리가 매우 크게 들리니 진중에 있는 모든 백성이 다 떨더라(출 19:16).

번개와 우레와 나팔소리 속에 나타났던 공포의 신이 야웨였다.

공포의 신은 종들이 섬기던 신이지 아들이 섬길 신이 아니다. 참 하나님은 공포의 존재가 아니라 사랑 그 자체이다. 공포란 창조주 하나님의 성품이 아니며 율법과 계명으로 종을 초달하던 천사들의 성품임을 깨달아야 한다. 인간에게 공포를 주는 종교는 참 종교가 아니다.

3. 복수의 신 야웨

야웨는 무자비하고 편협한 복수의 신이었다. 그는 광야에서 율례와 법도를 어긴 60만 명을 학살한 잔인한 신이었고 또 이스라엘 민족에게 명하여 가나안 족속을 아낌없이 학살할 것을 지시한 신이었다.

생명은 생명으로, 눈은 눈으로, 이는 이로, 손은 손으로, 발은 발로, 덴 것은 덴 것으로, 상하게 한 것은 상함으로, 때린 것은 때림으로 갚을지니라(출 21:23-25).

여호와는 이런 자를 사하지 않으실 뿐 아니라 그 위에 여호와의 분노와 질투의 불을 부으시며 또 이 책에 기록된 모든 저주를 그에게 더하실 것이라(신 29:20).

네 하나님 여호와께서 그들(가나안 칠족)을 네게 넘겨 네게 치게 하시리니 그 때에 너는 그들을 진멸할 것이라 그들과 어떤 언약도 하지 말 것이요 그들을 불쌍히 여기지도 말 것이며……(신 7:2),

이 성구에서 보듯이 야웨는 잔인하고 무자비한 신이었다. 어찌하여 창조주 하나님의 성품이 복수의 화신이 될 수 있겠는가? 복수란 죄와 악마의 종이 된 우상숭배자를 숙청하던 천사들의 성품임을 알아야 한다.

참 하나님은 복수의 신이 아닌 용서의 하나님인 것이다.

4. 군신 야웨

야웨는 전쟁을 즐기는 이스라엘의 군신의 이름이다. 하나님은 사랑과 평화의 존재이지 전쟁을 일으키는 유혈(流血)의 존재가 아니다. 야웨라는 이름은 항상 피 냄새가 풍기고 있다.

만군의 여호와께서 싸움을 위하여 군대를 검열하심이로다(사 13:4).

대저 온 땅을 멸망시키기로 작정하신 것을 내가 만군의 주 여호와께로부터 들었느니라(사 28:22).

그 날은 주 만군의 여호와께서 그의 대적에게 원수 갚는 보복일이라……(렘 46:10).

주 만군의 여호와는 땅을 만져 녹게 하사……(암 9:5).

이처럼 야웨는 호전적(好戰的)인 신이고 피 냄새가 풍기는 신이었으므로 야웨의 이름을 부르는 기독교도 항상 하나님의 이름을 팔아 전쟁을 즐기고 유혈을 좋아하고 남의 나라를 식민지화하고 이교도를 학살하는 악행을 범했던 것이다.

잘못된 신관은 무서운 범죄를 합리화하는 법이다. 야웨를 부르면서 예수를 십자가에 매단 유대인들도 그들의 범죄를 〈신의 영광을 위하여〉라고 합리화하지 않았던가?

이상 사경한 바와 같이 야웨는 질투의 신, 공포의 신, 복수의 신, 그리고 군신이었다. 우리는 하루 빨리 야웨 신관에서 탈출하여 참 하나님과 해후해야 한다.

구약의 신관과 신약의 신관은 동일하지 않다. 구약과 신약은 동일장(同一場)이 아니다. 구약의 연장이 신약이 아니며 신약은 구약을 단절하면서 높이 도약 비상하여 새 마당을 개장(開場)한다. 그러므로 신약에 오면 야웨라는 이름은 사라져간다. 우리는 다시 야웨라는 이름을 부르지 말자.

참 하나님은 우리의 아버지인 것이다. 우주를 창조하신 우리 아버지는 이름이 없는 존재이다. 이름이란 피조물을 구별하기 위하여 붙여진 부호임을 잊지 말자.

제4절 참 하나님-아버지

구약시대는 하나님을 아버지라 부를 수 없었다. 종의 시대이므로 계명과 율법의 질곡 아래 신음하던 시대였다.

예수는 야웨의 신관을 유기하고 아버지의 신관을 천명하였다. 이것은 실로 혁명적인 신관이었다. 예수의 신관은 구약의 관념에 젖은 제사장들과 바리새인들이 볼 때는 하나님을 모독하는 독성죄(瀆聖罪)에 해당하는 중죄였다. 낡은 구약의 신관, 종의 신관에서 탈피 못한 대제사장과 바리새인들이 예수를 잡아 죽인 원인도 신관의 차이에서 생긴 무지한 행위였다.

예수가 하나님을 아버지라 부를 때 당시의 종교 지도자들은 참람(僭濫)한 말로 받아들였던 것이다(요 5:18, 10:30).

하나님과 부자지간의 관계 수립은 예수가 아니면 그 누구도 이룩할 수 없는 도비(道秘)이다. 구약에서 모세와 이사야는 이것을 깨달은 선지자였다. 모세와 이사야는 종의 시대에 잠시 성령의 감동을 받아 하나님을 아버지라 부른 최초의 선지자였다.

> 어리석고 지혜 없는 백성아 여호와께 이같이 보답하느냐 그는 네 아버지시요 너를 지으신 이가 아니시냐(신 32:6),
> 주는 우리 아버지시라 아브라함은 우리를 모르고 이스라엘은 우리를 인정하지 아니할지라도 여호와여, 주는 우리의 아버지시라(신 63:16).
> 여호와여, 이제 주는 우리 아버지시니이다 우리는 진흙이요 주는 토기장이시니 우리는 다 주의 손으로 지으신 것이니이다(신 64:8).

종의 시대에 섬광같이 빛난 〈아버지 신관〉을 구약의 종교 지도자들은 깨닫지 못하고 있었던 것이다. 〈산 자의 도맥〉과 더불어 〈아버지 신관〉은 구약의 산맥 속에 은폐된 황금 광맥인데 이것을 바리새인과 제사장들은 발굴하지 못했던 것이다.

예수가 천명한 신관은 다음 세 가지로 요약된다.

1. 하나님은 아버지다

낡은 구약의 막을 내리면서 신약시대의 아침에 예수는 하나님을 아버지라 선언하였고 종인 인간을 아들로 하나님과 관계지어 주셨다. 성령을 받음으로 말미암아 종의 자리에서 우리는 아들이 되어 하나님을 아버지라 부를 수 있는 것이다.

> 유대인들이 이로 말미암아 더욱 예수를 죽이고자 하니 이는 안식일을 범할 뿐만 아니라 하나님을 자기의 친 아버지라 하여 자기를 하나님과 동등으로 삼으심이러라(요 5:18).
> 예수께서 그들에게 이르시되 내가 진실로 진실로 너희에게 이르노니 아들이 아버지께서 하시는 일을 보지 않고는 아무 것도 스스로 할 수 없나니 아버지께서 행하시는 그것을 아들도 그와 같이 행하느니라…… 아버지께서 죽은 자들을 일으켜 살리심 같이 아들도 자기가 원하는 자들을 살리느니라(요 5:19-21).
> 예수께서 대답하시되 내가 너희에게 말하였으되 믿지 아니하는도다 내가 내 아버지의 이름으로 행하는 일들이 나를 증거하는 것이거늘 너희가 내 양이 아니므로 믿지 아니하는도다(요 10:25-26).

> 너희가 아들이므로 하나님이 그 아들의 영을 우리 마음 가운데 보내사 아빠 아버지라 부르게 하셨느니라 그러므로 네가 이 후로는 종이 아니요 아들이니 아들이면 하나님으로 말미암아 유업을 받을 자니라(갈 4:6-7).

야웨의 신관에서 해방받은 자유한 사람들만이 하나님을 아버지라 부를 수 있는 것이다. 예수가 주는 자유를 깨닫지 못하고 오늘날까지 하나님을 〈여호와〉라 부르는 낡은 종교인들은 질투의 신, 공포의 신, 복수의 신의 노예이지 참 자유한 자들이 아닌 것이다.

> 이제는 너희가 하나님을 알 뿐 아니라 더욱이 하나님이 아신 바 되었거늘 어찌하여 다시 약하고 천박한 초등학문으로 돌아가서 다시 그들에게 종 노릇 하려 하느냐 너희가 날과 달과 절기와 해를 삼가 지키니 내가 너희를 위하여 수고한 것이 헛될까 두려워하노라(갈 4:9-11).
>
> 그리스도께서 우리를 자유롭게 하려고 자유를 주셨으니 그러므로 굳건하게 서서 다시는 종의 멍에를 메지 말라(갈 5:1).

신약성경에 야웨의 이름이 없는 깊은 뜻을 우리는 다시 한번 명심해야 한다. 구약적인 수건을 벗고 다시 성경을 읽어야 한다.

2. 하나님은 동적(動的) 존재이다

예수는 바리새인들과 안식일 문제로 항상 충돌하였다. 유대교인들은 하나님이 창조사업을 끝내시고 안식하고 있는 정적 존재로 착각하고 있었다.

하나님은 엿새 동안 우주를 창조하시고 제7일에 안식하였으므로 그들은 제7일 안식일을 엄수하였다. 그러나 예수는 하나님은 지금도 일하고 계시는 존재로 선언하였다. 하나님이 일하고 계시다는 뜻은 창조사업이 아직도 진행되고 있음을 암시하고 있는 것이다.

> 그러므로 안식일에 이러한 일을 행하신다 하여 유대인들이 예수를 박해하게 된지라 예수께서 그들에게 이르시되 내 아버지께서 이제까지 일하시니 나

도 일한다 하시매……(요 5:16-17),

이처럼 예수가 선언한 신관은 일하시는 동적 신관이었다.

성경은 하루를 천년으로 본다(벧후 3:8). 그러므로 여섯째 날에 인간을 창조하는데 이는 곧 6천 년 끝 날이 참 사람이 창조될 것을 암시하고 있는 것이다. 아직 이 땅위에는 사람이 없다. 아담 이후 모두가 가인(假人)이며 죄인이다.

하나님은 지금도 인간 창조를 하고 계시는 동적 존재로 일하고 계시는 하나님인 것이다. 예수가 재림하시는 6천 년 끝 날에 부활한 참 사람들은 탄생할 것이다. 부활한 인간만이 진인(眞人)인 것이다.

아직 이 땅위에는 참 사람이 없다. 우리는 지금도 하나님 손에 지음 받고 있는 〈도상의 존재〉임을 깨달아야 한다. 우리는 생물학적 의미의 인간은 될 수 있지만 성경적 의미에서의 인간은 아닌 것이다. 우리는 아직 미완성의 존재들이기 때문이다. 참 사람은 생명나무의 열매를 따먹고 영생할 수 있는 존재이지 무덤과 명부(冥府)에 해체(解體)될 그런 존재가 아닌 것이다.

3. 하나님은 산 자의 하나님이다

우리는 이 날까지 잘못된 신관으로 인하여 하나님을 죽은 자의 하나님으로 오해하고 착각하였다.

인간이 죽으면 육신은 무덤에 묻혀 썩음을 당하고 영혼은 천당에 간다고 믿고 있었다. 하나님은 저 구름 위에 보좌를 베풀고 백발을 날리면서 인간이 죽으면 영혼이나 들어 올리는 염라대왕 같은 존재로 오각(誤覺)하였다. 하나님을 명부의 주인으로 죽은 자들의 영혼이나 수집하는 존재로 잘못 인식하였던 것이다. 잘못된 신관은 잘못된 내세관을 낳는다.

예수는 〈하나님은 죽은 자의 하나님이 아닌 산 자의 하나님〉임을 선언하였다.

죽은 자가 살아난다는 것은 모세도 가시나무 떨기에 관한 글에서 주를 아브라함의 하나님이요 이삭의 하나님이요 야곱의 하나님이시라 칭하였나니

> 하나님은 죽은 자의 하나님이 아니요 살아 있는 자의 하나님이시라 하나님에게는 모든 사람이 살았느니라(눅 20:37-38).

인간의 죽음은 선악과를 따먹음으로써 시작된 것인데 죽으면 그 시체는 마귀의 것이므로 무덤에 인봉되는 것이다. 생명의 근원이신 하나님은 죽은 자와는 상관이 없다. 오직 산 자, 부활한 자만이 하나님과 해후할 수 있을 뿐이다.

에녹과 엘리야도 죽어서 그 영혼이 천당에 간 것이 아니라 그들은 생령으로 수렴된 산 자였다. 모세와 예수가 죽었다 부활하여 승천한 비의를 우리는 이미 알고 있다. 모세와 예수도 산 자였다.

땅위에는 무덤이 없고 하늘에는 죽은 영혼들의 영계가 없는 것이 하나님의 창조 목적이었다. 인간의 타락으로 땅에는 무덤이 생기고 하늘에는 영계(靈界)가 생긴 것이다. 예수가 재림하여 이 세상을 새롭게 할 때 땅에는 무덤이 없어지고 하늘에는 영계가 없어질 것이다.

제5절 아버지 하나님의 속성

구약은 종의 시대이므로 하나님의 바른 모습을 알 수 없었다. 예수가 우리를 아들로 접붙임으로 말미암아 아버지의 바른 모습을 알게 되었다.

신약성경이 우리에게 가르치는 하나님의 모습은 다음과 같다.

1. 하나님은 사랑이시다(요일 4:8)

야웨는 질투의 신, 공포의 신, 복수의 신이었다. 그러나 예수가 증거한 아버지는 사랑의 존재였다. 사랑 그 자체이므로 모든 죄악을 용서하시는 자비하신 하나님이었다.

눈은 눈으로 이는 이로 복수하던 구약의 율법은 사라지고 원수를 사랑하고 형제의 허물을 일곱 번 아니라 일흔 번까지 용서하는 하나님으로 그 모습을 드러낸다. 아버지가 어찌 자식의 허물을 용서하지 않겠는가?

또 네 이웃을 사랑하고 네 원수를 미워하라 하였다는 것을 너희가 들었으나 나는 너희에게 이르노니 너희 원수를 사랑하며 너희를 박해하는 자를 위하여 기도하라(마 5:43-44).

그 때에 베드로가 나아와 이르되 주여 형제가 내게 죄를 범하면 몇 번이나 용서하여 주리이까 일곱 번까지 하오리이까 예수께서 이르시되 네게 이르노니 일곱 번뿐 아니라 일곱 번을 일흔 번까지라도 할지니라(마 18:21-22).

아버지께서 나를 사랑하신 것 같이 나도 너희를 사랑하였으니 나의 사랑 안에 거하라 내가 아버지의 계명을 지켜 그의 사랑 안에 거하는 것 같이 너희도 내 계명을 지키면 내 사랑 안에 거하리라…… 내 계명은 곧 내가 너희를 사랑한 것 같이 너희도 서로 사랑하라 하는 이것이니라(요 15:9-12).

이러므로 하나님의 자녀들과 마귀의 자녀들이 드러나나니 무릇 의를 행하지 아니하는 자나 또는 그 형제를 사랑하지 아니하는 자는 하나님께 속하지 아니하니라 우리는 서로 사랑할지니 이는 너희가 처음부터 들은 소식이라(요일 3:10-11).

그의 계명은 이것이니 곧 그 아들 예수 그리스도의 이름을 믿고 그가 우리에게 주신 계명대로 서로 사랑할 것이니라(요 3:23).

2. 하나님은 영이시다(요 4:24)

하나님은 영이시다. 그러므로 예배하는 자는 신령과 진리로 예배해야 한다. 하나님은 영이시므로 우리는 생령 곧 산 자가 되어 예배해야 한다.

죽은 자들의 마당인 구약시대는 이 진리를 몰랐다. 그러므로 그들은 스올에 잠들었고 죽으면 열조에게로 돌아갔던 것이다.

영이신 하나님은 인간의 마음 안에 거하시므로 인간실존이 곧 성전이 되는 것이다. 화려한 건물 안에 하나님은 계시지 않는다는 뜻이다.

하나님은 영이시니 예배하는 자가 영과 진리로 예배할지니라(요 4:24).

주는 영이시니 주의 영이 계신 곳에는 자유가 있느니라(고후 3:17).

만일 너희 속에 하나님의 영이 거하시면 너희가 육신에 있지 아니하고 영에 있나니 누구든지 그리스도의 영이 없으면 그리스도의 사람이 아니라(롬 8:9).

너희는 너희가 하나님의 성전인 것과 하나님의 성령이 너희 안에 계시는 것을 알지 못하느냐 누구든지 하나님의 성전을 더럽히면 하나님이 그 사람을 멸하시리라 하나님의 성전은 거룩하니 너희도 그러하니라(고전 3:16-17).

너희 몸은 너희가 하나님께로부터 받은 바 너희 가운데 계신 성령의 전인 줄을 알지 못하느냐(고전 6:19),

너희도 성령 안에서 하나님이 거하실 처소가 되기 위하여 그리스도 예수 안에서 함께 지어져 가느니라(엡 2:22).

3. 하나님은 빛이시다(요일 1:5, 약 1:17)

구약의 신 야웨는 빛 아닌 암흑 속에 계신 두려운 신이었다. 모세가 시내산 야웨에게 나아갈 때 암흑 속으로 나간다고 했다.

백성은 멀리 서 있고 모세는 하나님이 계신 흑암으로 가까이 가니라(출 20:21).

너희가 가까이 나아와서 산 아래에 서니 그 산에 불이 붙어 불길이 충천하고 어둠과 구름과 흑암이 덮였는데 여호와께서 불길 중에서 너희에게 말씀하시되 음성뿐이므로 너희가 그 말소리만 듣고 형상은 보지 못하였느니라(신 4:11-12).

그가 흑암 곧 모인 물과 공중의 빽빽한 구름으로 둘린 장막을 삼으심이여(삼하 22:12),

그 때에 솔로몬이 이르되 여호와께서 캄캄한 데 계시겠다 말씀하셨사오나(왕상 8:12),

그가 흑암을 그의 숨는 곳으로 삼으사 장막 같이 자기를 두르게 하심이여 곧 물의 흑암과 공중의 빽빽한 구름으로 그리하시도다(시 18:11).

이상 성구에서 보듯이 구약의 하나님은 구름 장막으로 덮인 암흑 속에 계신 존재였다. 이는 곧 〈은폐된 신〉을 말함이다.

참 하나님 아버지는 구름인 여러 천사들의 호위 속에 은폐되어 참 모습이 드러나지 않고 있었다. 그러나 신약의 하나님은 빛이시다. 이는 〈계시된 신〉 혹은 〈열린 신〉을 말함이다.

예수로 말미암아 생명나무로 나가는 길이 열렸으므로 암흑 속에 은폐된 하나님이 비로소 빛으로 우리 앞에 나타났던 것이다. 하나님은 빛의 존재이므로 죽은 우리들 마음의 무명을 밝혀주는 것이다.

그 안에 생명이 있었으니 이 생명은 사람들의 빛이라 빛이 어둠에 비치되 어둠이 깨닫지 못하더라(요 1:4-5).

우리가 그에게서 듣고 너희에게 전하는 소식은 이것이니 곧 하나님은 빛이시라(요일 1:5).

온갖 좋은 은사와 온전한 선물이 다 위로부터 빛들의 아버지께로부터 내려오나니 그는 변함도 없으시고 회전하는 그림자도 없으시니라(약 1:17).

4. 하나님은 참이시다(롬 3:4)

지혜천사는 거짓말장이가 되었다. 모든 거짓은 마귀에게로부터 나온다. 마귀는 최초의 종교적인 사기꾼이었다. 인간 역사의 알파가 거짓으로 부터 시작되었으므로 끝날 오메가의 역사도 거짓말쟁이 종교 사기꾼들이 등장할 것이다.

너희는 너희 아비 마귀에게서 났으니 너희 아비의 욕심대로 너희도 행하고자 하느니라 그는 처음부터 살인한 자요 진리가 그 속에 없으므로 진리에 서지 못하고 거짓을 말할 때마다 제 것으로 말하나니 이는 그가 거짓말쟁이요 거짓의 아비가 되었음이라(요 8:44).

그 때에 사람이 너희에게 말하되 보라 그리스도가 여기 있다 혹은 저기 있다 하여도 믿지 말라 거짓 그리스도들과 거짓 선지자들이 일어나 큰 표적과 기사를 보여 할 수만 있으면 택하신 자들도 미혹하리라(마 24:23-24).

하나님은 참이시다. 하나님은 참이시므로 미쁘신 존재인 것이다. 미쁘신 존재이므로 천지가 없어질지라도 하나님의 약속은 이루어진다.

사람은 다 거짓되되 오직 하나님은 참되시다 할지어다(롬 3:4).

하나님은 미쁘시니라(고후 1:18).

나를 보내신 이는 참되시니……(요 7:28).

5. 하나님은 말씀이시다(요 1:1)

하나님은 모든 피조세계를 말씀으로 창조하셨다. 이 말씀은 곧 예수 그리스도이며 예수로 말미암아 이 세계는 창조된 것이다. 지혜천사는 피조물이므로 말씀으로 세계를 창조할 능력이 없는 것이다. 예수는 말씀이 육신이 되신 분이며 지혜천사는 거짓 예수로서 말씀을 훔친 자이다.

태초에 말씀이 계시니라 이 말씀이 하나님과 함께 계셨으니 이 말씀은 곧 하나님이시니라 그가 태초에 하나님과 함께 계셨고 만물이 그로 말미암아 지은 바 되었으니 지은 것이 하나도 그가 없이는 된 것이 없느니라(요 1:1).

말씀이 육신이 되어 우리 가운데 거하시매 우리가 그의 영광을 보니 아버지의 독생자의 영광이요 은혜와 진리가 충만하더라(요 1:14).

이 모든 날 마지막에는 아들을 통하여 우리에게 말씀하셨으니 이 아들을 만유의 상속자로 세우시고 또 그로 말미암아 모든 세계를 지으셨느니라(히 1:2).

제6절 모세가 하나님의 이름을 물은 이유

애굽에 내려간 이스라엘의 혈속(血屬) 70명이 다 사멸하고 요셉과 그 형제의 세대가 끝났다. 요셉 이후 모세가 소명 받을 때까지 하나님은 이스라엘 백성에게 나타나지 않는 침묵의 시대였다.

성경에는 두 번 하나님이 침묵한 시대가 있다. 요셉이 죽은 후 모세가 나타나기까지 수백 년 동안 하나님의 계시가 없었고 말라기 이후 예수가 나타나기까지 약 400년 동안 침묵의 시대가 있었다. 모세와 예수가 나타나기까지 수백 년 동안 침묵의 시대가 있은 것은 참으로 뜻이 깊은 것이다.

새벽이 동트기 직전 어두움이 더욱 깊어지듯 큰 사명자가 나타나기 전에 공허(空虛)와 혼돈과 무질서의 시대가 있는 것이다.

애굽에 중다(重多)이 번식한 이스라엘 민족은 조상의 하나님을 잊은 채 애굽의 다신교에 오염되고 있었다.

> 모세가 하나님께 아뢰되 내가 이스라엘 자손에게 가서 이르기를 너희의 조상의 하나님이 나를 너희에게 보내셨다 하면 그들이 내게 묻기를 그의 이름이 무엇이냐 하리니 내가 무엇이라고 그들에게 말하리이까(출 3:13).

이 성구 하나만 보아도 이스라엘 민족이 얼마나 하나님에 대하여 무지하였는가를 알 수 있다. 그들이 조상에 대한 하나님을 잊었던 연고로 모세를 소명할 때도 하나님의 사자는 다음과 같이 말하였다.

> 나는 네 조상의 하나님이니 아브라함의 하나님, 이삭의 하나님, 야곱의 하나님이니라(출 3:6).
>
> 너는 이스라엘 자손에게 이같이 이르기를 너희 조상의 하나님 여호와 곧 아브라함의 하나님, 이삭의 하나님, 야곱의 하나님께서 나를 너희에게 보내셨다 하라(출 3: 15).

모세를 소명한 하나님은 조상의 하나님임을 강조한다. 그러나 이 성구에서 깊이 깨달아야 할 비의는 모세는 야웨를 조상의 하나님으로 인식하였으나 예수는 조상의 하나님이 아닌 산 자의 하나님으로 천명하였다는 점이다.

> 죽은 자가 살아난다는 것은 모세도 가시나무 떨기에 관한 글에서 주를 아브라함의 하나님이요 이삭의 하나님이요 야곱의 하나님이시라 칭하였나니 하나님은 죽은 자의 하나님이 아니요 살아 있는 자의 하나님이시라 하나님에게는 모든 사람이 살았느니라(눅 20:37-38).

모세는 하나님을 조상의 하나님으로 이스라엘 민족에게 소개하였고 예수는 하나님을 산 자의 하나님으로 인류에게 소개했다. 〈조상의 하나님〉과 〈산 자의 하나님〉 이것이 구약의 신관과 신약의 신관과의 또 다른 차이점인 것이다.

하나님은 혈대의 하나님이 아니라 하나님은 영의 하나님이었다. 하나님은 육신의 자식이 아닌 언약의 자식의 하나님인 것이다. 육신의 자식은 종이며 언약의 자식만이 자유한 아들인 것이다.

400년이 넘도록 애굽에서 노예 생활을 한 이스라엘 민족은 애굽의 우상종교에 오염되어 애굽 제신(諸神)들의 이름을 기억하고 있었다. 그러므로 모세가 조상의 하나님을 증거할 때 하나님의 이름이 무엇이냐 하는 물음은 당연한 물음이었다.

이름이란 피조세계의 사물들을 구별하기 위한 방편인데 그들은 피조물인 애굽의 신들처럼 창조주인 하나님에게도 이름이 있다고 생각하였던 것이다. 모세가 하나님의 이름을 물은 것도 이런 까닭에서였다.

> 모세가 하나님께 아뢰되 내가 이스라엘 자손에게 가서 이르기를 너희의 조상의 하나님이 나를 너희에게 보내셨다 하면 그들이 내게 묻기를 그의 이름이 무엇이냐 하리니 내가 무엇이라고 그들에게 말하리이까(출 3:13).

이 모세의 물음은 이스라엘 민족의 물음을 대신하는 발언이었다. 모세의 물음에 대하여 하나님은 〈나는 스스로 있는 자니라〉라고 대답한다. 이 말씀의 참 뜻은 하나님에게는 이름이 없다는 뜻이다. 그러나 애굽적 신관에 젖어 있는 이스라엘 민족을 건지기 위하여 야웨라는 이름을 가르쳐 준다.

> 하나님이 모세에게 이르시되 나는 스스로 있는 자이니라…… 스스로 있는 자가 나를 너희에게 보내셨다 하라…… 너희 조상의 하나님 여호와 곧 아브라함의 하나님, 이삭의 하나님, 야곱의 하나님께서 나를 너희에게 보내셨다 하라 이는 나의 영원한 이름이요 대대로 기억할 나의 칭호니라(출 3:14-15).
>
> 하나님이 모세에게 말씀하여 이르시되 나는 여호와이니라 내가 아브라함과 이삭과 야곱에게 전능의 하나님으로 나타났으나 나의 이름을 여호와로는 그들에게 알리지 아니하였고……(출 6:2-3).

이 성구에서 보듯이 하나님은 족장들인 아브라함·이삭·야곱에게는 〈스스로 있는 자〉 혹은 〈전능의 하나님〉으로 나타났으나 야웨라는 이름으로는 나타나지 않았던 것이다. 족장들에게는 전능하신 하나님(엘 솨다이-El shadai)으로 알려진 그 하나님이 모세에게는 야웨라는 이름으로 나타난다. 엘 솨다이(El shadai)와 야웨(Yahweh or Jahveh), 왜 하나님은 이렇게 섭리하셨을까? 아브라함·이삭·야곱에게는 전능의 하나님으로 나타났으나 왜 모세에게는 질투의 신, 공포의 신, 복수의 신으로 나타났을까?

아브라함·이삭·야곱으로 이어지는 혈맥 속에는 부활과 성령 잉태의 비밀을 묻어 두는데 있었다(『신령편(神靈編)』: 「아브라함·이삭·야곱 노정」 참조).

그러므로 아브라함과 이삭과 야곱의 하나님은 산 자의 하나님이었지만 모세에게 나타난 하나님은 조상의 하나님으로 나타난다. 다시 말해서 아브라함·이삭·야곱의 하나님은 언약의 자식을 낳는 하나님으로 나타나지만 모세에게는 조상의 하나님 즉 육신의 하나님으로 나타났던 것이다.

언약의 자식과 육신의 자식, 이삭과 이스마엘의 비의, 하나님은 아브라함·이삭·야곱에게 부활의 도맥을 묻어 두고 모세에게는 율법을 주어 육신의 자식들을 초달하는 질투의 신, 공포의 신, 복수의 신으로 나타났던 것이다. 그러므로 아브라함에게는 전능의 신(El shadai)으로 나타났으나 모세에게는 질투의 신 야웨(Yahweh or Jahveh)라는 이름으로 나타났던 것이다.

믿음의 조상은 아브라함이지 모세는 아니다. 그러므로 믿음의 자리에서 보면 우리에게는 지금도 전능하신 하나님이 있을 뿐이다. 모세에게 이름 있는 하나님으로 나타나 죄 아래 율법 아래 인간을 영어(囹圄)시켜 사망이 왕 노릇 하게 한 것은 메시아가 나타나기까지 마귀가 권세 잡은 시운(時運)이었기 때문이다.

이런 이유 때문에 예수가 오시기까지 참 하나님이 나타날 수 없고 천사가 하나님 대신으로 나타나 하나님처럼 섭리하던 마당이 구약이었다.

> 내가 사자를 네 앞서 보내어 길에서 너를 보호하여 너를 내가 예비한 곳에 이르게 하리니 너희는 삼가 그의 목소리를 청종하고 그를 노엽게 하지 말라

그가 너희의 허물을 용서하지 아니할 것은 내 이름이 그에게 있음이니라(출 23:20-21).

이 성구를 보더라도 하나님이 그 이름을 천사에게 붙여주어 섭리하게 하였음을 알 수 있다.

우리는 구약에 나타났던 하나님이 진신(眞神)이 아닌 천사였음을 다시 한번 정각(正覺)하자. 이런 성경의 원리를 모르고 이 날까지 기독교는 야웨를 부르고 있다. 이는 다시 천한 초등학문인 율법의 노예가 되는 오류를 범하고 있는 것이다. 구약의 수건을 벗지 못한 결과이다.

그러나 너희가 그 때에는 하나님을 알지 못하여 본질상 하나님이 아닌 자들에게 종노릇 하였더니 이제는 너희가 하나님을 알 뿐 아니라 더욱이 하나님이 아신 바 되었거늘 어찌하여 다시 약하고 천박한 초등학문으로 돌아가서 다시 그들에게 종노릇 하려 하느냐(갈 4:8-9).

이 성구에서 바울이 지적했듯이 예수를 믿으면서 야웨를 부르는 자들은 〈본질상 하나님이 아닌 자들〉에게 아직도 종노릇하고 있는 죄와 율법의 노예들임을 깨달아야 한다.

야웨를 부르는 자들은 유대교도들이지 기독교도들이 아니다. 그러므로 기독교도들이 야웨를 부르는 것은 그들은 이름만이 기독교도들이지 엄밀한 의미에서는 구약적 유대교도들인 것이다.

참 예수를 믿는 자들이란 질투의 신, 공포의 신, 복수의 신의 질곡에서 해방받은 자유한 자들이다. 야웨 신관을 버려라. 그러면 자유한 자가 될 것이다.

우리는 하나님의 호칭에 대하여 다음과 같이 깨닫자.

첫째, 아들만이 하나님을 아버지라 부를 수 있다. 따라서 아들에게는 하나님의 이름이 있을 수 없다.

둘째, 종은 주인을 아버지라 부를 수 없다. 따라서 종에게는 주인의 이름이 방편으로 있어야 한다.

셋째, 종은 주인의 이름을 직접 부를 수 없다. 대명사(代名詞)를 부를 수 있을 뿐이다. 야웨란 종들이 부르던 대명사였다. 세상 임금의 이름도 직접 부를 수 없어 대명사를 사용하는 것이 관례인데 어찌 하나님의 이름을 종들이 부를 수 있었겠는가.

예수는 그 주기도문 서두에서 다음과 같이 가르쳤다. 〈하늘에 계신 우리 아버지여 그 이름이 거룩히 여김을 받으시오며……〉. 자식이 아버지의 이름을 거룩히 여길 방법은 아버지의 이름을 부르지 않고 아버지라 부르는 방법밖에 다른 도리가 없다.

창조주 하나님에게는 이름이 있을 수도 없지만 설령 거룩한 이름이 있더라도 우리는 그 이름을 부를 수 없을 것이다. 또 앞으로 나타날 하나님의 이름은 영원한 비밀이어서 받는 자 밖에는 알 도리가 없을 것이다.

> 귀 있는 자는 성령이 교회들에게 하시는 말씀을 들을지어다 이기는 그에게는 내가 감추었던 만나를 주고 또 흰 돌을 줄 터인데 그 돌 위에 새 이름을 기록한 것이 있나니 받는 자 밖에는 그 이름을 알 사람이 없느니라(계 2:17).

야웨! 아들이 아닌 종들의 더러운 입술에 회자(膾炙)되던 낡은 하나님의 이름, 이 이름을 기독교의 무덤 속에 인봉하자.

기독교의 그 어떤 교파도 야웨 신관에서 탈피한 교파는 아직 없다. 서양의 그 어떤 신학자도 야웨 신관을 넘어선 자가 없었다.

낡은 신관, 야웨 신관의 두터운 알을 깨고 날개돋힌 자유혼들은 하늘 높이 비상하여 아버지의 이름을 종달새처럼 노래하자. 새 하늘과 새 땅이 개명되고 있다. 참 하나님의 이름은 새 하늘과 새 땅이 열릴 때 부활한 자들의 가슴 깊이 각인될 것이다.

제7절 나무의 신론(神論)

이 세계에는 많은 신들이 있다.

> 비록 하늘에나 땅에나 신이라 불리는 자가 있어 많은 신과 많은 주가 있

으나 그러나 우리에게는 한 하나님 곧 아버지가 계시니 만물이 그에게서 났고 우리도 그를 위하여 있고 또한 한 주 예수 그리스도께서 계시니 만물이 그로 말미암고 우리도 그로 말미암아 있느니라(고전 8:5-6).

창조주 하나님만이 참 신이고 그밖에 다른 존재는 신적 존재, 즉 천사들인 것이다. 유일신(唯一神)과 다신(多神)에 대한 암호 해독을 에덴동산의 나무를 통해 고찰해 보자.

에덴동산에는 세 가지 형태의 나무가 있었다. 생명나무, 선악나무, 그리고 각종 나무였다. 생명나무는 예수 곧 진신(眞神)이고, 선악나무는 지혜천사 곧 가신(假神)이고, 각종나무는 여러 천사 곧 다신(多神)임을 이미 「타락론」에서 밝힌바 있다.

아담 이전에도 원시광야에는 많은 인간들이 존재하고 있었다. 구석기 시대와 신석기 시대의 유물을 통하여 우리는 원시종교의 흔적을 희미하게나마 볼 수 있다. 아담 이전에도 여러 형태의 저급종교가 있었다. 애니미즘, 토템숭배, 샤머니즘 등이 그 예이다. 그러나 저급종교는 창조주 하나님을 깨닫지 못했고 따라서 참 하늘을 개천(開天)하지 못하고 있었다. 성경이 아담으로부터 남상하는 원인은 아담이 비로소 유일신의 하늘을 개천한 조상이기 때문이다.

종교발생적으로나 인류문화사적으로 보아도 유일신교는 종교나무의 맨 윗가지에 핀 꽃이다. 종교나무의 뿌리는 애니미즘 토테미즘 샤머니즘이고 그 줄기는 다신교와 범신론이고 맨 윗가지에 유일신의 열매가 있는 것이다. 다시 말해서 인간의 의식 구조가 미개하고 정신연령이 저급할수록 심령 정도가 낮아 이에 비례하여 그들이 개천하는 종교의 하늘도 저급종교가 되는 것이다.

하늘의 제차원(諸次元)은 1층 구조가 아닌 다층 구조이다. 이는 인간의 심령이 진보함에 따라 그들이 개천한 하늘의 차원이 다르기 때문이었다. 따라서 종교의 마당도 다르게 마련이다. 아담 이전의 원시인들은 의식구조가 낮고 심령이 미개한 존재였으므로 그들은 유일신을 인식할 능력이 없었고 하나님도 그들에게 도전하지 않았다. 따라서 에덴동산도 개천되지 않았다. 그들은 애니미즘의 숲속을 공포로 헤매었고 맹수가 출몰하는 광야에서 토템 숭배의 탈을 쓰고 다른 부족을 살해하였고 샤마니즘의 동굴에 앉아 무병(巫病)을 앓으면서 기복(祈福)과 치병(治病)의 주술(呪術)을 행했던 것이다.

이 애니미즘과 토템 숭배와 샤마니즘을 극복하고 에덴동산으로 고양되어 참 하나님과 해후하기 위한 최초의 구도자가 아담이었던 것이다. 비록 아담은 원시광야에서 도약하고 비상하여 에덴동산에 거하였으나 단번에 생명나무와 해후할 수는 없었다.

> 여호와 하나님이 그 사람에게 명하여 이르시되 동산 각종 나무의 열매는 네가 임의로 먹되 선악을 알게 하는 나무의 열매는 먹지 말라 네가 먹는 날에는 반드시 죽으리라 하시니라(창 2:16 17).

이 성구를 깊이 뚫어보면 생명나무의 열매를 따먹기 전에 여러 나무의 열매를 임의로 따먹되 선악나무의 열매만은 따먹지 말라는 뜻이 된다.

여러 나무의 열매란 천사들이 전해주는 초등학문과 몽학선생의 도과(道果)를 따먹고 심령이 성장한 다음에 참 하나님과 대면할 수 있음을 말한다. 그러나 참 하나님과 해후하기 전에 반드시 가신(假神)이 진신(眞神)처럼 나타나기 때문에 가신(假神)의 열매인 선악과는 따먹지 말라고 하였던 것이다. 선악과란 거짓 예수, 거짓 복음, 거짓 영을 말함이다.

에덴동산에 존재한 여러 나무를 통하여 우리는 다음과 같은 도식을 해독할 수 있다.

1. 각종나무 … 여러 천사 – 몽학선생의 도 – 다신교
2. 선악나무 … 가신(假神) – 거짓 복음 – 적그리스도
3. 생명나무 … 진신(眞神) – 참 말씀 – 유일신

원시광야의 저급종교에서 돌변하여 도약한 아담일지라도 하나님은 아담에게 단번에 생명나무의 열매를 계시하지 않았다. 천사들의 인도를 받아 구도와 명상, 고행과 수계(受戒)를 통해서만이 생명과를 따먹을 수 있는 것이다.

아담이 비록 유일신을 인식하기 시작한 성경적 의미의 조상으로 등장했을지라도 그의 미개한 의식 속에는 원시광야의 잡다한 관념들이 아직도 남아 있었던 것이다. 그러므로 그는 선한 천사들의 가르침을 받아 하나님 앞으로 나가야 했던 것이다.

이 종교적 구도 단계는 예수가 오기까지 천사와 율법이 몽학선생이 되어 구약인을 인도하던 방법과 같은 것이다. 생명나무와의 해후는 천사들의 인도를 받으므로 가능한 것이다.

에덴동산에 존재했던 여러 나무의 열매를 현대적인 개념으로 해석하면 불교와 유교와 도교의 여러 종교를 의미한다. 이들 종교는 타락하지 않은 선한 천사들이 인간의 심령과 정신 속에 도전하여 탄생시킨 고등종교이며 하나님은 이방인들에게 천사들이 전한 선한 종교로 그들의 미개하고 야만한 심전(心田)들을 개발했던 것이다. 하나님은 예수가 오시기까지 선한 천사들이 전해준 다신교를 허락하였다.

> 인류의 모든 족속을 한 혈통으로 만드사 온 땅에 살게 하시고 그들의 연대를 정하시며 거주의 경계를 한정하셨으니 이는 사람으로 혹 하나님을 더듬어 찾아 발견하게 하려 하심이로되 그는 우리 각 사람에게서 멀리 계시지 아니하도다(행 17:26-27).

이 성구를 볼 때 하나님은 인간 심전의 개발을 위하여 그들의 전통과 풍속과 지리적 여건과 환경에 따라 여러 가지 선한 고등종교를 허락하였던 것이다.

이 날까지 기독교인들은 하나님의 섭리를 오해하였기 때문에 유·불·선(儒·佛·仙)을 배척하고 정죄(定罪)하였다. 유·불·선은 차자(次子)의 종교로서 타락하지 않은 천사들이 전해준 고등종교이며 이들 종교는 참 하나님을 찾아가기 위하여 따먹어도 좋은 종교들인 것이다.

생명나무인 예수의 진리는 장자(長子)의 종교이고 여러 나무인 천사들의 다신교는 차자의 종교들인 것이다. 가신(假神)인 선악나무 열매만 따먹지 않으면 우리는 여러 천사들의 열매인 도과(道果)를 따먹고 궁극적으로 하나님에게 이르러 생명나무 열매를 따먹을 수 있음을 명심하자.

제8절 천사 숭배에 대하여

천사들은 거룩한 신적 존재들이다. 비록 천사들이 신적 존재일지라도 그들도 피조물이므로 천사 숭배는 우상숭배가 되는 것이다.

> 이것들을 보고 들은 자는 나 요한이니 내가 듣고 볼 때에 이 일을 내게 보이던 천사의 발 앞에 경배하려고 엎드렸더니 그가 내게 말하기를 나는 너와 네 형제 선지자들과 또 〈이 두루마리의 말을 지키는 자〉들과 함께 된 종이니 그리하지 말고 하나님께 경배하라 하더라(계 22:8-9).

타락하지 않은 선한 천사들은 인간들의 경배를 받지 않는다. 지혜천사는 교만해져서 하나님의 자리에 앉아 인간의 경배를 받은 것이 타락이었던 것이다.

피조물이 피조물에게 예배할 때 우상숭배가 되는 것이다. 피조물이 예배할 대상은 오직 조물주 하나님밖에 없는 것이다. 하늘에는 여러 신들이 있으나 이들은 다 신적 존재들이지 하나님이 아닌 것이다.

> 천지를 짓지 아니한 신들은 땅 위에서, 이 하늘 아래에서 망하리라(렘 10:11).
>
> 여호와는 크신 하나님이시요 모든 신들보다 크신 왕이시기 때문이로다(시 95:3).
>
> 주여 신들 중에 주와 같은 자 없사오며……(시 86:8),
>
> 여호와는 위대하시니 지극히 찬양할 것이요 모든 신들보다 경외할 것임이여 만국의 모든 신들은 우상들이지만……(시 96:4),

이 성구를 볼 때 하나님밖에 섬길 존재가 천상천하(天上天下)에 없는 것이다. 그러나 인간의 지혜가 미개(未開)할 때 신적 존재에게 예배하는데 이것이 다신교인 것이다.

예수는 사람의 아들로 오셔서 이 땅 위에서 피 흘린 구도생활을 통해 다신의 차원을 극복하고 하나님 우편에 앉아 계시는 존재이다.

그는 하늘에 오르사 하나님 우편에 계시니 천사들과 권세들과 능력들이 그에게 복종하느니라(벧전 3:22).

하늘에서 자기의 오른편에 앉히사 모든 통치와 권세와 능력과 주권과 이 세상뿐 아니라 오는 세상에 일컫는 모든 이름 위에 뛰어나게 하시고……(엡 1:20-21).

예수는 모든 다신들의 차원을 극복하고 이 땅 위에서 유일신의 하늘을 개천했으므로 우리들도 참 하늘의 하나님을 예배해야 한다.

알지 못하던 시대에는 하나님이 간과하셨거니와 이제는 어디든지 사람에게 다 명하사 회개하라 하셨으니 이는 정하신 사람으로 하여금 천하를 공의로 심판할 날을 작정하시고 이에 그를 죽은 자 가운데서 다시 살리신 것으로 모든 사람에게 믿을 만한 증거를 주셨음이니라(행 17:30-31).

부활의 도가 땅 끝까지 증거되기 전에는 하나님은 천사들의 도인 다신교를 허락하였으나 땅끝까지 복음이 전파된 후에 회개치 않는 자는 심판을 받을 것이다. 전술한 바와 같이 생명나무에 이르는 과정에서는 여러 천사들의 열매인 다신교는 허락되었으나 생명나무에 이르면 몽학선생의 도는 버려야 한다. 믿음의 어른으로 성장하면 치졸한 어린이의 습성을 버려야 하는 것과 같다.

믿음의 장성한 분량으로 인류가 장성하기까지 심령이 어린 이방인들에게 선한 천사들이 증거한 다신교는 필요하였다.

세계심전(世界心田)을 보면 차원 높은 다신교 때문에 미개하고 야만한 인간들의 심령이 밝아졌음을 우리는 알고 있다. 그 대표적인 것이 유교·불교·도교이다.

오직 성령이 너희에게 임하시면 너희가 권능을 받고 예루살렘과 온 유대와 사마리아와 땅 끝까지 이르러 내 증인이 되리라 하시니라(행 1:8).

이처럼 다신교의 심전(心田)에 예수의 참 복음이 전파되면 모든 인류는 생명나무 열매를 따먹을 것이다. 하늘의 새 예루살렘이 땅 위에 내려올 때 하나님의 장막이 사람들과 함께 거할 때 부활한 사람들은 생명과를 따먹고 영생할 것이다.

제9절 하나님이 나타나는 여러 마당(場)

기독교에서는 이 날까지 구약시대를 성부시대(聖父時代)라고 오해하고 있다. 타락한 인간에게 아직 하나님은 나타난 일이 없다. 아담의 타락으로 하나님과 인간 사이에는 관계가 단절되었는데 어떻게 하나님이 나타날 수 있겠는가.

「하나님론」에서 이미 사경한 바와 같이 구약시대는 천사가 하나님 대신으로 나타나 사역하던 시대이다. 그런데 구약시대를 성부시대라 착각하고 있었으니 어찌 성경을 정각(正覺)했다고 볼 수 있는가.

신약은 성자시대이다. 예수는 하나님 자신이면서 인간을 구속(救贖)하기 위하여 스스로 몸을 낮추어 아들로 오셨다.

> 하늘로부터 소리가 있어 말씀하시되 이는 내 사랑하는 아들이요 내 기뻐하는 자라 하시니라(마 3:17).
>
> 홀연히 빛난 구름이 그들을 덮으며 구름 속에서 소리가 나서 이르시되 이는 내 사랑하는 아들이요 내 기뻐하는 자니 너희는 그의 말을 들으라 하시는지라(마 17:5).
>
> 만일 우리가 사람들의 증언을 받을진대 하나님의 증거는 더욱 크도다 하나님의 증거는 이것이니 그의 아들에 대하여 증언하신 것이니라(요일 5:9).

이 성구를 보더라도 예수는 아들의 영광으로 오셨던 것이다.

그러나 우리가 깊이 깨달아야 할 도리는 성자시대는 예수가 요단강에서 세례 받고 하늘이 열리던 때부터 승천하시기까지 3년이라는 짧은 세월이었다는 사실이다.

예수가 부활 승천함으로써 아들의 시대는 끝나고 보혜사 성신의 시대가 열려 오늘까지 이르고 있는 것이다.

> 그러나 내가 너희에게 실상을 말하노니 내가 떠나가는 것이 너희에게 유익이라 내가 떠나가지 아니하면 보혜사가 너희에게로 오시지 아니할 것이요 가면 내가 그를 너희에게로 보내리니……(요 16:7).
>
> 내가 아버지께로부터 너희에게 보낼 보혜사 곧 아버지께로부터 나오시는 진리의 성령이 오실 때에 그가 나를 증언하실 것이요(요 15:26).
>
> 보혜사 곧 아버지께서 내 이름으로 보내실 성령 그가 너희에게 모든 것을 가르치고 내가 너희에게 말한 모든 것을 생각나게 하리라(요 14:26).
>
> 오순절 날이 이미 이르매 그들이 다같이 한 곳에 모였더니 홀연히 하늘로부터 급하고 강한 바람 같은 소리가 있어 그들이 앉은 온 집에 가득하며 마치 불의 혀처럼 갈라지는 것들이 그들에게 보여 각 사람 위에 하나씩 임하여 있더니 그들이 다 성령의 충만함을 받고 성령이 말하게 하심을 따라 다른 언어들로 말하기를 시작하니라(행 2:1-4).

예수는 성자로 잠시 오셨다가 승천하여 성령을 강림케 하셨던 것이다. 우리가 예수를 믿고 구주로 신앙고백을 하는 것도 성령의 감동으로 하는 것이다.

성경을 정밀히 사경할 때 참 의미의 성부시대는 아직 도래하지 아니하였다. 예수가 다시 오실 때 아버지의 영광으로 오는데 이 때부터 성부시대가 개명(開明)될 것이다.

> 인자가 아버지의 영광으로 그 천사들과 함께 오리니 그 때에 각 사람이 행한 대로 갚으리라(마 16:27).

초림 예수는 아들로 왔지만 재림 예수는 아버지가 되어 오실 것이다. 예수는 본래 하나님 그 자체였다. 그가 아들로 초림 때 나타난 것은 인간을 구속하기 위한 방편으로 나타났던 것이다.

구약은 천사가 방편으로 하나님 대신 나타났고 신약은 예수가 아들로 나타나 섭리하였다. 예수가 하나님 아버지가 되어 다시 오실 그 때 비로소 참 하나님의 모습이 인간들 앞에 나타날 것이다. 그 때가 하나님의 장막이 인간에게 거하는 때인 것이다.

하늘에 있는 새 예루살렘이 신부로 단장되어 땅 위에 내려오기 전까지 어찌 참 하나님이 인간에게 나타날 수 있겠는가? 다시 말하거니와 아담 타락 후 이 날까지 참 하나님은 나타난 일이 없었다.

1. 구약의 마당 – 천사시대(구약 4천년)
2. 신약의 마당 – ┌ 성자시대(3년 공생애)
   └ 성신시대(부활 후 재림까지)
3. 새 마당 – 성부시대(새 하늘 새 땅이 열림)

이처럼 세 가지 마당을 통하여 참 하나님은 비로소 나타날 것이다.
구약은 천사시대이지 성부시대가 아님을 깊이 깨달아야 한다.

제6장
예 수 론

제6장 예수론

하나님이 세상을 이처럼 사랑하사 독생자를 주셨으니 이는 그를 믿는 자마다 멸망하지 않고 영생을 얻게 하려 하심이라(요 3:16).

모든 강물은 흘러 바다로 가듯 구약의 여러 갈래의 흐름은 예수를 증거하기 위해 신약의 바다로 흘러간다.

아담으로부터 남상한 타락의 혼탁한 흐름은 4천 년의 장강을 굽이쳐 흐르면서 그 유계(幽溪)와 평야에 온갖 은유와 상징과 비의(秘義)와 암호를 숨겨놓고 성경의 지층에는 수많은 선지자와 의인의 화석을 남겨둔 채 사해(死海)로 흘러갔다.

아담의 타락, 가인의 살인 사건, 노아의 포도주 사건, 멜기세덱과 아브라함의 해후, 이삭·야곱·요셉의 난삽한 사건 등 또 모세의 소명과 애굽에서의 탈출, 여호수아의 가나안 복귀, 밤하늘의 기라성같이 빛나던 사사들, 사무엘과 사울의 관계, 사울과 다윗의 관계, 솔로몬과 여로보암 그리고 열왕들의 우상숭배와 바벨론 포로사건 등 이 모든 것들이 어떤 의미를 가지면서 우리에게 다가오는 것일까?

구약과 신약은 오로지 한 사람 예수 그리스도를 바르게 증거하기 위한 성문서(聖文書)였다. 예수! 이 한 사람을 도성인신(道成人身)시키기 위하여 하나님은 얼마나 피땀을 흘리셨던가.

요단강처럼 사행(蛇行)한 4천 년의 구약사는 인간이 사탄 마귀와 해후한 죄악의 역사였다. 인간의 심전과 심층에는 온갖 형태의 죄악이 지층처럼 쌓였고 악귀와 잡령들이 교묘하게 잠입하여 불안과 공포, 우수와 절망의 소용돌이 속에서 고뇌하고 몸부림치는 역사였다. 인간은 죄와 죽음의 노예가 되었고 십계명과 율법의 초달 밑에서 학대받는 자유 없는 허깨비였다.

모세가 이스라엘 민족을 애굽의 노예상태에서 해방시킨 사건은 장차 예수가 죄와 죽음의 노예상태에서 인간을 해방시키는 구약적 모형이요 표상이었다. 그러므로 아담 이후 모든 인류의 소망은 죄와 죽음에서 자유와 해방을 선언할 메시아의 출현을 고대하는 바램이었다. 성경 전체가 예수상을 부각하기 위한 모자이크와 같다.

각 시대마다 선지자를 보내어 여러 부분과 여러 모양으로 예언한 하나님이 그 모든 예언을 이루기 위하여 아들을 보냈던 것이다.

> 옛적에 선지자들을 통하여 여러 부분과 여러 모양으로 우리 조상들에게 말씀하신 하나님이 이 모든 날 마지막에는 아들을 통하여 우리에게 말씀하셨으니 이 아들을 만유의 상속자로 세우시고 또 그로 말미암아 모든 세계를 지으셨느니라(히 1:1-2).

이 성구처럼 성경 전체를 연구하지 않고는 예수를 이해하기 불가능하다. 성경은 〈황금의 고리〉 같이 연쇄(連鎖)된 문서이다. 창세기가 풀리지 않으면 출애굽기가 풀리지 않는다. 출애굽기를 풀지 못하면 민수기가 풀리지 않는 법이다.

성경 전체에서 우리는 예수의 참 모습을 해독하자. 하나님의 아들이면서 사람의 아들이신 예수 그리스도는 어떤 존재인가?

제1절 아담과 예수의 비교

성경을 보면 타락한 시조를 첫 아담이라 했고 예수를 마지막 아담이라고 했다.

> 기록된바 첫 사람 아담은 산 영이 되었다 함과 같이 마지막 아담은 살려주는 영이 되었나니……(고전 15:45)
>
> 그러나 아담으로부터 모세까지 아담의 범죄와 같은 죄를 짓지 아니한 자들 위에도 사망이 왕노릇 하였나니 아담은 오실 자의 표상이라(롬 5:14).

우리는 육적으로 볼 때 첫 아담의 후손들이다. 따라서 죄인이며 죽은 자들인 것이다. 그러나 영적으로 볼 때는 예수에게 속한 자들이며 죄에서 해방 받은 자유인들이며 죽음에서 부활을 약속받은 산 자들이다. 그럼 왜 예수를 마지막 아담이라 했을까?

아담은 범죄로 말미암아 에덴동산에서 추방을 당했다. 아담에게 내려진 사형선고는 동시에 전 인류에게 내려진 사형선고였다. 아담과 더불어 그의 허리에서 날 모든 인류도 에덴에서 추방당한 격이 되었고 그 누구도 에덴동산을 회복할 길이 없었다.

육신을 쓴 인간은 에덴에서 구도하여 생명과를 따먹을 자격을 상실한 비참한 존재가 되었다. 그러므로 누구 한 사람이 잃어버린 에덴에의 길을 열어주지 않으면 안 된다. 아담이 구도하다 못다 이룬 부분을 인간의 육신을 쓰고 성도(成道) 하지 않으면 안 된다. 인간의 육신을 쓰고 이 일을 성취한 분이 예수였다. 그는 아담 대신 아담이 못 이룬 구도를 몸소 행함으로써 도를 완성했던 것이다. 그러기 때문에 아담 안에서 모든 자가 죽은 것 같이 아담(예수) 안에서 모든 자가 살 수 있는 것이다.

> 그런즉 한 범죄로 많은 사람이 정죄에 이른것 같이 의의 한 행동으로 말미암아 많은 사람이 의롭다 하심을 받아 생명에 이르렀느니라 한 사람의 순종치 아니함으로 많은 사람이 죄인된 것 같이 한 사람의 순종하심으로 많은 사람이 의인이 되리라(롬 5:18-19).

구도하는 의미에서 예수를 마지막 아담이라고 한 것이지 그가 아담과 본질적으로 같다는 뜻이 아니다. 아담은 땅에서 났고 예수는 하늘에서 난 자인데 어찌 같을 수 있는가? 아담은 흙으로 지음받은 피조물이고 예수는 만유를 지으신 창조주인데 어찌 아담과 같을 수 있는가?

오늘날 창궐(猖獗)하고 있는 대부분의 적그리스도와 거짓 선지자들의 사제(私製)복음은 아담과 예수를 본질상 동일한 인물로 보고 있다. 이는 큰 잘못인 것이다. 예수는 인간의 몸을 쓰고 피와 땀을 흘려 구도했고 아담이 이루지 못한 도를 죄인의 몸을 쓰고 이루었던 것이다.

> 그는 육체에 계실 때에 자기를 죽음에서 능히 구원하실 이에게 심한 통곡

과 눈물로 간구와 소원을 올렸고 그의 경외하심을 인하여 들으심을 얻었느니라(히 5:7).

이 성구를 보아도 예수가 얼마나 피나게 구도를 하였는가를 알 수 있다. 그는 하나님의 독생자의 자리에서는 구도할 하등의 이유가 없었다. 그가 구도한 것은 타락한 아담의 자리에서 구도했던 것이다.

성경을 잘못 읽은 자들이 예수를 후 아담이라고 한 성경의 뜻을 곡해하여 아담과 예수를 동일시하는 죄를 범하고 있다. 이 그릇된 오각(誤覺)은 〈거짓 예수〉가 탄생될 온상이 되는 것이다. 그러므로 예수와 아담을 바르게 이해하는 것이 무엇보다도 급선무가 아닐 수 없다.

명확하게 아담과 예수를 비교해 보자.

비교 1

•아담－아담은 여섯째 날에 흙으로 창조된 피조물이다.

여호와 하나님이 땅의 흙으로 사람을 지으시고 생기를 그 코에 불어넣으시니 사람이 생령이 되니라(창 2:7).

•예수－예수는 피조물이 아닌 창조주이며 모든 피조물 보다 먼저 나신 자이다.

그는 보이지 아니하는 하나님의 형상이시요 모든 피조물보다 먼저 나신 이시니……(골 1:15),

말씀이 육신이 되어 우리 가운데 거하시매 우리가 그의 영광을 보니 아버지의 독생자의 영광이요 은혜와 진리가 충만하더라(요 1:14).

여호와께서 그 조화의 시작 곧 태초에 일하시기 전에 나를 가지셨으며 만세 전부터, 태초부터, 땅이 생기기 전부터 내가 세움을 받았나니……(잠 8:22-31),

비교 2
•아담–아담은 흙으로 빚음 받은 존재이며 땅에서 난 자였다.

첫 사람은 땅에서 났으니 흙에 속한 자이거니와 둘째 사람은 하늘에서 나셨느니라(고전 15:47).

위로부터 오시는 이는 만물 위에 계시고 땅에서 난 이는 땅에 속하여 땅에 속한 것을 말하느니라 하늘로부터 오시는 이는 만물 위에 계시나니(요 3:31),

•예수–예수는 하늘에서 난 존재요 위에서 난 존재이므로 만물 위에 계시는 분이시다.

예수께서 이르시되 너희는 아래에서 났고 나는 위에서 났으며 너희는 이 세상에 속하였고 나는 이 세상에 속하지 아니하였느니라(요 8:23).

비교 3
•아담–아담은 죄로 죽은 자다.

그러므로 한 사람으로 말미암아 죄가 세상에 들어오고 죄로 말미암아 사망이 들어왔나니……(롬 5:12)

•예수–예수는 죄도 흠도 점도 없는 청정무구(淸淨無垢)한 분이시다.

오직 흠 없고 점 없는 어린 양 같은 그리스도의 보배로운 피로 된 것이니라(벧전 1:19)

위에서 비교한 바와 같이 아담과 예수는 본질적으로 운니(雲泥)의 차가 있는 존재이다. 아담관을 잘못 깨달으면 재림 예수를 〈제3 아담〉이라 망언하는 적그리스도들이 나타나게 된다. 이미 적그리스도들이 많이 나타나서 혹세무민(惑世誣民)하고 있지 않은가.

제2절 예수가 수육(受肉)하신 이유

예수는 왜 죄인의 몸으로 수육해야 하는가?

그는 근본 하나님의 본체시나 하나님과 동등됨을 취할 것으로 여기지 아니하시고 오히려 자기를 비워 종의 형체를 가지사 사람들과 같이 되셨고 사람의 모양으로 나타나사 자기를 낮추시고 죽기까지 복종하셨으니 곧 십자가에 죽으심이라(빌 2:6-8).

그 안에는 신성의 모든 충만이 육체로 거하시고……(골 2:9),

말씀이 육신이 되어 우리 가운데 거하시매 우리가 그의 영광을 보니 아버지의 독생자의 영광이요 은혜와 진리가 충만하더라(요 1:14).

예수가 죄인의 몸으로 수육하신 이유는 죄인을 구원하고 부활의 통로를 열기 위함이었다. 죄인을 구원하기 위하여는 이 세상의 무명(無名)을 제거해야 하므로 그는 빛의 존재로 오셨다.

그 안에 생명이 있었으니 이 생명은 사람들의 빛이라 빛이 어둠에 비치되 어둠이 깨닫지 못하더라(요 1:4-5).

참 빛 곧 세상에 와서 각 사람에게 비추는 빛이 있었나니 그가 세상에 계셨으며 세상은 그로 말미암아 지은 바 되었으되 세상이 그를 알지 못하였고 자기 땅에 오매 자기 백성이 영접하지 아니하였으나……(요 1:9-11),

나는 세상의 빛이니 나를 따르는 자는 어둠에 다니지 아니하고 생명의 빛을 얻으리라(요 8:12).

내가 세상에 있는 동안에는 세상의 빛이로라(요 9:5).

나는 빛으로 세상에 왔나니 무릇 나를 믿는 자로 어둠에 거하지 않게 하려 함이로라(요 12:46).

인간의 심전(心田)은 혼돈과 공허와 무명이 뒤덮인 황야(荒野)였다. 예수는 빛으로 오셔서 무명을 밝혀 십자가로서 구원의 성업(聖業)을 이루시고 부활로서 생명의 대도(大道)를 드러냈다.

아담 이후 사탄 마귀의 권세 아래 놓인 인간은 죄의 질곡에 시달리다 그 종말은 사망의 아가리 속으로 전락되어 스올에 인봉(印封)되는 비참한 존재였다. 인간은 생명의 본체이신 하나님과 교통할 길이 막혔고 따라서 죽음의 권세에서 해방될 방법이 없었다.

아담의 부패로 인하여 죄의 침입을 받은 인간은 영생의 도를 닦을 수 없었고 계명과 율법을 지킬 내적 능력을 상실한 무능하고 무기력한 존재였다. 따라서 행위로 의롭다 함을 받을 의인은 한 사람도 없었다. 이런 인간들을 구원하기 위하여 예수는 무명(無明)의 심연에 빛으로 오셨고, 육신을 쓰고 구도함으로써 우리들이 무능하고 무기력해서 닦을 수 없던 도를 대신 닦으시고 우리가 정복할 수 없는 죽음의 권세를 이기시고 막혔던 생명나무에로의 통로를 열어 주셨던 것이다.

> 율법이 육신으로 말미암아 연약하여 할 수 없는 그것을 하나님은 하시나니 곧 죄로 말미암아 자기 아들을 죄 있는 육신의 모양으로 보내어 육신에 죄를 정하사 육신을 따르지 않고 그 영을 따라 행하는 우리에게 율법의 요구가 이루어지게 하려 하심이니라(롬 8:3-4).
>
> 때가 차매 하나님이 그 아들을 보내사 여자에게서 나게 하시고 율법 아래에 나게 하신 것은 율법 아래에 있는 자들을 속량하시고 우리로 아들의 명분을 얻게 하려 하심이라(갈 4:4-5).
>
> 자녀들은 혈과 육에 속하였으매 그도 또한 같은 모양으로 혈과 육을 함께 지니심은 죽음을 통하여 죽음의 세력을 잡은 자 곧 마귀를 멸하시며 또 죽기를 무서워하므로 한평생 매여 종 노릇 하는 모든 자들을 놓아 주려 하심이니(히 2:14-15),

이 성구들을 보아도 예수는 율법과 죄의 종인 우리들 대신 구도하여 자유에의 길을 개통하였고 죽음의 권세에서 해방의 복음을 선언하였던 것이다. 예수는 죄와 죽음의 한계 상황 속에서 고뇌하는 인간의 심연을 체험하시고 우리를 깊이 이해하였던 것이다.

> 우리에게 있는 대제사장은 우리의 연약함을 동정하지 못하실 이가 아니요

모든 일에 우리와 똑같이 시험을 받으신 이로되 죄는 없으시니라(히 4:15).

〈인간 구원〉은 곧 〈인간 이해〉를 근거로 하고 있다. 그러므로 예수가 우리 죄인을 구원하신 것은 관념적인 구원이거나 사변적인 구원이 아니다. 그는 우리와 같이 죄와 무명의 심연 속에서 고뇌하고 절망하고 죽음의 공포에서 떨면서 승리한 자이므로 그의 구원은 실존적이며 현실적이며 구체적인 구원임을 잊어서는 안 된다.

예수의 30년은 피땀 흘린 구도의 생활이었으며 3년 동안의 공생애는 마귀와 권력자에게 대한 도전이었고 십자가는 인간의 죽음을 근원적으로 체험한 자리였으며 무덤 3일은 사망과 음부의 권세를 몸소 체험하신 사건들이었다.

예수는 온 몸, 온 마음으로 인간들의 불안과 공포, 우수와 절망, 전율과 고뇌를 체험하였던 것이다. 그러므로 예수의 천국 복음과 소식은 관념적인 공수표도 아니고 공허한 사변가들의 낭설이 아니었다. 예수의 말씀은 피와 땀이 밴 죄인들의 상(常)말이었고 그의 복음은 눌림 받는 민중들의 분노의 언어였다.

예수는 죄인의 몸으로 수육(受肉)함으로써 〈인간 그 자체〉를 철저히 이해하였다. 그 때문에 예수의 구원은 철저한 구원인 것이다. 예수는 인간 실존의 비극적인 상황을 지옥 밑바닥에서부터 완전히 체험하고 이해한 죄인의 친구였다.

예수의 수육에 대하여 우리가 알고 넘어가야 할 한 가지 사실이 있다. 예수는 아담이 타락하였기 때문에 수육하였을까? 만약 아담이 타락하지 않았다면 수육하지 않았을까 하는 의문이 생길 것이다.

결론부터 잘라 말하자면 예수는 아담이 타락하건 안 하건 관계없이 한번은 인간으로 수육해야 한다. 왜냐하면 예수는 길이요 진리요 생명이기 때문에 그가 한번 수육하지 않고는 길과 진리와 생명의 도리를 인간은 알 수 없기 때문이다.

예수께서 이르시되 내가 곧 길이요 진리요 생명이니 나로 말미암지 않고는 아버지께로 올 자가 없느니라(요 14:6).

인간이 타락하지 않았다면 예수는 멜기세덱이라는 이름으로 수육하여 십자가와 부활의 도리가 아닌 산 자와 변화의 길과 진리와 생명을 열어 주고 가야 한다. 살아서 우화등선(羽化登仙)하는 멜기세덱적인 도맥을 연결시켜 주고 가야 한다. 타락하였기 때문에 산 자와 변화의 선맥(僊脈)이 아닌 십자가의 희생과 부활의 길을 개척하여 길과 진리와 생명의 길을 열어 주었던 것이다.

성경이 우리에게 암시하는 참 도맥은 죽지 않고 수렴되는 선맥(僊脈)인 것이다. 인간은 타락으로 인하여 참 길을 잃어버렸으므로 예수는 수육하여 피와 땀으로 고난의 십자가를 지셨던 것이다.

하와가 타락하지 않고 생명과를 따먹고 먼저 하나님의 아내가 되었다면 그는 성령으로 예수 아닌 멜기세덱적 존재를 잉태하여 동정녀로 해산, 그 하나님의 독생자는 우리에게 변화되어 환골탈태 우화등선하는 풍류도(風流道)인 선맥(僊脈)을 우리 앞에 제시했을 것이다. 타락으로 말미암아 성모 마리아는 성령으로 멜기세덱적 존재가 아닌 고난의 예수를 잉태했던 것이다.

〈예수〉라는 이름은 속죄를 위한 피 냄새가 풍기는 이름임을 기억해야 한다. 그 때문에 초림주는 〈예수〉라는 이름으로 왔으나 재림주는 피묻은 이름인 〈예수〉가 아닌 새 이름으로 다시 오시는 것이다.

> 내가 하나님의 이름과 하나님의 성 곧 하늘에서 내 하나님께로부터 내려오는 새 예루살렘의 이름과 나의 새 이름을 그이 위에 기록하리라(계 3:12).
>
> 내가 감추었던 만나를 주고 또 흰 돌을 줄 터인데 그 돌 위에 새 이름을 기록한 것이 있나니 받는 자 밖에는 그 이름을 알 사람이 없느니라(계 2:17).

이처럼 다시 오시는 예수는 새 이름으로 오실 것이다. 예수라는 이름은 타락 인간을 구원하기 위하여 방편으로 쓴 이름이지 영원한 이름이 아닌 것이다. 마치 야웨가 하나님의 영원한 이름이 아닌 것처럼…….

제3절 예수의 정체

예수는 어떤 분이신가? 그가 비록 죄인의 몸으로 와서 고난의 십자가를 지셨지만 예수의 바른 모습은 어떤 것이었을까? 그가 어떤 분이기에 우리의 죄를 사(赦)할 수 있고 죽음의 권세에서 우리를 해방할 수 있는가?

예수는 후 아담이었으나 첫 아담과는 구별되는 존재임을 우리는 이미 사경하여 알고 있다. 속속들이 예수의 정체를 살펴보자.

1. 예수는 하나님의 본체(本體)

예수는 하나님의 본체이며 하나님 자신이었다. 그는 하나님과 둘이 아닌 하나였다. 보이지 않는 하나님이 보이는 하나님으로 나타나신 분이 예수였다.

> 그는 보이지 아니하는 하나님의 형상이시요(골 1:15),
> 이는 하나님의 영광의 광채시요 그 본체의 형상이시라(히 1:3).
> 그는 근본 하나님의 본체시나(빌 2:6),
> 나와 아버지는 하나이니라(요 10:30).
> 빌립아 내가 이렇게 오래 너희와 함께 있으되 네가 나를 알지 못하느냐 나를 본 자는 아버지를 보았거늘 어찌하여 아버지를 보이라 하느냐(요 14:9).

2. 예수는 모든 창조물보다 먼저 나신 자

예수는 하나님 그 자신이지만 피조물의 자리에서 보면 모든 창조물 보다 먼저 나신 자일 뿐 아니라 그가 이 세계를 창조하신 자이다.

> 그는 보이지 아니하는 하나님의 형상이시요 모든 피조물보다 먼저 나신 이시니 만물이 그에게서 창조되되 하늘과 땅에서 보이는 것들과 보이지 않는 것들과 혹은 왕권들이나 주권들이나 통치자들이나 권세들이나 만물이 다 그로 말미암고 그를 위하여 창조되었고 또한 그가 만물보다 먼저 계시고 만물이 그 안에 함께 섰느니라(골 1:15-17).

또 그로 말미암아 모든 세계를 지으셨느니라(히 1:2).

창세 전에 내가 아버지와 함께 가졌던 영화로써 지금도 아버지와 함께 나를 영화롭게 하옵소서(요 17:5).

여호와께서 그 조화의 시작 곧 태초에 일하시기 전에 나를 가지셨으며 만세 전부터, 태초부터, 땅이 생기기 전부터 내가 세움을 받았나니…… 내가 그 곁에 있어서 창조자가 되어 날마다 그의 기뻐하신 바가 되었으며……(잠 8:22-30).

3. 예수는 하나님의 독생자

예수는 하나님의 독생성자(獨生聖子)요 천사들은 아들들이었다. 독생자는 맏아들이며 천사들은 차자들이다.

말씀이 육신이 되어 우리 가운데 거하시매 우리가 그의 영광을 보니 아버지의 독생자의 영광이요 은혜와 진리가 충만하더라(요 1:14).

하나님이 세상을 이처럼 사랑하사 독생자를 주셨으니 이는 그를 믿는 자마다 멸망하지 않고 영생을 얻게 하려 하심이라(요 3:16).

또 그가 맏아들을 이끌어 세상에 다시 들어오게 하실 때에 하나님의 모든 천사들은 그에게 경배할지어다 말씀하시며(히 1:6).

4. 예수는 말씀이 육신이 된 자

예수는 생명나무였는데 인간을 위하여 사람의 모양으로 오셨다. 말씀이 육신이 되지 않고는 인간을 구원할 길이 없다.

태초에 말씀이 계시니라 이 말씀이 하나님과 함께 계셨으니 이 말씀은 곧 하나님이시니라(요 1:1).

말씀이 육신이 되어 우리 가운데 거하시매 우리가 그의 영광을 보니 아버지의 독생자의 영광이요 은혜와 진리가 충만하더라(요 1:14).

본래 하나님을 본 사람이 없으되 아버지 품 속에 있는 독생하신 하나님이 나타내셨느니라(요 1:18).

5. 예수는 위로부터 오신 자

인간은 흙으로 빚음받은 존재로서 모두 땅에서 난 자들이다. 그러나 예수는 하늘로부터 온 자다. 그가 하늘로부터 오신 뜻은 땅 사람을 하늘 사람으로 만들기 위해서였다.

> 예수께서 이르시되 너희는 아래에서 났고 나는 위에서 났으며 너희는 이 세상에 속하였고 나는 이 세상에 속하지 아니하였느니라(요 8:23).
>
> 위로부터 오시는 이는 만물 위에 계시고 땅에서 난 이는 땅에 속하여 땅에 속한 것을 말하느니라(요 3:31).
>
> 내가 하늘에서 내려온 것은 내 뜻을 행하려 함이 아니요(요 6:38).
>
> 하늘에서 내려온 자 곧 인자 외에는 하늘에 올라간 자가 없느니라(요 3:13).
>
> 내가 아버지에게서 나와 세상에 왔고 다시 세상을 떠나 아버지께로 가노라 하시니(요 16:28).
>
> 첫 사람은 땅에서 났으니 흙에 속한 자이거니와 둘째 사람은 하늘에서 나셨느니라(고전 15:47).

이처럼 예수는 보이는 하나님이요 모든 피조물보다 먼저 나신 자이며 하나님의 독생자이자 맏아들이었고 말씀이 육신이 되신 분이며 위로부터 오신 자였다. 예수의 정체를 여러 가지 각도에서 고찰하였지만 한 마디로 그는 보이지 않는 하나님이 보이는 하나님으로 나타나신 분이었다.

그가 수육함으로써 죽었던 우리는 생명과 관계 짓게 되었다. 그러나 한 가지 분명히 알고 넘어가야 할 사실은 예수의 수육은 단 1회적(一回的)이지 다회적(多回的)이 아니라는 사실이다. 예수는 단 한 번 인간의 몸으로 와서 구원의 성업(聖業)을 완성하였다.

다시 오시는 예수는 인간의 육신으로 오지 않고 영광스러운 존재로 오신다. 적그리스도들은 재림주도 육신을 쓰고 오신다고 양들을 미혹하고 있는데 종교적 사기꾼들의 유언비어임을 깨달아야 한다.

불교의 사상은 윤회사상이므로 부처의 출현이 다회적이지만 성경의 수육은 단 한 번 뿐이다. 예수가 몇 번 사람의 몸을 쓴다면 이는 다신교(多神教)가 될 것이다.

초림주가 부활하여 하나님 우편에 앉아 계시는데 만약 재림주가 한국 사람이나 미국 사람으로 온다면 그는 죽어 하나님 좌편에 가서 좌정한다는 말인가? 재림 예수가 인간의 몸으로 다시 온다는 사상은 성경을 정각(正覺)하지 못한 종교 사기꾼들의 무책임한 망언임을 잊어서는 안 된다.

제4절 예수가 구도하신 이유

예수는 〈하나님의 아들이면서 사람의 아들〉이었다.

예수는 신성(神性)과 인성(人性)을 겸한 신인(神人)이었다. 신성의 자리에서는 예수는 죄도 없고 흠도 없고 티도 없는 청정무구한 존재였으나 죄인의 몸으로 수육한 인성의 자리에서는 그도 율법의 종노릇하는 상황에 놓이게 된다. 그러므로 마지막 아담인 것이다.

타락한 아담의 상황아래 처한 예수도 구도의 과정을 거쳐 막혔던 하늘을 개천해야 하며 잃어버린 에덴동산의 통로를 개통(開通)해야 하였다. 신성을 쓴 하나님의 독생자의 입장에서는 하등 구도할 필요가 없으나 인성을 쓴 사람의 아들의 입장에서는 구도해야 하였다.

그러기 때문에 예수는 남모르게 피와 살이 깎이는 혈행(血行)으로 구도했고 밤잠을 자지 않고 기도와 간구를 하나님께 올렸던 것이다.

> 그는 육체에 계실 때에 자기를 죽음에서 능히 구원하실 이에게 심한 통곡과 눈물로 간구와 소원을 올렸고 그의 경건하심으로 말미암아 들으심을 얻었느니라 그가 아들이시면서도 받으신 고난으로 순종함을 배워서 온전하게 되셨은즉……(히 5:7–9),

이처럼 예수는 혈행(血行)으로 통곡과 눈물의 기도를 했고 피살을 깎는 구도를 남몰래 했던 것이다. 그는 무화과 마냥 꽃을 피우지 않고 열매를 맺은 연고로 남들은 몰랐던 것이다. 목수 예수가 30년 동안 숨어서 구도한 흔적을 뉘 알았던가?

예수는 30년 숨은 생애뿐만 아니라 그가 공생애를 출발할 때에도 광야에서 마귀에게 시험을 받았다. 예수가 광야에서 받은 3대 시험은 첫 사람 아담이 구도에서 실패한 현실적인 문제였다. 3대 시험은 경제문제, 정치문제, 종교문제의 깊은 비밀이 숨어 있는 시험이었다(『신령편』: 「광야의 3대 시험」 참조). 이 시험에 승리함으로써 예수는 영육 아울러 인간을 구원할 수 있는 대경륜(大經綸)과 대식견(大識見)이 있게 된다.

아담은 이 시험에 실패했으므로 세상나라의 경제와 정치와 종교는 부패하게 된다. 사탄 마귀가 권세를 잡은 세상나라의 경제·정치·종교는 하나님의 자리에서 보면 마땅히 쓰레기통에 버려야 할 사상들이다. 예수가 천국 사업을 시작할 때 어떤 경륜도 없이 죽어서 영혼이나 천당가는 그런 복음을 증거하지 않았다. 천국복음 속에는 경제·정치·종교 문제가 비유와 상징으로 암호화되어 있다.

사탄 마귀와 이 세상 권력을 잡은 자들에게 눌림 받고, 버림받고, 학대받고 착취당하는 소외된 민중, 병들고 자유를 잃고 죽음의 공포 앞에 떠는 불쌍한 생명을 건질 구체적인 방법론이 없이 어찌 구세주가 되겠는가?

예수의 3대 시험의 승리는 사탄 마귀와 이 세상 주관자들이 침입할 수 없는 성차원(聖次元)의 경제·정치·종교 문제가 있음을 깨달아야 한다. 예수는 마귀의 시험을 이기신 후에도 끊임없는 기도 생활을 한다. 비록 마귀의 3대 시험에 승리하였지만 마귀는 끊임없이 도전해 왔던 것이다.

> 마귀가 모든 시험을 다 한 후에 〈얼마 동안〉 떠나니라(눅 4:13).

이 성구가 암시하는 바와 같이 마귀는 〈얼마 동안〉 예수를 떠났으나 그를 십자가에 못 박기까지 끊임없이 도전했던 것이다. 이런 상황 속에서 어찌 구도하지 않을 수 있겠는가? 틈만 있으면 예수는 홀로 기도하였다.

> 이 때에 예수께서 기도하시러 산으로 가사 밤이 새도록 하나님께 기도하시고(눅 6:12),
>
> 예수는 물러가사 한적한 곳에서 기도하시니라(눅 5:16).
>
> 무리를 보내신 후에 기도하러 따로 산에 올라가시니라(마 14:23).

> 새벽 아직도 밝기 전에 예수께서 일어나 나가 한적한 곳으로 가사 거기서 기도하시더니(막 1:35),

이같이 부단한 기도의 생활로 그는 마귀를 이겼던 것이다. 이 기도의 정상에서 그는 변화의 신비를 체험한다.

> 이 말씀을 하신 후 팔 일쯤 되어 예수께서 베드로와 요한과 야고보를 데리고 기도하시러 산에 올라가사 기도하실 때에 용모가 변화되고 그 옷이 희어져 광채가 나더라(눅 9:28-29).

이 변화체의 경험은 아담은 하지 못했던 것이다. 아담은 오실 자의 표상이므로 예수의 노정을 연역(演繹)하고 귀납(歸納)하면 곧 아담이 구도해야 할 내용을 알 수 있는 것이다(롬 5:14).

예수는 아담이 못한 〈구도의 양(量)〉을 채웠고 아담이 다 못한 기도를 함으로써 도의 원형(原型)인 변화의 경험을 하고 죄인을 구원하기 위하여 변화산을 하산하여 갈보리 산으로 향했던 것이다.

예수는 하나님의 자리를 버리고 사람의 아들이 되었고 사람의 아들의 입장에서 도를 닦아 하나님의 아들로 인(印)침을 받았던 것이다.

하나님의 아들 → 수육 → 사람의 아들
사람의 아들 → 구도 → 하나님의 아들

예수는 아담의 자리에서 도를 닦아 올라가서 하나님의 아들로 인침을 받아야 하므로 예수는 구도의 과정에서 세 번 하나님의 아들로 인침을 받는다. 그 3단계 과정을 사경해 보자.

첫번째, 요단강에서 세례를 받으신 후에 하나님의 아들이 됨.

> 예수께서 세례를 받으시고 곧 물에서 올라오실 새 하늘이 열리고 하나님의 성령이 비둘기 같이 내려 자기 위에 임하심을 보시더니 하늘로부터 소리

가 있어 말씀하시되 이는 내 사랑하는 아들이요 내 기뻐하는 자라 하시니라(마 3:16-17).

이것이 예수가 하나님의 아들로 인침을 받은 첫 경험이다. 이는 아담의 자리에서 구도해 올라간 결과이며 예수가 남몰래 숨어 30년 동안 도를 닦은 결과임을 잊어서는 아니 된다. 그러나 이 첫 번째 인침으로는 부족하다.

두번째, 변화산에서 하나님의 아들이 됨.

구름 속에서 소리가 나서 이르되 이는 나의 아들 곧 택함을 받은 자니 너희는 그의 말을 들으라(눅 9:35).

마침 구름이 와서 그들을 덮으며 구름 속에서 소리가 나되 이는 내 사랑하는 아들이니 너희는 그의 말을 들으라(막 9:7).

변화산에서 예수는 두 번째로 하나님의 아들로서 인침을 받았다. 요단강에서의 첫 번째 인침을 받은 뜻은 예수가 메시아로서 공생애 출발을 인정하는 인침이라면, 변화산에서 두 번째 인침을 받은 뜻은 예수가 아담이 깨닫지 못한 변화의 도를 체험함으로서 그가 성도(成道)하였음을 나타내고 있다.

이 변화의 체험은 도의 정상을 자각했음을 의미하고 있다. 그러나 타락된 인간과 연결지을 수 없는 멜기세덱의 도맥이므로 예수는 변화산에서 승천하지 않고 하산하여 갈보리 산상으로 향하였던 것이다. 예수는 십자가에서 하나님의 아들로 세 번째 인을 맞아야 인간 구원의 대업을 이룰 수 있기 때문이다.

세번째, 예수는 골고다에서 십자가에 못 박히고 사흘 동안 무덤 속에 있다가 부활 승천하여 하나님 우편에 앉아 계시므로 그가 하나님의 아들임을 확정하기에 이른다.

주 예수께서 말씀을 마치신 후에 하늘로 올려지사 하나님 우편에 앉으시니라(막 16:19).

보라 하늘이 열리고 인자가 하나님 우편에 서신 것을 보노라(행 7:56).

그러므로 너희가 그리스도와 함께 다시 살리심을 받았으면 위의 것을 찾으라 거기는 그리스도께서 하나님 우편에 앉아 계시느니라(골 3:1).

그는 하늘에 오르사 하나님 우편에 계시니 천사들과 권세들과 능력들이 그에게 복종하느니라(벧전 3:22).

이처럼 예수는 아담의 자리에서 피나는 구도를 통하여 하나님의 아들로 인침을 받았던 것이다.

예수는 신성(神性)의 자리에서는 구도할 하등의 이유가 없었으나 타락된 인성(人性)을 쓰신 자리에서 인간을 구원하기 위하여 구도했던 것이다.

제5절 예수의 여섯 가지 도통(道通)

에덴동산으로 입신(入神)한 아담은 타락으로 인하여 추방당했다. 에덴에서의 추방은 곧 하나님과의 단절을 의미하며 하나님과의 단절된 상태는 영적 체험의 단절을 의미한다. 다시 말해서 종교적인 엑스타시(황홀경), 입신 현상, 영적 교감이 없으므로 하나님의 세계를 알 수 없는 무명 상태에로의 전락을 의미한다. 예수는 피나는 구도생활을 통하여 아담이 잃어버린 통로를 개통하였다.

요즘 최면술과 독심술(讀心術)을 하는 사이비 종교인들과 영통을 한다는 적그리스도들은 환시를 보거나 환청을 듣고 하나님과 교통하며 계시받았다고 떠들고 있다. 우리는 정각(正覺)과 오각(誤覺)을 분별할 지혜가 있어야 한다.

예수가 통하신 경지가 어떤 것인가를 연구함으로써 정각을 얻도록 해야 한다. 예수는 여섯 가지로 도통(道通)하신 사람의 아들이었다.

1. 예수는 눈이 열려 하늘을 개천하다

첫 아담도 눈이 열려 에덴동산의 차원을 보았으나 타락으로 영적 소경이 되어 다시는 하늘 차원을 보지 못했다.

예수는 아담이 소경된 자리에서 바른 마음의 눈, 영의 눈이 열려 위없는 하늘을 개천하고 하나님의 영광을 보았던 것이다. 이 마음의 눈, 영의 눈이 열려 하늘을 본 체험은 환시(幻視)를 본 것과는 질적으로 차원이 다른 것이다.

예수는 영안(靈眼)이 열려 천안통(天眼通)을 했던 것이다.

> 예수께서 세례를 받으시고 곧 물에서 올라오실 새 하늘이 열리고 하나님의 성령이 비둘기 같이 내려 자기 위에 임하심을 보시더니(마 3:16),

2. 예수는 마음의 귀, 영의 귀가 열려 하나님의 음성을 듣다.

아담도 그 귀가 열려 처음에는 하나님의 음성을 들었으나 뱀의 유혹을 받은 후 귀머거리(聾)가 된다. 그의 귀는 용의 귀가 되어 하나님의 말씀을 듣지 못한다.

예수는 귀머거리 아담의 자리에서 그 귀가 열려 하나님의 음성을 듣고 하나님의 아들임을 자각한다. 귀 있는 자 들으라고 하신 예수님의 말씀은 우리가 하나님의 음성을 들을 수 없는 귀머거리임을 암시하고 있다. 예수는 귀가 열려 천이통(天耳通)을 했던 것이다.

> 하늘로부터 소리가 있어 말씀하시되 이는 내 사랑하는 아들이요 내 기뻐하는 자라 하시니라(마 3:17).

3. 예수는 풍랑속의 해상을 걸어오다

사람은 땅 위는 걸어갈 수 있으나 바다 위로는 걸어갈 수 없다. 바다에 빠져 걸어갈 수 없기 때문이다. 그러나 예수는 바다 위를 걸으셨다. 이것은 무엇을 의미하는가.

바다는 타락한 세상나라 음녀를 비유한다(계 17:1, 겔 28). 아담 이후 모든 자는 바다에 빠진 자들이다. 예수만이 바다에 빠지지 않고 (이는 타락하지 않음을 상징함) 물위로 걸어갈 수 있다. 영적인 의미뿐만 아니라 예수는 실질적으로 갈릴리 바다 위를 걸었던 것이다. 타락의 바다, 괴로움의 바다에 빠지지 않고 예수는 바다 위로 걸으셨다.

예수는 신족통(神足通)을 하였던 것이다.

> 제자들이 노를 저어 십여 리쯤 가다가 예수께서 바다 위로 걸어 배에 가까이 오심을 보고 두려워하거늘 이르시대 내내 두려워말라……(요 6:19-21).

4. 예수는 타자의 마음을 꿰뚫어 보다

이는 심리학에서 말하는 독심술로 남의 마음을 훔쳐보는 것과는 구별된다. 예수는 죄인들의 고뇌와 불안과 공포와 우수와 절망의 마음을 이해했던 것이다. 예수는 거리를 초월하여 먼 데 있는 사람의 마음도 꿰뚫어 투시했다. 이는 심리학에서 말하는 천리안(千里眼)과는 구별된다. 예수의 투시도 죄의 심연을 이해하기 위한 사랑이었던 것이다.

예수는 타심통(他心通)을 하였던 것이다.

> 그들이 속으로 이렇게 생각하는 줄을 예수께서 곧 중심에 아시고 이르시되 어찌하여 이것을 마음에 생각하느냐(막 2:8).
>
> 나다나엘이 이르되 어떻게 나를 아시나이까 예수께서 대답하여 이르시되 빌립이 너를 부르기 전에 네가 무화과나무 아래에 있을 때에 보았노라 나다나엘이 대답하되 랍비여 당신은 하나님의 아들이시오 이스라엘의 임금이로소이다(요 1:48-49).

5. 예수는 인간들의 지나간 일, 앞으로의 일도 꿰뚫어 알다

이는 점쟁이들의 복서(卜筮)가 아니다. 예수는 인간의 운명을 투시하여 숙명통(宿命通)을 하였던 것이다.

> 가서 네 남편을 불러 오라 여자가 대답하여 이르되 나는 남편이 없나이다 예수께서 이르시되 네가 남편이 없다 하는 말이 옳도다 너에게 남편 다섯이 있었고 지금 있는 자도 네 남편이 아니니 네 말이 참되도다 여자가 이르

되 주여 내가 보니 선지자로소이다(요 4:16-19).

만일 너희가 즐겨 받을진대 오리라 한 엘리야가 곧 이 사람이니라(마 11:14).

예수는 수가촌 여인의 지난 날의 비밀을 알았고 세례 요한의 전생(前生)이 엘리야였음을 알았던 것이다.

6. 예수는 십자가에 달려 피와 물을 쏟고 죽은 후 사흘 만에 부활하다

무덤 속에 수의(壽衣)는 있었으나 시신은 없었다. 예수는 시해선(屍解仙)으로 부활하였다. 예수는 누진통(漏盡通)을 하였던 것이다.

누진통이 아니면 시해선으로 진리의 화신체가 될 수 없는 것이다. 예수는 십자가에 달리기 전 변화산에서 죽지 않는 도맥을 깨달았고 그는 살아서 호지 않은 하늘의 옷(天衣無縫)을 하나님께로부터 받았던 것이다. 변화산에서 그 옷에 광채가 났을 때 그는 이미 산 자의 하늘옷을 입었던 것이다. 그런데 어찌 수의(죽은 자의 옷)를 산 자에게 입힐 수 있겠는가.

그 중 한 군인이 창으로 옆구리를 찌르니 곧 피와 물이 나오더라 이를 본 자가 증언하였으니 그 증언이 참이라(요 19:34-35).

속옷도 취하니 이 속옷은 호지 아니하고 위에서부터 통으로 짠 것이라(요 19:23).

이처럼 예수는 인간으로 통할 수 있는 모든 길을 통하였던 것이다.

아담이 타락하지 않고 에덴동산에서 성도(成道)했다면 이 같은 도통을 하였을 것이다. 그가 무명의 심연 속으로 나락(奈落)되었으므로 예수는 인간 심령의 밑창으로 부터 구도하여 모든 무명을 뚫고 올라와 성도하였던 것이다.

오늘날 적그리스도들은 환시나 환청의 체험을 하고 하나님과 통했다고 망언을 하고 있는데 그들의 영통은 사통(邪通)인 것이다. 사통하면 다른 영을 받게 된다.

예수가 위없는 하늘을 개천했을 때 그곳에서부터는 성령이 강림하였음을 잊지 말자. 하나님이 계신 하늘을 개천해야만 성령이 강림하지 다른 하늘을 열면 다른 영들이 강림할 것이다.

바르게 도통(道通)해야 한다. 바르게 입신(入神)해야 한다.

제6절 예수의 삼직(三職)

피땀 흘려 도를 닦고 피땀 흘려 도를 이루신 예수는 하나님의 인 치신 자였다(요 6:27). 그는 나사렛 선지자로 출발하여 십자가로서 하나님 앞에 속죄의 제사를 드린 대제사장이었고 진리의 왕으로 오신 구세주였다.

예수 그리스도는 왕인 동시에 선지자며 또 제사장이었다. 세상나라에서는 선지자, 왕, 제사장이 분립되었으나 예수 그리스도 안에서 이 삼직은 통일된다. 합즉진(合卽眞) 분즉위(分卽僞)다.

창조 시 둘째 날에 물이 위와 아래로 나누이니 하나님이 보시기에 선하시단 말씀을 할 수 없었고, 선악을 알게 하는 나무도 선악의 상대(相對)로 갈라지니 사탄 마귀가 되었고, 에덴동산의 강도 네 줄기로 갈라질 때 육체의 혈맥이 되었던 것이다.

분열되고 모순되고 이율배반으로 타락된 세상의 이치를 하나로 통일하기 위하여 예수는 오셨다. 하나님과 예수와 성신은 삼위(三位)이나 분립되지 않고 하나이다. 마찬가지로 왕과 선지자와 제사장도 본래는 하나인데 타락된 세상이 되었으므로 이것이 삼권(三權)으로 분립된 것이다.

타락된 인간은 마음과 몸이 갈라졌다. 영혼과 육신이 분리되어 죽으면 몸은 무덤에 묻히고 영혼은 분리되어 하늘 차원으로 간다고 믿는 것이다. 살아서도 몸은 마음의 소욕을 거스르고 마음은 몸의 소욕을 거슬러 모순과 갈등과 이율배반 속에서 고뇌한다. 몸과 마음은 분리될 수 없는 하나이며 선악나무도 갈라질 수 없는 생명나무 안에서 하나이며, 에덴동산의 네 강도 갈라질 수 없는 성신의 강, 생명의 강으로 하나이고, 왕과 제사장과 선지자도 분립될 수 없는 하나인 것이 생명의 원리인 것이다. 타락함으로써 이 모든 것이 갈라졌고 사탄 마귀의 침입으로 이 모든 것이 분리되었던 것이다.

그럼 예수 그리스도의 삼직이 구약에서는 어떻게 분리되어 그 도맥이 형성되었을까?

1. 왕

예수는 왕으로 오셨다. 그러나 세상나라 임금이 아닌 진리의 임금으로 오셨다.

> 빌라도가 이르되 그러면 네가 왕이 아니냐 예수께서 대답하시되 네 말과 같이 내가 왕이니라 내가 이를 위하여 태어났으며 이를 위하여 세상에 왔나니 곧 진리에 대하여 증언하려 함이로라 무릇 진리에 속한 자는 내 음성을 듣느니라 하신대 빌라도가 이르되 진리가 무엇이냐 하더라(요 18:37-38).

세상나라 왕들은 마귀의 권세하에 있으므로 진리를 모르고 있다. 예수가 광야에서 시험을 받을 때 마귀는 자기에게 경배하면 왕권을 주겠다고 유혹했다. 그러나 예수는 진리의 왕이므로 마귀의 유혹을 물리쳤다. 또 예수는 상징적으로 볼 때 성왕(聖王) 다윗의 왕맥(王脈)을 계승한다.

> 내가 한 목자를 그들 위에 세워 먹이게 하리니 그는 내 종 다윗이라 그가 그들을 먹이고 그들의 목자가 될지라 나 여호와는 그들의 하나님이 되고 내 종 다윗은 그들 중에 왕이 되리라(겔 34:23-24).

2. 선지자

예수는 선지자로 오셨다. 예수 자신도 자기를 선지자라 자처했고 남들도 예수를 나사렛 선지자로 보았다.

> 예수께서 예루살렘에 들어가시니 온 성이 소동하여 이르되 이는 누구냐 하거늘 무리가 이르되 갈릴리 나사렛에서 나온 선지자 예수라 하니라(마 21:10-11).
>
> 모든 사람이 두려워하며 하나님께 영광을 돌려 이르되 큰 선지자가 우리 가운데 일어나셨다 하고 또 하나님께서 자기 백성을 돌보셨다 하더라(눅

7:16).

그 사람들이 예수께서 행하신 이 표적을 보고 말하되 이는 참으로 세상에 오실 그 선지자라 하더라(요 6:14).

그러나 오늘과 내일과 모레는 내가 갈 길을 가야 하리니 선지자가 예루살렘 밖에서는 죽는 법이 없느니라(눅 13:33).

예수가 선지자가 된 맥은 구약의 모세와 연결된다. 모세는 임종 시에 자기의 선지자 맥을 이을 자가 나타날 것을 예언하였던 것이다.

네 하나님 여호와께서 너희 가운데 네 형제 중에서 너를 위하여 나와 같은 선지자 하나를 일으키시리니 너희는 그의 말을 들을지니라(신 18:15).

3. 제사장

예수는 인간의 죄를 위하여 속죄의 제사장이 되었다. 그런데 예수는 이 제사장직을 레위 지파의 맥을 잇지 않고 멜기세덱의 반차를 좇았다. 레위 지파는 육체를 따라 된 제사장이었으나 멜기세덱은 무궁한 생명의 능력을 따라 된 제사장이었다.

그는 육신에 속한 한 계명의 법을 따르지 아니하고 오직 불멸의 생명의 능력을 따라 되었으니 증언하기를 네가 영원히 멜기세덱의 반차를 따르는 제사장이라 하였도다(히 7:16-17).

그리로 앞서 가신 예수께서 멜기세덱의 반차를 따라 영원히 대제사장이 되어 우리를 위하여 들어가셨느니라(히 6:20).

이상으로 우리는 예수 그리스도의 삼직을 고찰하였다. 그런데 이 삼직을 통하여 우리는 다음과 같은 뜻을 풀 수 있다.

왕 – 다윗 – 죽은 자
선지자 – 모세 – 죽었다가 은밀히 부활한 자
제사장 – 멜기세덱 – 영원히 산 자

이 도표에서 우리는 죽었던 인간이 산 자로 되는 3단계 과정을 읽을 수 있다. 즉 왕인 다윗은 죽었으며 썩어 하늘에 오르지 못하였고(행 13:36) 선지자인 모세는 죽었다가 은밀히 부활한 사람이고(신 34:5-6, 유 9) 제사장인 멜기세덱은 영원히 산 자였다(히 9:28).

예수가 계승한 삼직의 맥락도 죽은 자, 부활한 자, 산 자의 순위였다. 이것은 죽었던 인간을 구원하여 산 자로 고양하는 세 단계임을 깨닫자.

예수는 다윗왕격으로 와서 악의 권세에 의하여 죽은 자가 되었고, 모세처럼 죽었다가 부활하여 죽었다 산 자가 되었고, 멜기세덱의 반차를 따라 영원히 산 자로 승천하여 하나님 우편에 앉아 계시는 것이다.

우리도〈죽은 자-죽었다 부활한 자-영원히 산 자〉로 수렴될 것이다.

제7절 예수의 영화(靈化)

말씀이 육신이 되신 예수는 율법의 채찍 아래 태어나 종의 자리에서 구도하였고 십자가로서 구속의 성업을 마치고 부활하여 죽음의 권세를 깨뜨린 후 승천하여 하나님 우편에 앉아 계신다.

그의 육화(肉化)는 인간을 구원하기 위한 비하(卑下)였고, 그의 영화(靈化)는 인간을 고양하여 영생시키기 위한 비상(飛翔)이었다. 예수는 지옥 밑창에서부터 하나님의 보좌에까지 몸소 그 몸을 나타내어 하나님의 뜻을 이루신 독생성자(獨生聖者)였다.

예수가 육화된 자리에서 영화된 것과 같이 우리들도 지금은 비록 육화되어 고뇌하고 있으나 예수처럼 영화될 날이 올 것을 성경은 약속하고 있다.

그는 만물을 자기에게 복종하게 하실 수 있는 자의 역사로 우리의 낮은 몸을 자기 영광의 몸의 형체와 같이 변하게 하시리라(빌 3:21).

우리 생명이신 그리스도께서 나타나실 그 때에 너희도 그와 함께 영광 중에 나타나리라(골 3:4).

사랑하는 자들아 우리가 지금은 하나님의 자녀라 장래에 어떻게 될지는 아직 나타나지 아니하였으나 그가 나타나시면 우리가 그와 같을 줄을 아는 것은 그의 참모습 그대로 볼 것이기 때문이니 주를 향하여 이 소망을 가진 자마다 그의 깨끗하심과 같이 자기를 깨끗하게 하느니라(요일 3:2-3).

예수와 같이 영화될 소망이 성도들 앞에 남아 있는 것이다. 이 얼마나 크고 담대한 소망인가. 예수의 영화된 모습을 살펴보도록 하자.

촛대 사이에 인자 같은 이가 발에 끌리는 옷을 입고 가슴에 금띠를 띠고 그의 머리와 털의 희기가 흰 양털 같고 눈 같으며 그의 눈은 불꽃같고 그의 발은 풀무 불에 단련한 빛난 주석 같고 그의 음성은 많은 물소리와 같으며 그의 오른손에 일곱별이 있고 그의 입에서 좌우에 날선 검이 나오고 그 얼굴은 해가 힘 있게 비치는 것 같더라(계 1:13-16).

이 성구가 영화된 예수의 모습을 잘 나타내고 있다.

예수는 육화되었을 때 말구유 낮은 자리에서 탄생하여 30년 동안 이름 없는 목수로 생활했고 3년 공생애 노정을 가면서 먹을 것이 없어 안식일에 밀 이삭을 훑어 잡수셨으며 시장하여 무화과나무에서 열매를 구하였다. 여우도 굴이 있고 새도 깃들일 곳이 있는 세상에서 평안히 몸을 누울 침대가 없고 감람산 바윗틈에서 노숙했으며 밤을 새워 하나님 앞에 기도했다.

어느 한 사람 예수의 심정을 이해하는 자 없는 절대 고독의 도행(道行)을 감행하였고 누구 한 사람 협조자가 없는 절대 의지로서 용감히 책형(磔刑)을 당했으며 아무도 행할 수 없는 절대 권능으로 무덤의 권세를 깨뜨렸던 것이다.

예수는 수육 전 로고스의 자리에서는 하나님의 형상이요 그 본체의 광채였으나 자기 형상을 낮추어 사람의 자리에서는 창기와 세리와 죄인의 친구였고 다시 영화되어 하나님 우편에 앉은 자리에서는 구세주인 동시에 심판주가 되었다. 그러므로 영화된 예수 앞에 모든 천사와 권세들이 굴복해야 하며 하늘의 영물들과 24장로는 경배해야 한다.

이러므로 하나님이 그를 지극히 높여 모든 이름 위에 뛰어난 이름을 주사 하늘에 있는 자들과 땅에 있는 자들과 땅 아래에 있는 자들로 모든 무릎을 예수의 이름에 꿇게 하시고 모든 입으로 예수 그리스도를 주라 시인하여 하나님 아버지께 영광을 돌리게 하셨느니라(빌 2:9-11).

모든 통치와 권세와 능력과 주권과 이 세상뿐 아니라 오는 세상에 일컫는 모든 이름 위에 뛰어나게 하시고 또 만물을 그의 발 아래에 복종하게 하시고 그를 만물 위에 교회의 머리로 삼으셨느니라(엡 1:21-22).

영화된 예수의 권세와 능력은 하나님과 더불어 영원하다. 영화된 예수는 우주적 예수 그리스도임을 잊지 말자.

그가 비록 타락된 인간을 구원하기 위하여 태양계의 위성인 지구에 종의 몸으로 오셨으나 영화되어 하나님 우편 자리에 앉았을 때에는 지구 속의 메시아라는 좁은 울타리를 박차고 우주적 그리스도가 되었음을 깨닫자.

제7장
성 령 론

제7장 성령론

증언하는 이는 성령이시니 성령은 진리니라(요일 5:7).

내가 아버지께 구하겠으니 그가 또 다른 보혜사를 너희에게 주사 영원토록 너희와 함께 있게 하리니 그는 진리의 영이라(요 14:16-17).

성령이란 무엇이며 어떤 작용을 하는가? 예수를 믿는 사람이라면 이런 물음을 한 번쯤 해봤을 것이다.

성령의 감동이 아니면 예수를 구세주로 받아들일 수 없고 예수를 믿지 않으면 성령을 받을 수 없다는 사실도 누구나 다 알고 있는 초보적인 신앙 경험이다.

그런데 요즘 적그리스도와 삯군 목자들은 성령이 아닌 다른 영들과 밀통(密通)하여 이적 기사를 행하면서 그것이 마치 성령의 은사인 양 과대선전하고 있다. 성령이 아닌 강신현상을 성령 강림인 양 증거하여 거짓 은혜를 매매하는 일이 부흥회에서 일어나고 있는 일이 비일비재(非一非再)하다. 이것이야말로 종교공해이며 종교 상인들이 연출하는 사기극인 것이다.

기독교가 샤마니즘화하는 원인의 하나가 잡령들의 강신 현상을 성령 강림으로 착각하는 데 있다. 성령은 진리의 영이지 이적 기사를 행하는 영으로 오해해서는 안 된다. 마귀의 영들은 이적 기사는 행할 수 있다. 물론 성령의 역사로도 이적 기사는 행할 수 있다. 그러나 진리가 없이 이적 기사만 행하는 영은 성령의 작용이 아닌 것이다. 성령은 진리의 영으로 우리를 예수와 하나님 앞으로 인도하며 죄와 죽음의 세력에서 우리를 해방하여 자유케 하는 능력이다.

사령(邪靈)들과 잡귀들의 역사란 이적 기사를 행하면서 인간들의 심령을 무당으로 전락시키며 종교의 노예로 올가미를 씌워 영적 공갈로 공포심을 조성케 하여 우매 무지한 자들의 재물을 빼앗고 가산을 탕진케 하여 끝내는 종교적 정신병자, 과대망상증 환자로 변신시킨다. 예수를 잘못 믿어 폐인된 자 그 얼마이며 고집불통의 독선자, 위선자가 된 자 그 얼마나 많은가. 참 성령을 받은 자는 종교의 올가미에서 자유한 자이며 바람 같은 존재여서 어떤 주형(鑄型)에도 찍히지 않는 법이다.

남을 심판하기에 앞서 사랑하며, 남을 정죄하기에 앞서 용서하는 것이 성령의 역사이다. 그런데 다른 영을 받으면 남을 심판하고 정죄하기 바쁘고 자기들만이 하늘나라에 가는 초대장을 받았다고 떠들게 된다. 이 때문에 성경은 하나님의 영과 세상 영을 분별할 것을 당부하고 있다.

현대는 만신(萬神)과 만령(萬靈)들이 도전하는 때이다. 무수한 영들과 잡다한 신들이 인간 심령을 향해 도전하고 있다. 하나님의 심판에 앞서 모든 영들은 해원(解寃)하기 위하여 도전해 오고 있는 것이다.

현대야말로 정각(正覺)하기 어려운 때이며 정신(正信)하기 어려운 때이다. 이적과 기사를 바라기에 앞서 진리를 알자. 성령은 진리의 영이며 진리만이 우리를 자유케 할 것이다.

제1절 구약에는 성령 강림이 있었는가?

구약의 마당에 성령이 강림할 수 있을까? 이는 반드시 해명하고 넘어가야 할 문제이다.

구약에는 많은 선지자들이 나타나 신의 감동을 받아 예언했고, 신의 능력으로 이적 기사도 행했으며, 신의 역사로 이방신들과 대결하기도 했다. 그러나 이것들이 성령의 작용이었을까?

우리는 이 문제를 근본부터 규명하여 나가도록 하자. 구약의 마당에는 하나님이 임할 수 없음을 이미 「하나님론」에서 해명한 바 있다.

또 구약의 마당에는 예수도 수육할 수 없었다. 하나님과 예수가 부재한 마당에 어떻게 성령이 작용할 수 있겠는가? 성령은 예수가 오기 전에는 인간들에게 도전할 수 없다.

> 그러나 내가 너희에게 실상을 말하노니 내가 떠나가는 것이 너희에게 유익이라 내가 떠나가지 아니하면 보혜사가 너희에게로 오시지 아니할 것이요 가

면 내가 그를 너희에게로 보내리니 그가 와서 죄에 대하여, 의에 대하여, 심판에 대하여 세상을 책망하시리라(요 16:7-8).

이 성구 하나만으로도 성령은 예수가 승천하지 않으면 강림할 수 없음을 보여주고 있다. 구약은 하나님 대신 천사가 역사하던 마당이다. 그러므로 구약에는 야웨의 영이 강림하여 역사하였던 것이다.

주 여호와의 영이 내게 내리셨으니……(사 61:1).

여호와의 말씀이 내게 임하니라(렘 1:4).

갈대아 땅 그발 강 가에서 여호와의 말씀이 부시의 아들 제사장 나 에스겔에게 특별히 임하고 여호와의 권능이 내 위에 있으니라(겔 1:3).

이처럼 구약의 선지자에게 임한 영은 성령이 아닌 야웨의 영이었다. 야웨는 구약의 마당에 창조주 하나님께서 예수가 나타나기까지 방편으로 세운 하나님이었다. 그러나 야웨가 비록 성령은 아니었다 할지라도 하나님의 섭리와 뜻을 대행하는데 간접적인 역할은 충분히 하였던 것이다.

구약은 예수가 오실 때까지 종의 자리에서 몽학선생으로 사역하였으므로 야웨는 성령처럼 인간을 감동시키고 인도하고 섭리하고 역사할 수 있었던 것이다. 그러나 야웨가 역사하던 구약의 마당에도 〈성령〉이라는 말이 한두 번 나타남을 볼 수 있다.

하나님이여 내 속에 정한 마음을 창조하시고 내 안에 정직한 영을 새롭게 하소서 나를 주 앞에서 쫓아내지 마시며 주의 〈성령(개역한글 : 성신)〉을 내게서 거두지 마소서(시 51:10-11).

「시편」에 나오는 이 성구 속에 〈성신〉이라는 말이 발견된다. 이 시는 다윗이 밧세바와 간통한 후 선지자 나단의 꾸지람을 듣고 하나님께 회개하면서 읊은 명시이다.

우리가 이 성구에서 주목해야 할 사실은 〈영을 새롭게 하소서〉라는 시구(詩句)이다. 다윗은 빛나는 선지자며 성왕으로서 야웨의 율례와 법도를 존중하던 자였다. 이런 다윗이 어찌하여 밧세바와 동침하여 사탄 마귀의 참소를 받게 되었는가?

그는 비로소 율법의 행위로 말미암아 구원받을 수 없음을 깊이 통감하고 자기 안에 사역하던 영과 자기의 영이 무력하고 낡은 영임을 통감한다. 다윗은 비로소 새 영을 사모한다.

구약의 선지자들은 모두가 〈새 영〉, 〈새 신〉을 예언하고 있다.

> 맑은 물을 너희에게 뿌려서 너희로 정결하게 하되 곧 너희 모든 더러운 것에서와 모든 우상 숭배에서 너희를 정결하게 할 것이며 또 〈새 영〉을 너희 속에 두고 〈새 마음〉을 너희에게 주되 너희 육신에서 굳은 마음을 제거하고 부드러운 마음을 줄 것이며 또 내 영을 너희 속에 두어 너희로 내 율례를 행하게 하리니(겔 36:25-27),
>
> 내가 그들에게 한 마음을 주고 그 속에 〈새 영(개역한글 : 신)〉을 주며(겔 11:19).

이 성구에서 보는 바 〈새 영〉, 〈새 신〉은 곧 성령을 암시하고 있다. 구약의 영과 신으로는 율법의 종살이에서 벗어날 수 없었다. 구약시대에 사역한 영은 종의 영이었다.

> 너희는 다시 무서워하는 〈종의 영〉을 받지 아니하고 〈양자의 영〉을 받았으므로 우리가 아빠 아버지라고 부르짖느니라 성령이 친히 우리의 영과 더불어 우리가 하나님의 자녀인 것을 증언하시나니(롬 8:15-16).

이 성구는 구약의 영과 신약의 영이 차원이 다름을 보여주고 있다.

구약시대에 사역했던 영은 성령이 아닌 천사들의 영이었으므로 하나님을 아버지라 부를 수 없었다. 성령만이 하나님을 아버지라 부를 수 있게 역사하는 것이다.

다시 다윗의 시구를 분석하자. 다윗이 우리야의 아내 밧세바와 간통할 때 그는 종의 영으로 한 행위였다. 그가 범죄한 후 성신의 감동을 받아 회개하므로 하나님은 그의 죄를 사하시고 용서해 주셨던 것이다. 그러므로 다윗은 자기를 회개시킨 영이 〈성신〉임을 깨달았던 것이다. 구약시대이므로 다윗은 성령을 받지는 못했으나 섬광처럼 번뜩이는 성령의 감동을 받았던 것이다.

이것은 마치 에녹과 엘리야가 산 자의 도맥이 있음을 보여준 예와 같은 것이다. 다윗은 성령의 감동을 받아 회개하여 새 사람이 되었고 그 후 번개처럼 번뜩이는 영감으로 예수의 여러 가지 모습을 예언하게 된다.

> 여호와께서 내 주에게 말씀하시기를 내가 네 원수들로 네 발판이 되게 하기까지 너는 내 오른쪽에 앉아 있으라 하셨도다(시 110:1).

이 예언은 예수가 부활 승천 후 하나님의 우편에 앉을 것을 예언하고 있다.

> 여호와는 맹세하고 변하지 아니하시리라 이르시기를 너는 멜기세덱의 서열을 따라 영원한 제사장이라 하셨도다(시 110:4).

이 예언은 예수가 영맥을 따라 된 산 자의 제사장임을 예언하고 있다.

> 내 하나님이여 내 하나님이여 어찌 나를 버리셨나이까(시 22:1).

이 예언은 예수의 고난을 다윗이 자기가 당하는 고난을 통해 예감하고 있다.

> 내가 여호와의 명령을 전하노라 여호와께서 내게 이르시되 너는 내 아들이라 오늘 내가 너를 낳았도다(시 2:7).

이 예언은 예수가 천사들과 다르게 하나님의 독생자로서의 근본을 암시하고 있는 난해한 성구이다.

> 건축자가 버린 돌이 집 모퉁이의 머릿돌이 되었나니 이는 여호와께서 행하

신 것이요 우리 눈에 기이한 바로다(시 118:22-23).

이 예언은 예수가 자기 동족들에게 버림을 당할 것을 나타내고 있다.

내가 신뢰하여 내 떡을 나눠 먹던 나의 가까운 친구도 나를 대적하여 그의 발꿈치를 들었나이다(시 41:9).

이 예언은 가롯 유다가 배신할 것을 예고하고 있다.

이처럼 다윗의 「시편」 속에 금싸라기같이 예수에 대한 예언이 섬광처럼 번뜩이고 있는데 위의 시구들은 다윗이 성령의 감동을 받아 예수의 모습을 부분적으로 예언하여 「시편」 속에 묻어 두었는데 이 시구들이 신약에 인용되고 있는 점에 주목해야 한다.

이같이 번개처럼 번뜩거리는 성령의 감동은 모세와 이사야에게도 나타나고 있다. 구약은 하나님을 아버지라 부를 수 없는 시대였다. 종의 영을 받았으므로 하나님을 두렵고 무서운 존재로 인식하고 있었다. 그런데 모세와 이사야는 하나님이 아버지임을 직감하고 있었다. 하나님을 아버지라 부를 때는 성신의 감동이 아니면 안 된다.

어리석고 지혜 없는 백성아 여호와께 이같이 보답하느냐 그는 네 아버지시요 너를 지으신 이가 아니시냐(신 32:6),

주는 우리 아버지시라(사 63:16).

그러나 여호와여, 이제 주는 우리 아버지시니이다(사 64:8).

이처럼 모세와 이사야는 하나님이 아버지임을 깨닫고 있었음을 알 수 있다. 이는 이들이 번개 같은 성령의 감동을 받고 있음을 알 수 있다.

그들이 반역하여 주의 성령을 근심하게 하였으므로…… 그들 가운데에 성령(성신)을 두신 이가 이제 어디 계시냐(사 63:10-11).

이 성구에서도 보듯이 종의 영을 받은 시대에 이사야는 〈성신〉의 실재를 경험하고 있는데 이는 놀라운 신앙 체험이 아닐 수 없다.

구약은 예수를 위한 준비 기간이었다. 이 준비기간에 하나님은 번개의 섬광처럼 보여줄 모형은 미리 다 보여주고 있음을 알 수 있다. 멜기세덱을 통해 예수를 보여 주었고, 모세와 다윗과 이사야를 통해 성령을 직감하게 하였고, 에녹과 엘리야를 통해 산 자의 맥을 보여 주었고 아브라함·이삭·야곱을 통해 부활의 도맥을 암시했고, 사라·리브가·라헬을 통해 마리아의 성신 잉태를 암시하고 있다. 구약에는 성령이 강림할 수 없는 마당이다.

그러나 번개처럼 큰 선지자들은 성령의 빛을 의식하고 있었다. 하나님과 예수와 성령은 신약의 마당에서 하나로 나타난다.

제2절 성령 강림은 언제부터인가?

전술한 바와 같이 구약의 마당에는 성령이 강림할 수 없고 성령의 번개 같은 영감이 큰 선지자들에게 잠시 감지되었음을 우리는 알고 있다. 엄밀한 의미에서 성신의 강림은 예수로 비롯된다. 예수가 요단강에서 세례를 받고 올라올 때 하늘이 열리고 성령이 비둘기 모양으로 임했다.

> 예수께서 세례를 받으시고 곧 물에서 올라오실 새 하늘이 열리고 하나님의 성령이 비둘기 같이 내려 자기 위에 임하심을 보시더니……(마 3:16),

이 성구는 구약과 신약을 가름하는 획기적 사건이나 예수가 요단강에서 올라오실 때 하늘이 열렸다. 이 말씀은 예수가 오기 전에 있던 구약의 하늘, 야웨가 임재한 하늘은 참 하늘이 아님을 암시하고 있다. 생명나무이신 예수가 와서 비로소 하늘을 개천(開天)했던 것이다. 이 개천한 하늘로부터 성령은 비둘기처럼 예수에게 강림하였다.

예수가 하늘을 개천했으니 구약의 하늘은 낡은 하늘이요 참 하늘이 아니며 따라서 구약 하늘에서 역사하던 야웨도 예수가 개천한 하늘에서는 사라질 수밖에 없다. 신약에 야웨의 이름이 없는 것도 그 이유가 여기에 있는 것이다. 낡은 구약의 하늘, 참 하늘이 아닌 하늘에서 어찌 성신이 임할 수 있겠는가? 깊은 구름층이 가리운 구약 하늘에서 성신의 번개가 번뜩일 때 모세와 다윗과 이사야는 잠시 성령의 감동을 받아 예언했던 것이다.

최초의 성령 강림은 예수로 비롯된다. 예수 이전에는 그 누구에게도 성령은 임할 수 없다. 그럼 왜 성령 강림은 예수로부터 비롯되는가? 예수는 신성을 쓴 입장에서는 성령을 받을 필요가 없다. 본래 하나님과 예수와 성령은 하나이기 때문이다. 그러나 예수는 그 하나의 자리에서 떠나 죄인의 자리에 오셨고 마지막 아담이 되었다. 본래 아담이 성도(成道)했다면 성령이 임했을 것인데 아담이 성령이 아닌 〈다른 영〉을 받고 마귀의 노예가 되었다. 그러므로 아담 이래 그 어떤 자에게도 성령이 임할 수 없었다.

예수는 후 아담으로 오셔서 뜻으로 볼 때 인류의 참 조상이 되었다. 이 참 조상에게 성령이 임하여야 그의 씨인 믿음의 자식들에게도 성령이 임할 수 있는 길이 개통되는 것이다. 예수가 수육하여 성령을 받는 통로를 열지 못하면 성령은 인간에게 강림할 수 없고 성령 강림이 없으면 인간은 참 하나님과 교통할 길이 없는 것이다. 성령이 아니면 인간은 하나님의 사정을 알 수 없다.

> 오직 하나님이 성령으로 이것을 우리에게 보이셨으니 성령은 모든 것 곧 하나님의 깊은 것까지도 통달하시느니라(고전 2:10).

또 성령이 임하지 못하면 인간은 〈거듭 남〉을 받을 길이 전무(全無)하여 〈육신의 종자〉로 부활할 길도 없는 것이다. 그러므로 성령 강림은 타락하지 않은 후 아담 예수로 비롯되는 것이 원리이다. 예수가 요단강에서 올라올 때 성령의 비둘기처럼 임하신 것은 그 때부터가 메시아 노정의 공식 출발이기 때문이었다.

그러나 한 가지 알고 넘어가야 할 사실은 성령은 예수에게 임했으나 사도들과 성도들에게는 그 때까지 성령이 임하지 않았던 것이다. 사도들과 성도들에게는 예수가 메시아의 대업을 이룩하고 부활 승천하지 않으면 임할 수 없었던 것이다.

나를 믿는 자는 성경에 이름과 같이 그 배에서 생수의 강이 흘러나오리라 하시니 이는 그를 믿는 자들이 받을 성령을 가리켜 말씀하신 것이라 〈예수께서 아직 영광을 받지 않으셨으므로 성령이 아직 그들에게 계시지 아니하시더라〉(요 7:38-39).

예수가 승천하지 않으면 성령은 인간들에게 임할 수 없는 것이다.

그러나 내가 너희에게 실상을 말하노니 내가 떠나가는 것이 너희에게 유익이라 내가 떠나가지 아니하면 보혜사가 너희에게로 오시지 아니할 것이요 가면 내가 그를 너희에게로 보내리니 그가 와서 죄에 대하여, 의에 대하여, 심판에 대하여 세상을 책망하시리라(요 16:7-8).

예수가 고난을 받고 부활하시므로 말미암아 영광을 얻어 승천하신 후 약속대로 성령은 사도들과 성도들에게 강림했던 것이다. 예수가 육체로 땅 위에 계실 때는 아담 격이므로 자기 한 사람은 성령을 받았으나 그 아들격인 사도들에게는 성령을 줄 수 없었다. 예수는 하늘로 올라가 하나님 우편에 앉아 계시므로 성령을 강림케 하실 수 있었다. 다시 말해서 육화된 예수는 영화되므로 성령 강림의 역사를 할 수 있었던 것이다.

이 성령 강림의 뜻을 에덴동산과 생명나무의 입장에서 살펴보자. 아담은 타락으로 말미암아 생명나무에 나가는 길을 잃어 버렸다. 생명나무의 길은 화염검과 그룹들로 막혀버렸다. 이 화염검은 불 칼이며 번개 칼인데 이는 곧 성령의 상징이었다. 생명나무의 길을 성령이 막고 있었고 성령이 이 길을 열어주지 않으면 인간은 생명과를 따먹을 수 없는 것을 암시하고 있다. 예수가 육신으로 이 땅 위에 계실 때는 이 화염검을 열 수 없다.

그가 승천하므로 화염검은 열려 생명나무의 길이 다시 열리는 것이다. 예수가 감람산에서 승천할 때 사도들에게 예루살렘을 떠나지 말고 약속하신 성령을 기다리라 한 뜻도 그가 승천하여 화염검을 열기 위한 의미가 숨어 있었던 것이다.

> 사도와 함께 모이사 그들에게 분부하여 이르시되 예루살렘을 떠나지 말고 내게서 들은 바 아버지께서 약속하신 것을 기다리라 요한은 물로 세례를 베풀었으나 너희는 몇 날이 못되어 성령으로 세례를 받으리라(행 1:4-5).
> 오순절 날이 이미 이르매 그들이 다같이 한 곳에 모였더니 홀연히 하늘로부터 급하고 강한 바람 같은 소리가 있어 그들이 앉은 온 집에 가득하며 마치 불의 혀처럼 갈라지는 것들이 그들에게 보여 각 사람 위에 하나씩 임하여 있더니 그들이 다 성령의 충만함을 받고 성령이 말하게 하심을 따라 다른 언어들로 말하기를 시작하니라(행 2:1-4).

이 성구는 타락 후 4천 년만에 생명나무에 나가는 길이 열리는 감동적인 장면을 묘사하고 있다.

〈불의 혀〉는 화염검이며 이것이 갈라지므로 화염검으로 막혔던 생명나무에의 길이 열림을 암시했던 것이다.

예수가 요단강에서 세례 받고 성령 받은 후 타락한 인간들이 성령 강림의 세례받기는 오순절 마가 요한의 다락방에 모였던 120명이 처음 열매였음을 기억하자. 120명 성도들이 예수의 약속을 믿고 다 함께 일심이 되어 기도할 때 성령은 임했던 것이다. 그들이 의심하고 흩어지고 이심(異心)을 품었다면 성령은 임하지 않았을 것이다.

> 여자들과 예수의 어머니 마리아와 예수의 아우들과 더불어 마음을 같이 하여 오로지 기도에 힘쓰더라(행 1:14).

초대교회 120명 성도들이 예수의 모친 마리아를 중심하여 한 마음이 되어 기도할 때 약속하신 성령은 강림했던 것이다.

현대에 있어서도 오순절을 재현하는 무리들이 산 자가 될 것이다.

제3절 성령의 본질

성령은 무엇인가? 성령은 어떤 영인가? 또 성령은 인간에게 구체적으로 어떤 작용을 하는가?

성령의 본질과 작용에 대하여 성경은 우리들에게 세 가지로 가르치고 있다. 성령은 진리의 영이며, 성령은 구원을 보증하는 영이며, 성령은 인간을 중생시키는 영이다.

1. 성령은 진리의 영이다

성령은 진리의 영이므로 성령을 받지 않고는 진리를 알 수 없다. 아담은 성령이 아닌 〈다른 영〉 곧 마귀의 영을 받고 우상 숭배자가 되어 간음을 자행하였다. 성령을 받아야만 하나님의 마음을 알아 진리를 깨달을 수 있는 것이다.

> 오직 하나님이 성령으로 이것을 우리에게 보이셨으니 성령은 모든 것 곧 하나님의 깊은 것까지도 통달하시느니라 사람의 일을 사람의 속에 있는 영 외에 누가 알리요 이와 같이 하나님의 일도 하나님의 영 외에는 아무도 알지 못하느니라 우리가 세상의 영을 받지 아니하고 오직 하나님으로부터 온 영을 받았으니 이는 우리로 하여금 하나님께서 우리에게 은혜로 주신 것들을 알게 하려 하심이라(고전 2:10-12).

〈다른 영〉은 〈세상 영〉이며 이는 곧 사탄 마귀의 영인데 아담은 이 영을 받았으니 하나님의 깊은 진리를 깨달을 수 없었던 것이다.

진리란 무엇인가? 진리란 〈예수 그리스도의 비의(秘議)〉이다. 성령이 아니면 동정녀 마리아의 잉태의 비의(秘義)도, 로고스가 수육하신 오의(奧義)도, 예수가 십자가에 달리신 현의(玄義)도 깨달을 수 없는 것이다.

구약은 천사가 사역하던 종의 시대이므로 진리 곧 예수의 비밀을 모르던 시대였다. 그러므로 구약은 소경처럼 더듬어 찾아오던 시대였다. 계명과 율법의 노예가 되어 몽학선생 천사의 인도를 받고 종의 영을 받아 하나님이 아닌 야웨를 하나님처럼 섬기던 시대가 구약이었다. 그러나 성령은 아들의 영이므로 아들의 영을 받아 하나님을 아버지라 부를 수 있고 죄에서 자유함을 받을 수 있는 것이다.

무릇 하나님의 영으로 인도함을 받는 사람은 곧 하나님의 아들이라 너희는 다시 무서워하는 종의 영을 받지 아니하고 양자의 영을 받았으므로 우리가 아빠 아버지라고 부르짖느니라 성령이 친히 우리의 영과 더불어 우리가 하나님의 자녀인 것을 증언하시나니(롬 8:14-16),

이처럼 성령을 받지 않고는 하나님의 심정을 알 수 없다. 하나님의 심정을 모르면 예수가 십자가에 달린 뜻도 알 길이 없다. 사도들이 성령을 받기 전에는 진리를 몰라 예수를 배신했지만 오순절 성령을 받고는 십자가와 부활의 의미를 알고 땅 끝까지 복음을 증거하기 위하여 순교의 길을 갔던 것이다.

성령은 진리의 영이다. 진리만이 우리를 자유케 할 수 있다.

내가 아버지께 구하겠으니 그가 또 다른 보혜사를 너희에게 주사 영원토록 너희와 함께 있게 하리니 그는 진리의 영이라……(요 14:16-17).

내가 아버지께로부터 너희에게 보낼 보혜사 곧 아버지께로부터 나오시는 진리의 성령이 오실 때에 그가 나를 증언하실 것이요(요 15:26).

그러나 진리의 성령이 오시면 그가 너희를 모든 진리 가운데로 인도하시리니(요 16:13),

증언하는 이는 성령이시니 성령은 진리니라(요일 5:6).

진리를 알지니 진리가 너희를 자유롭게 하리라(요 8:32_.

2. 성령은 구원을 보증하는 영이다

예수를 믿으면 우리는 구원을 받는다. 그런데 우리가 현재 받은 구원은 〈보증구원〉이지 〈완전구원〉이 아니다. 완전구원은 부활한 사람들이 받는 마지막 날의 구원을 의미한다. 곧 예수가 재림할 때 받는 구원이 완전구원인 것이다.

이 세상에는 아직까지 마귀의 권세가 소멸되지 않고 있으며 죽음의 권세가 인간을 삼키고 있는 것이다.

또 예수 믿는 우리들도 매일 죄 속에서 생활하고 있으며 영과 육의 이율배반과 모순을 경험하는 고뇌의 실존들이다. 따라서 우리가 현재 받은 구원은 보증으로 받은 구원임을 성경은 가르치고 있다. 우리는 예수를 믿고 마지막 날의 부활을 소망하면서 숱한 상흔을 안고 가고 있는 〈도상(途上)의 존재〉들이다.

오호라 나는 곤고한 사람이로다 이 사망의 몸에서 누가 나를 건져내랴(롬 7:14).

이 바울의 탄식은 아직까지 모든 성도들의 탄식인 것이다. 이 탄식이야말로 우리가 받고 있는 구원이 완전구원이 아님을 자증(自證)하고 있는 것이다. 자기(自欺)하는 어떤 자들은 자기들이 완전구원 받았다고 떠벌리면서 여전히 죄는 짓고 있다. 이런 자들은 자신을 속이고 남을 속이는 기만자(欺瞞子)들인 것이다. 자기자(自欺者)는 참으로 독선과 아집이 강한 구원받을 수 없는 무리들이다. 이들은 복음을 믿는 것 같으면서 스스로 속이고 속고 있는 자들이다.

마귀와 사망의 권세가 완전히 이 땅 위에서 사라지는 날까지 우리가 받은 구원은 〈보증구원〉임을 겸허하게 인식하자. 하나님은 마귀와 죽음을 소멸하시고 새 하늘과 새 땅으로 약속의 성도들을 인도하는데 그 때를 위하여 성령으로 우리들에게 〈보증의 인〉을 치셨다. 이 인(印)은 성령이며 성령이 우리들의 구원을 보증하고 있는 것이다.

그가 또한 우리에게 인치시고 보증으로 우리 마음에 성령을 주셨느니라(고후 1:22).

그 안에서 너희도 진리의 말씀 곧 너희의 구원의 복음을 듣고 그 안에서 또한 믿어 약속의 성령으로 인치심을 받았으니 이는 우리 기업의 보증이 되사 그 얻으신 것을 속량하시고 그의 영광을 찬송하게 하려 하심이라(엡 1:13-14).

하나님의 성령을 근심하게 하지 말라 그 안에서 너희가 구원의 날까지 인치심을 받았느니라(엡 4:30).

곧 이것을 우리에게 이루게 하시고 보증으로 성령을 우리에게 주신 이는 하나님이시니라(고후 5:5).

> 그뿐 아니라 또한 우리 곧 성령의 처음 익은 열매를 받은 우리까지도 속으로 탄식하여 양자 될 것 곧 우리 몸의 속량을 기다리느니라(롬 8:23).

비록 우리는 성령을 받았으나 완전구원의 날까지 탄식하고 있는 존재임을 성경은 증거하고 있다. 완전구원받은 자가 어찌 탄식할 것인가?

오늘날 구원을 잘못 증거하는 목자가 허다하고 구원론을 잘못 인식하여 스스로 속고 속이는 양들도 허다하다. 스스로 속이는 자기자(自欺者)가 되지 말자.

> 만일 누가 아무 것도 되지 못하고 된 줄로 생각하면 스스로 속임이라…… 스스로 속이지 말라 하나님은 업신여김을 받지 아니하시나니 사람이 무엇으로 심든지 그대로 거두리라(갈 6:3-7).

유월절 때 양의 피를 문설주에 바른 자만이 구원을 얻듯 성령의 인맞은 자만이 마지막 날에 구원을 받을 것이다.

> 그가 모든 통치와 모든 권세와 능력을 멸하시고 나라를 아버지 하나님께 바칠 때라 그가 모든 원수를 그 발 아래에 둘 때까지 반드시 왕 노릇 하시리니 맨 나중에 멸망 받을 원수는 사망이니라(고전 15:24-26).

이런 날이 오기까지 우리는 보증으로 받은 성령의 인침을 고이 간직하고 온갖 마귀의 유혹에서 스스로를 보호해야 한다. 참 신앙자는 무수한 상흔(傷痕)을 안고 가는 고뇌의 존재이다.

3. 성령은 우리를 거듭나게 한다.

인간은 왜 중생(重生)해야 하며 그것이 왜 성령과 관계가 있는가? 이 문제는 아직도 미개척 분야로 남아 있는 비의이다. 어떤 위대한 신학자도 중생 문제에 대하여 우리에게 확실한 해답을 제시하지 못했다. 우리는 이 날까지 중생 문제를 어떻게 생각했는가? 살인, 강도가 예수 믿고 착한 사람이 되면 중생했다고 생각했다. 그러나 다른 종교도 악인을 착하게 개조시킨 예가 허다하다.

그럼 다른 종교도 중생 문제가 있었던가? 중생 문제는 예수가 제기한 문제이며 다른 종교에서는 찾아볼 수 없는 성경만의 문제임을 깊이 인식해야 한다.

중생 문제는 인간이 윤리와 도덕적인 차원에서 악인이 착해지는 그런 문제가 아니다. 중생 문제는 보다 근본적인 문제이며 인간의 존재 자체가 근본적으로 거듭남을 의미하고 있는 것이다. 그러므로 중생 문제에 대하여 깊은 대각이 있어야 한다.

현존하는 우리는 육신의 어머니(타락한 하와)가 낳아준 죽은 자들이다. 혈과 육은 하늘나라에 가지 못한다고 성경은 못(釘)을 박아 놓고 있다. 혈대와 육맥을 따라 난 우리들은 죽은 자이므로 성령으로 다시 나지 않으면 안 된다. 이 때문에 〈거듭 남〉의 문제가 제기 되는 것이다.

죽은 우리들을 산 자로 낳아 줄 모태가 필요하다. 모태에는 두 가지가 있다. 육태와 도태이다. 육태는 죽은 하와의 태이고 도태는 성령의 태이다. 성령이 우리를 거듭나게 함은 성령이 어머니태로 사역하고 있음을 암시하고 있는 것이다.

육태(육신의 어미) … 혈맥을 따라난 죽은 자
도태(영의 어미) … 언약을 따라난 산 자

성령은 인간을 거듭나게 하므로 도태이며 효용성으로 볼 때 영적으로 어머니 구실을 하므로 어머니격에 해당한다. 그러나 성령을 음양(陰陽)의 음적(陰的) 존재로 해석하거나 아버지와 대립되는 개념으로서의 어머니로 인식해서는 안 된다.

육으로 난 것은 육이요 영으로 난 것은 영이니 내가 네게 거듭나야 하겠다 하는 말을 놀랍게 여기지 말라(요 3:6-7).

이 성구는 두 가지 태(胎)를 암시하고 있다. 〈육으로 난 것은 육이고 영으로 난 것은 영이다〉라는 표현은 인간이 거듭나야 함을 강조하고 있는 것이다. 즉 육으로 난 인간이 영으로 다시 태어나야 하는 것, 이 난해한 문제는 니고데모도 이해하지 못했다.

우리들은 하와가 낳아준 육적 존재이다. 성령이 도태 속에서 우리를 다시 낳아 줄 때 우리는 영화되어 영적 존재로 거듭나는 것이다. 이 난해한 도비를 깨닫지 못한 니고데모는 다음과 같이 우문(愚問)을 던진다.

> 니고데모가 이르되 사람이 늙으면 어떻게 날 수 있사옵나이까 두 번째 모태에 들어갔다가 날 수 있사옵나이까(요 3:4).

니고데모같은 당대의 명사(名士)도 육태만 알았지 성령의 도태를 깨닫지 못했던 것이다. 동정녀 마리아가 성령으로 예수를 잉태한 비의도 도태인데 기독교에서도 이 날까지 도태의 비밀을 깨친 자가 없었다. 하물며 니고데모같이 구약의 죽은 자가 어찌 도태를 이해하겠는가? 불가사의한 예수의 말씀에 대하여 니고데모는 당황한다.

> 어찌 그러한 일이 있을 수 있나이까(요 3:9).

이 우문에 대한 예수의 현답(賢答)을 들어보자.

> 진실로 진실로 네게 이르노니 우리는 아는 것을 말하고 본 것을 증언하노라 그러나 너희가 우리의 증언을 받지 아니하는도다 내가 땅의 일을 말하여도 너희가 믿지 아니하거든 하물며 하늘의 일을 말하면 어떻게 믿겠느냐(요 3:11-12).

예수와 니고데모의 문답은 시종일관(始終一貫) 우문에 대한 현답이었다. 동정녀 마리아가 예수를 낳은 일에 대하여 〈어찌 그런 일이 있을 수 있겠는가?〉라고 우리들은 의문을 던진다. 무덤에서 예수가 살아나셨다 하면 〈어찌 그런 일이 있을 수 있나이까?〉라고 우리들은 비웃는다.

우리들은 현대의 니고데모들이다. 우리는 육태에서 출생한 죽은 자들이므로 성령으로 거듭나지 않으면 안 된다. 영으로 다시 나지 않고 산 자가 될 수 없는 것이다.

> 사람이 물과 성령으로 나지 아니하면 하나님의 나라에 들어갈 수 없느니라(요 3:5).

성령은 우리를 다시 낳아 주는 도태이다. 우리는 예수가 제시한 중생의 문제를 철저히 깨달아 성경 속에 숨겨진 하나님의 비밀을 발굴해야 한다.

또 중생 문제는 부활 문제와 직결된다(「부활론」 참조).

거듭난 사람은 풍류체(風流體)가 된다.

> 바람이 임의로 불매 네가 그 소리는 들어도 어디서 와서 어디로 가는지 알지 못하나니 성령으로 난 사람도 다 그러하니라(요 3:8).

성령으로 거듭난 사람은 바람 같다 하였다. 바람! 바람은 무엇을 암시하는가? 바람은 아무 곳에도 머물지 않고 집착하지 않고 항상 흐른다. 절대 자유한 존재는 바람처럼 머물거나 집착하지 않고 흘러야 한다. 그러므로 바람은 절대 자유한 자이다. 율법과 죽음에서 해방 받은 자이다. 진리로 자유하게 된 존재이다. 절대 자유한 자는 풍류체가 되어야 한다. 무애 자유한 거듭난 사람, 이것이 영으로 다시 난 사람의 정체이다. 누가 풍류체가 되었던가?

나사렛 목수 예수, 그는 성령으로 난 절대 자유인이었다. 죄와 사망의 사슬도 그를 얽어매지 못했고 어떠한 유혹도 그를 사로잡을 수 없었다.

우리들도 예수를 따라 성령으로 거듭난 풍류체가 되자. 깨끗하고 거룩한 도태를 깨닫자.

제4절 성령을 왜 보혜사라 하는가?

성령을 왜 보혜사(保惠師)라 하는가? 왜 보혜사라는 다른 이름을 예수는 사용했을까? 보혜사는 파라클레토스(parakletos)라 하는데 우리를 돕기 위하여 늘 곁에 계시는 분이라는 뜻이다. 우리를 완전구원하기까지 보증하고 협조하고 인도하는 영이란 뜻이다.

성령은 우리를 근본적으로 거듭나게 하시는 영이지만 이 작용은 마지막 부활의 날까지 기다리지 않으면 안 된다. 그 때까지 우리를 보호하는 영이 오지 않으면 죄와 사망 속에서 우리를 구원할 수 없다. 완전구원의 날까지, 완전히 거듭나는 날까지, 완전히 산 자가 되는 날까지, 완전히 영생의 열매가 되는 날까지 예수는 우리를 보호해야 하므로 보혜사를 보내야 했던 것이다. 이런 비의때문에 보혜사를 예수의 이름으로 오시는 성령이라고 성경은 표현하고 있다.

성령을 보혜사라 일컫는 세 가지 뜻을 살펴보자.

1. 우리가 하나님의 양자임을 보증하는 성령이라는 뜻이 있다.

우리는 타락한 죄인이요 종이므로 하나님 아버지의 성령을 직접 받을 수는 없다. 성령은 반드시 예수를 통해서만이 임할 수 있다. 예수께 강림하신 성령은 하나님이 직접 내리신 영이었다. 예수는 하나님의 친자(親子)이며 독생자인 까닭이다. 그러나 우리는 하나님의 친자이자 양자(養子)이다. 우리는 예수의 십자가 공로로 말미암아 종의 입장에서 양자의 입장으로 구원되었다. 때문에 성령도 예수를 통해서만이 우리에게 강림할 수 있는 것이다. 우리가 받은 구원은 은혜의 구원일 뿐더러 성령은 예수의 이름으로 내리기 때문에 보혜사라는 특수한 이름이 필요했던 것이다.

우리는 예수의 은혜로 말미암아 양자가 되었다. 이것을 보증하는 영이 성령이므로 보혜사라고 하였던 것이다.

> 너희는 다시 무서워하는 종의 영을 받지 아니하고 양자의 영을 받았으므로 우리가 아빠 아버지라고 부르짖느니라 성령이 친히 우리의 영과 더불어 우리가 하나님의 자녀인 것을 증언하시나니……(롬 8:15-16),
>
> 내가 아버지께 구하겠으니 그가 또 다른 보혜사를 너희에게 주사 영원토록 너희와 함께 있게 하리니 그는 진리의 영이라(요 14:16-17).
>
> 보혜사 곧 아버지께서 〈내 이름으로〉 보내실 성령 그가 너희에게 모든 것을 가르치고 내가 너희에게 말한 모든 것을 생각나게 하리라(요 14:26).

2. 성령은 예수를 구세주로 보증하는 영이란 뜻이 있다.

예수의 열 두 제자는 예수 생존 시 예수가 수육하신 뜻도, 그가 십자가를 지신 뜻도, 무덤에서 부활하신 뜻도 이해하지 못했다. 그들이 비록 가이사라 빌립보의 신앙 고백을 통하여 예수가 구세주임을 고백하고 있으나 십자가에 달릴 때 예수를 배신하므로 무위(無爲)로 끝났다. 그러므로 그들은 신앙 고백을 다시 하지 않으면 안 되었다. 그들이 예수를 구세주로 믿고 십자가와 부활의 의미를 깊이 자각한 것은 오순절 성신 강림을 통해서였다. 성령 강림으로 그들은 예수가 진정한 구세주임을 깨달았던 것이다. 다시 말해서 성령이 예수가 구세주임을 보증해 주었으므로 보혜사라 부르는 것이다.

> 내가 아버지께로부터 너희에게 보낼 보혜사 곧 아버지께로부터 나오시는 진리의 성령이 오실 때에 그가 나를 증언하실 것이요(요 15:26),
>
> 그러나 내가 너희에게 실상을 말하노니 내가 떠나가는 것이 너희에게 유익이라 내가 떠나가지 아니하면 보혜사가 너희에게로 오시지 아니할 것이요 가면 내가 그를 너희에게로 보내리니 그가 와서 죄에 대하여, 의에 대하여, 심판에 대하여 세상을 책망하시리라(요 16:7-8).

3. 성령은 구속의 날까지 우리를 보증하는 인(印)이 된 까닭이다.

현재 우리가 받은 구원이란 〈완전구원〉이 아니다. 우리는 아직도 괴로운 모순과 이율배반의 신앙생활을 하는 불완전한 상태에 놓여 있는 실존들이다. 그러므로 우리가 현재 받은 구원은 〈보증구원〉이고 성령은 이 구원의 보증이 되었으므로 보혜사라 부르는 것이다.

> 하나님의 성령을 근심하게 하지 말라 그 안에서 너희가 구원의 날까지 인치심을 받았느니라(엡 4:30).
>
> 약속의 성령으로 인치심을 받았으니 이는 우리 기업의 보증이 되사(엡 1:13-14),
>
> 그가 또한 우리에게 인치시고 보증으로 우리 마음에 성령을 주셨느니라(고후 1:22).

제5절 성령은 신부이다

이미 전술한 바 있거니와 우리는 성령으로 거듭나지 않으면 안된다. 인간이 중생하는 도용(道用)의 작용으로 보면 성령은 도태(道胎)이다. 그러므로 인간들의 이해를 돕기 위하여 성령은 도태이므로 어머니격으로 작용을 하는 것이다.

성령은 인간의 씨를 개조하는 중생의 도태이므로 우리가 참 성령을 받았다면 풍류체처럼 거듭나야 한다. 그러나 우리는 여전히 죄에 집착하여 괴로워하고 탄식을 연발하는 무력하고 영력(靈力)이 없는 존재들이다.

우리가 현재 받은 영은 보혜사로서 구원을 보증받고 있을 뿐 참으로 언약의 자식으로 거듭난 자가 없다. 그러므로 성령은 아직 신부격으로 실재하고 있는 것이다.

> 성령과 신부가 말씀하시기를 오라 하시는도다 듣는 자도 오라 할 것이요 목마른 자도 올 것이요 또 원하는 자는 값없이 생명수를 받으라 하시더라(계 22:17).

이 성구처럼 〈성령과 신부〉가 우리를 부르고 있는 것이다. 성령과 신부의 깨끗한 도태는 언약의 자식을 중생시켜 부활시킬 것이다. 비유컨대 동정녀 마리아가 성령으로 예수를 잉태하듯 신부인 성신이 도태 속에서 우리를 다시 낳아줄 때 신부는 변하여 어머니가 될 것이다. 시온은 처녀의 상징이고 예루살렘은 어머니의 상징이다.

> 딸 시온 산 곧 예루살렘 산을 향하여 그 손을 흔들리로다(사 10:32).
>
> 딸 시온은 포도원의 망대 같이, 참외밭의 원두막 같이, 에워 싸인 성읍 같이 겨우 남았도다(사 1:8).
>
> 여호와께서 그에 대하여 이같이 이르시되 처녀 딸 시온이 너를 멸시하며 조소하였고 딸 예루살렘이 너를 향하여 머리를 흔들었느니라(사 37:22).
>
> 오직 위에 있는 예루살렘은 자유자니 곧 우리 어머니라(갈 4:26).

이처럼 성경은 시온은 딸로, 예루살렘은 어머니로 상징하고 있는데 이것은 성령으로 인간을 다시 낳아 줄 언약의 비의인 것이다.

지금 우리 안에 역사하는 영은 보혜사이지 신부나 어머니 성령은 아닌 것이다. 하늘의 예루살렘은 아직 땅 위에 강림하지 않고 있다. 하늘의 예루살렘 즉 하늘의 어머니가 땅 위에 강림할 때가 올 것을 성경은 약속하고 있다.

> 오직 위에 있는 예루살렘은 자유자니 곧 우리 어머니라(갈 4:26),
>
> 또 내가 새 하늘과 새 땅을 보니 처음 하늘과 처음 땅이 없어졌고 바다도 다시 있지 않더라 또 내가 보매 거룩한 성 새 예루살렘이 하나님께로부터 하늘에서 내려오니 그 준비한 것이 신부가 남편을 위하여 단장한 것 같더라(계 21:1-2).
>
> 내가 신부 곧 어린 양의 아내를 네게 보이리라 하고 성령으로 나를 데리고 크고 높은 산으로 올라가 하나님께로부터 하늘에서 내려오는 거룩한 성 예루살렘을 보이니……(계 21:9-10).

이 성구에서 보는 바와 같이 하늘에 있는 예루살렘은 어떤 건물이 아니고 어린 영의 신부 혹은 자유자의 어머니를 상징하고 있는 것이다. 구약성경에 나타난 시온과 예루살렘은 산과 건축물이었으나 그 실상은 신부와 어머니의 상징이었던 것이다.

또 신부와 어머니는 우리를 거듭나게 하는 성령의 도태를 암시하고 있었던 것이다. 성령은 신부로서 우리를 회임(懷妊)하고 성령은 어머니로서 우리를 다시 낳아주지 않으면 안 된다.

이 암호가 죽은 무덤이며 육태인 사라와 리브가와 라헬에게 있었고 그들이 하나님의 도전을 받아 성령을 따라 언약의 자식을 낳을 모형을 구약은 보여 주었다. 사라·리브가·라헬은 육태가 도태로 변화 받은 구약의 어머니였고 동정녀 마리아는 신약의 어머니였던 것이다.

예수는 성령을 따라 난 사람이지 육신을 따라 난 사람이 아니었다. 우리들도 예수의 반열에 참여하자면 성령을 따라 다시 나야 한다. 그 영적 어머니의 모형이 〈해를 옷 입은 여인〉인 것이다.

> 하늘에 큰 이적이 보이니 해를 옷 입은 한 여자가 있는데 그 발 아래에는 달이 있고 그 머리에는 열두 별의 관을 썼더라(계 12:1).

이 영모(靈母)는 상징적인 인물이지 어떤 실체가 아니다. 장차 철장으로 만국을 심판할 자들은 육신을 따라난 자들이 아니고 성령으로 난 언약의 후손들이다.

〈해를 옷 입은 여인〉은 진리의 화신이다. 그 여인은 달을 발아래 밟았다고 했다. 달은 육신의 차원을 의미하며 월경을 따라 낳은 육신의 맥을 상징한다.

달과 교감하여 월경을 따라 낳은 자들은 육신의 자식이다. 해와 교감하여 낳은 자식이 곧 성령의 자식이다. 타락한 하와는 〈달로 옷 입은 여인〉이며 타락하지 않은 하와는 〈해로 옷 입은 여인〉이다. 해는 발광체이며 달은 암체(暗體)이다. 해는 하나님과 진리의 상징이고 달은 천사와 육신의 상징이다. 사라는 경수(經水)가 다 끊어진 후에도 이삭을 낳았다.

성경은 월경하는 여인을 더럽게 여기고 있다.

> 너는 여인이 월경으로 불결한 동안에 그에게 가까이 하여 그의 하체를 범하지 말지니라(레 18:19).
>
> 누구든지 월경 중의 여인과 동침하여 그의 하체를 범하면 남자는 그 여인의 근원을 드러냈고 여인은 자기의 피 근원을 드러내었음인즉 둘 다 백성 중에서 끊어지리라(레 20:18).

이처럼 월경하는 여인을 더럽게 보며 월경하는 동안에 성전에도 오지 못하게 금기(禁忌)하였다.

여인의 월경은 타락된 까닭에 생기는 비본래적(非本來的)인 결과이다. 하와가 생명나무 열매를 따먹고 회임하였다면 〈해로 옷 입은 여인〉이 되어 영생하는 언약의 씨를 번식했을 것이다. 월경하는 여인을 더럽게 여기는 것은 월경이 하나님의 뜻이 아니었기 때문이다. 월경을 따라 낳은 우리들이므로 육신의 자식이다.

월경을 하는 여인들은 창조적 진화가 완성되지 않은 육신의 어머니들이다. 이들이 해를 옷입을 때 여인들의 체질은 개선되어 그들의 육태는 도태로 변화 받아 발광체인 해의 아들들을 낳을 것이다. 육신을 따라 낳은 자들은 달의 아들들이다. 육(肉)은 곧 달(月)이다. 언약을 따라 낳은 자들만이 해의 아들이 되어 그들의 몸은 햇빛처럼 빛날 것이다.

새 하늘과 새 땅이 열리면 성령으로 조사(照射)된 여인들은 그 몸이 돌연변이하여 다시는 더러운 월경을 하지 않는 모체로 변화 받을 것이다. 새 날 모든 여인들은 성령으로 잉태하여 아들을 낳을 것이다. 여인들이여 달을 발밑에 밟으라. 해를 옷 입어라.

제6절 성령이 거하시는 성전

예수 그리스도를 믿는 우리는 성령의 인도하심을 받아 성령의 열매를 맺는 생활을 해야 한다. 성령의 열매 없는 신앙생활은 올바른 생활이 아니다. 말로만 믿는 예수, 행함의 열매가 없는 신앙생활은 모래로 밥을 짓는 생활이 아닐 수 없다.

> 오직 성령의 열매는 사랑과 희락과 화평과 오래 참음과 자비와 양선과 충성과 온유와 절제니 이같은 것을 금지할 법이 없느니라(갈 5:22-23).
>
> 영혼 없는 몸이 죽은 것 같이 행함이 없는 믿음은 죽은 것이니라(약 2:26).

성령의 열매를 맺는 생활을 하자면 어떻게 해야 할까? 성령을 우리 몸 안에 모시면 된다. 인간의 몸은 본래가 성령이 거하시는 성전으로 하나님이 지었기 때문이다.

> 너희는 너희가 하나님의 성전인 것과 하나님의 성령이 너희 안에 계시는 것을 알지 못하느냐 누구든지 하나님의 성전을 더럽히면 하나님이 그 사람을 멸하시리라(고전 3:16).
>
> 너희 몸은 너희가 하나님께로부터 받은 바 너희 가운데 계신 성령의 전인 줄을 알지 못하느냐(고전 6:19).

> 우리는 살아 계신 하나님의 성전이라(고후 6:16).
>
> 너희도 성령 안에서 하나님이 거하실 처소가 되기 위하여 그리스도 예수 안에서 함께 지어져 가느니라(엡 2:22).

이처럼 우리 몸은 성령이 거하시는 성전으로 지음 받았다.

그런데 아담의 타락으로 인하여 인간의 몸은 귀신의 처소로 전락되었다. 아담은 성령이 아닌 〈다른 영〉을 받았으므로 인간에게는 성령이 아닌 〈다른 영〉들이 침입하게 되었던 것이다. 다른 영이란 사탄 마귀의 영이며 세상 영인 것이다. 세상 영을 받으면 하나님의 심정을 알 수 없고 진리도 알 수 없어 거짓 지혜로 헛 것인 우상을 숭배하게 된다.

인간의 심전(心田)은 황무지가 되어 가시와 엉겅퀴와 잡초가 무성하게 되었고 그 사막 속에 꽃뱀과 독사와 귀신들이 우글거리게 되었다. 세상 영을 받으므로 인간은 정각(正覺)을 이룰 길이 없어 사통(邪通)하게 되었고 잡령들과 야합하여 사교(邪教)의 아비가 되었던 것이다. 인간은 악귀들의 잠입으로 말미암아 정신병자가 되었고 온갖 불안과 초조, 공포와 절망, 우수와 전율에 시달리는 환자로 전락되었다.

예수는 인간심전(人間心田) 속에 잠입한 귀신을 쫓고 자유함을 주셨던 것이다. 막달라 마리아에게서 일곱 귀신을 쫓아내셨다. 이는 타락한 모성에 침입한 귀신을 쫓아내고 해방과 자유를 선언하는 참 뜻이 숨겨져 있음을 깨닫자.

공동묘지에 거하면서 군대 귀신에게 시달리는 거라사인의 모습이야말로 인간 실존의 병든 모습임을 잊어서는 안 된다. 현대인들은 거라사인처럼 군대 귀신이 들린 환자들이다. 엄밀한 의미에서 모든 인간은 정신병자들이며, 귀신들린 자들이며, 죽음에 이르는 존재들인 것이다.

> 더러운 귀신이 사람에게서 나갔을 때에 물 없는 곳으로 다니며 쉬기를 구하되 쉴 곳을 얻지 못하고 이에 이르되 내가 나온 내 집으로 돌아가리라 하고 와 보니 그 집이 비고 청소되고 수리되었거늘 이에 가서 저보다 더 악한 귀신 일곱을 데리고 들어가서 거하니 그 사람의 나중 형편이 전보다 더욱 심하게 되느니라 이 악한 세대가 또한 이렇게 되리라(마 12:43-45).

이 성구는 많은 교훈을 암시하고 있다. 예수를 믿으면 우리 마음의 귀신은 떠나가는 듯하다. 이 때 성령을 모시지 못하면 다른 귀신 일곱이 재빨리 우리 마음에 거하게 된다. 〈마음에 공백〉, 〈마음의 진공 상태〉는 있을 수 없다. 성령 아니면 악령이 거하게 된다.

예수는 인간 심전 속에서 귀신을 쫓으셨다. 우리는 성령의 전이 되어 성령을 모셔야 한다. 그런데 말로만 예수 믿고 성령의 세례를 받지 못하면 그 믿음은 허사가 된다. 성령은 진리의 영이니 진리를 알아야 한다. 진리를 아는 것이 성령을 모시는 생활이다. 신앙생활이란 성령을 모시고 마귀와 싸우는 진검승부(眞劍勝負)의 생활이다.

> 마귀의 간계를 능히 대적하기 위하여 하나님의 전신 갑주를 입으라 우리의 씨름은 혈과 육을 상대하는 것이 아니요 통치자들과 권세들과 이 어둠의 세상 주관자들과 하늘에 있는 악의 영들을 상대함이라…… 그런즉 서서 진리로 너희 허리 띠를 띠고 의의 호심경을 붙이고 평안의 복음이 준비한 것으로 신을 신고 모든 것 위에 믿음의 방패를 가지고 이로써 능히 악한 자의 모든 불화살을 소멸하고 구원의 투구와 성령의 검 곧 하나님의 말씀을 가지라(엡 6:11-17).

신앙생활이란 심심풀이로 혹은 인생을 실패한 자들이 갈 곳이 없어 의지하는 양로원의 생활이 아니다. 신앙생활이야말로 생명감이 넘치고 영력이 충만한 자들의 생동하는 몸부림인 것이다.

마귀의 집으로 전락한 우리 몸을 깨끗이 청소하고 하나님의 성령을 모시자.

제7절 성령은 불, 성령은 물

성령의 신비는 말로 표현할 수 없는 불립문자(不立文字)의 견지, 언어도단(言語道斷)의 영역(靈域)이다. 보혜사 성령으로 작용하는가 하면 도태의 어머니로 혹은 감동과 감화를 일으키는 영으로 또는 방언과 치병과 예언의 다양한 은사를 주기도 한다.

성령의 광범위한 작용은 한 마디로 무어라 표현할 수 없는 것이다. 이처럼 다양한 성령이 물과 불로 표시되기도 한다.

왜 성령은 불과 물로 비유되는 것일까?

1. 성령은 불

성령은 불로 작용하고 있다.

> 그는 성령과 불로 너희에게 세례를 베푸실 것이요(마 3:11).
>
> 홀연히 하늘로부터 급하고 강한 바람 같은 소리가 있어 그들이 앉은 온 집에 가득하며 마치 불의 혀처럼 갈라지는 것들이 그들에게 보여 각 사람 위에 하나씩 임하여 있더니……(행 2:2-3),

이처럼 성령은 불로 나타나 있다. 성령을 불로 표현하는 뜻은 성령은 죄악을 소멸하는 능력이며 생명을 창조적으로 진화시키는 원동력인 까닭이다.

성령의 불은 〈인간의 종자〉를 개조하는 하나님의 능력 곧 영적 에너지다. 비유컨대 볍씨에 방사선 동위원소를 조사하면 새 품종으로 변화하듯 성령의 불세례를 받아 조사(照射)되면 〈죄악의 씨〉가 영생의 씨로 중생되며 개량되는 것이다. 하나님은 인간을 개조하는 농부이며 육종학자(育種學者)와 같은 섭리를 하신다.

원시광야에서 아담을 돌연변이시킨 생명의 원동력도 성령의 조사(照射)였다. 성령은 생명을 진화시키는 생화(生火)인 것이다. 이 성령의 불을 받지 못하면 생명은 다른 차원으로 돌변할 수 없다. 〈죄악의 씨〉이며 〈죽음의 종자〉인 타락 인간도 성령의 불세례를 받음으로써 〈영생의 씨〉로 〈산 종자〉로 돌연변이 하는 것이다. 생명나무의 길을 불칼로 막은 것도 성령의 불이 아니면 생명나무의 길로 나아갈 수 없음을 암시하고 있는 것이다.

생명의 기원이 번갯불에서 시작되고 생명의 진화도 번갯불로 이루어지듯 영적 번개불인 성령의 불은 인간을 영생의 씨로 개조하는 신비한 에너

지인 것이다.

가을에 뙤약볕이 강렬히 조사되지 않으면 벼가 익지 못한다. 이와 마찬가지로 역사의 가을날에 인간을 추수하기 위하여 성령의 불은 강렬하게 도전해 올 것이다.

> 하나님이 말씀하시기를 말세에 내가 내 영을 모든 육체에 부어 주리니 너희의 자녀들은 예언할 것이요 너희의 젊은이들은 환상을 보고 너희의 늙은이들은 꿈을 꾸리라 그 때에 내가 내 영을 내 남종과 여종들에게 부어 주리니 그들이 예언할 것이요(행 2:17-18, 욜 2:28).

역사의 가을날 성령의 불은 임할 것이다. 이 불이 임하여 각 사람의 공력(功力)을 시험할 것이다.

> 만일 누구든지 금이나 은이나 보석이나 나무나 풀이나 짚으로 이 터 위에 세우면 각 사람의 공적이 나타날 터인데 그 날이 공적을 밝히리니 이는 불로 나타내고 그 불이 각 사람의 공적이 어떠한 것을 시험할 것임이라(고전 3:12-13).

성령의 불이 임할 때 나무나 풀이나 짚 같은 공력은 불에 타 없어지고 금이나 다이아몬드의 공력은 빛날 것이다. 성령의 풀무 속에 연단된 정금이나 다이아몬드만 구원받을 것이다.

2. 성령은 물

성령은 물로 작용하고 있다.

> 사람이 물과 성령으로 나지 아니하면 하나님의 나라에 들어갈 수 없느니라(요 3:5).
>
> 누구든지 목마르거든 내게로 와서 마시라 나를 믿는 자는 성경에 이름과 같이 그 배에서 생수의 강이 흘러나오리라 하시니 이는 그를 믿는 자들이 받을 성령을 가리켜 말씀하신 것이라(요 7:37-39).

맑은 물을 너희에게 뿌려서 너희로 정결하게 하되 곧 너희 모든 더러운 것에서와 모든 우상 숭배에서 너희를 정결하게 할 것이며 또 새 영을 너희 속에 두고 새 마음을 너희에게 주되 너희 육신에서 굳은 마음을 제거하고……(겔 36:25-26),

이처럼 성령을 물로 표시하는 뜻은 물은 모태를 상징하며 또 죄를 씻어 정결(淨潔)케 하는 결례(潔禮)의 상징인 까닭이다.

불이 성령을 남성적으로 표현한 것이라면 물은 성령을 여성적으로 표현한 것이라 할 수 있다.

요단강에서 세례를 베푸는 이유도 요단강은 청정한 모성의 자궁을 상징하고 있기 때문이다. 요단강에 침례하고 나면 죄인이 어머니의 자궁 속에서 다시 재생된다는 뜻이 포함되고 있다. 이것이 세례의 비의인 것이다.

세례는 인간을 재생시키는 종교적 의식인 것이다. 성령의 물에 죄를 씻고 생명의 물인 성령을 받음으로써 우리 생명은 재생되고 부활되는 것이다.

제8절 성령과 사령(邪靈)의 분별

현대는 만신(滿身)과 만령(滿靈)이 도전하는 시대이다. 현대는 종교 박람회 시대이며 역사상 발생했던 모든 종교들이 자기들의 주장을 관철하는 백가쟁명(百家爭鳴) 백화제방(百花齊放)의 시대이다. 하나님은 영적 언론 자유를 허락해서 모든 영과 신들이 인간들과 공모하고 야합하여 자기들의 주장을 떠벌리는 해원(解寃)의 때를 허락하였다.

원(怨)과 한(恨)을 안고 죽은 모든 자들이 다시 인간으로 태어나서 제 뜻을 행하려고 아우성을 치고 있는 혼돈의 시대인 것이다.

하나님의 성령과 더불어 사탄 마귀의 영들이 인간을 향해 도전해 오므로 무수한 교파가 양산되고 수많은 신흥종교가 급조된다. 어느 것이 참 종교이고 어느 것이 거짓 종교인가? 어느 것이 성령이고 어느 것이 사령인가? 어떤 목자가 참 선지자이고 어떤 목자가 거짓 선지자인가? 어떤 복음이 참 복음이고 어떤 복음이 거짓 복음인가?

이 시대 우리는 참 하나님과 적그리스도를 구별해야 하며, 참 영과 거짓 영을 분별해야 하며, 참 복음과 거짓 복음을 식별해야 하며, 참 목자와 삯군 목자를 감별해야 하는 어려운 과제를 안고 있다. 아담이 타락한 이유도 예수와 천사장을 구별 못하므로 〈다른 예수〉, 〈다른 영〉, 〈다른 복음〉을 받아들였던 것이다. 우리들도 마찬가지이다. 참 예수, 참 성령, 참 복음을 받아들이면 생명나무 열매를 따먹은 결과가 되지만 거짓 예수, 거짓 영, 거짓 복음을 받아들이면 선악나무 열매를 따먹은 결과가 되는 것이다.

현대인은 각종 공해와 더불어 종교 공해 속에서 살고 있다. 각종 공해 속에서도 식품을 잘못 선택하여 먹으면 암과 신경병과 온갖 잡병이 유발되듯 종교의 말씀도 잘못 얻어먹으면 영적으로 불구자가 되는 것이다. 종교를 잘못 믿어 영적 정신적 불구자가 된 예가 얼마나 많은가. 아집과 독선과 광신은 종교적 불구자들의 병든 성격이다. 각 교파들은 전매특허라도 낸 것처럼 천국행 표(票)를 팔고 있으며 자기들만이 구원이 있다고 자기(自欺)하고 있다. 이런 시대일수록 종교적인 높은 감식안(鑑識眼)이 없으면 위조된 거짓 종교에 속아 패가망신할 것이다.

우리들에게 도전해 오는 영이 하나님의 성령인지 사탄 마귀의 영인지 분별할 줄 알아야 한다.

> 사랑하는 자들아 영을 다 믿지 말고 오직 영들이 하나님께 속하였나 분별하라 많은 거짓 선지자가 세상에 나왔음이라(요일 4:1).

많은 거짓 선지자들이 나와서 성령의 이름으로 이적과 기사를 행하지만 실상은 성령의 작용이 아닌 악령의 작용인 것이다.

성령과 악령을 구별하자면 한 가지 표준이 있다. 성령은 진리의 영이므로 진리를 알면 성령의 역사요 진리를 모르면 성령의 역사가 아니다. 진리를 모르고 이적과 기사만 행하면 이는 악령들의 작용이다. 그러나 진리를 알고 이적과 기사를 행한다면 이는 성령의 작용으로 믿어도 무방할 것이다.

그러나 거짓 선지자들은 진리를 알지 못하며 그들은 위조된 복음으로 양들을 미혹하고 있다. 이적과 기사가 있다고 하여 그것을 참 선지자로 믿으면 안 된다. 이적과 기사는 마귀도 행할 수 있는 것이다. 바로의 술객들도 지팡이를 던져 뱀을 만들지 않았던가?

> 그러나 성령이 밝히 말씀하시기를 후일에 어떤 사람들이 믿음에서 떠나 미혹하는 영과 귀신의 가르침을 따르리라 하셨으니 자기 양심이 화인을 맞아서 외식함으로 거짓말하는 자들이라(딤전 4:1-2).
> 악한 자의 나타남은 사탄의 활동을 따라 모든 능력과 표적과 거짓 기적과 불의의 모든 속임으로 멸망하는 자들에게 있으리니…… 이러므로 하나님이 미혹의 역사를 그들에게 보내사 거짓 것을 믿게 하심은 진리를 믿지 않고 불의를 좋아하는 모든 자들로 하여금 심판을 받게 하려 하심이라(살후 2:9-12).
> 거짓 그리스도들과 거짓 선지자들이 일어나 큰 표적과 기사를 보여 할 수만 있으면 택하신 자들도 미혹하리라(마 24:24).

이 얼마나 무서운 말씀인가. 거짓 영들과 야합하여 적그리스도와 거짓 선지자들이 창궐할 것을 성경은 예언하고 있다. 적그리스도와 거짓 선지자는 한결같이 이적과 기사는 행하는데 그들에게는 진리가 없는 것이 공통점이다. 진리가 없는 이적과 기사는 모두가 거짓인 것이다.

> 우리는 하나님께 속하였으니 하나님을 아는 자는 우리의 말을 듣고 하나님께 속하지 아니한 자는 우리의 말을 듣지 아니하나니 진리의 영과 미혹의 영을 이로써 아느니라(요일 4:6).
> 우리가 세상의 영을 받지 아니하고 오직 하나님으로부터 온 영을 받았으니 이는 우리로 하여금 하나님께서 우리에게 은혜로 주신 것들을 알게 하려 하심이라(고전 2:12).

진리의 영은 하나님의 은혜의 뜻을 알며 미혹의 영, 세상 영은 진리는 모르고 하나님의 뜻은 몰라도 이적과 기사는 행할 수 있는 영들이다.

성경은 거짓 영들의 발동을 경고하고 있다. 더구나 재림 시기가 가까워

올수록 거짓 영들의 발동은 심하고 따라서 거짓 선지자들의 발호(跋扈)가 심하다.

> 예수께서 이르시되 사탄이 하늘로부터 번개 같이 떨어지는 것을 내가 보았노라(눅 10:18).

예수의 이 말씀은 사탄의 영감(靈感)이 번개같이 땅 위에 도전하고 있음을 경계하고 있다. 지금도 사탄의 붉은 영감에 취해 성경의 진리를 훔치려는 도인(盜人)들이 나타나고 있다. 악마란 하나님의 도(道)를 훔친 영이다. 그러므로 악마도 성경을 인용하여 거짓 복음을 퍼뜨리는 법이다. 거짓 선지자들은 번개 같은 사탄의 영감을 받아 이적과 기사를 행하고 있는 것이다. 번개처럼 도전하고 있는 사탄의 영감을 받지 말자.

> 번개가 동편에서 나서 서편까지 번쩍임 같이 인자의 임함도 그러하리라(마 24:27).

우리는 성령의 영감, 예수께서 번개처럼 도전하는 영감을 받아 시조(時兆)를 살피자. 말세의 조짐을 꿰뚫어 보는 형안(炯眼)을 갖자.

제9절 성령과 공동체

지난 날의 모든 종교는 개인의 자각을 토대로 하여 이루어진 종교였다. 각 개인은 자기만의 골방을 갖고 그 골방 안에 은거하여 하나님과 은밀히 교통하는 길을 모색하였고 그것만이 바른 신앙인 줄 알고 있었다. 다른 말로 표현해서 〈닫힌 신앙〉을 갖고 하나님과 만나려고 했다. 이 때문에 구원도 개인주의의 〈구원관〉을 소유할 수밖에 없었고 또 그런 신앙이 성경적인 줄 알았었다.

그러나 성경 속에는 미개발의 원광(原鑛)이 있으니 그것이 개인적인 자각이 아닌 공동각(共同覺)의 광맥이며 〈전체 구원〉의 대경륜(大徑輪)인 것이다. 이는 〈열린 신앙〉이라 할 수 있다.

공동각에 의하여 형성되는 새로운 공동체의 탄생! 이것이 오순절의 복음이다. 오순절 성령 강림의 특색과 그 중요성은 그 체험이 어느 개인의 신앙 체험이 아니고 공동체의 체험으로 나타난 사실이다. 이 공동체의 신앙 체험은 그들이 한 자리에서 공동각으로 해서 이루어진 사실에 주목해야 한다.

인류사상 최초로 〈공동각에 의한 새로운 공동체〉가 마가 요한의 다락방에서 탄생되어 그들은 유무상통(有無相通)하는 〈영의 형제〉가 되었던 것이다. 한 하나님, 한 예수, 한 성령을 체험함으로서 120명 성도들은 사랑의 공동체를 형성했다. 그러면 공동각으로 이룩한 새 공동체는 어떤 생활을 하였던가?

> 믿는 사람이 다 함께 있어 모든 물건을 서로 통용하고 또 재산과 소유를 팔아 각 사람의 필요를 따라 나눠 주며 날마다 마음을 같이하여 성전에 모이기를 힘쓰고 집에서 떡을 떼며 기쁨과 순전한 마음으로 음식을 먹고……(행 2:44-46).
>
> 믿는 무리가 한 마음과 한 뜻이 되어 모든 물건을 서로 통용하고 자기 재물을 조금이라도 자기 것이라 하는 이가 하나도 없더라(행 4:32).

이것이 공동각으로 인하여 형성된 공동체에 나타난 생활의 양상이었다.

우리가 이 성구에서 깊이 깨달아야 할 사실은 오순절의 체험은 공산주의의 남상(濫觴)도 아니고 사회주의의 시발(始發)도 아니라는 점이다. 예수의 구원섭리 안에는 〈무슨 주의〉, 〈무슨 사상〉, 〈무슨 이데올로기〉가 없다는 사실이다. 위에서 말한 사상과 주의는 예수의 진리를 훔친 자들의 인간적인 잠꼬대임을 잊어서는 안 된다. 오직 하나님 뜻 안에서 이룩된 새 공동체는 인간이 실천해야 할 본래적인 생활이 무엇인가를 계시한 것이다.

공동체에 나타난 공유(共有)현상은 〈피는 물보다 진하다〉는 차원을 뛰어넘어 〈영은 피보다 진하다〉라는 획기적인 사실에 있는 것이다. 이 초대교회에 나타난 성령의 새 공동체는 하늘나라가 어떤 것임을 나타내는 지상의 모형이었고 이는 동시에 앞으로 건설될 지상천국(地上天國)이 어떤 것임을 보여주는 하나님의 섭리임을 잊어서는 안 된다. 이 공동체는 예수의 오병이어(五餠二魚), 모세의 만나(manna) 경제의 맥락을 이어받은 공동체였던 것이다.

120명 성도들은 어떤 주의나 사상의 선전, 세뇌, 교양, 학습을 받아 이룩된 무리가 아니며 어떤 정권이나 권력의 강제수단에 의해 이루어진 공동체가 아닌 것이다. 이들은 한 자리에서 한 마음으로 기도하고 성령의 강림으로 공동각을 이루고 자발적이고 창조적인 믿음의 행위에 의하여 사유재산의 우상을 타파하고 재물을 공유하였던 것이다.

그러므로 공동각을 이룬 공동체는 하나님과 예수와 성령 안에서 〈영으로 거듭난 형제들의 탄생〉이었지 결코 어떤 교리나 주의나 사상에 의하여 탄생된 기독교 공산주의나 사회주의의 시작이 아니었음을 거듭 깨달아야 한다.

> 누가 내 어머니이며 내 동생들이냐…… 누구든지 하늘에 계신 내 아버지의 뜻대로 하는 자가 내 형제요 자매요 어머니이니라 하시더라(마 12:48-50).

예수의 이 말씀이 오순절 성령을 받은 무리들에게 체험되었던 것이다.

이 날까지의 종교, 도덕, 윤리, 국가, 민족은 혈(血)과 육(肉)에 바탕을 둔 피의 연계(連繫)였다. 그러나 성경은 피를 초월한 영의 연계를 중요시한다. 육신의 자식이 아브라함의 자식이 아니고 믿음의 자식이 아브라함의 후손인 것이다.

새 날 혈과 육의 차원을 뛰어 넘어 성령으로 거듭난 영의 형제들이 탄생할 때 이 날까지의 낡은 종교와 도덕과 윤리와 국가 지상주의와 민족지상주의는 사라질 것이다. 혈육의 형제가 아닌 성령으로 탄생되는 언약의 형제들이 탄생될 때 새 시대의 막은 열리고 낡은 시대의 막은 닫힐 것이다. 혈과 육의 자리에서 보면 앞으로 탄생될 언약의 자식들은 초인(超人)이며 새로 형성될 공동체는 초인류(超人類)인 것이다.

오순절 성령 강림은 성경사상 최초로 〈공동각에 의한 공동체〉의 탄생을 모형으로 보여 주었다는 데 큰 의미가 있는 것이다.

구원은 〈전체 구원〉이지 〈개인 구원〉이 아님을 잊어서는 안 된다. 공동각에 의한 공동체의 탄생은 하나님이 지상에 실현하려던 꿈이었다. 반드시 하나님의 뜻이 하늘에서 이룬 것 같이 땅에 이루어질 날이 도래할 것이다.

새로운 오순절의 체험! 이것이 현대 성도들의 과제이다. 우리 안에 오순절을 재현해야 한다. 성령의 강림으로 인하여 새로운 공동체를 형성할 때 낡은 인류는 사멸될 것이다. 성령의 조사(照射)로 거듭난 새 사람들이 탄생될 때 죄악의 역사시대는 막이 내리고 영의 시대가 개명될 것이다.

타락한 아담 이래 전개된 6천 년의 역사시대는 악마가 주권을 잡고 피와 육으로 갈라진 국가와 민족들이 피비린 싸움을 하던 시대였다. 사탄 마귀가 제 뜻을 여러 모양으로 전개시켜 본 것이 역사 시대의 민족과 국가의 흥망사였다. 사탄 마귀는 여러 국가와 민족을 통하여 제 뜻인 온갖 주의와 사상과 이데올로기를 전개시키다 마지막에 이룩한 것이 공산주의였다. 공산주의와 자본주의는 사탄 마귀가 마지막으로 전개시킨 쌍두사(雙頭蛇)이다. 좌익과 우익은 십자가에 달린 예수의 뜻을 훔쳐간 오른편 강도와 왼편 강도임을 잊어서는 안 된다. 새 날 새 공동체는 성령의 힘에 의해 자본주의와 공산주의를 초극한 새 마당을 개명하여 자유의 깃발을 게양할 것이다.

그 날 새 공동체 안에서 성령은 다양한 역사를 할 것이다. 물도 그릇에 따라 세모꼴 마름모꼴로 달라지듯 한 성령의 역사도 공동체를 형성한 개인의 심기(心器)와 개성에 따라 그 나타나는 양상은 다를 것이다.

은사는 여러 가지나 성령은 같고 직분은 여러 가지나 주는 같으며 또 사역은 여러 가지나 모든 것을 모든 사람 가운데서 이루시는 하나님은 같으니 각 사람에게 성령을 나타내심은 유익하게 하려 하심이라 어떤 사람에게는 성령으로 말미암아 지혜의 말씀을, 어떤 사람에게는 같은 성령을 따라 지식의 말씀을, 다른 사람에게는 같은 성령으로 믿음을, 어떤 사람에게는 한 성령으로 병 고치는 은사를, 어떤 사람에게는 능력 행함을, 어떤 사람에게는 예언함을, 어떤 사람에게는 영들 분별함을, 다른 사람에게는 각종 방언 말함을, 어떤 사람에게는 방언들 통역함을 주시나니 이 모든 일은 같은 한 성령이 행하사 그의 뜻대로 각 사람에게 나누어 주시는 것이니라(고전 12:4-11).

이처럼 신령한 공동체의 성원은 산 유기체가 되어 영적으로 조화와 통일을 형성한 〈한 몸〉이 될 것이다. 이 공동체가 교회이며 성전이다.

한 몸에는 오장육부(五臟六腑)가 있듯이 공동체를 형성한 개체들은 제각기 다른 성령의 은사를 받고 신앙 체험을 하지만 나중에는 공동각을 이루어 서로가 부족한 부분을 보충하여 완전함을 이루어 나아갈 것이다. 새 공동체의 머리는 예수 그리스도요 각 성도들은 지체가 되어 신령한 몸의 조직을 이룰 것이다.

제8장
대속론(代贖論)

제8장 대속론(代贖論)

피흘림이 없은즉 사함이 없느니라(히 9:22).

예수가 도성인신(道成人身)한 뜻은 죄악에 빠진 인간을 구원하기 위해서였다. 구원의 성업을 이루기 위하여는 반드시 대속의 제물이 필요하다. 이 대속제물(代贖祭物)은 죄인을 위해 피를 흘리지 않으면 안 된다. 예수는 대속의 제물이 되어 보혈을 흘리기 위해 십자가에 매달렸다. 십자가에 희생됨으로써 예수는 인류의 죄를 피흘려 대속했던 것이다. 십자가의 희생은 아담이 타락한 이후 피할 수 없는 길이었다.

피흘림이 없은즉 죄사함이 없는데 십자가의 희생됨이 없이 어찌 인류의 죄를 사할 수 있겠는가? 십자가 외에 다른 방법으로 인간을 구원할 방법이 없다. 그런데 오늘날 어떤 자들은 십자가는 하나님의 뜻이 아니고 십자가에 달린 예수는 실패한 예수라고 망언을 하고 있다.

적그리스도들은 떠들기를 초림 예수는 영적 구원만 완성하였지 육적 구원은 이루지 못했으므로 재림주가 와서 육적 구원을 이루어야 한다고 나발 불면서 거짓 복음을 밀교화(密敎化)하여 양들을 미혹하고 있다. 우리는 마땅히 적그리스도의 거짓 복음을 성령의 강력(强力)으로 파괴해야 한다. 대속론의 올바른 이해 없이는 십자가의 바른 뜻이 풀리지 않고 십자가의 바른 이해 없이는 하나님의 사랑을 알 길이 없다.

십자가는 하나님이 인간을 사랑하는 정표(情表)인 까닭이다.

제1절 왜 대속이 필요한가?

죄의 삯은 사망이요(롬 6:23).
모든 인간은 죄인이다(롬 3:10).
고로 모든 인간은 죽었다(롬 5:12).

이 삼단논법은 성경이 우리에게 제시한 논리이다. 누구든지 이 논리적 명제를 부정할 수 없다. 왜냐하면 인간은 근원적 현실적으로 죄의 실존이며 사망에 이르는 존재이기 때문이다. 우리는 나면서부터 죄인이며 죽은 존재들이다. 고뇌하는 존재로서의 인간은 이 무서운 사실을 냉정히 인정하고 죄와 사망의 한계 상황 아래서 탈출구를 모색해야 한다.

아담은 본래 생령으로 지음 받은 산 자인데 타락으로 말미암아 생령 곧 산 자가 죽고 육체만 살아 있는 허깨비와 같은 존재가 되었던 것이다. 인간은 죄로 인하여 자기 자신을 상실한 가인(假人)들이며 동물적인 존재로 전락되었다. 죄로 말미암아 인간은 사형에 해당했으나(롬 1:25-32) 이 허깨비인 가인(假人)들의 존재마저 땅 위에서 없어져 버리면 구원 섭리할 근거가 없어지는 것이다.

대속의 의미는 모든 종교에서 그 흔적을 찾아볼 수 있으나 성경처럼 철저하게 파헤친 종교는 다시 그 유례를 찾아볼 수 없다. 죄를 지을 때마다 하나님의 법에 의하여 사형된다면 아담 이후 이 세상에서 살아남을 사람은 아무도 없을 것이다. 인간이 없는 하나님의 존재 의미란 무엇인가?

비록 인간은 죄를 지어 죽음의 존재가 되었으나 죄지은 인간은 인간 대신 다른 생명을 희생시키므로 죄와 죽음에서 사함 받는 방법을 모색한 것이 곧 대속 종교의 남상이었다.

인간이 죄를 지으면 인간 자신이 죽어야 하는데 인간 대신 정결한 짐승을 잡아 번제(燔祭)를 드림으로써 죄를 속하였던 시대가 구약이었다.

구약은 인간의 죄로 인하여 죄 없는 짐승을 잡아 제사한 도살(屠殺)의 시대였다. 그러나 이 짐승의 제사로는 상징적 속죄는 될지언정 인간의 양심과 근원적인 원죄를 깨끗하게 하는 제사는 될 수 없었다.

> 이 장막은 현재까지의 비유니 이에 따라 드리는 예물과 제사는 섬기는 자를 그 양심상 온전하게 할 수 없나니 이런 것은 먹고 마시는 것과 여러 가지 씻는 것과 함께 육체의 예법일 뿐이며 개혁할 때까지 맡겨 둔 것이니라(히 9:9-10).

짐승의 제사는 의문(儀文)과 형식이 되고 참 대속의 그림자가 되어 십자가의 구속 사업이 나타나기까지 기다렸던 것이다.

> 그리스도께서는 장래 좋은 일의 대제사장으로 오사 손으로 짓지 아니한 것 곧 이 창조에 속하지 아니한 더 크고 온전한 장막으로 말미암아 염소와 송아지의 피로 하지 아니하고 오직 자기의 피로 영원한 속죄를 이루사 단번에 성소에 들어가셨느니라(히 9:11-12).

매일 드리는 형식적인 짐승의 제사로서 인간의 양심을 깨끗하게 할 수 없을 뿐만 아니라 구약의 하나님은 짐승의 제사에 식상(食傷)한 신이었다.

> 여호와께서 말씀하시되 너희의 무수한 제물이 내게 무엇이 유익하뇨 나는 숫양의 번제와 살진 짐승의 기름에 배불렀고 나는 수송아지나 어린 양이나 숫염소의 피를 기뻐하지 아니하노라(사 1:11).
>
> 나는 그들의 번제를 받지 아니하며 그들의 희생제물을 달게 여기지 않노라(렘 6:20).
>
> 너희가 내 제단 위에 헛되이 불사르지 못하게 하기 위하여 너희 중에 성전 문을 닫을 자가 있었으면 좋겠도다(말 1:10).

이처럼 짐승의 제물로는 인간의 죄를 대속할 수 없음이 명백해졌다. 한 사람 아담의 범죄로 인류 전체가 죽었으니 아담과 같은 한 사람 대속의 보혈이 있다면 인류 전체가 구원받을 수 있는 것이다. 그런데 우리가 알아야 할 사실은 제물은 흠이 없고 점이 없는 깨끗한 것이 아니면 안 된다는 점이다.

> 흠 있는 것은 무엇이나 너희가 드리지 말 것은 그것이 기쁘게 받으심이 되지 못할 것임이니라(레 22:20).
>
> 그러나 그 짐승이 흠이 있어서 절거나 눈이 멀었거나 무슨 흠이 있으면 네 하나님 여호와께 잡아 드리지 못할지니(신 15:21).

짐승도 흠이 없는 것을 제물로 하지 못했을 뿐만 아니라 이 짐승의 제물을 드릴 제사장도 흠이 있는 자는 될 수 없었다.

> 여호와께서 모세에게 말씀하여 이르시되 아론에게 말하여 이르라 누구든지 너의 자손 중 대대로 육체에 흠이 있는 자는 그 하나님의 음식을 드리려고 가까이 오지 못할 것이니라(레 21:16-17).

짐승과 제사장이 흠이 없어야 한다는 뜻은 장차 올 대속의 메시아도 죄와 흠과 점과 티가 없어야 함을 암시한다. 그런데 아담 이후 모든 인간은 죄와 흠과 상처투성이의 존재들이었다.

오직 예수 한 사람만이 죄와 흠과 티와 점이 없는 청정무구(淸淨無垢)한 존재였다. 예수야말로 하나님 앞에 산 제물이 되어 그의 깨끗한 보혈은 인간의 죄를 씻기에 합당하였다.

> 이러한 대제사장은 우리에게 합당하니 거룩하고 악이 없고 더러움이 없고 죄인에게서 떠나 계시고 하늘보다 높이 되신 이라(히 7:26).
>
> 오직 흠 없고 점 없는 어린 양 같은 그리스도의 보배로운 피로 된 것이니라(벧전 1:19).

산 제물이 되어 십자가에서 흘린 예수의 피는 단번에 드린 제사였고 구약의 짐승 제물처럼 매일 반복하는 번거로운 제사가 아니었다(히 9:27-28).

아담 범죄 후 인류를 위한 대속 제물은 피할 수 없는 사실이 되었고 피흘림이 없이 죄악 속에서 인간을 구원할 다른 방법이 없었던 것이다. 그러므로 예수는 십자가에 매달려 피흘리지 않은 수 없었다. 대속사(代贖死)가 없다면 어찌 예수가 우리의 구주가 될 수 있겠는가?

제2절 구약과 신약의 제물 비교

1. 구약의 제물

구약의 제물은 짐승으로 드리는 제사였는데 번제(燔祭)와 화목제(和睦祭)와 속죄제(贖罪祭)로 대별된다. 번제는 가장 대표적인 제사로서 전체의 죄를 위하여 하나님께 드렸다. 화목제는 감사제의 뜻이 포함되었고 속죄제는 죄를 지으면 드리는 제사였다.

ㄱ. 번제

a. 소의 번제

① 수송아지로 드림 ② 피를 회막문 앞 사면에 뿌림 ③ 가죽을 벗기고 각을 뜸 ④ 각(脚) 머리·기름을 불사름 ⑤ 내장과 정강이를 씻어 불사름(레 1:3-9).

b. 양의 번제

① 수양으로 드림 ② 피를 단 사면에 뿌림 ③ 각을 뜨고 머리와 기름을 단에 사름 ④ 내장과 정강이를 물로 씻어 사름(레 1:10-13)

c. 비둘기의 번제

① 산 비둘기와 집비둘기 새끼 ② 머리를 비틀어 끊고 불사름 ③ 피는 제단 곁에 흘림 ④ 멱통과 더러운 것은 버림 ⑤ 그 날개 자리에서 몸을 찢음(레 1:14-17).

ㄴ. 화목제(감사제)

a. 소의 화목제

① 수컷이나 암컷이나 구별이 없음 ② 피는 제단 사면에 뿌림 ③ 내장과 기름과 콩팥과 머리 부분의 꺼풀은 불사름(레 3:1-5).

b. 양의 화목제

① 암수 구별 않고 드림 ② 기름 곧 미려골(尾閭骨)에서 벤 꼬리와 내장·기름·콩팥과 머리 부분의 꺼풀로 불살라 화제로 드림 ③ 피를 사면에 뿌림(레 3:6-11).

c. 염소의 화목제

① 피를 단 사면에 뿌림 ② 내장에 덮인 기름, 콩팥과 허리 부분에 덮인 꺼풀로 화제(레 3:12-16).

ㄷ. 속죄제

a. 소의 속죄제

① 수송아지를 드림 ② 피를 찍어 성소 장막 앞에 일곱 번 뿌림 ③ 단 향로의 뿔에 바름 ④ 피 전부를 회막 앞 번제단 밑에 쏟음 ⑤ 내장기름, 콩팥기름, 간의 기름을 불사름 ⑥ 가죽과 고기와 다리와 내장과 똥은 재 버리는 곳에서 사름(레 4:1-12).

b. 양의 속죄제

① 흠없는 암컷 ② 피를 제단 뿔에 바르고 남은 피로 단 번에 쏟음 ③ 모든 기름은 화제(火祭)(레 4:32-35).

c. 비둘기의 속죄제

① 집비둘기 새끼 둘을 취함 ② 머리를 비틀어 끊고 몸은 아주 쪼개지 말 것 ③ 피는 단 곁에 뿌림(레 5:7-9).

이처럼 구약에 드렸던 짐승 제물은 번제·화목제·속죄제로 나눌 수 있다. 이 제물들은 장차 메시아가 인간의 죄를 위하여 십자가의 제사를 드릴 모형이었다. 그러므로 십자가의 제사도 번제와 화목제와 속죄제의 세 가지 뜻을 내포하게 된다.

2. 신약의 제물

구약의 제물이 짐승 제물로서 상징적인 제물이었다면 신약의 제물은 인신제물(人身祭物)로서 실체적인 제물이었다. 십자가는 산 제물이었고 단 번에 번제, 화목제, 속죄제를 드린 제사였다.

ㄱ. 십자가는 번제였다

예수는 자기를 단 번에 드렸다. 구약의 번제는 제물을 장작불에 태우는 화제였으나 예수는 자기를 성령의 불에 태워 번제로 드렸다.

그는 우리를 위하여 자신을 버리사 향기로운 제물과 희생제물로 하나님께 드리셨느니라(엡 5:2).

이 뜻을 따라 예수 그리스도의 몸을 단번에 드리심으로 말미암아 우리가 거룩함을 얻었노라(히 10 :10).

ㄴ. 십자가는 화목제였다.

십자가는 하나님과 인간 사이의 막힌 담을 헐고 원수되었던 사이를 화목시킨 제사였다. 이 화목 제사로 말미암아 인간들은 하나님 앞에 나아갈 수 있게 되었다.

그는 우리 죄를 위한 화목 제물이니……(요일 2:2).

그의 십자가의 피로 화평을 이루사 만물 곧 땅에 있는 것들이나 하늘에 있는 것들이 그로 말미암아 자기와 화목하게 되기를 기뻐하심이라(골 1:20).

우리가 원수 되었을 때에 그의 아들의 죽으심으로 말미암아 하나님과 화목하게 되었은즉……(롬 5 ; 10).

이 예수를 하나님이 그의 피로써 믿음으로 말미암는 화목제물로 세우셨으니……(롬 3:25).

그는 우리의 화평이신지라 둘로 하나를 만드사 원수 된 것…… 이는 이 둘로 자기 안에서 한 새 사람을 지어 화평하게 하시고 또 십자가로 이 둘을 한 몸으로 하나님과 화목하게 하려 하심이라(엡 2:14-16).

그가 그리스도로 말미암아 우리를 자기와 화목하게 하시고 또 우리에게 화목하게 하는 직분을 주셨으니 곧 하나님께서 그리스도 안에 계시사 세상을 자기와 화목하게 하시며 그들의 죄를 그들에게 돌리지 아니하시고 화목하게 하는 말씀을 우리에게 부탁하셨느니라(고후 5:18-19).

그는 우리 죄를 위한 화목 제물이니 우리를 위할 뿐 아니요……(요일 2:2)

우리가 하나님을 사랑한 것이 아니요 하나님이 우리를 사랑하사 우리 죄를 속하기 위하여 화목 제물로 그 아들을 보내셨음이라(요일 4:10).

ㄷ. 십자가는 속죄제였다.

십자가는 우리의 죄를 없이하기 위한 속죄제였다. 십자가에서 흘린 보혈로 말미암아 우리의 죄는 사함 받고 양심을 깨끗하게 하였다. 진홍같은 우리의 죄가 십자가의 보혈로 양털같이 희어지고 주홍같은 우리의 허물이 십자가의 정혈(淨血)로 눈같이 희어졌다.

> 우리는 그리스도 안에서 그의 은혜의 풍성함을 따라 그의 피로 말미암아 속량 곧 죄 사함을 받았느니라(엡 1:7).
>
> 염소와 송아지의 피로 하지 아니하고 오직 자기의 피로 영원한 속죄를 이루사……(히 9:12),
>
> 너희 조상이 물려 준 헛된 행실에서 대속함을 받은 것은…… 오직 흠 없고 점 없는 어린 양 같은 그리스도의 보배로운 피로 된 것이니라(벧전 1:18-19)
>
> 그 아들 예수의 피가 우리를 모든 죄에서 깨끗하게 하실 것이요(요일 1:7).

이처럼 예수의 십자가는 번제·화목제·속죄제가 종합 통일된 단 한 번의 제사였다. 구약의 짐승 제물은 십자가의 실체 제물로 완성되었던 것이다.

제3절 피에 대한 고찰

피는 두 가지 면에서 성경에 강조된다. 한 면은 언약이요 다른 한 면은 속죄이다. 구약도 피로 맺어진 약속이었고 신약도 피로 맺어진 약속이었다. 마치 계약문서에 도장을 찍듯 하나님은 구약과 신약의 계약문서에다 어린 양의 보혈을 인주(印朱)로 하여 약속의 도장을 찍었던 것이다. 예수가 흘린 붉은 피는 하나님의 계약문서의 인주와 같다. 또 피는 속죄의 의미가 있는데 피는 곧 생명이기 때문이다.

> 육체의 생명은 피에 있음이라 내가 이 피를 너희에게 주어 제단에 뿌려 너희의 생명을 위하여 속죄하게 하였나니 생명이 피에 있으므로 피가 죄를 속하느니라(레 17:11).

이처럼 피는 곧 생명이므로 하나님은 피를 먹지 못하게 하였다.

> 다만 크게 삼가서 그 피는 먹지 말라 피는 그 생명인즉 네가 그 생명을 고기와 함께 먹지 못하리니 너는 그것을 먹지 말고 물 같이 땅에 쏟으라 너는 피를 먹지 말라(신 12:23-25).

구약인들은 짐승으로 희생을 드렸지만 피를 먹지 않음으로써 그 짐승의 생명을 해하지 않았다고 생각했던 것이다.

구약시대는 함부로 짐승을 살생한 듯 하지만 피를 먹지 않고 물같이 땅에 쏟음으로 살생을 하지 않았다고 생각했다. 불교와 힌두교에서는 직접적인 살생을 금하였지만 이스라엘 민족은 그 고기는 먹고 피를 먹지 않음으로써 상징적으로 살생하지 않았던 것이다.

피는 생명이므로 하나님께만 바칠 수 있다고 생각했다. 그러나 예수는 성만찬을 통하여 자기의 피를 마시고 살을 먹을 것을 당부하였다. 포도주와 떡은 예수 그리스도의 피와 살을 상징하며 또 피와 살은 영원한 로고스의 진리와 신령의 상징이었다.

1. 피와 언약

구약도 피로써 이룩된 약속이었다. 계약문서에 붉은 인주가 찍힌 도장이 없으면 무효이듯 하나님이 인간과 약속한 문서에도 피가 없으면 무효이다. 계약서는 반드시 피로써 약속되어야 한다.

> 모세가 피를 가지고 반은 여러 양푼에 담고 반은 제단에 뿌리고 언약서를 가져다가 백성에게 낭독하여 듣게 하니…… 모세가 그 피를 가지고 백성에게 뿌리며 이르되 이는 여호와께서 이 모든 말씀에 대하여 너희와 세우신 언약의 피니라(출 24:6-8).
>
> 이러므로 첫 언약도 피 없이 세운 것이 아니니 모세가 율법대로 모든 계명을 온 백성에게 말한 후에 송아지와 염소의 피 및 물과 붉은 양털과 우슬초를 취하여 그 두루마리와 온 백성에게 뿌리며 이르되 이는 하나님이 너희에게 명하신 언약의 피라 하고……(히 9:18-20),

이처럼 구약도 피 뿌림으로 맺어진 계약문서였다. 그런데 우리가 주목해야 할 사실은 이 구약의 계약문서에 뿌려진 피는 소와 염소의 피지 양의 피가 아니라는 사실이다.

양의 피는 예수 그리스도의 보혈을 상징한다. 예수는 어린 양이기 때문이다. 구약에서 맺어진 약속은 예수의 피가 없다는 사실에 주목해야 한다. 소는 가인적 타락 종교(천사 종교)의 상징이며 양은 아벨적 예수 종교의 상징이다.

구약은 하나님이 천사를 방편으로 내세운 소로 상징되는 시대였으므로 소와 염소의 피로 언약을 맺었던 것이다. 구약의 계약문서에 양의 피가 사용되지 않았다는 사실을 우리는 이날까지 간과했고 그 뜻도 이해하지 못했다. 구약의 계약문서가 쇠피를 뿌려 맺어진 언약이기 때문에 예수가 어린 양이 되어 보혈을 흘릴 때 구약은 낡은 계약문서가 되지 않을 수 없는 것이다.

참 생명의 계약서는 양의 피 곧 예수의 보혈로 맺어진다. 그런데 구약의 낡은 문서에는 양의 피 곧 예수의 보혈이 없으므로 구약은 생명의 법이 되지 못하고 정죄하는 율법으로 인간을 죽였던 것이다.

소의 피는 정죄(定罪)의 피요 양의 피는 정죄(淨罪)의 피이다.

> 염소와 송아지의 피로 하지 아니하고 오직 자기의 피로 영원한 속죄를 이루사 단번에 성소에 들어가셨느니라(히 9:12).

이 성구만 보더라도 소와 염소의 피가 아닌 어린 양의 피만이 우리의 죄를 없이하는 것이다. 이 날까지 성경을 읽으면서 우리는 구약의 계약문서가 어린 양의 피로 맺어진 것인 줄 착각하고 있었다.

신약은 예수의 피로서 맺어진 약속이다. 이 약속이야말로 하나님의 도장이 찍힌 변할 수 없는 약속이다. 구약은 소의 피 곧 천사의 도장이 찍힌 문서이므로 예수가 올 때 그 약속은 낡은 약속이 되고 율법은 변역(變易)되는 것이다. 즉 구약의 약속은 영원히 변치 않는 약속이 아닌 변하는 약속이었다.

제사 직분이 바꾸어졌은즉 율법도 반드시 바꾸어지리니(히 7:12).

예수의 보혈로서 맺어진 약속만이 생명의 약속이요 영원히 변치 않는 약속이다. 유월절 어린 양의 피도 이 예수의 보혈을 상징하고 있는 것이다.

이것을 마시라 이것은 죄 사함을 얻게 하려고 많은 사람을 위하여 흘리는 바 나의 피 곧 언약의 피니라(마 26:27-28).

양들의 큰 목자이신 우리 주 예수를 영원한 언약의 피로 죽은 자 가운데서 이끌어 내신……(히 13:20).

이처럼 양의 보혈(寶血), 예수의 정혈(精血)이 묻어 있는 계약문서만이 진리인 것이다. 소와 염소의 피로서 맺은 구약은 가문서(假文書)였다. 진문서(眞文書)의 그림자였다.

2. 피와 속죄

피는 언약인 동시에 속죄이다. 계약문서의 내용이 곧 속죄의 문장이다. 신약이라는 이름의 계약문서는 예수가 우리를 어떻게 속죄하였는가를 기술하고 있다. 그러므로 새 언약서는 곧 속죄문서인 것이다.

속죄는 곧 구원을 의미한다. 그러므로 새 언약서는 곧 구원문서도 된다.

피흘림이 없은즉 사함이 없느니라(히 9:22).

그리스도께서는 장래 좋은 일의 대제사장으로 오사 손으로 짓지 아니한 것 곧 이 창조에 속하지 아니한 더 크고 온전한 장막으로 말미암아 염소와 송아지의 피로 하지 아니하고 오직 자기의 피로 영원한 속죄를 이루사 단번에 성소에 들어가셨느니라(히 9:11-12).

내가 이 피를 너희에게 주어 제단에 뿌려 너희의 생명을 위하여 속죄하게 하였나니 생명이 피에 있으므로 피가 죄를 속하느니라(레 17:11).

이처럼 피는 구약이나 신약을 막론하고 속죄하는 데 반드시 필요하였다. 아담의 타락은 인간의 속죄사를 피로 점철하였다.

어린 양의 피는 국가와 민족을 초월하여 모든 성도들의 죄를 속하고 구원할 것이다.

> 새 노래를 불러 이르되 두루마리를 가지시고 그 인봉을 떼기에 합당하시도다 일찍이 죽임을 당하사 각 족속과 방언과 백성과 나라 가운데에서 사람들을 피로 사서 하나님께 드리시고 그들로 우리 하나님 앞에서 나라와 제사장들을 삼으셨으니 그들이 땅에서 왕 노릇 하리로다(계 5:9).

제4절 제물로서의 어린 양

아담 타락 후 하나님은 아담에게 가죽옷을 지어 입혔다.

> 여호와 하나님이 아담과 그의 아내를 위하여 가죽옷을 지어 입히시니라(창 3:21).

하나님이 지어 입히신 가죽옷은 양가죽으로 만든 옷이었다. 어떻게 양털로 만든 가죽옷임을 알 수 있는가? 소와 양의 제물 중 쇠가죽으로는 옷을 만들 수 없으므로 알 수 있다. 현대처럼 피혁업(皮革業)이 발달했을 때가 아닌 고대 사회에서 쇠가죽으로는 옷을 만들 수 없었고 쇠털은 방한에 필요한 옷이 될 수 없었다.

> 어린 양의 털은 네 옷이 되며……(잠 27:26).

하나님이 양가죽으로 아담 하와를 위해 지어 입히시던 때부터 양의 희생은 비롯된다. 양털옷 만이 인간의 부끄러움(죽음)을 가리울 수 있음을 암시하고 있다.

가인은 농업하는 자의 조상이 되고 아벨은 목축하는 자의 조상이 된다. 농경은 소를 섬기는 원시 모계사회의 상징이고 목축은 양을 치는 원시 부계사회의 상징이다.

가인의 제사를 받지 않으신 이유는 가인이 땅의 소산으로 소제를 드렸기 때문이 아니고 소를 섬기는 모계사회의 무도덕과 비윤리의 더러운 제사였기 때문에 받지 않았던 것이다. 그러나 아벨은 양의 첫 새끼인 어린 양으로 제사를 드렸다.

> 아벨은 자기도 양의 첫 새끼와 그 기름으로 드렸더니 여호와께서 아벨과 그의 제물은 받으셨으나……(창 4:4).

양의 희생을 드린 아벨은 어린 양의 제물이 자기의 죄를 속하는 비의를 알고 있음을 나타낸다. 이처럼 타락 직후 짐승을 잡는 속죄의 흔적은 노아에게서도 볼 수 있고(창 8:20), 아브라함에게서도 볼 수 있다(창 22:12).

아담부터 아브라함까지 20대 2천 년의 세월 속에 짐승 희생의 의식은 면면히 이어 오다가 모세 때 이르러 레위기를 통해 치밀한 제사법이 제정되기에 이른다. 모세가 애굽을 탈출하던 전야에 행해진 유월절 어린 양의 희생은 장차 메시아 노정을 상징하는 사건의 백미(白眉)였다.

> 너희 어린 양은 흠 없고 일 년 된 수컷으로 하되 양이나 염소 중에서 취하고…… 그 양을 잡고 그 피를 양을 먹을 집 좌우 문설주와 인방에 바르고 그 밤에 그 고기를 불에 구워 무교병과 쓴 나물과 아울러 먹되 날것으로나 물에 삶아서 먹지 말고 머리와 다리와 내장을 다 불에 구워 먹고 아침까지 남겨두지 말며 아침까지 남은 것은 곧 불사르라(출 12:5-10).

유월절에 희생된 어린 양의 피가 〈사망의 밤〉에 이스라엘 백성을 구원하는 표가 된다. 이스라엘 백성은 탈출 전야에 어린 양을 잡는다.

이 유월절 어린 양의 희생은 예수의 희생을 표상하는 구약의 모형이다. 예수는 마귀의 품에서 인간을 해방시키기 위하여 탈출 전날 밤에 성만찬을 베풀어 유월절을 기념한다(마 26:19).

모세가 바로의 품에서 이스라엘을 해방시키기 위하여 어린 양을 잡았다면 예수는 마귀의 품에서 인간을 해방시키기 위하여 어린 양이 되어 희생되었던 것이다. 예수가 어린 양이 되는 이유가 바로 여기에 있다.

예수는 어린 양이다. 1년 된 수양인 것이다.

> 보라 세상 죄를 지고 가는 하나님의 어린 양이로다(요 1:29).
>
> 오직 흠 없고 점 없는 어린 양 같은 그리스도의 보배로운 피……(벧전 1:19),
>
> 그가 도살자에게로 가는 양과 같이 끌려갔고 털 깎는 자 앞에 있는 어린 양이 조용함과 같이 그의 입을 열지 아니하였도다(행 8:32).

이처럼 신약은 예수를 어린 양으로 표시했고 「요한 계시록」 전체의 문맥이 어린 양으로 일관되어 있음도 어린 양의 피가 영원한 언약으로 인간을 구원했기 때문이다.

> 장로들 사이에 한 어린 양이 서 있는데…… 장로들이 그 어린 양 앞에 엎드려…… 죽임을 당하신 어린 양은 능력과…… 어린 양에게 찬송과 존귀와 영광과 권능을 세세토록 돌릴지어다(계 5:6-13).
>
> 내가 보매 어린 양이 일곱 인 중의 하나를 떼시는……(계 6:1),
>
> 어린 양의 진노에서 우리를 가리라(계 6:16).
>
> 보좌 앞과 어린 양 앞에 서서…… 우리 하나님과 어린 양에게 있도다(계 7:9-10).
>
> 이는 큰 환난에서 나오는 자들인데 어린 양의 피에 그 옷을 씻어 희게 하였느니라(계 7:14).
>
> 이는 보좌 가운데에 계신 어린 양이 그들의 목자가 되사(계 7:17),
>
> 또 우리 형제들이 어린 양의 피와 자기들이 증언하는 말씀으로써 그를 이겼으니……(계 12:11),
>
> 죽임을 당한 어린 양의 생명책에 창세 이후로 이름이 기록되지 못하고……(계 13:8),
>
> 보라 어린 양이 시온 산에 섰고…… 어린 양의 이름과 그 아버지의 이름…… 어린 양이 어디로 인도하든지 따라가는 자며……(계 14:1-4),

거룩한 천사들 앞과 어린 양 앞에서 불과 유황으로 고난을 받으리니(계 14:10),

모세의 노래, 어린 양의 노래를 불러 이르되……(계 15:3),

그들이 어린 양과 더불어 싸우려니와 어린 양은 만주의 주시요 만왕의 왕이시므로……(계 17:14),

어린 양의 혼인 기약이 이르렀고…… 어린 양의 혼인 잔치에 청함을 받은 자들은 복이 있도다(계 19:7-9),

곧 어린 양의 아내를 네게 보이리라…… 그 위에는 어린 양의 열두 사도의 열두 이름이 있더라…… 곧 전능하신 이와 및 어린 양이 그 성전이심이라…… 어린 양이 그 등불이 되심이라…… 오직 어린 양의 생명책에 기록된 자들만 들어가리라(계 21:9-27),

하나님과 및 어린 양의 보좌로부터 나와서 길 가운데로 흐르더라(계 22:1-2).

이상 사경한 바와 같이 「요한 계시록」 전체의 문맥이 어린 양으로 시종되고 있음을 알 수 있다. 비록 어린 양은 땅 위에서 희생되어 피를 흘렸으나 하늘나라에서는 승리자가 되어 하나님 우편에 앉아 인봉된 일곱 인을 떼시는 심판자로서 계신 것이다.

왜 예수를 〈어린 양〉으로 상징했을까? 그 숨은 뜻을 속속들이 해명해 보자. 어린 양은 큰 양이 아니었다. 큰 양은 다 성장하여 교미(交尾)한 경험이 있는 수양이었으나 어린 수양은 성(性)을 아직 모르는 정결하고 순수한 양을 의미한다. 이는 예수의 순수성과 순결성을 암시하고 있다.

예수는 십자가에 희생되기까지 성적 경험이 없는 순결하고 순수한 숫총각이었다. 그는 점과 티와 흠이 없는 몸으로 십자가에 희생되었다.

구약의 짐승 제물도 흠이 없는 어린 양으로 드렸거늘 인류의 죄를 속죄할 인신제물이 어찌 순수하고 순결한 수컷이 아니겠는가.

이런 성경의 비밀을 모르고 기독교인들은 예수를 막달라 마리아의 정부(情父)로 착각하는 자가 대부분이다. 이 어찌 통탄할 노릇이 아니겠는가. 어떤 자들은 마치 예수를 플레이보이로 묘사하고 있기도 하다. 이런 자들은 성경의 도맥을 깊이 천착하지 못하고 수박 겉핥기식으로 성경을 문학 작품으로 읽은 경박한 자들인 것이다.

예수는 어린 양 즉 성을 모르는 순수한 양, 순결한 양으로 희생되었던 것이다. 비록 예수가 깨끗한 숫총각의 몸으로 희생되었지만 그는 성령을 따라 수많은 씨를 거두어들인 것이다. 세상의 씨는 남녀가 합하여 얻는 육신의 씨이지만 예수는 영맥을 따라 언약의 씨를 얻었다. 이것이 하나님의 뜻이었다.

> 여호와께서 그에게 상함을 받게 하시기를 원하사 질고를 당하게 하셨은즉 그의 영혼을 속건제물로 드리기에 이르면 그가 씨를 보게 되며 그의 날은 길 것이요 또 그의 손으로 여호와께서 기뻐하시는 뜻을 성취하리로다(사 53:10).

예수는 고난을 통하여 숫총각으로 죽었지만 씨를 얻게 되었던 것이다. 이 씨는 혈맥의 씨가 아닌 영맥의 씨이다. 예수의 깨끗한 보혈로 얻은 영혈(靈血)의 씨인 것이다.

제5절 십자가의 고난은 하나님의 뜻

오늘날 사교(邪敎)를 신봉하는 어떤 자들이 주장하기를 예수의 십자가는 하나님의 뜻이 아니었고 사람들의 실수로 말미암은 행위라고 망언을 지껄이고 있다. 그들은 십자가는 실패의 전형이고 예수의 구원 섭리는 영적으로만 이루고 육적 구원은 재림주가 와서 이루어야 한다고 주장한다. 이는 성경의 해독법을 전혀 이해하지 못한 종교 사기꾼들의 거짓 복음이다. 그들은 성령이 아닌 〈다른 영〉을 받고 곡해하면서 복음을 사문서화(私文書化)하고 있다. 성경은 성경으로 풀어야 하며 사사롭게 풀 수 없다. 이미 「도맥론」에서 밝힌 바와 같이 아담이 타락하지 않았다면 피의 종교인 십자가의 도는 필요하지 않았다.

하나님의 뜻은 평화의 종교요 인간은 죽지 않고 수렴되는 선도(僊道)가 본래의 길이었다. 아담이 타락하여 죽었기 때문에 대속의 방법으로 피의 종교가 남상되었고 부활의 길이 개척되었던 것이다. 그러므로 십자가의 도란 본래 타락되지 않은 자리에서 보면 제2의적(第二義的) 길이다.

십자가와 피와 고난과 부활은 전적으로 아담의 타락으로 인해 생긴 비극이었다. 아담 타락 이후 죄에 오염되고 사망의 노예가 된 인간을 대속하고 구원할 방법은 십자가에서 피흘려 산 제사를 드리는 길 뿐이었다.

속죄는 피를 요구하고 피는 희생을 의미하는데 죽지 않고 인간을 구원할 길은 없었다. 피뿌려 죄를 속하고 죽었다 부활함으로 죽은 인간들을 산 자로 변화시키는 것이 아담 이후 정해진 도의 이정표(里程標)였다. 이 때문에 구약사는 희생의 제물을 드리는 제사로 점철된다.

또 신약의 복음서와 편지서들은 십자가의 당위성을 변증하는 문서였다. 예수도 십자가가 하나님의 뜻임을 갈파했고 사도들도 십자가의 도가 하나님의 뜻임을 여러 모양으로 변증하였다.

십자가가 하나님의 뜻이었음을 누누히 사경하자.

1. 구약에서

ㄱ. 모세의 예언

모세는 그 빛나는 형안(炯眼)으로 예수의 고난을 상징적으로 예고했다. 예수가 나무에 달릴 것을 그는 광야 노정에서 이스라엘 민족에게 상징적으로 보여 주었다. 모세는 불뱀에게 물린 자를 살리기 위해 놋뱀을 장대 끝에 매달았다. 불뱀은 마귀의 상징이며 놋뱀은 예수 상징이다.

왜 예수는 놋뱀인가? 놋은 빛나는 영광의 상징이다. 예수의 도는 부활 변화의 도이므로 영광 속에 빛나는 도인 까닭에 그 영광의 광채를 상징하기 위하여 태양빛에 찬란하게 빛나는 놋쇠로 뱀을 만들어 장대에 달았던 것이다. 인간은 뱀들에게 물린 자들이며 놋뱀을 쳐다보면 살 수 있는 것이다.

> 모세가 놋뱀을 만들어 장대 위에 다니 뱀에게 물린 자가 놋뱀을 쳐다본즉 모두 살더라(민 21:9).

예수는 이 성구를 인용하여 자기 자신이 나무에 달려 죽을 것을 증거했다.

모세가 광야에서 뱀을 든 것 같이 인자도 들려야 하리니 이는 그를 믿는 자마다 영생을 얻게 하려 하심이니라(요 3:14-15).

내가 땅에서 들리면 모든 사람을 내게로 이끌겠노라 하시니 이렇게 말씀하심은 자기가 어떠한 죽음으로 죽을 것을 보이심이러라(요 12:32).

예수의 십자가는 광야에서 놋뱀을 매단 장대의 실연(實演)이었다. 모세뿐만 아니라 이사야 선지자도 그 빛나는 예감으로 예수의 고난을 다음과 같이 예언했다.

여호와께서 그에게 상함을 받게 하시기를 원하사 질고를 당하게 하셨은즉 그의 영혼을 속건제물로 드리기에 이르면 그가 씨를 보게 되며 그의 날은 길 것이요 또 그의 손으로 여호와께서 기뻐하시는 뜻을 성취하리로다(사 53:10).

예수의 희생이 없이는 하나님의 뜻을 성취할 수 없었다. 하나님은 그 외아들이 상함 받기를 원하였던 것이다. 예수는 하나님의 원을 이루기 위하여 십자가에 매달렸던 것이다.

아버지의 원대로 되기를 원하나이다(마 26:42).

예수의 이 기도가 이사야의 예언을 성취하고 있음을 보여준다. 이처럼 구약의 큰 선지자들은 예수님의 고난이 하나님의 원이며 뜻임을 보여주고 있다.

2. 신약에서

ㄱ. 예수 자신의 증거

예수 자신이 십자가는 하나님의 뜻임을 천명하고 자기의 희생을 강조했다.

> 인자가 온 것은 섬김을 받으려 함이 아니라 도리어 섬기려 하고 자기 목숨을 많은 사람의 대속물로 주려 함이니라(마 20:28).
>
> 인자는 자기에 대하여 기록된 대로 가거니와 인자를 파는 그 사람에게는 화가 있으리로다(마 26:24).
>
> 사탄아 내 뒤로 물러 가라 너는 나를 넘어지게 하는 자로다 네가 하나님의 일을 생각하지 아니하고 도리어 사람의 일을 생각하는도다(마 16:23).
>
> 그리스도가 이런 고난을 받고 자기의 영광에 들어가야 할 것이 아니냐 하시고 이에 모세와 모든 선지자의 글로 시작하여 모든 성경에 쓴 바 자기에 관한 것을 자세히 설명하시니라(눅 24:26-27).

ㄴ. 제자들의 증거

제자들은 예수가 세상에 계실 때 죽지 말 것을 강요했고 또 십자가 죽음의 의미를 전혀 이해하지 못하였다. 그러나 예수가 고난 받고 무덤에서 부활한 후 오순절 성령 강림을 통해 예수의 십자가와 부활의 의미를 알게 된다. 예수 재세시(在世時)에는 전혀 그 의미를 깨닫지 못했고 성령이 임하면 깨달을 것을 예수는 예언했다.

> 보혜사 곧 아버지께서 내 이름으로 보내실 성령 그가 너희에게 모든 것을 가르치고 내가 너희에게 말한 모든 것을 생각나게 하리라(요 14:26).
>
> 내가 아버지께로부터 너희에게 보낼 보혜사 곧 아버지께로부터 나오시는 진리의 성령이 오실 때에 그가 나를 증언하실 것이요(요 15:26).

성령을 받지 않으면 예수가 십자가를 지신 의미와 부활의 비의를 바르게 깨달을 수 없는 것이다. 오순절 성령을 받은 후 그들은 십자가가 하나님의 뜻이었음을 깨닫고 그 의미를 이해하게 되었다.

십자가가 하나님의 뜻이 아니고 실패한 모형이라 떠벌리는 사교의 무리들은 성령을 받지 못한 자들이기 때문에 십자가의 참된 의미를 모르고 있는 것이다.

> 바울이…… 세 안식일에 성경을 가지고 강론하며 뜻을 풀어 그리스도가 해를 받고 죽은 자 가운데서 다시 살아나야 할 것을 증언하고 이르되……(행 17:2-3),
>
> 선지자들과 모세가 반드시 되리라고 말한 것밖에 없으니 곧 그리스도가 고난을 받으실 것과 죽은 자 가운데서 먼저 다시 살아나사 이스라엘과 이방인들에게 빛을 전하시리라 함이니이다(행 26:22-23).
>
> 성경대로 그리스도께서 우리 죄를 위하여 죽으시고 장사 지낸 바 되셨다가 성경대로 사흘 만에 다시 살아나사……(고전 15:3-4),
>
> 만물이 그를 위하고 또한 그로 말미암은 이가 많은 아들들을 이끌어 영광에 들어가게 하시는 일에 그들의 구원의 창시자를 고난을 통하여 온전하게 하심이 합당하도다(히 2:10).
>
> 그가 아들이시면서도 받으신 고난으로 순종함을 배워서 온전하게 되셨은즉(히 5:8 -9),
>
> 이 구원에 대하여는 너희에게 임할 은혜를 예언하던 선지자들이 연구하고 부지런히 살펴서…… 고난과 후에 받으실 영광을 미리 증언하여 누구를 또는 어떠한 때를 지시하시는지 상고하니라(벧전 1:10-11).

이처럼 사도들도 성경을 상고하여 십자가의 필요성과 당위성을 역설하였다. 십자가는 하나님의 뜻이었다.

성경의 진실이 이러하거늘 십자가는 하나님의 뜻이 아니었고 십자가는 실패의 상징이라는 적그리스도의 망언은 비성경적인 거짓 복음임을 깊이 인식해야 한다. 현대는 거짓 종교의 유언비어들이 범람하는 종교 공해 시대임을 잊어서는 안 된다.

3. 이상한 몇 가지 성구들

십자가가 하나님의 바라는 뜻이었다면 다음 성구는 어떻게 해석할 것인가?

> 이 지혜는 이 세대의 통치자들이 한 사람도 알지 못하였나니 만일 알았더라면 영광의 주를 십자가에 못 박지 아니하였으리라(고전 2:8).

〈참 지혜를 알았더라면 예수를 십자가에 못 박지 아니하였으리라〉라는 이 성구는 타락 전 본연의 상태를 가상하고 하는 말씀이다. 〈만약 아담이 타락하지 않았다면……〉 이와 마찬가지의 논법이다.

지혜에 대하여 생각하면 이 성구는 자동적으로 풀릴 것이다.

지혜에는 두 가지가 있다. 참 지혜와 거짓 지혜이다. 참 지혜는 생명나무의 지혜, 창조주 하나님의 지혜요 거짓 지혜는 선악나무의 지혜, 피조물의 지혜이다. 선악나무의 지혜는 분별지(分別智)를 의미한다. 선과 악, 미(美)와 추(醜), 진(眞)과 위(僞), 참과 거짓을 분별하는 상대적인 지혜이다.

아담은 이 분별지의 열매를 따먹고 죽은 자가 되었다. 아담이 선악과를 따먹고 타락하지 않았다면 십자가의 도는 필요하지 않았다. 따먹는 순간부터 이미 대속의 십자가는 피할 수 없는 길이 되었다.

아담은 참 지혜 곧 생명나무의 지혜를 따먹지 못했다. 이 세대의 관원인들 어찌 참 지혜를 따먹을 수 있겠는가? 그들도 거짓 지혜의 아들들이었으므로 예수를 매달지 않을 수 없었다. 그러므로 상술한 성구는 〈타락하지 않았다면……〉하는 식의 성구이지 예수의 십자가를 부정하는 성구는 아닌 것이다.

> 제 구시에 예수께서 크게 소리 지르시되 〈엘리 엘리 라마 사박다니〉 하시니 이를 번역하면 〈나의 하나님, 나의 하나님 어찌하여 나를 버리셨나이까〉 하는 뜻이라(막 15:34).

십자가가 하나님의 뜻이었다면 어찌하여 예수가 가상(架上)에서 이런 비명을 토했을까?

아담은 타락으로 인하여 완전히 하나님과 단절된 죽음의 존재로 전락했다. 예수는 후 아담의 입장이므로 그도 하나님과 완전히 단절된 자리 즉 죽음의 자리에 홀로 놓여야 한다. 절대 절망 → 절대 고독의 자리에서 죽음이 도전할 때 하나님은 예수를 외면해야 한다. 이 절망의 절규는 전 인류의 절망 의식을 대표한 부르짖음이었다. 예수는 인류 전체의 비명을 십자가 가상에서 대신 부르짖고 운명했던 것이다.

〈엘리 엘리 라마 사박다니〉 이 비명은 실존적 심연의 가장 밑바닥에서 울려나오는 인류의 신음이요 절규이다. 예수의 이 절규는 그가 얼마나 철저하게 인간성의 심연을 이해했는가를 나타내고 있다. 사람의 아들이신 예수, 우리와 같은 성정(性情)을 가진 후 아담의 자리에서 울부짖은 이 신음은 죽음의 자리에서 우리들이 토해내야 할 피묻은 언어였다. 십자가가 하나님의 뜻이라고 예수가 희죽 희죽 웃고 죽었다면 그것이 참 인간의 모습이었을까? 예수가 비명을 지르지 않고 십자가에서 희죽 희죽 웃었다면 그는 진실이 없는 배우였지 실존의 심연을 이해한 진인(眞人)이 아니었을 것이다.

> 조금 나아가사 얼굴을 땅에 대시고 엎드려 기도하여 이르시되 내 아버지여 만일 할 만하시거든 이 잔을 내게서 지나가게 하옵소서 그러나 나의 원대로 마시옵고 아버지의 원대로 하옵소서(마 26:39).

십자가가 하나님의 뜻이었다면 예수는 왜 이런 기도를 했을까?

생명의 실체이신 예수는 본래 죽음과는 아무 상관없는 존재였다. 그가 죽으심은 오로지 인간의 죽음을 체험하고 이해하기 위함이었다. 죽음과 상관없는 생명 그 자체가 죽음의 잔을 앞에 놓고 실존적인 불안, 공포, 절망이 어찌 없을 것인가?

이 기도야말로 인간적인 너무나 인간적인 체취가 풍기는 진실함이 담겨 있다. 죽음의 잔이 아무리 하나님이 원하시는 뜻이라도 그 잔을 앞에 놓고 감사 기도할 위선자는 없을 것이다.

모든 승리와 환희는 불안과 절망, 우수와 공포를 통과한 연후에 오는 승리요 환희인 것이다. 이는 죽음의 불안과 공포와 절망을 통과하는 과

정의 기도이므로 인간 실존의 심리적 과정을 철저히 이해한 부르짖음임을 잊지 말자.

제6절 대속 제물로 본 시대 구분

아담 타락 후 아벨도 노아도 아브라함도 아론도 다 하나님 앞에 제사를 드렸다. 이들 제사 중 우리는 특별히 아브라함 제물에 주의해야 한다.

왜 특별히 아브라함 제물에 초점을 맞춰야 하는가? 이는 하나님이 아브라함과 언약을 체결하고 그 언약을 위해 아브라함은 하나님 앞에 제물을 바쳤기 때문이다.

아브라함이 하나님과 언약한 내용이 무엇인가? 언약의 자식의 번식과 그 자손들이 가나안 땅을 차지함을 말함이다.

> 또 그에게 이르시되 나는 이 땅을 네게 주어 소유를 삼게 하려고 너를 갈대아인의 우르에서 이끌어 낸 여호와니라 그가 이르되 주 여호와여 내가 이 땅을 소유로 받을 것을 무엇으로 알리이까 여호와께서 그에게 이르시되 나를 위하여 삼 년 된 암소와 삼 년 된 암염소와 삼 년 된 숫양과 산비둘기와 집비둘기 새끼를 가져올지니라(창 15:7-9).

이 성구에는 어떤 암시가 들어 있는가?

하나님은 아브라함에게 가나안 땅을 업으로 주기를 언약했는데 아브라함은 가나안 땅이 자기 업이 될 것을 무엇으로 알겠는가를 묻는다.

가나안 땅을 하나님은 아브라함에게 당장 줄 수는 없었다. 가나안 땅은 안식의 땅, 젖과 꿀이 흐르는 진리와 신령의 하늘나라를 상징하는 땅이기 때문에 언약의 후손들이 차지할 땅이었다. 그러므로 아브라함 이후 어떤 시대를 경과해야 가나안 땅에 언약의 후손들이 번식될 수 있겠는가를 아브라함은 하나님께 묻지 않을 수 없었다. 이 물음에 대하여 하나님은 암소와 수양과 산비둘기를 바치라 명한다. 하나님이 명한 암소와 수양과 비둘기는 이것이 언약을 위한 제물인 동시에 경과해야 할 세 시대를 암시하고 있다.

다시 말해서 젖과 꿀이 흐르는 약속의 땅 가나안에 약속의 자손이 번식되어 살자면 암소로 상징되는 구약 시대와, 양으로 상징되는 신약 시대와, 비둘기로 상징되는 재림 시대를 경과해야만 참 성도들이 가나안 땅 곧 하늘나라를 차지한다는 내용이 포함되어 있는 것이다.

그럼 이제부터 아브라함의 제물을 통해서 구속사의 시대 구분을 살펴보자.

1. 소의 제물이 상징하는 시대

소는 타락의 마당 구약의 암호이다. 구약은 소 특히 암소 시대로 상징된다. 소는 농경 민족의 종교 상징이며 따라서 가인적 종교의 암호이다.

소는 다산과 생식을 상징하는 모계 계통의 종교를 의미한다. 모계 계통의 가인형 종교는 도덕과 윤리가 없는 혼음과 난륜(亂倫)의 종교와 그 도맥을 나타낸다.

소는 모계 종교, 타락한 하와의 도계(道系)를 나타내는 암호이다. 이 때문에 모세가 십계를 받을 때 산 밑에서 아론은 송아지 우상을 주조하고 여로보암도 송아지 우상으로 이스라엘을 타락시키는 것이다. 가나안 민족이 섬기던 종교의 심벌도 소의 신(神)이었음을 기억해야 한다.

> 모든 백성이 그 귀에서 금 고리를 빼어 아론에게로 가져가매 아론이 그들의 손에서 금 고리를 받아 부어서 조각칼로 새겨 송아지 형상을 만드니 그들이 말하되 이스라엘아 이는 너희를 애굽 땅에서 인도하여 낸 너희의 신이로다 하는지라(출 32:3-4).
>
> 이에 계획하고 두 금송아지를 만들고 무리에게 말하기를 너희가 다시는 예루살렘에 올라갈 것이 없도다 이스라엘아 이는 너희를 애굽 땅에서 인도하여 올린 너희의 신들이라 하고 하나는 벧엘에 두고 하나는 단에 둔지라 이 일이 죄가 되었으니 이는 백성들이 단까지 가서 그 하나에게 경배함이더라(왕상 12:28-30).

이 두 성구만 보아도 구약시대가 타락된 소 시대임을 알 수 있다. 이스라엘 민족은 송아지 신을 섬기다가 멸망되었던 것이다. 소신은 가나안 칠족이 섬기던 신으로 이는 타락된 모계 종교의 상징이었다. 역사(力士) 삼손도 암소 때문에 망했다(삿 14:18, 15:1).

소는 타락된 구약시대를 상징하는 암호이다.

2. 양의 제물이 상징하는 시대

양은 구원의 마당 신약 세대의 암호이다. 신약은 양 특히 어린 양으로 상징된다. 양은 유목 민족의 종교 상징이며 따라서 아벨적 종교의 암호이다.

양은 또 모계 시대를 초극한 부계 계통의 종교를 의미한다. 부계 게통의 아벨형 종교는 도덕과 윤리가 있는 종교이다. 양은 부계 계통의 도계(道系)이므로 혈대와 씨의 족보가 있다.

예수는 어린 양으로 신약 시대의 막을 열었던 것이다.

> 이튿날 요한이 예수께서 자기에게 나아오심을 보고 이르되 보라 세상 죄를 지고 가는 하나님의 어린 양이로다(요 1:29).
>
> 예수께서 거니심을 보고 말하되 보라 하나님의 어린 양이로다(요 1:36).

양은 부계 계통의 종교이기 때문에 어린 양으로 오신 예수께서 비로소 하나님을 아버지라 부르는 것이다. 예수 이전에는 그 누구도 하나님을 아버지라 부르지 못하였다.

그러므로 예수 이전의 모든 종교는 엄밀한 의미에서 모계 종교 곧 소신을 섬기던 종교였다. 혈대의 조상을 아버지라 부르던 종교들도 하나님을 아버지라 부르지는 못했다.

하나님을 아버지라 부른 최초의 사람이 예수였다. 그러므로 참 의미의 부계 종교는 양이신 예수로 비롯된다. 하나님을 아버지라 부른 이 한 가지 사실만 가지고도 예수는 인류의 구세주가 될 수 있는 것이다.

양은 구속된 신약시대의 암호이다.

3. 비둘기의 제물이 상징하는 시대

소와 양이 땅의 차원이라면 비둘기는 고양(高揚)되고 비상(飛翔)된 하늘 차원을 의미한다. 비둘기는 성령을 상징하는 암호이다. 따라서 양의 머리 위에 비둘기가 임한다.

> 예수께서 세례를 받으시고 곧 물에서 올라오실새 하늘이 열리고 하나님의 성령이 비둘기 같이 내려 자기 위에 임하심을 보시더니……(마 3:16),

이는 신약시대 속에서 성신시대가 열림을 암시한다. 성신은 예수가 재림하시기 직전에 성도들에게 임할 것이다.

> 하나님이 말씀하시기를 말세에 내가 내 영을 모든 육체에 부어 주리니 너희의 자녀들은 예언할 것이요 너희의 젊은이들은 환상을 보고 너희의 늙은 이들은 꿈을 꾸리라(행 2:17).

말세에 예수가 재림하시기 전에 성령 강림의 역사가 있을 것이다.

이 성구는 초대교회 오순절 성신 강림 때도 인용되고 있는데 초대교회 오순절 성신 강림은 이른 비 성신 강림이며 현대에는 늦은 비 성신 강림이 있을 것이다.

비둘기는 하늘의 차원 절대 차원이므로 그 제물은 쪼갤 수 없다. 소와 양의 제물은 땅의 차원이므로 쪼개어 놓았으나 비둘기의 몸은 쪼갤 수 없고 그 날개를 약간 찢어놓는 것이다.

> 또 그 날개 자리에서 그 몸을 찢되 아주 찢지 말고……(레 1:17),
> 머리를 목에서 비틀어 끊고 몸은 아주 쪼개지 말며……(레 5:8),

레위기의 제사법에도 비둘기는 좌우로 완전히 쪼개지 못하게 되어 있다. 이 비의(秘義)는 비둘기는 성신 상징이며 성신은 하나님과 예수와 하나이므로 선악의 차원이 아니기 때문이다.

땅의 차원은 아담이 타락한 후 선악의 대립으로 갈라졌기 때문에 소와 양은 쪼개야 한다. 양은 예수 상징인데 예수 자신은 선악이 없었으나 그가 타락한 인간의 몸을 쓰고 후 아담으로 오셨기 때문에 쪼개야 했던 것이다. 이런 성경의 원리를 모르고 어떤 자들은 아브라함이 비둘기의 제물을 쪼개지 않았기 때문에 사탄 마귀가 침범했다고 성경을 그릇 풀고 있는 것이다.

아브라함의 세 가지 제물에서 우리는 구속사의 시대 구분의 암호를 해독 하였다. 도표로 표시하면 다음과 같다.

소 … 모계 종교 – 구약의 마당
양 … 부계 종교 – 신약의 마당
비둘기 … 성신 강림 – 재림의 마당

제7장
초림(初臨) 및 재림론(再臨論)

제9장 초림(初臨) 및 재림론(再臨論)

그러나 인자가 올 때에 세상에서 믿음을 보겠느냐(눅 18:8).

아담 타락 이후 인류의 간절한 소망은 구세주의 대망(大望)이었다.

죄와 사망 중에서 인간을 해방시킬 메시아의 바램은 어느 시대 어느 민족을 막론하고 공통된 염원이었다. 그 중에서도 하나님의 율법과 계명을 받은 선민 이스라엘의 메시아 대망 사상은 광신적인 것이었다.

구약 전체가 구세주를 위한 준비 기간이었으며 4대 선지자 12소 선지자들의 예언서는 포로된 이스라엘 민족에게 소망의 등대 같이 찬란한 빛을 발하고 있었다. 그들은 바벨론 강가 버드나무에 하나님을 찬양하던 수금을 걸어 놓고(시 137:2) 시련과 고난 속에서도 예언서를 읽으면서 그 속에 약속된 메시아를 고대하며 이민족과의 동화를 거부했던 것이다. 그리하여 이상한 인물이 나타나면 혹 메시아가 아닌가 의심했으며 그 틈에 거짓 메시아가 나타나 심심찮게 메시아 사기극이 연출되곤 하였다. 메시아가 나타나면 유대 민족은 제사장의 나라가 되어 만방의 조공을 받으며 세계의 열왕들이 예루살렘으로 예배하러 올 것을 굳게 믿고 있었다.

메시아가 다윗왕의 혈통으로 탄생하여 임금이 되면 모든 제국의 압제에서 유대민족을 해방하리라 확신하고 있었다. 십계명과 율법은 유대인의 심성을 형성시켰고 그들의 의식 구조인 선민사상을 굳게 다졌으며 모든 생활에 행동 강령이 되어 백절불굴(百折不屈)의 민족이 되게 하였다.

폐일언하고 구약은 몽학선생(천사)의 인도를 받던 시대이므로 메시아 대망의 청사진도 안개 속에 가리워져 희미하게 보일 뿐이었다. 다시 말해서 유대인들은 메시아 강림의 본질과 목적을 정확하게 이해하지 못하고 구세주는 정치적인 왕으로 와서 이민족의 학정에서 구원해 줄 사람으로 착각하고 있었다.

예수는 진리의 왕으로 오셨고 하나님의 구속 사업은 보다 본질적인 죄와 죽음의 세력에서 인간을 해방하는 것이었는데, 유대인들은 정치적 학대에서 자유하면 그것이 곧 구원 사업인 줄 오해하고 있었던 것이다.

메시아가 오는 목적은 인간 실존의 비극적인 심연 즉 죄와 사망에서의 자유를 주기 위함임을 그들은 모르고 있었다. 유대인들은 정치적인 메시아를 요구했는데 예수는 속죄의 제물이 되어 십자가에서 비극적인 종말을 고했으므로 그들은 예수를 메시아로 믿을 수 없었다.

제1절 초림의 의의와 목적

아담이 타락하지 않았다면 십자가와 부활의 도는 없었을 것이다. 아담의 타락은 피와 희생의 종교를 탄생시켰다. 죄를 속하기 위하여는 피가 필요했고 피를 흘리기 위하여는 대속의 희생물이 있어야 했다. 구약 시대는 짐승의 피로 제사를 드렸는데 이 속죄 제물들은 메시아 희생의 그림자였다.

한 마디로 말해서 메시아의 희생과 죽음은 아담이 타락하는 순간부터 결정적인 사실이 되었던 것이다. 그러므로 초림의 의의는 인간들의 죄를 대속하기 위하여 십자가에 희생되는 것이었고 초림의 목적은 죽었다가 부활하여 무덤과 사망의 권세에서 인간들에게 자유를 주기 위함이었다.

죄를 속하기 위하여는 피흘림이 있어야 하는데(히 9:22), 피는 희생을 의미하므로 예수의 십자가는 아담이 타락하는 순간부터 기정사실이 되었다. 그런데 어떤 거짓 선지자들은 예수의 십자가는 하나님의 뜻이 아니었다고 망언하고 있으며 예수의 십자가는 구속 사업의 실패를 뜻한다고 선전하고 있는데 이는 성경의 초보도 모르는 자들의 잠꼬대이다.

예수의 십자가는 구속 사업의 성공을 뜻하며 그 희생의 피는 인간의 죄를 속하는 보혈인 것이다. 예수는 십자가에 달려 구속의 산 제사를 드렸고 하나님은 구속의 제사를 흠향(歆饗)하였다. 예수가 죽지 않으면 부활의 길을 개척할 수 없다.

예수는 무덤에 묻혀 3일 동안 사탄의 권세 아래 있다가 인봉된 무덤문을 여시고 사망의 권세에서 자유하였다. 예수는 부활의 길을 개척하여 사망의 공포에 떠는 인간들에게 해방을 선언했고 하늘에 올라 하나님 우편에 앉아 계시므로 구세주로서의 사명을 완수했던 것이다.

메시아의 초림이 비극적인 너무나 비극적인 생애로 끝마친 것은 오로지 인간들의 죄 때문이었다. 예수 자신은 죄와 흠과 티와 점도 없는 깨끗한 존재였지만 인간의 죄를 대속하기 위하여 희생의 대고상(大苦像)이 되어 비극적인 승리를 거두었다.

십자가와 부활! 이 두 가지 목적을 성취하기 위하여 메시아는 초림하였는데 유대인들은 이런 하나님의 뜻을 깨닫지 못하고 정치적 지도자를 구하다가 정치적 사탄 마귀의 세력에 의해 멸망당했던 것이다.

제2절 두 약속이 있게 된 이유

구약에는 초림과 재림에 대한 분리된 약속은 없다. 엄밀히 말해서 이스라엘 민족에게는 재림에 대한 사상이 없었다. 그들은 메시아가 한번만 도래하면 모든 것이 해결되어 이스라엘은 세계만방으로부터 조공(朝貢)을 받는 제사장의 나라가 되어 세계를 다스릴 줄 믿고 있었다. 그러나 이스라엘 백성들이 하나님 앞에 범죄함으로 하나님이 그것과 맺은 언약은 파기되고 그들에게 이혼장을 주게 된다.

> 그들이 내 말 듣기를 거절한 자기들의 선조의 죄악으로 돌아가서 다른 신들을 따라 섬겼은즉 이스라엘 집과 유다 집이 내가 그들의 조상들과 맺은 언약을 깨뜨렸도다(렘 11:10).
>
> 내게 배역한 이스라엘이 간음을 행하였으므로 내가 그를 내쫓고 그에게 이혼서까지 주었으되 그의 반역한 자매 유다가 두려워하지 아니하고 자기도 가서 행음함을 내가 보았노라(렘 3:8).

하나님은 구약에서 맺은 언약을 파기하므로 〈낡은 약속〉 속에는 〈새 약속〉의 싹이 움트고 있었던 것이다. 다시 말해서 구약 속에 형성된 유대교는 육신의 혈을 따라 형성된 종교이므로 하나님은 이들과의 언약을 파기하고 새로 탄생될 예수와 새 언약을 맺지 않을 수 없었다. 왜냐하면 유대교는 타락된 후손들의 패역(悖逆)으로 말미암아 마귀의 참소를 받아 하나님의 뜻을 이룰 수 없는 부패한 종교로 전락되었으므로 새로운 무리와 새 언약을 맺음은 당연한 도리가 아니겠는가.

새 언약을 맺을 무리는 혈대와 육맥으로 말미암은 자들이 아니고 언약을 따라 영맥으로 연결된 아브라함의 씨며 예수의 씨인 것이다.

육신을 따라난 이스라엘은 성령으로 잉태하여 탄생된 예수를 맞이할 수 없었다. 예수는 위로부터 오시는 자로서 성령을 따라 나셨는데 그들은 다윗의 혈맥을 따라 아래로부터 메시아가 나타나기를 고대했다. 하나님은 이스라엘 백성과 계약을 맺었지만 그들이 계약된 메시아를 맞을 수 없는 이 역설적인 비극의 원인은 어디 있는가? 이는 이스라엘 민족이 영맥을 이해하지 못하고 혈맥에 집착하여 고집을 부림으로써 하나님께로부터 유기(遺棄)당했던 것이다.

하나님이 아브라함과 언약을 맺을 때도 〈네 자손이 하늘의 별같이 번식하리라〉하고 축복하면서 언약을 맺었다. 이 별 같은 아브라함의 자손은 영맥을 따라 새로 낳을 믿음의 자식, 언약의 자식을 의미하며 그들은 별 같이 하늘차원의 존재들임을 암시하고 있었다.

그러나 그들이 타락하여 혈대와 육맥을 고집하는 민족이 되었으므로 〈바닷가의 모래〉와 같은 땅 위의 존재, 천한 존재가 되었다. 하나님이 아브라함과 맺은 언약도 영맥을 따라 성령으로 잉태될 자손들과 맺은 언약이었는데, 육신의 이스라엘은 이것을 깨닫지 못하므로 그 약속은 폐기되고 새 약속을 맺어야 했다. 그러므로 구약은 신약의 입장에서 볼 때 낡은 약속이다.

또 구약과 신약은 동일장(同一場)이 아니며 신약의 마당은 구약의 연장(延長)도 아니다. 이 날까지 많은 신학자들이 구약과 신약을 동일장으로 이해하거나 아니면 그 연장으로 이해했다. 신약은 구약의 연장이 아니며, 구약을 단절하면서 도약하여 새 마당을 전개하였음을 깊이 이해해야 한다.

구약은 육신의 마당, 율법의 마당, 야웨의 마당이며 신약은 영의 마당, 사랑의 마당, 아버지의 마당임을 잊어서는 안 된다. 구약은 혈육을 따라 번식한 사람들의 마당이었지만 신약은 언약을 따라 성령으로 중생한 사람들의 마당이다. 바닷가의 모래와 하늘의 별이 차원이 다르듯 구약과 신약의 마당은 하늘과 땅의 차이인 것이다.

하나님이 아브라함과 맺은 언약이 영적 이스라엘과의 맺은 계약임을 육적 이스라엘이 깨닫고 도약했다면 그들은 예수를 메시아로 맞이할 수 있었을 텐데 끝내 영맥의 비의를 깨닫지 못했던 것이다.

> 그러나 하나님의 말씀이 폐하여진 것 같지 않도다 이스라엘에게서 난 그들이 다 이스라엘이 아니요 또한 아브라함의 씨가 다 그의 자녀가 아니라 오직 이삭으로부터 난 자라야 네 씨라 불리리라 하셨으니 곧 육신의 자녀가 하나님의 자녀가 아니요 오직 약속의 자녀가 씨로 여기심을 받느니라(롬 9:6-8).
>
> 이 약속들은 아브라함과 그 자손에게 말씀하신 것인데 여럿을 가리켜 그 자손들이라…… 곧 그리스도라(갈 3:16).
>
> 무릇 표면적 유대인이 유대인이 아니요 표면적 육신의 할례가 할례가 아니니라 오직 이면적 유대인이 유대인이며 할례는 마음에 할지니 영에 있고 율법 조문에 있지 아니한 것이라(롬 2:28-29).

이스라엘 민족이 구약을 이처럼 고차원적으로 깨달았다면 예수를 십자가에 못박지 않았을 것이다. 그들은 혈대와 육맥만 알았지 영맥과 도맥은 전혀 깨닫지 못했다. 구약 속에는 메시아에 대한 예언이 자세하게 기록되었는데도 그들은 성경을 영적 고차원의 안목으로 보지 못했기 때문에 예언된 메시아가 왔어도 그를 외면했을 뿐만 아니라 사문난적(斯文亂賊), 이단사설(異端邪說)을 주장하는 자로 낙인찍어 십자가에 매달았던 것이다.

구약은 메시아를 위한 준비 기간이요 구약의 마당에서 일어난 사건들은 메시아를 깨닫게 하기 위한 상징이자 표상이었는데 육적 이스라엘은 이 암호를 해독하지 못하므로 버림받고 성령으로 거듭난 새 무리와 하나님은 재림의 재계약을 맺게 된다. 구약 속에는 초림에 대한 계약이 기록되었고 신약에는 재림에 대한 계약이 기록되었다.

그럼 구약에 초림설에 대한 약속이 어떻게 나타났는가를 사경해 보자.

제3절 구약에 나타난 초림의 약속과 예언

아담이 타락한 후 메시아 출생에 대한 약속은 인간들이 기다리는 최대의 소망이었다. 그 약속이 각 시대에 따라 어떻게 나타났는가를 살펴보자.

1. 「모세 오경」에 나타난 약속과 예언

메시아 탄생의 약속은 아담과 하와에게서 시작된다.

> 내가 너로 여자와 원수가 되게 하고 네 후손도 여자의 후손과 원수가 되게 하리니 여자의 후손은 네 머리를 상하게 할 것이요 너는 그의 발꿈치를 상하게 할 것이니라(창 3:15).

이 성구를 통해 하나님은 하와의 후손 속에서 메시아가 탄생하여 뱀의 머리를 상하게 할 것을 예고하였다. 이 약속대로 예수는 마리아의 몸을 통해 여인의 후손으로 탄생한다. 또 이 약속의 맥이 아브라함에게 이르면 한층 더 선명하게 부각된다.

아브라함이 모리아 산에서 드린 이삭 헌제가 그것이다. 이삭 대신 수양으로 대속물을 드린 것은 장차 나타날 메시아도 인류를 위한 대속제물이므로 양으로 상징될 것을 보여주고 있다.

> 아브라함이 눈을 들어 살펴본즉 한 숫양이 뒤에 있는데 뿔이 수풀에 걸려 있는지라 아브라함이 가서 그 숫양을 가져다가 아들을 대신하여 번제로 드렸더라(창 22:13).

이 뿐만 아니라 하나님이 아브라함과 언약을 할 때 아브라함은 하나님의 명령에 따라 세 가지 제물을 드렸다. 소와 양과 비둘기였다.

> 여호와께서 그에게 이르시되 나를 위하여 삼 년 된 암소와 삼 년 된 암염소와 삼 년 된 숫양과 산비둘기와 집비둘기 새끼를 가져올지니라 아브람이

그 모든 것을 가져다가 그 중간을 쪼개고 그 쪼갠 것을 마주 대하여 놓고 그 새는 쪼개지 아니하였으며 솔개가 그 사체 위에 내릴 때에는 아브람이 쫓았더라(창 15:9-11).

아브라함이 드린 암소와 양과 비둘기는 메시아가 어떤 시대에 출생할 것인가를 상징적으로 보여주고 있다.

암소는 구약시대이며 수양은 예수로서 신약시대를 상징하고 비둘기는 성신시대를 상징하고 있다. 예수는 암소시대를 지나서 수양의 제물로 와서 성신인 비둘기를 강림시킬 것을 이 제물은 상징하고 있는 것이다(『신령편』: 「아브라함의 의(義)」 참조).

이처럼 아브라함에게 이르면 아담보다 그 약속의 내용이 한층 선명하게 부각되고 이것이 모세에게 이르면 보다 구체화 된다. 마치 개울이 흘러 시내가 되고 시내가 흘러 강이 되듯이 약속의 맥은 구약의 산하를 흘러 시대가 지나 갈수록 그 하상(河床)이 넓어진다.

모세에게 이르면 예수가 십자가에 달릴 것을 상징적으로 보여주는 사건이 일어난다. 이스라엘 민족이 출애굽 후 광야에서 음란하게 범죄함으로 불뱀의 침입을 받아 죽어갈 때 모세는 빛나는 놋뱀을 장대에 매달아 놓고 그 놋뱀을 쳐다보라 명령한다.

이 장대에 매단 놋뱀은 예수 그리스도의 십자가를 상징하고 있다.

모세가 놋뱀을 만들어 장대 위에 다니 뱀에게 물린 자가 놋뱀을 쳐다본즉 모두 살더라(민 21:9).

예수는 이 모세의 놋뱀을 자기의 십자가 희생으로 해석하였다.

모세가 광야에서 뱀을 든 것 같이 인자도 들려야 하리니 이는 그를 믿는 자마다 영생을 얻게 하려 하심이니라(요 3:14-15).

또 모세는 메시아가 자기와 같은 선지자로 올 것을 예언했다. 모세가 사탄 마귀의 상징인 바로의 품에서 이스라엘 민족을 탈출시킨 〈해방자〉

라면 예수는 실체 마귀인 죄와 사망의 권세에서 인간을 자유케 한 〈해방자〉이다. 모세와 예수는 다 같이 〈해방자〉였다.

> 네 하나님 여호와께서 너희 가운데 네 형제 중에서 너를 위하여 나와 같은 선지자 하나를 일으키시리니 너희는 그의 말을 들을지니라(신 18:15).

메시아에 대한 예언은 모세뿐만 아니라 이방 선지자인 발람도 예언했다.

> 한 별이 야곱에게서 나오며 한 홀이 이스라엘에게서 일어나서(민 24:17),

발람은 메시아를 별로 예언했고 신약의 동트는 새벽 동방 박사들은 이 별을 보고 아기 예수께 경배하였다.

> 우리가 동방에서 그의 별을 보고 그에게 경배하러 왔노라(마 2:2).

예수는 진리의 새벽별이었음을 성경은 보여주고 있다.

> 또 우리에게는 더 확실한 예언이 있어 어두운 데를 비추는 등불과 같으니 날이 새어 샛별이 너희 마음에 떠오르기까지 너희가 이것을 주의하는 것이 옳으니라(벧후 1:19).
>
> 내가 또 그에게 새벽 별을 주리라(계 2:28).
>
> 나 예수는 교회들을 위하여 내 사자를 보내어 이것들을 너희에게 증언하게 하였노라 나는 다윗의 뿌리요 자손이니 곧 광명한 새벽 별이라 하시더라(계 22:16).

예수는 구약의 긴 밤이 지나고 신약의 새벽에 동트는 찬란하게 빛나는 새벽별이었다.

2. 「역사서」에 나타난 약속과 예언

하나님은 다윗을 통하여 그 후손 중에 메시아가 나실 것을 약속하였다. 이 예언은 성전을 건축한 솔로몬과 더불어 실체성전인 예수에 대한 이중(二重) 예언인 것이다.

> 네 몸에서 날 네 씨를 네 뒤에 세워 그의 나라를 견고하게 하리라 그는 내 이름을 위하여 집을 건축할 것이요 나는 그의 나라 왕위를 영원히 견고하게 하리라 나는 그에게 아버지가 되고 그는 내게 아들이 되리니(삼하 7:12-14),

솔로몬이 건축한 성전은 모형이었고 실체성전(實體聖殿)은 예수 자신이었다. 그러므로 이 성구의 약속과 예언은 솔로몬인 듯하지만 실상은 예수를 가리키고 있는 것이다.

또 이 예언은 성전을 건축하는 면에서 보면 모세의 예언보다 진일보하고 있다.

3. 「선지서」에 나타난 약속과 예언

하나님의 약속은 시대의 계곡을 따라 굽이쳐 흐르면서 이사야 선지자에게 이르면 메시아의 윤곽이 구체적으로 드러나고 있다.

이사야는 메시아가 동정녀를 통해 탄생될 것을 알았고 또 메시아는 어떤 고난을 통해 하나님의 뜻을 이룰 것도 알고 있었다.

> 보라 처녀가 잉태하여 아들을 낳을 것이요 그의 이름을 임마누엘이라 하리라(사 7:14).
>
> 이는 한 아기가 우리에게 났고 한 아들을 우리에게 주신 바 되었는데 그의 어깨에는 정사를 메었고 그의 이름은 기묘자라, 모사라, 전능하신 하나님이라, 영존하시는 아버지라, 평강의 왕이라 할 것임이라(사 9:6).
>
> 내가 붙드는 나의 종, 내 마음에 기뻐하는 자 곧 내가 택한 사람을 보라 내가 나의 영을 그에게 주었은즉 그가 이방에 정의를 베풀리라…… 상한 갈대를 꺾지 아니하며 꺼져가는 등불을 끄지 아니하고……(사 42:1-4),
>
> 주 여호와의 영이 내게 내리셨으니 이는 여호와께서 내게 기름을 부으사

가난한 자에게 아름다운 소식을 전하게 하려 하심이라 나를 보내사 마음이 상한 자를 고치며 포로된 자에게 자유를, 갇힌 자에게 놓임을 선포하며 여호와의 은혜의 해와 우리 하나님의 보복의 날을 선포하여 모든 슬픈 자를 위로하되……(사 61:1-2),

이처럼 이사야 선지자는 예수의 처녀 탄생과 예수의 사명과 예수의 자비하신 성격까지 구체적으로 예언하였다. 그 뿐만 아니라 메시아는 어떤 고난을 받고 하나님의 뜻을 이룰 것도 예언하고 있다.

그는 주 앞에서 자라나기를 연한 순 같고 마른 땅에서 나온 뿌리 같아서 고운 모양도 없고 풍채도 없은즉 우리가 보기에 흠모할 만한 아름다운 것이 없도다 그는 멸시를 받아 사람들에게 버림받았으며 간고를 많이 겪었으며 질고를 아는 자라…… 여호와께서 그에게 상함을 받게 하시기를 원하사 질고를 당하게 하셨은즉 그의 영혼을 속건제물로 드리기에 이르면 그가 씨를 보게 되며 그의 날은 길 것이요(사 53:2-10).

이사야는 놀라울 정도로 예수의 고난을 자세하게 묘사하고 있다. 그 뿐만 아니라 다른 선지자들도 여러 각도에서 메시아를 묘사하고 있다.

때가 이르리니 내가 다윗에게 한 의로운 가지를 일으킬 것이라(렘 23:5).

내가 한 목자를 그들 위에 세워 먹이게 하리니 그는 내 종 다윗이라(겔 34:23).

보라 싹이라 이름하는 사람이 자기 곳에서 돋아나서 여호와의 전을 건축하리라(슥 6:12).

보라 네 왕이 네게 임하시나니 그는 공의로우시며 구원을 베푸시며 겸손하여서 나귀를 타시나니 나귀의 작은 것 곧 나귀 새끼니라(슥 9:9).

이처럼 많은 선지자들이 그 시대마다 예수의 모습을 여러 각도로 조명하여 증거했던 것이다. 히브리 기자는 다음과 같이 말했다.

> 옛적에 선지자들을 통하여 여러 부분과 여러 모양으로 우리 조상들에게 말씀하신 하나님이 이 모든 날 마지막에는 아들을 통하여 우리에게 말씀하셨으니 이 아들을 만유의 상속자로 세우시고 또 그로 말미암아 모든 세계를 지으셨느니라(히 1:1-2).

구약의 모든 예언은 예수를 위한 예언이었고 예수에게로 귀결된다. 모든 강물이 흘러 바다에 이르듯 여러 선지자들은 각 부분과 여러 모양으로 메시아에 대한 예언을 하였으므로 이들 예언을 종합해 볼 때 확실한 메시아상이 성립되는 것이다. 그 어느 선지자도 예수의 전체를 알지 못했다. 시대에 따라 많은 선지자들이 부분적으로 메시아의 모습을 예언하였던 것이다.

제4절 예언과 성취

하나님은 여러 시대를 통해서 여러 모양으로 여러 선지자에게 메시아가 탄생할 것을 예고케 하였다. 하나님이 선지자를 통해 예언한 약속은 반드시 이루어 주신다. 사탄 마귀는 거짓말쟁이이나 하나님은 미쁘신 존재이기 때문이다.

> 하나님은 사람이 아니시니 거짓말을 하지 않으시고 인생이 아니시니 후회가 없으시도다(민 23:19).
>
> 이스라엘의 지존자는 거짓이나 변개함이 없으시니 그는 사람이 아니시므로 결코 변개하지 않으심이니이다(삼상 15:29).
>
> 하나님은 약속을 기업으로 받는 자들에게 그 뜻이 변하지 아니함을 충분히 나타내시려고 그 일을 맹세로 보증하셨나니 이는 하나님이 거짓말을 하실 수 없는 이 두 가지 변하지 못할 사실로 말미암아 앞에 있는 소망을 얻으려고 피난처를 찾은 우리에게 큰 안위를 받게 하려 하심이라(히 6:17-18).
>
> 예수 그리스도는 어제나 오늘이나 영원토록 동일하시니라(히 13:8).

이처럼 하나님은 미쁘신 존재이므로 그 약속은 변치 않고 이루어 주신다. 그럼 선지자를 통해 예언한 말씀이 어떻게 성취되었는가를 살펴보도록 하자.

1. 혈통

메시아는 다윗왕의 혈통에서 나실 것을 예언하였다. 이것이 그대로 성취되어 예수는 다윗의 가문에서 탄생하였다.

때가 이르리니 내가 다윗에게 한 의로운 가지를 일으킬 것이라(렘 23:5).

아브라함과 다윗의 자손 예수 그리스도의 계보라(마 1:1).

그의 아들에 관하여 말하면 육신으로는 다윗의 혈통에서 나셨고……(롬 1:3),

예수는 성령으로 태어났으므로 그 부계(父系)는 다윗의 혈통이 아니지만 그 모계(母系)는 다윗의 혈통이었다. 예수의 아버지는 하나님이었고 예수의 어머니는 마리아였다. 신성(神性)으로 보면 예수는 하나님의 영혈(靈血)을 이은 아들이지만 그 어머니 마리아는 다윗의 혈통이었으므로 인성(人性)으로 보면 예수도 다윗왕의 혈통을 타고 났던 것이다.

2. 동정녀에게서의 탄생

메시아는 동정녀의 몸을 통해서 탄생될 것이 예언되었는데 이 예언은 그대로 성취되어 예수는 처녀 마리아의 몸에서 무염시태(無染始胎)되었다.

처녀가 잉태하여 아들을 낳을 것이요 그의 이름을 임마누엘이라 하리라(사 7:14).

예수 그리스도의 나심은 이러하니라 그의 어머니 마리아가 요셉과 약혼하고 동거하기 전에 성령으로 잉태된 것이 나타났더니…… 요셉이 잠에서 깨어 일어나 주의 사자의 분부대로 행하여 그의 아내를 데려왔으나 아들을 낳기까지 동침하지 아니하더니 낳으매 이름을 예수라 하니라(마 1:18-25).

3. 탄생할 장소

메시아가 탄생할 장소도 예언되었는데 이 예언도 그대로 성취되었다.

베들레헴 에브라다야 너는 유다 족속 중에 작을지라도 이스라엘을 다스릴 자가 네게서 내게로 나올 것이라 그의 근본은 상고에, 영원에 있느니라(미 5:2).

헤롯 왕 때에 예수께서 유대 베들레헴에서 나시매……(마 2:1).

4. 탄생할 시기

메시아가 탄생할 시기가 바벨론 포로기간 중 다니엘 선지자를 통해 예언되었는데 그 예언도 그대로 성취되어 약속한 시기에 예수가 탄생되었다.

네 백성과 네 거룩한 성을 위하여 일흔 이레를 기한으로 정하였나니…… 그러므로 너는 깨달아 알지니라 예루살렘을 중건하라는 영이 날 때부터 기름 부음을 받은 자 곧 왕이 일어나기까지 일곱 이레와 예순두 이레가 지날 것이요(단 9:24-25).

기원 전 455년에 아닥사스 1 세가 예루살렘 중건령을 내렸다(느 2:1-8 참조). 이 때부터 기름부음을 받은 자 곧 메시아가 일어나기까지 일곱 이레(49년)와 62 이레(434년)가 지날 것이라고 예언하였다.

49년 + 434년 = 483년,

기원전 455년부터 기원 1년까지는 455년,

기원 1년부터 29년까지는 28년,

455년 + 28년 = 483년,

기원 29년경(예수가 약 30세), 예수가 세례 받고 성령의 기름 부음을 받아 그리스도가 됨. 이 때가 디베료 가이사가 위에 있은 지 열 다섯 해에 해당된다.

디베료 황제가 통치한 지 열다섯 해……(눅 3:1).

5. 예수가 전도할 모양

예수는 성령의 세례를 받고 공생애 노정을 출발하였는데 그가 어떤 모양으로 전도할 것을 이사야 선지자가 예언하였다. 그런데 그 예언대로 예수는 전도하였다.

주 여호와의 영이 내게 내리셨으니 이는 여호와께서 내게 기름을 부으사 가난한 자에게 아름다운 소식을 전하게 하려 하심이라 나를 보내사 마음이 상한 자를 고치며 포로된 자에게 자유를, 갇힌 자에게 놓임을 선포하며 여호와의 은혜의 해와 우리 하나님의 보복의 날을 선포하여 모든 슬픈 자를 위로하되……(사 61:1-2),

이에 예수께서 그들에게 말씀하시되 이 글이 오늘 너희 귀에 응하였느니라(눅 4:21).

6. 예수가 팔릴 것도 예언됨

예수가 팔릴 것도 예언되었는데 그 예언대로 은 30냥에 팔렸다.

곧 은 삼십 개를 달아서 내 품삯을 삼은지라 여호와께서 내게 이르시되 그들이 나를 헤아린 바 그 삯을 토기장이에게 던지라 하시기로 내가 곧 그 은 삼십 개를 여호와의 전에서 토기장이에게 던지고……(슥 11:12-13),

그 때에 예수를 판 유다가 그의 정죄됨을 보고 스스로 뉘우쳐 그 은 삼십을 대제사장들과 장로들에게 도로 갖다 주며…… 이것으로 토기장이의 밭을 사서 나그네의 묘지를 삼았으니 그러므로 오늘날까지 그 밭을 피밭이라 일컫느니라(마 27:3-8).

7. 초라한 예수의 모습

예수가 무소유한 걸사(乞士)로서 초라하게 전도할 것도 예언되었는데 그 예언대로 예수는 길에서 노숙(露宿)했고 밀 이삭을 잡수셨고 세금 낼 돈도 없었다.

그는 주 앞에서 자라나기를 연한 순 같고 마른 땅에서 나온 뿌리 같아서 고운 모양도 없고 풍채도 없은즉 우리가 보기에 흠모할 만한 아름다운 것이 없도다 그는 멸시를 받아 사람들에게 버림받았으며 간고를 많이 겪었으며 질고를 아는 자라 마치 사람들이 그에게서 얼굴을 가리는 것 같이 멸시를 당하였고 우리도 그를 귀히 여기지 아니하였도다(사 53:2-3).

8. 십자가의 고난도 예언됨

예수가 십자가의 고난을 당할 것도 예언되었는데 그 예언대로 예수는 피와 땀을 흘려 속죄의 대고상(大苦像)으로 하나님의 뜻을 이루었다.

그는 실로 우리의 질고를 지고 우리의 슬픔을 당하였거늘 우리는 생각하기를 그는 징벌을 받아 하나님께 맞으며 고난을 당한다 하였노라 그가 찔림은 우리의 허물 때문이요 그가 상함은 우리의 죄악 때문이라(사 53:4-5).

여호와께서 그에게 상함을 받게 하시기를 원하사 질고를 당하게 하셨은즉 그의 영혼을 속건제물로 드리기에 이르면 그가 씨를 보게 되며 그의 날은 길 것이요(사 53:10).

그 중 한 군인이 창으로 옆구리를 찌르니 곧 피와 물이 나오더라(요 19:34).

이상 사경한 바와 같이 메시아에 대한 예언은 하나도 빠짐없이 성취되었다. 이처럼 하나님은 약속을 이행하는 미쁘신 존재이다.

예수는 동정녀 마리아에게서 탄생하시고 가난한 자와 눌린 자와 병든 자들에게 복음을 전하고 죄인과 창기와 세리와 병든 자의 친구가 되었으며 인류 구원과 속죄를 위하여 십자가에서 피흘렸고 죽음의 권세를 깨뜨리기 위해 3일간 무덤에 묻혔다 부활했다.

예수의 이와 같은 노정은 아담 이후 하나님과 인간 사이에 막혔던 담을 헐어버린 결과가 되었다. 구약에 예언된 모든 것이 예수의 탄생과 부활로 말미암아 하나도 빠짐없이 성취되었던 것이다.

예수의 탄생으로 구약의 막은 내리고 야웨신은 막 뒤로 자취를 감춘다. 구약의 낙일(落日)은 예수가 십자가에서 흘린 핏빛처럼 화려하고 장엄하고 처절했다. 우리는 구약이 임종하는 부음(訃音)에 깊은 애도의 뜻을 표하면서 새 약속인 신약의 예언으로 눈길을 돌리자. 신약은 예수가 다시 오신다는 재림의 약속이다.

구약 4천 년사에 이스라엘 민족의 최대의 소망이 메시아의 대망이었는데 그들은 초림한 메시아를 맞이하지 못했다. 신약 2천 년사에 기독교인들의 최대의 소망은 다시 오시는 재림주에 대한 대망이다.

그러나 육적 이스라엘 민족이 초림주를 대망하면서 배반했듯이 제2의 이스라엘격인 기독교도들도 재림주를 대망하지만 참으로 재림주를 맞이할 수 있을까? 재림주는 언제 어느 곳에 어떤 모습으로 오실 것인가?

한 가지 분명히 알아 둘 사실은 초림주에 대하여는 그가 언제 어느 곳에 어떤 모습으로 올 것이 자세히 예언되어 있지만 재림주에 대하여는 이와 같은 예언이 없다는 사실이다. 다시 말해서 초림주는 성육(成肉)되어 사람의 아들로 오셨지만 재림주는 다시 여인의 몸을 통해 수육(受肉)되지 않는다는 사실이다.

오늘날 성경을 잘못 풀고 있는 사람들은 재림주도 다시 육신을 쓰고 온다고 그를 믿고 있으며 이 틈을 타서 각처에서 거짓 재림주가 탄생하여 혹세무민하는 종교 사기극이 연출되고 있다.

재림주는 다시 여자의 몸을 통해 육신으로 탄생하지 않고 부활 승천한 영광의 초림주가 다시 오실 것이다. 영광 속에 천사를 거느리고 공중에서 재림하실 것이다.

깨고 또 깨어 육신을 쓴 재림주의 사기극에 미혹되지 말아야 한다.

제5절 재림의 목적과 의의

재림은 모든 성도들의 간절한 바람이다.

예수는 언제 오실까? 어떤 모습으로 오실까? 어느 곳에 오실까?

이 문제를 놓고 많은 구도자들이 기도하고 명상하고 성경을 연구하였다. 자기들이 처한 역사적 상황이 어려울수록 정치적 혼란이 가중할수록 사회적 부패와 비리가 심각할수록 종말론적인 위기의식이 고조되고 이 틈을 노려 각처에서 재림주를 자처하는 종교 사기꾼들이 온갖 유언비어를 유포하고 성경을 아전인수(我田引水)격으로 그릇되게 해석하여 무지한 민중을 우롱하고 있다. 순진한 성도들은 이에 미혹당하여 가족을 버리고 산중 기도와 각종 부흥회에서 소위 재림주의 은혜를 받기 위해 철새처럼 방황하고 있다. 이와 같은 미신과 광신과 맹신은 어디서 기인하는 것일까? 한 마디로 진리를 모르기 때문이다. 성경을 모르기 때문이다.

현대인은 온갖 영들의 도전으로 정신병자들로 전락했고 각종 종교 공해 속에서 시달리고 있는 종교 환자들이다. 까마귀 소리처럼 범람하는 선전 속에 참 진리의 말씀은 없고 온갖 부흥회를 개최하여도 순수한 복음의 말씀은 들을 길이 없다. 모든 양떼들은 진리의 기갈(飢渴), 말씀의 흉년을 당해 그 심령이 파리하게 병들어가고 있다.

> 주 여호와의 말씀이니라 보라 날이 이를지라 내가 기근을 땅에 보내리니 양식이 없어 주림이 아니며 물이 없어 갈함이 아니요 여호와의 말씀을 듣지 못한 기갈이라 사람이 이 바다에서 저 바다까지, 북쪽에서 동쪽까지 비틀거리며 여호와의 말씀을 구하려고 돌아다녀도 얻지 못하리니 그 날에 아름다운 처녀와 젊은 남자가 다 갈하여 쓰러지리라(암 8:11-13).

이 아모스의 예언은 현대의 종교적 상황을 정확하게 시사(示唆)하고 있다. 우후죽순(雨後竹筍)처럼 수많은 열교(裂敎)와 교파가 양산되지만 참 말씀이 없는 때이다.

예수는 왜 다시 오는가? 초림하여 십자가로서 구속 사업을 이루시고 부활의 길을 개척하신 예수가 왜 다시 오는가? 초림하여 십자가와 부활의 성업(聖業)을 이루었다면 재림하여 이루실 대업(大業)은 무엇인가?

우리가 현재 받고 있는 구원은 보증으로 받은 구원이지 완전구원이 아니다. 그러므로 예수가 재림하여 영육 아울러 완전구원할 것이다. 또 우리는 지금 부활의 소망을 안고 살고 있을 뿐 완전히 부활을 받은 상태가 아니다. 아직도 사망이 우리를 협박하고 있지 않은가?

먼저 잠든 성도들은 부활의 소망을 안고 무덤 속에서 잠든 상태에 있을 뿐 부활을 받지 못하고 있다. 때문에 예수는 재림하여 잠든 성도를 부활시켜야 하고 살아있는 성도들은 사망의 공포에서 완전히 해방시켜야 한다. 그 뿐만 아니라 우리는 예수를 믿으면서도 여전히 죄를 밥 먹듯 짓고 있으며 황무한 마음밭을 개발하지 못하여 고뇌의 생활을 하고 있다. 우리는 선을 행할 능력이 없으며 무력한 믿음 속에서 예수 그리스도의 십자가 보혈만 의지하여 믿음으로 구원받고 있다. 기독교인 중에 이중인격자와 위선자가 많은 것도 이 때문이다. 그러므로 예수는 재림하여서 우리 마음을 새롭게 하실 것이다.

예수는 사탄의 권세와 사망의 권세를 폐하시고 인간의 마음밭을 새롭게 하시고 자기가 심은 예정된 씨를 거두시기 위해서 오시는 것이다. 초림주의 사명이 씨 뿌리는 사명이라면 재림주의 사명은 추수임을 잊지 말자.

1. 사망의 권세를 폐하러 재림하심(부활영생(復活永生))

예수는 사망의 권세를 완전히 폐하고 잠든 성도를 부활시키려고 재림한다. 초림주는 부활의 대도를 개척했을 뿐 죄와 사망은 아직도 인간을 괴롭히고 있다.

> 그러나 각각 자기 차례대로 되리니 먼저는 첫 열매인 그리스도요 다음에는 그가 강림하실 때에 그리스도에게 속한 자요 그 후에는 마지막이니 그가 모든 통치와 모든 권세와 능력을 멸하시고 나라를 아버지 하나님께 바칠 때라 그가 모든 원수를 그 발 아래에 둘 때까지 반드시 왕 노릇 하시리니 맨 나중에 멸망 받을 원수는 사망이니라(고전 15:23-26).
>
> 나팔 소리가 나매 죽은 자들이 썩지 아니할 것으로 다시 살아나고 우리도 변화되리라 이 썩을 것이 반드시 썩지 아니할 것을 입겠고 이 죽을 것이 죽지 아니함을 입으리로다…… 사망을 삼키고 이기리라고 기록된 말씀이 이루어지리라(고전 15:52).
>
> 모든 눈물을 그 눈에서 닦아 주시니 다시는 사망이 없고 애통하는 것이나 곡하는 것이나 아픈 것이 다시 있지 아니하리니……(계 21:4).

2. 추수하기 위하여 재림하심(수렴사업(收斂事業))

초림 예수가 파종 복음을 증거했다면 재림 예수는 뿌린 씨를 거두기 위해 오신다. 그는 천사를 추수꾼으로 사용할 것이다.

인자가 자기 영광으로 모든 천사와 함께 올 때에…… 모든 민족을 그 앞에 모으고 각각 구분하기를 목자가 양과 염소를 구분하는 것 같이 하여 양은 그 오른편에 염소는 왼편에 두리라(마 25:31-33).

가라지를 뿌린 원수는 마귀요 추수 때는 세상 끝이요 추수꾼은 천사들이니 그런즉 가라지를 거두어 불에 사르는 것 같이 세상 끝에도 그러하리라 인자가 그 천사들을 보내리니…… 그 때에 의인들은 자기 아버지 나라에서 해와 같이 빛나리라(마 13:39-43).

3. 새 마음 새 영을 부어주러 재림하심(심전개조(心田改造))

비록 우리가 예수믿고 구원받은 상태에 있으나 아직도 모순과 갈등, 이율배반과 부조리한 심성을 수유하고 있다. 육의 소욕은 영을 거스르고 영의 소욕은 육을 거스르는 고뇌의 실존들이 예수가 재림하여 새 마음과 새 영을 주시면 타락 전 상태로 회복될 것이다.

내가 그들에게 한 마음을 주고 그 속에 새 영을 주며 그 몸에서 돌 같은 마음을 제거하고 살처럼 부드러운 마음을 주어…… 그들은 내 백성이 되고 나는 그들의 하나님이 되리라(겔 11:19-20).

또 새 영을 너희 속에 두고 새 마음을 너희에게 주되 너희 육신에서 굳은 마음을 제거하고 부드러운 마음을 줄 것이며 또 내 영을 너희 속에 두어 너희로 내 율례를 행하게 하리니(겔 36:26-27),

내가 여호와인 줄 아는 마음을 그들에게 주어서 그들이 전심으로 내게 돌아오게 하리니 그들은 내 백성이 되겠고 나는 그들의 하나님이 되리라(렘 24:7).

또 한 가지 알아야 할 비밀은 초림 때 예수는 독생자의 영광 곧 하나님의 아들로 수육되어 왔으나 재림 시에는 아버지의 영광으로 오시는 것이다. 재림할 예수는 아버지의 영광으로 오지 아들의 영광으로는 오지 않는다는 사실이다.

인자가 아버지의 영광으로 그 천사들과 함께 오리니 그 때에 각 사람이 행

> 한 대로 갚으리라(마 16:27).

아들의 영광은 십자가의 고난으로 점철된 영광이었으나 아버지의 영광은 마귀를 멸하시는 심판주의 영광인 것이다. 또 예수는 아버지 자신으로 오시므로 아들로 수육될 필요가 없는 것이다. 초림주는 아들로, 재림주는 아버지로 오시는 비밀을 성도들은 깊이 인식해야 한다.

또한 초림주는 예수라는 이름으로 왔으나 재림주는 새 이름으로 오실 것이다. 마리아에게 계시하신 〈예수〉라는 이름 속에는 속죄의 피를 흘릴 내용이 암시되어 있으나 다시 오시는 예수는 예수라는 낡은 이름으로 오지 않을 것이 당연하지 않은가?

> 내가 하나님의 이름과 하나님의 성 곧 하늘에서 내 하나님께로부터 내려오는 새 예루살렘의 이름과 나의 새 이름을 그이 위에 기록하리라(계 3:12).
>
> 또 흰 돌을 줄 터인데 그 돌 위에 새 이름을 기록한 것이 있나니 받는 자 밖에는 그 이름을 알 사람이 없느니라(계 2:17).

그러나 재림 때 먼저 적그리스도들이 이적과 기사를 행하면서 나타나는데 그들은 〈예수〉라는 낡은 이름을 도용(盜用)하여 올 것이다. 왜냐하면 그들은 재림주의 새 이름을 모르기 때문이다.

> 많은 사람이 〈내 이름〉으로 와서 이르되 나는 그리스도라 하여 많은 사람을 미혹하리라(마 24:5).

〈예수〉라는 이름은 이미 낡은 이름이다. 재림을 대망하는 참 성도들은 〈예수〉라는 낡은 이름을 초월하여 새 이름을 사모해야 한다. 예수의 이름으로 우리가 구원받았으나 이미 구원받은 자리에서는 〈예수〉라는 이름은 이미 낡은 이름이 된다.

재림주는 〈새 이름〉으로 오실 것이다.

제6절 신약에 나타난 재림에 대한 약속과 예언

구약을 사경한 결과 우리는 초림주는 언제 어디에 어떤 모습으로 또 누구의 혈통으로 와서 어떤 고난을 받고 죽을 것인가에 대하여 자세히 예언된 것을 보았다. 또 하나님은 자기의 뜻을 그 종 선지자들을 통해 예고하였고 그 약속대로 미쁘시게 이루어 준 사실을 알고 있다.

그런데 재림주에 대하여는 구약과 같이 확실한 예언이 없다는 사실에 우리는 주목해야 한다. 재림주는 언제 어디서 어떻게 누구의 혈통으로 탄생될 것인지 전혀 예언되어 있지 않다. 이는 초림주와 재림주가 강림하는 차원이 다르고 방법이 다르기 때문이다. 다시 말해서 초림주는 수육된 존재로 사람의 아들로 오시기 때문에 혈통·장소·시기가 자세히 예언되었으나 재림주는 영광의 존재로 오시기 때문에 혈통·장소·시기는 예언할 수 없는 것이다.

초림주는 우리와 같은 〈육의 질서〉 속에 왔으나 재림주는 〈영의 질서〉 속에 오시기 때문에 초림주와 같은 예언이 있을 수 없는 것이다. 이런 초보적인 진리를 모르기 때문에 육신을 쓴 형편없는 자들이 자칭 재림주로 자처하는 웃지 못할 연극이 연출되고 있다.

그러므로 재림주에 대하여 신약에 어떻게 약속되고 예언되었는가를 살펴보도록 하자.

1. 예수 자신의 약속

예수 자신이 부활 승천하셨다가 다시 영광 속에 재림하실 것을 사도들과 굳게 약속했다. 그러므로 우리는 미쁘신 예수의 언약을 믿고 재림을 학수고대하고 있다.

내 아버지 집에 거할 곳이 많도다 그렇지 않으면 너희에게 일렀으리라 내가 너희를 위하여 거처를 예비하러 가노니 가서 너희를 위하여 거처를 예비하면 내가 다시 와서 너희를 내게로 영접하여 나 있는 곳에 너희도 있게 하리라(요 14:2-3).

그 때에 인자의 징조가 하늘에서 보이겠고 그 때에 땅의 모든 족속들이 통곡하며 그들이 인자가 구름을 타고 능력과 큰 영광으로 오는 것을 보리라(마 24:30).

이것들을 증언하신 이가 이르시되 내가 진실로 속히 오리라 하시거늘 아멘 주 예수여 오시옵소서(계 22:20).

2. 천사들의 증거

예수가 다시 오실 것을 사도들에게 약속했는데 이것을 천사들도 증거하였다. 모든 약속은 증인이 있듯이 천사들이 증인이 되어 예수의 재림을 증거하고 있다.

흰 옷 입은 두 사람이 그들 곁에 서서 이르되…… 너희 가운데서 하늘로 올려지신 이 예수는 하늘로 가심을 본 그대로 오시리라(행 1:10-11).

3. 사도들의 증거

사도들도 계시를 통하여 예수가 재림하실 것을 증거하고 있다.

주께서 호령과 천사장의 소리와 하나님의 나팔 소리로 친히 하늘로부터 강림하시리니(살전 4:16),

또 너희의 온 영과 혼과 몸이 우리 주 예수 그리스도께서 강림하실 때에 흠 없게 보전되기를 원하노라(살전 5:23).

그러므로 형제들아 주께서 강림하시기까지 길이 참으라…… 주의 강림이 가까우니라(약 5:7-8).

이상 사경한 바와 같이 예수 자신과 천사와 사도들이 재림을 약속하고 증거하고 있으니 성도들은 미혹되지 말고 성경의 약속을 믿고 영광으로 오실 재림주를 바르게 맞이해야 한다.

제7절 재림주는 어떻게 올 것인가?

초림주는 다윗 가문에서 동정녀 마리아의 몸을 통해 베들레헴의 말구유에서 탄생하였으나 재림주는 전혀 다른 양상으로 올 것이다.

1. 구름 타고 옴

재림주는 구름타고 오실 것이다.

인자가 구름을 타고 능력과 큰 영광으로 오는 것을 보리라(마 24:30).
볼지어다 그가 구름을 타고 오시리라(계 1:7).

이 구름은 수증기가 증발한 기체가 아니고 하나님이 타시는 수레를 상징하고 있다.

구름으로 자기 수레를 삼으시고 바람 날개로 다니시며……(시 104:3),
보라 여호와께서 빠른 구름을 타고 애굽에 임하시리니……(사 19:1),

예수는 구름 수레를 타고 천사들의 옹위 속에 승천하였고 엘리야는 불수레를 타고 승천하였다. 구름은 수레이며 이는 천사 집단의 상징이다. 불도 수레이며 이것도 천사의 상징이다. 모세가 출애굽할 때 구름 기둥 불 기둥이 인도한 것도 천사들이었다.

부활하신 예수도 구름 수레를 타고 승천했으니 재림 시에도 구름수레를 타고 강림하실 것이다. 즉 천사들의 옹위 속에 재림하실 것이다.

2. 천사들을 거느리고 옴

재림주는 추숫군인 천사들을 거느리고 오실 것이다.

주께서 호령과 천사장의 소리와 하나님의 나팔 소리로 친히 하늘로부터 강림하시리니……(살전 4:16),

누구든지 나와 내 말을 부끄러워하면 인자도 자기와 아버지와 거룩한 천사들의 영광으로 올 때에 그 사람을 부끄러워하리라(눅 9:26).
그가 큰 나팔소리와 함께 천사들을 보내리니……(마 24:31),
인자가 아버지의 영광으로 그 천사들과 함께 오리니……(마 16:27),
나의 하나님 여호와께서 임하실 것이요 모든 거룩한 자들이 주와 함께 하리라(슥 14:5).
보라 주께서 그 수만의 거룩한 자와 함께 임하셨나니……(유 1:14),

3. 도적같이 번개같이 옴

초림의 시기는 다니엘 선지자를 통해 예고되었으나 재림의 시기는 아무도 모르게 인봉되어 있다. 이 비밀은 인간뿐만 아니라 천사들도 모른다.

그 날과 그 때는 아무도 모르나니 하늘의 천사들도, 아들도 모르고 오직 아버지만 아시느니라(마 24:36).

이처럼 재림의 시기는 아무도 모르는 천기(天機)이며 인봉된 비밀이다. 그런데 거짓 예수들은 어떤 시기를 정하여 그 날이 재림의 날이라 공포하고 정한 그 날에 아무런 징조가 없으면 시기가 연기되었다고 속이고 있다. 재림주는 도적같이 번개같이 임하실 것이다.

그러므로 깨어 있으라 어느 날에 너희 주가 임할는지 너희가 알지 못함이니라 너희도 아는 바니 만일 집 주인이 도둑이 어느 시각에 올 줄을 알았더라면 깨어 있어 그 집을 뚫지 못하게 하였으리라(마 24:42-43).
형제들아 때와 시기에 관하여는 너희에게 쓸 것이 없음은 주의 날이 밤에 도둑 같이 이를 줄을 너희 자신이 자세히 알기 때문이라(살전 5:1-2).
그러나 주의 날이 도둑 같이 오리니……(벧후 3:10),
만일 일깨지 아니하면 내가 도둑 같이 이르리니 어느 때에 네게 이를는지 네가 알지 못하리라(계 3:3).
번개가 동편에서 나서 서편까지 번쩍임 같이 인자의 임함도 그러하리라(마 24:27).

이처럼 재림 예수는 생각지 못한 때 도적같이 번개같이 오시므로 성도들은 깨어 있어야 한다. 깨어 있으면 시조(時兆)를 보아 그 시기를 짐작할 수 있을 것이다. 깨어있는 자에게는 도적같이 임할 수 없고 잠든 자에게만 도적같이 임할 것이다.

> 형제들아 너희는 어둠에 있지 아니하매 그 날이 도둑 같이 너희에게 임하지 못하리니 너희는 다 빛의 아들이요 낮의 아들이라(살전 5:4-5).

제8절 재림 전에 나타날 징조는 무엇인가?

재림 전에는 반드시 여러 가지 징조가 나타날 것이다. 깨어있는 성도들은 이 시조(時兆)를 살펴 다섯 처녀와 같이 등과 기름을 예비해야 한다. 그 여러 가지 징조 중 종교적 징조, 도덕적 윤리적 징조, 정치와 경제적 징조, 문화적 징조, 그리고 자연계의 징조가 있을 것이 성경에는 자세히 예언되어 있다.

1. 종교적 징조

ㄱ. 거짓 예수가 일어남

재림 전에 나타날 징조로서 먼저 〈적그리스도〉와 〈거짓 선지자〉들이 일어날 것이다. 그리하여 수많은 사람을 미혹하고 파멸시킬 것이다.

거짓 예수들은 사제(私製)복음을 전파하고 영통을 빙자하여 거짓 영의 강신 현상을 성령 강림이라 속일 것이며 또 온갖 거짓 기사와 이적을 행할 것이다. 참 것이 나타나기 전에 거짓이 나타나는 것이 성경의 원리이다.

> 거짓 선지자가 많이 일어나 많은 사람을 미혹하겠으며……(마 24:11),
>
> 그 때에 사람이 너희에게 말하되 보라 그리스도가 여기 있다 혹은 저기 있다 하여도 믿지 말라 거짓 그리스도들과 거짓 선지자들이 일어나 큰 표적과

기사를 보여 할 수만 있으면 택하신 자들도 미혹하리라(마 24:23-24).

누가 어떻게 하여도 너희가 미혹되지 말라 먼저 배교하는 일이 있고 저 불법의 사람 곧 멸망의 아들이 나타나기 전에는 그 날이 이르지 아니하리니 그는 대적하는 자라 신이라고 불리는 모든 것과 숭배함을 받는 것에 대항하여 그 위에 자기를 높이고 하나님의 성전에 앉아 자기를 하나님이라고 내세우느니라(살후 2:3-4)

악한 자의 나타남은 사탄의 활동을 따라 모든 능력과 표적과 거짓 기적과 불의의 모든 속임으로 멸망하는 자들에게 있으리니 이는 그들이 진리의 사랑을 받지 아니하여 구원함을 받지 못함이라(살후 2:9-10).

ㄴ. 참 진리가 없음

말세에는 참 진리의 말씀이 고갈되고 거짓 복음이 범람하여 귀신의 교훈과 종교 사기꾼들의 까마귀 같은 잡소리가 요란한 때이다. 이 때 인간들은 바른 교훈은 받지 아니하고 귀에 달콤한 약장사의 거짓 교훈을 받을 것이다.

말세에는 만신이 도전하여 온갖 유형의 거짓 복음이 전파될 것이다.

때가 이르리니 사람이 바른 교훈을 받지 아니하며 귀가 가려워서 자기의 사욕을 따를 스승을 많이 두고 또 그 귀를 진리에서 돌이켜 허탄한 이야기를 따르리라(딤후 4:3-4).

성령이 밝히 말씀하시기를 후일에 어떤 사람들이 믿음에서 떠나 미혹하는 영과 귀신의 가르침을 따르리라(딤전 4:1).

보라 날이 이를지라 내가 기근을 땅에 보내리니 양식이 없어 주림이 아니며 물이 없어 갈함이 아니요 여호와의 말씀을 듣지 못한 기갈이라 사람이 이 바다에서 저 바다까지, 북쪽에서 동쪽까지 비틀거리며 여호와의 말씀을 구하려고 돌아다녀도 얻지 못하리니 그 날에 아름다운 처녀와 젊은 남자가 다 갈하여 쓰러지리라(암 8:11-13).

2. 윤리 도덕의 타락 현상

재림 전의 징조 중 윤리와 도덕의 타락이 있을 것이다. 성적(性的) 타락은 물론 인간들은 이기주의자가 되고 배금주의자(拜金主義者)가 되어 사랑이 식어 냉랭한 사회가 될 것이다.

ㄱ. 사랑이 식음

불법이 성하므로 많은 사람의 사랑이 식어지리라(마 24:12).

너는 이것을 알라 말세에 고통하는 때가 이르러 사람들이 자기를 사랑하며 돈을 사랑하며 자랑하며 교만하며 비방하며 부모를 거역하며 감사하지 아니하며 거룩하지 아니하며 무정하며 원통함을 풀지 아니하며 모함하며 절제하지 못하며 사나우며 선한 것을 좋아하지 아니하며 배신하며 조급하며 자만하며 쾌락을 사랑하기를 하나님 사랑하는 것보다 더하며 경건의 모양은 있으나 경건의 능력은 부인하니 이같은 자들에게서 네가 돌아서라(딤후 3:1).

이처럼 말세에는 사랑이 식어 이기주의가 팽배하고 배금주의가 만연하여 자기를 상실한 인간 허깨비들이 쾌락주의의 노예가 될 것이다.

ㄴ. 성의 타락

이 성의 타락은 두 가지 양상으로 대별된다. 노아 때와 롯 때의 타락이다. 노아 때는 하나님의 아들들이 사람의 딸들과 교합하여 네피림 족속을 낳았다. 이는 곧 적그리스도의 복음이 나타나서 혼음(混淫) 종교의 교리를 만들고 밀교(密敎)로서 네피림 같은 악의 씨를 번식할 것을 암시하고 있다.

또 롯 때의 성적 타락의 특색은 남색(男色)과 여색(女色)의 범람이다. 이들은 이성간의 교제를 떠나서 남색과 여색 즉 괴이한 색에 굶주린 자들이었다(창 19:5, 롬 1:26-28).

노아의 때와 같이 인자의 임함도 그러하리라 홍수 전에 노아가 방주에 들어가던 날까지 사람들이 먹고 마시고 장가 들고 시집 가고 있으면서 홍수가 나서 그들을 다 멸하기까지 깨닫지 못하였으니 인자의 임함도 이와 같으리라(마 24:37-39).

또 롯의 때와 같으리니 사람들이 먹고 마시고 사고 팔고 심고 집을 짓더니 롯이 소돔에서 나가던 날에 하늘로부터 불과 유황이 비오듯 하여 그들을 멸망시켰느니라(눅 17:28-29).

ㄷ. 열매가 없음

말세에는 열매가 없는 종교인들이 많을 것이다. 이 부실종교인(不實宗教人)은 잎만 무성한 무화가 나무로 비유되고 있다.

예수가 무화과나무에서 열매를 구했을 때 잎만 무성하고 열매가 없음으로 저주받았다. 끝 날에는 열매 없이 잎만 무성한 무화과나무와 같은 교인들이 많을 것이다. 입으로만 예수를 믿고 행동은 이방인 보다 못한 신자가 팽창할 때, 이 때가 곧 말세이다.

무화과나무의 비유를 배우라 그 가지가 연하여지고 잎사귀를 내면 여름이 가까운 줄 아나니 이와 같이 너희가 이런 일이 일어나는 것을 보거든 인자가 가까이 곧 문 앞에 이른 줄 알라(막 13:28-29).

아담 하와도 타락할 때 도과(道果)는 하나도 맺지 못하고 잎만 무성했다. 그러므로 무화과 잎으로 하체를 가리웠던 것이다.

현대 기독교는 복음의 순수성을 잃고 세상의 지혜와 하나님의 지혜를 혼합하므로 열매 없이 잎만 무성한 무화과나무가 되었다. 예수님은 재림할 때 참 믿은 자가 없을 것을 이미 예고하지 않았던가?

그러나 인자가 올 때에 세상에서 믿음을 보겠느냐 하시니라(눅 18:8).

스스로 살펴 자신이 부실종교인이 아닌가 반성해야 한다.

3. 정치적 징조

재림 전 또 다른 징조로서 정치적 혼란, 경제 공황이 일어나므로 민심의 소요가 있을 것이다. 이데올로기의 대립은 전쟁을 유발하여 세계 도처에서 전운이 감돌고 신민족주의와 신식민주의의 발생으로 국가가 국가를 치고 민족이 민족을 치는 분쟁 상태가 끊임없이 유발될 것이다.

현금(現今)의 국제 정세를 보면 이데올로기로 인한 냉전, 종교적 분쟁으로 인한 열전, 그리고 경제적 혼란과 무역 전쟁, 혁명의 수출과 신민족주의, 신식민주의의 대두는 무엇을 뜻하고 있는가?

재림의 시기가 가까왔음을 나타내는 조짐이 아닐 수 없다.

> 난리와 난리 소문을 듣겠으나 너희는 삼가 두려워하지 말라 이런 일이 있어야 하되 아직 끝은 아니니라 민족이 민족을, 나라가 나라를 대적하여 일어나겠고 곳곳에 기근과 지진이 있으리니 이 모든 것은 재난의 시작이니라(마 24:6-8).

단 한 구절에 불과한 이 예수의 예언은 현금의 세계정세를 그대로 표현하고 있지 않은가. 깬 자는 이 시대의 징조를 깊이 살펴 신랑을 맞이할 준비를 해야 한다. 지금은 신앙적으로 결단을 내려야 할 시기이다.

4. 과학 문화적 징조

재림 전에 세상은 놀라울 정도로 속도화 될 것이다. 지구는 1일 생활권으로 좁혀지고 교통수단은 발전하여 과학적 축지법 속에서 사람은 살아갈 것이다. 또 우주선의 발사로 지구는 하나의 촌(村)으로 등장할 것이다. 과학의 발달로 정보와 지식의 양은 날로 더해가서 인간은 기계의 노예, 지식의 괴뢰로 전락할 것이다.

> 다니엘아 마지막 때까지 이 말을 간수하고 이 글을 봉함하라 많은 사람이 빨리 왕래하며 지식이 더하리라(단 12:4).

이상으로 현대에 나타난 여러 가지 징조를 성경의 예언과 비교해 볼 때 우리가 살고 있는 현 시점이 종말이 가까운 때임을 알 수 있다.

이는 막연한 위기의식과 종말 의식의 조성이 아니고 성경을 연구하여 얻어진 결론이다. 종말에 대한 예수의 예언은 하나님의 말씀이므로 반드시 이루어질 것이다.

천지는 없어질지언정 내 말은 없어지지 아니하리라 그러나 그 날과 그 때는 아무도 모르나니 하늘의 천사들도, 아들도 모르고 오직 아버지만 아시느니라(마 24:35-36).

제9절 재림과 신부성(新婦性)

모든 성도들은 재림주를 학수고대하고 있다. 그러나 학수고대하는 성도들이 다 함께 재림주를 맞이할 수 있을까? 유대인들도 초림주를 대망하였다. 그러나 그가 성경의 예언대로 왔지만 완고한 바리새인들과 제사장들은 예수를 맞이하지 못하였다.

재림 때도 이와 같은 일이 일어나지 않을까? 청함을 받은 자는 많으나 택함을 받은 자는 적다.

청함을 받은 자는 많되 택함을 입은 자는 적으니라(마 22:14).

기독교인들은 청함을 받은 자들이다. 그들 중에는 예복이 없는 부실인(不實人)이 대부분이다. 재림주를 맞이할 자는 신부의 예복을 준비해야 한다. 신부가 아니면 신랑을 맞이할 수 없다. 우리는 신랑을 맞이할 신부가 되어 믿음의 순수성, 소망의 순진성, 사랑의 순결성을 굳게 지켜야 한다.

신부성이란 육적 처녀성을 의미하지 않는다. 영적 순결성을 의미한다. 물론 육적으로도 처녀가 되면 좋지만 성경은 육보다도 영의 차원을 중요시 하고 있다. 우리는 신부가 되어 신랑을 맞이해야 한다.

그 때에 천국은 마치 등을 들고 신랑을 맞으러 나간 열 처녀와 같다 하리니 그 중의 다섯은 미련하고 다섯은 슬기 있는 자라 미련한 자들은 등을 가지되 기름을 가지지 아니하고 슬기 있는 자들은 그릇에 기름을 담아 등과 함께 가져갔더니……(마 25:1-4),

열 처녀 중 기름을 가진 다섯 처녀만이 신랑을 맞이할 수 있다. 다섯 처녀가 가진 기름이란 무엇을 상징하는가? 기름은 성령을 상징하고 있다.

> 너희는 거룩하신 자에게서 기름 부음을 받고 모든 것을 아느니라(요일 2:20).
>
> 너희는 주께 받은 바 기름 부음이 너희 안에 거하나니 아무도 너희를 가르칠 필요가 없고 오직 그의 기름 부음이 모든 것을 너희에게 가르치며 또 참되고 거짓이 없으니 너희를 가르치신 그대로 주 안에 거하라(요일 2:27).
>
> 우리를 너희와 함께 그리스도 안에서 굳건하게 하시고 우리에게 기름을 부으신 이는 하나님이시니 그가 또한 우리에게 인치시고 보증으로 우리 마음에 성령을 주셨느니라(고후 1:21-22).

이 성구들을 보아도 기름은 성령을 상징하고 있음을 알 수 있다.

그러므로 등만 갖고 기름이 없는 처녀란 겉으로만 예수를 믿고 성령을 받지 못한 성령의 열매가 없는 부실종교인을 비유하고 있는 것이다. 기름을 예비한 처녀는 성령을 받고 성령의 열매가 충실한 참 성도를 비유하고 있는 것이다.

성령을 받으면 성도들은 처녀가 된다. 우리가 비록 죄인이지만 성령의 도태속에서 거듭나면 새 사람이 되므로 처녀격이 되는 것이다. 성령으로 거듭난 언약의 자식만이 처녀가 되어 어린 양의 잔치에 참여할 수 있는 것이다.

> 천사가 내게 말하기를 기록하라 어린 양의 혼인 잔치에 청함을 받은 자들은 복이 있도다(계 19:9).
>
> 오라 내가 신부 곧 어린 양의 아내를 네게 보이리라 하고 성령으로 나를 데리고 크고 높은 산으로 올라가 하나님께로부터 하늘에서 내려오는 거룩한 성 예루살렘을 보이니……(계 21:9),
>
> 내가 하나님의 열심으로 너희를 위하여 열심을 내노니 내가 너희를 정결한 처녀로 한 남편인 그리스도께 드리려고 중매함이로다(고후 11:2).

하늘에서 내려오는 새 예루살렘은 건물이 아닌 신부와 모성의 상징임을 알아야 한다.

새 예루살렘은 성령의 도모(道母)를 상징하므로 우리를 새롭게 낳아 줄 것이다. 다섯 처녀처럼 기름을 예비하자. 성령의 기름이 없이 등만 들고 있다가 밤중에 갑자기 신랑이 오면 버림을 당할 것이다(마 25:1-13).

제10장
성 모 론

제10장 성모론

보라 처녀가 잉태하여 아들을 낳을 것이요 그의 이름을 임마누엘이라 하리라(사 7:14).

성경이 우리에게 전하는 소식 속에는 다른 종교의 경전에서는 읽어볼 수 없는 두 가지 기이한 소식이 있으니 곧 예수의 성신 잉태와 부활이다. 이 두 소식은 성경이 우리에게 제시하는 여러 가지 비의(秘義)와 암호 중에서 가장 난해한 문제이다.

처녀가 잉태했다는 소식은 합리적인 사고를 존중하는 현대인에게는 받아들일 수 없는 진리가 되어 자유주의 신학에서는 유기(遺棄)된 지 오래다. 혹자는 문학적 상상력을 동원하여 예수가 사생아로 출생하였다니, 제사장 사가랴와 마리아 사이에서 생겨난 아들이었다느니 하면서 마치 자기들이 예수가 출생할 때의 현장을 목격한 것처럼 무책임한 망언을 떠벌리는 소인배들이 많은 세상이다. 그런가 하면 혹자는 공상과학 소설가인 양 예수를 외계에서 온 우주인이라고 주장하는 허풍선이도 있는 세상이다.

참 믿는 자들이라면 이 따위 낭설에 현혹당하지 말아야 한다. 더구나 신학자라 자칭하는 자들이 마치 새로운 성경 해석이라도 하는 양 함부로 떠벌리는 소리를 새로운 신학 사상으로 받아들이는 얼빠진 자들이 있으니 이 어찌 통탄할 노릇이 아니겠는가?

우리는 시대에 따라 유행하는 여인들의 의상처럼 변덕을 부리는 서양 신학의 잡다한 이론에서 해방되어 다시 성경으로 돌아가자.

성경은 생명의 책이다. 성경은 하나님이 인간과 맺은 계약문서이다. 이 속에는 허위를 기록할 수 없다. 만약 거짓말이 있다면 성경은 마귀의 문서이지 하나님의 문서가 아니다.

동정녀 마리아가 성신으로 예수를 잉태한 것도 진실한 소식이지 거짓말이 아니다. 우리는 성경을 정밀히 분석하여 동정녀 잉태의 당위성과 진실성을 해명하도록 하자. 성령 잉태는 일급 신비에 속하는 문제이므로 논리적인 차원을 넘어 대식견(大識見)의 날개를 펴서 이 문제를 해명해 보자.

제1절 성령 잉태에 대한 예언과 성취

하나님은 어떤 일이든지 인간 몰래 은밀하게 행하는 일이 없다. 반드시 하나님이 행하시고자 하는 비밀은 먼저 선지자를 통해 예고하신다.

> 주 여호와께서는 자기의 비밀을 그 종 선지자들에게 보이지 아니하시고는 결코 행하심이 없으시리라(암 3:7).

타락 인간들의 대망은 메시아의 탄생이었다. 이 메시아가 순결한 동정녀를 통해 탄생하실 것을 이사야 선지자를 통해 예고하였다.

> 그러므로 주께서 친히 징조를 너희에게 주실 것이라 보라 처녀가 잉태하여 아들을 낳을 것이요 그의 이름을 임마누엘이라 하리라(사 7:14).

이처럼 선지자를 통해 예고하였고 이 약속을 하나님은 마리아를 통해 이루었던 것이다.

> 그의 어머니 마리아가 요셉과 약혼하고 동거하기 전에 성령으로 잉태된 것이 나타났더니…… 아들을 낳기까지 동침하지 아니하더니 낳으매 이름을 예수라 하니라(마 1:18-25).
>
> 보라 네가 잉태하여 아들을 낳으리니 그 이름을 예수라 하라…… 천사가 대답하여 이르되 성령이 네게 임하시고 지극히 높으신 이의 능력이 너를 덮으시리니 이러므로 나실 바 거룩한 이는 하나님의 아들이라 일컬어지리라(눅 1:31-35).

마리아는 하나님의 약속에 따라 하나님의 능력으로 순결한 동정녀의 몸으로 성령 잉태하여 구세주 예수를 낳았다.

성경의 진실이 이러한데 어떤 자들은 예수가 사생아였다고 망발하고 있다. 또 거짓 선지자들은 마리아가 제사장 사가랴와 사통(私通)하여 예수를 낳았다고 망언하고 있다. 일고의 가치조차 없는 거짓말들이다. 마귀의 선전이다.

성신 잉태의 비의는 깨달은 자가 아니면 이해할 수 없는 신비임을 잊어서는 안 된다. 동정녀 마리아의 성신 잉태는 진실한 역사적인 사건이었다.

예수는 왜 처녀의 몸에서 태어나야 하는가? 또 처녀의 몸에서 태어나야 할 도적(道的) 근거는 무엇인가?

동정녀 마리아의 성신 잉태는 성경의 근본 문제인데 이것이 바르게 해독하지 못한 채 오늘에 이르고 있다. 우리는 신학자들의 변론을 떠나서 성경적 입장에서 동정녀 마리아의 성신 잉태를 해명하도록 하자.

제2절 예수가 성령 잉태되어야 할 이유

예수는 왜 동정녀의 몸을 통해 성령으로 잉태해야 하는가?

이 비의의 연원(淵源)은 하와에게까지 소급해 올라가야 한다.

성경은 우리에게 세 여인을 보여주고 있다.

첫째는 하와로서 육모(肉母)이고(창 4:1-2), 둘째는 마리아로 성모(聖母)이며(마 1:18-25), 셋째는 해를 옷 입은 여인으로 새 날의 영모(靈母)이다(계 12:1).

하와는 인류 최초의 시모(始母)였다. 하와는 〈모든 산 자의 어미〉였다. 그런데 타락으로 말미암아 그 태는 무덤이 되고 죽은 자의 어미가 되어 육신의 자식을 낳았다. 하와의 태는 죄로 오염이 된 불결한 집이었다.

〈모든 산 자의 어미〉란 무슨 뜻인가?

하와가 에덴동산에서 바르게 구도하여 정각을 하였다면 그는 생명과를 따먹고 성령 잉태를 했을 것이다. 하와는 하나님의 아내인 동시에 아담의 아내였다. 하와가 생명나무의 도리를 깨달아 성령 잉태하여 예수를 처녀의 몸으로 낳고 그 후로 아담의 아들딸을 낳았다면 인류는 죄가 없는 씨가 남상(濫觴)되었을 것이다.

그럼 하와는 왜 성령으로 잉태하여 예수를 낳아야 하는가? 예수는 길이요 진리요 생명이므로 예수로 말미암지 않고는 아무도 하늘나라에 갈 수 없다.

하와가 생명과를 따먹고 예수를 낳았다면 예수는 도성인신(道成人身)하여 인류에게 죽지 않고 변화 받는 멜기세덱의 길을 열어주고 승천했을 것이다. 십자가와 부활의 도는 타락 후 생긴 비본래적인 도인 것이다.

〈모든 산 자의 어미〉란 이런 비밀이 숨어있는 이름이었다. 하와는 성신 잉태를 하지 못한 모성이었다. 성신 잉태를 하지 못하면 그 태는 육태가 되어 혈맥을 따라 죽은 자를 낳는 모태가 된다.

이 문제를 보다 자세하게 해명토록 하자.

에덴동산에서 과실은 하와가 따서 아담에게 주게 되어 있다. 그것이 선악과든 생명과든 과실은 여자가 먼저 따는 것이다. 생명과는 곧 예수 그리스도이다. 하와가 생명과를 따먹고 예수를 처녀의 몸으로 성신 잉태하면 예수는 수육되어 우리에게 영생의 길을 열어 준다. 그러면 멜기세덱의 선맥(僊脈)이 남상되었을 것이다. 예수는 길이요 진리요 생명이므로 예수가 수육되어 인간에게 영원히 산 자의 길을 열어 놓으면 아담의 자손들은 그 길을 따라 수렴되었을 것이다.

하와가 비록 아담과 정혼한 사이였으나 그는 하나님의 아내가 되어 먼저 예수를 낳아야 했던 것이다. 요셉과 정혼한 마리아가 예수를 해산하듯……. 마리아가 요셉과 정혼했으나 그는 요셉의 아내가 되기에 앞서 하나님의 아내가 되었으므로 예수를 성령으로 잉태한 것이다.

이미 「타락론」에서 해명한 바와 같이 하나님은 아담과 하와를 〈도의 부부〉로 창조하였지 동물적 차원의 〈육의 부부〉로 창조하지 않았던 것이다. 육의 부부는 원시 광야의 야만인들도 행하고 있었으며 짐승들도 육적 교합(交合)을 하고 있었던 것이다.

> 그러므로 사람이 부모를 떠나 그의 아내와 합하여 그 둘이 한 육체가 될지니 이 비밀이 크도다(엡 5:31).

바울이 말한 부부의 비밀이 크다 함은 〈도의 부부〉를 말함이다. 부부의 결합은 하나님의 뜻의 비밀이 숨어 있었는데 아담과 하와는 이 큰 비밀을 깨닫지 못하고 선악과를 따먹고 살인자 가인을 낳았던 것이다.

하와가 성령 잉태하여 예수를 낳았다면 예수는 멜기세덱적 존재가 되어 죽지 않고 승천하는 선맥(僊脈)의 길, 평화의 종교를 계시하여 변화 받아 승천하는 길을 열어 놓았을 것이다. 그러면 인간은 죽지 않고 변화 받는 길을 알게 되어 〈산 자의 도〉를 따라 영생할 수 있으므로 하와는 〈모든 산 자의 어미〉 가 될 수 있는 것이다. 그런데 하와는 범죄로 인해 성신 잉태를 못했고 선악과를 따먹음으로써 죽은 자로 전락되어 〈모든 죽은 자의 어미〉로 변신되었던 것이다. 하와의 도태는 육태가 되어 혈육에 속한 죄의 종자를 낳게 된다.

그러므로 하와가 성령 잉태 못한 사명을 다른 여인이 대신해야 한다. 이 사명을 동정녀 마리아가 순명(順命)했던 것이다. 동정녀 마리아는 생명과를 얻었다. 이것이 예수의 성령 잉태인 것이다. 마리아는 하나님의 아내가 되어 그 아들인 예수를 낳게 된다.

하나님은 예수의 아버지며 예수는 하나님의 영맥을 따라 그 아들이 되었다. 하와는 혈맥을 따라 살인자 가인을 낳았지만 마리아는 영맥을 따라 구원자 예수를 낳았다.

예수는 동정녀 마리아의 몸에서 탄생되었으나 이 세상 인간들은 이미 다 죽은 자가 되어 있었으므로 예수는 피흘려 부활의 길을 개척해야 했던 것이다.

ㄱ. 타락하지 않은 상태 → 하와 성령 잉태 → 멜기세덱 탄생 → 평화의 종교 → 변화의 도 → 환골탈태 → 우화등선 → 수렴
ㄴ. 타락한 상태 → 마리아 성령 잉태 → 예수 탄생 → 피의 종교 → 부활의 도 → 시해선 → 변화 승천 → 수렴

이 도표에서 우리는 명확하게 두 가지 도의 맥을 잡을 수 있을 것이다.

하와가 타락하지 않았다면 마리아가 성신 잉태할 필요가 없다. 하와가 타락하여 생명과를 따먹지 못하므로 말미암아 마리아가 그 사명을 했다.

하와는 육태(肉胎)가 되었으나 마리아는 도태(道胎)가 되었다. 이런 〈도의 비밀〉이 숨어 있었기 때문에 하나님은 선지자를 통해 처녀가 잉태할 것을 예고했던 것이다. 그러므로 마리아는 처녀로서 잉태해야 하는 도비(道秘)가 있는 것이다. 예수는 이미 남자와 동침한 부인들의 몸을 통해 잉태할 수 없다.

하나님의 아들 예수는 반드시 성도(成道)한 처녀의 몸에서 탄생해야 한다. 마리아를 통하여 산 자인 예수가 잉태되었으므로 마리아는 〈모든 산 자의 어미 격〉이 되었던 것이다. 이 비밀을 하나님은 구약 속에서 은밀하게 보여 주었는데 사라·리브가·라헬이 그 모형이었다.

이미 「부활론」에서도 잠시 해명한 바 있지만 예수는 타락되지 않아도 수육되어야 한다. 예수의 수육은 타락과는 상관이 없이 여인의 몸을 통해 이루어져야 한다. 단 타락되면 예수는 고난의 길을 걸으면서 십자가를 지고 죽었다가 부활해야 하고, 타락되지 않았다면 예수는 십자가를 지지 않고 무덤을 거치지 않고 인간에게 영생의 길을 열어주는 차이점이 있을 뿐이다.

동정녀 마리아의 성신 잉태는 이러한 이 같은 비밀이 숨어 있는데 이 도비를 깨닫지 못한 어리석고 비소한 소인들이 예수가 사생아라는 망언을 함부로 지껄였던 것이다. 하나님의 아들이 사람으로 탄생하는데 어찌 헌 여자, 낡은 여자, 타락한 형태의 여자의 탯 속에서 잉태되겠는가.

도안(道眼)이 크게 열려 근본자리를 보라. 모든 죄가 하와에게서 비롯되므로 모든 속죄도 동정녀에게서 시작되지 않으면 안 된다.

동정녀 마리아의 성신 잉태! 이 이상 진리가 어디 있겠는가.

예수가 처녀의 몸에서 무염시태(無染始胎) 되었음을 굳게 믿자.

제3절 마리아의 구약적 원형은 누구인가?

하나님이 씨를 뿌릴 밭은 여인이다. 〈로고스의 씨〉를 파종할 최초의 밭은 하와였다. 그런데 하와가 타락으로 말미암아 그 밭은 잡초가 무성하고 가시와 엉겅퀴가 자란 황무지가 되었고 뱀이 또아리튼 피밭이 되었으며 생수가 고갈된 사막이 되어 버렸다.

하나님은 또 다른 청정무구한 밭을 예비해야 하였다. 사탄의 참소를 받지 않고 사탄이 참소할 수 없는 여인을 선택하기 위하여 역사적인 긴 시간이 흘러가야 했다. 진실로 구약 4천 년 역사는 한 여인을 선택하기 위하여 준비하는 기간이었다. 예수가 수육하기 위하여는 예비된 모태가 먼저 있어야 하는데 이 모태를 준비하기 위하여 하나님은 은밀히 섭리하고 있었다.

죄악이 오염된 세계내(世界內)에서 예수는 죄악에 물들지 않은 청정한 연꽃과 같은 존재로 오셨다. 그가 비록 죄인의 몸으로 후 아담으로 왔지만 그에게는 흠도 점도 없었다.

> 이러한 대제사장은 우리에게 합당하니 거룩하고 악이 없고 더러움이 없고 죄인에게서 떠나 계시고 하늘보다 높이 되신 이라(히 7:26).
>
> 오직 흠 없고 점 없는 어린 양 같은 그리스도의 보배로운 피로 된 것이니라(벧전 1:19).

예수가 죄와 흠과 티가 없다는 뜻은 〈로고스의 씨〉를 심은 밭이었던 마리아의 탯집도 죄로 오염되지 않았다는 뜻도 된다.

> 누가 깨끗한 것을 더러운 것 가운데에서 낼 수 있으리이까 하나도 없나이다(욥 14:4).

예수가 죄와 흠과 티와 점이 없다는 사실은 그를 잉태한 탯집이 청정무구한 집이었고 무염시태할 수 있는 도태였던 까닭이다. 하나님이 자기 씨 심는데 어찌 죄악의 밭을 선택할 수 있겠는가?

> 내가 죄악 중에서 출생하였음이여 어머니가 죄 중에서 나를 잉태하였나이다(시 51:5).

이 다윗의 고백은 동시에 우리들의 고백인 것이다. 다윗은 성왕이었지만 그는 죄인이었고 그를 잉태한 모태도 죄의 집이었다. 하와가 타락한 이래 모든 모성은 죄에 오염되었고 원죄에 염색된 피밭이었다. 인간의 유전자와 염색체 속에는 타락의 낙인이 찍혀 있었다. 그러나 마리아의 탯집은 무염하고 청정했다.

그럼 마리아를 예비하기까지 구약 속에서 하나님은 어떻게 마리아의 원형을 은폐시켰을까? 구약을 정밀하게 조사해보면 하나님이 생축제물이 아닌 인신번제(人身燔祭)를 요구한 사실이 두 번 나타난다.

이삭 헌제와 입다의 딸의 번제가 그것이다. 이삭은 무녀독남(無女獨男)이었고 입다의 딸은 무남독녀(無男獨女)였다. 이삭과 입다의 딸은 인신제물로 대칭되는 제물이다. 그런데 이삭 헌제는 수양으로 대속되는데 입다의 딸은 산 채로 태워 번제로 희생되었다. 이삭 헌제 속에는 아브라함의 믿음을 시험하고 그에게 부활의 비의를 인식시키기 위한 뜻이 숨어 있었고 입다의 딸 번제 속에는 사탄 마귀를 완전히 분리시키기 위한 뜻이 깃들어 있었던 것이다. 성경 전체로 볼 때 하나님이 인신제물을 받은 것은 오직 입다의 딸 뿐이었다.

하나님은 왜 입다의 딸을 번제로 받았을까?

인간은 본래가 산 자인데 사탄 마귀의 침입으로 죽은 자가 되었다. 인간은 죽음의 존재가 되었으므로 마귀의 권세 아래 노예가 되었고 시체는 마귀의 소유가 되어 땅 속에 인봉되었다. 시체가 땅 속에 인봉됨은 부활할 수 없음을 암시하고 있는 것이다. 구약의 모든 인간들은 죽어 그 시체는 무덤 속에 인봉되고 그 영혼은 스올 어두운데서 잠들게 되었다.

그럼 입다의 딸이 번제가 되는데 무슨 의미가 있는가?

산 자를 불로 태우면 그는 시체가 없어 마귀가 소유하여 무덤에 인봉할 물적 근거가 없어진다. 불로 태워 산 제사를 드렸으므로 입다의 딸은 마귀의 소유가 될 수 없다는 뜻이다. 그러므로 입다의 딸의 번제는 완전히 사탄 마귀의 소유에서 해방된 상태에 놓인다. 그 뿐만 아니라 입다의 딸의 영혼도 불 속에서 정화(淨化)된 상태가 되므로 영육 아울러 깨끗한 상태에 놓이게 된다. 비록 그 몸은 번제로 재가 되어 무화(無化)되었으나 그 영혼은 신약의 아침 마리아로 윤회환생(輪迴還生)되어 사탄 마귀가 참소할 수 없는 하나님의 정배(淨配)가 되는 것이다.

마리아는 하나님의 정배인 동시에 요셉의 정배였다.

「사사기」에는 입다의 딸의 이름이 무엇인지 밝히지 않고 있다. 그 이름이 마리아가 아니었을까?

사사 입다는 암몬 자손과의 싸움에서 승리한 서원(誓願)으로 딸을 드렸다고 기록되어 있으나 하나님의 숨은 뜻은 입다의 딸을 번제로 받으므로 〈로고스의 씨〉를 심을 탯집을 마련하기 위한 비밀이 숨어 있었던 것이다. 입다의 딸은 믿음이 독실한 성녀(聖女)였다. 그는 아버지의 뜻과 하나님의 뜻에 두말없이 순종하였다.

> 내가 암몬 자손에게서 평안히 돌아올 때에 누구든지 내 집 문에서 나와서 나를 영접하는 그는 여호와께 돌릴 것이니 내가 그를 번제물로 드리겠나이다…… 딸이 그에게 이르되 나의 아버지여 아버지께서 여호와를 향하여 입을 여셨으니 아버지의 입에서 낸 말씀대로 내게 행하소서…… 자기가 서원한 대로 딸에게 행하니 딸이 남자를 알지 못하였더라(삿 11:31-39).

이 얼마나 놀랍고도 감동적인 장면인가? 입다의 딸은 산 제물이 되어 산 몸이 불 속에 화장되었던 것이다.

입다의 딸의 제물이 하나님의 뜻이 아니었다면 입다를 암몬 족속과의 싸움에서 패망시켰을 것이다. 암몬 족속은 롯이 작은 딸과 상간(相姦)하여 낳은 더러운 족속이었다. 이 더러운 족속 배후에는 사탄 마귀가 역사하고 있었다. 입다가 서원한 것도 하나님의 뜻을 깨닫고 했는지 모르고 했는지 성경은 밝히지 않고 있다. 그러나 입다의 딸은 하나님의 뜻을 깨달은 듯하다. 하나님의 뜻을 깨닫지 않고 어찌 산 제물이 될 수 있겠는가?

하나님은 남자를 알지 못하는 깨끗한 처녀를 예비하기 위하여 믿음이 독실한 입다의 딸을 선택했던 것이다. 입다의 딸은 구약 속에 숨은 성녀(聖女)였다. 그의 믿음이 성녀가 아니었다면 산 채로 장작더미 위에 앉을 수 없었을 것이다.

하나님은 깨끗한 처녀의 몸을 산 번제로 받으므로 말미암아 그 육신은 불에 타 무화(無化)되었어도 하나님을 향한 입다의 딸의 심정과 그 숭고한 영혼은 불멸의 실체로 살아 신약의 아침 마리아의 몸으로 환생했던 것이다. 마리아의 전생이 입다의 딸이었으므로 그 탯집은 흠이 없고 티가 없고 점이 없고 죄가 없었다.

하나님은 이 청정무구한 밭에 〈로고스의 씨〉를 뿌렸던 것이다. 어찌 사탄 마귀가 참소할 수 있겠는가? 어찌 사탄 마귀가 침입할 수 있겠는가?

입다의 딸의 번제는 〈은폐된 뜻〉이었으므로 이 날까지 도맥을 깨닫는 자가 없었다. 마리아의 전생이 입다의 딸인 것과 같이 요셉의 전생은 애굽의 총리대신인 요셉이었다(「윤회론」 참조).

제4절 마태 족보에 나타난 다섯 여인들

「마태복음」에 나오는 아브라함 족보에는 다섯 여인이 등장하고 있다. 성경에 나오는 족보 중에 여자가 등장하는 것은 아브라함과 다윗의 세계(世系) 밖에는 없다.

왜 이 여인들이 족보에 기록되며 이 다섯 여인들의 암호는 무엇일까? 메시아가 출생하는 세계에 다섯 여인이 등장할 때 반드시 여기에는 하나님의 어떤 숨은 섭리가 있을 것이다. 이 비밀을 낱낱이 파헤쳐 보도록 하자.

다말과 라합과 룻과 밧세바는 이방(異邦)여인이고 마리아는 본방(本邦) 여인이다. 네 여인은 타락한 하와형이고 마리아는 타락하지 않은 하와형이다.

이 날까지 기독교에서는 네 여인을 사음녀(四淫女)로 풀이했으나 이는 성경의 초보도 모르는 망견(妄見)이다.

마태 족보에 등장하는 네 이방여인은 빛나는 도녀(道女)들이었다. 마리아는 두말할 나위 없이 성녀(聖女)였다. 네 여인은 타락한 하와형으로 그들은 타락한 세상에 흐르는 네 갈래 강물이다. 다말은 과부형이고 라합은 기생형이고 룻은 열녀형이고 밧세바는 유부녀형이다. 오직 마리아간이 처녀형이다. 모든 여인은 이 다섯 가지 유형으로 분류할 수 있다.

또 깨끗한 처녀가 아닌 여성들은 네 이방 여인형 중에 어느 한 형에 해당될 것이다. 과부·열녀·창녀·유부녀는 인간이 타락으로 인하여 생긴 여인형이므로 비본래적인 여인상들이다.

하와가 타락하지 않았다면 처녀로서 성신 잉태하고 아담의 아내가 되어 죄 없는 어미로서 산 자의 모성이 되었을 것이다.

성령 잉태는 성모 마리아만 할 수 있었고 네 여인들은 각형(各型)에 따라 끊어질 듯한 아브라함의 혈맥을 면면히 이어 준 여인들이었다. 이 마태 족보에 기록된 암호는 이미 창세기에 기록된 에덴동산에서부터 숨겨져 있었다.

「타락론」에서 해명한 바 있거니와 에덴동산에는 한줄기 강물이 동산을 적시고 있었다. 이 강은 생명수의 강이요 복락(福樂)의 강이요 성신의 강인데 이는 성령으로 〈로고스의 씨〉를 잉태할 동정녀를 상징하는 지순하고 깨끗한 강물이었다. 그런데 하와는 이 강을 깨닫지 못한 연고로 에덴을 적신 한줄기 강은 은폐되고 네 강이 갈라져 땅으로 남상되었다. 이 네 강은 고대 세상에 있는 강이름을 따서 비손강·기혼강·힛데겔강·유프라데강으로 명명되는데 이는 타락한 모성이 네 갈래로 갈라져 남상될 것을 암시하고 있는 것이다. 네 강은 갈라져 타락한 세상에 흘러가는 강이었다. 이는 인간의 모성들이 과부형·창녀형·열녀형·유부녀형으로 분리될 것을 암시했는데 이 날까지 신학자들은 문자 그대로 네 강을 지리적인 강으로 착각했던 것이다.

강은 모든 종교에서 모성을 상징하고 있다. 모세가 넘은 홍해도 여호수아가 넘은 요단강도 모성을 상징하는 암호였다. 홍해는 육신을 따라 종을 낳는 어머니를, 요단강은 성령을 따라 자유자를 낳는 모성의 상징이었다.

에덴동산에는 한줄기 강물이 흘러갔는데 우리는 이 날까지 네 강이 흘렀다고 착각하고 있다. 네 강물은 땅 차원에서 흐른 강이고 에덴에는 오직 성령의 강, 생명수의 강이 흘러갔을 뿐이다.

「요한 계시록」 22장에 나오는 낙원 곧 에덴에도 생명의 강이 한줄기 흐를 뿐 갈라진 네 강은 없다. 생명의 강가, 성령의 강가, 복락의 강가에 생명나무들이 있을 뿐이다. 아담이 입신(入神)한 에덴동산에도 오직 한줄기 강이 적시고 있었고 이 땅 위에 있는 지리적 이름이 붙은 갈라진 네 강은 에덴동산의 강이 아닌 땅 차원의 강이었다.

하와가 성령의 강을 그 안에 유입(流入)시키지 못하고 타락으로 네 강 줄기는 갈라져 땅에 흐르는데 이것은 네 줄기의 타락된 혈맥의 강이 남상될 것을 암시하고 있다.

유프라데강은 〈큰 자궁〉이라는 뜻이 아닌가. 나일강도 그렇고 모든 강은 그 어원이 생명이 탄생되는 자궁의 상징인 것이다. 하와가 생명수의 강, 성령의 강으로 성도하지 못하므로 타락한 모성은 네 가지 형태의 강으로 갈라져 흐르게 된다. 그런데 구약 4천 년 역사를 통하여 네 이방여인이 타락한 하와격으로 선민 이스라엘 민족에게 시집와서 하나님의 섭리를 대각하고 아브라함과 다윗의 끊어질 듯한 혈대와 세계(世系)를 이어주므로 동정녀 마리아가 성신 잉태하는 터를 닦아주었던 것이다.

에덴동산에서는 한 강이 은폐된 후 네 강이 갈라져 흐르지만 마태 족보에 오면 갈라진 네 강이 바다로 흘러가서 합치듯 성모 마리아에게서 종합되어 과부와 기생과 열녀와 유부녀를 초월한 자리에서 지순한 동정녀 마리아는 예수를 성령으로 잉태하게 되는 것이다.

ㄱ. 타락한 형의 네 여인

a. 다말 … 과부형 (창 38:1-30)
b. 라합 … 기생형(수2:1-24)
c. 룻 … 열녀형(룻 1:4)
d. 밧세바 … 유부녀형(삼하 12:24-26)

ㄴ. 타락하지 않은 형의 한 여인

e. 성모 마리아 … 처녀형(마 1:18-25)

이 도표를 보면 왜 예수가 동정녀 마리아에게서 탄생해야 하는 이유가 확연히 이해될 것이다.

아담 하와가 타락한 이래 원죄에 오염된 네 줄기의 강물은 도도히 인류역사를 관통하면서 흘러왔다. 육신을 따라 죽은 자로 태어난 우리들은 과부의 자식 혹은 창기의 자식 혹은 열녀의 자식 혹은 유부녀의 자식으로 그 혈대와 육맥을 계승해 왔다. 그러나 이 네 강물인 혈대와 육맥의 대강(大江)은 땅 위에 흐르는 죽은 자의 강물이었고 언약의 자식, 부활의 자식, 성령의 자식을 낳을 한줄기 생명수의 강물은 하늘 차원에서 흘러갔던 것이다.

첫 사람은 땅에서 났으니 흙에 속한 자이거니와 둘째 사람은 하늘에서 나셨느니라(고전 15:47).

예수께서 이르시되 너희는 아래에서 났고 나는 위에서 났으며 너희는 이 세상에 속하였고 나는 이 세상에 속하지 아니하였느니라(요 8:23).

내가 땅의 일을 말하여도 너희가 믿지 아니하거든 하물며 하늘의 일을 말하면 어떻게 믿겠느냐 하늘에서 내려온 자 곧 인자 외에는 하늘에 올라간 자가 없느니라(요 3:12-13).

이 성구만 보아도 성령을 따라 처녀의 몸에서 탄생하신 예수와 육신을 따라 결혼한 여인의 몸에서 탄생된 자들의 차원이 다름을 알 수 있다. 예수는 성령의 강, 생명의 강에서 세례받은 산 아들이었고 우리는 땅위에 흐르는 세상의 네 강에서 세례받은 죽은 아들이었다.

모세가 바로 앞에서 나일강을 쳐서 피로 만드는데 썩은 냄새가 났다. 이는 타락된 혈맥의 강은 원죄에 오염된 더러운 강임을 상징하고 있는 것이다. 모든 인류의 혈맥은 강물이 피가 되어 냄새나는 더러운 강물임을 잊어서는 안 된다.

제5절 동정녀 잉태의 구약적인 예표(豫表)

입다의 딸을 번제로 받아 마리아의 전생(前生)을 예비하신 하나님이 성령 잉태 모형을 보여주지 않을 리 없다. 믿음의 씨는 아브라함부터 시작되므로 성령 잉태의 도맥도 아브라함 가계(家系) 속에 묻어 두었던 것이다.

아브라함 가계 속에는 두 가지 광맥을 은폐시켰다. 부활의 믿음과 성령 잉태의 비의가 바로 그것이다.

아브라함의 아내 사라도, 이삭의 아내 리브가도, 야곱의 아내 라헬도 자식을 생산할 수 없는 석녀였다. 그들은 오랜 세월 부부 생활을 했지만 잉태할 수 없었다.

비유컨대 그 태는 죽은 무덤이요, 마른 지팡이요, 물 없는 사막이요, 죽은 반석이었다. 이 여인들은 혈대와 육맥의 자식을 낳을 수 없는 여인들이었다. 그런데 이 세 여인에게 하나님이 도전함으로써 이삭·야곱·요셉이 탄생하였다. 이삭·야곱·요셉은 육신을 따라난 자손들이 아니었고 언약을 따라 성령으로 잉태한 자식들이었다.

예수도 언약의 자식이지 육신의 자식은 아니었다. 이 언약의 자식의 모형을 이삭·야곱·요셉을 통해 그 도맥을 아브라함 가계 속에 묻어두었던 것이다. 언약의 자식은 하나님으로 말미암아 성령으로 잉태된 자식들을 말한다.

그러나 우리가 한 가지 깊이 알아야 할 사실은 이삭·야곱·요셉은 언약의 자식이지만 그들은 예수를 위한 모형과 표상과 그림자일 뿐 참 언약의 자식은 예수 한 사람뿐임을 알아야 한다.

1. 사라의 잉태

사라는 90세의 할머니로서 이미 경수(經水)도 끊어지고 아무 소망도 없는 산 송장 같은 늙은이었다. 인생의 낙도 사라진 황혼인데 어찌 자식을 낳을 수 있겠는가? 그러나 사라는 하나님의 도전으로 이삭을 낳았다. 이삭은 단순히 아브라함과의 동침으로 낳은 자식이 아니다.

> 여호와께서 말씀하신 대로 사라를 돌보셨고 여호와께서 말씀하신 대로 사라에게 행하셨으므로 사라가 임신하고 하나님이 말씀하신 시기가 되어 노년의 아브라함에게 아들을 낳으니……(창 21:1-2),

이 성구를 보아도 이삭은 하나님의 도전과 행하심과 허락으로 낳은 아들임을 알 수 있다. 아브라함과 사라가 성교(性交)해서 낳은 육신의 자식이 아닌 것이다.

> 형제들아 너희는 이삭과 같이 약속의 자녀라 그러나 그 때에 육체를 따라 난 자가 성령을 따라 난 자를 박해한 것 같이 이제도 그러하도다(갈 4:28-29).

이 성구에서 보는 바와 같이 이삭은 약속의 자녀요 성령을 따라난 자식임을 알 수 있다. 언약의 자식은 성령을 따라난 영맥이지 육신을 따라 난 혈맥이 아님을 깊이 깨달아야 한다.

2. 리브가의 잉태

이삭의 아내 리브가도 시어머니 사라처럼 자식을 낳을 수 없는 석녀(石女)였다. 그녀도 마른 막대기 같은 죽은 반석이었다. 그러나 리브가도 하나님의 허락으로 언약의 자식 야곱을 낳는다.

> 이삭이 그의 아내가 임신하지 못하므로 그를 위하여 여호와께 간구하매 여호와께서 그의 간구를 들으셨으므로 그의 아내 리브가가 임신하였더니……(창 25:21).

야곱도 단순한 성교로 낳은 육신의 자식이 아니고 기도하여 하나님으로 말미암아 낳은 자식이었다.

3. 라헬의 잉태

야곱의 아내 라헬도 시어머니 리브가처럼 석녀였다. 라헬도 야곱과의 성교에서는 아들을 낳지 못하였으나 합환채(合歡菜) 사건을 통해 하나님은 라헬의 태를 여셨던 것이다. 라헬도 하나님의 허락으로 요셉을 낳는다.

> 라헬은 자녀가 없었더라(창 29:31).
>
> 하나님이 라헬을 생각하신지라 하나님이 그의 소원을 들으시고 그의 태를 여셨으므로 그가 임신하여 아들을 낳고……(창 30:22-23).

이처럼 사라·리브가·라헬 3대는 모두 석녀였으나 하나님의 성령으로 육신의 씨가 아닌 언약의 자식을 낳게 된다. 이것은 장차 메시아가 언약의 자식으로 깨끗한 동정녀의 탯속에서 낳을 것을 보여준 구약적인 표상이었다.

사라와 리브가와 라헬은 비록 처녀는 아니었으나 아브라함 가계 삼대 속에 언약의 자식의 맥을 은폐하신 하나님의 뜻을 이 날까지 바르게 해독하지 못했다.

사라와 리브가와 라헬은 아브라함·이삭·야곱의 아내들이었으나 자식을 생산하지 못하는 석녀의 입장에서 보면 그들의 탯집은 처녀와 같았다 할 수 있다. 그러므로 뜻으로 볼 때 처녀라 할 수 있다.

또 사라·리브가·라헬은 육태의 처녀격이었으나 그 태가 하나님의 도전으로 도태가 될 때 언약의 자식을 생산했던 것이다. 그러므로 이 세 여인은 성모 마리아의 구약적인 모형과 예표가 되는 것이다.

제6절 잉태치 못한 여인들에게 드리는 기쁜 소식

사라·리브가·라헬 삼대를 통하여 잉태치 못한 여인들이 하나님의 능력으로 말미암아 언약의 자식을 잉태하는 비의를 해독하였다. 끝 날에도 이 복음은 기쁜 소식이 되어 새 모성들에게 메아리칠 것이다.

언약의 자식 – 성령 잉태 – 산 자,

이 하나님의 섭리를 이미 우리는 「부활론」에서 해독하여 알고 있다. 성도들은 끝 날에 부활을 약속받은 언약의 자식이다. 그러므로 이 언약의 자식은 반드시 성령으로 잉태하여 산 자가 되지 않으면 안 된다. 타락한 우리는 지금 혈대와 육맥을 따라 이 세상에서 태어났지만 반드시 영의 시대가 도래하면 깨끗한 여인의 몸을 통하여 성령으로 잉태되어 탄생할 것이다. 이것이 부활이다.

역사시대에 잉태치 못하여 애타던 여인들은 새 시대가 도래하면 하나님은 그 탯집을 열어 주실 것이다. 그녀들의 육태는 도태로 변화되고 더러운 월경의 생리는 진화되어 진리의 태양으로 옷 입을 것이다.

잉태치 못한 여인들, 사라형·리브가형·라헬형의 여인들은 성령을 따라 언약의 자식을 생산할 것이다. 역사시대에 잉태치 못한 모든 여인들은 뜻으로 볼 때 그녀들의 탯집은 처녀의 탯집과 같다.

새 하늘과 새 땅이 개명되면 역사시대에 잉태치 못한 여인들은 하나님이 신랑이 되어 언약의 자식을 생산해 낼 것이다.

> 잉태하지 못하며 출산하지 못한 너는 노래할지어다 산고를 겪지 못한 너는 외쳐 노래할지어다 이는 홀로 된 여인의 자식이 남편 있는 자의 자식보다 많음이라(사 54:1).

이 성구가 암시하는 비의는 참으로 크고 중대하다.

남편 있는 여인은 육신의 자식을 낳았다. 그러나 잉태치 못한 여인들은 성령을 따라 언약의 자식, 부활의 자식을 낳을 것이므로 외쳐 노래하라 하였다. 현재는 자식이 없지만 때가 되면 자식이 있을 것을 하나님은 약속하고 있는 것이다.

이 얼마나 큰 복음인가. 이 얼마나 믿을 수 없는 참 소식인가.

하나님은 이사야 선지자를 통해 다음과 같은 약속을 계속한다.

> 다시는 너를 버림 받은 자라 부르지 아니하며 다시는 네 땅을 황무지라 부르지 아니하고 오직 너를 헵시바(나의 기쁨이 그에게 있다)라 하며 네 땅을 뿔라(결혼한 여자)라 하리니 이는 여호와께서 너를 기뻐하실 것이며 네 땅이 결혼한 것처럼 될 것임이라(사 62:4).

황무지 같은 땅, 결혼하지 아니한 땅은 잉태 못한 여인들의 상징이다. 모든 모성들은 거짓 결혼으로 육신의 남편을 맞아 육신의 자식은 생산했지만 참 신랑인 하나님과는 결혼하지 못하였다.

그러나 그녀들이 하나님과 결혼할 날이 올 것이다. 그 때 잉태치 못한 모성들은 하나님이 기뻐하는 신부가 되므로 헵시바라 칭하고 뿔라라 칭함을 받을 것이다. 이런 여인들이 어찌 한 두 사람이겠는가? 그러므로 하나님과 어린 양 잔치를 하면 순식간에 민족을 생산해 낼 것이다.

시온은 진통을 하기 전에 해산하며 고통을 당하기 전에 남아를 낳았으니 이러한 일을 들은 자가 누구이며 이러한 일을 본 자가 누구이냐 나라가 어찌 하루에 생기겠으며 민족이 어찌 한 순간에 태어나겠느냐 그러나 시온은 진통하는 즉시 그 아들을 순산하였도다 여호와께서 이르시되 내가 아이를 갖도록 하였은즉 해산하게 하지 아니하겠느냐 네 하나님이 이르시되 나는 해산하게 하는 이인즉 어찌 태를 닫겠느냐 하시니라(사 66:7-9).

누가 이 엄청난 소식을 믿을 것인가?
대식견의 날개로 비상하는 대인이 아니면 이 복음의 오의(奧義)를 깨닫지 못할 것이다. 이 거짓말 같은 참 말을 믿는 자는 복이 있을 것이다. 하나님은 미쁘신 분이시다.
하나님이 친히 남편이 되고 예수 그리스도가 신랑이 되어 어린 양 잔치를 하는 날이 오면 사막에는 장미꽃이 피고 반석에서는 생명수가 터지고 마른 지팡이에서 복사꽃이 피고 무덤에서는 죽은 자가 살아날 것이다.

또 임신하지 못하던 여자를 집에 살게 하사 자녀들을 즐겁게 하는 어머니가 되게 하시는도다. 할렐루야(시 113:9).

이런 큰 약속이 여인들에게 있으므로 새 날의 전도자는 여자들이 되어야 한다.

주께서 말씀을 주시니 소식을 공포하는 여자들은 큰 무리라(시 68:11).

역사시대에는 여자들은 멸시 천대받고 남자의 부속물이 되었다. 복음 전도의 사명은 남자들에게 있었던 것이다. 그러므로 사도인 바울도 교회에서 여자들은 잠잠하라 하였다.

여자는 일체 순종함으로 조용히 배우라 여자가 가르치는 것과 남자를 주관하는 것을 허락하지 아니하노니 오직 조용할지니라 이는 아담이 먼저 지음을 받고 하와가 그 후며 아담이 속은 것이 아니고 여자가 속아 죄에 빠졌음이라(딤전 2:11-14).

모든 성도가 교회에서 함과 같이 여자는 교회에서 잠잠하라 그들에게는 말하는 것을 허락함이 없나니 율법에 이른 것 같이 오직 복종할 것이요(고전 14:33-34).

6천 년 역사시대를 통해 여인들은 멸시와 천대를 받았으므로 타락의 값을 지불하였다. 그러나 사라와 리브가와 라헬같이 성령 잉태의 비밀을 대각하고 그 도맥을 계승받은 새 날의 모성들은 외쳐 노래하면서 부활의 참 복음을 증거해야 한다. 새 날 복음 전파의 사명은 여자들에게 있음을 성경은 암시하고 있다.

여호와가 새 일을 세상에 창조하였나니 곧 여자가 남자를 둘러 싸리라(렘 31:22).

이 얼마나 큰 약속인가. 도녀(道女)들이여 깨고 깰지어다. 죄악의 역사시대를 폐막하고 새로운 영의 시대를 개명할 사명이 여인들에게 있음을 크게 깨쳐야 한다.

역사시대 믿고 죽은 언약의 성도들은 새 하와의 몸을 통하여 새 하늘과 새 땅에 부활할 것이다. 그러므로 참 대각한 여인들이라면 예수 그리스도의 신부가 되기 위하여 순결을 지키는 것이 옳다. 남자들과 결혼하여 육신의 자식을 낳아 어찌할 것인가?

내가 결혼하지 아니한 자들과 과부들에게 이르노니 나와 같이 그냥 지내는 것이 좋으니라(고전 7:8).

처녀에 대하여는 내가 주께 받은 계명이 없으되 주의 자비하심을 받아서 충성스러운 자가 된 내가 의견을 말하노니 내 생각에는 이것이 좋으니 곧 임박한 환난으로 말미암아 사람이 그냥 지내는 것이 좋으니라(고전 7:25-26).

사도 바울의 이 충고는 한 번 깊이 음미해 볼만하다.

깬 여인들이여! 그대들은 하나님의 정배(淨配)가 되어 언약의 자식을 낳아야 한다. 인구 폭발하는 시대에 육신의 자식을 낳으며 또 피임하는 대죄를 짓지 말아야 한다.

〈모든 산 자의 어미〉, 이것이 새 날 어머니의 이름이 되어야 한다.

제7절 다윗의 씨에 대한 고찰

그의 아들에 관하여 말하면 육신으로는 다윗의 혈통(씨)에서 나셨고……(롬 1:3-4),

이 성구를 보면 예수는 다윗의 씨라 했는데 이는 처녀 수태와는 배리(背理)되는 말씀이 아닌가 하고 의심할 사람이 있을 듯하다.

동정녀 잉태는 예수께 육신의 아버지가 없음을 말하는데 다윗의 씨란 육신의 아버지가 있다는 소리가 아닐까? 이런 의심을 우리는 일으킬 수 있다. 이것은 성경이 암시하는 〈씨〉에 대한 개념을 잘 이해하지 못한 데서 오는 착각이다.

그럼 성경에서 말하는 〈씨〉란 개념에 대하여 먼저 고찰하자. 믿음의 자리에서 보면 우리는 아브라함의 씨요 예수의 씨다.

이는 확실히 천사들을 붙들어 주려 하심이 아니요 오직 아브라함의 자손(씨)을 붙들어 주려 하심이라(히 2:16).

여호와께서 그에게 상함을 받게 하시기를 원하사 질고를 당하게 하셨은즉 그의 영혼을 속건제물로 드리기에 이르면 그가 씨를 보게 되며 그의 날은 길 것이요 또 그의 손으로 여호와께서 기뻐하시는 뜻을 성취하리로다(사 53:10).

아브라함의 씨는 유대인을 말하는 것이 아니다. 믿음의 성도들은 뜻으로 볼 때 아브라함의 자식이며 씨이다. 또 예수는 총각으로 십자가에 달렸는데 그에게 무슨 육신의 씨가 있겠는가? 그러나 성도들이 예수의 씨인 것이다.

> 한 알의 밀이 땅에 떨어져 죽지 아니하면 한 알 그대로 있고 죽으면 많은 열매를 맺느니라(요 12:24).

성경에서 말하는 씨는 육신의 혈통을 따른 씨가 아니고 영맥을 따라난 성도들을 말하고 있는 것이다.

예수는 동정녀 마리아의 몸을 빌려 탄생했고 요셉을 양부로 하여 아브라함과 다윗의 세계(世系)에 입적되었다. 예수의 모친 마리아는 다윗의 혈맥을 이어받은 여인이었다. 예수는 다윗의 씨가 아니었으나 다윗 가문에 입적되어 요셉의 아들이 되었으므로 형식상 다윗의 씨가 되었다. 또 모계는 다윗의 피가 흐르고 있었다.

바리새인들은 예수가 반드시 다윗의 혈통으로 온다고 믿었다. 그러나 예수는 바리새인들의 잘못된 생각을 다음과 같이 반박하였다.

> 바리새인들이 모였을 때에 예수께서 그들에게 물으시되 너희는 그리스도에 대하여 어떻게 생각하느냐 누구의 자손이냐 대답하되 다윗의 자손이니이다 이르시되 그러면 다윗이 성령에 감동되어 어찌 그리스도를 주라 칭하여 말하되 주께서 내 주께 이르시되 내가 네 원수를 네 발 아래에 둘 때까지 내 우편에 앉아 있으라 하셨도다 하였느냐〈다윗이 그리스도를 주라 칭하였은즉 어찌 그의 자손이 되겠느냐〉(마 22:41-45).

이 성구가 모든 것을 명쾌하게 밝혀주고 있다.

그리스도는 다윗의 자손이 아니다. 〈다윗이 그리스도를 주라 칭하였은즉 어찌 그의 자손이 되겠는냐?〉 이 예수의 말씀은 자신이 다윗의 자손이 아님을 분명히 밝히신 것이다.

예수는 위에서 오신 〈하나님의 씨〉이지 아래서 나신 〈다윗의 씨〉가 아니다. 이 점을 이해 못하면 영맥과 도맥을 이해할 수 없을 것이다.

성경에 〈다윗의 씨〉로 예수를 기록한 것은 혈맥의 관념을 초월 못하는 어리석은 인간들을 교화하기 위한 방편임을 잊지 말자.

제11장
장자론(長子論)

제11장 장자론(長子論)

하나님이 미리 아신 자들을 또한 그 아들의 형상을 본받게 하기 위하여 미리 정하셨으니 이는 그로 많은 형제 중에서 맏아들이 되게 하려 하심이니라(롬 8:29).

이 날까지 많은 신학자들이 조직 신학의 체계를 세우고 교의학(教義學)을 강의했지만 「장자론」을 논의한 자는 없었다. 성경 속에 뻗어 내린 도맥이 장자(長子)와 차자(次子)와의 싸움이었고 인류 역사가 전개되는 근원적인 원인도 장자와 차자와의 싸움인데 누구 한 사람도 장자의 도맥에 대하여 깊이 천착하는 자가 없었다. 엄밀한 의미에서 성경은 잃어버린 장자를 찾기 위한 문서이다.

인체를 보아도 머리만이 진리를 자각할 수 있고 인식할 수 있는 능력이 있다. 머리 속에는 뇌가 들어있기 때문이다. 머리 외에 다른 기관은 진리를 인식할 수 없다. 다른 기관들은 뇌의 명령에 따라 순종하여 움직일 뿐이다. 이와 마찬가지로 많은 인류 가운데서도 장자로 수렴될 무리만이 성경을 정각(正覺)할 수 있다. 차자들은 지체(肢體)와 같은 존재들이므로 머리의 말씀에 순종하면 정행(正行)할 수 있는 것이다.

레위 지파는 제사장 지파였고 다른 지파는 제사장의 지파가 될 수 없다. 레위 지파는 이스라엘의 장자를 대신한 장자의 총회이며 이들은 신성조직(神聖組織)의 머리에 해당되는 자들이므로 하나님과 대면할 수 있는 제사장의 지파가 되었던 것이다. 다른 지파는 지체와 같은 지파들이므로 성전의 성소와 지성소에는 들어갈 수 없었다.

장자에 대한 올바른 깨달음이 없으면 성경의 비밀은 풀리지 않는다. 그런데 이 날까지 많은 신학자들과 성경주석가들과 교리학자들이 장자의 비밀도 깨닫지 못하고 성경을 연구하였으니 성경을 바르게 해독할 수 없었던 것이다. 장자의 황금광맥을 파헤쳐 장자의 도맥을 계승하는 자는 승리한 자가 될 것이다.

장자와 차자와의 관계를 정각하지 못하면 생명나무의 열매를 따먹을 수가 없다. 아담이 선악과를 따먹고 타락한 원인도 도의 장자가 무엇인지 바르게 깨닫지 못한 연고였다.

장자란 무엇인가? 왜 장자의 도맥을 계승해야만이 예수 그리스도의 바른 진리를 인식하게 되는가? 성경을 정밀하게 사경하면서 장자의 광맥을 파헤쳐 보자.

제1절 머리의 도와 지체의 도

모태가 해산할 때 머리가 먼저 나오고 손발이 나중 나오면 이는 순산(順産)이다. 그러나 손이나 발이 먼저 나오면 이는 역산(逆産)이 되므로 모체와 태아가 죽게 된다.

도에도 머리의 도와 지체의 도가 있다. 도의 머리는 예수 그리스도이며 지체는 천사들이다.

> 또 만물을 그의 발 아래에 복종하게 하시고 그를 만물 위에 교회의 〈머리〉로 삼으셨느니라 교회는 그의 몸이니 만물 안에서 만물을 충만하게 하시는 이의 충만함이니라(엡 1:22-23).
>
> 그는 〈머리〉니 곧 그리스도라(엡 4:15).
>
> 이는 남편이 아내의 〈머리〉 됨이 그리스도께서 교회의 머리 됨과 같음이니……(엡 5:23),
>
> 그는 몸인 교회의 〈머리〉시라(골 1:18).
>
> 너희도 그 안에서 충만하여졌으니 그는 모든 통치자와 권세의 〈머리〉시라(골 2:10).
>
> 아무도 꾸며낸 겸손과 천사 숭배를 이유로 너희를 정죄하지 못하게 하라 그가 그 본 것에 의지하여 그 육신의 생각을 따라 헛되이 과장하고 〈머리〉를 붙들지 아니하는지라(골 2:18-19).

이상의 성구에서 본 바와 같이 예수는 만물과 교회와 모든 권세들의 머리요 피조물은 그의 지체인 것이다.

도의 머리가 곧 생명나무이며 그 머리를 붙들지 않고(골 2:18-19) 타락한 지체가 곧 선악나무이다. 아담이 에덴동산의 도량에서 구도할 때 우주의 도태 속에서 머리인 생명나무를 순산해야 하였는데 그는 지혜천사의 유혹을 받아 지체인 손발의 도를 역산하므로 말미암아 죽게 되었다.

아담이 정각(正覺)을 이루면 머리이신 생명나무의 열매를 따먹고 영생하게 되는데 그는 오각(誤覺)하여 지체인 천사의 도를 사산(死産)하게 되므로 그 자신도 죽음의 존재가 되었다.

지혜천사는 머리이신 예수를 붙들지 않고 지체인 자가 머리 구실을 하여 인간 시조를 유혹했고 아담은 지체의 도를 머리의 도로 착각하고 받아들였던 것이다.

하와가 도를 역산(逆産)하므로 인류 전체가 사산(死産)되어 죽음의 존재가 되었다. 지혜천사가 준 선악과를 하와가 따먹고 나중에 아담이 따먹게 된다. 이것도 도의 역산(逆産)인 것이다.

> 아내들이여 자기 남편에게 복종하기를 주께 하듯 하라 이는 남편이 아내의 머리 됨이 그리스도께서 교회의 〈머리〉됨과 같음이니 그가 바로 몸의 구주시니라(엡 5:22-23).

이 성구에서 보듯 아담은 하와의 머리이며 하와는 아담의 지체로서 한 몸을 이루는 것이 도의 부부관계이다. 그런데 지체인 하와가 지체인 천사의 도를 받아들이고 사도(邪道)의 열매를 남편에게 주었던 것이다. 이는 하와가 도를 역산한 것이며 도뿐만 아니라 부부 관계도 전도되어 남편을 주관한 것이다.

구미의 신학자들은 도가 해산되는 순역관계(順逆關係)를 몰랐고 이 비밀을 깨닫지 못했기 때문에 성경을 바르게 해명할 수 없었던 것이다. 머리(아담)가 머리(예수)를 깨달아야 도가 순산되는 법인데 지체(하와)가 지체(천사)의 도를 받고 그 열매를 주었으므로 인간은 죽음에 이르는 존재가 되었다. 도의 사산(死産)이 곧 죽음인 것이다.

지체의 도가 머리의 도인 양 위장하므로 말미암아 거짓이 비롯되었다.

사탄 마귀가 거짓말장이가 된 것도 그가 아담과 하와를 기만한 자였기 때문이다. 하나님이 아담을 창조한 후 에덴의 도량에 두고 구도하게 하신 이유도 아담이 말씀의 도를 깨달아 머리이신 예수의 진리를 해산시키기 위함이었다.

인간 개체를 두고 보아도 머리가 지체를 다스리고 마음이 본능을 지배하면 이는 성도(成道)한 자가 된다. 곧 머리의 도가 먼저 나오고 나중에 지체가 나옴으로써 온전한 인격이 되는 것이다. 그러나 육신의 소욕이 마음을 정복하고 본능이 정신과 이성을 지배하면 이는 인격파산자이며 동물적인 인간이 된다. 이는 지체인 육신의 소욕이 머리인 마음과 영혼과 정신을 이겼기 때문이다.

아담은 구도의 자리에서 로고스의 머리를 해산하지 못하고 지체인 천사의 도를 역산하므로 말미암아 그 육신에 사탄 마귀가 침입하여 인간의 육적 본능이 영적 본능에 앞서 발동하게 된다.

인간 개체에 있어서 영적 본능이 머리이고 육적 본능은 지체이다. 지체 곧 천사의 도를 받아들여 타락한 인간은 지체인 육신의 소욕이 지배하는 인간이 되어 버렸다.

> 우리가 육신에 있을 때에는 율법으로 말미암는 죄의 정욕이 우리 지체 중에 역사하여 우리로 사망을 위하여 열매를 맺게 하였더니……(롬 7:5),
>
> 내 속 곧 내 육신에 선한 것이 거하지 아니하는 줄을 아노니 원함은 내게 있으나 선을 행하는 것은 없노라 내가 원하는 바 선은 행하지 아니하고 도리어 원하지 아니하는 바 악을 행하는도다(롬 7:18-19).
>
> 내 속사람으로는 하나님의 법을 즐거워하되 내 지체 속에서 한 다른 법이 내 마음의 법과 싸워 내 지체 속에 있는 죄의 법으로 나를 사로잡는 것을 보는도다 오호라 나는 곤고한 사람이로다 이 사망의 몸에서 누가 나를 건져내랴(롬 7:22-23).

이상의 성구에서 보듯이 인간은 그 개체를 두고 보더라도 지체격인 육신의 도가 먼저 나왔던 것이다.

머리는 장자이고 지체는 차자 격이다. 예수는 우주의 머리인 동시에 하나님의 장자였다. 예수는 외아들이며 맏아들이었고 천사들은 아들들이었다. 장자는 독생자로 오직 하나뿐이지만 차자들은 그 수에 제한이 없다.

예수의 도는 머리의 도인 동시에 장자의 도였고, 천사의 도는 지체의 도인 동시에 차자의 도였다. 그런데 아담이 도를 오각하므로 장자의 도에 앞서 차자의 도가 장자인 양 위장하고 먼저 나왔던 것이다. 지체가 머리인 양 먼저 나오고 차자가 장자인 양 먼저 나오고 거짓 것이 참 것인 양 먼저 나오고 피조물이 조물주인 양 위장하고, 먼저 제 뜻대로 하려한 것이 천사의 타락이었고 이 거짓 도를 참 도처럼 오각하여 받아들인 것이 인간의 타락이었다.

인간의 타락이 거짓 도를 받아들인 것이므로 죄악을 결산하는 끝 날에도 적그리스도가 참 재림 예수처럼 먼저 나와서 아담을 유혹하듯 성도들을 미혹할 것이다. 거짓으로 시작된 타락사는 거짓으로 종결지을 것이다.

그럼 장자와 차자와의 싸움이 성경 속에서 어떻게 전개되었는가 살펴보자.

제2절 장자(長子)와 차자(次子)와의 싸움

아담이 도를 정각(正覺)하지 못하고 오각으로 말미암아 천사의 거짓 도가 참 도인 양 먼저 나온다. 생명나무에 앞서 선악나무가 먼저 나오고 피조물이 하나님의 자리에 앉아 예배를 받기 시작한다.

우주의 도태(道胎) 속에서 거짓 도를 역산(逆産)하여 손발이 먼저 나오려 하다가 사산(死産)하여 인간은 죽음의 존재가 되었다.

차자가 장자격으로 장자가 차자격으로 태어나므로 말미암아 장자와 차자 사이에는 제 위치를 찾으려는 도의 싸움이 시작된다. 차자로 태어난 자들은 장자의 명분과 축복을 빼앗으려고 애쓰고 장자로 태어난 자들은 명분과 축복을 빼앗기지 않으려는 싸움이 곧 성경 속에 전개된 여러 사건들이었다.

1. 가인과 아벨

하와의 육태 속에서 거짓 도의 열매인 가인이 장자로 탄생한다. 그리고 참 도의 상징인 아벨은 차자가 되어 출생한다. 이는 우주의 도태 속에서 선악나무인 거짓 도가 먼저 나오고 생명나무인 참 도가 차자격으로 나중에 나오는 이치와 같은 것이다.

가인은 사탄 마귀의 종교를 믿는 우상숭배자였고 아벨은 하나님의 종교를 믿는 구도자였다. 가인의 아비는 마귀였고 그는 살인자 마귀의 밀명을 받고 아우를 살해하게 된다(『신령편』: 「가인의 살인」 참조).

> 너희는 너희 아비 마귀에게서 났으니 너희 아비의 욕심대로 너희도 행하고자 하느니라 그는 처음부터 살인한 자요 진리가 그 속에 없으므로 진리에 서지 못하고 거짓을 말할 때마다 제 것으로 말하나니 이는 그가 거짓말쟁이요 거짓의 아비가 되었음이라(요 8:44).

가인은 진리의 아들이 아닌 거짓의 아들이었고 빛의 아들이 아닌 어두움의 아들이었다. 그가 아벨을 살해한 이유도 장자의 명분과 축복을 빼앗기지 않으려는 살인이었다. 실로 가인의 살인은 최초로 시작된 종교적 이데올로기의 살인이었다. 하나님이 아벨의 제사를 받고 가인의 제사는 받지 않으므로 아벨이 장자의 축복을 받을 수 있게 되었다. 이것을 시기 질투하여 가인은 아벨을 살해하게 된다.

하와가 생명나무의 열매를 따먹었다면 인류 최초의 장자를 성령으로 잉태하여 해산해야 하는데 타락으로 말미암아 육신으로 잉태한 살인자를 낳았던 것이다. 마귀는 인간을 죽인 최초의 영적 살인자인 동시에 마귀의 열매인 첫 장자로 태어난 가인도 최초의 육적 살인자가 되었다.

마귀와 가인은 처음부터 살인자였고 거짓말쟁이였다. 그들 속에는 진리가 없었고 제 뜻을 행하려고 공모했던 것이다. 가인이 장자로 태어나고 아벨이 차자로 태어난 사실은 인류 역사가 가인적 장자와 아벨적 차자의 싸움으로 점철될 것을 예고하고 있었던 것이다.

2. 에서와 야곱

이삭의 아내 리브가는 쌍태(雙胎)를 잉태한다. 에서와 야곱은 쌍태였다. 쌍태 속에서 먼저 태어난 자가 거짓 도의 상징이며 나중에 태어난 자가 참 도의 상징이 된다. 이는 우주의 도태가 쌍태임을 암시하는 비의를 리브가는 그의 수태의 쌍둥이를 통해 깨닫게 되었다.

예수와 천사는 도의 쌍태였다. 이 쌍태에서 예수가 장자로 나고 천사가 차자로 나왔다면 이는 순리(順理)이며 순산(順産)인데 천사가 먼저 나오므로 역리(逆理)가 되며 역산(逆産)이 되었던 것이다.

에서가 먼저 장자로 나오지만 차자인 야곱을 섬기는 것이 도의 순리를 회복하는 길이었던 것이다.

> 여호와께서 그에게 이르시되 두 국민이 네 태중에 있구나 두 민족이 네 복중에서부터 나누이리라 이 족속이 저 족속보다 강하겠고 큰 자가 어린 자를 섬기리라(창 25:23).
>
> 그뿐 아니라 또한 리브가가 우리 조상 이삭 한 사람으로 말미암아 임신하였는데 그 자식들이 아직 나지도 아니하고 무슨 선이나 악을 행하지 아니한 때에 택하심을 따라 되는 하나님의 뜻이 행위로 말미암지 않고 오직 부르시는 이로 말미암아 서게 하려 하사 리브가에게 이르시되 큰 자가 어린 자를 섬기리라 하셨나니 기록된 바 내가 야곱은 사랑하고 에서는 미워하였다 하심과 같으니라(롬 9:10-13).

이 성구들도 장자와 차자의 원리를 깨닫지 못하면 정해(正解)할 수 없는 것이다. 장자를 미워하고 차자를 사랑하신 하나님의 뜻은 애증의 인간적인 감정처럼 편벽된 것이 아닌 장자와 차자의 원리에 그 원인이 있었다. 다시 말해서 장자는 거짓 도의 상징이고 차자는 참 도의 상징이므로 하나님이 차자를 사랑하지 않을 수 없었던 것이다.

장자와 차자의 근본 원리를 모르는 서구의 신학자들은 에서와 야곱의 사건을 그릇된 예정론의 무기로 해석했다.

에서와 야곱의 싸움은 복중(腹中) 싸움이었다. 복중에서 에서는 야곱을 밀치고 먼저 나오려고 발버둥친다. 에서가 장자로 태어나도 하나님의 뜻은 야곱에게 있었다. 야곱은 차자로서 나중에 태어나지만 어머니 리브가의 협조를 얻어 장자의 명분과 축복을 빼앗고 승리하게 된다. 야곱이 팥죽으로 장자의 명분을 빼앗는다. 팥죽은 성만찬과 같이 그리스도의 피와 살의 상징이다. 붉은 팥은 피요 새알심은 살을 상징한다. 그가 팥죽으로 장자의 명분을 빼앗는다는 뜻은 예수의 피와 살로 장자의 명분을 얻는다는 뜻이 된다.

예수는 하나님의 장자이다. 따라서 야곱도 예수의 피와 살의 상징인 팥죽으로 장자의 명분을 빼앗게 되는 도비가 숨어있게 되는 것이다. 야곱은 복중에서는 에서에게 밀려 차자로 태어났으나 태 밖에서 장자의 명분과 축복을 빼앗는다. 그러나 야곱이 속여서 장자의 명분을 빼앗은 것은 잘못이었다. 그가 20년 동안 외삼촌 라반에게 가서 종노릇하는 것은 거짓말로 장자의 명분과 축복을 빼앗은 벌이었다.

야곱이 정정당당하게 에서와 겨루어 장자의 명분과 축복을 빼앗지 못했기 때문에 얍복 강가에서 천사와 씨름하는 사건이 전개된다. 야곱이 천사와 씨름하는 이유는 장자격으로 나온 천사와 겨루어 이김으로써 당당하게 장자의 축복을 빼앗을 수 있는 도비(道秘)가 숨어 있었던 것이다. 천사는 장자격이고 야곱은 차자였으나 도의 씨름에서 천사를 이기므로 천사는 차자격이 되고 야곱은 장자격이 되어 비로소 승리자가 되는 것이다.

야곱에게 이스라엘 곧 승리자라는 이름을 지어 준 원인도 이런 도비가 숨어있다. 야곱은 형을 속이고 장자의 명분과 축복은 빼앗았으나 이스라엘 곧 승리자가 될 수는 없었다.

> 그 사람이 그에게 이르되 네 이름이 무엇이냐 그가 이르되 야곱이니이다 그가 이르되 네 이름을 다시는 야곱이라 부를 것이 아니요 이스라엘이라 부를 것이니 이는 네가 하나님과 및 사람들과 겨루어 이겼음이니라(창 32:27-28).

야곱은 에서에게 속임수로 장자의 명분과 축복을 빼앗았을 때 하나님은 승리자로 인정하지 않았다. 야곱이 속인 대가로 20년 고난 속에서 에서를 속인 대가를 지불한 다음 천사가 나타나서 정당한 도의 싸움으로 야곱을 승리자가 되게 했던 것이다.

아담도 천사와 씨름하여 승리자가 될 수 있었는데 그가 지혜천사와 도의 씨름에서 패배함으로써 죄의 노예, 죽음의 괴뢰가 되었다.

인간 개체도 영의 소욕과 육신의 소욕이 씨름하고 있다. 이 씨름에서 영의 소욕이 야곱처럼 승리해야 한다. 그러나 육의 소욕이 이기면 육이 장자가 되고 영이 차자가 되어 타락한 인간이 되는 것이다. 영의 소욕이 야곱처럼 승리하면 이는 곧 내 마음 안에서 생명나무의 도가 승리하였음을 의미하는 것이다.

천사와 씨름하여 이기는 자만이 장자가 될 수 있다. 야곱도 승리자였고 예수도 승리자였다.

> 이것을 너희에게 이르는 것은 너희로 내 안에서 평안을 누리게 하려 함이라 세상에서는 너희가 환난을 당하나 담대하라 내가 세상을 이기었노라(요 16:33).

우리들도 야곱과 예수처럼 도의 싸움에서 천사를 이기고 세상을 이기고 자신을 이긴 승리자가 되어야 한다. 우리가 하나님께 속해 있으면 능히 능력을 얻어 승리자가 될 수 있는 것이다.

> 그의 계명들은 무거운 것이 아니로다 무릇 하나님께로부터 난 자마다 세상을 이기느니라(요일 5:3-4).
>
> 그러나 이 모든 일에 우리를 사랑하시는 이로 말미암아 우리가 넉넉히 이기느니라(롬 8:37).
>
> 이기는 그에게는 내가 내 보좌에 함께 앉게 하여 주기를 내가 이기고 아버지 보좌에 함께 앉은 것과 같이 하리라(계 3:21).

이긴 자는 장자가 되고 진 자는 차자가 된다. 인간은 천사와 씨름하여 이길 수 있는 능력이 있는 존재인데 아담은 천사와 씨름하여 졌기 때문에 그가 주는 선악과를 먹게 되는 것이다.

3. 베레스와 세라

유다의 며느리 다말이 낳은 쌍태가 베레스와 세라였다.

에서와 야곱이 태중에서 장자 싸움을 하다가 결국 에서가 먼저 나오고 야곱이 나중에 나와 태 밖에서 장자 싸움을 다시 하여 야곱이 승리하였다. 야곱은 태 밖에서 장자의 명분과 축복을 빼앗은 전형(典型)이라면 베레스와 세라는 태 안에서 장자의 명분과 축복을 빼앗은 전형이다.

세라가 장자로서 먼저 손을 내민다. 이는 태 안에서 지체가 먼저 나오려는 암호인 것이다. 손이 먼저 나오면 산모와 태아는 다 죽을 수밖에 없다. 이 때 태중에서 베레스가 세라를 잡아당기고 머리가 먼저 나오므로 유다의 며느리 다말은 순산하게 된다.

> 해산할 때에 보니 쌍태라 해산할 때에 손이 나오는지라 산파가 이르되 이는 먼저 나온 자라 하고 홍색 실을 가져다가 그 손에 매었더니 그 손을 도로 들이며 그의 아우가 나오는지라 산파가 이르되 네가 어찌하여 터뜨리고 나오느냐 하였으므로 그 이름을 베레스라 불렀고 그의 형 곧 손에 홍색 실 있는 자가 뒤에 나오니 그의 이름을 세라라 불렀더라(창 38:27-30).

이 해산의 암호는 무엇인가?

리브가와 다말의 쌍태는 도태(道胎) 속에서 예수의 도와 천사의 도가 어떻게 장자권을 회복하는가 하는 도비(道秘)를 깨닫게 하는 쌍태였다. 태 밖에서 장자권을 회복한 야곱은 외적 장자권 회복이라면 태 안에서 장자권을 회복한 베레스는 내적 장자권 회복의 상징이었다. 야곱과 베레스가 외적 내적 장자권을 회복하므로 말미암아 천도(天道)는 정상위(正常位)를 회복하였음을 암시하고 있다.

하와는 우주의 도태를 깨닫지 못한 시모(始母)였다. 도태를 깨닫지 못하므로 말미암아 쌍태의 싸움을 알지 못하였고 쌍태를 알지 못하므로 말미암아 장자의 도와 차자의 도를 깨닫지 못하였던 것이다.

장자와 차자의 도비를 몰랐던 까닭으로 참 도와 거짓 도가 있는 것을 인식 못하고 선악과를 따먹게 된다. 인간 개체를 두고 봐도 영혼과 육신은 쌍태와 같은 것이다. 자아 속에서 육신과 영혼이 격렬하게 투쟁한다.

육신의 소욕이 먼저 나오면 이는 마귀의 유혹에 넘어간 인간이며, 영혼의 소욕이 이기고 먼저 나오면 이는 하나님의 백성인 것이다.

구도하는 목적은 쌍태를 순산시킴에 있는 것이다. 머리인 예수와 영의 소욕이 먼저 나오도록 순산시킴에 있다. 구도하여 정각(正覺)하지 못하고 정행(正行)하지 못하면 지체인 마귀와 육의 소욕이 손발을 내밀어 역산(逆産)으로 죽게 된다. 리브가와 다말의 쌍태는 이 암호를 모태를 통해 교훈한 사건이었다.

태 안에서 장자권을 회복 못하고 나오면 많은 고난과 시련을 겪고 장자권을 회복함을 야곱의 노정을 통해 알 수 있다. 베레스는 태 안에서 장자권을 회복하였으므로 고난이 없이 유다의 장자권을 계승하게 된다.

예수도 아담의 타락으로 말미암아 태 밖에서 장자권을 회복해야 하므로 십자가의 고난을 짊어지고 무덤에 묻혀 부활함으로써 하나님의 맏아들이 되어 오른편에 앉을 수 있었다.

4. 모세와 아론

아론은 모세의 형이지만 모세에게 굴복하여 그의 대변자가 된다.

> 그가 너를 대신하여 백성에게 말할 것이니 그는 네 입을 대신할 것이요 너는 그에게 하나님 같이 되리라(출 4:16).

모세는 아론의 아우지만 이스라엘 백성의 맏아들이 되어 머리인 지도자가 된다. 모세는 싸움 없이 장자 격이 되고 아론은 차자 격이 된다. 에서와 야곱, 베레스와 세라의 장자권 회복의 투쟁에서 하나님 편인 야곱과 베레스가 이겼으므로 사실상 장자권의 싸움은 끝난 셈이었다. 그러므로 아우요 차자인 모세를 지도자인 맏아들 격으로 세워도 사탄은 참소할 수 없는 것이다. 그러나 사탄 마귀는 집요하게 아론에게 도전했다.

모세가 맏아들로 십계명을 받으러 시내산에 입산했을 때 아론은 산 밑에서 금송아지 우상을 주조(鑄造)한다. 맏아들 격인 모세가 산 위에서 십계를 받을 때 차자 격인 아론과 이스라엘 백성은 산 밑에서 우상을 주조하는 사건은 무엇을 암시하고 있는가?

이는 머리(산 위)로는 하나님의 법을 섬기고 하체(下體, 산 밑)로는 마귀의 법을 섬기는 인간 자아의 분열 현상을 역사적인 사건으로 전개시킨 것이다. 장자권 싸움에서 하늘편인 야곱과 베레스가 승리하였지만 사탄 마귀와 육신은 장자권을 빼앗겼을 뿐 굴복하지는 않고 있음을 나타내고 있다.

머리(산 위)의 명령에 순종하여 지체(肢體, 산 밑)도 계명을 지켜야 하는데 지체는 간음을 행하므로 머리의 도는 깨어진다. 이로 말미암아 시내산에서 받은 계명은 깨어진다. 모세가 십계명을 던져 깨뜨리는 행위가 혈기에서 기인한 행위가 아닌 하체(산 밑)가 순종치 않음에서 기인하는 머리의 도적(道的) 분노였던 것이다.

5. 사울과 다윗

참 것에 앞서 거짓 것이 먼저 나오는 것이 타락의 원리이므로 진왕(眞王)이 나오기에 앞서 가왕(假王)이 먼저 나오게 된다.

사울과 다윗은 다 같이 이스라엘의 첫 임금이었다. 사울은 가왕이며 다윗은 진왕의 표상인데 가왕인 사울이 이스라엘 앞에 먼저 나타나서 주권을 잡게 된다.

모세가 선지자의 장자격이라면 다윗은 왕의 장자격인 인물이었다. 그런데 먼저 나온 가왕 사울은 진왕인 다윗에게 양위하지 않고 다윗을 죽이려고 한다. 사울은 왕이 되기 전에는 준수하고 겸손한 인간이었으나 왕이 된 다음 교만해져서 제사장이 아니면서 제 뜻대로 제사를 드렸고(삼상 13:8-9) 전리품 중에서 좋은 것을 사취(私取)하였다가(삼상 15:22-24) 사무엘의 꾸중을 듣고 왕의 직위를 빼앗기게 된다.

사울왕은 다윗에게 양위해야 순리였는데 그는 끝까지 다윗을 죽이려고 음모하다가 불레셋인에게 전사당한다. 사울이 역천(逆天)하여 다윗을 죽이려 하였으나 다윗은 순천(順天)하여 사울을 해치지 않았던 것이다.

> 내가 손을 들어 여호와의 기름 부음을 받은 내 주를 치는 것은 여호와께서 금하시는 것이니 그는 여호와의 기름 부음을 받은 자가 됨이니라(삼상 24:6).

내가 손을 들어 여호와의 기름 부음 받은 자를 치는 것을 여호와께서 금하시나니 너는 그의 머리 곁에 있는 창과 물병만 가지고 가자 하고(삼상 26:11),

다윗은 사울을 죽일 절호의 기회가 두 번이나 있었으나 그는 역천하지 않고 순천하였다. 그러나 사울은 끝까지 회개하지 않고 다윗을 죽이려 하다가 비명횡사한다. 사울이 먼저 왕이 되었으므로 장자격이고 다윗은 나중에 왕이 되었으므로 차자격이다. 그러나 왕위가 정상을 회복하려면 사울이 다윗에게 굴복하여 왕위를 선양하면 이는 장자가 차자가 되고 차자가 장자가 되어 왕위의 상태가 순산하는 법인데 사울이 거슬러 역산하다가 죽었다.

다윗의 왕위는 만왕의 왕 예수의 모형이며 표상이었다. 그리스도가 왕이 되어 나타나기 전에 세상 왕들이 먼저 나와서 다스리는 것이 타락된 인류 역사였다.

참 것에 앞서 거짓 것이 먼저 나오는 원리는 사울왕과 다윗왕을 통해 왕권 투쟁의 역사로 나타났던 것이다. 사울은 야곱과 에서, 베레스와 세라의 장자권 회복을 깨닫지 못한 왕이었다.

6. 세례 요한과 예수

사탄 마귀는 처음부터 마귀가 아니었다. 그는 지혜천사였는데 교만하여 제 분수를 잃음으로써 마귀가 된다.

사울도 왕이 되기 전에는 겸손한 사람이었다. 그러나 왕이 된 다음부터 교만해져서 왕위를 빼앗긴다. 가룟 유다도 처음부터 마귀가 아니었다. 예수의 뜻을 거슬러 제 뜻대로 하려다 마귀의 괴뢰가 되었던 것이다.

예수에 앞서 온 세례 요한은 구약의 마지막 선지자이면서 예수를 증거한 신약의 최초의 인물이었다. 그는 예수에 앞서 왔다. 그는 장자격으로 와서 나중 차자격으로 온 예수를 바르게 증거하고 예수께 순종함으로써 차자를 장자로 증거해야 할 막중한 사명을 가진 인물이었다.

그가 비록 예수보다 먼저 나와 장자격으로 왔으나 차자격으로 나중에 나온 예수를 바르게 증거하고 예수의 제자가 되었다면 예수는 도의 맏아들이 되고 구약의 세례 요한은 차자격이 되어 도가 정상위를 회복할 수 있었을 것이다. 그러나 세례 요한은 요단강에서 성령이 예수께 임할 때 잠시 예수를 증거했을 뿐 끝까지 예수를 증거하지 않았다. 요한은 자기 교단을 만들어 예수를 추종하지 않았고 더러운 정치 권력에 간섭하다가 헤롯왕에게 목베임을 당한다.

세례 요한은 입술로 예수가 메시아임을 증거했을 뿐 행동으로는 증거하지 못했다. 그는 입술로 장자의 입장에서 차자인 예수를 장자격으로 증거했지만 행동으로는 증거하지 못했다. 그는 예수의 제자가 되지 않고 자기의 교단을 만들어 정치에 개입하다 투옥되어 사형수의 신세가 되었을 때 제자를 예수께 보내 다음과 같은 어리석은 질문을 하게 한다.

> 요한이 옥에서 그리스도께서 하신 일을 듣고 제자들을 보내어 예수께 여짜오되 오실 그이가 당신이오니이까 우리가 다른 이를 기다리오리이까(마 11:2-3).

요단강에서 세례를 베푼 목적이 이스라엘 민족 앞에 메시아를 부상(浮上)시키기 위함이었다. 이 무리 가운데서 세례받고 성신이 임하는 자가 메시아임을 증거하기 위함이었다. 요한은 메시아가 될 인물은 가문이 좋고 학식이 많은 인물인 줄 기대하고 있었다. 그러나 비둘기 같은 성신은 나사렛 빈촌의 목수 예수에게 임했다. 요한은 하나님의 명에 따라 입으로는 〈하나님의 어린 양이다〉라고 증거했지만 행동으로는 예수의 제자가 되지 않고 예수를 추종하지도 않았으며 자기 교단을 만들어 정치에 간섭하다가 투옥된다.

감옥 속에서 깊은 회의와 뉘우침이 생겨 예수께 제자를 보낸다. 요한이 제자를 예수께 보낸 원인은 예수가 행한 이적 기사의 소식을 듣고 감옥에서 자기를 구출해 줄 것을 바랬던 것이다.

세례 요한의 질문에 실망한 예수는 다음과 같이 대답한다. 우문에 대한 현답이다.

> 예수께서 대답하여 이르시되 너희가 가서 듣고 보는 것을 요한에게 알리되 맹인이 보며 못 걷는 사람이 걸으며 나병환자가 깨끗함을 받으며 못 듣

는 자가 들으며 죽은 자가 살아나며 가난한 자에게 복음이 전파된다 하라 누구든지 나로 말미암아 실족하지 아니하는 자는 복이 있도다 하시니라(마 11:4-6).

이 성구를 보면 세례 요한과 예수의 관계가 선명하게 드러난다.

요한은 실족(失足)한 자였다. 예수를 바르게 증거하지 못하고 예수를 의심하고 멸시하다가 실족한 자였다. 입으로는 잠시 증거하고 행위로는 증거하지 못한 실족한 사명자였다.

또 예수는 다음과 같이 말한다.

내가 진실로 너희에게 말하노니 여자가 낳은 자 중에 세례 요한보다 큰 이가 일어남이 없도다 그러나 천국에서는 극히 작은 자라도 그보다 크니라 세례 요한의 때부터 지금까지 천국은 침노를 당하나니 침노하는 자는 빼앗느니라(마 11:11-12).

세례 요한은 구약 최대의 선지자였다. 모든 선지자는 예수를 보지 못하고 멀리서 바라보면서 증거했지만 세례 요한은 예수를 직접 보고 증거할 수 있는 선지자였으므로 선지자 중 〈큰 자〉였던 것이다. 그러나 눈앞에 메시아를 보고도 바르게 증거하지 못했으므로 천국의 작은 자가 세례 요한보다 큰 자가 되는 것이다.

천국의 작은 자라 할지라도 다 예수의 바른 증거자이므로 세례 요한보다는 큰 것이다. 세례 요한이 자기 사명을 다 하지 못했으므로 〈세례 요한의 때부터 지금까지 천국은 침노〉를 당하는 것이다. 이는 누구든지 깨달은 자면 세례 요한의 사명을 빼앗을 수 있음을 암시하고 있다.

세례 요한은 실족한 자이다. 사울도 실족하고 아론도 실족한 자였다. 아론은 제사장으로 금우상을 만들었고 사울은 왕으로 실족했고 세례 요한은 선지자로 실족했다.

아론과 사울과 세례 요한은 다 같이 장자의 입장에서 차자격인 모세와 다윗과 예수를 바르게 증거하고 드러내야 하였는데 그들은 다 같이 실족한 자가 되었던 것이다. 장자격인 아론과 사울과 세례 요한이 먼저 나온 것은 뒤에 오는 차자격인 모세와 다윗과 예수를 드러내기 위함인데 그들은 차자를 장자의 자리에 서게 하지 못하고 다 같이 제 욕심과 사심을 따라 아론은 우상 숭배의 제사장으로, 사울은 가왕으로, 세례 요한은 정각(正覺) 못한 선지자가 되었다. 더구나 세례 요한은 예수를 눈 앞에 두고 실족하므로 말미암아 천국에서는 제일 작은 자보다도 작게 되었다.

참 구도자라면 세례 요한의 실족사(失足死)에서 깊은 도비(道秘)를 깨달아야 한다.

제3절 이스라엘 열 두 지파의 장자권

이스라엘로 개명한 야곱에게는 열 두 아들이 있었고 이 아들들이 이스라엘의 열 두 지파가 된다. 야곱이 낳은 열 두 아들 중 르우벤이 장자였다. 그런데 어찌하여 이스라엘의 장자권은 넷째 아들인 유다에게로 넘어가게 되었던가?

유다는 르우벤에게서 장자권을 넘겨받지만 그 장자권은 육적 장자권이었다. 이스라엘의 영적 장자권은 열한 번째 아들인 요셉에게로 넘어간다. 요셉은 영적 장자권을 상속받는 대신 두 아들 에브라암과 므낫세를 아버지 야곱에게 빼앗긴다.

야곱은 손자인 에브라임과 므낫세를 요셉에게서 빼앗아 자기 자식을 삼는다. 손자를 아들로 격상시키는 일은 동서고금에 없는 기이한 일이었다. 그 뜻은 무엇인가?

육적 장자권과 영적 장자권이 어떻게 계승되어 가는가를 사경하여 하늘에 숨은 도비를 깨닫도록 하자.

1. 유다가 계승한 육적 장자권

유다는 야곱의 네째 아들이었다. 그런데 어찌하여 장자가 되는가? 장자인 르우벤은 서모 빌하와 간통함으로써 장자권을 상실하게 된다.

이스라엘이 그 땅에 거주할 때에 르우벤이 가서 그 아버지의 첩 빌하와 동

> 침하매 이스라엘이 이를 들었더라(창 35:22).
>
> 르우벤아 너는 내 장자요 내 능력이요 내 기력의 시작이라 위풍이 월등하고 권능이 탁월하다마는 물의 끓음 같았은즉 너는 탁월하지 못하리니 네가 아버지의 침상에 올라 더럽혔음이로다 그가 내 침상에 올랐었도다(창 49:3-4).

르우벤은 서모 빌하와 간통하고 장자의 명분과 축복을 빼앗긴다. 르우벤은 아버지의 하체를 본 함형(型)의 범죄를 했다. 르우벤은 에디푸스 콤플렉스가 있는 변태성욕자였다. 그는 합환채로 친모인 레아와 동침하려 하다가 라헬의 대각으로 좌절당한 후 서모 빌하와 통간하였던 것이다(『신령편』: 「노아의 방주와 포도주 사건」 참조).

르우벤이 성적 범죄로 장자권을 상실하였으므로 둘째 아들인 시므온이 마땅히 장자권을 계승해야 하는데 시므온과 세째 아들 레위도 범죄로 말미암아 장자권은 넷째 아들 유다에게 계승되는 것이다.

그럼 시므온과 레위는 어떤 범죄를 하였던가? 시므온과 레위는 공모하여 하나님의 거룩한 계약 의식인 할례를 악용하여 살인을 감행하는 살인죄를 범한다. 르우벤이 성적 범죄라면 시므온과 레위는 살인죄를 범했던 것이다. 이 살인죄가 심히 크므로 야곱은 다음과 같이 축복 아닌 저주를 한다.

> 시므온과 레위는 형제요 그들의 칼은 폭력의 도구로다 내 혼아 그들의 모의에 상관하지 말지어다 내 영광아 그들의 집회에 참여하지 말지어다 그들이 그들의 분노대로 사람을 죽이고 그들의 혈기대로 소의 발목 힘줄을 끊었음이로다 그 노여움이 혹독하니 저주를 받을 것이요 분기가 맹렬하니 저주를 받을 것이라 내가 그들을 야곱 중에서 나누며 이스라엘 중에서 흩으리로다(창 49:5-7).

이 얼마나 큰 저주인가?

시므온과 레위는 어찌하여 이 같은 살인죄를 범했던가? 야곱이 가나안 땅으로 돌아왔을 때 고명딸인 디나가 가나안 땅 여자를 보러 갔다가 히위 족속 중 하몰의 아들 세겜이 디나의 아름다움을 보고 매혹당해 그녀를 강간하는 불상사가 일어난다. 세겜은 디나를 강간한 후 디나를 아내로 맞아들이기 위하여 이스라엘에게 통혼(通婚)할 것을 요구하였다(창 34:1-31). 야곱의 아들들은 히위 족속에게 할례를 하면 통혼할 것을 약속한다.

히위 족속은 이스라엘 아들들의 약속을 믿고 이방인으로 할례를 행하였다. 할례 후 제 3일이 되어 고통이 심할 때 시므온과 레위가 할례의 약속을 어기고 하몰의 일족을 멸망시켰다.

> 제삼일에 아직 그들이 아파할 때에 야곱의 두 아들 디나의 오라버니 시므온과 레위가 각기 칼을 가지고 가서 몰래 그 성읍을 기습하여 그 모든 남자를 죽이고 칼로 하몰과 그의 아들 세겜을 죽이고 디나를 세겜의 집에서 데려오고 야곱의 여러 아들이 그 시체 있는 성읍으로 가서 노략하였으니 이는 그들이 그들의 누이를 더럽힌 까닭이라(창 34:25-27).

할례는 부활을 약속하는 의식(儀式)이다. 이 거룩한 의식을 시므온과 레위는 살인의 방법으로 악용하였으므로 장자권을 상실하게 되었다. 르우벤, 시므온, 레위가 간음과 살인죄로 장자권을 잃게 되므로 넷째 아들인 유다가 자동적으로 계승하게 된다. 마태복음에 나오는 족보를 보아도 야곱의 혈대를 유다가 계승함을 보여주고 있다. 그런데 역대상 5장에 보면 이상한 성구가 있다.

> 르우벤은 장자라도 그의 아버지의 침상을 더럽혔으므로 장자의 명분이 이스라엘의 아들 요셉의 자손에게로 돌아가서 족보에 장자의 명분대로 기록되지 못하였느니라 유다는 형제보다 뛰어나고 주권자가 유다에게서 났으나 장자의 명분은 요셉에게 있으니라(대상 5:1-2).

이 이상한 성구를 이 날까지 정해(正解)하지 못하였다.

이스라엘의 장자권은 열한 번째 아들인 요셉에게 넘어갔다. 그럼 요셉이 넘겨받은 장자권은 무슨 장자권인가? 〈족보에는 장자의 명분대로 기록할 것이 아니니라〉라고 한 뜻은 무엇인가? 마땅히 족보에는 장자의 명분대로 기록해야 한다. 그런데 요셉의 장자권은 왜 명분대로 기록못하게 하는가? 바로 여기에 요셉이 인계받은 장자권의 도비(道秘)가 숨어있는 것이다.

족보는 혈대가 계승되는 장자의 기록문서이다. 족보는 혈대와 육맥에 따라 순서대로 기록된다. 그런데 요셉이 인계받은 장자권은 영맥을 계승하는 장자권이므로 혈맥의 족보에는 기록될 수 없는 것이다.

「마태복음」 족보에 보면 분명히 야곱 다음 유다가 혈대를 계승함을 보여주고 있다. 또 유다를 통해 주권자인 다윗왕이 출생한다. 그러므로 이스라엘의 육적 장자권은 유다가 인계받고 영적 장자권은 요셉이 인계받게 된다.

그럼 요셉이 받은 영적 장자권의 비밀을 사경해 보자.

2. 요셉이 계승한 영적 장자권

요셉은 이스라엘의 열한 번째 아들이다. 이스라엘의 열 두 아들은 다 육신을 따라 난 자들이었으나 요셉만이 성령을 따라 난 언약의 아들이었다.

요셉의 어머니 라헬은 석녀였다. 사라와 리브가가 석녀이면서 하나님의 도전으로 이삭과 야곱을 잉태하듯이 라헬도 석녀였으므로 야곱과 동침해도 육신의 자식을 낳을 수 없는 여자였다.

라헬은 비탄과 절망 속에서 방황하다가 합환채 사건을 계기로 하여 하나님의 섭리를 대각하고 드디어 요셉을 잉태한다. 요셉은 육신을 따라난 자식이 아니고 성령을 따라난 자식이었다. 요셉이 성령을 따라난 자식이므로 육신을 따라난 형제들의 핍박을 받게 된다. 마치 육신을 따라난 이스마엘이 성령을 따라난 이삭을 핍박하듯이…….

> 형제들아 너희는 이삭과 같이 약속의 자녀라 그러나 그 때에 육체를 따라 난 자가 성령을 따라 난 자를 박해한 것 같이 이제도 그러하도다(갈 4:28-29).

이 성구는 성령을 따라난 언약의 자식이 육신을 따라난 자에게 핍박받는 원리를 나타내고 있다.

요셉은 성령을 따라난 자유한 자였기에 육신을 따라난 종들의 핍박을 받고 애굽에 팔려가는 수난을 당하게 된다. 야곱은 요셉이 장차 출생할 메시아의 영맥을 계승할 인물임을 깨닫고 요셉을 이스라엘 열 두 아들의 족보에서는 빼버린다. 그 대신 요셉의 두 아들 에브라임과 므낫세를 빼앗아 야곱의 항렬(行列)에 오르게 한다.

> 내가 애굽으로 와서 네게 이르기 전에 애굽에서 네가 낳은 두 아들 에브라임과 므낫세는 내 것이라 르우벤과 시므온처럼 내 것이 될 것이요 이들 후의 네 소생은 네 것이 될 것이며 그들의 유산은 그들의 형의 이름으로 함께 받으리라(창 48:5-6).

왜 야곱은 손자인 에브라임과 므낫세를 아들로 만드는가?

만고에 없는 이 이상한 일은 「장자론」에 대한 깊은 천착이 없이는 이해할 수 없는 사건이다. 야곱은 열 두 아들 중 요셉만이 성령을 따라 잉태한 아들임을 알고 있었다. 때문에 요셉을 육신을 따라 낳은 혈대의 족보에 넣지 않고 영맥을 따라 장차 오실 메시아의 조상으로 세워야 할 하나님의 도비를 깨닫고 요셉을 혈맥의 족보에서 빼버린 것이다.

요셉의 빈자리를 메우기 위해서 육신의 아들인 에브라임과 므낫세를 아들로 만들었던 것이다. 야곱이 요셉을 축복할 때 〈이들 후의 네 소생이 네 것이 될 것이라〉 하였는데 요셉은 그 후 에브라임과 므낫세 같은 육신의 자식은 얻지 못하였다. 사실상 요셉의 혈대는 에브라임과 므낫세로서 끝나버렸던 것이다. 성경 속에는 에브라임과 므낫세 외에 요셉의 자손에 대한 기록이 없으므로 야곱이 축복한 〈이들 후의 네 소생〉이란 예수 그리스도를 암시하고 있는 것이다.

요셉은 에브라임과 므낫세를 야곱에게 빼앗긴 후 자식이 없이 죽었지만 그는 영맥을 따라 예수의 아버지인 요셉으로 환생하였던 것이다(「윤회론」 참조). 입다의 딸이 신약시대의 성모 마리아로 윤회 환생하듯이 애굽의 총리대신인 요셉도 신약시대의 예수의 양부로 윤회 환생하였다. 이 얼마나 오묘한 하나님의 섭리인가.

유다는 육신의 장자권을 계승했지만 요셉은 영적 장자권을 계승하였다. 마태복음에 나오는 예수의 족보는 혈대와 영맥이 교묘하게 계승된 신비한 족보인 것이다. 세계 어느 나라의 족보학(族譜學)에도 이처럼 혈맥과 영맥이 신비롭게 조화된 족보는 발견되지 않을 것이다.

제4절 레위 지파의 의미

레위 지파는 제사장 지파이다.

레위는 야곱의 세 번째 아들인데 시므온과 공모하여 히위 족속을 멸망시킨 죄로 인하여 장자권을 계승받지 못하였다. 모세와 아론은 레위의 후손이었다. 이 레위의 후손이 출애굽 후 제사장의 지파가 되었다.

이스라엘의 열 두 지파 중 레위지파 만이 하나님의 성전에서 일할 수 있고 제사할 수 있는 특권이 있으며 다른 지파는 성전에서 일할 수 없는 것이다. 그럼 레위지파 속에 숨겨 놓은 하나님의 도비(道秘)는 무엇인가?

> 여호와께서 또 모세에게 이르시되 이스라엘 자손의 처음 태어난 남자를 일 개월 이상으로 다 계수하여 그 명수를 기록하라 나는 여호와라 이스라엘 자손 중 모든 처음 태어난 자 대신에 레위인을 내게 돌리고 또 이스라엘 자손의 가축 중 모든 처음 태어난 것 대신에 레위인의 가축을 내게 돌리라 (민 3:40-41).

이 성구에는 참으로 중대한 뜻이 숨어 있다. 레위인은 이스라엘 모든 장자를 대신한 〈장자의 총회〉라는 뜻이 숨겨져 있는 것이다. 레위인은 이스라엘 장자의 명분을 대신하여 모인 집단이라는 데 큰 의미가 있다. 레위지파는 장차 나타날 〈장자의 총회〉의 모형인 것이다. 유다가 장자권을 계승한 것은 개인적인 입장이었다. 장자권을 계승한 전체의 모임이 장자의 총회이다.

모든 장자는 하나님의 것이다. 이 말을 바꿔 말하면 하나님은 장자의 하나님이라는 뜻이 된다. 그런데 장자는 반드시 성령을 따라난 언약의 자손인 것이다. 레위 지파는 육신의 자손들이었지만 레위 지파가 상징하는 장자의 총회는 곧 성령을 따라난 거룩한 자손들의 암호인 것이다. 장자만이 하나님을 모실 수 있는 제사장 직분이 있다. 장자만이 하나님의 성전에서 봉사할 수 있는 특권이 있다. 모든 차자들은 장자를 통해서 하나님께 제사드릴 수 있는 것이다.

레위 지파는 비록 육신을 따라난 자식들이 출애굽 때 광야 노정에서 성립된 제사장이었지만 이는 장차 나타날 멜기세덱 제사장의 그림자였다. 참 제사장은 멜기세덱의 반차를 좇아 나타난다. 예수도 멜기세덱의 반차를 좇은 제사장이었고 장자의 총회가 될 첫째 부활할 성도들도 멜기세덱의 반차를 좇아 제사장이 될 것이다.

> 레위 계통의 제사 직분으로 말미암아 온전함을 얻을 수 있었으면 (백성이 그 아래에서 율법을 받았으니) 어찌하여 아론의 반차를 따르지 않고 멜기세덱의 반차를 따르는 다른 한 제사장을 세울 필요가 있느냐 제사 직분이 바꾸어졌은즉 율법도 반드시 바꾸어지리니…… 우리 주께서는 유다로부터 나신 것이 분명하도다 이 지파에는 모세가 제사장들에 관하여 말한 것이 하나도 없고 멜기세덱과 같은 별다른 한 제사장이 일어난 것을 보니 더욱 분명하도다(히 7:11-15).
>
> 그리로 앞서 가신 예수께서 멜기세덱의 반차를 따라 영원히 대제사장이 되어 우리를 위하여 들어 가셨느니라(히 6:20).

레위 지파는 육신을 따라 된 제사장 지파요 장자의 총회였다.

그러나 멜기세덱을 따라 된 제사장 지파가 예수와 더불어 일어날 것인데 이것이 예수처럼 성령의 맏아들이 될 영적 장자의 총회인 것이다. 구약시대는 종과 율법과 육신의 시대였으므로 레위지파 안에 뜻의 상징과 암호와 도비를 하나님은 숨겨놓고 섭리하였다. 레위 지파는 모든 이스라엘 장자의 명분을 넘겨받은 장자의 총회인 것처럼 장차 나타날 구원받은 이스라엘 중에서도 레위 지파와 같은 장자의 총회가 있어 이들만이 거룩한 하나님의 성전에서 섬기는 일을 맡을 것이다. 이 제사장의 무리가 모든 이스라엘의 맏아들인 14만 4천 명인 것이다.

레위 지파 곧 장자의 총회는 장차 그리스도와 더불어 다스릴 신성 조직의 머리인 것이다. 모든 성도들은 머리에 순종하는 지체가 되며 전체가 하나님을 닮은 형상이 이룩될 날이 올 것이다.

인간은 하나님의 형상을 닮아 창조되었다. 이는 개인의 형상뿐만 아니라 개개인의 집합체요 조직체인 〈전체(全體)의 형상(形象)〉까지도 하나님을 닮아 창조된 형상임을 알아야 한다.

타락한 역사시대는 개체의 인간이 하나님의 형상을 닮아 창조된 줄 안 시대였으나 영의 시대가 개명되면 인간 전체가 세포가 되어 조직한 신성조직 즉 전체가 하나님의 형상을 닮아 창조되었음을 깨닫는 시대가 도래할 것이다.

엄밀한 의미에서 구원은 전체 구원이지 개인 구원이 아니다. 전체가 구원받을 때 개인의 구원은 의미를 지닐 수 있으나 전체 구원이 없는 개인구원이란 한갓 망념(妄念)인 것이다. 전체가 머리일 수 없고 전체가 지체일 수 없다. 인격체로서의 인간이 머리와 지체로 구성되듯 장차 창조될 신성조직도 머리와 지체로서 구성될 것이다. 머리는 예수와 더불어 다스리는 장자의 총회인 제사장들이고 지체는 다스림을 받을 이스라엘 백성 곧 성도들일 것이다. 그러나 머리와 지체는 하나이므로 서로가 깊은 환희 속에서 다스리고 다스림을 받을 것이다.

장자의 총회! 이것이 제사장 지파인 레위 지파 속에 숨겨둔 하나님의 도비였다.

새 날 레위 지파의 장자권은 멜기세덱의 반차에게 넘겨질 것이다. 레위 지파가 기업이 없듯이 장자의 총회가 될 성령을 따라난 맏아들도 무소유한 자유자들이 될 것이다. 이스라엘 다른 지파들은 기업이 있었으나 레위 지파는 기업이 없었고 십일조가 그들의 기업이었듯이 새 날의 멜기세덱적 제사장 지파들도 기업이 없이 십일조로 살아갈 무리가 될 것이다.

사유욕(私有慾)을 떠난 무소유의 무리, 이는 도를 완성한 자가 아니면 불가능한 경지이다. 인류 역사상 아직 무소유의 무리가 다스린 시대가 없었다.

권력자란 독재자들이었고 그들은 소유욕의 노예가 되어 백성을 수탈하고 착취하고 억압했던 것이다. 사유욕의 노예가 되고 육적 본능의 괴뢰가 된 자들이 다스리는 세상나라의 권력은 공중의 권세를 잡은 사탄 마귀에게서 비롯되었다. 이처럼 악한 자들이 다스리는 권세는 역사시대와 더불어 종말을 고하고 영의 시대가 개명되면 예수와 더불어 무소유한 맏아들들이 제사장이 되어 무위이화(無爲而化)로 다스리는 성대(聖代)가 전개되고 성일(聖日)이 열릴 것이다.

도(道) 곧 로고스란 머리 조직이 깨닫는 것이지 지체 조직은 깨달을 수 없다. 예수는 우주의 머리이며 교회의 머리이며 생명의 머리인 것이다. 그러므로 머리만이 머리의 도를 정각(正覺)할 수 있는 것이다. 지체는 머리의 정각에 따르면 된다. 오각된 머리에 따라 지체가 음란을 행한 것이 타락사였다. 정각된 머리의 명령에 지체가 따르는 것이 구속사인 것이다.

예수는 하나님의 도를 정각하여 그 뜻을 실천한 맏아들이었다. 성령의 처음 익은 열매로 부활의 도를 개척하였다. 뇌세포는 단세포가 아니듯이 성령의 처음 익은 열매인 예수 혼자서 도와 교회의 머리가 될 수 없다.

예수를 중심하여 14만 4천 명의 무리가 합하여 신성 조직의 머리가 되어 오는 새 세상을 다스릴 것이다. 예수가 핵(核)이 된 장자의 총회! 이것이 레위 지파 속에 묻어둔 하나님의 도비였다. 레위 지파만이 하나님의 성전에서 봉사할 수 있듯이 〈장자의 총회〉만이 성전인 예수를 섬기는 제사장이 될 수 있는 것이다.

새 날의 레위 지파인 멜기세덱의 반차를 좇아 제사장이 될 맏아들들은 반드시 산 자의 도맥을 깨친 무리가 될 것이다. 죽은 자가 아닌 산 자들만이 머리 조직으로 부활될 것이다. 하나님은 산 자의 하나님이지 죽은 자의 하나님이 아니기 때문이다.

제5절 예수와 장자

예수는 하나님의 독생자인 동시에 맏아들이다. 예수가 하나님의 맏아들이 됨은 두 가지 뜻이 들어있다.

첫째 예수는 모든 창조물 보다 먼저 나신 자니 이런 뜻에서 그는 도의 맏아들이며 둘째는 그가 죽은 자 가운데 먼저 나신 자니 부활의 맏아들인 것이다.

> 그는 보이지 아니하는 하나님의 형상이시요 모든 피조물보다 먼저 나신 이시니 만물이 그에게서 창조되되……(골 1:15),
>
> 그는 몸인 교회의 머리시라 그가 근본이시요 죽은 자들 가운데서 먼저 나신 이시니 이는 친히 만물의 으뜸이 되려 하심이요……(골 1:18).

이처럼 예수는 두 가지 뜻에서 먼저 나신 자 곧 맏아들인 것이다. 그러므로 이 맏아들이 세상에 들어올 때 모든 하나님의 천사들은 경배하지 않을 수 없다.

> 또 그가 맏아들을 이끌어 세상에 다시 들어오게 하실 때에 하나님의 모든 천사들은 그에게 경배할지어다(히 1:6).

예수는 하나님의 형상이며 만유의 근본이다. 이 맏아들이 구원을 위하여 세상에 들어올 때 하나님의 천사뿐만 아니라 만물과 인간들도 마땅히 경배해야 하는데 타락되어 무명(無明)의 심연에 빠진 인간은 생명의 빛을 모르고 그를 십자가에 못박아 죽였던 것이다.

예수가 맏아들이므로 우리가 그를 믿으면 맏아들의 구원을 받을 수 있다.

> 하나님이 미리 아신 자들을 또한 그 아들의 형상을 본받게 하기 위하여 미리 정하셨으니 이는 그로 많은 형제 중에서 맏아들이 되게 하려 하심이니라(롬 8:29).

많은 형제 중에서 맏아들로 구원받은 자가 곧 성령의 처음 익은 열매를 받은 자이다. 하나님의 맏아들이 세상에 들어올 때 어떻게 인간의 맏아들이 되어 구속의 대업을 성취했는가를 살펴보자.

1. 성령으로 잉태한 마리아

말씀이신 예수가 수육하기 위하여는 청정한 모태가 있어야 한다. 이 모태로 선택받은 여인이 동정녀 마리아였다. 동정녀 마리아가 죄없는 도태가 되기 위하여 하나님이 구약의 여인 중에서 입다의 딸을 번제로 받은 비의를 이미 「성모론」에서 자세히 설명한 바 있다.

마리아는 성령으로 잉태하여 도태 속에 예수를 회임했던 것이다. 이 도비는 시모(始母)인 하와가 깨달아 말씀을 그 태속에 회임해야 하는데 오각(誤覺)으로 말미암아 사탄 마귀의 장자인 가인을 그 육태 속에 회임하여 살인자요 거짓말쟁이인 사탄 마귀를 닮은 가인을 낳게 된다. 처음부터 인간은 도태 속에서 태어나야 할 거룩한 존재였는데 더럽혀진 육태 속에서 죄악의 종자요 죽음의 씨로 태어났던 것이다.

모성의 첫 태에서는 하나님이 심은 열매가 태어나야 한다. 첫 태에 태어난 자는 다 하나님의 소유인 것이다.

> 너는 태에서 처음 난 모든 것과 네게 있는 가축의 태에서 처음 난 것을 다 구별하여 여호와께 돌리라 수컷은 여호와의 것이니라(출 13:12).
>
> 이스라엘 자손 중에서 사람이나 짐승을 막론하고 태에서 처음 난 모든 것은 다 거룩히 구별하여 내게 돌리라 이는 내 것이니라 하시니라(출 13:2).
>
> 모든 첫 태생은 다 내 것이며……(출 34:19),

예수는 마리아가 낳은 인간의 초태생(初胎生)이었다. 인간(마리아)의 밭에 하나님이 씨를 뿌려 결실한 성령의 첫 열매였다. 마리아는 성령을 따라 잉태했다. 그녀는 육신을 따라 잉태한 여인이 아니었다. 육신을 따라 육의 자녀를 잉태하는 태는 육태요 성령을 따라 영의 자녀를 잉태하는 태가 도태인 것이다.

예수는 하나님의 아들이었으므로 하나님을 아버지라 불렀다. 예수 이전에 그 누구도 하나님을 아버지라 부를 수 없는 종들이었다. 타락된 인간은 아담의 씨였지 하나님의 씨가 아니었던 것이다.

하나님과 예수는 부자지간이었다. 예수는 하나님의 아들이며 요셉의 양자였다. 마리아는 하나님의 아내인 동시에 요셉의 아내였다.

하와도 하나님의 아내인 동시에 아담의 아내였는데 그가 첫 태에 성령으로 잉태하지 못하므로 말미암아 더럽혀진 무덤의 태 속에서 죽은 마귀의 씨가 생산되었던 것이다.

마리아가 하나님의 아내였다 하면 어리석은 자들은 하나님이 동정녀 마리아와 동침했는가 반문할 것이다. 더 어리석은 자들은 하나님이 마리아하고 성교(性交)했는가 우문을 던질 것이다. 믿음이 없는 이런 어리석은 자들의 질문에 우리는 시간을 낭비하지 말자. 끝없는 논쟁에 말려들지 말자. 무익한 과학적 미신에 정신을 팔지 말자.

성령 잉태는 빛의 잉태이다. 동정녀 마리아는 황홀한 빛에 쌓여 회임했을 것이다. 생명은 빛이다. 빛이 마리아의 태를 조사(照射)하여 진리의 씨, 말씀의 씨를 심고 수육되어 탄생한 자가 예수였다.

예수는 성령으로 말미암아 잉태한 첫아들 초태생이며 맏아들이었다. 그러므로 예수는 하나님의 맏아들인 동시에 인간의 맏아들이었다.

하와가 타락하지 않고 도태를 자각하여 첫 태에 장자 예수를 낳은 후 아담의 아내가 된 다음부터는 도태 속에서 아담의 맏아들(이는 차자가 됨)을 낳았을 것이다. 하와는 첫 태에 하나님의 장자를 낳고 다음부터는 아담의 아들을 낳았다면 인간은 죄에 오염되지 않는 자가 되었을 것이다. 하와는 모든 산 자의 어미로 지음을 받았다. 산 자의 어미란 그 태속에서 영생할 자를 생산해 낸다는 뜻이다. 하와가 산 자의 어미가 되자면 그 태가 빛과 진리에 조사된 도태가 되어야 한다.

하지만 하와는 마귀의 유혹을 받아 선악과를 따먹고 산 자의 어미가 아닌 죽은 자의 어미가 되었던 것이다. 하와의 태가 무덤이 되었다.

그 무덤 속에서 모든 죽은 인류가 탄생되어 산 자가 아닌 죽은 자들이 번식되었다(「부활론」 참조). 하와로 말미암아 모든 여인의 태가 무덤인 육태가 되어 혈대의 씨인 육신의 자식을 생산하였다. 그러므로 혈과 육의 씨는 하늘나라를 유업으로 받을 수 없는 것이다.

성령을 따라난 언약의 씨만이 하늘나라의 성민(聖民)이 된다. 그러므로 죽은 자의 어미가 된 여인의 무덤(육태)이 변하여 산 자를 생산해 내면 이것이 곧 부활인 것이다.

동정녀 마리아가 성령을 따라 하나님의 장자를 해산하듯 부활의 날이 오면 죽은 무덤인 육태의 여인들이 도태가 되어 그 무덤 속에서 부활한 자를 생산해 낼 것이다(「신부론」 참조).

우리들도 예수처럼 성령을 따라 장자로 부활되어 총회에 참석할 거룩한 제사장이 되어야 한다.

2. 성령으로 잉태할 여인들

사라와 리브가와 라헬은 석녀였다. 그녀들은 남편과의 동침에서 아들을 생산하지 못한 여인들이었다. 이 세 여인의 태를 하나님이 여신 까닭으로 잉태하여 이삭과 야곱과 요셉을 생산해 낸다. 때문에 이삭과 야곱과 요셉은 성령을 따라 잉태한 언약의 자식이 되는 것이다.

그러나 사라와 리브가와 라헬의 잉태는 동정녀 마리아의 성령 잉태와는 구별해야 한다. 동정녀 마리아는 말씀이 육신이 되기 위한 도태이지만 사라와 리브가와 라헬의 성령 잉태는 부활의 도비가 숨겨진 암호였다. 사라와 리브가와 라헬의 도태는 장차 성도들을 부활시킬 모성들의 표상으로 구약 속에 보여준 모형이었다.

사라·리브가·라헬처럼 잉태하지 못한 여인들이 기뻐할 때가 올 것이다. 성경은 분명하게 다음과 같이 약속하고 있다.

> 잉태하지 못하며 출산하지 못한 너는 노래할지어다 산고를 겪지 못한 너는 외쳐 노래할지어다 이는 홀로 된 여인의 자식이 남편 있는 자의 자식보다 많음이라 여호와께서 말씀하셨느니라(사 54:1).

이 성구가 함축하고 있는 진리는 엄청난 것이다.

잉태하지 못한 여인은 비록 육신의 자식은 낳지 못했지만 부활 때가 되면 하나님은 그 태를 열어 도태로서 성령을 따라 언약의 자식들을 낳게 할 것이다. 그러므로 홀로 된 여인의 자식(부활한 자)이 남편있는 여인의 자식(육신을 따라 죽은 자) 보다 많을 것이다.

이것은 너무나 엄청난 복음이었기 때문에 육신을 따라난 죽은 자들은 이 소식을 알아듣지 못했던 것이다. 이사야가 예언한 이 소식을 알아듣고 머리 끄덕인 자가 신약의 사도 바울이었다. 바울은 갈라디아서에서 다음과 같이 놀라운 해석을 시도하고 있다.

> 기록된 바 아브라함에게 두 아들이 있으니 하나는 여종에게서, 하나는 자

> 유 있는 여자에게서 났다 하였으며 여종에게서는 육체를 따라 났고 자유 있는 여자에게서는 약속으로 말미암았느니라 이것은 비유니 이 여자들은 두 언약이라 하나는 시내 산으로부터 종을 낳은 자니 곧 하갈이라 이 하갈은 아라비아에 있는 시내 산으로서 지금 있는 예루살렘과 같은 곳이니 그가 그 자녀들과 더불어 종 노릇 하고 오직 위에 있는 예루살렘은 자유자니 곧 우리 어머니라 기록된 바 잉태하지 못한 자여 즐거워하라 산고를 모르는 자여 소리 질러 외치라 이는 홀로 사는 자의 자녀가 남편 있는 자의 자녀보다 많음이라 하였으니 형제들아 너희는 이삭과 같이 약속의 자녀라(갈 4:22-28).

두 언약 곧 구약과 신약은 두 여인 하갈과 사라인 것이다. 구약 곧 하갈은 육신을 따라 율법의 종인 죽은 자 이스마엘을 낳았고 신약 곧 사라는 언약을 따라 산 자 이삭을 낳았다.

하갈과 사라의 모태를 두 언약으로 해석한 바울의 탁견(卓見)은 하나님의 도비를 정각한 데서 기인한 성경해독법이었다.

언약을 따라 이삭처럼 낳은 자만이 자유자인 것이다. 자유자는 하늘의 예루살렘이 그 모태가 되고 종은 땅에 있는 예루살렘이 모태가 된다. 땅에 있는 예루살렘은 하갈처럼 종을 낳는 육태의 어머니의 상징이고 하늘에 있는 예루살렘은 사라처럼 자유자를 낳는 도태의 어머니의 상징인 것이다.

사라는 비록 구약의 마당에 생존한 여인이었지만 뜻으로 볼 때 그는 신약의 마당에서 부활의 자식을 낳는 어머니의 상징이었다. 장차 이삭처럼 언약을 따라 부활할 자들은 하늘에 있는 예루살렘의 도태를 통해 다시 날 것이다.

예루살렘은 모성의 상징이고 시온은 동정녀 상징이다(「신부론」 참조). 시온과 예루살렘은 모성의 두 가지 표현 양식이다. 처녀가 곧 잉태하여 초태생을 낳으면 어머니가 되는 것이다. 그러므로 처녀 시온이 해산하여 예루살렘 어머니가 될 때가 올 것이다.

> 시온은 진통을 하기 전에 해산하며 고통을 당하기 전에 남아를 낳았으니 이러한 일을 들은 자가 누구이며 이러한 일을 본 자가 누구이냐 나라가 어

> 찌 하루에 생기겠으며 민족이 어찌 한 순간에 태어나겠느냐 그러나 시온은 진통하는 즉시 그 아들을 순산하였도다 여호와께서 이르시되 내가 아이를 갖도록 하였은즉 해산하게 하지 아니하겠느냐 네 하나님이 이르시되 나는 해산하게 하는 이인즉 어찌 태를 닫겠느냐 하시니라(사 66:7-9).

이 성구가 약속하고 있는 하나님의 대언(大言)을 알아들을 대인(大人)이 어디에 있는가?

시온과 같은 동정녀의 도태를 통해 부활의 언약을 받은 자들이 하루 동안 성민(聖民)을 생산해 낼 부활의 날이 도래하고 있다. 이사야의 이 예언은 부활할 무리를 말하고 있는 것이다.

이 장자의 총회를 「요한 계시록」은 다음과 같이 은유(隱喩)하고 있다.

> 또 내가 보니 보라 어린 양이 시온산에 섰고 그와 함께 십사만 사천이 서 있는데 그들의 이마에는 어린 양의 이름과 그 아버지의 이름을 쓴 것이 있더라…… 그들이 보좌 앞과 네 생물과 장로들 앞에서 새 노래를 부르니 땅에서 속량함을 받은 십사만 사천 밖에는 능히 이 노래를 배울 자가 없더라 이 사람들은 여자와 더불어 더럽히지 아니하고 순결한 자라 어린 양이 어디로 인도하든지 따라가는 자며 사람 가운데에서 속량함을 받아 처음 익은 열매로 하나님과 어린 양에게 속한 자들이니 그 입에 거짓말이 없고 흠이 없는 자들이더라(계 14:1-5).

시온산은 백두산 같은 지리적 산이 아닌 처녀의 암호이다. 예루살렘이 건물이 아니라 하늘에 있는 어머니의 암호이듯이…….

사람 가운데서 구속을 받아 〈처음 익은 열매〉가 된 14만 4천은 예수와 더불어 이 장자의 총회에 참석할 새 날의 제사장들이다.

누가 이 처음 익은 열매가 되어 시온산에 설 것인가? 이는 산 자의 도맥을 깨친 자들이다. 산 자의 도는 머리가 아니면 깨달을 수 없는 진리이다.

이 날까지 모든 자들은 죽은 자의 도맥을 따라 죽어서 영혼이 피안(彼岸)인 천국에 간다고 믿고 있었다. 그러나 죽은 자가 하늘나라에 갈 수 없음이 이미 밝혀졌고 하늘나라는 죽은 자들이 가는 명부(冥府)도 염라대왕이 있는 곳도 아니다. 멜기세덱의 반차를 좇아 에녹과 엘리야와 부활한 모세와 예수처럼 산 자만이 승천할 수 있는 것이다.

다른 모든 성도들은 죽은 자의 도리를 따라 죽어 영혼이 천당 간다는 낡은 진리를 믿어도 14만 4천은 변화와 승천의 산 자의 진리를 깨달아야 한다. 왜 그런가? 지체는 참 진리를 깨달을 수 없다. 머리만이 참 진리를 깨달을 수 있기 때문이다. 새 날 장자의 총회에 참석할 무리는 머리가 될 무리이므로 이들이 산 자의 도를 깨치면 지체인 죽은 자의 도리를 믿는 성도들은 구원받을 수 있기 때문이다.

지체는 바른 진리를 깨칠 수 없으므로 성경 속에 숨겨진 하나님의 진리를 모르더라도 예수를 믿는 믿음으로 구원받을 수 있지만 머리가 될 장자들은 성경 속에 숨겨진 진리를 바르게 깨닫지 못하면 안 된다. 산 자의 도맥과 연결되지 못하고 산 자가 되지 못하면 진리에 무지한 차자의 구원은 받을 수 있을지라도 장자의 총회에는 참석할 수 없는 것이다. 장자들은 지혜의 생명나무가 되어야 한다.

다스림을 받는 지체는 무지해도 다스릴 머리 조직은 지혜를 완성해야 한다.

제12장
신 부 론

제12장 신부론

성령과 신부가 말씀하시기를 오라 하시는도다 듣는 자도 오라 할 것이요 목마른 자도 올 것이요 또 원하는 자는 값없이 생명수를 받으라 하시더라(계 22:17).

원숭이는 손을 들어 나무의 열매를 따먹는 존재이다. 인간은 손을 들어 선악나무의 열매를 따먹은 존재들이다. 잠시 후 손을 들어 생명나무 열매를 따먹는 초인들이 나타날 것이다.

아담 이후 타락한 모든 인간들은 선과 악의 분별지인 선악과를 따먹고 무명의 광야에서 미망의 깊은 잠에 빠져 화사(花蛇)가 또아리튼 꿈을 꾸면서 악몽에 가위눌리고 있다.

아득한 태고의 어느 날 나무 위에서 망고열매를 따먹던 잔나비의 무리 속에서 그 뇌핵(腦核)에 번갯불을 맞은 한 마리 원숭이가 돌변하여 땅위에 직립하여 원인(原人)이 되었다. 그 이후 수십만 년의 세월이 지나 모계사회의 원시인들 속에서 아담이 성령의 번갯불을 맞고 생명나무 밑에 이립(而立)하려 하였다. 이 때 마귀가 거짓 번갯불의 붉은 영감(靈感)을 아담의 뇌핵 속에 방전(放電)하여 아담은 선악나무의 열매를 따먹은 죄인이 되게 한다. 선악나무 가지에 꽃핀 현재의 인간들은 참 번갯불에 조사(照射) 못된 가인(假人)들이다. 선악나무 밑에서 선악과를 따먹는 우리들은 아직도 도상의 존재들이다. 하나님의 보좌에서 울리는 천둥소리와 번갯불을 맞고 인간은 돌변하여 생명나무 밑에 영립(靈立)할 때가 반드시 올 것이다. 현인류(現人類)의 가지에서 새 움이 터 초인(超人)이 탄생될 시운(時運)이 도래하고 있다.

예수 그리스도는 생명나무 가지에 성령의 열매로 익은 첫 열매였다. 잠시 후 예수의 아지(兒枝)에서 부활한 성도들이 열매 맺을 것이다. 선악나무 가지의 열매인 죽은 인간들을 꺾어 산 자로 생명나무에 접붙일 때가 올 것이다. 우리는 돌 감람나무였다. 이것이 참 감람나무에 접붙임을 받을 때 새로운 인간이 탄생될 것이다. 참 사람이 탄생될 것이다.

하나님이 새 영과 새 마음을 주실 때 새 날 초인류는 탄생될 것이다. 새 날에 탄생될 생명나무의 열매인 초인은 어떻게 탄생될 것인가?

성경을 사경하여 이 문제를 해명하도록 하자.

제1절 달을 옷 입은 여인

달을 옷 입은 여인은 월경(月經)하는 여인들이다. 월경하는 여인들은 우리들 혈대의 어머니들이다. 모든 혈대와 육맥은 죽은 자들을 낳았다. 월경하는 여인들은 죽은 자들을 낳은 어머니들이다. 그녀들의 자궁은 무덤이며 그녀들의 태는 육태이다.

하나님이 하와를 아담의 배필로 지을 때 하와는 〈산 자의 어머니〉였다. 그러나 타락으로 말미암아 하와는 〈죽은 자의 어미〉가 되었다. 하와는 진리의 태양이신 하나님과 교감(交感)하지 못하고 천사인 달과 교감함으로써 월경하는 혈대의 어미가 되었고 육의 모성이 되었다. 달은 육의 상징이며 〈천사의 도〉의 상징이다.

하와가 타락하지 않았다면 월경하는 여인으로서의 육의 어머니는 되지 않았을 것이다. 월경은 더러운 생리현상이다. 인간이 타락했기 때문에 월경이라는 비본래적인 생리현상이 생겼지 타락하지 않았다면 여인들은 월경의 생리현상을 초극했을 것이다. 성경을 보면 월경하는 여인은 부정하며 월경하는 기간 동안에는 성전에 예배하러 오지 못하게 하였다.

여인의 피의 유출이 그의 불결기가 아닌데도 여러 날이 간다든지 그 유출이 그의 불결기를 지나도 계속되면 그 부정을 유출하는 모든 날 동안은 그 불결한 때와 같이 부정한즉……(레 15:25),

너는 여인이 월경으로 불결한 동안에 그에게 가까이 하여 그의 하체를 범하지 말지니라(레 18:19).

인자야 이스라엘 족속이 그들의 고국 땅에 거주할 때에 그들의 행위로 그 땅을 더럽혔나니 나 보기에 그 행위가 월경 중에 있는 여인의 부정함과 같았느니라(겔 36:17).

이 성구에서 보듯 월경하는 여인은 부정하고 불결한 존재로서 가까이 말 것을 당부하고 있다. 월경이 하나님의 뜻일진대 어찌하여 부정한 것이 될 수 있겠는가? 월경은 하나님의 뜻이 아니었기 때문에 불결하고 부정한 것으로 보는 것이다.

하와가 성령으로 잉태한 어머니가 되었어도 월경이라는 더러운 생리현상은 경험하지 않았을 것이다. 하와는 타락하여 육의 어머니가 됨으로써 그의 자궁은 달과의 교감에 따라 피를 유출하는 불결하고 부정한 자궁과 육태가 되어 피의 아들 딸을 낳는 무덤이 되었던 것이다. 월경은 여인들이 달의 지배를 받으므로 그 몸에 일어나는 피의 조수(潮水) 현상이다.

여인들이 달의 지배를 받는 한 육신의 자식을 낳는데 이 육신의 자식은 죽은 자들인 것이다. 월(月)은 곧 육(肉)이며 이는 천사의 도를 상징한다. 하와는 피조물인 지혜천사를 하나님으로 오각함으로써 그의 지배하에 노예가 되어 죄와 사망의 어미가 되었던 것이다.

월경하는 여인의 소생들은 부정한 존재들이며 괴로움의 실존들이다.

> 여인에게서 태어난 사람은 생애가 짧고 걱정이 가득하며……(욥 14:1)
>
> 사람이 어찌 깨끗하겠느냐 여인에게서 난 자가 어찌 의롭겠느냐(욥 15:14).
>
> 여자에게서 난 자가 어찌 깨끗하다 하랴 보라 그의 눈에는 달이라도 빛을 발하지 못하고 별도 빛나지 못하거든 하물며 구더기 같은 사람, 벌레 같은 인생이랴(욥 25:4-6).

모든 인간은 월경하는 여인들의 소생이므로 부정한 존재요 괴로움의 실존들이다. 누가 혈맥과 육맥이 아닌 영맥을 따라 탄생했단 말인가? 누가 성령을 따라 언약의 자식으로 탄생되었던가? 달과 피는 깊은 관계가 있음을 성경은 암시하고 있다.

> 달이 변하여 피가 되리라(행 2:20).
>
> 달은 온통 피 같이 되며……(계 6:12).

그리스도가 재림할 끝 날에 이르면 달은 피같이 붉게 변할 것을 예언하고 있다. 끝 날이 이르기 전에 달은 신비한 월광으로 인간을 미혹하다가 예수가 재림할 때 그 본체를 드러내어 달이 핏빛으로 변할 것이다. 달이 핏빛으로 변한다는 뜻은 달이 혈대와 육맥의 〈종교 아비〉임을 드러내는 것이다.

인간의 타락한 혈대와 육맥 속에는 달의 정(精)인 피가 흐르고 있는 것이다. 하와 이래 모든 모성들은 달의 정부(情夫)요 아내였다. 엄밀한 의미에서 타락한 인간들은 달의 아들 딸이었다. 혈대와 육맥을 따라난 자식들이었다.

하나님과 예수는 진리의 태양이지 달이 아니다. 달은 스스로 발광체가 아닌 암체이다. 태양의 빛을 반사하는 암체이다. 천사들은 진리의 빛을 받아 반사하는 달과 같은 존재이다. 그러나 예수는 빛 그 자체이다. 예수는 태양이다. 하와는 태양이신 하나님과 교감하여 그 도태 속에 예수를 성령으로 잉태하지 못하고 어두운 달과 교감하여 그 육태 속에 가인과 같은 살인자를 해산하게 된다.

여인이여, 어머니들이여, 달의 지배에서 벗어나라. 월경을 하지 않는 새 차원에서 성령을 따라 잉태해야 한다. 새 날 성령을 따라 새 신부들은 월경을 하지 않는 청정한 모태가 될 것이다. 사라도 경수(經水)가 끊어진 다음에 이삭을 잉태하지 않았던가.

제2절 해를 옷 입은 여인

해를 옷 입은 여인은 달의 지배에서 벗어나고 달을 초극한 새 시대의 모성의 상징이다.

> 하늘에 큰 이적이 보이니 해를 옷 입은 한 여자가 있는데 그 발 아래에는 달이 있고 그 머리에는 열두 별의 관을 썼더라(계 12:1).

「요한 계시록」에 기록된 이 여인은 새 시대의 영모(靈母)의 상징이다. 이 여인은 달을 발 밑에 밟고 있다. 달을 발 밑에 밟고 섰다는 뜻은 달의 지배에서 벗어나서 달을 초극한 모성임을 암시하고 있다. 따라서 달과 교감하지 않으므로 월경하는 부정과 불결의 모성의 차원을 뛰어넘은 새로운 모성임을 성경은 암시하고 있다.

달을 초극한 여인은 해를 옷 입고 있다. 이는 진리로 옷 입은 화신(化身)임을 나타낸다. 해를 옷 입고 진리의 화신이 되었으므로 그가 해산하는 아들은 진리의 아들들이다.

해를 옷 입은 여인은 진리의 태양인 하나님과 교감한 여인의 상징이다. 이 여인은 태양과 교감함으로써 월경의 차원을 탈피하여 성령으로 잉태하는 여인의 원형(原型)으로 등장한다.

사라는 월경이 없을 때 언약의 아들 이삭을 성령을 따라 낳았다. 이날까지 타락한 우리들은 월경하는 여인이 아니면 자식을 낳을 수 없는 줄 착각하고 있다. 이는 혈대와 육맥을 벗어나지 못한데서 오는 죽은 자의 도맥과 관념 때문이었다.

영맥을 깨달은 자가 아니면 성령 잉태와 언약의 자식과 부활의 비밀을 알겠는가?

해를 옷 입은 여인은 달의 지배를 초극한 모성이므로 불결한 월경의 생리현상이 없이 변화받은 새 몸으로 부활한 성도들을 낳아줄 것이다.

하와는 육모(肉母)이고 마리아는 예수를 낳은 성모라면 해를 옷 입은 여인은 영모(靈母)이다.

해를 옷 입은 여인은 하늘에서 한 아이를 하나님의 보좌 앞으로 올리는데 이 아이가 장차 철장으로 만국을 다스릴 남자이다.

> 여자가 아들을 낳으니 이는 장차 철장으로 만국을 다스릴 남자라 그 아이를 하나님 앞과 그 보좌 앞으로 올려가더라(계 12:5).

이 성구를 거짓 선지자들은 오해하여 재림 예수도 육신을 쓰고 온다고 믿고 있다. 이는 성경의 근본을 모르는 자들의 망견(妄見)이다.

해를 옷 입은 여인은 성령 잉태의 모성을 상징하는 여인이다. 이 여자가 낳은 아들은 하나님 보좌로 올리워 갔다.

이 계시는 땅 차원이 아닌 하늘 차원에서 일어나는 영적 기적임을 잊어서는 안 된다. 여인이 한 아들을 낳아 하나님 앞과 보좌 앞으로 올려 보낸 후 땅으로 내려와 양육받게 된다. 땅으로 내려온 여인에게는 많은 자손이 있음을 성경은 보여준다.

> 용이 여자에게 분노하여 돌아가서 그 여자의 남은 자손 곧 하나님의 계명을 지키며 예수의 증거를 가진 자들과 더불어 싸우려고 바다 모래 위에 서 있더라(계 12:17).

해를 옷 입은 여자의 자손은 하나님의 계명을 지키고 예수의 증거를 가진 자들이다. 이는 구원받을 자들을 암시하고 있다.

혈대와 육맥을 따라 구원받을 수 없고 성령을 따라 잉태할 언약의 자손들만이 구원받는 것이 성경의 진리이다. 그러므로 해를 옷 입은 여인은 모든 구원받는 자의 모성을 상징하고 있는 영의 어머니이다. 구원받을 자들은 혈맥을 따라난 자들이 아니고 영맥을 따라 성령으로 다시 난 자들인 것이다.

해를 옷 입은 여인은 열두 별의 면류관을 썼다. 이 열두 별은 열두 지파의 상징이다. 영맥을 따라난 열두 지파가 해를 옷 입은 여인을 통해 탄생될 것을 암시하고 있다.

구원받은 성도들은 하늘의 별과 같은 존재이다. 그러나 육맥을 따라난 피의 자손들은 바닷가의 모래와 같은 존재이다. 아브라함이 하나님께 축복을 받을 때 네 자손이 하늘의 별같이 번성할 것을 약속받고 있다.

> 그를 이끌고 밖으로 나가 이르시되 하늘을 우러러 뭇별을 셀 수 있나 보라 또 그에게 이르시되 네 자손이 이와 같으리라(창 15:5).

아브라함이 무자(無子)할 때 하나님은 아브라함에게 언약의 자식으로 번식될 후손들이 하늘의 별같이 많을 것을 축복한다. 그러나 이스마엘을 낳은 후 이 축복의 말씀 속에는 바닷가의 모래가 추가된다.

> 내가 네게 큰 복을 주고 네 씨가 크게 번성하여 하늘의 별과 같고 바닷가의 모래와 같게 하리니 네 씨가 그 대적의 성문을 차지하리라(창 22:17).

아브라함에게는 언약을 따라난 자식으로 이삭이 있었고 육신을 따라난 자식으로 이스마엘이 있었다.

하늘의 별은 언약의 자식에 대한 축복이고 바닷가의 모래는 육신을 따라난 자식들의 축복이다. 별은 하늘 차원의 귀한 존재들이고 바닷가의 모래는 땅 차원의 천한 존재들인 것이다. 육신을 따라난 자식들은 바닷가의 모래같은 존재이고 언약을 따라 부활받을 성도들은 하늘의 별처럼 빛나는 존재들인 것이다.

붉은 용이 바닷가 모래 위에 서 있는 것은(계 12:17) 육신을 따라난 자식들 속에 마귀가 서 있음을 보여주고 있다. 바닷가 모래와 같이 많은 육신의 자식인 이스마엘적 존재들은 마귀의 권세에 지배받는 자들이므로 그들은 마귀와 싸울 필요가 없는 것이다. 오직 성령을 따라난 자들만이 마귀와 대적해야 한다.

철장을 갖고 만국을 다스릴 자는 한 사람이 아니다. 마귀를 이긴 성도들은 다 철장을 갖고 만국을 다스릴 권세가 있는 것이다.

> 이기는 자와 끝까지 내 일을 지키는 그에게 만국을 다스리는 권세를 주리니 그가 철장을 가지고 그들을 다스려 질그릇 깨뜨리는 것과 같이 하리라 나도 내 아버지께 받은 것이 그러하니라(계 2:26-27).

이처럼 이긴 성도들은 다 철장을 갖고 만국을 다스릴 수 있는 권세있는 존재들이다.

해를 옷 입은 여인! 이는 새 날 모든 성도를 부활시킬 거룩한 어머니의 상징이다. 해를 옷 입은 여인은 하나님의 진리로 초인을 탄생시킬 모성이다.

제3절 잉태치 못한 여인

> 잉태하지 못하며 출산하지 못한 너는 노래할지어다 산고를 겪지 못한 너는 외쳐 노래할지어다 이는 홀로 된 여인의 자식이 남편 있는 자의 자식보다 많음이라 여호와께서 말씀하셨느니라(사 54:1).

이는 난해한 성구로서 이 날까지 정해(正解)하지 못하였다. 잉태치 못한 여인들은 세상에서는 버림받은 여자와 다름이 없었다. 그녀들은 혈대를 계승 못한 죄인들로서 남편과 시집에서 온갖 구박을 받으면서 자식을 못 낳는 원과 한 속에서 눈물로 지새우던 존재들이 아닌가? 그런데 하나님은 잉태치 못한 여인들은 기뻐하라고 선지자를 통해 공포케 했으니 그 이유가 무엇일까?

자식을 잘 낳는 여인들은 세상의 지혜로 볼 때 축복받은 여인인 듯싶고 자식을 못 낳는 여인은 저주받은 여인인 듯 인식된다. 그러나 바른 지혜로 보면 잉태 못한 여인이야말로 복 받은 여인들인 것이다. 왜 그런가?

여인들이 아무리 많은 자식을 낳아도 그 자식은 혈대와 육맥의 자식들이다. 그녀들이 낳은 자식들은 하늘나라에 갈 수 없는 〈죽음의 씨〉들인 것이다. 월경하는 여인들이 바닷가의 모래처럼 많은 자식을 낳아도 그 씨는 하나님의 씨가 아니다.

혈과 육은 무익하며 하늘나라에 갈 수 없다. 오직 영으로 거듭난 언약의 씨, 부활한 자식들만이 하늘나라에 갈 수 있는 존재들인 것이다. 그러므로 여인들이 자식을 낳아도 혈대와 육맥의 죽은 자식들이므로 세상나라에서는 유용(有用)한 존재가 될는지 몰라도 하늘나라에서는 무용(無用)한 존재들이 아닐 수 없다.

하나님의 안목으로 볼 때 타락되어 월경하는 여인들이 낳은 자식들은 죄의 종자요 사망의 노예들이므로 아무런 필요가 없는 존재들이다. 도리어 혈대와 육맥의 자식을 낳지 못한 여인들이 복 받은 여인들인 것이다. 세상에서 잉태치 못하고 구로(劬勞)치 못한 여인들이야말로 새 날 성령으로 잉태할 수 있는 여인들이기 때문이다.

사라·리브가·라헬도 잉태치 못한 여인들이었다. 그러나 그녀들의 도태에 하나님이 도전하시므로 말미암아 성령을 따라 언약의 자식을 낳게 된다. 잉태치 못하고 구로치 못한 여인들이 마귀가 권세를 잡은 세상나라의 질서 속에서는 학대받고 멸시받고 버림받은 여인들이었다.

이 얼마나 복된 축복인가! 이 얼마나 기이한 복음이며 소식인가.

> 기록된 바 아브라함에게 두 아들이 있으니 하나는 여종에게서, 하나는 자유 있는 여자에게서 났다 하였으며 여종에게서는 육체를 따라 났고 자유 있는 여자에게서는 약속으로 말미암았느니라 이것은 비유니 이 여자들은 두 언약이라 하나는 시내 산으로부터 종을 낳은 자니 곧 하갈이라 이 하갈은 아라비아에 있는 시내 산으로서 지금 있는 예루살렘과 같은 곳이니 그가 그 자녀들과 더불어 종 노릇 하고 오직 위에 있는 예루살렘은 자유자니 곧 우리 어머니라 기록된 바 잉태하지 못한 자여 즐거워하라 산고를 모르는 자여 소리 질러 외치라 이는 홀로 사는 자의 자녀가 남편 있는 자의 자녀보다 많음이라 하였으니 형제들아 너희는 이삭과 같이 약속의 자녀라 그러나 그 때에 육체를 따라 난 자가 성령을 따라 난 자를 박해한 것 같이 이제도 그러하도다(갈 4:22-29).

이 성구는 성경 전체의 뜻을 압축하고 있는 참으로 중대한 도비가 깃들어있다. 이 성구를 정해하는 자는 성경 전체의 대의(大意)를 대각(大覺)할 것이다. 하갈과 사라는 두 언약의 상징이다.

하갈은 구약의 모성으로서 율법의 종을 낳는 모성의 암호이고 사라는 신약의 자유하는 언약의 자식을 낳는 모성의 암호이다. 따라서 하갈은 땅에 있는 예루살렘의 상징이지만 사라는 하늘에 있는 예루살렘의 상징인 것이다. 하갈은 육의 어머니, 혈대와 육맥을 낳는 월경하는 여인이지만 사라는 영의 어머니, 영맥을 따라 언약의 자식을 낳는 월경하지 않는 여인이었다.

사라가 곧 홀로된 여인이며 잉태치 못하고 구로치 못한 여인인 것이다. 홀로 사는 여인은 광야의 여인을 말한다. 이 광야의 여인이 「요한 계시록」에 나오는 해를 옷 입은 여인인 것이다.

그 여자가 광야로 도망하매 거기서 천이백육십 일 동안 그를 양육하기 위하여 하나님께서 예비하신 곳이 있더라(계 12:6).

그 여자가 큰 독수리의 두 날개를 받아 광야 자기 곳으로 날아가 거기서 그 뱀의 낯을 피하여 한 때와 두 때와 반 때를 양육 받으매……(계 12:14),

이처럼 해를 옷 입은 여인을 광야의 여인이라 일컫지만 홀로된 여인 또한 광야의 여인인 것이다.

잉태하지 못한 자여 즐거워하라 산고를 모르는 자여 소리 질러 외치라 이는 홀로 사는 자의 자녀가 남편 있는 자의 자녀보다 많음이라(갈 4:27).

왜 홀로 사는 여자와 해를 옷 입은 여인을 일컬어 광야의 여인이라 했을까? 광야는 마귀의 시험을 받는 도량(道場)이다.

예수도 광야에서 마귀의 시험을 받고 승리하였다. 인류의 시모(始母)였던 하와도 광야의 도량에서 마귀의 시험을 이기지 못하고 타락하였다. 그러므로 참 모성이 되고자 하는 자는 광야에 나가서 마귀와 싸워 승리해야 한다.

광야의 모성은 도녀(道女)의 상징이며 마귀와의 싸움에서 승리한 여인들의 상징인 것이다. 그러므로 그녀들의 태도 육태가 아닌 도태가 되어 성령으로 잉태하여 언약의 자식, 부활의 자식을 낳을 수 있는 여인들이므로 하나님은 홀로 사는 여인, 잉태치 못하고 구로치 못한 여인들은 즐거워하고 기뻐하라고 했던 것이다. 잉태치 못하고 구로치 못한 여인들이야말로 새 날 부활할 자녀를 낳을 모성의 상징이니 어찌 기뻐하지 않을 수 있겠는가?

홀로 사는 여인들은 새 날 성령 잉태로서 언약의 자식을 낳을 것이다. 잉태치 못하고 구로치 못한 여인들은 새 날 부활의 자식을 낳을 것이다.

아기 예수가 탄생했을 때 헤롯은 베들레헴 지경 안에 있는 아기들을 학살하였다. 아기 예수를 위한 최초의 순교자는 유아(乳兒)들이었다. 졸지에 아이를 잃은 어머니들의 슬픔이 얼마나 컸을까?

> 이에 선지자 예레미야를 통하여 말씀하신 바 라마에서 슬퍼하며 크게 통곡하는 소리가 들리니 라헬이 그 자식을 위하여 애곡하는 것이라 그가 자식이 없으므로 위로받기를 거절하였도다 함이 이루어졌느니라(마 2:17-18).

마태가 「예레미야」에서 인용한 이 성구 또한 난해하다. 그러면 이 성구에 담긴 뜻은 무엇인가?

순교당한 아기들의 어머니들을 왜 라헬에 비유했을까? 라헬은 언약의 자식 요셉을 낳은 어머니로서 라헬이 통곡한 사실은 「창세기」에는 없다. 그런데 어찌하여 순교당한 아기들의 어머니가 라헬이 될 수 있는가? 이 성구에는 참으로 중대한 뜻이 숨어 있다.

헤롯의 폭정 속에서 희생당한 아기들의 어머니들은 불시에 젖먹이들을 잃고 통곡하지 않을 수 없다. 그 자식들이 비록 혈대와 육맥의 자식일지라도 어머니에게는 귀여운 자식들이었다. 헤롯은 아기 예수를 죽이기 위하여 베들레헴 일원의 어린 아기들을 잡아 죽였으나 하나님은 어린 순교자들을 새 날 라헬 같은 모성을 통해 언약의 자식으로 부활시켜 줄 수 있으므로 순교당한 아기 어머니들을 라헬로 비유했던 것이다.

그 여인들은 이 진리를 깨닫지 못하여 위로 받기를 거절하였으나 하나님은 예레미야 선지자들을 통해 다음과 같이 위로의 말씀을 전하고 있다.

> 여호와께서 이와 같이 말씀하시니라 네 울음 소리와 네 눈물을 멈추어라 네 일에 삯을 받을 것인즉 그들이 그의 대적의 땅에서 돌아오리라 여호와의 말씀이니라(렘 31:16).

하나님은 모든 라헬들에게 울지 말고 눈물을 흘리지 말 것을 당부하였다. 라헬이 언약의 아들 요셉을 낳은 것처럼 순교당한 아기들은 새 날 첫째 부활한 새 사람이 되어 탄생할 것이다.

> 또 내가 보좌들을 보니 거기에 앉은 자들이 있어 심판하는 권세를 받았더라 또 내가 보니 예수를 증언함과 하나님의 말씀 때문에 목 베임을 당한 자

들의 영혼들과 또 짐승과 그의 우상에게 경배하지 아니하고 그들의 이마와 손에 그의 표를 받지 아니한 자들이 살아서 그리스도와 더불어 천 년 동안 왕 노릇 하니 (그 나머지 죽은 자들은 그 천 년이 차기까지 살지 못하더라) 이는 첫째 부활이라(계 20:4-5).

모든 라헬들이여 울지 말고 슬퍼하지 말라. 비록 혈대를 따라난 자식들을 사탄 마귀에게 잃어버린 대신 그대들은 영맥을 따라 언약의 자식을 낳을 새 모성으로 탈바꿈하였는데 어찌 울고 있겠는가. 부활의 참 뜻을 깨닫고 노래하라.

제4절 시온과 예루살렘의 해독

시온과 예루살렘은 무엇을 상징하는 암호일까?

이 날까지 우리들은 시온과 예루살렘은 문자 그대로 땅위에 있는 시온산과 예루살렘 성도(聖都)로 생각하고 있다. 구약 성경에서 시온은 야웨가 있는 곳으로 혹은 야웨를 예배하는 장소로 중요시하였으나 시온산의 소재는 불분명하여 예루살렘 근교의 구릉을 가리킨다고 막연히 생각하고 있다.

이와 같은 생각은 성경을 바르게 이해 못한데서 기인하는 오해들이다. 구약의 제사장들과 바리새인들은 돌로 건축된 예루살렘 성전의 건물의 의미가 무엇인지 모르고 있었다. 예루살렘의 성전은 예수의 몸을 상징하는 건축물인데 그 건물의 상징성을 이해 못하고 돌로 건축된 그 건물을 하나님의 성전으로 오해하고 있었다.

예수께서 대답하여 이르시되 너희가 이 성전을 헐라 내가 사흘 동안에 일으키리라 유대인들이 이르되 이 성전은 사십육 년 동안에 지었거늘 네가 삼일 동안에 일으키겠느냐 하더라 그러나 예수는 〈성전된 자기 육체〉를 가리켜 말씀하신 것이라(요 2:19-20).

이처럼 구약의 비유로 상징되는 사물들은 인간의 몸을 가리키고 있었는데 유대인과 기독교인들은 아직도 이 진리를 이해 못하고 있다.

성전이 예수의 육체를 상징한 것처럼 시온산과 예루살렘도 인간의 몸을 상징하는 암호인 것이다. 성경 속에 전개된 모든 역사적 사건은 인간의 몸과 마음의 문제를 전개시킨 데 불과하다.

시온산은 순결한 처녀 딸의 상징이고 예루살렘은 자유한 어머니의 상징이다. 그러므로 시온과 예루살렘을 사경하여 그 숨은 뜻을 밝히 드러내도록 하자.

1. 시온

시온은 딸과 신부의 상징으로 구약에 표시되고 있다.

> 딸 시온은 포도원의 망대 같이, 참외밭의 원두막 같이, 에워 싸인 성읍 같이 겨우 남았도다(사 1:8).
>
> 이 날에 그가 놉에서 쉬고 딸 시온 산 곧 예루살렘 산을 향하여 그 손을 흔들리로다(사 10:32).
>
> 여호와께서 그에 대하여 이같이 이르시되 처녀 딸 시온이 너를 멸시하며 조소하였고 딸 예루살렘이 너를 향하여 머리를 흔들었느니라(사 37:22).
>
> 너희는 딸 시온에게 이르라(사 62:11).

이처럼 성경은 시온을 말할 때 처녀 딸로 표시하고 있다. 시온산은 처녀의 상징이다. 하나님도 딸 시온 속에 거하시며 예수를 맞이할 수 있는 신부도 시온의 딸들임을 성경은 말하고 있다.

> 여호와의 말씀에 시온의 딸아 노래하고 기뻐하라 이는 내가 와서 네 가운데에 머물 것임이라 그 날에 많은 나라가 여호와께 속하여 내 백성이 될 것이요 나는 네 가운데에 머물리라(슥 2:10-11).
>
> 시온의 딸아 크게 기뻐할지어다 예루살렘의 딸아 즐거이 부를지어다 보라 네 왕이 네게 임하시나니……(슥 9:9),

하나님과 예수는 순결한 시온의 딸들 가운데 임재하시는 것이다.

시온은 예수를 맞이할 수 있는 신부의 상징이다. 시온산은 땅 위에 있는 예루살렘 근교의 산이 아니라 성도들을 다시 낳아 부활시킬 새 날의 청정하고 지순한 신부의 상징인 것이다.

「요한 계시록」에 보면 시온산에 14만 4천 명이 서 있음을 보여준다.

> 또 내가 보니 보라 어린 양이 시온 산에 섰고 그와 함께 십사만 사천이 서 있는데 그들의 이마에는 어린 양의 이름과 그 아버지의 이름을 쓴 것이 있더라(계 14:1).

이 「요한 계시록」에 나오는 시온산은 땅 위에 있는 시온산이 아닌 하늘에 있는 시온산인데 이는 장차 14만 4천 명을 영적으로 낳아줄 신부의 상징이다. 예수도 동정녀 마리아가 처녀로 잉태한 열매였다. 마찬가지로 14만 4천 명도 처녀딸 시온산을 통해 성령으로 낳을 무리들인 것이다.

14만 4천 명 외 시온산에 설 무리는 없다. 14만 4천 명은 땅에서 하늘 차원으로 구속받은 무리이다. 이 14만 4천 명은 예수와 더불어 다스릴 하늘의 장자들인 것이다.

히브리 기자도 우리들이 이른 곳이 시온산과 장자의 총회임을 계시하고 있다.

> 그러나 너희가 이른 곳은 시온 산과 살아 계신 하나님의 도성인 하늘의 예루살렘과 천만 천사와 하늘에 기록된 장자들의 모임과 교회와 만민의 심판자이신 하나님과 및 온전하게 된 의인의 영들과 새 언약의 중보자이신 예수와 및 아벨의 피보다 더 나은 것을 말하는 뿌린 피니라(히 12:12-24).

우리들이 이른 곳은 시내산이 아닌 하늘에 있는 시온산이며 땅에 있는 예루살렘이 아닌 하늘에 있는 예루살렘이다.

청정하고 지순한 처녀 딸 시온은 동정녀 마리아가 성령 잉태로 예수를 해산하듯 새 날의 자민(子民)들을 탄생시킬 것이다. 하나님은 그 약속을 이사야 선지자를 통해 다음과 같이 공포하고 있다.

> 시온은 진통을 하기 전에 해산하며 고통을 당하기 전에 남아를 낳았으니 이러한 일을 들은 자가 누구이며 이러한 일을 본 자가 누구이냐 나라가 어찌 하루에 생기겠으며 민족이 어찌 한 순간에 태어나겠느냐 그러나 시온은 진통하는 즉시 그 아들을 순산하였도다 여호와께서 이르시되 내가 아이를 갖도록 하였은즉 해산하게 하지 아니하겠느냐 네 하나님이 이르시되 나는 해산하게 하는 이인즉 어찌 태를 닫겠느냐 하시니라(사 66:7-9).

이 성구는 전대미문(前代未聞)의 소식을 우리에게 전해주고 있다. 처녀 딸 시온은 하루 아침에 자민(子民)을 생산해 낼 것이다. 이 놀라운 대언(大言)과 묘음(妙音)을 알아들을 자 누구인가?

2. 예루살렘

시온이 청정무구한 신부의 상징이라면 예루살렘은 거룩한 어머니의 상징이다. 성령을 따라 아들을 낳는 자유한 모성이 곧 예루살렘이다.

땅에 있는 예루살렘은 건물이지만 하늘에 있는 예루살렘은 우리를 다시 낳아 줄 어머니의 상징이다. 땅에 있는 예루살렘은 하갈이지만 하늘에 있는 예루살렘은 사라이다. 하갈은 율법을 따라 이스마엘같은 종의 자식, 육신의 자식을 낳지만 사라는 자유함에 의하여 언약의 자식, 부활의 자식을 낳는 어머니이다.

청정무구한 그녀가 그 태에 아기를 잉태하면 거룩한 어머니가 되듯 시온은 곧 예루살렘이다. 시온과 예루살렘은 한 모성의 두 이름이다. 어머니가 되기 전 처녀 때 이름이 시온이고 어머니 된 이후의 이름이 예루살렘이다. 그러므로 시온과 예루살렘은 하나인 것이다.

율법아래 있는 사람은 그 어미가 하갈이지만 율법에서 자유한 자들의 어미는 사라인 것이다.

죄와 사망의 권세아래 있는 육체의 씨들은 땅에 있는 예루살렘의 건물 속에서 하나님께 예배하지만 죄와 사망의 권세에서 해방된 언약의 씨들은 하늘에 있는 예루살렘 곧 성령의 모태 속에서 거듭난 자유한 자들로서 영으로 예배한다.

이것은 비유니 이 여자들은 두 언약이라 하나는 시내 산으로부터 종을 낳은 자니 곧 하갈이라 이 하갈은 아라비아에 있는 시내 산으로서 지금 있는 예루살렘과 같은 곳이니 그가 그 자녀들과 더불어 종 노릇 하고 오직 위에 있는 예루살렘은 자유자니 곧 우리 어머니라 기록된 바 잉태하지 못한 자여 즐거워하라 산고를 모르는 자여 소리 질러 외치라 이는 홀로 사는 자의 자녀가 남편 있는 자의 자녀보다 많음이라 하였으니 형제들아 너희는 이삭과 같이 약속의 자녀라(갈 4:24-28).

이 성구에서 보듯이 사라는 하늘에 있는 예루살렘이며 이는 곧 성령을 따라 이삭과 같이 자유한 자들을 생산해 내는 모성의 상징인 것이다. 따라서 하늘에 있는 예루살렘이 땅 위에 내려온다는 뜻은 하늘에 계시던 도모(道母)가 성령을 따라 새 땅에 언약의 씨를 부활시킬 도비(道秘)를 계시하고 있는 것이다.

또 내가 새 하늘과 새 땅을 보니 처음 하늘과 처음 땅이 없어졌고 바다도 다시 있지 않더라 또 내가 보매 거룩한 성 새 예루살렘이 하나님께로부터 하늘에서 내려오니 그 준비한 것이 신부가 남편을 위하여 단장한 것 같더라(계 21:1-2).

새 하늘과 새 땅이 열려오면 하늘에 있는 예루살렘이 땅 위에 내려올 것이다. 신부의 단장을 한 예루살렘 어머니는 성령을 따라 부활한 자들을 낳아줄 것이다.

하늘에 있는 예루살렘이 땅 위에 내려옴은 성령이 땅 위에 정착함을 의미한다. 성령이 모든 여성의 태를 도태화(道胎化)하므로 새 날에 부활할 모든 성도들은 성령을 따라 거듭난 자유한 자들인 것이다. 새 날 부활한 참 자유자들은 예루살렘 어머니의 젖, 성령의 젖을 빨며 기뻐할 것이다.

예루살렘을 사랑하는 자들이여 다 그 성읍과 함께 기뻐하라 다 그 성읍과 함께 즐거워하라…… 너희가 젖을 빠는 것 같이 그 위로하는 품에서 만족하겠고 젖을 넉넉히 빤 것 같이 그 영광의 풍성함으로 말미암아 즐거워하리라…… 보라 내가 그에게 평강을 강 같이, 그에게 뭇 나라의 영광을 넘치는 시내 같이 주리니 너희가 그 성읍의 젖을 빨 것이며 너희가 옆에 안기며 그 무릎에서 놀 것이라(사 66:10-12).

새 날 부활한 자들은 다 천진난만(天眞爛漫)한 도의 어린이가 되어 생명수강의 젖을 빨며 꿀을 먹고 영생할 것이다.

땅의 예루살렘은 사탄 마귀의 품에서 더럽혀진 예루살렘이 되었으나 하나님은 그 어머니를 사탄 마귀의 품에서 빼앗아 다시 거룩한 모성으로 회복시킬 날이 올 것이다.

예수가 십자가에 못 박혀 죽었을 때 스올에 있던 구약의 의인들은 다 잠을 깨었고 예수가 부활했을 때 구약의 영혼들도 부활하여 거룩한 성 예루살렘에 들어갔던 것이다.

예수께서 다시 크게 소리 지르시고 영혼이 떠나시니라 이에 성소 휘장이 위로부터 아래까지 찢어져 둘이 되고 땅이 진동하며 바위가 터지고 무덤들이 열리며 자던 성도의 몸이 많이 일어나되 예수의 부활 후에 그들이 무덤에서 나와서 거룩한 성에 들어가 많은 사람에게 보이니라(마 27:50-53).

스올에서 잠들었던 구약의 영혼들이 〈거룩한 성 예루살렘〉에 들어갔다는 참 뜻은 성도(聖都) 예루살렘에 들어갔다는 뜻이 아니고 그들이 신약시대의 모성들에 의하여 다시 윤회환생하였음을 의미하고 있는 것이다. 구약의 의인들은 깊은 잠에서 깨어나 예수를 믿는 성도들에 의해 다시 이 세상에 태어나 예수 그리스도를 구세주로 믿는 성도들로 환생했던 것이다.

산 자가 아니면 죽은 자들은 완성될 수가 없다.

이 사람들은 다 믿음으로 말미암아 증거를 받았으나 약속된 것을 받지 못하였으니 이는 하나님이 우리를 위하여 더 좋은 것을 예비하셨은즉 우리가 아니면 그들로 온전(완성)함을 이루지 못하게 하려 하심이라(히 11:39-40).

죽은 자는 산 자를 통하여만 부활할 수 있고 죽은 자들은 부활되어야 만이 완성할 수 있는 것이다. 땅 위에서 풀지 못하면 하늘에서도 풀리지 않는 법이다. 이 땅 위에서 완성되면 영원한 생명을 얻는 법인데 인간이 죽음을 경험하게 된 이유는 완성을 보지 못하였기 때문이었다.

새 날 증거를 받고 죽었던 언약의 성도들은 예루살렘의 참 실체인 모성의 탯 속에 다시 회임되어 탄생될 것이다. 이것이 참 부활의 암호해독이다.

구약에 잠들었던 의인의 영혼들이 땅 위에 있는 거룩한 성 예루살렘에 들어간 것 같이 신약시대에 잠들었던 성도들의 영혼들도 하늘에 있는 예루살렘인 어머니의 도태속에 회임되어 새 하늘과 새 땅이 열리는 날 영생의 존재로서 탄생될 것이다.

어린 나귀새끼를 타고 시온의 딸들이 환호하는 예루살렘 성에 입성하는 예수처럼 맏아들이 될 우리들도 새 날 모성의 태속에 들어가 거듭난 몸으로 태어날 것이다. 육신의 씨가 아닌 영의 씨로 중생할 것이다.

시온은 신부, 예루살렘은 모성임을 다시한번 마음판에 새겨 기억하자.

제5절 남편이 되시는 하나님

하나님이 처녀 딸 시온과 예루살렘과 결혼할 날이 올 것이다. 이 날이 바로 어린양 잔치인 것이다. 하나님이 시온과 예루살렘의 남편이 되시는 날 이 땅에는 새 종자인 부활한 자들이 탄생할 것이다.

> 나는 시온의 의가 빛 같이, 예루살렘의 구원이 횃불 같이 나타나도록 시온을 위하여 잠잠하지 아니하며 예루살렘을 위하여 쉬지 아니할 것인즉 이방 나라들이 네 공의를, 뭇 왕이 다 네 영광을 볼 것이요 너는 여호와의 입으로 정하실 새 이름으로 일컬음이 될 것이며 너는 또 여호와의 손의 아름다운 관, 네 하나님의 손의 왕관이 될 것이라(사 62:1-3).

이 성구도 유대땅에 있는 시온성과 예루살렘을 가리키는 것이 아니다.

유대땅에 있는 시온성과 예루살렘을 비유로 하여 새 시대의 신부와 어머니의 영광을 상징하고 있다.

인간의 타락 역사는 모성에게서 비롯된다. 시모(始母)인 하와가 하나님과 결혼하여 생명과를 따먹지 못하고 사탄 마귀와 밀통하여 죄와 사망의 종자를 낳은 데서 비롯된다.

하와는 아담의 아내이면서 하나님의 아내의 도비(道秘)를 깨닫지 못하였던 것이다. 이 도비를 깨달은 여자가 성모 마리아였다. 마리아가 성령으로 잉태하였다는 뜻은 도적(道的)으로 하나님의 아내가 되었다는 오묘한 비밀이 있는 것이다.

동정녀 마리아가 하나님과 결혼하였기에 하나님의 씨인 예수를 회임할 수 있었다. 예수는 인성(人性)으로 보면 마리아의 아들이었지만 신성(神性)으로 보면 하나님의 씨였다. 이 때문에 예수는 하나님을 아버지라 부를 수 있었다. 예수 이전 그 어떤 인간도 하나님을 아버지라 부를 수 없었다. 왜냐하면 모든 인간은 아담의 혈대와 육맥을 따라 타락된 인간으로 출생하였기 때문에 아담의 씨이지 하나님의 씨는 아닌 것이다.

> 천사가 대답하여 이르되 성령이 네게 임하시고 지극히 높으신 이의 능력이 너를 덮으시리니 이러므로 나실 바 거룩한 이는 하나님의 아들이라 일컬어지리라(눅 1:35).

이 성구 하나만 보더라도 동정녀 마리아가 예수를 어떻게 잉태했는가를 알 수 있다. 〈성령이 네게 임하시고 지극히 높으신 이의 능력이 너를 덮는다〉 이는 처녀 딸 시온 같은 마리아에게 하나님이 남편이 되어 임재함을 나타내고 있는 것이다. 마리아는 처음에 이 도비를 깨닫지 못하였으나 성령이 임하는 순간 그 어떤 모성들도 깨닫지 못한 생명나무의 비밀을 대각했다.

> 마리아가 이르되 주의 여종이오니 말씀대로 내게 이루어지이다 하매 천사가 떠나가니라(눅 1:38).

처녀 딸 시온같이 정결하고 지순한 마리아가 도태의 비밀을 대각하는 순간 그녀는 예루살렘 같은 모성이 되어 예수를 성신 잉태하였다. 이 비밀은 시모(始母)인 하와가 깨쳐야 할 도비(道秘)였는데 그녀는 사탄 마귀의 거짓 진리 때문에 무명과 미망의 심연으로 떨어졌던 것이다.

> 이러므로 남자가 부모를 떠나 그의 아내와 합하여 둘이 한 몸을 이룰지로다(창 2:24).

하나님이 아담과 하와에게 내렸던 이 부부의 축복은 단순한 사건이 아니었다. 아담과 하와는 동물의 암컷과 수컷이 교합하듯 부부가 된 것이 아니었다. 하와는 하나님의 아내인 동시에 아담의 아내로 축복하였는데 이 도비를 인간 시조는 깨치지 못했다.

사도 바울은 부부 결합의 〈신비〉를 깨달은 사도였다.

> 그러므로 사람이 부모를 떠나 그의 아내와 합하여 그 둘이 한 육체가 될지니 이 비밀이 크도다(엡 5:31-32).

부부의 결합이 단순한 결합일진데 어찌하여 〈이 비밀이 크도다〉 하였겠는가? 사도 바울은 부부 결합의 도비를 알고 있었기 때문에 이런 표현을 했다.

예수는 하나님의 친자(親子)요 하나님의 씨였기 때문에 하나님을 아버지라 부를 수 있었다. 아담 이래 예수만이 유일하게 하나님의 아들이었다. 그는 성령의 처음 익은 열매로서 구원의 대업을 완수하고 승천했다 다시 재림하실 것이다. 14만 4천 명도 성령의 도태 속에서 다시 나서 성령의 처음 익은 열매인 맏아들이 될 것이다. 이들만이 시온산에 설 수 있다(계 14:1-6).

모든 정결한 처녀들은 하나님의 아내가 되어 첫 태에서 성령으로 잉태한 아들을 생산해야 한다. 맏아들은 하나님의 것이다. 첫 태에 난 자는 하나님의 씨인 것이다. 이들만이 장자의 총회에 임할 수 있다.

차자들은 인간의 아들딸들이다. 예수는 하나님의 아들이었고 하나님의 씨였지만 예수의 동생(차자)들은 요셉의 아들이요 요셉의 씨였다.

하와가 하나님의 아내가 되어 성령으로 생명나무인 예수를 잉태하고 해산한 후 아담과 동침하여 아담의 씨를 낳았다면 인간은 타락하지 않았을 것이다. 하와에 의해 탄생된 예수는 인간에게 부활의 도가 아닌 변화의 도의 길을 가르치고 하나님 우편에 승천했을 것이다.

예수는 길이요 진리요 생명이므로 인간이 타락했든 타락하지 않았든 간에 여인을 통해 한 번 수육해야 한다. 타락하지 않았다면 하와의 몸을 통해 수육하여 죽지 않는 멜기세덱의 길과 진리와 생명의 소식을 전하고 우화등선했을 것이다. 본래의 참 도는 선(僊)의 길인 것이다.

예수가 선(僊)의 길과 진리와 생명의 소식을 아담의 후손들에게 증거해 주고 승천했다면 인간은 죽지 않고 영생하는 길을 알았을 것이다. 그러나 타락함으로서 아담 이래 4천 년 후 예수는 동정녀 마리아의 몸에 수육되어 죽어서 다시 살아나는 부활의 길과 진리와 생명의 소식을 증거하고 승천했던 것이다.

딸 시온과 같은 신부는 예수를 잉태하고 해산했으므로 그 태는 육태가 아닌 도태가 된다. 이 도태 속에 아담의 씨를 뿌리면 인간은 타락하지 않는 죄 없는 자식을 낳는 것이다.

모든 여성들은 첫 태에는 하나님의 아들을 낳아야 한다. 그리하여 도태가 된 다음 사람의 아들을 낳아야 한다. 이것이 도의 장자와 차자인 것이다(「장자론」 참조).

하나님이 시온과 예루살렘과 결혼하여 남편이 되는 날 새 하늘과 새 땅은 개명될 것이다.

> 다시는 너를 버림 받은 자라 부르지 아니하며 다시는 네 땅을 황무지라 부르지 아니하고 오직 너를 헵시바(나의 기쁨이 그에게 있다)라 하며 네 땅을 뿔라(결혼한 여자)라 하리니 이는 여호와께서 너를 기뻐하실 것이며 네 땅이 결혼한 것처럼 될 것임이라 마치 청년이 처녀와 결혼함 같이 네 아들들이 너를 취하겠고 신랑이 신부를 기뻐함 같이 네 하나님이 너를 기뻐하시리라(사 62:4-5).

이 성구의 약속 같이 하나님이 신랑이 되어 결혼할 때가 올 것이다.

이 날까지 모든 모성들은 사탄 마귀의 품에서 달(月)과 교감하면서 더럽고 불결한 월경 속에서 피의 씨, 육체의 자식을 생산했다. 그러나 달의 지배가 끝나고 새 하늘과 새 땅이 열리면 모든 모성들은 변화하여 진리의 태양이신 하나님의 빛을 받아 빛의 아들을 생산해 낼 것이다. 성령을 따라 잉태한 아들은 빛의 아들들이다.

타락한 인간은 달빛을 받아 회임한 아들들이다. 달빛의 아들들이 어찌 햇빛의 진리를 알 수 있겠는가?

아담 이래 산 자의 도를 대각(大覺)한 자가 없는 이유도 바로 여기에 있다. 타락한 인간이 아무리 대각한다 해도 달빛의 도리밖에는 깨달을 수 없는 것이다. 우리는 월경하는 여인들이 낳은 존재들이므로 이 한계 상황을 벗어날 수 없기 때문에 죄와 죽음의 노예가 되어 구도하지 않을 수 없었다. 그러나 예수만이 태양의 진리를 깨달아 부활의 길을 개척하여 사망의 권세를 깨뜨렸다. 그 만이 하나님의 아들이었기 때문이다.

동정녀 마리아가 예수를 잉태할 때 진리의 빛이 마리아의 태를 조사(照射)했을 것이다. 이것이 성령 잉태인 것이다.

하나님이 남편이 된다하니 하나님이 여인과 동침하는 어리석은 망상에 사로잡히지 말라. 하나님은 모습이 없는 존재인데 어찌 마리아와 동침하여 예수를 낳았겠는가?

빛의 교감, 빛의 회임, 빛의 탄생, 이것이 성령 잉태의 도비(道秘)이다.

제13장

천 사 론

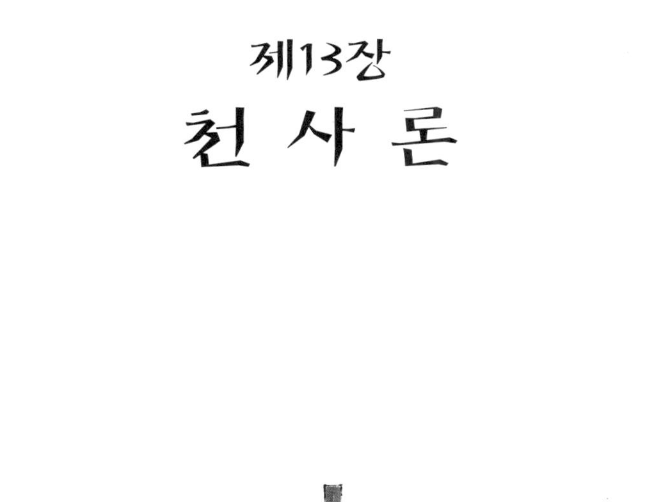

제13장 천사론

모든 천사들은 섬기는 영으로서 구원 받을 상속자들을 위하여 섬기라고 보내심이 아니냐(히 1:14).

천사의 존재에 대하여 우리는 아는 것이 전무(全無)한 상태이다.

천사는 순수영물(純粹靈物)로서 어깨에 날개가 돋힌 초현실적인 존재로만 알고 있을 뿐이다. 성화(聖畫)를 보더라도 이쁘장한 천사들이 독수리같은 날개로 하늘에 날고 있는 장면들이 대부분이다. 이처럼 천사들에 대하여 우리는 순진하고 치졸한 상상력을 동원했을 뿐 무엇 하나 제대로 알지 못했다.

천사란 하나님이 창세 전에 천상에서 창조하신 순수 영물이며 우리 인간들보다는 월등하게 뛰어난 존재들일 뿐더러 날개 돋힌 존재들로 생각해 왔다. 정말로 천사는 날개가 돋힌 존재인가? 또한 그들은 순수한 영물로 지음받았을까?

우리는 신화적인 상상력을 떠나 성경에 근거하여 천사에 관한 문제도 새로운 각도에서 연구해야 한다. 초현실적인 환상을 떠나 현실적이고 역사적인 마당에서 천사들이 인간들과 어떤 관계를 맺어 왔는가를 살펴보아야 한다.

중세기의 성화가(聖畫家)들이 헬레니즘적 상상력에 의해 조작해 낸 날개 돋힌 천사관을 아무런 비판도 없이 받아들인 기독교의 천사관은 마땅히 수정되어야 한다.

천사란 과연 어떤 존재인가?

제1절 천사는 사람과 같은 존재

우리는 이 날까지 천사는 순수 영물로서 사람과는 전혀 이질적(異質的)

인 존재로 오해하고 있었다. 한 마디로 이는 비성경적안 견해이다. 성경은 천사를 인간과 동일시한다. 헬레니즘적 상상력에 의해 조작된 천사관 때문에 기독교는 성경적 천사관을 세우지 못하였다.

> 그 성곽을 측량하매 백사십사 규빗이니 〈사람의 측량(개역한글 : 척량) 곧 천사의 측량(개역한글 : 척량)〉이라(계 21:17).

이 성구는 진실로 놀라운 진리를 우리에게 암시하고 있다. 〈사람의 척량 곧 천사의 척량〉이란 무슨 뜻인가? 척량(尺量) 곧 도량형법(度量衡法)이 동일한 사실은 모든 가치 척도를 인식하는 기준이 같다는 말이 된다.

천사와 사람이 이질적인 존재라면 천사의 척량이 곧 사람의 척량이 될 수 없음은 너무나 자명한 사실이 아니겠는가? 척량이 같음은 진리와 가치를 인식하는 기준이 같고 그 본질이 같음을 암시하고 있는 것이다. 천사와 인간은 이류(異類)가 아닌 동류(同類)이다. 인간에게 있어 1미터는 천사에게 있어서도 1미터이다. 인간에게 있어서 1그램은 천사에게 있어서도 1그램이다.

생각해 보라. 같은 지구 안에서도 서양과 동양의 도량형법이 다르다. 왜냐하면 이는 서양과 동양의 문화 전통과 사고방식이 다르기 때문이었다. 같은 지구 안에서도 척도의 기준이 다르다가 지구가 한 집안이 되는 현대에 와서야 각 나라가 동일한 도량형법을 사용하고 있다.

천사와 인간이 이질적인 존재라면 이 척량이 달라져야 한다. 순수 영물이 사고하고 인식하는 진리와, 육신을 쓴 인간들이 사고하고 인식하는 진리가 같을 수 있겠는가?

척량의 개념이 동일한 천사와 인간은 그 존재의 본질 또한 동류이다. 천사와 인간이 현실적으로 다른 차이가 있다면 인간은 〈땅 사람〉이고 천사는 〈하늘 사람〉이라는 차이 뿐이다.

인간과 그 본질이 동일한 천사들은 본래 순수 영물로 창조된 존재가 아니라 그들도 인간들처럼 한 때 〈땅에 심어진 사람〉들이었는데 도를 완성하여 〈하늘 사람〉으로 수렴되었고 우리는 아직도 〈땅에 심어진 사람〉으로 도를 완성하지 못한 까닭에 〈하늘 사람〉으로 수렴 못된 차이 뿐이다.

그러나 우리들도 〈하늘 사람〉으로 수렴되면 천사처럼 신적존재가 될 것이다. 날개 돋힌 치졸한 천사관을 아직 버리지 못한 기독교인들의 오해를 풀기 위하여 좀더 성경을 사경하도록 하자.

하나님은 사람농사하는 대도(大道)의 농부시다. 농자천하지대본(農者天下之大本)이란 말도 하나님이 〈사람농사〉하는 도의 벼리 곧 강령(綱領)을 말함인데 인간이 타락하여 그 근본 뜻을 깨닫지 못하고 땅 파는 농군들의 구호로 그릇 이해하고 있다.

하나님이 사람농사하는 농부일진데 농사는 한 번만 하고 폐농(廢農)하지 않는다. 한 밭에 추수가 끝나면 겨우내 그 땅을 묵혔다가 봄에 다시 파종하듯 하나님도 〈사람농사〉하는 농부이기 때문에 사람 창조는 한 번에 끝나지 않고 영원에서 영원으로 계속하고 있음을 깊이 깨달아야 한다.

우리는 이 날까지 천동설의 사고방식을 탈피하지 못함으로써 지구만이 인간이 존재한다고 믿고 있었다. 광대무변한 우주공간 속에서 지구는 중심이 아니고 오직 한 점에 불과한데 우주적인 하나님이 지구에만 〈로고스의 씨〉를 심었겠는가? 하나님은 지구속의 하나님이 아니고 우주적 하나님이다. 따라서 지구 밖의 천체 속에서도 하나님의 농사는 계속되고 있는 것이다.

현존하는 우리와 같은 인간이 존재하기 전에도 우리와 같은 〈인간의 씨〉는 이미 존재해 왔고 헤아릴 수 없는 수렴 사업이 반복되었다. 그것이 지구 안인지 아니면 먼 천체의 어떤 마당인지 우리는 알 길이 없으나 하나님의 〈사람농사〉는 계속되었고 또 계속되고 있으며 앞으로도 계속될 것이다. 우리들 인간은 아담의 후예이다. 아담은 지금으로부터 6천 년 전 사람이다. 무시무종(無始無終) 속에서 창조사업을 하고 계시는 하나님이 6천 년 전 이전에는 잠을 자고 계셨단 말인가? 우리는 지구 중심의 편협한 사고방식을 떠나서 우주적인 안목으로 성경을 보아야 한다.

> 한 세대는 가고 한 세대는 오되 땅은 영원히 있도다(전 1:4).
>
> 이미 있던 것이 후에 다시 있겠고 이미 한 일을 후에 다시 할지라 해 아래에는 새 것이 없나니 무엇을 가리켜 이르기를 보라 이것이 새 것이라 할 것이

있으랴 우리가 있기 오래 전 세대들에도 이미 있었느니라 이전 세대들이 기억됨이 없으니 장래 세대도 그 후 세대들과 함께 기억됨이 없으리라(전 1:9-11).

이 성구에 나오는 세대(世代)는 고려시대 다음 조선시대가 도래하는 그러한 세대가 아닌 창조적 우주세대를 말하고 있다.

창조를 단위로 한 세대이다. 한 세대를 수렴한 다음 또 다음 세대를 파종하여 추수하는 창조의 단위로 구분되는 세대이다. 그러기 때문에 이 세대의 일을 저 세대가 기억함이 없는 것이다. 역사 안에서의 세대라면 왜 기억할 수 없겠는가? 우리는 사료를 통해서 고려시대와 조선세대를 기억하고 있지 않은가.

바울도 우리 세대 다음에 새로운 세대가 올 것을 알고 있었다.

모든 통치와 권세와 능력과 주권과 이 세상뿐 아니라 〈오는 세상〉에 일컫는 모든 이름 위에 뛰어나게 하시고……(엡 1:21).

예수의 이름은 우리들이 아담의 후예로서 현존하는 이 세상뿐 아니라 우리가 수렴되고 다시 창조되는 〈오는 세상〉에서도 높이 빛날 것을 바울은 예고하고 있다. 예수 그리스도는 하나님 자신이므로 우주적인 예수이지 지구만의 예수가 아니다. 예수는 창조된 모든 세계의 하나님인 것이다.

하나님의 창조 사업은 〈로고스의 씨〉를 땅에 심어 〈땅 사람〉으로 발아(發芽)시킨 후 익으면 추수하여 〈하늘 사람〉으로 수렴한다. 〈육으로 심고 영으로 거둔다〉라는 말씀이 바로 그것이다. 천사는 우리보다 먼저 수렴된 존재일 뿐이다. 그것이 지구의 마당인지 아니면 어느 별인지는 알 수 없으나 현존하는 인간들보다는 먼저 수렴되어 신적 존재가 된 자들이다. 그러므로 그들은 〈하늘 사람〉이다.

천사가 땅 위에 살 때에도 타락이 있었는지는 알 수 없으나 만약 그들 세대에 타락이 없었다면 멜기세덱의 도맥을 따라 수렴되었을 것이다. 우리는 지구별이라는 태양계의 제3 혹성에만 생명이 있다는 우물 안 개구리격인 좁은 생각을 털어버리고 우주의 광막한 대해를 향해 깨달음의 가슴을 열자.

하나님과 예수는 지구만의 하나님이 아니요 우주적 하나님과 그리스도임을 깊이 인식하자. 하나님은 6천 년 전 아담 이전에도 〈사람농사〉를 했고 우리가 지구에서 수렴되어도 또 다른 별에서 창조 사업은 계속될 것이다.

제2절 성경에 나타난 천사들

천사가 사람과 다른 이질적인 존재가 아니요 동질적인 존재임을 알았다. 그럼 그 천사들이 인간에게 나타났던가?

이 문제를 사경하면 한층 명확하게 천사가 인간들과 동류임이 증명될 것이다.

1. 타락한 일군(一群)의 천사들도 사람이었다.

> 하나님의 아들들이 사람의 딸들의 아름다움을 보고 자기들이 좋아하는 모든 여자를 아내로 삼는지라(창 6:2).

이 성구에 나오는 〈하나님의 아들들〉은 〈베네하 엘로힘〉으로 신적인 존재 곧 천사들을 말하고 있다. 타락한 천사 중 일부분이 인간 세계에 육화(肉化)되어 그들은 땅 위의 여인들과 결혼한 후 거인족 네피림을 번식했다. 천사가 이질적인 존재라면 어떻게 여인들과 결혼할 수 있겠는가? 그들은 영화(靈化)된 존재이지만 타락으로 퇴화(退化)되어 사람에게 나타날 때에는 육화되었던 것이다. 하나님의 아들들은 날개돋힌 존재가 아니었다. 이 문제는 성경을 사경해 가면 점점 명확하게 해명될 것이다.

2. 아브라함에게 나타난 천사도 사람이었다.

> 여호와께서 마므레의 상수리나무들이 있는 곳에서 아브라함에게 나타나

시니라…… 눈을 들어 본즉 사람 셋이 맞은편에 서 있는지라(창 18:1-2).

아브라함에게 야웨가 나타났는데 그들은 세 사람으로 나타났다. 세 사람으로 나타난 것은 하나님의 삼위(三位)를 상징하고 있다. 세 사람은 천사였지만 하나님으로 나타났다. 이 천사들은 아브라함에게 음식을 대접받고 두 천사는 소돔 고모라 성을 심판하기 위해 떠났고 한 천사만이 남아서 아브라함과 대화했다.

또 소돔성에 나타난 두 천사도 사람이었기에 그 성의 비류(匪類)와 깡패들이 남색(男色)하자고 덤벼들었던 것이다. 아브라함에게 나타난 세 천사도 사람이었지 날개돋힌 이질적 존재가 아니었다.

3. 야곱과 씨름한 천사도 사람이었다

야곱은 홀로 남았더니 어떤 사람이 날이 새도록 야곱과 씨름하다가 자기가 야곱을 이기지 못함을 보고…… 네가 하나님과 및 사람들과 겨루어 이겼음이니라…… 그러므로 야곱이 그 곳 이름을 브니엘이라 하였으니 그가 이르기를 내가 하나님과 대면하여 보았으나 내 생명이 보전되었다 함이더라(창 32:24-30).

야곱은 얍복나루를 건너기 전에 천사와 씨름하였다. 그 천사도 하나님격으로 나타났는데 사람이었다. 야곱에게 나타난 천사도 사람이었지 영물이거나 날개가 돋힌 천사가 아니었다.

4. 여호수아에게 나타난 천사도 사람이었다.

여호수아가 여리고에 가까이 이르렀을 때에 눈을 들어 본즉 한 사람이 칼을 빼어 손에 들고 마주 서 있는지라…… 그가 이르되 아니라 나는 여호와의 군대 대장으로 지금 왔느니라 하는지라(수 5:13-14).

여호수아가 요단강을 건너서 여리고성을 공략하기 전에 하나님의 군대장관인 천사도 사람으로 나타났던 것이다. 하나님의 군대장관이라면 미가엘 천사였을 것이다.

5. 마노아의 아내에게 나타난 천사도 사람이었다

> 여호와의 사자가 그 여인에게 나타나서…… 보소서 전일에 내게 오셨던 그 사람이 내게 나타났나이다…… 불꽃이 제단에서부터 하늘로 올라가는 동시에 여호와의 사자가 제단 불꽃에 휩싸여 올라간지라(삿 13:3-20).

삼손의 어머니에게 나타나서 수태고지(受胎告知)한 천사(가브리엘인 듯함)도 사람이었다. 그는 사람으로 나타났다가 불꽃을 타고 승천했다.

6. 막달라 마리아에게 나타난 천사도 사람이었다

> 이로 인하여 근심할 때에 문득 찬란한 옷을 입은 두 사람이 곁에 섰는지라 여자들이 두려워 얼굴을 땅에 대니 두 사람이 이르되 어찌하여 살아 있는 자를 죽은 자 가운데서 찾느냐(눅 24:4-5).

무덤에 찾아간 막달라 마리아에게 나타난 천사도 사람이었다. 한 가지 다른 점이 있다면 구약에 나타났던 천사들은 발광체로 나타나지 않았는데 막달라 마리아에게 나타난 천사는 빛나는 사람으로 나타난 점이다. 그 원인은 예수가 부활하여 영광의 존재가 되었기 때문에 천사들도 〈빛나는 발광체의 사람〉으로 나타날 수 있었던 것이다. 구약시대의 천사들도 발광체의 빛나는 존재들이었지만 예수가 영광을 받기 전까지는 그들이 발광체로 나타날 수 없었던 것이다.

7. 사도들이 목격한 천사도 사람이었다

> 올라가실 때에 제자들이 자세히 하늘을 쳐다보고 있는데 흰 옷 입은 두 사람이 그들 곁에 서서 이르되……(행 1:10-11),

예수가 승천할 때 좌우에서 모신 천사도 흰 옷을 입은 사람이었다. 그들 두 사람의 어깨에 날개가 있었다면 왜 날개 돋힌 천사라고 기록하지 않았을까? 이상에서 살펴본 바와 같이 천사들도 사람과 동류(同類)이고 동질(同質)인 존재임을 확인했다.

물론 천사들은 영으로 수렴된 존재이지만 그들이 인간에게 나타날 때 잠시 육화되어 나타났던 것이다. 3차원 세계에서 4차원 세계로 나가면 그 몸은 보이지 않는다. 보이지 않는 4차원 세계의 존재가 3차원 세계로 오면 없던 몸이 금방 나타난다. 이와 마찬가지로 수렴이란 3차원 세계에서 다른 차원으로 옮겨짐을 말한다.

> 믿음으로 에녹은 죽음을 보지 않고 옮겨졌으니 하나님이 그를 옮기심으로 다시 보이지 아니하였느니라(히 11:5).

에녹은 승천한 선인(僊人)이었다. 3차원 세계에서 우리들처럼 살다가 영차원(靈次元)으로 자리를 옮길 때 이것이 곧 수렴인 것이다. 천사들은 우리와 같은 사람들이었지만 저들이 영차원에서 인간들의 세계에 나타날 때 육화되는 것이다. 아브라함, 야곱, 여호수아, 마노아의 아내, 막달라 마리아에게 나타난 천사들도 바람처럼 나타났다가 바람처럼 사라졌던 것이다. 천사들은 〈하늘 사람〉이고 우리는 〈땅 사람〉이며 그 생존하는 마당과 차원이 다를 뿐 본질적으로 같은 존재임을 깊이 인식하자.

하늘이란 3차원 세계를 넘어선 영차원(靈次元)을 말하고 있는 것이다.

제3절 스랍과 그룹 천사에 대한 고찰

성경을 깊이 연구해 보면 스랍과 그룹이 나오는데 이들은 날개가 있는 것으로 묘사되고 있다.

일반 천사들은 다 사람과 동류로 되었는데 이들은 왜 날개가 달린 존재로 묘사되었을까? 이들은 특수 천사인가? 아니면 일반 천사와는 구별된 영물인가?

1. 스 랍

내가 본즉 주께서 높이 들린 보좌에 앉으셨는데 그의 옷자락은 성전에 가득하였고 스랍들이 모시고 섰는데 각기 여섯 날개가 있어 그 둘로는 자기의 얼굴을 가리었고 그 둘로는 자기의 발을 가리었고 그 둘로는 날며 서로 불러 이르되 거룩하다 거룩하다 거룩하다 만군의 여호와여……(사 6:1-3),

네 생물은 각각 여섯 날개를 가졌고 그 안과 주위에는 눈들이 가득하더라 그들이 밤낮 쉬지 않고 이르기를 거룩하다 거룩하다 거룩하다 주 하나님 곧 전능하신 이여 전에도 계셨고 이제도 계시고 장차 오실 이시라(계 4:8).

이 성구를 보면 스랍들은 여섯 날개가 있는데 이들은 천사가 아니고 하나님 앞에 모셔 섰는 영물(靈物)인 것이다.

스랍은 일반 천사와 구별되며 특수 천사가 아닌 영물이다. 이들의 모습은 사자같고 송아지같고 사람같고 독수리같은 모습을 하고 있다.

보좌로부터 번개와 음성과 우렛소리가 나고 보좌 앞에 켠 등불 일곱이 있으니 이는 하나님의 일곱 영이라 보좌 앞에 수정과 같은 유리 바다가 있고 보좌 가운데와 보좌 주위에 네 생물이 있는데 앞뒤에 눈들이 가득하더라 그 첫째 생물은 사자 같고 그 둘째 생물은 송아지 같고 그 셋째 생물은 얼굴이 사람 같고 그 넷째 생물은 날아가는 독수리 같은데……(계 4:6-7),

이 성구를 보아도 스랍은 하나님 앞에 모셔 섰는 네 영물이지 천사들이 아닌 것이다. 이 날까지 스랍을 천사로 오해하고 있는 성도가 대부분이다. 여섯 날개를 가진 스랍들이 두 날개로 얼굴을, 두 날개로 발을, 두 날개로 날고 있는 것은 무엇을 상징하는가? 두 날개로 얼굴을 가림은 하나님의 얼굴을 볼 수 없음을 뜻한다. 즉 하나님 형상의 무형성(無形性)을 상징하고 있다.

인간은 하나님의 얼굴을 볼 수 없다. 하나님에게 무슨 얼굴이 있겠는가? 하나님은 무명(無名)한 존재이며 무형한 존재인데 인간들은 하나님의 형상을 보기를 원한다. 모세도 하나님의 얼굴 보기를 원했고 빌립도 하나님을 보여 달라고 예수께 졸랐다.

> 모세가 이르되 원하건대 주의 영광을 내게 보이소서…… 또 이르시되 너가 내 얼굴을 보지 못하리니 나를 보고 살 자가 없음이니라…… 내 영광이 지나갈 때에 내가 너를 반석 틈에 두고 내가 지나도록 내 손으로 너를 덮었다가 손을 거두리니 네가 내 등을 볼 것이요 얼굴은 보지 못하리라(출 33:18-23).
>
> 빌립이 이르되 주여 아버지를 우리에게 보여 주옵소서 그리하면 족하겠나이다 예수께서 이르시되…… 나를 본 자는 아버지를 보았거늘 어찌하여 아버지를 보이라 하느냐(요 14:8-9).

이처럼 모든 성도들은 하나님 보기를 원할 것이다. 그러나 하나님은 형상이 없는 무형의 존재이다.

두 날개로 발을 가리우는 것은 대도의 무적성(無跡性)을 상징하고 있다. 진리의 참 도는 자취가 없는 것이다. 잘 굴러가는 수레는 자취를 남기지 않는다. 자취를 남기기 좋아하는 것은 교만하고 타락된 세상의 지혜이다.

이런 도비 때문에 예수는 오른손이 구제한 것을 왼손이 모르게 하라 했다. 참 거듭난 자는 바람 같아서 오가는 자취가 없는 것이다.

> 내가 네게 거듭나야 하겠다 하는 말을 놀랍게 여기지 말라 바람이 임의로 불매 네가 그 소리는 들어도 어디서 와서 어디로 가는지 알지 못하나니 성령으로 난 사람도 다 그러하니라(요 3:7-8).

산 자는 자취 없이 승천한다. 에녹과 엘리야가 자취 없이 사라졌고 모세의 무덤도 없어지지 않았던가. 죽은 자 만이 무덤의 자취를 남기는 것이다.

두 날개로 나는 것은 존재의 비상성(飛翔性)을 상징하고 있다. 하늘나라는 비상하고 도약한 자들만이 갈 수 있다. 하나님은 비상한 차원에 계신 존재이기 때문이다.

오직 여호와를 앙망하는 자는 새 힘을 얻으리니 독수리가 날개치며 올라감 같을 것이요(사 40:31).

에녹도 엘리야도 모세도 다 하늘나라로 비상한 존재이다.

우리들도 날개돋힌 존재가 되어야 한다. 천사가 날개돋힌 존재란 뜻도 이런 비밀이 숨어 있는데 영대(靈臺)와 의식이 낮은 성도들은 어깨에 날개돋힌 자로 착각하고 있는 것이다. 이처럼 비상과 도약의 차원으로 볼 때 하늘 차원에 수렴된 천사도 날개돋힌 존재요 구원받을 우리들도 날개돋힌 존재인 것이다.

성령이 비둘기처럼 임하는 뜻도 비상한 영차원(靈次元)에서 하강하기 때문이다.

2. 그 룹

그룹은 두 날개가 돋힌 천사로 묘사되고 있다. 하나님은 좌우 두 그룹 사이에 머물러 계셨고 두 그룹 사이에서 나타나셨다.

모세가 회막에 들어가서 여호와께 말하려 할 때에 증거궤 위 속죄소 위의 두 그룹 사이에서 자기에게 말씀하시는 목소리를 들었으니 여호와께서 그에게 말씀하심이었더라(민 7:89).

그룹 사이에 계신 만군의 여호와의……(삼상 4:4),

그룹에 머물러 있던 이스라엘 하나님의 영광이……(겔 9:3),

이처럼 하나님은 그룹 사이에 계셨고 그룹 사이에서 말씀하였다. 이 그룹이 날개가 달린 천사로 묘사되고 있다.

한 그룹의 이쪽 날개도 다섯 규빗이요 저쪽 날개도 다섯 규빗이니……(왕상 6:24),

또한 타락한 지혜천사도 그룹이었다.

너는 기름 부음을 받고 지키는 그룹임이여 내가 너를 세우매 네가 하나님의 성산에 있어서 불타는 돌들 사이에 왕래하였도다(겔 28:14).

너 지키는 그룹아 그러므로 내가 너를 더럽게 여겨 하나님의 산에서 쫓아냈고 불타는 돌들 사이에서 멸하였도다(겔 28:16).

이들 성구를 종합해 보면 그룹은 하나님을 보좌하는 특별한 천사들인데 그 천사들은 날개가 돋힌 존재로 묘사되고 있다. 그러나 이는 천사들의 어깨에 날개가 돋혔다는 뜻이 아니고 하나님이 계신 차원이 비상과 도약의 영차원(靈次元)이므로 날개돋힌 존재로 묘사된 것뿐이다.

이는 다음 성구로서 짐작할 수 있다.

그룹을 타고 날으심이여 바람 날개 위에 나타나셨도다(삼하 22:11).

그룹을 타고 다니심이여 바람 날개를 타고 높이 솟아오르셨도다(시 18:10).

이 성구를 보면 하나님은 그룹을 타고 나신다고 했다. 아라비안나이트에 나오는 이야기처럼 하나님이 천사의 날개를 타고 다니실 까닭이 있겠는가? 하나님은 무소부재(無所不在)하신 존재인데 백조를 타고 공중에 나는 아라비아의 왕자 같은 존재가 아닌 것이다.

하나님이 그룹의 날개를 타고 나신다는 뜻도 하나님의 비상성을 나타내고 있는 것이다. 천사를 날개돋힌 존재로 묘사한 것은 미련한 인간들을 교화하기 위한 방편이었음을 잊어서는 안 된다. 하나님이 날개로 상징되는 두 그룹 사이에 계신 원인도 하나님은 영원히 비상하는 존재임을 나타내기 위한 방편이었다.

3. 스랍과 그룹이 혼동된 예

스랍은 여섯 날개가 돋힌 생물인데 에스겔은 그 스랍을 그룹으로 묘사하고 있다.

그룹들에게는 각기 네 면이 있는데 첫째 면은 그룹의 얼굴이요 둘째 면은 사람의 얼굴이요 셋째는 사자의 얼굴이요 넷째는 독수리의 얼굴이더라 그룹

> 들이 올라가니 그들은 내가 그발 강 가에서 보던 생물이라(겔 10:14).
>
> 그 얼굴들의 모양은 넷의 앞은 사람의 얼굴이요 넷의 오른쪽은 사자의 얼굴이요 넷의 왼쪽은 소의 얼굴이요 넷의 뒤는 독수리의 얼굴이니 그 얼굴은 그러하며 그 날개는 들어 펴서 각기 둘씩 서로 연하였고 또 둘은 몸을 가렸으며……(겔 1:10-11).

에스겔이 본 이 그룹은 이사야가 본 스랍들하고 같으며 사도 요한이 「요한 계시록」에 기록한 생물과 같은 것이다.

스랍은 영적 생물이고 그룹은 천사인데 이것들이 혼동되어 사용된 것은 선지자들도 천사 세계에 대하여는 잘 알지 못하고 있는 듯하다. 하기야 현대에 살고 있는 우리들도 천사라면 날개돋힌 이상한 존재로 착각하고 있는데 고대인들의 천사관은 한층 더 미신적이었을 것이다. 천사는 날개돋힌 존재가 아니다. 생각해 보라. 사람의 어깨에 날개가 돋혔다면 이는 괴물이지 어찌 아름다운 존재라 하겠는가? 스랍들과 그룹들이 날개돋힌 존재로 묘사된 것은 하나님의 나라가 비상과 도약의 차원임을 나타내기 위한 방편이었음을 잊지 말자.

날개돋힌 천사관은 헬레니즘 사상의 편린(片鱗)이 기독교에 혼합됨으로서 성경의 천사관은 곡해되었던 것이다. 희랍 신화에 나오는 아폴로의 아들 큐비트는 날개돋힌 자로서 활을 쏘아 사랑의 장난을 하던 신이었다. 이런 사상이 기독교에 유입되어 치졸하고 유치한 천사관이 성립되었고 성화(聖畫)가 그려졌던 것이다.

제4절 천사의 품계(品階)

성경을 자세히 연구해 보면 천사 세계에도 품계가 있는 사실이 발견된다. 이것은 인간 세계의 계급하고는 다르다 하겠으나 영적 세계도 질서와 조화를 이룩하기 위하여는 어떤 품계가 있어야 한다.

1. 천군(天軍)과 천사

일반적으로 천군과 천사를 혼동하거나 동일시한다. 그러나 천군과 천사는 하나님의 뜻을 수행하는 데 있어서 그 품계가 다른 듯하다. 비유컨대 천군은 인간 세계의 무관격(武官格)이고 천사는 문관격(文官格)이라 할 수 있다. 전쟁을 수행할 때는 천군이 동원되고 평화시에는 천사들이 사명을 담당하는 듯 하다.

> 기도하여 이르되 여호와여 원하건대 그의 눈을 열어서 보게 하옵소서 하니 여호와께서 그 청년의 눈을 여시매 그가 보니 불말과 불병거가 산에 가득하여 엘리사를 둘렀더라(왕하 6:17).

이 성구는 이스라엘 백성이 아람군과 전쟁할 때 엘리사가 천군을 동원시킨 장면을 묘사하고 있다. 전쟁시에는 천군이 동원되었는데 전쟁을 주관하는 천사장은 미가엘인 듯 하다.

> 하늘에 전쟁이 있으니 미가엘과 그의 사자들이 용과 더불어 싸울새……(계 12:7),
>
> 오직 내가 먼저 진리의 글에 기록된 것으로 네게 보이리라 나를 도와서 그들을 대항할 자는 너희의 군주 미가엘뿐이니라(단 10:21).

이처럼 전쟁을 수행하는 천사는 미가엘과 그의 사자들이었다. 그러기 때문에 여호수아가 여리고성을 공략하기 전에도 칼을 든 여호와의 군대장관이 나타났던 것이다.

> 여호수아가 여리고에 가까이 이르렀을 때에 눈을 들어 본즉 한 사람이 칼을 빼어 손에 들고 마주 서 있는지라…… 그가 이르되 아니라 나는 여호와의 군대 대장으로 지금 왔느니라(수 5:13-14).

여호와의 군대장관은 미가엘 천사가 분명하다. 천군이 전쟁 수행에 동원된 사자라면 천사는 평화시 하나님의 뜻을 수행하기 위해 소식 전하는 사자로 사역하였다. 그 대표적인 천사장이 가브리엘이었다.

> 내가 들은즉 을래 강 두 언덕 사이에서 사람의 목소리가 있어 외쳐 이르되 가브리엘아 이 환상을 이 사람에게 깨닫게 하라(단 8:16).
>
> 곧 내가 기도할 때에 이전에 환상 중에 본 그 사람 가브리엘이 빨리 날아서…… 다니엘아 내가 이제 네게 지혜와 총명을 주려고 왔느니라 곧 네가 기도를 시작할 즈음에 명령이 내렸으므로 이제 네게 알리러 왔느니라(단 9:21-22).
>
> 천사가 대답하여 이르되 나는 하나님 앞에 서 있는 가브리엘이라 이 좋은 소식을 전하여 네게 말하라고 보내심을 받았노라(눅 1:19).

이 성구에서 본 바와 같이 가브리엘은 고지천사(告知天使)로서 인간에게 총명과 지혜를 주어 하나님의 계시를 깨닫게 하며 또 좋은 소식을 전하는 전령의 사명을 띠고 있다. 이처럼 미가엘이 천군의 장이었다면 가브리엘은 천사의 장이었다.

이 밖에 타락된 루시퍼는 지혜의 장이었다. 루시퍼는 「이사야」 14장 12절에 나오는 아침의 아들 계명성(啓明星)의 이름이었다. 그 밖에 성경에는 나타나지 않으나 유대교와 천주교는 일곱 천사장을 말하고 있다(외경 토비트 12:15). 미가엘·가브리엘·라파엘·우리엘·챠무엘·요피엘·차도키엘 등이다. 이들은 다 천사장들로서 각기 사명 분야가 다른 천사장들이었다.

천사 세계는 그 사명에 따라 많은 그룹이 있었으나 천사 집단을 크게 나누면 열두 영으로 나눌 수 있음을 우리는 간접적으로 알 수 있다.

> 너는 내가 내 아버지께 구하여 지금 〈열두 군단(개역한글 : 열두 영)〉 더 되는 천사를 보내시게 할 수 없는 줄로 아느냐(마 26:53).

예수의 이 말씀을 보면 열두 그룹의 천사 집단을 암시하고 있다. 열두 영(營)이라면 그 집단을 대표하는 천사장들이 있었을 것이다. 가브리엘도 미가엘도 누시엘도 각기 천사 집단의 우두머리 천사였던 것이다.

2. 천사가 천사에게 물음

천사 세계에 품계가 있는 사실은 천사들도 영급(靈級)이 높은 천사와 낮은 천사가 있다는 말이 된다. 이것은 그들이 전생에 도를 닦는 기준에 의하여 자동적으로 결정된 순위이다. 결코 인간 세계처럼 강제로 규정된 계급은 아닌 것이다. 땅 위에 〈땅 사람〉으로 존재했을 때 생명의 도를 다 각하면 그는 하늘 사람으로 수렴되어서도 품계가 자동적으로 높아질 것은 자명한 이치가 아니겠는가?

영급이 낮은 천사는 영급이 높은 천사에게 하나님의 섭리의 비밀을 묻고 있다. 높은 천사는 낮은 천사에게 하나님의 섭리를 설명하고 있다.

> 내가 들은 즉 한 거룩한 이가 말하더니 다른 거룩한 이가 그 말하는 이에게 묻되……(단 8:13),

묻는 천사와 대답하는 천사는 하나님의 비밀을 깨달은 정도가 다름을 나타내고 있다.

> 자기 속에 계신 그리스도의 영이 그 받으실 고난과 후에 받으실 영광을 미리 증언하여 누구를 또는 어떠한 때를 지시하시는지 상고하니라…… 이것은 하늘로부터 보내신 성령을 힘입어 복음을 전하는 자들로 이제 너희에게 알린 것이요 천사들도 살펴 보기를 원하는 것이니라(벧전 1:11-12).

이 성구는 참으로 중대한 것을 암시하고 있다.

예수 그리스도가 십자가에 달린 깊은 뜻은 하늘의 천사들이 땅의 인간들 보다 더 모르고 있다는 사실이다. 인간은 성령을 받아 하나님의 구원의 섭리를 깨달을 수 있으나 천사들은 다른 세대에서 수렴된 존재들이므로 십자가의 도를 잘 이해 못하고 있는 것이다.

그러므로 십자가의 도의 비밀은 우리가 먼저 깨달아 천사들에게 전해주어야 한다. 이런 면에서 볼 때 십자가의 도를 이해하는 데 있어서 인간이 천사보다 도가 높은 것이다.

> 영원부터 만물을 창조하신 하나님 속에 감추어졌던 비밀의 경륜이 어떠한 것을 드러내게 하려 하심이라 이는 이제 교회로 말미암아 하늘에 있는 통치자들과 권세들에게 하나님의 각종 지혜를 알게 하려 하심이니 곧 영원부터 우리 주 그리스도 예수 안에서 예정하신 뜻대로 하신 것이라(엡 3:9-11).

이 성구도 중대한 뜻이 들어있다.

예수 그리스도의 비밀은 만세 전에 하나님 안에 감추었던 비밀인데 이 비밀은 천사들도 알지 못했다. 이 비밀은 땅 위에 있는 교회가 먼저 깨닫고 하늘에 있는 각종 지혜와 권세에게 깨닫게 해야한다. 이 얼마나 놀라운 사실인가? 우리는 이 날까지 천사들이라면 무조건 인간보다 높은 존재인 줄 알고 있다. 다른 면에 있어서 인간보다 영대(靈臺)가 높고 지혜와 총명이 뛰어났을지라도 예수 그리스도의 십자가의 비밀은 천사보다 인간이 더 높이 알고 있다.

예수 그리스도의 비밀을 몰랐기 때문에 지혜천사는 교만해졌던 것이다. 예수는 만세 전부터 하나님 안에 감추었던 비밀인데 이 도비(道秘)를 지혜천사는 깨닫지 못하고 스스로 하나님으로 자처하다가 타락했던 것이다. 예수 그리스도의 비밀은 땅에서 풀어야 하늘에서도 풀리는 것이다.

> 또 내가 네게 이르노니 너는 베드로라 내가 이 반석 위에 내 교회를 세우리니 음부의 권세가 이기지 못하리라 내가 천국 열쇠를 네게 주리니 네가 땅에서 무엇이든지 매면 하늘에서도 매일 것이요 네가 땅에서 무엇이든지 풀면 하늘에서도 풀리리라(마 16:18-19).

이 성구는 이 날까지 많은 신학자들이 오해했는데 우리는 성경 전체의 뜻을 깊이 천착하여 바른 해답을 얻어야 한다. 예수 그리스도가 세운 교회는 하늘의 천사들도 풀지 못한 진리를 풀 열쇠를 갖고 있다. 산 자가 아니면 어찌 이 열쇠를 소유할 수 있겠는가?

제5절 여러 모양으로 표현된 천사

성경을 정밀하게 분석해 보면 천사들을 여러 가지 상징적인 이름으로 다양하게 표현하고 있다. 천사들이란 하나님이 부리시는 사환이란 뜻이지만 그 밖에 여러 가지 다른 표현도 있다.

하나님의 아들들, 거룩한 자들, 그룹, 군대, 바람, 불꽃, 왕벌 등으로 나타나는데 이는 천사의 사명에 따라 주어지는 상징적인 이름이다.

1. 하나님의 아들들

하나님의 아들들이 사람의 딸들의 아름다움을 보고……(창 6:2),

하루는 하나님의 아들들이 와서 여호와 앞에 섰고……(욥 1:6, 2:1),

그 때에 새벽 별들이 기뻐 노래하며 하나님의 아들들이 다 기뻐 소리를 질렀느니라(욥 38:7).

천사들을 〈아들들〉이라 한 뜻은 〈독생자 예수〉와 구별하기 위함이었다. 예수는 오직 한 분 장자지만 천사들은 그 수가 많은 차자들이므로 복수(複數)를 사용하였다.

2. 거룩한 자들

주의 기이한 일을 하늘이 찬양할 것이요 주의 성실도 거룩한 자들의 모임 가운데에서 찬양하리이다(시 89:5).

하나님은 거룩한 자의 모임 가운데에서 매우 무서워할 이시오며 둘러 있는 모든 자 위에 더욱 두려워할 이시니이다(시 89:7).

부르짖어 보라 네게 응답할 자가 있겠느냐 거룩한 자 중에 네가 누구에게로 향하겠느냐(욥 5:1).

하나님은 거룩한 자들을 믿지 아니하시나니 하늘이라도 그가 보시기에 부정하거든……(욥 15:15),

여호와께서 임하실 것이요 모든 거룩한 자들이 주와 함께 하리라(슥 14:5),

보라 주께서 그 수만의 거룩한 자와 함께 임하셨나니……(유 1:14).

천사들을 거룩한 자라 함은 타락된 인간과 구별하기 위함이었다. 그러나 그들이 비록 거룩한 자들이라도 피조물이므로 하나님은 믿지 않으신다. 지혜천사 루시퍼도 거룩한 자였지만 타락했던 것이다.

3. 그룹

에덴동산 동쪽에 그룹들과 두루 도는 불 칼을 두어……(창 3:24).
그룹을 타고 다니심이여 바람 날개를 타고 높이 솟아오르셨도다(시 18:10).
너는 기름 부음을 받고 지키는 그룹임이여(겔 28:14).

그룹 천사들은 일반 천사보다 월등하게 우수한 존재였다. 그룹 천사는 하나님과 가장 가까운 존재이며 속죄소를 덮는 영화로운 존재였다(출 25:17-22, 37:8-9, 민 7:89).

4. 바람과 불꽃

이는 하늘의 네 바람인데 온 세상의 주 앞에 서 있다가……(슥 6:5).
그는 그의 천사들을 바람으로, 그의 사역자들을 불꽃으로 삼으시느니라(히 1:7).
바람을 자기 사신으로 삼으시고 불꽃으로 자기 사역자를 삼으시며(시 104:4).

천사를 인격적인 존재가 아닌 바람과 불꽃으로 상징한 것은 그들이 사역하는 작용면(作用面)을 강조한 듯하다.

5. 군대 혹은 천군

이는 하나님의 군대라(창 32:2).

내가 보니 여호와께서 그의 보좌에 앉으셨고 하늘의 만군이 그의 좌우편에 모시고 서 있는데……(왕상 22:19),

그의 모든 천사여 찬양하며 모든 군대여 그를 찬양할지어다(시 148:2).

홀연히 수많은 천군이 그 천사들과 함께 하나님을 찬송하여……(눅 2:13),

천사를 군대 또는 천군으로 표시함은 마귀의 세력을 괴멸할 수 있는 강력한 능력을 나타내기 위함이었다. 마귀의 존재가 없었다면 평화로운 하늘나라에 군대가 존재할 필요가 없었을 것이다. 만왕의 왕 만주의 주이신 하나님은 사랑과 평화의 존재이지 싸움을 즐기는 무섭고 두려운 공포의 하나님이 아닌 것이다.

6. 병거 혹은 불말

하나님의 병거는 천천이요 만만이라(시 68:17).

그가 보니 불말과 불병겨가 산에 가득하여 엘리사를 둘렀더라(왕하 6:17),

내가 또 눈을 들어 본즉 네 병거가…… 이는 하늘의 네 바람인데……(슥 6:1-5),

두 사람이 길을 가며 말하더니 불수레와 불말들이 두 사람을 갈라놓고 엘리야가 회오리 바람으로 하늘로 올라가더라(왕하 2:11).

엘리야가 불수레를 타고 승천한 것도 천사가 옹위하여 갔음을 알 수 있다. 천사를 병거 불말로 상징한 것도 두렵고 무서운 위엄을 나타내기 위한 표현이었다.

7. 구름

구름으로 자기 수레를 삼으시고 바람 날개로 다니시며 바람을 자기 사신으로 삼으시고……(시 104:3-4),

이 말씀을 마치시고 그들이 보는데 올려져 가시니 구름이 그를 가리어 보이지 않게 하더라(행 1:9).

예수가 구름을 타고 승천함도 천사의 옹위 속에 승천함을 의미한다. 이는 엘리야의 승천과 대조적이다. 예수는 구름수레, 엘리야는 불수레를 타고 승천했다. 출애굽 때 불기둥과 구름기둥도 천사의 보호를 의미하는 것임을 깨달아야 한다.

8. 사자 혹은 부리는 영

모든 천사들은 섬기는 영으로서 구원 받을 상속자들을 위하여 섬기라고 보내심이 아니냐(히 1:14).

이 성구는 천사를 비유나 상징으로 말하지 않고 가장 직접적으로 정확히 표현하고 있다. 하나님이 부리는 영이므로 〈천사〉라 이름한다. 그러나 천사의 참 표현은 〈하늘 사람〉이 옳을 것이다. 구원얻을 후사 때문에 천사들은 부림을 받는 것이다.

9. 왕벌

내가 왕벌을 네 앞에 보내리니 그 벌이 히위 족속과 가나안 족속과 헷 족속을 네 앞에서 쫓아내리라(출 23:28).

네 하나님 여호와께서 또 왕벌을 그들 중에 보내어 그들의 남은 자와 너를 피하여 숨은 자를 멸하시리니……(신 7:20),

내가 왕벌을 너희 앞에 보내어 그 아모리 족속의 두 왕을 너희 앞에서 쫓아내게 하였나니……(수 24:12),

이 왕벌은 곤충을 의미하지 않고 군대장관 미가엘을 상징한다. 왕벌이 있으면 많은 일벌이 있듯 천군들의 치밀한 조직을 벌(蜂)로 상징하고 그 벌의 우두머리를 왕벌로 상징하고 있다.

천사를 표시하는 여러 가지 이름 중에서 왕벌로 표시된 것이 가장 재미있다. 모든 천사들을 위엄있는 두려운 존재로 상징했는데 왕벌만은 땅에 있는 곤충이므로 우리들에게 동화적인 친밀감을 주고 있다.

제6절 예수와 지혜천사와의 비교

예수와 지혜천사는 놀라운 유사성을 지니고 있다. 이 유사성을 분별하지 못했기 때문에 아담과 하와는 타락되었던 것이다. 가짜는 진짜와 너무나도 유사성이 있기 때문에 속기 쉽다.

참 예수와 거짓 예수의 유사성, 참 복음과 거짓 복음의 유사성, 참 성령과 거짓 영의 유사성, 이것이야말로 모든 구도자들과 도인(道人)들이 빠지기 쉬운 함정이다. 아담과 하와는 생명나무와 선악나무가 너무나 비슷하므로 선악과를 생명과인 줄 그릇 깨닫고 따먹었다.

위조지폐와 가짜 상품도 진짜와 너무나 비슷하기 때문에 소비자들이 속는 것과 마찬가지로 지혜천사는 거짓 말씀으로 아담 하와를 속였던 것이다. 때문에 사탄 마귀는 거짓말쟁이이다.

그럼 예수와 타락한 지혜천사와의 유사성을 사경하도록 하자.

1. 비 교(1)

ㄱ. 인(印)

예수는 아버지의 인맞은 자였고 지혜천사도 완전한 인이었다.

인감(印鑑) 즉 도장의 유사성은 놀라운 사실이다. 오늘날도 얼마나 인감 위조자가 많은가? 인감을 위조하고 공문서를 허위로 작성하는 것이 세상 사기꾼들의 상투적인 수법이다. 그러므로 속지 않으려면 인에 대한 감식안이 있어야 한다. 예수의 인은 독생자의 인이었고 지혜천사의 인은 피조물의 인이었는데 아담 하와는 이 도의 인감을 분별 못했던 것이다.

오늘날 거짓 선지자들도 하나님의 인감을 위조하여 거짓으로 하나님의 신임장을 꾸며 가지고 자칭 사명을 받았다고 날뛰고 있다.

지혜천사는 위조된 복음으로 아담을 유혹했다. 예수의 인과 천사의 인을 분별할 줄 알아야 한다.

예수－인자는 아버지 하나님께서 인치신 자니라(요 6:27).

천사－너는 완전한 도장이었고……(겔 28:12),

ㄴ. 지 혜

예수도 지혜의 존재였고 천사도 지혜의 존재였다. 예수는 생명나무의 지혜 곧 참 지혜였고 천사는 선악나무의 지혜 곧 분별지였다. 분별지는 거짓 지혜이며 피조물의 지혜이다.

예수는 창조주의 지혜였고 천사는 피조물의 지혜였다. 아담 하와는 이 두 지혜를 분별 못하고 분별지의 열매인 선악과를 따먹고 집착과 무명의 구덩이로 빠졌던 것이다.

예수－지혜와 총명의 영(사 11:2),
천사－지혜가 충족하며……(겔 28:12, 창 3:6),

ㄷ. 아름다움

예수도 아름다운 존재였고 천사도 아름다운 존재였다. 예수의 아름다움은 내면적인 아름다움이었고 천사의 아름다움은 표면적인 아름다움이었다.

버섯을 보라. 독버섯은 그 색채가 얼마나 아름다운가. 그러나 송이버섯은 겉보기에는 그 모양과 색깔이 아름답지 못하나 향긋한 참 버섯이 아닌가.

하와는 지혜천사의 화장(化粧)한 가짜 아름다움에 현혹당했던 것이다. 선악과를 본즉 아름답고 먹음직하다 했다. 자연계의 식물도 아름답고 먹음직한 것이 독이 있는 법이다.

예수－그가 천사보다 훨씬 뛰어남은 그들보다 더욱 아름다운 이름을 기업으로 얻으심이니(히 1:4),
천사－너는 지음받던 날부터 온전히 아름다웠도다(겔 28:12).

ㄹ. 보 석

예수와 천사는 다 같이 보석으로 비유되었다. 다이아몬드와 보석은 썩지 않는 금강(金剛) 곧 진리의 화신을 뜻한다. 예수는 그 존재 근거가 열두 가지 보석으로 비유되고 있으나 천사는 열 가지 보석으로 나타나 있다. 각종 보석의 조화는 만선(萬善)과 만덕(萬德)을 구비함을 상징한다.

모든 여인이 보석에 약하듯 하와도 가짜 보석의 아름다움에 눈이 멀어 신앙의 정절을 더럽혔던 것이다.

예수 - 그 성의 성곽의 기초석은 각색 보석으로 꾸몄는데 첫째 기초석은 벽옥이요, 둘째는 남보석이요, 세째는 옥수요, 네째는 녹보석이요, 다섯째는 홍마노요, 여섯째는 홍보석이요, 일곱째는 황옥이요, 여덟째는 녹옥이요, 아홉째는 담황옥이요, 열째는 비취옥이요, 열 한째는 청옥이요, 열 둘째는 자정이라(계 21:19-20).

천사 - 네가 옛적에 하나님의 동산 에덴에 있어서 각종 보석 곧 홍보석과 황보석과 금강석과 황옥과 홍마노와 창옥과 청보석과 남보석과 홍옥과 황금으로 단장하였었음이여(겔 28:13).

예수는 모든 존재의 근거이므로 기초석(基礎石, 머릿돌)으로 상징되고 있다. 예수는 열두 가지 보석으로 존재의 근거가 되고 있으나 지혜천사는 열 가지 보석으로 비유되고 있다. 얼마나 놀라운 유사성인가?

ㅁ. 기름 부음

예수와 천사는 다 같이 기름 부음을 받은 자였다. 예수는 메시아로 성령의 기름 부음을 받았고 천사는 덮는 그룹으로 기름부음을 받았다. 기름부음을 받은 유사성은 같으나 그 질적인 차원은 운니(雲泥)의 차가 있다.

예수 - 하나님이 즐거움의 기름을 네게 부어 네 동류들보다 승하게 하셨도다(히 1:9).

천사 - 너는 기름 부음을 받은 덮는 그룹임이여(겔 28:14).

ㅂ. 새벽 별

예수와 천사는 새벽별이라는 점에서도 유사성을 나타낸다.

아담은 하나님과 예수와 성신이 계신 하늘을 개천하여 자각의 새벽별을 보아야 하는데 그는 천사의 하늘을 개천하여 천사의 새벽별을 본 것이 타락이었다.

새벽별 곧 명성(明星)은 도통(道通)을 상징하는 별인데 정각(正覺)을 이루면 예수의 새벽별이 떠오르고 오각(誤覺)을 하면 천사의 새벽별이 떠오르게 된다. 아담 하와는 새벽의 아들 계명성을 보고 참 하늘을 개천하지 못하고 천사의 하늘을 개천했다.

> 예수－우리에게 더 확실한 예언이 있어 어두운데 비취는 등불과 같으니 날이 새어 샛별이 너희 마음에 떠오르기까지 너희가 이것을 주의하는 것이 가하니라(벧후 1:19).
>
> 천사－너 아침의 아들 계명성이여(사 14:12).

이상 사경한 바와 같이 예수와 지혜천사는 놀라운 유사성을 공유하고 있다.

구도자는 깊은 정각이 없거나 또 영적으로 진리를 꿰뚫어 보는 감식안이 없으면 속기 쉬운 법이다. 얼마나 많은 구도자들이 이 유사성에 속아 정각을 이루지 못하고 스스로 속아 사도(邪道)를 정도(正道)인 줄 착각했던가. 생명과와 선악과는 아담 시대에만 있는 도과(道果)가 아니고 모든 현존하는 자들에게도 주어진 암호임을 깊이 알아야 한다.

적그리스도와 거짓 선지자들은 이 유사성에 속은 자들이며 그들은 자신들도 모르게 거짓 복음을 참 복음처럼 증거하고 있는 것이다.

2. 비 교(2)

예수와 천사는 동물과 식물을 통하여 비교된 것을 사경해 보자.

ㄱ. 양과 나귀

양은 장자의 상징이며 나귀는 차자의 상징이다. 따라서 양은 예수이고 나귀는 천사를 상징한다.

이 예는 이삭은 양으로 대속되나(창 22:18) 이스마엘은 나귀로 비유된다(창 16:11). 그런데 우리가 여기에서 깊이 깨달아야 할 사실은 육신을 따라난 이스마엘이 장자로 출생하고 언약을 따라난 이삭은 차자로 출생하는 이유이다. 왜 이렇게 되는가?

아담은 천사의 도를 먼저 받아들이고 예수의 도는 나중에 나온다. 육신의 소욕이 먼저 발동하고 영의 소욕은 나중에 뒤따른다. 장자가 차자격으로 차자가 장자격으로 나온 것이 타락이다. 머리가 먼저 나오고 지체인 손발은 나중에 나와야 순산(順産)인데 손발이 먼저 나와 사산(死産)한 것이 아담이 깨달은 도였다.

이스마엘은 육의 상징이며 천사의 상징이며 차자의 상징이며 율법의 상징이다. 이삭은 영의 상징이며 예수의 상징이며 장자의 상징이며 사랑의 상징이다. 이스마엘은 나귀이고 이삭은 양이다.

그런데 이스마엘이 하갈을 통해 장자로 태어나고 이삭은 사라를 통해 차자격으로 태어났다. 이 사건 속에는 타락의 모든 암호가 함축되고 응결되어 있는 것이다. 나귀는 타락한 천사와 음란한 종교를 상징하므로 그 목을 꺾으라 했다. 꺾지 않으면 양으로 대속하라 했다.

> 나귀의 첫새끼는 다 어린 양으로 대속할 것이요 그렇게 아니하려면 그 목을 꺾을 것이며 너의 아들 중 모든 장자된 자는 다 대속할찌니라(출 13:13).

왜 모든 초태생은 하나님께 바치라 했는데 나귀의 첫 새끼만은 목을 꺾으라 했을까? 왜 하나님은 애굽의 장자를 친 다음 출애굽시키는가? 나귀는 타락한 천사의 음란한 도를 상징하고 있다.

나귀의 목을 꺾으라 한 것은 사탄 마귀의 도를 꺾으란 뜻이다. 바로 왕도 애굽의 장자를 쳤을 때 선민 이스라엘을 해방했듯이 나귀의 첫 새끼인 장자의 목을 꺾으면 사탄 마귀는 성도들을 놓아 줄 것이다.

> 그가 그 음행을 더하여 그 젊었을 때 곧 애굽 땅에서 음행하던 때를 생각하고 그 하체는 나귀 같고……(겔 23:19-20),
>
> 너는 광야에 익숙한 들 암나귀가 그 성욕이 동하므로 헐떡거림 같았도다 그 성욕의 때에 누가 그것을 막으리요(렘 2:24).

이처럼 나귀는 음란한 짐승인데 이는 사탄 마귀의 도를 은유하고 있기 때문이다. 나귀의 첫 새끼의 목은 꺾어야 한다.

ㄴ. 비둘기와 까마귀

양과 나귀가 땅 차원의 동물로서 예수와 천사를 상징했다면 비둘기와 까마귀는 비상하는 하늘 차원의 동물로서 예수와 천사를 상징하고 있다. 비둘기는 예수를 까마귀는 천사를 상징한다.

혹자는 까마귀를 마귀 상징이라 하는데 이는 성경을 잘못 이해한 데서 온 착각이다. 노아가 홍수 심판 후 방주에서 비둘기에 앞서 까마귀를 내어 보내는 것은 예수 그리스도의 도에 앞서 천사의 도가 먼저 나타날 것을 암시하고 있는 것이다(창 8:5- 12). 엘리야에게 음식을 제공한 까마귀도 천사 상징이었다(왕상 17:5-6). 만약 까마귀가 마귀 상징이라면 마귀가 엘리야에게 음식을 제공했단 말인가.

까마귀는 비록 겉은 검어도 반포조(反哺鳥)인 것이다. 까마귀는 효를 상징하는 새로서 부모의 은공을 아는 새이다. 천사가 우리에게 전해준 율법도 하나님에게 효도하는 법을 가르치고 있음을 잊지 말자.

비둘기는 성령 상징으로 예수에게 임했다(마 3:16). 노아가 방주에서 동일한 비둘기를 세 번 날린 이유도 성령이 어떻게 인간에게 임할 것인가를 암시하는 것이다(『신령편』: 「방주와 새」 참조).

ㄷ. 포도나무와 백향목

식물로 상징할 때 예수는 포도나무(요 15:1)이고 천사는 백향목으로 상징된다(겔 31:8).

백향목은 일급 재목이지만 포도나무는 재목이 아니다. 솔로몬이 성전을 건축할 때도 레바논의 백향목으로 성전 기둥을 삼았다. 하늘나라도 천사들이 기둥이 되어 성전이 이룩되어 있다.

예수는 성전의 주인이므로 기둥이 될 필요가 없다. 그런데 지혜천사는 거목(巨木)의 입장에서 포도나무를 업신여기므로 교만해졌던 것이다. 포도나무는 재목이 아니다. 그러나 포도나무는 백향목이 갖지 못한 달콤한 술을 빚는 포도열매인 진리를 소유하고 있는 것이다. 백향목은 재목은 되나 포도주와 같은 진리는 될 수 없는 것이다.

천사는 성전 재목은 되지만 예수처럼 진리 그 자체는 아니다. 포도나무는 겸손의 도를 상징하고 구름을 찌르듯 키가 큰 백향목은 천사의 교만을 상징한다.

ㄹ. 반석과 문

반석은 장자의 상징이며 문은 차자의 상징이다(수 6:26, 왕상 16:34). 그러므로 반석은 예수 상징이며 문은 천사 혹은 사도의 상징이 된다.

장자인 예수는 반석이며(고전 10:4) 부딪히는 돌과 거치는 반석이며(벧전 2:8, 사 8:14) 집모퉁이의 기초석이며(마 21:42, 시 118:22, 행 4:11) 시온에 둔 보배로운 요긴한 돌이며(벧전 2:6, 사 28:16) 흰 돌(계 2:17)이었다.

반석은 모든 존재의 근거를 뜻하므로 예수는 반석이 되는 것이다. 모든 존재는 예수라는 이름의 반석 위에 건축된 구조물에 지나지 않는다. 그러나 문은 존재가 통과하는 통로이다.

아담에게 여러 나무의 열매를 따먹어라 허락한 것도 여러 천사의 문을 통과하여 하나님의 성전에까지 도달하라는 뜻이었다. 우리는 열 두 사도의 진주문을 통과하여 생명나무의 길로 나가게 되어 있다(계 21:12, 겔 48:32).

제7절 천사는 신적 존재

천사는 하나님이 아니지만 신적 존재이다. 천사는 피조물이므로 아무리 고양된다 하여도 그들은 신이 아닌 신적 존재의 한계와 범주를 벗어날 수 없는 것이다.

다신론의 오류는 그들이 천사 혹은 하늘에 있는 신적 존재를 신으로 착각하고 숭배함에 있는 것이다. 천사는 인간의 숭배를 받을 수 없는 존재이다.

이 일을 내게 보이던 천사의 발 앞에 경배하려고 엎드렸더니 저가 내게 말하기를 나는 너와 네 형제 선지자들과 또 이 책의 말을 지키는 자들과 함께 된 종이니 그리하지 말고 오직 하나님께 경배하라 하더라(계 22:8-9).

내가 그 발 앞에 엎드려 경배하려 하니 그가 나더러 말하기를 나는 너와 및 예수의 증거를 받은 네 형제들과 같이 된 종이니 삼가 그리하지 말고 오직 하나님께 경배하라(계 19:10).

이 성구에 나타난 바와 같이 타락하지 않은 천사들은 인간들에게서 경배 받지 않는다. 그러므로 정각(正覺)한 자라면 천사에게 경배하지 말아야 한다. 그런데 교만한 천사 마귀는 인간에게 경배 받으려 했다. 그는 피조물인데도 하나님의 자리에 앉아 경배 받으려 한 것이 타락인 것이다.

저는 대적하는 자라 범사에 일컫는 하나님이나 숭배함을 받는 자 위에 뛰어나 자존하여 하나님 성전에 앉아 자기를 보여 하나님이라 하느니라(살후 2:4).

네 마음이 교만하여 말하기를 나는 신이라 내가 하나님의 자리 곧 바다 중심에 앉았다 하도다 네 마음이 하나님의 마음 같은체 할찌라도 너는 사람이요 신이 아니어늘……(겔 28:2),

네가 네 마음에 이르기를 내가 하늘에 올라 하나님의 뭇별 위에 나의 보좌를 높이리라 내가 북극 집회의 산 위에 좌정하리라 가장 높은 구름에 올라 지극히 높은 자와 비기리라 하도다(사 14:13-14).

이처럼 신이 아닌 천사가 신이 되어 인간에게 경배받으려 하였다. 천사는 아무리 영급(靈級)이 높은 지혜천사라 할지라도 그는 피조물이므로 하나님이 될 수 없다.

천사는 신적 존재일지라도 그들의 전생(前生)이 땅 위에서 수렴된 존재이다. 비록 인간보다 한 차원 고양된 영적 존재이나 그들은 인간의 신앙 대상은 될 수 없다. 모든 피조물 숭배는 우상 숭배로 타락하는 경향성을 지니고 있기 때문이다.

비록 하늘에나 땅에나 신이라 칭하는 자가 있어 많은 신과 많은 주가 있

> 으나 그러나 우리에게는 한 하나님 곧 아버지가 계시니 만물이 그에게서 났고 우리도 그를 위하며 또한 한 주 예수 그리스도께서 계시니 만물이 그로 말미암고 우리도 그로 말미암았느니라(고전 8:5-6).

비록 하늘에는 많은 신적 존재들이 있으나 우리가 지향하는 믿음의 목표는, 여러 신적 존재들이 있는 하늘 층을 뚫고 유일신 하나님에게로 도달해야 한다.

대개 구도자들은 천사들의 하늘 층을 뚫지 못하고 천사들을 하나님으로 섬기는 것이다. 아담이 바로 그 장본인이었다.

아담은 생명나무의 하늘을 개천하지 못하고 선악나무의 하늘을 개천했던 것이다. 그러나 천사들이 신이 아닐지라도 신적 존재이므로 그들은 능력과 권세가 있는 하늘 존재들이다.

예수는 수육하여 아담의 자리에서 구도해 올라가 천사들의 권세와 능력을 굴복시키고 하나님의 아들이 되었다.

> 저는 하늘에 오르사 하나님 우편에 계시니 천사들과 권세들과 능력들이 저에게 순복하느니라(벧전 3:22).
>
> 그 능력이 그리스도 안에서 역사하사 죽은 자들 가운데서 다시 살리시고 하늘에서 자기의 오른편에 앉히사 모든 정사와 권세와 능력과 주관하는 자와 이 세상뿐 아니라 오는 세상에 일컫는 모든 이름 위에 뛰어나게 하시고……(엡 1:20-21),
>
> 이는 이제 교회로 말미암아 하늘에서 정사와 권세들에게 하나님의 각종 지혜를 알게 하려 하심이니 곧 영원부터 우리 주 그리스도 예수 안에서 예정하신 뜻대로 하신 것이라(엡 3:10-11).

이처럼 하늘에는 여러 권세와 능력이 있다.

또 천사들은 신적 존재들이므로 그들은 빛나는 존재이다. 때문에 발광체이다. 신약시대 사도들에게 나타난 천사는 한결같이 빛을 발하는 영화로운 몸이었다.

문득 찬란한 옷을 입은 두 사람이 곁에 섰는지라(눅 24:4).

천사가 하늘로서 내려와 돌을 굴려 내고 그 위에 앉았는데 그 형상이 번개 같고……(마 28:2-3),

내가 또 보니 힘 센 다른 천사가 구름을 입고 하늘에서 내려오는데 그 머리 위에 무지개가 있고 그 얼굴은 해 같고……(계 10:1),

이처럼 천사들은 빛나는 존재이므로 정각(正覺)을 이루지 못한 구도자들이 빛나는 천사를 하나님으로 착각할 때가 많다.

이것은 이상한 일이 아니니라 사탄도 자기를 광명의 천사로 가장하나니 그러므로 사탄의 일꾼들도 자기를 의의 일꾼으로 가장하는 것이 또한 대단한 일이 아니니라(고후 11:14-15).

천사들이 아무리 빛나는 존재일지라도 경배의 대상은 못된다. 왜냐하면 그들은 피조물이며 우리도 하늘나라에 수렴되면 천사처럼 빛나는 존재가 될 것이기 때문이다. 천사와 인간은 동류이며 동질의 존재임을 잊어서는 안 된다.

비록 지금은 타락하여 암체(暗體)가 되었지만 예수 그리스도 안에 수렴되면 우리들도 빛나는 존재가 되어 해처럼 발광(發光)할 것이다.

그 때에 의인들은 자기 아버지 나라에서 해와 같이 빛나리라(마 13:43).

그는 만물을 자기에게 복종하게 하실 수 있는 자의 역사로 우리의 낮은 몸을 자기 영광의 몸의 형체와 같이 변하게 하시리라(빌 3:21).

우리 생명이신 그리스도께서 나타나실 그 때에 너희도 그와 함께 영광 중에 나타나리라(골 3:4).

제14장

하 늘 론

제14장 하늘론

옛적 하늘들의 하늘을 타신 자에게 찬송하라(시 68:33).

하늘의 구조는 어떻게 구성되어 있는가? 하늘은 1층(一層)인가 아니면 다층(多層)인가? 성경은 하늘의 구조가 다층으로 구성되어 있음을 암시하고 있다. 우리는 이 날까지 하늘이 다층 구조로 개명(開明)된 의미를 잘 이해하지 못하였다. 하늘은 왜 1층 구조가 아닌 다층 구조인가? 이 문제는 종교의 진화와 깊은 관련이 있고 또한 윤회하고도 긴밀한 관계에 있다.

기독교인들은 성경을 읽으면서도 하늘의 다층 구조를 몰랐다. 그들은 3층천을 이해하기를 땅 밑 스올의 세계가 1층이고 땅 위가 2층이고 그 위에 하늘이 있으니 3층천이라고 잘못 이해하고 있었던 것이다. 3층천은 땅 밑과 땅과 하늘의 3층 구조가 아닌 것이다. 땅 밑과 땅은 하늘의 차원이 아니다. 하늘이 3층 구조로 되어 있다함은 세 가지 하늘의 층으로 되어 있음을 말하는 것이다.

유대교는 하늘을 7층으로 보고 유교는 9층으로 보며 불교에서는 33층으로 본다. 모든 고등 종교에서 하늘 구조를 다층으로 보았다는 사실은 실로 중대한 의미가 있는 것이다.

우리는 이 날까지 사자(死者)의 영혼은 덮어놓고 하늘로 가는 줄만 알았는데 하늘 중 어느 하늘로 가는 것을 전혀 생각하지 않고 있었다. 죽으면 다 같이 같은 하늘로 갈 수 없다.

도대체 하늘이란 무엇인가? 또 하늘은 왜 다층으로 구성되었는가? 사자(死者)는 어느 하늘에 가며 낙원이란 몇 번째 하늘인가? 이런 문제는 반드시 사경하고 넘어가야 한다.

제1절 하늘이란 무엇인가?

우리들은 보통 궁창(穹蒼)을 가리켜 하늘이라 부르고 있다. 대기권의 저 창공은 물리적인 하늘은 되지만 종교에서 의미하는 하늘은 아니다. 종교에서 말하는 하늘은 〈마음의 열림〉과 〈자각의 차원〉을 의미한다. 인간의 마음이 개명되는 정도에 따라 그 개천하는 하늘도 각각 다르다.

원시인들이 무명과 미망 속에 방황하며 개천한 하늘은 저급한 신들이 살고 있는 하늘이었고 심령과 자각이 높아질수록 개천되는 고등 종교의 하늘에는 윤리와 도덕을 주재하는 높은 신들이 살고 있었다. 우주를 창조하신 하나님은 하늘 가운데 가장 높은 하늘에 자리하고 계신다.

모든 종교는 마음의 개명(開明)에 비례하여 하늘을 개천하였다. 인간의 마음을 닦는 정도에 따라 개천되는 하늘이 다르며 하늘의 열림에 따라 응감(應感)되는 신들도 다른 것이다. 불교와 유교와 도교와 기독교가 개천한 하늘이 같은 하늘인 듯하면서 그 차원이 차이가 있음을 깊이 깨달아야 한다. 다신이 존재하는 하늘과 유일신이 존재하는 하늘이 같은 차원일 수 없다. 우리는 이 날까지 하늘이라면 다 같이 같은 하늘로 동일시하는 하늘관에서 탈피하여 하늘의 실상을 깨달아야 한다.

최초에 종교가 없던 원인(原人)들에게는 하늘이 없었다. 그들은 의식 정도가 극히 저급하고 심전(心田)을 개발하지 못한 미개인들이었으므로 하늘을 개천할 능력이 없었다.

인간이 창조됨에 따라 사자의 매장법을 깨달은 원시인들은 최초로 지극히 저급한 하늘을 개천하였다. 그 이후 인간은 범신(汎神)들과 다신(多神)의 하늘을 개천하였고 마지막으로 개천하려던 하늘이 창조주 하나님과 예수와 성신이 계시는 삼위신(三位神)의 하늘이었다. 아담은 원시인 중에서 삼위신의 하늘을 개천하려다가 타락한 인간이었다.

비윤리와 무도덕의 원시 광야에서 윤리와 도덕의 심전을 개발할 때 높은 차원의 하늘이 열리는 것이다. 원시인들은 그 의식이 저급하므로 잡신들의 도전을 받아 미신의 하늘을 개천하였다.

애니미즘과 토테미즘과 샤마니즘이 공존하던 원시광야에서 돌변한 자가 곧 아담이었다. 아담은 최초로 유일신의 하늘을 개천하려고 구도의 몸부림을 친 자였기 때문에 유일신을 찾아가는 문서인 성경에 최초로 등장하는 사람이 되는 것이다.

인간 의식의 진보와 마음의 자각은 물질문명의 발달에 정비례하지는 않는다. 고도의 문명인이라 자부하며 일급 교양을 지녔다고 교만하는 현대인들 속에서도 아직 하늘을 개천하지 못한 마음의 원시인들이 허다하다. 이들은 과학미신을 믿는 광신자들인데 대부분 무신론자들이다.

하나님과 다신을 부인하는 자들은 그 마음을 개명하지 못한 관계로 하늘도 개천하지 못하고 있는 것이다. 현대인들은 외모로는 지식이 넘치고 있지만 그 마음은 황무지처럼 개발되지 못하고 있으며 황폐한 마음 속에는 온갖 불안의 독초와 우수의 독버섯들이 무성하게 자라고 있다. 현대인은 새 하늘을 개천하지 못하고 있다. 이미 선인(先人)들이 개천했던 하늘은 낡은 하늘이 되어 현대인들에게는 우수의 잿빛 하늘로서 아무런 감동을 주지 못하고 있는 형편이다.

이 때문에 성경의 마지막은 새 하늘의 개천을 약속하고 있다. 낡은 잿빛 하늘 아래서 방사능에 오염된 비를 맞으면서 고독을 씹고 우수를 삼키며 저마다 불안과 절망을 안고 고뇌하는 현대 야만인들 앞에 아담이 개천하려 몸부림쳤던 새 하늘이 열려 올 것이다.

새 하늘이 열리고 새 땅이 개명되는 날까지 우리들은 짙은 현대의 어둠 속에서 웅크리고 앉아 새벽을 기다리자.

제2절 하늘이 다층으로 구성된 원인

하늘이 다층으로 구성된 원인은 인간의 마음과 윤회 환생하고도 깊은 관계가 있다. 이러한 두 가지 측면에서 하늘이 다층으로 개천되는 원인을 살펴보도록 하자.

1. 심전개발(心田開發)에 따라 열리는 하늘

인간이 심전을 개발함에 따라 그와 정비례하여 높은 하늘이 열린다. 바꿔 말해서 여러 하늘의 영들이 도전하는 정도에 따라 인간은 심전 개발하는 정도에 차이가 생기는 것이다.

구석기 이전의 원인(原人)들은 하늘도 몰랐고 신도 몰랐다. 그들은 원인(猿人)의 지경은 벗어나고 있었으나 그들의 마음속에는 아직 길(道)이 없었다.

구석기와 신석기의 아침이 열리면서부터 저급한 하늘의 신들이 황무지와 같은 원시인의 의식 속에 도전해 오므로 제신(諸神)들이 그들 마음에 희미한 자취를 남겼고 보일 듯 말 듯한 오솔길(道)이 생기기 시작했다. 강렬한 태양과 신비한 달을 보고 예배하기 시작했고 번개와 우레와 바람소리들 속에서 희미한 신들의 음성을 듣기 시작했다. 이상한 나무와 돌을 보면서 신들의 형상을 생각하기 시작했다. 드디어 마음속에 자란 무성한 잡초를 뽑기 시작했다. 하지만 아직 윤리와 도덕이 없는 원시 모계 사회였다.

세월이 지나는 동안 원시인 가운데 성령의 번갯불을 맞고 그 뇌핵이 돌변한 사람이 있었으니 그가 곧 아담이었다. 아담이 탄생한 원시 광야에는 애니미즘과, 토테미즘과, 샤마니즘의 종교들이 무성한 숲을 이루고 있었고 그 숲속에 희미한 길(道)이 뱀이 기어간 자욱처럼 꾸불꾸불 곡선을 이루고 있었다.

휘영청 달 밝은 밤이면 취락을 이룬 원시인들은 가무(歌舞)를 즐기면서 난교(亂交)를 하였고 목각(木刻)과 토우(土偶)와 석상(石像)들에게 예배하였다. 이 속에서 성장한 아담은 무리 속에서 이탈하여 홀로 나무 밑에 앉아 명상하였다. 번갯불이 그 영혼 속에 번쩍이고 있었고 난각(卵殼)처럼 깨어진 미개한 마음의 틈 사이에서 진리의 밝은 빛이 스며들기 시작하였다. 범신과 다신의 하늘을 뚫기 위하여 아담은 얼마나 몸부림쳤을까? 드디어 창조주 하나님과 해후할 수 있는 하늘의 차원인 낙원 에덴동산이 그의 마음속에 개명되어 왔다.

하나님은 생명나무가 있는 에덴에서 아담이 구도하여 생명과를 따먹게 허락했던 것이다. 그러나 아담은 세 번째 하늘인 에덴동산에서 생명나무를 정각(正覺)하고 하나님과 해후하기 전에 가신(假神)인 지혜천사의 선악과를 따먹고 오각(誤覺)하여 추방된다.

아담 이후 인간들은 또다시 무명과 미망의 황야에서 헤매면서 참 하늘을 개천해야 하였다. 인간들이 심전을 개발함에 정비례하여 하늘의 차원이 열리기 때문에 하늘은 다층천으로 구성된 것이다.

야곱이 광야에서 본 사닥다리도 하늘의 다층을 물시(物示)로 보여준 사건이었다. 사닥다리를 오르려면 한층 한층 올라야 한다. 마찬가지로 사닥다리처럼 다층으로 구성된 하늘도 인간들의 심전 개발과 자각 정도에 따라 하늘의 높낮음이 열리는 것이다.

비유컨대 유치원 학생이 초등학교 교과 과정을 이해할 수 없고 초등학교 학생은 중학교 과정을 이해할 수 없다. 반드시 그 과정을 수료해야만이 한 단계씩 고차원으로 올라 대학을 졸업하는 이치와 같다. 원시 광야에서 의식이 낮고 영대(靈臺)가 어두운 인간들이 단 번에 유일신을 이해하고 인식할 수 없다. 유구한 세월을 두고 인간은 마음밭을 닦으면서 저급한 하늘로부터 개천하여 올라간 흔적이 종교사(宗教史)인 것이다.

애니미즘과 토테미즘과 샤마니즘의 하늘을 개천하고 범신과 다신의 하늘을 개천한 다음 마지막으로 개천해야 할 하늘이 삼위신이 계시는 하늘인 것이다. 아담 이후 성경이 계시하는 하늘은 다신을 뛰어넘은 삼위신의 하늘인 것이다.

> 비록 하늘에나 땅에나 신이라 불리는 자가 있어 많은 신과 많은 주가 있으나 그러나 우리에게는 한 하나님 곧 아버지가 계시니 만물이 그에게서 났고 우리도 그를 위하여 있고 또한 한 주 예수 그리스도께서 계시니 만물이 그로 말미암고 우리도 그로 말미암아 있느니라(고전 8:5-6).

이 성구를 보더라도 하늘에는 많은 신과 많은 주가 있다. 이 신들은 저마다 자기 하늘이 있는 것이다. 이것이 곧 다신교의 여러 하늘이다. 그러나 성경이 계시하는 하늘은 이들 다신의 하늘을 초월하여 만유를 지으신 창조주의 하늘인 것이다.

2. 윤회환생에 따라 열리는 하늘

생명나무인 예수와 해후하기까지 우리들은 무수한 윤회 바퀴 속에서 환생하였다(「윤회론」 참조). 인간은 생명나무가 있는 참 하늘을 개명하기까지 무수히 윤회하지 않으면 안 된다. 목적지에 도달하기 위하여 우리는 도중에 죽으면 다시 새 몸을 쓰고 나와서 전생보다 앞서 전진하여 목적지에 도달함과 같다.

원시인으로 태어났던 우리들은 모계사회의 혼음과 난륜 속에서 저급 하늘을 개천하고 죽었다. 다시 태어나서 구도할 때면 먼저보다 높은 하늘을 개천한다. 땅 위에서 아득히 하늘로 치솟은 야곱이 본 사닥다리 같은 하늘을 한층 한층 개명하면서 예수와 해후하기까지 우리는 몇 만 번 태어나고 죽었던가?

사닥다리를 오르다 잘못 오르면 떨어져 다시 시작해야 하듯 우리는 이 생에 와서 범죄하므로 전생의 개천한 하늘에서 다시 밑바닥으로 떨어져 무명과 미망 속에서 반복을 거듭하는 자도 있고 마음을 잘 닦고 계율을 잘 지켜 한층 한층 사닥다리를 오르듯 높은 하늘을 향해 차례로 개천하는 자도 있으며 뛰어난 심령들은 남들이 천 번 윤회하여 닦아야 할 과정을 하루 아침에 깨치고 행하는 자도 있는 것이다.

이것이 은혜인 것이다. 예수는 〈생명 그 자체〉이시므로 그와의 만남은 생명과를 따먹음을 의미한다. 그러나 다른 종교들은 천사가 전해준 진리이므로 닦아 올라가는 계명과 율법의 종교였던 것이다. 닦아 올라가야 할 사람들에게는 하늘이 사다리처럼 다층천이다. 그러나 예수를 믿으면 우리는 단 번에 셋째 번 하늘인 낙원에 이를 수 있는 것이다.

보라! 우리들 발밑에 전개된 사닥다리같은 하늘의 층들을. 무수한 심령들이 하늘로 오르기 위해 얼마나 고행하며 구도하고 있는가? 두꺼운 마음의 껍질이 벗겨질 때마다 새 하늘이 열려오고 그 하늘이 낡으면 또 새 하늘을 열어야 했던 지난날의 수없는 윤회 바퀴가 지금도 굴러가고 있지 않은가?

윤회 바퀴에서 벗어난 자유한 자들만이 참 하늘을 개천할 것이다.

제3절 성경에 나타난 하늘의 층들

하늘에 여러 층이 있다고 명시된 성구는 여러 곳에 산견(散見)된다.

하늘과 모든 하늘들의 하늘과……(신 10:14),

옛적 하늘들의 하늘을 타신 자에게 찬송하라(시 68:33).

하늘의 하늘도 그를 찬양하며 하늘 위에 있는 물들도 그를 찬양할지어다(시 148:4).

하나님이 참으로 땅에 거하시리이까 하늘과 하늘들의 하늘이라도 주를 용납하지 못하겠거든 하물며 내가 건축한 이 성전이오리이까(왕상 8:27).

오직 주는 여호와시라 하늘과 하늘들의 하늘과……(느 9:6),

이들 성구에서 보듯 하늘을 복수로 표현하면서 〈모든 하늘〉이라든가 〈하늘들〉이라든가 〈하늘 위에 하늘〉 등으로 기록하고 있다. 이 성구들은 하늘이 1층천의 구조가 아닌 다층천의 구조임을 암시하고 있다. 하늘이 여러 층계가 있다는 뜻은 이는 하늘의 존재인 천사들에게 품계가 있다는 뜻도 된다(「천사론」 참조).

다른 종교에서는 하늘의 구조를 33층, 9층, 7층으로 구분하지만 성경은 3층천을 증거하고 있다. 성경에서 말하는 이 3층천을 혹자는 오해하여 땅 밑 스올을 1층으로 보고 땅을 2층으로 보고 하늘을 3층천으로 보는 오류를 범했던 것이다. 스올과 땅은 하늘이 아니다. 성경은 낙원이 3층천임을 계시하고 있다. 바울이 체험한 3층천이 곧 낙원이었다.

그는 십사 년 전에 셋째 하늘에 이끌려 간 자라…… 그가 낙원으로 이끌려 가서 말로 표현할 수 없는 말을 들었으니 사람이 가히 이르지 못할 말이로다(고후 12:2-4).

이 성구를 보면 셋째 하늘 = 낙원임을 알 수 있다. 낙원이란 다름아닌 에덴동산으로 셋째 하늘은 곧 에덴동산을 의미한다.

바울은 엑스타시 현상 즉 황홀경 속에서 셋째 하늘에 가서 하나님의 계시를 받았다. 이 탈혼(脫魂) 상태의 경험을 바울은 고백하여 몸 안에 있었는지 몸 밖에 있었는지 모르는 상태라고 표현했다. 이 신비적 체험은 구도의 정상에서 열리는 대각(大覺)의 경지이다. 아담을 에덴동산에 두었다는 창세기의 표현도 바로 이같은 종교적 체험의 경지를 말하고 있는 것이다.

3층천 곧 셋째 하늘은 생명나무의 열매를 따먹을 수 있는 하늘의 정상이다. 아담은 3층천에 오르기 전에 1층천과 2층천의 하늘을 뚫고 올라갔을 것이다. 성경은 1층천과 2층천이 어떤 하늘인지 말하고 있지 않다. 생각컨데 첫째 하늘과 둘째 하늘은 범신과 다신들의 하늘일 것이다. 이같은 상상이 근거가 있음은 다음 성구에서 알 수 있다.

> 여호와 하나님이 그 땅에서 보기에 아름답고 먹기에 좋은 나무가 나게 하시니 동산 가운데에는 생명나무와 선악을 알게 하는 나무도 있더라(창 2:9).
>
> 여호와 하나님이 그 사람에게 명하여 이르시되 동산 각종 나무의 열매는 네가 임의로 먹되 선악을 알게 하는 나무의 열매는 먹지 말라 네가 먹는 날에는 반드시 죽으리라 하시니라(창 2:16–17).

이 성구에서 에덴동산에 있는 나무는 생명나무와 선악나무임을 알 수 있다. 그런데 그 동산에는 여러 나무들도 있었다. 여기서 한 가지 문제되는 것은 생명나무와 선악나무는 생명과 도덕의 가치 개념으로 비유된 데 반하여 다른 나무들은 식물성의 나무라고 표현되었다는 사실이다.

이미 「하나님론」 중 나무의 신론에서 밝힌 바 있지만 〈나무들〉은 천사들의 암호임을 해독했다. 하나님이 여러 나무의 열매를 따먹으라 허락했을 때 이미 아담은 여러 천사의 도과(道果)를 따먹고 셋째 하늘로 올라왔음을 암시하고 있다. 그러므로 셋째 하늘에는 두 나무인 생명나무와 선악나무만 있었다 할 수 있다.

사실상 에덴동산에는 생명나무만이 있었는데 교만한 지혜천사가 가신(假神)이 되어 에덴동산에 잠입(潛入)한 후 아담을 유혹했던 것이다. 아담의 마음이 일심(一心)일때 에덴동산에는 생명나무만이 존재했으나 한 마음에 틈이 생겼을 때 마귀가 생명나무로 가장하여 아담에게 망상을 일으키게 했다.

셋째 하늘 곧 에덴동산 낙원은 생명나무가 있는 하늘이다. 바울도 이 셋째 하늘에 올라가서 예수의 비밀, 만세 전에 아버지 안에 감추었던 비밀을 알고 십자가와 부활의 참 의미를 정각(正覺)하기에 이른다. 예수가 십자가에서 오른편 강도에게 허락하신 낙원도 바로 이 셋째 하늘이다. 그런데 강도의 영혼이 셋째 하늘로 간 줄 오해하고 있다.

> 예수여 당신의 나라에 임하실 때에 나를 기억하소서 하니 예수께서 이르시되 내가 진실로 네게 이르노니 오늘 네가 나와 함께 낙원에 있으리라 하시니라(눅 23:42-43).

이 성구는 강도의 영혼이 예수의 영혼과 함께 낙원에 감을 의미하는 것이 아니다. 그 증거로는 예수가 죽어 사흘 동안 그 영혼이 낙원에 가지 않고 노아 때 심판받은 자들이 갇힌 옥에 가서 부활의 소식을 증거하고 있음에서 알 수 있다.

> 육체로는 죽임을 당하시고 영으로는 살리심을 받으셨으니 그가 또한 영으로 가서 옥에 있는 영들에게 선포하시니라 그들은 전에 노아의 날 방주를 준비할 동안 하나님이 오래 참고 기다리실 때에 복종하지 아니하던 자들이라(벧전 3:18-20).

예수의 영혼이 옥에 가서 사흘 동안 부활의 복음을 전파하고 있었는데 어떻게 강도와 함께 낙원에 갔단 말인가?

강도에게 낙원을 허락하신 것은 아담의 타락으로 막혔던 에덴동산의 길을 열어 줌을 상징하고 있는 것이다.

오른편 강도가 회개하므로 말미암아 십자가 오른편에 있는 회개한 무리들은 에덴동산에 올라가 생명나무의 열매를 따먹을 수 있는 길이 열림을 의미하고 있는 것이다. 성경에서 오른편은 항상 하나님의 성도들이 자리할 마당임을 암시하고 있다. 다음 성구를 보면 확실하게 이해될 것이다.

> 이르시되 그물을 배 오른편에 던지라 그리하면 잡으리라 하시니 이에 던졌더니 물고기가 많아 그물을 들 수 없더라(요 21:6).
>
> 양은 그 오른편에 염소는 왼편에 두리라 그 때에 임금이 그 오른편에 있는

자들에게 이르시되 내 아버지께 복 받을 자들이여 나아와 창세로부터 너희를 위하여 예비된 나라를 상속받으라(마 25:33-34).

주 예수께서 말씀을 마치신 후에 하늘로 올려지사 하나님 우편에 앉으시니라(막 16:19).

이 성구를 보더라도 오른편은 구원받은 성도들의 자리임을 알 수 있다. 배 오른편에 그물을 던져 153마리의 물고기를 잡은 기록은 오순절에 120명 문도들이 성령 받을 것을 암시하고 있다. 33세 예수의 터 위에 120명 문도들이 성신을 받기 때문에 153마리로 상징했던 것이다. 예수도 부활 승천하여 하나님 우편에 앉아 계시지 낙원에 있지 않다.

「타락론」에서 이미 밝힌 바와 같이 셋째 하늘 에덴동산은 구도하는 도량이다. 강도가 십자가에서 낙원에 갈 허락을 받은 것은 모든 오른편 강도(이는 구원받을 무리를 상징)를 대신하여 받은 축복이었다. 예수가 십자가에 달려 운명했을 때 성소의 휘장이 갈라져 막혔던 에덴동산의 길이 열린 뜻도 강도에게 낙원을 허락하여 믿는 성도들이 낙원에서 생명나무 열매인 예수의 진리를 따먹는 길을 열어 줌을 보여주고 있는 것이다.

이런 사실을 모르고 강도의 영혼이 낙원에 갔으니 믿는 성도들의 영혼도 낙원에 간다는 그릇된 피안관(彼岸觀) 내지 내세관(來世觀)이 생기게 되었다.

낙원은 곧 에덴동산이며 에덴동산은 곧 셋째 하늘을 의미하는데 이 셋째 하늘은 하나님이 거니시는 동산으로서 생명나무 열매 곧 진리의 도과를 따먹는 구도의 마당임을 잊어서는 안 된다.

제4절 영계(靈界)는 하늘인가?

요즘 심령 과학의 발달로 인해 영계라는 말이 자주 인구에 회자(膾炙)되고 있다. 또 심령 과학자들의 과대 선전으로 인하여 심령과학이 종교계까지 침투하여 혼란을 일으키고 있다. 종교와 심령과학을 동일시하는 어리석음을 현대인들은 자연스럽게 용납하고 있는 실정이다.

영계란 개념은 성경에는 없다. 성경은 산 자들의 문서이므로 죽은 자들이 가는 영계에 대하여 언급할 필요가 없다. 하나님은 산 자의 하나님이지 죽은 자의 하나님이 아니다. 이 날까지 모든 종교는 인간이 죽으면 그 영혼이 천당 가서 하나님과 해후한다고 거짓 가르쳐 왔다. 산 자의 하나님이 망자(亡者)들의 영혼과 대면할 리도 없지만 하나님은 죽은 자의 영혼이나 수집하는 염라대왕 같은 존재가 아니다.

또 참 하늘은 죽어서 영혼들이 집합하는 으스스한 장소가 아니다. 하늘나라는 산 자, 부활한 자 만이 갈 수 있는 마당이다. 성령의 처음 익은 열매인 예수만이 하나님 우편에 승천하였지 아직 하늘나라에 간 자는 없다.

> 하늘에서 내려온 자 곧 인자 외에는 하늘에 올라간 자가 없느니라(요 3:13).

이 성구 하나만 보아도 참 하늘이 어떤 마당인가를 알 수 있다.

아담 이후 모든 인간은 죽은 자들인데 죽은 자가 어떻게 하늘에 갈 수가 있겠는가? 이 죽은 자들은 부활하여 산 자가 되지 않으면 하늘나라에 갈 수 없다.

예수밖에 아직 부활한 성령의 열매가 없는데 죽은 자들이 어찌 하늘에 오를 수 있겠는가? 에녹과 엘리야의 승천은 다 예수의 섭리 안에서 이루어진 사건이므로 그들의 존재는 예수 안에 감추어져 있는 것이다. 모세의 은밀한 부활도 마찬가지다. 감추어진 비밀이기 때문에 이 날까지 산 자의 도맥을 발굴한 자가 없었던 것이다.

영계란 죽은 자들의 영혼이 가는 곳을 말한다. 영계도 하늘 차원임에는 틀림이 없으나 산 자의 하나님이 계신 하늘 마당하고는 거리가 먼 마당이다. 죽은 자들은 영계에 가서 부활할 날을 대기하고 있다. 마치 구약의 영혼들이 스올에 가서 부활의 날을 대기하면서 잠을 자던 상태와 같은 것이다. 구약의 영혼들은 스올에 내려가 메시아가 부활의 소식을 증거할 때까지 깊은 사면(死眠)에 빠져 있었다. 위대한 선지자 사무엘의 영혼도 스올에서 올라옴을 볼 수 있다.

내가 영이 땅에서 올라오는 것을 보았나이다…… 한 노인이 올라오는데 그가 겉옷을 입었나이다…… 사무엘이 사울에게 이르되 네가 어찌하여 나를 불러 올려서 나를 성가시게 하느냐(삼상 28:13-15).

이 성구는 사울왕의 부탁을 받아 무당이 초혼(招魂)으로 스올에 잠든 사무엘을 불러내는 장면이다. 다윗도 하늘에 오르지 못하고 육체는 썩음을 당하였다.

다윗은 하늘에 올라가지 못하였으나……(행 2:34),
다윗은 당시에 하나님의 뜻을 따라 섬기다가 잠들어 그 조상들과 함께 묻혀 썩음을 당하였으되……(행 13:36),

다윗뿐만 아니라 모든 구약의 영혼은 스올에 내려가 잠들었던 것이다.

누가 살아서 죽음을 보지 아니하고 자기의 영혼을 스올의 권세에서 건지리이까(시 89:48).
흙 속에서 쉴 때에는 희망이 스올의 문으로 내려갈 뿐이니라(욥 17:16).
주는 나를 스올에 감추시며……(욥 14:13),

구약인들은 죽어 음부(陰府)로 내려갈 뿐 참 하늘을 개천하지 못하였기 때문에 하늘에 오르는 길을 몰랐던 것이다. 이 때문에 그들은 죽어 하늘에 가지 못하고 〈열조의 품으로 돌아간다〉고 신앙 고백을 하였던 것이다. 예수 이전 누구 한 사람도 하늘에 오른 자는 없었다. 그들은 다 깊은 사면(死眠)에 빠져 부활의 소식을 기다리고 있었다.

스올에서의 부활은 그 영혼이 하늘 차원으로 오르는 것이다. 예수가 십자가에 달린 후 부활의 소식이 스올에 전파되었고 그가 부활하므로 스올에 잠자던 구약의 영혼들은 낙원에서 구도할 수 있는 하늘 차원으로 부활했던 것이다.

예수께서 다시 크게 소리 지르시고 영혼이 떠나시니라 이에 성소 휘장이

> 위로부터 아래까지 찢어져 둘이 되고 땅이 진동하며 바위가 터지고 무덤들이 열리며 자던 성도의 몸이 많이 일어나되 예수의 부활 후에 그들이 무덤에서 나와서 거룩한 성에 들어가 많은 사람에게 보이니라(마 27:50-53).

이는 구약 영들이 부활함을 보여주고 있는 유일한 성구이다. 예수가 십자가에 달렸을 때 스올에 잠든 구약의 성도들은 일어났으나 예수가 부활하기까지 그들의 몸은 무덤에서 나오지 못하였다.

그들의 영혼은 예수 부활 후 거룩한 성 예루살렘에 입성하였다. 그런데 예루살렘은 성경에서 사라와 같이 새 약속의 어머니를 상징하고 있다(갈 4:22-27). 그러므로 구약의 영혼들이 부활하여 예루살렘성에 입성한다는 참 뜻은 유대 나라의 성도 예루살렘이 아니고 새 시대에 태어날 모성의 도태를 암시하고 있는 것이다.

구약에 잠들었던 성도들은 예수 부활 후 신약의 마당에 다시 태어나 생명나무인 예수의 도를 믿게 되었던 것이다. 마찬가지로 신약의 마당에서 죽은 성도들의 영혼은 스올과 같은 영계에 가서 마지막 부활의 날을 기다리고 있다. 신약의 성도들이 부활할 때가 하늘에 있는 예루살렘이 땅 위에 내려올 때이다(계 21:1-4). 하늘에 있는 예루살렘은 건축물이 아니라 성령 잉태로 성도를 다시 낳아 부활케 할 거룩한 모태의 상징인 것이다.

영계란 산 자가 수렴되는 마당이 아니라 죽은 자들의 영혼이 부활의 날을 대기하는 하늘 차원의 마당이다. 스올과 영계란 아담의 타락으로 인하여 생긴 대기실과 같은 장소이다. 그런데 잘못 믿는 신앙인들은 영계와 하늘나라를 혼동하고 있다. 영계는 사자들이 가는 곳이고 하늘나라는 생자들이 가는 곳이므로 혼동할 수 없는데 성경의 진리를 정각하지 못한 연고로 혼동을 일으키고 있다.

영계와 하늘나라를 혼동하지 말자. 성경은 산 자의 문서이므로 하늘나라는 소개되어 있으나 죽은 자의 영계는 소개되고 있지 않다. 만약 성경이 영계에 대하여 말하면 성경은 죽은 자들의 문서가 되는 것이다. 영계는 마지막 부활의 날을 기다리고 있는 대기 장소임을 명심하자.

그리고 또 한 가지 알고 넘어가야 할 문제는 요즘 유행하는 영통(靈通)

이라는 말의 의미이다. 영통이란 사자(死者)들의 영과 교통하는 현상인데 이것을 계시와 혼동해서 사용하므로 기독교는 샤머니즘화 되고 있는 것이다. 영계가 하늘나라가 아니듯 영통도 계시가 아닌 것이다.

오늘날 거짓 선지자들이 영통을 빙자하여 하나님의 비밀을 알았다고 떠벌리는데 이는 거짓말인 것이다. 영통은 사자(死者)와의 교감현상이므로 하나님의 비밀을 알 수도 없고 죽은 자들은 산 자의 도비를 알 수 없다. 산 자만이 하나님의 비밀을 알 수 있는 것이다. 땅에서 풀어야만 하늘에서 풀리고 땅에서 매면 하늘에서도 매는 것이다(마 16:18-19).

죽은 자는 산 자로 말미암아 완성되지만(히 11:39-40) 산 자는 죽은 자로 말미암아 완성되지 않는다. 그러므로 산 자가 죽은 자에게서 어떤 도비를 얻어낼 수는 없다. 이런 기본적인 도(道)의 원리조차 모르는 거짓 선지자들이 사자와의 대화를 하나님과의 대화로 오각하고 영통을 계시로 혼동하고 있으니 이 어찌 한심한 일이 아니겠는가? 더구나 영통으로 「요한 계시록」을 푼다고 경거망동(輕擧妄動)하는 데는 아연실색(啞然失色)하지 않을 수 없다. 깨고 깨어 속지 말아야 한다.

영계는 하늘나라가 아니지만 부활을 대기하는 하늘 차원임을 알자.

제5절 참 하늘

예수가 이 땅 위에 오셔서 참 하늘을 개천하기 전까지 구약의 마당에서 구도하던 수많은 의인들은 제 나름대로 하늘을 개천하려고 몸부림을 쳤다. 엄밀한 의미에서 유·불·선(仙) 삼교도 구약의 마당에서 개천한 종교였다. 그러나 구약의 마당에서는 참 하늘을 개천할 수 없었다.

아담이 타락한 이래 모든 자는 죽은 자들이 되었으므로 죽은 자들이 참 하늘을 개천할 수 없다. 참 하늘은 생명나무이신 삼위신이 계신 하늘인데 죽은 자들이 어떻게 개천할 것인가?

산 자, 부활한 자가 아니면 생명나무가 있는 하늘은 열리지 않는다. 죽은 자들은 죽은 하늘을 개천하여 영혼이 천국에 가는 줄 알았던 것이다. 죽은 자는 참 하늘에 오를 수 없다. 오직 산 자만이 참 하늘에 오를 수 있다.

또 우리들이 깊이 깨달아야 할 사실은 하늘은 피안(彼岸)이 아니라는 사실이다. 죽은 자들의 종교에서는 하늘을 피안 곧 저승으로 잘못 깨달았다. 이 날까지 모든 종교는 피안종교였다. 이는 죽은 자들이 잘못 깨달은 망견(忘見)이며 망상이다. 이승과 저승, 차안과 피안의 상대 개념으로 갈라놓는 망견은 분별지혜인 선악과를 따먹은 결과였다.

하늘이란 저승이 아니고 새로운 이승인 것이다. 땅도 이승이고 하늘은 새로운 차원의 이승이지 저승은 아닌 것이다. 우리는 이 땅에서 육체의 몸을 쓰고 살다가 하늘나라로 갈 때 죽어서 영혼이 가지 않고 몸이 변화체가 되어 죽지 않고 영화(靈化)된 존재가 승천하므로 하늘은 저승이 아닌 것이다. 이 생명의 원리는 낡은 종교에서는 깨닫지 못한 진리였다.

죽은 자들에게는 저승이 존재할는지 모르지만 산 자들에게는 이승만 존재할 뿐이다. 하늘은 땅보다 높은 차원에 전개된 신령하고 거룩한 새로운 이승이다.

피안의식과 피안감성은 거짓 지혜가 조작해 낸 환화(幻花)이고 참 지혜 속에는 영원한 생명의 이승이 있을 뿐이다.

예수가 개천한 하늘과 승천한 하늘을 살펴보자.

1. 예수가 개천(開天)한 하늘

> 예수께서 세례를 받으시고 곧 물에서 올라오실새 하늘이 열리고 하나님의 성령이 비둘기같이 내려 자기 위에 임하심을 보시더니 하늘로부터 소리가 있어 말씀하시되 이는 내 사랑하는 아들이요 내 기뻐하는 자라 하시니라(마 3:16-17).

이는 평범하게 읽어 내려갈 성구가 아니다. 지극히 중요한 뜻이 숨겨져 있다.

예수가 세례 받고 물에서 올라올 때 하늘이 열렸다. 예수가 체험한 이 개천(開天)은 무엇을 의미하고 있는가? 이는 예수 이전에는 하늘이 개천되지 않음을 의미한다. 다시 말해서 구약의 하늘은 낡은 하늘이며 개천되지 않은 가천(假天)이었음을 암시하고 있는 것이다. 예수가 개천한 하늘에서는 성령이 임했고 아버지의 음성이 들렸다. 구약의 하늘에서는 성령이 임한 일이 없었고 아버지의 음성이 들린 적이 없었다. 오직 분노한 야웨의 음성만이 메아리쳤다.

하나님 아버지의 음성이 들리면서 땅 위에 있는 사람의 아들 예수에게 하나님이 아들로 인치시어 부자의 인연을 맺고 성령을 그 머리 위에 강림시키시는 하늘이야말로 참 하늘인 것이다. 이 하늘에는 생명의 빛만이 충만한 영원한 하늘이다. 성령이 비둘기처럼 임하고 아버지의 음성이 상냥하게 들려오는 하늘은 예수 이전에는 그 누구도 개천하지 못했다.

이 날까지 기독교는 예수가 개천한 개천절의 의미를 모르고 있다. 예수가 참 하늘을 엶으로 야웨가 지배하던 잿빛 낡은 구약의 하늘은 허깨비처럼 사라져가고 아버지의 태양이 인간들 마음에 솟아올랐던 것이다.

성신이 임하고 하나님 아버지의 음성이 들리고 땅 위에서는 아들이 인침을 받아 아버지와 성신과 아들이 하나가 되는 이 하늘의 열림이야말로 참된 소식이 아닌가.

구약의 마당에는 성신의 강림도 없었고 아버지의 음성도 없었으며 아들도 없었다. 찌푸린 회색빛 하늘에는 노한 야웨의 음성이 번갯불 속에서 천둥처럼 메아리쳤고 땅 위에는 죄를 지은 종들이 부들부들 떨면서 두려워했을 뿐이다. 저주와 공포에 떨고 있는 종들이 어찌 참 하늘을 개천할 수 있겠는가?

2. 예수가 승천한 하늘

예수는 자신이 개천한 하늘로 승천하였다. 예수가 승천한 하늘은 아버지와 성신이 있는 하늘이었다. 예수는 참 하늘에 올라 아버지 우편에 자리하시고 보혜사 성령을 내려 보내신다.

이 참 하늘은 예수 이전에는 그 어떤 성인(聖人)도 개천하지 못하였고 더구나 승천하지도 못한 하늘이었다.

> 하늘에서 내려온 자 곧 인자 외에는 하늘에 올라간 자가 없느니라(요 3:13).

예수 이전이나 이후에도 참 하늘에서 내려오고 올라간 자는 한 사람도 없었다.

> 그리스도께서는 참 것의 그림자인 손으로 만든 성소에 들어가지 아니하시고 바로 그 하늘에 들어가사 이제 우리를 위하여 하나님 앞에 나타나시고……(히 9:24),

예수만이 참 하늘에 오르시어 하나님 우편에 앉아 계시는 분이시다.

> 예수께서 말씀을 마치신 후에 하늘로 올려지사 하나님 우편에 앉으시니라(막 16:19).
>
> 그리스도 안에서 역사하사 죽은 자들 가운데서 다시 살리시고 하늘에서 자기의 오른편에 앉히사……(엡 1:20),

하나님과 예수와 성신이 계신 하늘만이 참 하늘이고 그 밖의 하늘은 천사들이 있는 하늘인 것이다. 이 참 하늘은 모든 하늘 위에 있는 위없는 하늘인 것이다. 그러므로 참 하늘에 오르자면 모든 하늘의 층계를 초월해야 한다.

> 내리셨던 그가 곧 〈모든 하늘〉 위에 오르신 자니 이는 만물을 충만하게 하려 하심이라(엡 4:10)

이 성구에도 있는 바와 같이 예수는 〈모든 하늘〉 위에 올라 참 하늘을 개천하고 그 하늘로 승천하였음을 알 수 있다. 예수는 산 자가 되어 참 하늘로 승천한 것이지 예수의 영혼이 승천한 것은 아니다. 이 참 하늘에 오르신 예수가 성도들을 참 하늘로 올리기 위하여 재림하는 것이다.

> 내 아버지 집에 거할 곳이 많도다…… 내가 너희를 위하여 거처를 예비하러 가노니 가서 너희를 위하여 거처를 예비하면 내가 다시 와서 너희를 내게로 영접하여 나 있는 곳에 너희도 있게 하리라(요 14:2-3).

이 약속이 성도들 앞에 남아 있는 것이다.

예수가 다시 올 때 성도들 앞에 참 하늘에 오를 수 있는 길이 열리게 된다. 이 참 하늘은 죽은 영혼들이 가는 영계와 같은 하늘이 아님을 깊이 명심하자. 현존하는 우리가 살고 있는 하늘은 낡은 하늘이다. 하늘이 낡았으므로 모든 종교와 도덕과 윤리도 낡아 무기력하고 영력(靈力)이 없다.

예수가 참 하늘로 우리를 영접할 때 그 하늘은 낡은 하늘 아래 살고 있는 우리들에게는 새 하늘로 개천될 것이다.

> 내가 새 하늘과 새 땅을 보니 처음 하늘과 처음 땅이 없어졌고……(계 21:1).
>
> 우리는 그의 약속대로 의가 있는 곳인 새 하늘과 새 땅을 바라보도다(벧후 3:13).
>
> 보라 내가 새 하늘과 새 땅을 창조하나니 이전 것은 기억되거나 마음에 생각나지 아니할 것이라(사 65:17).

새 하늘과 새 땅이 개벽될 때 낡은 하늘과 낡은 땅은 연기와 같이 사라지고 두루마리처럼 말려 없어질 것이다.

> 하늘의 만상이 사라지고 하늘들이 두루마리 같이 말리되……(사 34:4),
>
> 너희는 하늘로 눈을 들며 그 아래의 땅을 살피라 하늘이 연기 같이 사라지고 땅이 옷 같이 해어지며 거기에 사는 자들이 하루살이 같이 죽으려니와 나의 구원은 영원히 있고 나의 공의는 폐하여지지 아니하리라(사 51:6).
>
> 이제 하늘과 땅은 그 동일한 말씀으로 불사르기 위하여 보호하신 바 되어 경건하지 아니한 사람들의 심판과 멸망의 날까지 보존하여 두신 것이니라(벧후 3:7).
>
> 그 날에 하늘이 불에 타서 풀어지고 물질이 뜨거운 불에 녹아지려니와……(벧후 3: 12),

낡은 하늘과 낡은 땅이 사라질 때 그 하늘 아래 발생했던 낡은 종교, 낡은 도덕, 낡은 윤리, 낡은 가치 속에 매달려 판가름 싸움질 하던 낡은 인간들도 하루살이와 같이 사라질 것이다. 모든 죽은 자들의 마당인 낡은 하늘과 낡은 땅은 하루속히 사라져야 한다.

오직 산 자의 마당인 새 하늘과 새 땅이 개명될 때 그 곳에서 부활한 성도들은 생명나무의 열매를 따먹고 생명수 강가에 앉아 생명수를 마시면서 영원한 안식의 나날을 맞이할 것이다.

제6절 마귀도 하늘이 있음

하늘에 있는 악의 영들을 상대함이라(엡 6:12).

마귀와 악령들도 하늘에 있는 존재이다. 그러나 삼위신이 있는 하늘과 마귀가 있는 하늘은 동일한 하늘이 아니다.

하루는 하나님의 아들들이 와서 여호와 앞에 섰고 사탄도 그들 가운데에 온지라(욥 1:6).

이 성구를 잘못 해독하면 하나님과 사탄 마귀가 동일한 하늘의 마당에 공존하는 듯 오해하기 쉽다. 하나님과 사탄 마귀는 같은 하늘에 공존할 수 없는 존재이다.

이미 밝힌 바와 같이 하늘은 다층천으로 구성되어 있다. 하늘의 구조를 입체적으로 보면 사닥다리처럼 다층천이지만 평면적으로 보면 동심원(同心圓)과 같은 구조인 것이다. 「욥기」의 기자는 평면적인 하늘의 구조를 보았기 때문에 하나님과 사탄 마귀가 동일한 마당에 있는 듯이 묘사하였다.

동심원의 하늘 구조는 원심(圓心)에는 하나님이 계시고 파문처럼 퍼져가는 동심원의 자리에 따라 높고 낮은 영들이 존재하는 것이다. 마귀는 동심원의 외원(外圓)에 존재하고 있는 자이다.

하늘이라도 그가 보시기에 부정하거든……(욥 15:15),

이 성구를 보면 하나님이 보시기에 부정(不淨)한 하늘도 있는 것이다. 하나님 보시기에 부정한 하늘은 사탄 마귀와 악령들이 거하는 하늘인 것이다. 이 하늘은 아마 공중의 차원인 듯하다.

> 그 때에 너희는 그 가운데서 행하여 이 세상 풍조를 따르고 공중의 권세 잡은 자를 따랐으니……(엡 2:2),

이 성구에서처럼 마귀는 공중의 권세 잡은 자임을 알 수 있다.

공중이야말로 지구를 둘러싼 대기권인데 이 성구의 뜻은 대기권 속에 마귀가 산다는 뜻이 아니고 지구를 악한 세력으로 지배하는 자가 마귀이므로 공중의 권세 잡은 자라 표현하고 있는 것이다. 마귀가 하늘에 있는 존재요 공중의 권세를 잡은 실체인 이상 참 구도자는 이들과 싸워야 한다. 다시 말해서 구도자는 마귀의 구름층을 뚫고 올라가야만 하나님과 만날 수 있는 것이다. 하나님과 해후하자면 반드시 마귀가 나타나는 원인이 바로 여기에 있는 것이다. 비유컨대 태양을 가리운 구름층같이 진리의 태양이신 하나님을 구름처럼 가리운 잿빛 마귀의 하늘이 있으니 이 두터운 구름층을 뚫고 솟아오르지 않으면 태양을 볼 수 없음과 같다.

공중의 권세 잡은 자, 하늘에 있는 마귀와 싸워 승리하는 자만이 참 하늘을 개천할 수 있는 것이다. 인간만이 마귀와 싸우는 것이 아니라 하늘에 있는 천사들도 마귀와 싸워 승리할 때를 기다리고 있다.

하늘과 공중에 마귀와 악령들이 진치고 있는 한 하늘에 평화는 없다. 그러므로 전쟁을 수행하는 천사장인 미가엘이 마귀와 싸워 승리하고 하늘 차원에서 마귀와 그 권세를 추방하는 날이 오고 있는 것이다.

> 하늘에 전쟁이 있으니 미가엘과 그의 사자들이 용과 더불어 싸울새 용과 그의 사자들도 싸우나 이기지 못하여 다시 하늘에서 그들이 있을 곳을 얻지 못한지라 큰 용이 내쫓기니 옛 뱀 곧 마귀라고도 하고 사탄이라고도 하며 온 천하를 꾀는 자라(계 12:7-9).

하늘에 있던 마귀가 미가엘 천사와 싸워 패배하는 날 하늘에는 평화가 오지만 땅에는 마지막 큰 화가 있는 것이다. 마귀가 하늘에 있을 때도 이 세상은 죄악의 세상이었거늘 그 마귀가 땅에 내려온 때라면 얼마나 더 악한 세상이 되겠는가.

> 그러므로 하늘과 그 가운데에 거하는 자들은 즐거워하라 그러나 땅과 바다는 화 있을진저 이는 마귀가 자기의 때가 얼마 남지 않은 줄을 알므로 크게 분내어 너희에게 내려갔음이라(계 12:12).

마귀가 하늘에서 쫓겨나는 때가 바로 낡은 하늘이 사라지는 때가 아니겠는가? 비록 마귀는 땅 위에 내려와 마지막 발악을 해도 땅 위에서도 복멸(覆滅)당할 것이다. 하늘과 땅에서 마귀가 완전히 소탕되는 때가 새 하늘과 새 땅이 개명되는 때이다. 하늘에 마귀가 점령한 구름층이 없으니 새 땅에 부활한 성도들은 진리의 태양 아래 안식의 해바라기를 할 것이다.

> 다시 밤이 없겠고 등불과 햇빛이 쓸 데 없으니 이는 주 하나님이 그들에게 비치심이라(계 22:5).

진리의 태양이신 하나님의 빛이 마귀의 구름층이 없으므로 광선 전체가 인간의 심령을 밝힐 것이다. 그 때 인간의 마음은 다시는 무명과 미망에 빠지지 않을 것이다.

> 다시 밤이 없겠고 등불과 햇빛이 쓸 데 없으니 이는 주 하나님이 그들에게 비치심이라(계 22:5).

제7절 인간은 천사보다 높은 하늘에 오를 수 있음

인간은 완성되면 천사보다 높은 하늘에 오를 수 있는 존재이다. 인간은 천사보다 한 단계 저급하게 창조된 존재인 줄로 착각하고 있다. 심지어 정각(正覺)을 이루지 못한 자들은 천사를 숭배하는 사례까지 있다. 하나님이 아담에게 지혜천사를 경계시킨 이유도 아담의 능력으로 지혜천사를 이길 수 있기 때문이었다. 야곱이 천사와 씨름하여 이기지 않았던가.

아담도 자기 안에 심어진 〈로고스의 씨〉를 자각하고 정각을 이루었다면 지혜천사의 유혹을 능히 이기고 초극할 수 있는 존재였다. 아담에게 지혜천사를 이길 내적인 능력이 없는 무능자였다면 하나님은 처음부터 선악과를 따먹지 말라고 경계시키지 않았을 것이다. 젖 먹는 유아 앞에 독약을 놓고 그 약을 먹지 말라고 경계 시킬 부모가 있을 수 있겠는가?

천사들은 도의 차자들이다. 그러나 예수는 장자이다. 땅 위의 인간들은 장자인 예수의 도맥을 이어받아 장자의 반열에 참여함으로써 천사보다 높은 하늘에 오를 수 있는 것이다. 인간이 이 땅에서 구도하는 동안에는 천사보다 낮은 듯 하지만 도를 완성하여 산 자로 수렴되면 천사보다 월등하게 높은 존재가 되는 것이다.

> 영원부터 만물을 창조하신 하나님 속에 감추어졌던 비밀의 경륜이 어떠한 것을 드러내게 하려 하심이라 이는 이제 교회로 말미암아 하늘에 있는 통치자들과 권세들에게 하나님의 각종 지혜를 알게 하려 하심이니……(엡 3:9-10),

이 성구에서 보는 바와 같이 〈하나님 속에 감추었던 비밀인 예수 그리스도의 도〉는 땅 위에 있는 인간들이 먼저 알아 하늘의 천사들에게 전해 주어야 한다. 천사들은 하나님 속에 감추었던 비밀인 예수의 존재를 몰랐다. 이 비밀을 몰랐기 때문에 지혜천사가 교만해졌던 것이다.

예수가 하늘나라에서 모든 천사보다 뛰어난 존재로 나타나 있었다면 어떻게 지혜천사가 하나님으로 사칭할 수 있겠는가. 예수의 존재는 천사들도 모르는 도비였다. 영원 전부터 하나님 안에 감추었던 존재였기 때문에 천사세계에서는 예수의 존재를 알 수 없지만 말씀이 수육되므로 땅 위의 인간이 천사보다 예수의 존재를 먼저 깨달을 수 있는 것이다.

인간이 영대와 심령과 의식 상태가 어릴 적에는 천사의 도움을 받지만 (이 때 천사는 인간보다 월등하게 우위의 존재로 보인다) 성장하여 구경(究竟)의 자리를 깨치고 완성되면 단 번에 천사를 초극하는 것이다.

비유컨대 왕자가 어린 동궁으로 수학할 때는 대신들을 스승으로 모시고 공부하지만 공부가 끝나 왕위에 오르면 왕자를 가르치던 스승이 다시 신하의 자리에 돌아가는 이치와 같은 것이다.

땅 위의 인간들은 예수의 도를 깨쳐 장자의 반열에 오르므로 예수와 더불어 다스릴 존재로 지음받았던 것이다. 인간은 타락으로 말미암아 자신의 값어치를 잃어버린 비참한 존재가 되어 천사와 죄의 노예가 되었다. 이제 죄에서 자유한 참 성도들은 하나님의 형상을 닮은 값어치를 깨닫고 위대하고 존귀한 자로 발돋음 하자.

> 그러므로 하늘에 계신 너희 아버지의 온전하심과 같이 너희도 온전하라(마 5:48).

예수의 이 말씀은 거짓이 아닌 것이다. 인간은 하나님의 온전하심과 같이 자기 자신을 예수 그리스도 안에서 완성할 수 있는 존재인 것이다. 인간이 완덕(完德)으로 나가는 길은 성령을 통해 가능한 것이다. 성령 안에서 거듭나면 인간은 산 자가 되어 온전한 존재로 수렴될 수 있는 빛나는 존재들이다.

우리는 겸손의 덕과 자기비하(自己卑下)를 구별해야 한다. 인간의 잘못된 비하(卑下)는 천사보다 못한 존재로 전락시키기 쉽다. 사람의 값어치를 깊이 깨닫자. 하나님의 형상을 닮은 인간의 값어치가 무엇인지 다시 한번 반성하자.

제15장
영 혼 론

제15장 영혼론

하나님이 땅의 흙으로 사람을 지으시고 생기를 그 코에 불어넣으시니 사람이 생령이 되니라(창 2:7).

종교를 믿는 사람이면 누구를 막론하고 영혼의 실재를 부인하지 않는다. 인간이 죽으면 그 영혼은 으레 하늘로 돌아간다고 믿고 있다. 이 날까지의 모든 종교는 엄밀한 의미에서 산 자의 종교가 아닌 〈죽은 자의 종교〉였다. 종교를 믿는 원인이 죽음을 위한 준비 정도로 생각했고 죽어서 천당이나 극락으로 간다고 오신(誤信)했을 뿐더러 현세의 삶이 괴로우니 아편쟁이처럼 위안이나 받으려고 입교(入敎)하는 자도 있었다.

종교에 대한 이 같은 잘못된 통념 때문에 젊어서는 온갖 나쁜 짓을 다 하다가도 늙어 죽을 때가 되면 슬슬 교회에 나오는 자도 있고 건강할 때나 돈이 있을 때는 하나님을 모르다가도 병이 들거나 사업에 실패하거나 실연당하면 교회의 문을 두드리는 자가 대부분이었다.

하나님을 마치 병자와 패배자와 늙은이들이 찾는 양로원이나 감화원(感化院)이나 고아원의 마음씨 좋은 원장 같은 존재로 착각하고 있지 않았던가? 정말 종교는 가난뱅이들과 패배자들과 병들어 죽을 자들과 늙은이들이 죽음을 준비를 하기 위한 방편일까?

우리들은 이런 문제들의 근본인 영혼에 대하여 아무런 반성이나 깊은 사색도 없이 선인(先人)들이 물려준 관념이나 교리나 종교 전통을 그대로 답습(踏襲)하면서 또 후손들에게 무책임하게 물려주는 관성에 빠져있다.

인간이 죽으면 영혼과 육체가 분리되어 육체는 무덤 속에서 구더기의 밥이 되고 영혼은 그 행위에 따라 하늘 아니면 지옥에 간다는 종래의 믿음은 정말 하나님의 창조 목적과 부합되는 진리일까? 죽은 자의 영혼이 귀천(歸天)하여 하나님의 품 안에 안길 수 있을까?

하나님이 인간을 창조할 때 죽어서 그 영혼이나 천국에 오라고 창조했을까? 〈생명 그 자체〉이신 하나님에게는 죽음의 그림자도 없는데 어찌 하나님이 죽은 자의 영혼을 수집하는 염라대왕 같은 존재로 착각하게 되었는가?

우리는 이러한 의문을 바르게 풀기 위하여 영혼 문제를 올바르게 이해해야 한다. 그리하여 이 날까지 모든 종교가 구속해 놓은 피안종교의 미신을 과감하게 타파해야 한다.

제1절 인간을 구성하는 요소

인간은 몇 가지 요소로 구성된 존재일까? 또 동물은 몇 가지 요소로 구성된 존재일까? 이 문제는 고금에 걸쳐 많은 신학적 논쟁을 유발하였다.

심리학과 심령학이 발달된 오늘날에도 이 문제는 아직 실마리를 찾지 못하고 있다. 우리는 이 문제에 대하여도 학문적인 문제는 잠시 접어두고 성경을 사경하여 해답의 실마리를 찾도록 하자.

> 너희의 온 영(spirit) 과 혼(soul)과 몸이 우리 주 예수 그리스도께서 강림하실 때에 흠 없게 보전되기를 원하노라(살전 5:23).
>
> 하나님의 말씀은 살아 있고 활력이 있어 좌우에 날선 어떤 검보다도 예리하여 혼과 영과 및 관절과 골수를 찔러 쪼개기까지 하며……(히 4:12),

이 성구를 볼 때 인간은 영과 혼과 몸의 세 가지 요소로 구성된 존재임을 알 수 있다. 우리는 보통 영혼과 육신의 두 가지 요소로 구성되어 있다고 생각한다. 영혼과 육신으로 구성되어 있다는 이 날까지의 통념도 틀린 것은 아니지만 성경은 영혼을 영과 혼으로 구별하고 있다. 이러한 견해는 아마도 인간과 짐승을 구별하기 위함인 듯하다.

짐승은 혼과 육신으로 구성된 존재로서 영이 없다. 그러나 인간은 혼과 육신 외에 영이 있는 존재인 것이다.

> 이것들 중에 어느 것이 여호와의 손이 이를 행하신 줄을 알지 못하랴 모

> 든 생물의 생명과 모든 사람의 육신의 목숨이 다 그의 손에 있느니라(욥 12:9-10).

인간은 동물에게는 없는 영을 소유한 존재이다. 동물은 육신 안에 혼이 주입된 존재이다. 인간은 육신 안에 혼과 영이 주입된 존재이다. 인간 안에 영이 주입된 사실은 창세기의 기록과도 부합된다.

> 여호와 하나님이 땅의 흙으로 사람을 지으시고 생기를 그 코에 불어넣으시니 사람이 생령이 되니라(창 2:7).

흙은 곧 동물적인 존재, 혼과 육을 말한다. 흙 속에 생기를 불어 넣음으로써 사람은 생령이 된 것이다. 인간의 참 모습은 곧 생령이 된 존재이다. 이 생령의 존재가 곧 산 자이다. 하나님도 영적인 존재이고 예수도 영적인 존재이다.

> 하나님은 영이시니……(요 4:24).
> 주는 영이시니……(고후 3:17).

이처럼 하나님도 예수도 영적인 존재이므로 인간도 영적인 존재 곧 생령(生靈)인 산 자로 창조하였던 것이다. 이 생령은 죽은 자의 영혼이 아닌 것을 깊이 깨달아야 한다. 인간이 타락으로 말미암아 죽은 자가 되어 영혼과 육신이 분리되는 현상을 경험한 후 생령인 산 자의 본질을 망각하고 죽은 자의 영혼이 하늘나라에 간다는 그릇된 오해를 일으키게 된 것이다. 하나님은 산 자(생령)의 하나님이지 죽은 자(영혼)의 하나님이 아니다.

생령이란 흙인 육신을 소유한 자이지 육신이 없는 허깨비 같은 영혼이 아니다. 영육쌍전(靈肉雙全)한 존재가 생령이다. 땅 위에 지음 받은 생령 곧 산 자인 인간은 하늘에 수렴될 때도 변화받은 산 영으로 수렴되는 것이지 죽은 자의 영혼이 수렴되는 것이 아닌데 타락으로 말미암아 인간 존재의 본질을 망각하게 됨으로서 영혼이 하늘나라로 가는 줄 오각하게 되었던 것이다.

생령은 반드시 육신이 있어야 한다. 인간이 흙으로 구성된 육신은 수렴될 때 변화되어 영화(靈化)된 몸으로 탈바꿈하는 것이다.

> 육의 몸이 있은즉 또 영의 몸도 있느니라(고전 15:44).

이 성구만 보아도 신령한 몸이 있음을 분명히 알 수 있다. 생령 곧 산 자는 땅 위에서 흙인 육신을 쓰고 생령이 되며 하늘로 수렴될 때는 그 몸이 변화되어 신령한 몸으로 화하여 산 자로 수렴되는 것이지 육신과 분리된 영혼이 하늘나라로 가는 것이 아님을 깊이 깨달아야 한다. 생령은 영혼이 아니다. 산 자는 죽은 자가 아니다.

산 자는 육의 몸이든 신령한 몸이든 몸이 있는 생령이지만 죽은 자는 육신과 영혼이 분리된 존재인 것이다. 육신과 영혼이 분리된 존재는 산 자가 아닌 망자(亡者)이다.

우리는 이 날까지 얼마나 성경을 오해하고 그릇되게 풀이했던가? 타락으로 말미암아 인간의 본질을 바르게 깨닫지 못하므로 죽어서 영혼이 천당 간다는 그릇된 피안의식과 내세관이 생겼고 죽은 인간은 이것이 올바른 종교의 길인 줄 착각하고 있었다.

우리는 하루빨리 죽은 자들의 영혼관에서 해방되어 본래 인간의 모습인 산 자로 돌아가 생령의 존재를 회복해야 한다. 생령의 존재만이 하나님과 해후하고 대화할 수 있는 참 사람이다.

영혼과 육신이 분리되는 현상은 타락으로 말미암아 생긴 비본래적 현상이다. 인간이 생명나무의 열매를 따먹었다면 영혼과 육신은 분리되지 않고 혼연일체가 되어 영육쌍전한 존재로서 산 자 곧 생령이 되었을 것이다. 〈분리의 열매〉인 선악과를 따먹은 연고로 영혼과 육신이 분리되어 죽은 자로 전락하게 되었다.

육신에서 분리된 영혼은 생령이 아니므로 다시 육신을 쓰고 생령을 이룰 날을 기다리게 된다. 이것이 곧 부활의 비의이다.

저 구약의 영혼들이 음령(陰靈)이 되어 음부(陰府)에서 부활의 날을 기다리듯 신약의 영혼들은 스올이 아닌 하늘 차원에서 부활의 날을 기다리고 있는 것이다.

제2절 혼과 영이 혼용된 예

생령 곧 산 자로서 죽은 자가 되어 영육이 분리된 인간은 참 하나님을 알 길이 막혔고 생명나무 열매도 따먹을 길이 없게 되었다.

인간은 타락의 심연에 나락(奈落)되어 그 마음과 정신은 혼돈 상태에 빠져 참 도를 정각할 수 없게 되었고 온갖 사령(邪靈)과 잡신의 도전을 받아 사도(邪道)를 정도(正道)로 그릇 인식하게 되었다. 그러므로 산 자의 길과 본질을 망각하고 죽으면 영혼이 하늘나라로 가는 착각을 정각으로 오해하게 되고 따라서 혼과 영을 혼용(混用)하여 쓰는 결과를 초래하게 되었다. 어떤 때는 영으로 어떤 때는 혼으로 어떤 때는 영혼으로 아무 분별없이 영과 혼을 혼용하게 된다. 그럼 성경에서 그 예를 찾아보자.

1. Soul이 혼용된 예

예수께서 말씀하시되 내 마음(soul)이 심히 고민하여 죽게 되었으니……(막 14:34).

안식일에…… 생명을 구하는 것과 죽이는 것, 어느 것이 옳으냐(눅 6:9).

전쟁에 나갔던 군인들은 사람이나 소나 나귀나 양 떼의 오백분의 일을 여호와께 드릴지니라(민 31:28).

그 가운데 모든 사람(soul)을 칼날로 쳐서 진멸하여……(수 11:11).

이상 성구에서 보는 바와 같이 혼(soul)이라는 개념이 어떤 때는 사람의 생명으로 또는 사람의 마음으로 혹은 사람의 영혼으로 그리고 짐승의 생명으로 혼용되어 사용되었음을 알 수 있다.

2. Spirit이 혼용된 예

흙은 여전히 땅으로 돌아가고 영은 그것을 주신 하나님께로 돌아가기 전에 기억하라(전 12:7).

삼 일 반 후에 하나님께로부터 생기(spirit of Life)가 그들 속에 들어가매(계

11:11),

주께서 그들의 호흡(spirit)을 거두신즉(시 104:29),

나의 호흡이 아직 내 속에 완전히 있고 하나님의 숨결(spirit)이 아직도 내 코에 있느니라(욥 27:3-4).

이상 성구에서 보는 바와 같이 영(spirit)이라는 개념이 신으로 혹은 생기로 또는 호흡과 기운으로 혼용되어 사용되었음을 알 수 있다. 또 spirit이 soul과 혼용된 예도 있다.

여호와 하나님이 땅의 흙으로 사람을 지으시고 생기를 그 코에 불어넣으시니 사람이 생령(a living soul)이 되니라(창 2:7).

너희의 온 영(spirit)과 혼(soul)과 몸이……(살전 5:23),

생령을 a living spirit으로 하지 않고 a living soul로 하기도 했다. 이는 생령보다는 생혼(生魂)이 더 가까운 개념이 아닐까? 이상은 몇 가지 예에 불과하지만 영과 혼이 일정한 표준이 없이 혼용된 사실은 무엇을 말하고 있는가?

인간은 타락되어 죽은 자가 되었고 죽은 자의 자리에서 생명의 바른 길을 정각할 수 없으므로 영과 혼을 서로 혼동하기도 하고 혹은 동일시하여 영혼의 합성어(合成語)를 만들어 내기도 했다.

우리는 죽은 자의 자리가 아닌 산 자의 자리에서 다시 깨달아야 한다. 죽은 자의 자리에서 보면 영과 혼이 혼동을 일으켜 혼용되기도 하지만 산 자 즉 영과 혼과 몸이 하나로 조화된 자리에서는 영과 혼을 분리하여 혼동을 일으킬 수 없는 것이다.

산 자란 영과 혼과 몸이 완전히 하나가 된 존재를 말함이지 육신을 떠난 영과 혼이 있을 수 없는 것이다. 생령이란 영과 혼과 몸이 하나로 조화된 인간을 말한다. 그런데 타락으로 말미암아 사탄 마귀는 인간의 몸에 침입하여 영혼과 육신의 조화가 깨짐으로 말미암아 육신과 영혼이 분리되는 현상이 생겼던 것이다.

제3절 영혼과 육신이 분리되는 죽음의 현상

사탄 마귀는 산 자 곧 생령을 죽인 최초의 살인자였다. 사탄의 유혹으로 말미암아 선악과를 따먹은 아담은 산 자의 열매인 생명나무의 길을 상실했고 따라서 죽음이 침입하여 무덤에 인봉되는 비참한 존재로 전락되었다.

사탄 마귀는 인간을 죽인 살인자이지만 그도 피조물이므로 인간을 완전히 죽일 수는 없다. 사탄 마귀는 인간의 몸만 죽일 수 있을 뿐 하나님의 생기로 창조된 영혼은 죽일 수 없었다. 사탄 마귀가 인간의 몸에 침입하므로 산 자는 영혼과 육신으로 양분(兩分)되기 시작한다. 영혼과 육신이 분리되는 현상이 곧 죽음인 것이다.

마귀는 인간의 몸을 무덤 속에 인봉할 권세는 있어도 영혼까지 영원히 음부에 감출 권세는 없다. 스올에 갇힌 구약의 영혼들이 예수의 부활의 소식을 듣는 순간 살아났다.

> 몸은 죽여도 영혼은 능히 죽이지 못하는 자들을 두려워하지 말고 오직 몸과 영혼을 능히 지옥에 멸하실 수 있는 이를 두려워하라(마 10:28).

이 성구는 사탄 마귀와 그 괴뢰인 정치적 권력자들을 두려워 말라는 뜻이다. 마귀와 그 주구(走狗)들은 인간의 몸은 죽일 수 있지만 영혼까지 죽일 수는 없다. 창조주 하나님만이 영혼과 육신을 멸하실 권능이 있는 것이다.

가인은 최초의 살인자였다. 그는 사탄 마귀의 사주(使嗾)를 받고 아벨을 살해하였다. 그는 아벨의 몸만 죽였을 뿐 의로운 아벨의 피는 살아서 하나님께 해원해 줄 것을 요구하지 않았던가? 아벨은 최초의 순교자였다. 마귀와 세상 주관자들이 성도의 몸은 죽일 수 있어도 그 영혼은 죽일 수 없다.

생령 곧 영혼과 육신이 조화된 인간에게 마귀가 침입하여 그 몸을 점령하므로 모순, 갈등의 이율배반적인 존재로서 영혼과 육신은 분리되기 시작한다. 영혼은 하나님의 진리를 추구하기에 힘쓰지만 육신은 마귀의 일을 실천하려 하므로 인간 실존은 분열되는 존재가 되었다. 영혼과 육신이 분리되는 비극적인 현상은 재림 예수가 오기까지 이 땅 위에서 되풀이 될 것이다. 끝 날에 다시 부활하여 생령 곧 산 자들은 다시는 영혼과 육신이 분리되는 비극이 없을 것이다.

우리들이 지금 인식하고 경험하는 죽음과 그 개념은 〈산 자의 죽음〉이 아닌 〈죽은 자의 죽음〉을 죽음으로 착각하고 있다. 이러한 착각 때문에 죽으면 영혼이 천당간다는 잘못된 내세관과 피안 의식이 생겼다. 하나님은 산 자의 하나님인데 어찌 죽은 자의 영혼이 하나님과 해후할 수 있겠는가? 에녹도 엘리야도 멜기세덱도 모세도 예수도 다 산 자이지 죽은 영혼으로 하늘나라에 가지 않았다(「도맥론」 참조).

본래 아담은 생령으로 산 자였다. 산 영인 아담이 죽은 자가 된 것이 타락이다. 참다운 의미의 죽음은 아담만이 경험했을 뿐 우리는 이 세상에 태어났을 때 생령으로 태어나지 않고 이미 죽은 자가 되어 태어났으므로 참다운 죽음이 무엇인지 모르고 있었다.

이 날까지 이 죽음의 비밀을 깨달은 자는 희소(稀少)하다. 아담만이 산 자로서 죽었고 우리들은 죽은 자로서 죽고 있는 것이다. 아담 안에서 이미 모든 인류는 죽은 존재이다.

> 그러므로 한 사람으로 말미암아 죄가 세상에 들어오고 죄로 말미암아 사망이 들어왔나니 이와 같이 모든 사람이 죄를 지었으므로 사망이 모든 사람에게 이르렀느니라…… 그러나 아담으로부터 모세까지 아담의 범죄와 같은 죄를 짓지 아니한 자들까지도 사망이 왕 노릇 하였나니 아담은 오실 자의 모형이라(롬 5:12-14).

이 성구를 보아도 아담 안에서 모든 인류는 죽은 자가 되었음을 알 수 있다. 아담이 경험한 죽음과 현재 우리들이 경험하고 있는 죽음은 본질적으로 그 차원이 다른 죽음이다.

아담은 산 자로서 죽었고 우리는 죽은 자로서 지금 죽어가고 있는 존재이다. 이 죽은 자로서의 죽음이 영혼과 육신이 분리되는 현상인데 이를 하나님이 창조한 본래적인 생명현상으로 착각하여 영혼이 천당간다는 무지와 미망의 피안 의식과 내세관을 조작해 냈던 것이다.

아담이 생령 곧 산 자가 되었을 때 즉 선악과를 따먹기 전에는 영혼과 육신의 모순과 분열과 이율배반을 경험하지 않았던 존재였다. 그는 산 자로서 생명나무의 열매를 따먹기 위하여 구도하고 있던 최초의 구도자였다. 산 자만이 생명나무 열매를 따먹고 영생할 수 있지 죽은 자는 생명나무 열매를 따먹을 수 없다. 선악과를 따먹은 아담은 죽었다. 산 영이 곧 죽은 영이 되었다. 영혼과 육신이 싸우는 모순과 분열과 이율배반을 경험하게 된다.

영혼의 소욕은 육신을 거스르고 육신의 소욕은 영혼을 거스르는 고뇌와 내적 투쟁의 죽은 인간으로 전락하여 생명나무의 열매를 따먹을 수 없는 존재가 된다. 생명나무 열매를 따먹을 수 없는 것이 곧 죽음인 것이다. 아담은 타락 이후 산 영이 아닌 죽은 영이 되어 9백 세나 살다가 그 몸이 무덤에 묻힌다. 아담이 산 900년은 산 자 곧 생령으로 산 생애가 아니었고 죽은 자로서 살아간 죽은 900년이었다. 우리들도 지금 하나님의 눈으로 볼 때 죽은 생애를 살고 있는 죽은 자들인 것이다. 누가 타락 전 아담처럼 생령이 되어 생명나무 동산에 살고 있는가?

아담은 타락 후 생명나무가 있는 에덴에서 추방된다. 이것이 곧 죽음인 것이다. 우리들은 무덤에 주검이 묻히는 현상을 죽음으로 착각하지만 참 의미의 죽음은 생명나무와의 단절인 것이다. 우리들이 지금 인식하고 경험하는 죽음은 〈죽음의 죽음〉임을 깨닫자. 참 의미의 죽음이 아닌 죽음을 죽고 있는 것이다.

〈생명 그 자체〉로서 죽음과는 아무 상관없으신 예수도 인간의 죽음을 십자가로서 경험하였다. 예수도 영혼과 육신이 분리되는 죽은 자의 죽음을 죽으셨다.

> 예수께서 다시 크게 소리 지르시고 영혼이 떠나시니라(마 27:50).

예수가 당한 이 불행은 인간 존재의 심연을 철저히 이해하고 죽음에서 인간을 해방하기 위함이었다. 죽음을 경험하지 않고서는 죽음에서 인간을 부활시킬 수가 없다. 생명나무이신 예수가 죽음을 경험한 역사적인 사실, 사탄 마귀도 이 진실 앞에는 패배를 자인하지 않을 수 없었다.

육신과 분리된 영혼이 갈 수 없다면 다음 성구는 어떻게 해석할 것인가?

예수께서 큰 소리로 불러 이르시되 아버지 내 영혼을 아버지 손에 부탁하나이다 하고 이 말씀을 하신 후 숨지시니라(눅 23:46).

스데반이 부르짖어 이르되 주 예수여 내 영혼을 받으시옵소서…… 이 말을 하고 자니라(행 7:59-60).

그러므로 하나님의 뜻대로 고난을 받는 자들은 또한 선을 행하는 가운데에 그 영혼을 미쁘신 창조주께 의탁할지어다(벧전 4:19).

내가 나의 영을 주의 손에 부탁하나이다(시 31:5).

믿음의 결국 곧 영혼의 구원을 받음이라(벧전 1:9).

너희가 전에는 양과 같이 길을 잃었더니 이제는 너희 영혼의 목자와 감독되신 이에게 돌아왔느니라(벧전 2:25).

이 성구들은 죽은 자의 영혼이 하나님 나라에 갔다는 뜻이 아니다. 죽은 자들이 하나님 손에 영혼을 부탁한 것은 부활의 날에 자기들의 영혼을 부활시켜 줄 것을 부탁한 기도였던 것이다.

비록 죽은 자가 되어 그 영혼이 하늘나라에 갈 수 없어도 생명나무이신 예수를 믿고 구원의 보증을 얻었으므로 그 영혼을 부활할 때까지 하나님의 손에 부탁할 수 있는 것이다. 비록 죽은 자의 영혼은 하나님을 해후할 수 없지만 산 자로 다시 부활할 동안까지 생명나무이신 예수를 믿은 믿음 때문에 그 영혼은 생명 안에 갈무리되어 다시 부활의 때까지 기다리지 않으면 안 되는 것이다.

예수도 죽어가면서 그 영혼을 아버지 손에 부탁했으므로 다시 부활할 수 있었다. 예수를 믿고 산다고 증거를 받고 순교한 자들의 영혼도 하늘나라가 아닌 하나님의 제단에서 신원(伸冤)의 날을 기다리고 있지 않은가.

다섯째 인을 떼실 때에 내가 보니 하나님의 말씀과 그들이 가진 증거로 말미암아 죽임을 당한 영혼들이 제단 아래에 있어 큰 소리로 불러 이르되 거

> 룩하고 참되신 대주재여 땅에 거하는 자들을 심판하여 우리 피를 갚아 주지 아니하시기를 어느 때까지 하시려 하나이까(계 6:9-10).

스데반도 죽어가면서 그 영혼을 아버지 손에 부탁했으므로 끝날 다시 부활할 것이다. 우리들도 죽어갈 때 영혼을 아버지 손에 부탁하자. 그러면 끝날 다시 부활할 수 있을 것이다.

제4절 영혼의 멸(滅)과 불멸(不滅)에 대하여

영혼은 죽는가? 아니면 죽지 않는 불멸의 실재인가? 이 문제를 놓고 고금의 신학자들 사이에 많은 논쟁이 야기되었다. 영혼의 멸, 불멸에 대한 형이상학적이고 관념적이고 교리적인 논쟁은 그만두고 이 문제도 성경을 근거하여 규명토록 하자.

영혼을 멸할 수 있는 존재는 하나님밖에는 없다. 하나님이 멸하기 전에는 그 어떤 존재도 영혼을 멸할 수 없다. 그러므로 하나님이 영혼을 멸하시지 않는 한 영혼은 불멸의 실재이다. 천지간에 영혼을 멸할 존재가 없음은 다음 성구가 증거하고 있다.

> 몸은 죽여도 영혼은 능히 죽이지 못하는 자들을 두려워하지 말고 오직 몸과 영혼을 능히 지옥에 멸하실 수 있는 이를 두려워하라(마 10:28).

이 성구는 하나님만이 영혼을 멸할 수 있는 존재임을 암시하고 있다. 사탄 마귀는 비록 지혜를 소유한 천사라 할지라도 그도 피조물이므로 인간의 몸은 죽일 수 있으나 하나님의 생기로 주입된 영혼은 파괴할 수 없는 것이다. 하나님이 인간의 영혼을 육신 속에 주입할 때 하나님을 인식하고 진리를 알 수 있는 등불로 지은 것이다.

> 사람의 영혼은 여호와의 등불이라 사람의 깊은 속을 살피느니라(잠 20:27).

이처럼 등불로 발광된 영혼이므로 그 불은 그 어떤 자도 꺼버릴 수 없는 것이다. 그럼 영혼이 죽는다는 다음 성구는 어떻게 해석할 것인가?

> 모든 영혼이 다 내게 속한지라 아버지의 영혼이 내게 속함 같이 그의 아들의 영혼도 내게 속하였나니 범죄하는 그 영혼은 죽으리라(겔 18:4).
> 범죄하는 그 영혼은 죽을지라(겔 18: 20).

범죄하는 영혼은 하나님이 멸하신다. 그러나 범죄하지 않는 영혼은 하나님이 멸하시지 않으므로 불멸인 것이다. 그러므로 범죄하는 자의 영혼은 죽고 범죄하지 않는 자의 영혼은 죽지 않는 것이다. 그러면 영혼이 죽는 문제에 대하여 더 자세히 생각해 보자.

영혼이란 말 자체가 죽은 자의 말임을 잊어서는 안 된다. 산 자 곧 생령인 존재에게는 육신을 떠난 영혼의 개념이 존재하지 않는다. 영혼이란 죽은 자들의 언어인 것이다. 육신과 영혼이 분열된 상태에서 죽은 자들이 깊은 구도 속에서 부활의 날을 바라보고 부활 받을 수 있는 근거로서 영혼의 불멸을 믿었던 것이다.

사탄 마귀는 인간의 몸에 침입하고 생명이신 예수는 인간의 영혼이나마 육신 속에서 구원하시려고 한다. 따라서 몸의 주인은 사탄 마귀이고 영혼의 주인은 예수 그리스도이다. 인간이 자기 자신 속에서 영혼과 육신의 격렬한 투쟁을 경험하게 되는 이유도 바로 여기에 있다.

인간의 심성은 예수와 마귀가 싸움하는 마당이다. 인간은 선악과를 따먹고 죽은 존재가 되어 몸은 사탄 마귀에게 빼앗겼지만 영혼은 부활시키기 위하여 생명나무이신 예수가 보존해 두어야 하는 것이다. 비록 마귀가 영혼까지 멸망시킬 수는 없지만 영혼을 범죄케 유혹하면 범죄한 영혼은 하나님 편에서 심판해야 하므로 결과적으로 마귀가 영혼을 죽인 격이 된다.

하나님의 뜻은 육신은 마귀에게 내어 주어도 죄인의 영혼은 구원하기를 바란다.

> 이런 자를 사탄에게 내주었으니 이는 육신은 멸하고 영은 주 예수의 날에

구원을 받게 하려 함이라(고전 5:5).

육체로는 죽임을 당하시고 영으로는 살리심을 받으셨으니(벧전 3:18).

하나님이 죄인의 몸을 사탄에게 내어줌도 그 영혼을 구원하기 위한 깊은 사랑이 숨어 있다는 사실을 알아야 한다.

영혼의 죽음은 이중(二重)의 죽음을 의미한다. 육신과 분리된 영혼은 이미 죽은 자의 영혼이며 죽은 자의 영혼이 범죄하여 또 죽음은 두번 죽음이 되는 것이다.

영혼은 심판을 받음으로써 죽는데, 물심판을 받은 영혼은 부활의 소식을 들을 때까지 침전되어 있지만 불심판을 받을 영혼은 영원한 죽임이므로 둘째 사망인 것이다. 둘째 사망은 부활이 없는 죽음인 것이다. 범죄로 인해 하나님이 멸한 영혼은 불못에 던져 영원히 부활이 없는 죽음이 되게 한다.

아담의 범죄로 인해 영혼과 육신이 분열된 현상이 첫째 사망이고 다시 범죄하여 영혼이 영원한 불못에 던져져 부활을 받을 수 없는 것이 둘째 사망인 것이다. 두 번 죽음을 당하지 말자. 비록 우리들 몸에 사탄 마귀가 침입하여 육신은 무덤에 인봉되어도 영혼만이라도 예수 안에서 자유하여 다시 부활할 날을 기다리자.

현재 우리가 받고 있는 구원은 생령으로서의 구원이 아니고 영혼의 구원이다. 영혼은 구원받아 다시 성령의 모태 속에서 새 육신을 쓰고 새 하늘과 새 땅에 태어날 때 부활한 자들은 생령이 되어 탄생될 것이다. 영혼과 생령은 엄밀히 구별해야 한다. 아담이 타락하기 전에는 생령이었다. 영혼이나 천당가려는 그런 존재가 아니었다. 참 의미의 구원이란 인간이 생령이 되는 것이지 영혼이 천당가는 것이 아니다. 하나님은 죽은 자의 영혼이나 수집하는 염라대왕이 아니며 명부(冥府)의 주인이 아니다.

산 자란 무덤이 없는 자이다. 죽은 자가 되므로 육신은 무덤을 만들고 영혼이 저승으로 간다고 미신(迷信)했던 것이다. 새 하늘과 새 땅이 개명되면 이 땅 위에는 산 자 곧 생령들의 낙원이 되므로 무덤이 없는 안식의 나날이 전개될 것이다.

제16장
윤 회 론

제16장 윤회론

너는 가서 마지막을 기다리라 이는 네가 평안히 쉬다가 끝날에는 네 몫을 누릴 것임이라(단 12:13).

기독교인들은 윤회는 불교 내지 이교도들의 종교관으로 보는 경향이 짙다. 이 때문에 기독교는 윤회에 대하여 대화하는 것을 기피하고 있으며 윤회문제에 대하여 거의 신경질적으로 저항감을 느끼고 있다.

성경에는 윤회에 대한 단서가 전혀 없을까? 윤회는 불교와 이교도(異教徒)들의 잘못된 교리일까? 이 문제는 진지하고 경건하고 독실한 기독교인이라면 반드시 한번 쯤 검토하고 넘어가야 할 문제이다.

우리는 이 날까지 성경해석을 서구 신학자들의 방법을 무조건 답습(踏襲)했고 모방했다. 그들이 만들어낸 신학과 교리를 소화도 하지 못한 채 포식(飽食)만 하는 어리석음을 범했다. 서양 사람들이 인위적으로 만들어낸 교리만이 진리의 전부요 성경 해석의 방법이지 그 밖의 것은 이단으로 정죄하고 타매(唾罵)하는 경향이 농후하였다. 서구 기독교가 우리에게 주입한 교리와 교파의 잘못된 선입관념을 버리고 빈 마음자리에서 성경을 다시 읽자.

우리는 성경과 교리화된 기독교를 혼동해서는 안 된다. 성경 = 기독교라는 등식에서 빨리 해방되는 길만이 참 하나님과 예수그리스도와 성신과 해후할 수 있는 첩경임을 대각해야 한다. 기독교는 성경을 도용(盜用)한 오른편 강도이며 공산주의는 성경을 도용한 왼편 강도이다.

우리는 절대 자유한 자리에서 순수 무잡한 마음자리에서 성경을 다시 읽어야 한다. 성경 속에는 서구의 신학자들이 발견 못한 황금의 원광(原鑛)들이 무진장하게 매장되어 있다. 「윤회론」도 미개발의 광맥의 일부이다.

성경, 특히 구약에는 윤회사상의 단서가 있다. 구약적인 윤회사상은 왜 은폐되었을까? 또 구약적인 윤회 사상과 불교적인 윤회 사상의 차이는 무엇일까? 윤회와 부활 사상은 함수관계가 있을까?

이런 문제는 성경을 깊이 뚫어보는 구도자라면 한 번쯤 사경할 가치가 충분히 있는 것이다. 우리는 자각의 예각(銳角)을 날카롭게 하여 윤회 사상의 광맥을 속속들이 파헤쳐 보자.

제1절 성경에 노출된 윤회사상

1. 구약의 단서

윤회에 대한 단서가 노출된 것은 다니엘서에서 발견된다.

> 너는 가서 마지막을 기다리라 이는 네가 평안히 쉬다가 끝날에는 네 몫을 누릴 것임이라(단 12:13).

이 성구는 대단히 중요한 암시를 내포하고 있다. 하나님은 다니엘에게 끝 날 다시 윤회환생시킬 것을 약속하였다.

다니엘은 포로생활 중에서 그 빛나는 도력(道力)과 영험(靈驗)으로 이방 종교의 유혹과 박해를 압도한 위대한 선지자였다. 그는 사명을 완수한 자로서 하나님께 안식의 허락을 받았다. 그러나 그가 허락받은 안식은 영원한 안식이 아닌 기한부의 안식이었다. 그가 영원한 안식을 허락받지 못하고 기한부의 안식을 허락받은 것은 예수 그리스도가 아직 수육되기 이전이었던 까닭이다. 예수가 아니면 인간을 영원한 안식으로 인도할 수 없다.

모세(여호수아)도 우리에게 영원한 안식을 주지 못했다. 구약은 영원한 안식을 줄 수 없고 그 모형만 보여주던 시대였다.

> 만일 여호수아가 그들에게 안식을 주었더라면 그 후에 다른 날을 말씀하지 아니하셨으리라 그런즉 안식할 때가 하나님의 백성에게 남아 있도다 이미 그의 안식에 들어간 자는 하나님이 자기의 일을 쉬심과 같이 그도 자기의 일을 쉬느니라(히 4:8-10).

참 안식의 때는 예수가 이 세상에 재림하실 때부터이므로 이 날까지 그 누구도 영원한 안식에 들어가지 못하고 기한부 안식에 들어가 있다. 그 대표적인 예가 다니엘이다.

다니엘은 끝 날에는 다시 환생할 것을 하나님이 약속하였다. 끝 날이란 예수 그리스도가 죄악과 사망을 심판할 때를 말함이다. 왜 다니엘은 끝 날 다시 와야 하는가? 다니엘은 그 도력과 영험이 빛나는 선지자였을지라도 구약의 마당에 태어난 인간이었으므로 완성을 볼 수 없었다.

그리스도가 죄악과 사망을 멸망시키기 전까지는 그 누구도 이 땅 위에서 완성을 볼 수 없다는 것이 성경적인 견해이다.

> 이 사람들은 다 믿음으로 말미암아 증거를 받았으나 약속된 것을 받지 못하였으니 이는 하나님이 우리를 위하여 더 좋은 것을 예비하셨은즉 우리가 아니면 그들로 온전함을 이루지 못하게 하려 하심이라(히 11:39-40).

이 성구는 여러 가지로 중요한 뜻을 지니고 있다. 현재 살아있는 우리가 아니면 죽은 자들은 완성을 볼 수 없는 것이다. 인간이 완성되지 않는 한 참 하나님과 해후할 수 없다. 생각해 보라 완성되지 못한 이삭을 추수할 수 있겠는가? 구약의 마당에 생존하다가 사멸한 모든 존재들은 그가 아무리 빛나는 선지자라 할지라도 완성을 보지 못한 인간인 것이다. 벼이삭이 땅이 아니면 익을 수 없듯이 인간도 땅 위의 존재로 완성되지 않으면 안 된다.

다니엘은 수명이 다해 안식의 허락은 받았지만 그 안식은 진정한 의미의 안식이 아니고 대기 상태에 있는 안식이었다. 그가 완성을 보기 위하여는 다시 끝 날에 육신을 가진 인간으로 윤회 환생하여 그리스도와 더불어 업을 누림으로써 완성될 수 있기에 하나님은 끝 날 다시 태어날 것을 약속했던 것이다. 다니엘뿐만 아니라 구약의 의인들과 선지자들과 성도들은 끝 날 다시 살아서 업을 누릴 것을 굳게 믿고 죽었던 것이다.

여기서 우리는 성경이 암시하고 있는 윤회 사상은 1회적(一回的) 윤회 사상임을 알 수 있다. 불교나 힌두교의 윤회는 다회적(多回的)인데 구약의 윤회 사상은 1회적이다.

왜 구약은 다회적이 아닌 1회적 윤회 사상이 있었을까?

불교의 완성은 자력완성(自力完成)을 뜻하고 있다. 자기완성은 오직 자기 스스로의 자각에 의해 완성되므로 자기완성 되기까지 이 세상에 몇 백번 몇 천 번 몇 만 번이라도 와서 도를 닦아야 한다.

불교는 자력종교(自力宗教)이므로 다회적인 윤회가 되지 않을 수 없다. 그러나 성경은 타력종교(他力宗教)를 선언하고 있다. 우리는 타락하여 부패한 존재가 되었으므로 완성할 능력이 없는 무력한 죄인들이다.

누군가가 인간의 죄를 대속해 주지 않으면 안 된다. 예수의 공로로 우리는 구원받고 완성될 수 있다. 한 번 믿으면 우리가 예수 안에서 은혜로 완성되므로 다회적으로 이 세상에 와서 도를 다시 닦을 필요가 없다. 그러나 우리가 아무리 예수를 잘 믿어도 우리는 한 번 죽음을 경험해야 한다. 죽은 자는 반드시 부활해야만이 살아서 그리스도로 더불어 영원한 생명의 업을 누릴 수 있으므로 한 번은 이 땅 위에 와야 한다.

이런 이유 때문에 성경의 윤회는 1회적이 된다. 이 1회적인 윤회를 성경은 부활이라는 특수한 말로 표현했기 때문에 성경에는 윤회사상이 없는 것처럼 착각했던 것이다.

2. 신약의 단서

윤회사상에 대한 신약적인 단서는 예수와 세례 요한의 관계에서 간접적으로 발견된다.

> 제자들에게 물어 이르시되 사람들이 나를 누구라고 하느냐 제자들이 여짜와 이르되 세례 요한이라 하고 더러는 엘리야, 더러는 선지자 중의 하나라 하나이다(막 8:27-28).

이 성구에서 우리는 예수 당시의 유대인들에게도 윤회사상이 있음을 엿볼 수 있고 예수도 윤회사상을 인정하고 있는 단서를 찾아볼 수 있다.

예수를 당시 유대인들은 구약 선지자 중에서 어떤 인물이 윤회 환생한 존재로 보았던 것이다. 이런 문제는 세례 요한에 이르면 보다 선명도(鮮明度)를 더하여 우리 앞에 제시되고 있다. 구약의 마지막 선지자 말라기는 예수가 오시기 전에 엘리야가 먼저 온다고 예언하고 있다.

> 보라 여호와의 크고 두려운 날이 이르기 전에 내가 선지자 엘리야를 너희에게 보내리니 그가 아버지의 마음을 자녀에게로 돌이키게 하고 자녀들의 마음을 그들의 아버지에게로 돌이키게 하리라 돌이키지 아니하면 두렵건대 내가 와서 저주로 그 땅을 칠까 하노라 하시니라(말 4:5-6).

이 성구는 엘리야가 윤회 환생할 것을 분명하게 예언하고 있다. 그런데 엘리야는 어떻게 환생할 것인가 하는 것이 문제가 된다. 유대인들은 엘리야가 세례 요한의 육신을 쓰고 온다고 믿고 있었다. 그러나 이는 비 성경적 생각이다. 가브리엘 천사는 사가랴에게 세례 요한에 대하여 다음과 같이 예고하였다.

> 그가 또 엘리야의 심령과 능력으로 주 앞에 먼저 와서 아버지의 마음을 자식에게, 거스르는 자를 의인의 슬기에 돌아오게 하고 주를 위하여 세운 백성을 준비하리라(눅 1:17).

이 성구에서 보듯 엘리야의 심령과 능력이 세례 요한 속에 나타날 것을 말하고 있다. 엘리야는 선맥(僊脈)에 연결되어 죽지 않고 승천한 사람이므로 그의 영혼이 환생할 필요가 없다. 죽은 자들만 윤회 환생하는 것이다. 그러나 엘리야의 심령과 능력이 세례 요한 속에 운동하므로 세례 요한은 엘리야가 환생한 격이 되었다. 예수는 세례 요한이 엘리야임을 증거하고 있다.

> 모든 선지자와 율법이 예언한 것은 요한까지니 만일 너희가 즐겨 받을진대 오리라 한 엘리야가 곧 이 사람이니라(마 11:13-14).

이 성구를 볼 때 예수는 세례 요한을 엘리야로 분명히 증거하고 있다. 불교적 윤회관이 아니라도 예수도 분명히 윤회 문제를 인정하고 있었음을 알 수 있다. 그러나 세례 요한 자신은 자기가 엘리야가 아니라고 공언

한다.

또 묻되 그러면 누구냐 네가 엘리야냐 이르되 나는 아니라(요 1:21).

바리새인들이 요한에게 네가 엘리야냐 물었을 때 세례 요한은 자기는 엘리야가 아니라고 대답한다. 광야에서 수십 년간 메뚜기와 석청(石淸)을 먹으면서 수도한 세례 요한도 자기의 전생(前生)이 무엇인 줄을 몰랐으니 어찌 참되게 사명을 다할 수 있겠는가?

제2절 성경에 은폐된 윤회사상

성경적 윤회 사상이 불교적 윤회 사상하고 많은 차이점이 발견되지만 성경 속에도 분명히 윤회 사상의 단서가 있는 것이다.

다니엘과 세례 요한의 예는 윤회 사상의 광맥이 노출되어 우리가 쉽게 발견할 수 있지만 성경의 지층 깊이 은폐된 윤회의 단서가 몇 가지 발견되고 있다. 이처럼 성경 속에 은폐된 윤회의 광맥을 시굴해 보자.

1. 욥의 예

「욥기」는 지혜 문학의 백미(白眉)인데 우리는 「욥기」에서 많은 지혜의 열매를 따먹을 수 있다. 사탄 마귀는 의인 욥을 하나님 앞에 참소한다. 하나님은 참소를 받기 싫어하는 존재이므로 욥을 시험할 기회를 준다. 사탄은 욥을 시험하면서 아무 죄도 없는 욥의 아들딸을 몰살한다.

하나님은 왜 욥의 아들딸이 몰살될 때 외면했을까? 너무 잔인하고 무정한 하나님이 아닐까 하고 의문을 가질 수 있다.

욥이 시험받을 때 아들딸을 몽땅 잃었지만 그 시험에 승리했을 때 하나님은 다시 열 남매를 욥에게 주었다.

그에게 아들 일곱과 딸 셋이 태어나니라(욥 1:2).
또 아들 일곱과 딸 셋을 두었으며……(욥 42:13),

사탄 마귀가 욥을 시험하면서 죄 없는 열 자녀를 희생시킬 때 하나님이 묵인한 뜻은 무엇인가? 모든 생명은 하나님의 것이다. 마귀가 욥의 아들딸을 몰살시켰지만 하나님은 그 아들딸을 그대로 윤회 환생시켜 줄 능력이 있는 까닭으로 묵인했던 것이다.

만약 죄 없이 죽은 열 자녀를 다시 환생시켜 주지 않으면 무죄한 원혼들의 아우성 소리를 하나님은 어떻게 들을 것인가? 하나님은 해원(解寃)해 주시고 신원(伸寃)해 주시는 분이다.

> 옛적부터 항상 계신 이가 와서 지극히 높으신 이의 성도들을 위하여 원한을 풀어 주셨고 때가 이르매 성도들이 나라를 얻었더라(단 7:22).
>
> 여호와의 은혜의 해와 우리 하나님의 보복의 날을 선포하여 모든 슬픈 자를 위로하되……(사 61:2),
>
> 네 주 여호와, 그의 백성의 억울함을 풀어 주시는 네 하나님이 이같이 말씀하시되……(사 51:22),

욥이 사탄 마귀의 시험에 승리하였으니 욥의 죽은 자식을 다시 욥의 품속에 윤회 환생시켜 주어도 마귀는 참소할 수 없는 것이다.

욥의 시험과 그 자녀들의 몰살당한 사건은 순전히 사탄 마귀의 심술 때문에 일어난 사건이었다. 지금도 사탄 마귀의 심술 때문에 죽어가는 무고한 인명들이 얼마나 많은가?

하나님은 무고하게 죽은 영혼들의 해원을 들어주어야 하며 그들을 다시 육신을 쓴 새 몸으로 환생시켜 주어야 한다. 무고하게 죽은 욥의 아들딸을 욥의 품에 다시 환생시켜 주시므로 생명의 하나님은 공의의 하나님임을 알 수 있다. 뿐만 아니라 인간이 윤회 환생할 때는 전생보다 그 인물이 더 어여뻐 탄생됨을 알 수 있다. 욥의 딸들은 전생보다 더 미인이 되어 탄생되었던 것이다.

> 모든 땅에서 욥의 딸들처럼 아리따운 여자가 없었더라(욥 42:15).

2. 야곱과 요셉의 예

> 야곱은 마리아의 남편 요셉을 낳았으니 마리아에게서 그리스도라 칭하는 예수가 나시니라(마1:16).

이 성구에서 야곱과 요셉은 누구이며 왜 이들이 예수의 양부와 조부로 등장할 수 있었을까? 이 일은 한 번 깊이 생각해 볼 문제이다.

예수의 아버지와 할아버지로 등장하는 야곱과 요셉은 구약의 야곱과 요셉이 환생한 존재였다. 이 난삽(難澁)한 문제를 풀어보도록 하자.

> 그가 요셉을 위하여 축복하여 이르되 내 조부 아브라함과 아버지 이삭이 섬기던 하나님, 나의 출생으로부터 지금까지 나를 기르신 하나님, 나를 모든 환난에서 건지신 여호와의 사자께서 이 아이들에게 복을 주시오며 이들로 내 이름과 내 조상 아브라함과 이삭의 이름으로 칭하게 하시오며 이들이 세상에서 번식되게 하시기를 원하나이다(창 48:15-16).

이 성구에는 참으로 중대한 뜻이 깃들어 있다.

야곱은 요셉에게서 두 아들 에브라임과 므낫세를 빼앗아 자기 아들로 만들고 요셉은 열 두 아들의 반열에서 빼어버린다. 왜 야곱은 손자인 에브라임과 므낫세를 빼앗아 자식을 만들고 요셉은 열 두 아들의 반열에서 빼어버리는가? 여기에는 깊은 비밀이 숨어 있다.

요셉은 야곱의 열 두 아들 중 유일하게 성령으로 잉태한 언약의 아들이었다. 요셉은 애굽에 내려가 총리대신이 되므로 애굽 제사장 보디베라의 딸 아스낫에게 장가들어 육신의 자식 에브라임과 므낫세를 낳는다. 야곱은 열 두 아들 중 요셉이 성령을 따라 언약의 아들로 출생한 비밀을 알고 있으므로 육신의 반열에 요셉을 끼워둘 수 없었다.

요셉을 육신의 반열에서 빼어내는 대신 요셉이 낳은 육신의 아들인 에브라임과 므낫세를 빼앗아 요셉의 빈자리를 채우기 위하여 손자를 아들로 만드는 만고에 없는 기행(奇行)을 감행하는 것이다.

야곱의 축복으로 말미암아 요셉은 육신을 따라난 열 두 아들의 반열에서는 빠져버리고 대신 아브라함·이삭·야곱의 반열에 끼게 된다. 따라서 아브라함의 하나님, 이삭의 하나님, 야곱의 하나님은 요셉의 하나님이 된다. 하나님은 르우벤의 하나님, 시므온의 하나님, 레위의 하나님, 유다의 하나님은 아니다. 그러나 요셉의 하나님이 되는 것이다. 그런데 요셉에게 나타나신 하나님은 아브라함의 하나님, 이삭의 하나님, 야곱의 하나님으로 나타난다. 요셉의 하나님으로는 나타나지 않는다. 그 이유는 하나님은 3대의 하나님인 연고로 아브라함·이삭·야곱의 하나님이 된다. 따라서 요셉의 하나님의 도맥은 지하 속에 은폐된다.

야곱은 요셉이 낳은 육신의 아들 에브라임과 므낫세를 빼앗으면서 요셉의 자식이 번식할 것을 축복한다. 그러나 구약에는 다시 요셉의 자식이 없다. 요셉은 비록 육신을 따라 애굽 여인에게서 난 에브라임과 므낫세는 아비 야곱에게 빼앗겨 무자(無子)하였으나 그는 예수 그리스도의 양부로 신약의 마당에 다시 윤회 환생할 존재였던 까닭으로 야곱이 그 비밀을 알고 이상한 축복을 하였던 것이다. 이 때문에 육신의 장자의 맥은 유다가 계승하지만 영맥을 따라 난 언약의 장자의 맥은 요셉이 계승하는 것이다.

> 르우벤은 장자라도 그의 아버지의 침상을 더럽혔으므로 장자의 명분이 이스라엘의 아들 요셉의 자손에게로 돌아가서 족보에 장자의 명분대로 기록되지 못하였느니라 유다는 형제보다 뛰어나고 주권자가 유다에게서 났으나 장자의 명분은 요셉에게 있으니라(대상 5:1-2).

이는 난해한 성구이다. 이 성구의 족보는 혈대와 육맥을 따라 기록되기 때문에 비록 유다가 장자가 되지만 실상 영맥과 언약의 장자는 요셉임을 강조하고 있는 성구이다. 이 때문에 역대 족보를 기록한 사람은 괄호 안에 이 족보를 기록하는 것이다(「장자론」 참조).

언약의 자식은 3대를 통해 완성된다. 이삭·야곱·요셉은 언약 3대였다. 그러나 요셉을 숨기기 위하여 아브라함의 하나님, 이삭의 하나님, 야곱의 하나님이 되는 것이다. 원래는 언약의 자식의 하나님은 이삭의 하나님, 야곱의 하나님, 요셉의 하나님이 되어야 한다.

아브라함은 언약을 따라난 자식이 아니었다. 아브라함은 데라가 육신을 따라난 자식이지만 하나님이 계약을 아브라함과 체결하고 또 아브라함이 성령 잉태의 비밀과 부활의 비밀을 해독한 믿음의 조상이었기 때문에 아브라함의 하나님이 되었던 것이다.

예수가 비록 마리아의 몸을 빌려 성령 잉태되어 탄생하지만 족보의 형식을 갖추기 위하여도 그의 양부와 할아버지는 요셉과 야곱이 되어야 한다. 그러므로 예수의 양부로 등장하는 요셉과 할아버지로 등장하는 야곱은 동명이인(同名異人)이 아니라 구약의 요셉과 야곱이 윤회 환생한 존재였던 것이다. 이렇게 해야만 예수가 언약의 자식으로서 아브라함 족보에 연결되는 것이다.

아브라함－이삭－야곱 … 3대의 하나님－구약
야곱－요셉－예수 … 3대의 하나님－신약

구약의 요셉은 비록 육신의 자식인 에브라임과 므낫세를 빼앗긴 후 무자(無子)하고 육신의 족보에서는 사라지지만 신약의 아침 예수의 양부로 윤회 환생하기 위하여 구약의 족보에서 소멸되어 갔던 것이다. 얼마나 오묘한 하나님의 섭리인가?

언약의 자식 성령을 따라난 입장에서 보면 하나님은 아브라함의 하나님, 이삭의 하나님, 여곱의 하나님, 요셉의 하나님, 예수의 하나님이 된다. 하나님은 3대의 하나님이면서 5대의 하나님인 것이다.

아브라함－이삭－야곱－요셉－예수 … 5대－신구약

이 5대 밖의 족보는 다 육신의 혈대이므로 언약의 자식의 입장에서 보면 무용(無用)한 족보이다. 이 영맥을 따라난 참 족보를 은폐시키기 위하여 혈대의 가족보(假族譜)를 기록하면서 그 속에 야곱과 요셉을 숨겼던 것이다.

3. 입다의 딸의 예

입다의 딸에 대하여는 이미 「성모론」에서 해명한 바가 있다.

성모 마리아는 입다의 딸이 윤회 환생한 깨끗한 여인이었다. 하나님은 신약의 마당을 전개하기 위하여 이미 구약 속에서 그 준비 작업을 시작하고 계셨다. 요셉을 예수의 양부로 윤회 환생시킬 것을 예정한 하나님이 예수의 어머니가 될 성모 마리아를 구약 속에서 예비시키지 않을 리 있겠는가.

입다의 딸은 예수와 더불어 인신제물이 된 유일한 여인이었다. 입다의 딸은 단번에 하나님께 번제가 되어 사탄 마귀가 분리된다.

> 아버지에게 이르되 이 일만 내게 허락하사 나를 두 달만 버려 두소서 내가 내 여자 친구들과 산에 가서 나의 처녀로 죽음을 인하여 애곡하겠나이다(삿 11:37).

이 성구를 보면 입다의 딸이 두 달 동안 산에 가서 애곡하였음을 알 수 있다. 산입애곡(山入哀哭)한 두 달 동안은 입다의 딸이 왜 자기가 처녀로 번제가 되어야 함을 깨닫는 구도 기간이라 할 수 있다. 단순히 시집 못가서 원한이 맺혀 애곡하는 기간이 아니라 하나님이 왜 처녀의 인신번제를 받아야 하는가를 묻는 기간이며 동시에 자기 자신이 산 제물이 되어야 하는 의미를 깨닫는 기간이 되는 것이다.

입다의 딸은 통곡 속에서 자기의 사명을 깨닫고 흔쾌히 산 제물이 되었다. 예수도 통곡 속에서 왜 자신이 십자가의 산 제물이 되어야 하는가를 깨닫는 것과 동일하다(히 5:7 참조).

하나님은 깨끗한 처녀인 입다의 딸의 번제를 받으므로 그를 신약의 아침에 예수의 어머니로 윤회 환생시킬 수 있었던 것이다. 입다의 딸은 산 제물로 불 속에서 재가 되었으므로 비록 그 육신은 무화(無化)되었으나 그 영혼은 불꽃 속에서 정금(精金)처럼 정화(淨化)되고 단련되어 청정무구한 영혼으로 예비되었던 것이다.

성모 마리아는 이렇게 예비된 여인이므로 죄 없는 여인이었다. 하나님은 사탄 마귀가 침범한 여인에게 메시아를 잉태시킬 수는 없었다. 모든 하와들은 사탄이 침범한 피밭이었다. 오직 사탄이 분리된 깨끗한 여인을 찾자면 산 제물로 불 속에 태우는 번제밖에 다른 길이 있을 수 없다.

입다의 딸이 불길 속에서 번제가 될 때 고통을 당했지만 그는 신약의 아침 메시아의 모성으로 태어날 것을 굳게 믿고 분사(焚死)했다. 예수가 십자가의 고통 속에 죽어가면서 부활하여 하나님 우편에 앉을 것을 굳게 믿은 것처럼…….

성모 마리아의 전생은 입다의 딸임을 깊이 자각하자.

4. 민수기의 예

출애굽 이후 광야에서 계수(計數)된 이스라엘 민족의 수는 약 60만 명이었다. 이 60만은 여자와 어린이와 노약자를 제외한 싸울 수 있는 전사(戰士)의 수였다. 그런데 출애굽한 무리들이 하나님 앞에 범죄하므로 모두가 광야에서 사멸되었다. 패역한 무리들이 멸망될 때까지 40년 간 광야에서 유리(流離)하다가 광야에서 출생한 새로운 세대가 가나안 땅에 정착한다.

모세의 출애굽기는 우리에게 허다한 교훈을 주고 있지만 그 중 한 가지가 민족의 계수이다. 출애굽하여 광야에서 사멸한 무리도 60만 명이었고 광야에서 출생하여 가나안 땅에 들어간 무리도 60만이었다.

> 계수된 자의 총계는 육십만 삼천오백오십 명이었더라(민 1:46).
> 계수된 자가 육십만 천칠백삼십 명이었더라(민 26:51).

이 두 성구를 대비해 보면 사망과 출생이 거의 동수(同數)임을 알 수 있다. 이것은 무엇을 뜻하는 계수일까?

출애굽한 이스라엘 민족이 비록 광야에서 범죄는 하였지만 출애굽 때 하나님은 모세를 통해 이스라엘 민족에게 가나안 복귀의 언약을 하였다. 하나님은 그들과의 언약을 이루어 주어야 한다. 그들이 범죄하여 육체는 멸망하였지만 새로운 사람으로 윤회 환생하여 광야에서 다시 출생하였기 때문에 출애굽한 무리와 광야에서 출생한 무리가 동수였던 것임을 잊어서는 안 된다.

하나님이 모세에게 이스라엘 민족을 계수시킨 원인이 전쟁에 동원될 전사의 수를 확인하려는 인구 확인이 아니었고 보다 중요한 숨은 원인은 가나안 땅에 들어갈 수를 확인하려는 비밀이 깃들어 있었던 것이다.

이것은 우리에게 깊은 암시를 던져주고 있다. 우리도 하늘나라의 상징인 가나안 땅을 향하여 악한 세상인 애굽을 탈출한 무리들이다. 성도들이 광야와 같은 세상에서 죄를 짓고 쓰러져 죽는다 하여도 그들이 예수를 믿고 죽은 자들이므로 새 몸으로 남김없이 부활시켜 언약의 땅 가나안, 젖과 꿀이 흐르는 땅 가나안으로 들어가게 할 것이다.

이스라엘 민족의 계수한 숨은 비밀을 다윗은 잘못 이해하고 전쟁을 위해 계수하다가 하나님의 꾸중을 듣고 온역으로 7만 명이나 죽은 징계를 당했던 것이다(삼하 24:1-25).

제3절 성경에 윤회 사상이 부상(浮上)되지 않는 이유

성경에는 왜 윤회 사상을 은폐시켰을까? 여기에는 몇 가지 이유가 있다. 이 문제를 규명하기 전에 반드시 깊이 깨달아야 할 사실은 윤회 사상의 맥은 구약에는 은폐되어 있으나 신약에는 전혀 없다는 사실에 유의해야 한다.

구약의 마당은 예수가 아직 나타나지 않았기 때문에 윤회 사상의 맥이 지하에 숨어 맥맥히 흐르고 있었으나 생명나무이신 예수가 오신 신약의 마당에는 윤회 사상의 맥은 완전히 없어진 사실에 주의해야 한다.

〈생명 그 자체〉이신 예수와 해후하기 위하여 구약의 인물들은 윤회하였으나 예수가 나타난 후에는 생명의 도가 증거된 후이므로 예수의 도리를 믿는 자들은 땅에 있을 때 참 진리를 알게 되었으므로 윤회 환생할 필요가 없이 구원받은 존재가 되었기 때문에 신약의 마당에는 윤회 사상이 필요 없었던 것이다.

이 점을 염두에 두고 성경에 윤회 사상이 부상되지 않은 이유를 살펴보도록 하자.

1. 첫째 이유

성경은 은혜의 종교를 계시한다. 타력종교의 복음과 소식이 성경의 주제이다.

윤회 사상은 자력종교에서 발아(發芽)된 사상이다.

인간은 타락으로 말미암아 생명의 하나님과 교통할 길이 없어 죽음의 존재가 되었다. 인간에게는 야웨가 제시한 율법과 계명을 지킬 도덕적 능력이 없고 윤리적 의지를 상실한 무력한 존재이다. 인간은 행위로 말미암아 의롭다함을 받을 수 없는 부패한 존재로 변신되고 전락되었다.

야웨가 제시한 계명과 율법은 인간 스스로가 죄의 실존이며 무기력한 존재임을 자각시키기 위한 방편이었다. 누구든지 율법과 계율 전체를 지킬 수 없고 아흔 아홉 가지를 다 지키다가도 한 가지만 범하면 범법자가 된다. 인간은 스스로의 공로로 구원받을 수 없음을 자각시키기 위한 것이 구약에 제시된 율법과 계명이었다.

우리가 구원받는 것은 오직 예수의 은혜와 공로이다. 우리가 자력으로 구원받은 것이 아니고 예수의 힘을 빌려 은혜로 구원받았으므로 윤회설이 부상될 필요성이 없었다. 즉 예수를 믿으면 단번에 구원받을 수 있으므로 이 세상에 몇 번씩 윤회 환생할 필요성이 없어진다. 윤회 환생이란 이 세상에서 도를 완성하지 못한 자들이 성도(成道)할 때까지 몇 번씩이나 태어나지 않으면 안되는 것을 말함이다.

예수는 십자가에 달려 속죄의 피를 흘림으로써 단 한 번의 제사로 인류 구원의 대업을 이루었고 타락한 인간들은 그 십자가의 공로를 믿음으로 말미암아 성도한 존재들이 되었기 때문에 이 세상에 다시 윤회 환생하여 구도할 필요가 없게 된다.

인간은 부패하여 자력으로 완성될 수 없다고 보는 것이 성경적인 견해이다. 그러나 불교나 힌두교는 몇 억겁 윤회하더라도 자력으로 성도하려는 종교이므로 윤회가 그들의 중추사상이 되지 않을 수 없는 것이다.

구약의 마당에 윤회 사상의 단서가 있는 원인도 예수가 부재한 까닭이었다. 〈생명 그 자체〉와 해후하기까지 인간은 몇 번이고 이 세상에 다시 와서 구도해야 한다. 그러나 예수가 나타나면 그의 공로만을 믿어도 인간은 구원받을 수 있으므로 신약의 마당에는 윤회 사상이 부상할 필요가 없었다.

2. 둘째 이유

예수를 믿음을 말미암아 단 번에 구원을 받는다. 단 번에 구원을 받는다는 뜻은 생사의 윤회 바퀴에서 단 번에 해탈(解脫)됨을 의미한다.

불교나 힌두교는 인간의 생사는 어쩔 수 없이 주어진 숙명으로 자각한데 반하여 성경은 죽음이란 타락한 결과로 얻어진 형벌이지 본래 생명에는 죽음이 없다고 보고 있다. 인간이 생명나무 열매를 따먹으면 生은 죽음을 향해 걸어가는 상대적 생이 아닌 절대적 생 즉 영생 차원으로 비상 도약할 수 있다고 성경은 천명하고 있다.

그 표본으로 보여준 것이 에녹과 엘리야였다. 에녹과 엘리야는 생의 상대되는 사를 경험하지 않고 절대 생명의 차원으로 승천한 존재들이다. 상대적 생사의 윤회 바퀴에서 해탈한 존재들이다. 하나님은 산 자의 하나님이지 죽은 자의 하나님이 아니다.

예수는 산 자가 되어 부활 승천했으므로 우리를 생사의 윤회 바퀴에서 건져 올려 영원한 생명의 길로 인도하였기 때문에 윤회 사상이 성경에 부상될 필요가 없었다.

본래 인간이 생(生)한 목적이 상대적인 사(死)를 향해 걸어가기 위함이 아니었다. 육신적인 생이 영적인 생으로 변화받기 위하여 인간은 창조되었던 것이다. 그런데 선악과를 따먹은 결과로 인간은 상대 차별의 거짓 지혜와 망념 때문에 생과 사의 상대적인 윤회 바퀴 속에서 신음하는 존재로 전락되었던 것이다.

인간이 생명나무의 열매를 따먹었던들 생사의 윤회 바퀴에 굴러 떨어지지 않았을 것이다. 우리가 태어남은 죽기 위해서 태어나지 않고 보다 높은 생으로 도약하여 영생하기 위하여 태어났던 것이다.

3. 셋째 이유

성경은 장자의 종교를 우리에게 가르치고 있다. 장자란 성령의 처음 익은 열매를 말한다. 성령을 따라 언약의 자식으로 잉태되는 영맥은 다른 종교에서는 찾아볼 수 없는 성경만의 비의이다.

예수는 하나님의 독생자이며 맏아들이었다. 그러나 천사들은 차자들이었다. 모든 종교(구약까지도)는 천사들이 전한 차자의 종교였고 예수의 복음만이 장자의 종교였다.

다른 말로 표현해서 성경의 기쁜 소식은 하나님의 독생자가 인간을 찾아 하늘에서 내려와 수육된 종교임을 소개하고 있으나 다른 종교들은 땅 위에서 닦아 하늘을 찾아 올라간 종교였다.

인간을 찾아 하늘에서 내려온 하나님의 맏아들은 자기 몸을 희생시켜 단번에 부활 승천의 길, 산 자의 길을 개통했으므로 그 길을 따라 장자의 무리 속에 수렴되며 부활에 참여할 자들은 이 세상에 다시 윤회 환생할 필요가 없다. 그러나 장자의 반열에 참여하지 못할 차자의 무리들은 차자의 종교를 따라 스스로 성도할 때까지 몇 번이고 이 땅에 다시 태어나야 한다. 인간은 자력이든 타력이든 완성되지 않고는 하나님과 만날 수 없고 또 안식할 수 없으며 자유할 수 없는 존재이다.

결론적으로 말해서 성경 속에 비록 윤회 사상이 부상되지는 않았으나 성경은 윤회 사상을 부인하지는 않고 있다. 우리는 구약과 같은 종교 속에서는 많이 윤회하여 이 땅에 왔으나 도연(道緣)이 예수와 연결되어 생명의 참 도를 알았으므로 윤회할 필요가 없는 복된 존재로 탈바꿈되었다는 사실을 깊이 인식해야 한다.

제4절 부활과 윤회와의 관계

윤회는 다회적인 환생(還生)을 의미한다.

타락한 인간은 한번 태어나서 단 번에 성도할 수 없으므로 반복하여 환생하는 것이다. 부처가 되신 여래(如來)도 수백 번 윤회하여 도를 완성하였음을 불경(佛經)은 말하고 있다. 그러나 예수를 믿는 성도들은 예수를 믿은 공로와 은혜로 말미암아 구원받아 성도(成道)한 격(格)이므로 다시 윤회할 필요가 없다.

성도(聖徒)들은 비록 생사의 윤회 바퀴에서는 벗어났으나 이 세상 마지막 때 한번만 다시 와야 한다. 성경은 이것을 부활이라는 특수용어로 표현하고 있다. 세상 마지막 날에 다시 한 번 사람의 몸으로 태어나는 단일회적인 환생이 곧 부활인 것이다(「부활론」 참조).

왜 성도들은 마지막 날에 다시 한 번 환생하여 부활해야 하는가?

우리가 지금 받고 있는 구원은 보증으로 받은 구원이지 완전구원이 아니다(「성령론」 참조). 완전구원이란 영육쌍전(靈肉雙全)하여 에녹이나 엘리야처럼 또는 부활한 모세와 예수처럼 산 자가 되는 것을 의미하는데 우리는 아직 그런 존재로 변화받지 못하고 있다.

우리 성도들은 지금도 죽으면 영혼은 영계에 가서 부활될 날을 기다리고 육신은 무덤 속에서 구더기의 밥이 되고 있는 상태에 있다. 이것은 우리가 완전구원받은 존재가 아님을 나타내고 있다. 완전구원받은 존재들은 산 자인 까닭으로 이 땅에 시체와 무덤을 남기지 않고 수렴되는 변화체의 인간들을 말한다.

성도들은 예수를 믿으면 역사 시대에 반복 도래하는 다회적인 윤회 바퀴에서는 벗어났으나 재림 예수가 도래하여 새 하늘과 새 땅을 개명할 영의 시대에 육신을 쓰고 다시 한 번 태어나야 한다.

이 마지막 단 한 번의 윤회를 성경은 부활이라는 특수용어를 사용하였다. 역사시대란 모든 인간이 도를 닦는 도량이지만 선악 간에 심판을 받고 다시 태어날 영의 시대의 마당에는 성도한 자들만이 누릴 안식의 시대로 우리 앞에 전개되기 때문에 마지막 단 한번의 윤회를 윤회라는 말 대신 부활이라는 말을 사용하는 것이다.

잠든 성도들과 잠자지 않는 성도들의 참 소망은 마지막 날 이 땅위에 다시 부활하여 예수 그리스도와 더불어 안식의 업을 누리는 것이다. 하나님은 구약의 다니엘에게도 이 복된 약속을 하였다. 마지막 날 부활에 대한 약속이 성경 속에 없다면 성경은 쓰레기통에 버려야 할 휴지가 될 것이다. 부활에 대한 확고한 약속은 성경에만 있는 하나님의 미쁘신 하나님의 약속이다.

부활이 산 자가 된 상태 곧 타락하지 않은 육신을 쓰고 이 세상에 태어난다는 사실은 성경 속에 은폐된 도비였다. 육체를 쓰고 부활하자면 성령의 도태 속에서 태어나야 한다는 사실은 더욱 몰랐던 비의였다.

하와가 산 자의 어미였는데 타락하여 죽은 자의 어미가 되었다. 무덤이란 하와의 육태를 의미한다. 하와는 타락 후 죽은 자를 낳았던 것이다.

무덤 속에서 부활한다는 뜻은 죽은 자의 육태가 아닌 산 자의 도태 속에서 다시 태어남을 의미하고 있다. 이 비의를 몰랐던 연고로 기독교인들은 망우리나 신세계 묘지의 무덤이 터지고 뼈가 일어나는 것을 부활로 착각하고 있는 것이다.

도태란 다름아닌 성령을 따라 잉태함을 의미한다. 예수는 죄 없는 마리아의 도태 속에 성령을 따라 잉태한 존재였다.

보라! 저 부활을 약속받은 기라성 같은 성도들을……. 아벨도 노아도 아브라함도 이삭·야곱·요셉도 여호수아와 사사들과 다윗과 수많은 선지자들과 성도들이 마지막 부활의 날을 기다리고 있지 않은가. 지상에 현존하는 우리들은 예수 재림을 고대하면서 죽지 않고 덧입기를 간절히 사모하고 있지 않은가.

부활을 약속받은 구약과 신약의 모든 성도들은 마지막 날 이 땅에 육신을 쓴 빛나는 몸으로 다시 태어나 안식의 세월을 누릴 것이다.

우리들도 예수를 모르고 믿지 않을 때는 이 세상에 수백 번 윤회한 고달픈 존재였음을 깊이 깨달아야 한다.

우리들의 전생(前生)과 전전생(前前生)은 다 미신을 믿던 야만한 미개인이었고 불교나 힌두교나 유교나 도교나 그 밖의 무수한 종교를 믿고 고뇌하며 몸부림치던 존재였음을 인식하자.

모든 종교의 과정을 거쳐 마지막으로 생명나무이신 예수와 도연(道緣)이 닿아 윤회 바퀴에서 벗어나 부활의 약속을 받고 있다.

예수와 해후하기까지 우리들은 생명나무의 열매를 찾아 광야에 수없이 윤회 환생한 존재였다. 이제는 생명나무이신 예수를 믿고 앎으로 예수의 은혜와 공로로 성도(成道)하였으므로 우리는 생사의 윤회 바퀴에서 벗어나 자유한 존재가 된 사실을 깊이 감사하자.

윤회는 다회적인 환생이지만 부활은 단 1회적 환생임을 잊지 말자.

제17장

예 정 론

제17장 예정론

하나님이 미리 아신 자들을 또한 그 아들의 형상을 본받게 하기 위하여 미리 정하셨으니 이는 그로 많은 형제 중에서 맏아들이 되게 하려 하심이니라(롬 8:29).

예정설(豫定說)은 초대교회 이후 신학자들 사이에 많은 논쟁을 불러일으켰다. 더구나 종교개혁 이후 칼빈에 의해 주장된 광신적인 예정설은 청교도들의 신앙관을 형성하는 데 결정적인 역할을 했다.

인간의 전 생애가 하나님의 뜻과 그 영광을 위하여 기계적으로 믿는 신앙관은 유대인의 선민의식과는 별도로 또 다른 선민의식을 낳게 하였고 이교도들을 함부로 정죄하고 심판하는 종교적 교만과 독선을 양심의 가책도 없이 함부로 자행하게 하였다. 예정된 자는 범죄해도 하나님은 구원하고 예정되지 않은 자는 착해도 하나님이 버린다는 광신은 하나님의 이름으로 얼마나 많은 종교적인 악행과 범죄를 저질렀던가.

마치 유대인들이 하나님의 이름으로 예수를 잡아 죽이듯 칼뱅의 예정설을 광신하는 무리도 헤아릴 수 없이 많은 종교적 악행과 범죄를 저질렀던 것이다. 한 예로 서양인들이 흑인을 노예로 매매하고 짐승처럼 학대한 것도 잘못된 예정설의 결과였다. 백인인 자기들만 예정된 자인 줄 믿는 잘못된 광신은 편협하고 옹졸한 신앙을 낳고 예정되지 않은 자는 악마의 족속으로 여겨 학대하고 살육을 해 양심의 가책을 받기는커녕 하나님의 영광을 위한 정당한 행위로 합리화하였던 것이다.

칼빈주의자들이 전가의 보도처럼 휘둘러대는 예정설의 칼날에 선량한 많은 사람들이 상처를 입었고 더구나 숱한 이교도들에게 입힌 핏자욱을 우리는 어떻게 보상해야 할 것인가?

성경을 잘못 해석하면 그 심령이 교만해져서 타자를 상처내고 죽이는 무기가 되는 법이다. 성경은 생명을 살리기 위한 방편으로 존재하는 계약문서이지 남을 상처내고 죽이고 정죄하고 심판하기 위해서 있는 문서가 아니다.

성경의 돌을 들어 간음한 여인을 칠 자 누구인가? 성구를 그릇되게 해석하여 남을 상처내고 죽이려드는 자들이야말로 하나님의 이름을 팔아먹는 악마의 무리임을 잊지 말자. 도적(道賊)을 조심하자. 바리새인과 칼뱅주의자들을 경계하자. 광신적인 선민의식을 소유한 천사 같은 악마들을 조심하자.

하나님은 무엇을 어떻게 예정하셨는가?

이 문제도 우리는 일체의 선입관념이나 교파의 교리를 버리고 성경으로 돌아가 해답을 얻도록 하자.

제1절 하나님은 뜻을 예정하심

하나님은 자기의 뜻을 만세 전부터 예정하셨다. 하나님의 뜻이란 예수 그리스도이다. 하나님의 창조사업의 뜻은 이미 예수 안에서 예정되었고 예수는 역사 안에서 성육신하여 구속사업을 완수할 뜻도 예정되었고 종말에 재림하여 심판할 뜻도 이미 예정되었다. 때문에 인간의 역사는 구속사(救贖史)인 동시에 심판사(審判史)이다.

그런데 예수 그리스도 안에서 예정된 구속사업의 뜻은 만세와 만대에 이르러 감춰진 비밀이었다. 이 비밀은 천사들도 몰랐다는 놀라운 소식이 성경에 있다. 타락한 인간이 몰랐다는 사실은 쉽게 납득할 수 있으나 천사들이 몰랐다는 사실은 난해한 문제가 아닐 수 없다.

지혜천사가 교만을 일으켜 타락한 원인도 하나님 안에 감춰진 독생자 예수를 깨닫지 못했기 때문이다. 예수가 만세와 만대에 이르러 하나님 안에 감춰진 비밀이었기 때문에 지혜천사도 이 비밀을 깨닫지 못하고 자기보다 뛰어난 지혜가 없다고 착각함으로서 교만을 일으켰던 것이다.

왜 하나님은 예수를 자기 안에 감추었을까? 그 원인은 땅에 있는 인간들이 먼저 깨달아 하늘의 천사들에게 전해 주기를 원하기 때문이었다.

영원부터 만물을 창조하신 하나님 속에 감추어졌던 비밀의 경륜이 어떠한 것을 드러내게 하려 하심이라 이는 이제 교회로 말미암아 하늘에 있는 통치자들과 권세들에게 하나님의 각종 지혜를 알게 하려 하심이니 곧 영원부터 우리 주 그리스도 예수 안에서 예정하신 뜻대로 하신 것이라(엡 3:9-11).

나의 복음과 예수 그리스도를 전파함은 영세 전부터 감추어졌다가 이제는 나타내신 바 되었으며 영원하신 하나님의 명을 따라 선지자들의 글로 말미암아 모든 민족이 믿어 순종하게 하시려고 알게 하신 바 그 신비의 계시를 따라 된 것이니……(롬 16:25-26).

그러나 우리가 온전한 자들 중에서는 지혜를 말하노니 이는 이 세상의 지혜가 아니요 또 이 세상에서 없어질 통치자들의 지혜도 아니요 오직 은밀한 가운데 있는 하나님의 지혜를 말하는 것으로서 곧 감추어졌던 것인데 하나님이 우리의 영광을 위하여 만세 전에 미리 정하신 것이라(고전 2:6-7).

이 비밀은 만세와 만대로부터 감추어졌던 것인데 이제는 그의 성도들에게 나타났고 하나님이 그들로 하여금 이 비밀의 영광이 이방인 가운데 얼마나 풍성한지를 알게 하려 하심이라 이 비밀은 너희 안에 계신 그리스도시니 곧 영광의 소망이니라(골 1:26-27).

하나님이 우리를 구원하사 거룩하신 소명으로 부르심은 우리의 행위대로 하심이 아니요 오직 자기의 뜻과 영원 전부터 그리스도 예수 안에서 우리에게 주신 은혜대로 하심이라(딤후 1:).

이상 여러 성구에서 보듯 예수는 하나님 안에 만세 전에 감춰진 예정된 비밀이었는데 이는 천사들도 몰랐다. 이 비밀의 뜻이 성육신으로 나타날 때 땅에 있는 교회가 이것을 깨달아 하늘의 권세와 능력들에게 전해주어야 한다.

이 날까지 인간은 천사보다 못한 존재로 생각한 것이 기독교인들의 통념이었다. 이런 생각은 비성경적인 망견이다. 인간은 예수 그리스도의 도를 깨치면 천사보다 우월한 존재가 될 수 있다. 왜 그런가? 천사들은 차자들이지만 예수는 장자이다. 장자의 도를 깨치면 장자의 반열에 참석하게 됨으로 차자들인 천사들보다 그 영위(靈位)가 우월함은 당연한 일이 아니겠는가.

하나님이 미리 아신 자들을 또한 그 아들의 형상을 본받게 하기 위하여 미리 정하셨으니 이는 그로 많은 형제 중에서 맏아들이 되게 하려 하심이니라(롬 8:29).

이 성구를 보더라도 예수 그리스도를 알면 도적 장자(道的長子)가 되어 도적 차자(道的次子)들인 천사보다 높은 존재가 되는 것이다. 인간이 예수를 믿어 성도하면 예수의 반열에 따라 도적 장자가 되므로 천사들보다 높아진다는 사실은 성경이 가르친 진리이지만 이 날까지 이 진리를 깨닫지 못했기 때문에 인간은 천사보다 낮은 존재로 비하하여 생각했던 것이다. 타락한 인간은 인간 자신의 값어치가 얼마나 존귀한가를 모르고 스스로 인간 존재를 평가절하하는 우행을 범했다.

천사들은 아무리 지혜가 월등해도 만세 전부터 하나님 안에 감춰었던 예수 그리스도를 깨닫지 못했으나 땅 위의 인간들은 성령의 계시를 따라 도의 장자인 예수 그리스도를 깨달을 수 있는 것이다.

이 섬긴 바가 자기를 위한 것이 아니요 너희를 위한 것임이 계시로 알게 되었으니 이것은 하늘로부터 보내신 성령을 힘입어 복음을 전하는 자들로 이제 너희에게 알린 것이요 천사들도 살펴 보기를 원하는 것이니라(벧전 1:12).

이 성구에서도 보듯 땅 위에 인간들은 성령의 계시로 예수 그리스도를 알 수 있다. 하늘의 천사들도 〈살펴보기를 원하는 바〉라는 구절에 주목해야 한다. 하나님의 비밀은 성령을 받은 자가 아니면 알 수 없다.

오직 하나님이 성령으로 이것을 우리에게 보이셨으니 성령은 모든 것 곧 하나님의 깊은 것까지도 통달하시느니라(고전 2:10).

성령은 하나님이 예수 그리스도를 깨닫게 하기 위하여 인간에게 내려주신 진리의 영이다. 천사들은 이 영을 받지 못했으므로 예수 그리스도의 비밀을 바르게 인식할 수 없어 그들은 살펴보기를 원하고 있는 것이다.

예수 그리스도를 믿는 우리들은 인간의 값어치가 얼마나 고귀하고 위대한가를 깨달아 천사들을 굴복시켜야 한다. 야곱이 천사하고 씨름하여 이기지 않았던가. 이 사실은 인간이 도적(道的)인 씨름을 해도 천사를 능히 이길 수 있음을 보여주고 있다. 아담은 지혜천사와의 도적 씨름에서 패배한 자가 되었으므로 그의 종이 되어 천사를 섬기는 우상숭배의 조상으로 전락되었다. 우리는 천사들과 씨름하여 승리해야 한다. 신앙생활이란 아담이 이기지 못한 지혜천사 곧 마귀와의 씨름인 것이다.

> 마귀의 간계를 능히 대적하기 위하여 하나님의 전신 갑주를 입으라 우리의 씨름은 혈과 육을 상대하는 것이 아니요 통치자들과 권세들과 이 어둠의 세상 주관자들과 하늘에 있는 악의 영들을 상대함이라(엡 6:11-12).

우리는 야곱처럼 천사와 씨름하여 이겨야 한다. 이길 수 있는 능력을 하나님은 우리 안에 심어 주었는데 아담이 이것을 깨닫지 못했던 것이다. 사탄 마귀는 지혜천사이므로 인간은 능히 씨름하여 승리할 수 있다. 인간 속에 잠재한 무한한 능력, 야곱처럼 천사와 씨름하여 이길 능력을 인식 못하는 한 우리는 예수를 믿는 참 성도가 아닌 것이다.

제2절 하나님은 때를 예정하심

봄에는 꽃, 여름에는 열매, 가을에는 추수, 겨울에는 갈무리하듯 하나님은 뜻을 실현하는 때를 반드시 예정하고 계신다. 하나님은 그 뜻을 예수 안에서 예정하듯 그 때도 예수 안에서 예정하고 계신다. 하나님의 뜻이 예수를 땅에 보내시는 것이므로 그 시기를 예정하지 않을 수 없다. 따라서 예수가 도성인신(道成人身)하시는 초림의 때와 추수하러 오시는 재림의 뜻도 반드시 예정되어 있다.

초림의 예정된 때가 다니엘 선지자를 통해 예언되고 약속대로 성취된 사실을 이미 알고 있다(「초림 및 재림론」 참조). 그러나 재림의 때는 성경에 예언되어 있지 않다. 물론 하나님은 재림의 때도 만세 전에 예정하였지만 그 때는 천사들도 모르는 일급 비밀인 것이다. 예정된 초림의 때는 다음과 같이 예언되었다.

다니엘이 예언한 바 예루살렘이 중건되는 영(令)이 날 때부터 일곱 이레와 62이레가 지나면 메시아가 탄생될 때가 예언되었는데 그 예언은 성취되었다. 사도들은 이것을 표현하여 기약이 찬 때라 하였다.

> 그 뜻의 비밀을 우리에게 알리신 것이요 그의 기뻐하심을 따라 그리스도 안에서 때가 찬 경륜을 위하여 예정하신 것이니 하늘에 있는 것이나 땅에 있는 것이 다 그리스도 안에서 통일되게 하려 하심이라(엡 1:9-10).
>
> 〈때가 차매〉 하나님이 그 아들을 보내사 여자에게서 나게 하시고 율법 아래에 나게 하신……(갈 4:4),
>
> 이 영생은 거짓이 없으신 하나님이 영원 전부터 약속하신 것인데 자기 때에 자기의 말씀을 전도로 나타내셨으니……(딛 1:2-3),

이처럼 초림은 하나님이 만세 전에 예정하신 때가 찬 때에 이루어졌으나 재림의 시기는 하나님 밖에 아무도 알 수 없는 비밀이다. 하나님은 재림의 때도 예정하였으나 사람과 천사에게도 알리지 않고 다만 도적같이 오시겠다고 약속하고 있다.

> 때와 시기는 아버지께서 자기의 권한에 두셨으니 너희가 알 바 아니요(행 1:7).
>
> 그러나 그 날과 그 때는 아무도 모르나니 하늘의 천사들도, 아들도 모르고 오직 아버지만 아시느니라(마 24:36).

재림의 시기는 하나님의 일급 비밀이며 이 천기(天機)는 아무도 모르게 인봉된 비밀이다. 하나님은 모든 섭리를 예언자를 통해 예고하였는데 왜 재림 시기만은 예언하지 않을까?

그 이유는 적그리스도와 거짓 선지자와 도적(道賊)들 때문이다. 재림의 때를 예언하지 않으므로 하나님의 성령을 받지 못한 적그리스도와 거짓 선지자들은 제멋대로 재림의 때를 예고하게 되는데 그 때에 이르러 재림의 징조가 나타나지 않으면 그들은 스스로 거짓됨을 드러내게 된다. 모든 거짓 선지자들의 공통점은 재림 시기를 제멋대로 정하고 있다는 사실이다.

한편 재림시기가 인봉된 천기라 할지라도 항상 깨어있는 성도들에게는 그 날이 도적(盜賊)같이 임할 수는 없다. 깨어있는 자들은 말세에 하나님께서 부어주실 늦은 비 성신을 받아 하늘의 숨긴 천기를 환하게 알게 하실 것이다. 그러므로 재림의 때도 거짓 선지자와 적그리스도들에게는 인봉된 비밀이나 택함받은 성도들에게는 〈계시된 비밀〉이 될 것이다. 성령을 받으면 아버지의 깊은 것을 다 통달하는 법인데 깨어 있는 자가 모를리 있겠는가?

성령 아닌 다른 영을 받은 자들은 재림의 날이 가까울수록 불안하고 초조하여 제멋대로 날과 때를 예언하면서 스스로 거짓 선지자들임을 드러낼 것이다. 지금도 이 같은 징조가 곳곳에서 일어나고 있지 않은가.

성도들의 최대의 소망은 재림 예수가 오시는 날이다. 깨고 깨어 성경을 사경하고 연구하고 기도하고 명상하며 이 시대의 조짐을 살피는 성도들에게는 그 날이 도적같이 오지 않을 것이다.

제3절 하나님은 수(數)를 예정하심

집을 지을 때 대들보와 기둥 수는 이미 예정되어 있다. 대들보는 하나 기둥은 넷. 그러나 서까래와 그 밖의 재목들은 필요에 따라 그때 그때 가감하여 쓸 수 있으므로 그 수가 예정되지 않는다. 이와 마찬가지로 구속사업으로 수렴될 성도의 수도 그 머리 조직이 될 수는 만세 전에 이미 예정되어 있으나 지체에 해당되는 성도의 수는 예정되어 있지 않다.

예수 그리스도의 신령한 조직 속에서 머리 세포에 해당하는 맏아들 수는 14만 4천 명으로 그 수가 예정되어 있다.

> 내가 인침을 받은 자의 수를 들으니 이스라엘 자손의 각 지파 중에서 인침을 받은 자들이 십사만 사천이니……(계 7:),
>
> 또 내가 보니 보라 어린 양이 시온 산에 섰고 그와 함께 십사만 사천이 서

> 있는데 그들의 이마에는 어린 양의 이름과 그 아버지의 이름을 쓴 것이 있더라…… 이 사람들은 여자와 더불어 더럽히지 아니하고 순결한 자라 어린 양이 어디로 인도하든지 따라가는 자며 사람 가운데에서 속량함을 받아 처음 익은 열매로 하나님과 어린 양에게 속한 자들이니 그 입에 거짓말이 없고 흠이 없는 자들이더라(계 14:1-5).

이 예정된 14만 4천 명은 처음 익은 열매로 하나님과 어린 양에게 속한 두뇌 조직이다. 이 수는 예정되어 있으나 그밖에 구원받을 성도의 수는 예정되어 있지 않다.

> 이 일 후에 내가 보니 각 나라와 족속과 백성과 방언에서 아무도 능히 셀 수 없는 큰 무리가 나와 흰 옷을 입고 손에 종려 가지를 들고(계 7:9),

이 성구 중 〈아무라도 능히 셀 수 없는 큰 무리〉는 그 수가 예정되지 않은 자들인데 이들은 그리스도 조직의 지체들인 것이다.

성령의 처음 익은 열매인 14만 4천 명은 땅에서 구속함을 받은 자들로서 이들은 새 노래를 부를 자들이다. 예수 그리스도는 교회의 머리이며 이 머리 조직인 14만 4천 명이 예수를 모시고 지체인 성도들을 다스릴 것이다. 두뇌의 명령에 백 마디 지체가 한 신경으로 이어져 움직이듯이 구속받은 전체 무리는 예수 그리스도와 14만 4천 명의 두뇌의 명령에 의해 거룩한 조직으로 완성될 것이다. 이 때문에 구원은 전체 구원이지 개인 구원이 아닌 것이다.

우리는 이 날까지 그리스도의 구원을 개인 구원으로 착각하였다. 이는 죽으면 영혼이 천당간다는 그릇된 교리의 허구성 때문이었다. 개인은 신성조직 속의 한 세포인데 어떻게 구원 섭리가 개인 구원으로 완성될 수 있겠는가? 죄와 사망에서 자유한 개체들이 세포가 되어 예수 그리스도를 머리로 하여 전체가 성조직(聖組織)으로 완성될 때 하나님의 구원 섭리의 뜻은 완전히 이루어지는 것이다.

성령의 처음 익은 열매인 14만 4천은 머리 조직으로 그 수가 예정되어 있으나 또 다른 면에서 예정된 수가 있으니 곧 순교자의 수이다. 아담 이

후 재림 시까지 사탄 마귀의 세상에서 거룩한 피를 흘려야 할 순교자의 수도 예정되어 있음을 알아야 한다. 그 수가 얼마인지 성경에 기록되지 않았으나 이 수는 하나님만이 아는 수이다.

> 각각 그들에게 흰 두루마기를 주시며 이르시되 아직 잠시 동안 쉬되 그들의 동무 종들과 형제들도 자기처럼 죽임을 당하여 〈그 수가 차기까지〉 하라 하시더라(계 6:11).

이 성구 중 〈그 수가 차가까지〉라는 구절을 보면 순교자의 수도 분명히 예정되어 있음을 알 수 있다. 사탄 마귀는 순교자의 피를 수량대로 먹어야만 하나님을 참소하지 않을 것이다.

그리스도 안에서 순교당한 자가 복이 있음은 이 예정된 순교자의 수에 참여하기 때문이다. 이 순교자들은 첫째 부활에 참여할 것이다(계 20:4). 무릇 예정된 수에 들어가는 자는 복이 있는 자이다.

순교자의 수만 아니라 또 예정된 자의 수가 있으니 그것이 이방인의 충만한 수이다. 약속을 받은 이스라엘 속에서 완악한 자들은 유기(遺棄)당하는 대신 버림받은 수만큼 이방인이 이스라엘 무리 속에 참여함을 받는다. 이 수도 예정되어 있는 듯하다. 그 수가 얼마인지 성경은 밝히지 않고 있다.

> 이 신비는 이방인의 충만한 수가 들어오기까지 이스라엘의 더러는 우둔하게 된 것이라(롬 11:25).

하나님은 수를 예정하시고 그 예정된 수 속에서 버림받은 무리가 생길 때 그 수를 채워 넣기 위해 새 무리를 택하심을 알 수 있다. 하나님의 예정은 인간이 모르는 정밀한 수로 예정되어 있음을 알 수 있다.

제4절 하나님은 왜 예정하는가?

하나님은 사람농사하는 농부이시다. 하나님이 사람농사하는 밭은 여인의 도태이다. 하나님은 로고스의 씨를 밭에 뿌려 하나님의 형상을 닮은 아들딸을 거두려 계획하였다. 그런데 이 하나님의 밭에 마귀가 씨를 뿌려 하나님의 씨와 마귀의 씨가 뒤섞이게 되었다. 성경은 하나님의 씨를 알곡이라 하고 마귀의 씨를 가라지라 부른다.

예정은 두 씨가 혼종(混種)된 밭에서 하나님이 자기 씨를 거두시려는 섭리의 한 방법이었다. 만약 인간이 타락하지 않았다면 예정이란 필요하지 않았을 것이다. 타락했기 때문에 예정은 필요하게 되었다. 하나님은 창세 전부터 지혜천사의 타락과 인간의 타락을 예지(豫知)하였다. 이 타락의 예지로부터 하나님은 자기 씨를 찾기 위하여 예정의 계획은 비롯되는 것이다.

하나님의 깨끗한 밭에 마귀가 밤에 몰래 자기 씨를 뿌리므로 말미암아 하나님의 씨와 마귀의 씨가 뒤 섞이게 된다. 외형으로 볼 때 마귀의 씨는 하나님의 씨와 동일하다. 마치 가라지가 겉보기로는 알곡과 동일하듯이…….

하나님은 마귀의 씨와 하나님의 씨를 구별하기 위하여 예정한다. 예정된 하나님의 씨는 세상 밭에서 마귀의 씨와 뒤섞여 뿌려질지라도 예정으로 인 맞은 자들이므로 쉽게 분별할 수 있다.

예수가 메시아의 사명으로 이 땅 위에 오셨지만 그는 태초부터 예정된 자의 구세주로 오셨다. 예수는 자기에게 속한 자만 구원할 수 있었지 마귀에게 속한 자들은 구원할 수 없다. 씨가 다른데 어떻게 그들이 예수의 말씀을 들을 것인가? 예수가 천국 소식을 비유로 말씀하신 이유도 예정된 자들은 이미 창세 전에 예수께 속해 있었으므로 예수가 비유로 말씀해도 다 알아들을 수 있는 까닭이다.

그러므로 예수는 예정된 사람의 구세주이지 그 밖의 사람들에게는 구세주가 아닌 것이다. 다음 성구가 그것을 증명하고 있다.

> 자기 양을 다 내놓은 후에 앞서 가면 양들이 그의 음성을 아는 고로 따라

오되 타인의 음성은 알지 못하는 고로 타인을 따르지 아니하고 도리어 도망하느니라(요 10:4-5).

나는 선한 목자라 나는 내 양을 알고 양도 나를 아는 것이 아버지께서 나를 아시고 내가 아버지를 아는 것 같으니 나는 양을 위하여 목숨을 버리노라(요 10:14-15).

이처럼 예수는 자기 음성을 알아듣는 자기 양을 위하여 오셨는데 예수 안에서 예정된 자가 아니면 목자의 음성을 알아듣지 못하고 그 말씀의 참 뜻을 깨닫지 못함은 자명한 원리가 아니겠는가.

복음은 만민에게 증거되지만 창세 전에 택함 받은 예정된 자만이 그 복음을 알아듣고 믿을 수 있는 것이다. 예수를 믿지 않고 그 말씀을 비웃는 자들은 예수와 도연(道緣)이 없을 뿐만 아니라 하나님의 기억 안에서 예정받지 못하므로 말미암아 천국의 소식은 그들에게 알아들을 수 없는 미련한 말씀으로 들리게 된다.

십자가의 도가 멸망하는 자들에게는 미련한 것이요 구원을 받는 우리에게는 하나님의 능력이라(고전 1:18).

우리가 예수를 구주로 믿고 하나님을 아버지로 섬기는 까닭은 우리가 잘난 공로가 아니며 우리 심전(心田)안에 태초부터 하나님이 예정 안에서 〈로고스〉의 씨를 심어 준 까닭이었다.

우리가 예수의 말씀을 진리로 받아들이게 된 까닭은 창세 전에 예정 안에서 그 말씀이 심성 안에 인각(印刻)되고 진리의 말씀으로 들은 기억이 있는 까닭이다. 창세 전에 하나님의 예정 안에서 들은 기억들이 이 세상에서 되살아나므로 예수가 비유로 말씀하여도 우리는 그 뜻을 알아들을 수 있는 것이다.

우리들의 심성 속에는 창세 전에 하나님이 들려주시던 〈아버지의 말씀〉이 녹음되어 있었고 이것을 기억나게 하신 것이 예수의 복음이었다.

그들은 세상에 속한 고로 세상에 속한 말을 하매 세상이 그들의 말을 듣느니라 우리는 하나님께 속하였으니 하나님을 아는 자는 우리의 말을 듣고 하나님께 속하지 아니한 자는 우리의 말을 듣지 아니하나니 진리의 영과 미혹의 영을 이로써 아느니라(요일 4:5-6).

내가 진리를 말하는데도 어찌하여 나를 믿지 아니하느냐 하나님께 속한 자는 하나님의 말씀을 듣나니 너희가 듣지 아니함은 하나님께 속하지 아니하였음이로다(요 8:46-47).

하나님께 속한 자만이 예수의 진리를 알아들을 수 있고 세상에 속한 자는 알아들을 수 없는 것이다. 빌라도가 진리가 무엇인가를 물은 것은 그가 예수의 음성을 알아듣는 양이 아니었던 까닭이었다.

양이 목자의 음성을 단번에 알아듣는 것은 이미 창세 전에 목자의 음성이 그 심성 속에 녹음되어 있었던 까닭에 그 전생의 기억이 되살아나 이 생의 목자의 음성과 동일하기 때문에 그 목자의 양이 되는 것이다.

예정이란 하나님이 자기 씨를 마귀의 씨와 구별하여 찾기 위한 섭리의 방법이었음을 알아야 한다.

천국은 좋은 씨를 제 밭에 뿌린 사람과 같으니 사람들이 잘 때에 그 원수가 와서 곡식 가운데 가라지를 덧뿌리고 갔더니 싹이 나고 결실할 때에 가라지도 보이거늘 집 주인의 종들이 와서 말하되 주여 밭에 좋은 씨를 뿌리지 아니하였나이까 그런데 가라지가 어디서 생겼나이까 주인이 이르되 원수가 이렇게 하였구나(마 13:24-28).

이 성구에서 보듯 이 세상은 하나님의 씨와 마귀의 씨가 혼종(混種)된 밭이다. 이 밭에서 알곡과 가라지를 구별하기 위하여 하나님은 자기 씨를 구별하지 않을 수 없는 것이다.

예정된 자는 택함 받은 자이며, 택함 받은 자만이 구원받을 수 있는 것이다.

제5절 두 유형으로 예정된 성도들

모든 성도들은 다 예정되었다. 그러나 수 안에 예정된 성도와 수 밖에 예정된 성도의 두 가지 유형이 있다. 수 안에 예정된 성도란 14만 4천 명이며 이들은 땅에서 구속함을 받아 새 노래를 부를 자들이다. 첫째 부활에 참여할 순교자의 수도 예정되어 있는데 그 수는 알 수 없다.

그러나 둘째 부활에 참여할 성도들은 그 수가 예정되어 있지 않다. 이미 밝힌 바와 같이 성령의 처음 익은 열매인 14만 4천은 예수와 더불어 신성조직의 머리로서 다스리는 자요 그 밖에 허다한 성도들은 지체 부분으로 다스림을 받는 무리이다.

이처럼 두 가지 유형의 예정 곧 수 안에 예정되어 맏아들로 구원받는 무리와 수 밖에 예정되어 차자로 구원받는 무리가 있음을 알아야 한다.

구약에도 이런 단서는 있었다. 레위 지파는 제사장 지파이면서 이스라엘의 장자들의 장자권을 위임받은 지파였다. 그러므로 레위인들은 제사장의 지파인 동시에 장자의 지파이다.

> 나는 여호와라 이스라엘 자손 중 모든 처음 태어난 자 대신에 레위인을 내게 돌리고 또 이스라엘 자손의 가축 중 모든 처음 태어난 것 대신에 레위인의 가축을 내게 돌리라(민 3:41).

이 성구를 보면 이스라엘의 장자는 다 레위인이 대신하였다. 레위인은 제사장 지파이면서 장자의 총회였다. 이 사실은 우리에게 중대한 암시를 던져 준다.

성령의 처음 익은 열매인 14만 4천은 예수와 더불어 제사장이 될 무리이며 이들은 모든 지파의 장자를 대신할 무리이다. 새 하늘과 새 땅이 열릴 때 14만 4천은 새로운 제사장이 되어 제사장이 아닌 일반 성도들을 다스릴 것이다.

「요한 계시록」을 보면 14만 4천은 예수와 더불어 시온산에 서 있다 했다. 시온산은 순결한 처녀의 상징이다. 14만 4천은 동정녀 마리아가 성신잉태로 예수를 낳듯 순결한 처녀들의 몸을 통해 낳은 인류의 첫 열매인 것이다. 나머지 예정된 성도들은 차자들이므로 둘째 부활을 받게 된다.

우리는 시온산이 하나님의 딸이며 깨끗한 처녀의 상징이요 예루살렘은 성령을 따라 잉태할 어머니의 상징임을 모르고 있었다. 14만 4천 밖에 다른 성도들은 시온산에 설 수 없다. 즉 차자들은 처녀의 깨끗한 몸에서 성령을 따라 부활 받을 수 없는 것이다.

> 하나님이 미리 아신 자들을 또한 그 아들의 형상을 본받게 하기 위하여 미리 정하셨으니 이는 그로 많은 형제 중에서 맏아들이 되게 하려 하심이니라(롬 8:29).

많은 형제 중에서 〈맏아들〉이 될 무리가 성령의 처음 익은 열매이며 십사만 사천의 무리인 것이다.

> 그가 그 피조물 중에 우리로 한 〈첫 열매〉가 되게 하시려고 자기의 뜻을 따라 진리의 말씀으로 우리를 낳으셨느니라(약 1:18).
>
> 이 사람들은 여자와 더불어 더럽히지 아니하고 순결한 자라 어린 양이 어디로 인도하든지 따라가는 자며 사람 가운데에서 속량함을 받아 처음 익은 열매로 하나님과 어린 양에게 속한 자들이니 그 입에 거짓말이 없고 흠이 없는 자들이더라(계 14:4-5).

이 성구에서 보는 〈처음 익은 열매〉가 맏아들이며 이들은 예수와 더불어 새 제사장이 될 축복받은 무리임을 알 수 있다. 그러나 차자요 지체격인 성도들도 다 성령을 따라 낳은 자들이다. 시온산 같은 처녀가 하나님과 결혼하여 성령의 첫 열매를 낳으면 그 맏아들은 처녀가 낳은 아들이나 차자들은 처녀가 아닌 어머니의 열매가 되는 것이다. 맏아들은 처녀가 낳은 열매요 둘째 아들부터는 어머니가 낳은 열매인 것이다. 다 성령을 따라 낳은 몸이지만 맏아들과 차자들의 차이가 여기에 있는 것이다. 시온산 같은 순결한 처녀는 맏아들을 낳으면 처녀의 이름은 없어지고 어머니가 되어 수많은 차자들을 낳게 된다.

시온은 처녀의 상징이고 예루살렘은 어머니의 상징이니 이 원리만 알면 장자의 예정과 차자의 예정은 자명하게 풀릴 것이다.

제6절 예정의 비밀은 아무도 모름

예정은 하나님만이 아는 비밀이므로 인간은 그 비밀을 알 수 없다. 내가 맏아들로 예정되었는가 아니면 차자로 예정되어 있는가 알 수 없다. 그 뿐만 아니라 내가 구원받을 성도로 예정되었는지 버림받을 가라지인지 알 길이 없다.

예수 믿는 자가 다 구원받는 것은 아니다. 거짓 선지자들도 예수의 이름을 빙자하여 이적과 기사를 행하고 있지 않은가. 성경에는 예수를 믿고도 버림받을 무리가 있음을 분명히 보여주고 있다.

> 나더러 주여 주여 하는 자마다 다 천국에 들어갈 것이 아니요 다만 하늘에 계신 내 아버지의 뜻대로 행하는 자라야 들어가리라…그 때에 내가 그들에게 밝히 말하되 내가 너희를 도무지 알지 못하니 불법을 행하는 자들아 내게서 떠나가라 하리라(마 7:21-23).

예수를 믿는다고 다 구원받는다는 망견은 스스로 속이고 속는 자들의 구원관이다. 요즘 이런 어리석은 자들이 범람하고 있다. 자신이 장자와 차자로 예정되었는가를 따지기 이전에 예수 믿고도 버림받지 않을까 깊이 생각하여 하나님의 뜻을 힘써 행해야 한다. 청함을 받은 자는 많으나 택함을 받은 자는 적은 법이다(마 22:14). 사도 바울도 힘써 전도하면서 하나님께 버림받을까 항상 두려워하였다.

> 내가 내 몸을 쳐 복종하게 함은 내가 남에게 전파한 후에 자신이 도리어 버림을 당할까 두려워함이로다(고전 9:27).

하나님의 사도임을 자부하던 바울도 버림받을까 항상 두려워했는데 하물며 우리 같은 범인들이야 어찌 예정되고 구원받았다고 뻐길 수 있겠는가.

우리는 다 같이 그리스도 예수를 구주라 고백할지라도 스스로가 예정되어 있는지 예정되지 않았는지 알 길이 없다. 예정의 뜻은 오직 천명(天命)에 맡기고 우리는 힘써 선한 싸움을 할 뿐이다. 게으른 자들과 교만한 자들은 제 할 일은 하지 않고 예수 믿으니 스스로 예정되었다고 자만하다가 버림을 받을 것이다.

하나님이 예정에 대하여 인간에게 알리지 않은 것도 깊이 생각하면 성도들을 위한 사랑 때문이었다. 만약 구원받기로 예정된 사실을 각자에게 알려주면 어떤 일이 일어날 것인가?

첫째, 자신이 예정되었다는 사실을 미리 알면 인간은 스스로 나태하고 해이해져서 믿음의 선한 싸움도 하지 않고 구도 생활도 하지 않을 것이다.

둘째, 자신이 예정되었다는 사실을 미리 알면 인간은 예정 받지 못한 타자들에 대하여 정죄하고 심판하는 광태를 부릴 것이다. 정죄와 심판은 하나님만이 할 수 있는 권한이지 인간들이 할 바 아니니다. 자신이 예정된 사실을 미리 알면 구도를 게을리 하고 도적 교만(道的驕慢)을 일으키고 남을 정죄하면 이 어찌 하나님의 씨라 할 수 있겠는가?

자신이 예정된 사실을 모름으로써 인간은 구도에 힘쓰고 그 심성이 겸허해지고 완덕(完德)을 위해 노력할 것이다. 그러므로 하나님이 예정을 비밀에 붙이신 이유도 진실로 인간을 위한 사랑에서였음을 깨닫자. 부모가 하시는 일은 자식이 비록 모르는 일일지라도 모두가 자식을 위한 사랑의 행위인 것이다.

구도 생활에 있어서 교만과 나태, 이 두 가지야말로 대적(大敵)이다. 지혜천사도 교만과 나태 때문에 타락했던 것이다.

자기 자신이 예정된 사실은 모를지라도 한 가지 분명하게 알 수 있는 것은 예정된 자는 비록 죄를 지었다 해도 용서함을 받는다는 사실이다. 우리는 그 예를 다윗에게서 볼 수 있다. 다윗은 우리아의 아내 밧세바와 간통하고 우리아를 죽인 살인죄를 범한다. 간음과 살인죄를 범한 다윗을 하나님은 용서하신다.

일한 것이 없이 하나님께 의로 여기심을 받는 사람의 복에 대하여 다윗이 말한 바 〈불법이 사함을 받고 죄가 가리어짐을 받는 사람들은 복이 있고 주께서 그 죄를 인정하지 아니하실 사람은 복이 있도다〉 함과 같으니라(롬 4:6-8).

다윗은 하나님이 만세 전부터 예정하신 왕이었다. 그 예정된 자가 마귀의 유혹으로 범죄할 때 하나님은 다윗의 통곡과 눈물의 기도를 들어 그 죄를 사해 주셨다. 비록 예정 받고 택함 받은 자라 할지라도 인간은 연약(軟弱)에 쌓여 있는 존재이므로 범죄할 수 있는 것이다. 또 마귀는 우는 사자와 같이 삼킬 자를 찾고 있으며 적그리스도들은 택한 자를 미혹하려고 이적 기사를 행할 것이다.

근신하라 깨어라 너희 대적 마귀가 우는 사자 같이 두루 다니며 삼킬 자를 찾나니 너희는 믿음을 굳건하게 하여 그를 대적하라(벧전 5:8-9).

거짓 그리스도들과 거짓 선지자들이 일어나 큰 표적과 기사를 보여 할 수만 있으면 택하신 자들도 미혹하리라(마 24:24).

제7절 사명자를 예정하심

하나님은 뜻을 이루기 위하여 하나님을 대신할 사명자가 반드시 필요하게 된다. 사람을 통하지 않고는 하나님의 뜻이 이루어지지 않는다. 이 때문에 하나님은 자기를 대신할 사명자를 예정하신다. 구약과 신약 속에 나타났던 모든 사명자는 다 하나님이 예정하신 자였다.

1. 구약의 예

여호와의 말씀이 내게 임하니라 이르시되 내가 너를 모태에 짓기 전에 너를 알았고 네가 배에서 나오기 전에 너를 성별하였고 너를 여러 나라의 선지자로 세웠노라(렘 1:4-5).

선지자 예레미야는 태어나기 전부터 하나님의 기억 속에서 이미 선지자로 예정된 자였다. 다윗도 마찬가지로 그 형질이 이루어지기 전에 이미 예정된 자였음을 보여 준다.

> 내 형질이 이루어지기 전에 주의 눈이 보셨으며 나를 위하여 정한 날이 하루도 되기 전에 주의 책에 다 기록이 되었나이다(시 139:16).

다윗의 후예인 요시아왕도 그가 탄생되기 전에 이미 그 사명이 예언되고 있다. 태어나기 전에 그 사명이 예언됨은 요시야왕도 하나님의 예정하신 사람임을 알 수 있다.

> 다윗의 집에 요시야라 이름하는 아들을 낳으리니 그가 네 위에 분향하는 산당 제사장을 네 위에서 제물로 바칠 것이요 또 사람의 뼈를 네 위에서 사르리라(왕상 13:2).

요시야왕은 그 예언대로 바알 신단을 헐고 바알의 제사장들을 이스라엘 민족 속에서 제거하는 사명을 하였다.

2. 신약의 예

> 아들을 낳으리니 이름을 예수라 하라 이는 그가 자기 백성을 그들의 죄에서 구원할 자이심이라 하니라(마 1:21).

예수도 만세 전에 하나님 안에서 그 사명이 예정되어 있었다. 사명이 예정되어 있었기 때문에 예수가 탄생되기 전에 이미 그의 사명이 예고되고 이름까지도 계시되는 것이다. 대속물로서의 예수의 사명은 사도들도 다음과 같이 증거하고 있다.

> 오직 흠 없고 점 없는 어린 양 같은 그리스도의 보배로운 피로 된 것이니라 그는 창세 전부터 미리 알린 바 되신 이나……(벧전 1:19-20),

예수는 하나님이 미리 아시고 만세 전에 예정하신 뜻대로 구속사업을 이루었다. 십자가는 예수가 실패한 흔적이 아니고 하나님의 뜻에 순종하여 그 뜻을 성취시킨 승리의 표적임을 알아야 한다. 세례 요한도 그 사명이 예정된 자였다.

> 네 아내 엘리사벳이 네게 아들을 낳아 주리니 그 이름을 요한이라 하라…… 그가 또 엘리야의 심령과 능력으로 주 앞에 먼저 와서 아버지의 마음을 자식에게, 거스르는 자를 의인의 슬기에 돌아오게 하고 주를 위하여 세운 백성을 준비하리라(눅 1:13-17).

이처럼 세례 요한도 그 사명이 나기 전부터 예고된 예정된 자였는데 그 사명을 다하지 못하여 실족(失足)하였다.

만세 전에 예정된 사명자들도 하나님의 뜻대로 그 사명을 완수할 자도 있고 반대로 사명을 완수 못할 자도 있다. 하나님은 그 사명의 완성 미완성을 예정 속에 이미 예지하고 계시지만 인간으로서는 알 길이 없다.

세례 요한이 사명을 완수 못한 것은 그가 엘리야의 사명임을 깨닫지 못함에서 비롯되었다. 세례 요한은 이사야가 예언한 광야에 외치는 자의 사명은 깨달았으나 말라기가 예언한 엘리야임을 모르고 있었다. 예수가 세례 요한이 엘리야임을 증거했을 때 그는 감옥 속에 영어(囹圄)의 몸으로 죽임을 당할 신세에 놓여 있었다.

말세에는 예정되지도 않은 사명자들이 우후죽순(雨後竹筍)처럼 일어나 거짓 복음으로 양들을 미혹할 것이다.

제18장

종 말 론

제18장 종말론

> 그 때에 사람들이 인자가 구름을 타고 능력과 큰 영광으로 오는 것을 보리라 이런 일이 되기를 시작하거든 일어나 머리를 들라 너희 속량이 가까웠느니라(눅 21:27-28).

이 종말론은 재림론의 연장이다. 사실상 역사의 종말은 재림의 때와 같기 때문이다. 역사적으로 고찰하면 초대교회 때부터 성도들은 항상 종말의식을 갖고 살아왔다. 종말의식은 성도들의 신앙의 추진력이 되어 왔음을 누구도 부인 못할 사실이다. 성도들은 어느 때든지 종말의식에 사로잡히지 않은 때가 거의 없었으며 각 시대마다 그 시대의 위기의식은 종말관을 낳았다.

왜 그럴까? 성경은 이 세상을 마귀가 지배하는 마당으로 보며 이 세상 권세는 악마의 작희(作戲)로 본다. 따라서 악의 세력이 소멸되고 세상 권세가 없어지는 대신 하나님 나라의 건설이 성도들의 최대의 소망이므로 종말의식이야 말로 신앙의 추진력이 되지 않을 수 없었다.

이 신국(神國)건설은 예수 그리스도의 재림으로 실현되며 그 때 악마의 세력은 붕괴되고 세상 나라들은 하나님 앞에 굴복한다고 우리는 믿고 있다. 더구나 악의 세력이 세상을 풍미하고 전쟁의 풍운이 감돌면 기독교인들은 「요한 계시록」을 탐독하면서 제멋대로 예수의 재림과 종말의 시기를 예언하는 종교적인 비행도 저질렀다.

선의의 입장에서 보면 위기의식과 종말관은 성도들의 믿음을 진보시키는 추진력이 되는 동시에 많은 사교(邪敎)를 낳게 한 온상이 되어 왔음도 부인 못할 사실이다.

거짓 선지자들은 그릇된 위기의식을 조성하여 거짓 종말관을 날조하고 「요한 계시록」을 잘못 풀어 혹세무민(惑世誣民)하였다. 시대가 불안하고 민심이 강퍅할수록 그릇된 종말관은 종교적 유언비어가 되어 신앙계에 돌풍을 일으켰고 시한부 종말론에 현혹되어 어리석은 민중들은 가산을 탕진하고 패가망신한 사례도 우리들은 많이 목격해 왔다.

올바른 종말관은 믿음의 추진력이 되어 성도들을 깨우치는 각성제가 되나 올바르지 못한 종말관은 믿음을 파산시키고 영혼을 병들게 하고 육신까지 망치는 아편이 된다. 그러므로 성경을 사경하여 바른 종말관을 세우는 것이 무엇보다도 급선무이다.

제1절 성경에 예언된 종말

성경을 사경해 보면 두 가지 양상의 종말이 있음을 알 수 있다. 물로 심판한 말세와 불로 심판할 말세이다. 물로 심판한 말세는 노아 홍수로서 끝났으나 불로 심판할 말세는 재림의 때이다.

우리들이 일반적으로 말하는 종말이란 의미는 정치적 판도가 뒤바뀌는 종말이 아니면 국가 흥망사의 종말인데, 성경에서 말하는 종말이란 이런 뜻의 종말이 아니다. 성경에서 말하는 종말은 악한 제도의 마지막 즉 모든 죄악이 멸망당하고 하나님의 나라가 수립되는 종말이다. 악마가 다스리던 세상 나라가 멸망당하고 하나님의 나라가 건설되는 종말이며 성도들이 모든 죄와 죽음에서 해방되는 종말이다.

엄밀한 의미에서 성경적인 종말은 새로운 것의 시작이라는 데 주목해야 한다. 악마와 그 권세의 주구인 세상 나라들의 종말은 곧 자기들의 멸망을 의미하므로 통곡해야 하겠지만 성도들은 찬송으로 고대해야 할 희망의 종말이다.

역사시대의 종말은 영의 시대가 개명되는 희망의 새벽이 된다. 지극히 낙관론적인 종말이 성경이 예고하는 종말론인 것이다. 기대와 소망과 설렘이 뒤엉킨 신부의 심정으로 재림할 신랑 예수를 맞이해야 하는 희망에 찬 시작이 종말이다. 물심판과 불심판의 종말, 이 두 종말은 하나의 대칭을 이루고 있다.

물심판과 불심판을 바르게 이해하기 위하여 물과 불의 실용성과 상징성을 알아야 한다.

1. 물의 상징성

성경을 자세히 사경해 보면 물은 두 가지로 구별되어 있음을 알 수 있다. 궁창 위의 물과 궁창 아래의 물로 나뉜다.

> 하나님이 이르시되 물 가운데에 궁창이 있어 물과 물로 나뉘라 하시고 하나님이 궁창을 만드사 궁창 아래의 물과 궁창 위의 물로 나뉘게 하시니 그대로 되니라 하나님이 궁창을 하늘이라 부르시니라 저녁이 되고 아침이 되니 이는 둘째 날이니라(창 1:6-8).

이 성구에는 깊은 암시가 깃들어 있다. 하나님이 엿새 동안 창조사업을 하실 때나 창조사업이 끝날 때마다 반드시 〈하나님의 보시기에 좋았더라〉라는 구절을 삽입하고 있다. 첫째 날, 셋째 날, 넷째 날, 다섯째 날, 여섯째 날인 창조사업이 끝날 때 마다 하나님은 스스로의 창조사업이 흡족하여 〈보시기에 좋았더라〉라고 자평하고 있다. 그런데 이상한 일은 둘째 날에는 〈하나님의 보시기에 좋았더라〉라는 구절이 없는 사실에 주목하지 않을 수 없다.

아랫물과 윗물로 나누인 둘째 날은 하나님의 보시기에 좋지 않은 날이었기 때문이다. 왜 좋지 않은 날이었을까? 분즉위(分卽僞)이다. 분리되는 것은 거짓과 타락의 시작이다. 아랫물과 윗물이 분리된 것은 상대적인 분립을 의미한다. 아랫물은 타락한 물이며 윗물은 타락하지 않은 물이다.

> 하늘의 하늘도 그를 찬양하며 하늘 위에 있는 물들도 그를 찬양할지어다(시 148:4).

이 시구에도 있는바와 같이 하늘위의 물은 타락하지 않은 물이므로 하나님을 찬양할 수 있지만 아랫물은 타락한 물이므로 음녀(淫女)의 물인 것이다.

> 이리로 오라 많은 물 위에 앉은 큰 음녀가 받을 심판을 네게 보이리라(계

17:1),

네가 본 바 음녀가 앉아 있는 물은 백성과 무리와 열국과 방언들이니라(계 17:15).

둘째 날 물이 분립된 사실은 천사 세계가 양분된 것을 암시하고 있다. 윗물은 타락하지 않은 천사를 상징한 듯 하며 아랫물은 타락한 천사를 상징하고 있는 듯하다.

하나님의 창조사업에 불만을 품은 천사들이 반심을 드러내어 반역할 것을 하나님은 이미 예지하시고 물의 세계(천사 세계) 를 상하로 나누었던 것이다. 이미 천사의 일군(一群)이 창조 당시부터 반역할 마음을 품었기 때문에 하나님은 여섯째 날에 아담과 하와를 창조하시고 반역한 천사인 선악나무를 경계시켰던 것이다. 구름과 물은 상징적 의미로 볼 때 천사세계를 상징하고 있다.

물은 모성의 상징인 동시에 천사의 상징이다. 그러므로 물로 심판한다는 뜻은 두 가지 의미가 있다. 물로 인간을 심판함은 홍수와 같은 물질적인 물인 동시에, 타락하지 않는 천사 곧 윗물이 타락한 천사 곧 아랫물을 심판하는 뜻이 포함되어 있는 것이다. 노아 때 하늘 문이 열려 H_2O의 물이 쏟아져 내린 동시에, 타락하지 않은 천사들이 하나님의 명을 따라 심판의 주동자가 되어 타락한 하나님의 아들(천사)과 네피림을 심판했던 것이다.

말세의 불심판 때는 예수가 천사를 거느리고 심판하지만 노아 때는 아직 예수가 도성인신(道成人身)하기 전이어서 하나님과 예수가 인간을 심판할 수 없으므로 대신 천사를 보내어 악의 세상을 심판하게 하였다. 그러므로 이 심판은 물심판이 되지 않을 수 없다.

물심판의 주된 목적은 타락한 하나님의 아들들과 그 피의 혈손(血孫)인 네피림 족을 수장시키기 위함이었다.

2. 불의 상징성

물이 모성과 천사의 상징이라면 불은 부성과 하나님의 상징이다.

우리 하나님은 소멸하는 불이심이라(히 12:29).

네 하나님 여호와는 소멸하는 불이시요 질투하시는 하나님이시니라(신 4:24).

불은 하나님의 상징이므로 모세가 소명을 받을 때도 여호와는 가시나무 떨기 가운데 불꽃으로 나타난다.

여호와의 사자가 떨기나무 가운데로부터 나오는 불꽃 안에서 그에게 나타나시니라 그가 보니 떨기나무에 불이 붙었으나 그 떨기나무가 사라지지 아니하는지라(출 3:2).

시내산에서 십계명을 주신 하나님도 맹렬한 불꽃 속에 나타났다.

시내 산에 연기가 자욱하니 여호와께서 불 가운데서 거기 강림하심이라(출 19:18).

산 위의 여호와의 영광이 이스라엘 자손의 눈에 맹렬한 불 같이 보였고……(출 24:17).

하나님은 40년 광야 노정에서 모세를 반역하고 제사장 직분을 요구한 고라와 그 일당 250명도 불로 심판하였다.

땅이 그 입을 벌려서 그 무리와 고라를 삼키매 그들이 죽었고 당시에 불이 이백오십 명을 삼켜 징표가 되게 하였으나 고라의 아들들은 죽지 아니하였더라(민 26:10-11).

고라와 그 일당은 적그리스도의 상징인데 이 불심판은 영원히 구원받을 수 없는 심판이며 둘째 사망을 의미하는 것이다.

사망과 음부도 불못에 던져지니 이것은 둘째 사망 곧 불못이라 누구든지 생명책에 기록되지 못한 자는 불못에 던져지더라(계 20:14-15).

둘째 사망 곧 불 가운데서 죽은 자는 다시는 부활이 없는 죽음이기 때문에 둘째 사망이라고 한다.

하나님이 소돔 고모라도 불로서 심판하였는데 이 소돔성에서 남색과 여색으로 심판받은 동성 연애자들은 영원히 구원받지 못할 자들의 표상인 것이다. 그러므로 예수님은 사흘 동안 무덤에 묻혔을 당시 노아 때 심판받아 옥에 갇힌 영들에게는 부활의 소식을 증거했지만(벧전 3:18-20), 소돔 고모라의 불심판을 받은 자들에게는 부활의 복음을 증거하지 않았다. 물심판 받은 자들은 다시 부활 받을 자격이 있으나 불심판 받은 자들은 영원한 죽음의 심판을 받았으므로 부활할 수 있는 자격이 없기 때문이었다.

이처럼 불심판은 무섭고 두려운 심판이다. 물심판은 존재를 침전(沈澱)시켜 침례(浸禮)로서 다시 부활시킬 수 있으나 불심판은 존재를 무화(無化)시키는 심판이다. 존재 그 자체가 말살되는 심판이므로 다시 구원받을 수 없는 심판이다.

노아 때 타락한 하나님의 아들들(천사)과 네피림 족속은 지혜천사에게 부화뇌동하여 타락한 자들이었다. 그들은 진리를 모르고 타락했으므로 다시 구원받을 수 있으나 사탄 마귀는 진리를 알고 타락한 자이므로 영원한 불못에 던지우게 된다.

하나님은 불꽃같은 존재이므로 구원받을 자들도 불 가운데를 통과한 자가 되지 않으면 안 된다. 풀무 속에 연단한 정금처럼 불꽃 속을 통과하여 순수해진 존재가 되지 않으면 구원받을 수 없다. 불의 심판이 임할 때 그 공력이 불에 타면 거짓 믿음이 드러날 것이다.

> 만일 누구든지 금이나 은이나 보석이나 나무나 풀이나 짚으로 이 터 위에 세우면 각 사람의 공적이 나타날 터인데 그 날이 공적을 밝히리니 이는 불로 나타내고 그 불이 각 사람의 공적이 어떠한 것을 시험할 것임이라 만일 누구든지 그 위에 세운 공적이 그대로 있으면 상을 받고 누구든지 그 공적이 불타면 해를 받으리니 그러나 자신은 구원을 받되 불 가운데서 받은 것 같으리라(고전 3:12-15).

이 성구가 교시하는 바와 같이 참 구원은 불을 통과한 구원이다. 불은 존재 그 자체를 무화(無化)하거나 순수화 한다. 그러므로 불 심판이 올 때 거짓 믿음을 가진 자들은 둘째 사망으로 무화될 것이지만 참 믿음을 가진 자들은 정금이나 다이아몬드처럼 순수화되어 찬란하게 빛날 것이다.

하나님의 불은 거룩한 불이다. 이 거룩한 불을 잘못 사용하다가 죽은 예가 구약에는 허다하다.

> 아론의 아들 나답과 아비후가 각기 향로를 가져다가 여호와께서 명령하시지 아니하신 다른 불을 담아 여호와 앞에 분향하였더니 불이 여호와 앞에서 나와 그들을 삼키매 그들이 여호와 앞에서 죽은지라(레 10:1-2).

이 성구는 피상적으로 보면 평범한 뜻 밖에 없는 듯하지만 실상 깊은 뜻이 함축되어 있다. 하나님이 어찌하여 최초의 제사장인 아론의 아들을 죽였을까?

나답과 아비후는 〈다른 불〉을 담아 하나님 앞에 분향했기 때문에 죽었다. 〈다른 불〉이란 우상의 불을 의미한다. 하나님의 제단에서 타오르는 불은 성령을 상징하는 불이다. 구약의 제물들을 불에 태워드리는 참 뜻도 성령의 불에 태워드림을 상징하고 있는 것이다. 그런데 다른 불인 우상숭배의 불로 분향하고 예배하니 하나님이 그 분향을 흠향할 것인가?

예수는 다른 죄는 다 사함 받을 수 있지만 성령을 거스르는 죄는 사함 받을 수 없다고 했다. 성령은 거룩한 하나님의 불이므로 성령의 불이 아닌 다른 불로 분향함은 성령을 거스르는 죄에 해당하는 것이다. 비록 나답과 아비후가 아론의 아들이었지만 그들이 다른 불로 분향함은 성령을 거스르는 죄를 범한 연고로 화살(火殺)을 당했던 것이다. 오늘날도 성령의 불이 아닌 〈다른 불〉 곧 〈다른 영〉을 받고 예수의 이름으로 예배하는 자가 허다하다.

〈다른 불〉을 받고 성령의 불을 받았다고 오각하여 스스로 속고 있는 자들이 허다하다. 대부분의 부흥회에서 일어나고 있는 이적과 기사는 거짓 선지자들의 미혹하는 이적 기사이고 그들이 강령(降靈)하는 불은 성령의 불이 아닌 다른 불임을 잊어서는 안 된다.

예수는 그 나무를 보고 열매를 알고 그 열매를 보아 나무를 안다고 말했다. 참 성령을 받았다면 그들이 성령의 아홉 가지 열매를 맺었던가? 이는 자문(自問)해 보면 자답(自答)이 나올 것이다.

참 생명나무에 접붙임을 받은 자들은 성령의 열매를 맺게 된다. 그러나 성령을 받았다고 떠벌리는 기분파 교인, 감정파 성도들의 대부분이 돌 감람나무 열매와 악한 무화과 열매를 맺고 있으니 이 어찌 〈다른 영〉, 〈다른 불〉을 받은 증거가 아니겠는가?

하나님과 예수와 성령은 소멸하는 불이시다. 그러나 거짓은 소멸되지만 참은 정금으로 연단하는 풀무불인 것이다.

> 보라 내가 너를 연단하였으나 은처럼 하지 아니하고 너를 고난의 풀무 불에서 택하였노라(사 48:10_.
>
> 내가 가는 길을 그가 아시나니 그가 나를 단련하신 후에는 내가 순금 같이 되어 나오리라(욥 23:10).

말세에 불심판을 하시는 참 뜻은 모든 악을 불사르고 그 속에서 정금처럼 연단된 순수한 성도들을 구원하기 위함임을 잊지 말자. 불심판이 오기 전에 우리들은 불에 견딜 믿음의 공력을 쌓아야 한다.

제2절 노아 때 도래한 말세

성경에 나타난 최초의 말세는 노아 때였다. 그 당시에는 물로 심판한 종말이었으며 역사시대의 여명기(黎明期)였다. 역사시대의 종말기가 아닌 여명기에 하나님께서 물로 심판하신 이유는 무엇일까? 노아 때의 물심판은 특수한 의미를 지니고 있다.

> 사람이 땅 위에 번성하기 시작할 때에 그들에게서 딸들이 나니 하나님의

> 아들들이 사람의 딸들의 아름다움을 보고 자기들이 좋아하는 모든 여자를 아내로 삼는지라(창 6:1-2).

노아 때는 이 성구에 나타난 대로 특수한 상황에 처한 시대였다. 〈베네하 엘로힘〉 즉 천사들이 인간으로 육화되어 사람의 딸들과 혼음하여 난 족속이 네피림이라는 거인족(巨人族)이었다. 이 네피림들이 고대사회의 종교와 국가를 지배하고 있었다.

역천(逆天)한 천사들이 천도(天道)를 어기고 인간의 딸들과 비윤리적 무도덕한 성교로 네피림이라는 특수한 종자를 생산해 냈고 이들이 사탄 마귀의 종교를 전파하고 고대인들을 부패시키므로 고대사회는 폭력이 지배하고 비윤리와 무도덕이 지배하는 사회가 되었기 때문에 하나님의 창조 계획에 어긋나는 악의 판도가 조성되었다.

> 여호와께서 사람의 죄악이 세상에 가득함과 그의 마음으로 생각하는 모든 계획이 항상 악할 뿐임을 보시고 땅 위에 사람 지으셨음을 한탄하사 마음에 근심하시고 이르시되 내가 창조한 사람을 내가 지면에서 쓸어버리되 사람으로부터 가축과 기는 것과 공중의 새까지 그리하리니 이는 내가 그것들을 지었음을 한탄함이니라(창 6:5-7).

하나님은 고대사회 네피림의 광포와 음란으로 조성된 사회를 심판하지 않을 수 없었다. 그런데 왜 불 심판을 하지 않고 물로 심판했을까?

노아 당시에는 아직 예수가 계시되지 않고 수육되지 않았었다. 그러므로 부활의 복음과 소식이 증거되지 않았을 때였으므로 불로 심판하여 무화(無化)시킬 수 없었다. 물로 심판하여 그들을 수중에 침전시키므로 이 수중사(水中死)는 영적으로 보면 세례의 의식이 되어 그들에게 부활의 소식이 증거될 때 다시 살릴 수 있음을 암시하고 있다. 하나님은 타락한 천사들과 네피림과 인간들에게도 예수 그리스도의 복음을 듣고 회개할 기회를 줌으로서 죽은 자들을 부활시키기 원해서였다.

물심판을 받아 물 속에 침전된 영혼(이는 영적으로 볼 때 모성의 자궁 속에서 잠들어 있는 상태이다)은 옥중에 갇힌 영혼으로서 부활의 복음이 증거될 때까지 유예된 상태에 있는 영혼들이었기 때문에 예수가 무덤에 인봉된 3일간 이들에게 가서 부활의 복음을 전파했던 것이다.

> 또한 영으로 가서 옥에 있는 영들에게 선포하시니라 그들은 전에 노아의 날 방주를 준비할 동안 하나님이 오래 참고 기다리실 때에 복종하지 아니하던 자들이라(벧전 3:19-20).

이처럼 물 심판은 유예된 심판이며 부활할 가능성이 있는 심판이다. 이 물심판은 나중에 세례의 의식이 되어 모성의 자궁 속에서 다시 태어나는 종교적인 상징이 된다.

> 그들은 전에 노아의 날 방주를 준비할 동안 하나님이 오래 참고 기다리실 때에 복종하지 아니하던 자들이라 방주에서 물로 말미암아 구원을 얻은 자가 몇 명뿐이니 겨우 여덟 명이라 물은 예수 그리스도께서 부활하심으로 말미암아 이제 너희를 구원하는 표니 곧 세례라(벧전 3:20-21).

물 심판은 곧 세례를 의미한다. 이 때문에 출애굽할 때 모세와 이스라엘 무리들도 홍해의 세례를 받고 해방되는 것이다.

> 형제들아 나는 너희가 알지 못하기를 원하지 아니하노니 우리 조상들이 다 구름 아래에 있고 바다 가운데로 지나며 모세에게 속하여 다 구름과 바다에서 세례를 받고……(고전 10:1-2).

이 성구를 보면 〈구름과 바다〉에서 60만 이스라엘 민족은 세례 받았음을 나타내고 있다.

구름과 물은 물질적인 구름과 물인 동시에 종교적인 상징성은 천사와 모성을 말하고 있다. 구약은 천사 시대이므로 물로 세례를 받았고 신약은 예수 시대이므로 불세례 곧 성령의 세례를 받게 된다. 구약의 마지막 선지자인 세례 요한이 요단 강가에 나타나서 세례를 베푸는 것도 큰 뜻이 있는 것이다.

요단강은 거룩한 모성을 상징하는 강이다. 홍해가 육신의 어머니, 월경하는 모성을 상징하는 강이라면 요단강은 성령을 따라 잉태하는 영모(靈母)를 상징하는 강이다. 따라서 홍해는 모세가 지팡이로 건너지만 요단강은 여호수아가 법궤를 메고 건넌다. 법궤는 예수의 몸을 상징한다. 젖과 꿀이 흐르는 가나안 복지는 요단강을 건너야 있다. 이것은 하나님 나라는 성령의 도태 속에서 거듭난 자만이 들어갈 수 있음을 암시하고 있는 것이다.

요한이 구약의 마지막 선지자로서 요단강에서 세례를 베푼 이유는 메시아를 찾아 백성 앞에 드러내기 위함이었다. 물 속에서 세례를 받고 올라온 자 중에 예수만이 불로써 세례를 베풀 수 있는 자가 된다.

요한의 물세례를 받고 노아처럼 구원받은 자는 다시 예수의 성령세례를 받아야 참 구원을 얻을 수 있는 것이다. 구약의 마당에서 물세례로 구원받은 자들도 다시 신약의 마당에서 불세례인 성신세례를 받아야만 참 구원을 얻을 수 있으므로 예수는 다음과 같이 말씀하였다.

> 예수께서 대답하시되 진실로 진실로 네게 이르노니 사람이 물과 성령으로 나지 아니하면 하나님의 나라에 들어갈 수 없느니라(요 3:5).

우리는 물과 성령으로 거듭나야 한다. 물은 육신의 몸을 정결케 하고 불은 속사람을 거듭나게 한다.

물은 구약의 상징이며 불은 신약의 상징이다. 구약은 몸이며 신약은 영혼이다. 인간이 육신과 영혼으로 구성되어 있듯이 하나님의 말씀도 육신격인 구약과 영혼격인 신약으로 구성되어 있다. 이 때문에 물과 성령으로 거듭나야 하는 것이다. 물과 성령으로 거듭남은 인간이 새 몸과 새 마음으로 거듭남을 의미한다.

구약의 마당에는 예수가 없었으므로 성령의 불세례는 받을 수 없었고 물세례만 받을 수 있었다. 노아도 모세도 이스라엘 백성들도 다 구름 아래서 물세례를 받고 구원을 받았다. 모세는 나일강에서 갈대상자 속에서 구원받는다. 이 갈대 상자는 노아홍수 때 방주에 해당한다. 모세라는 이름도 〈물에서 건짐을 받았다〉는 의미가 아닌가. 모세는 구약 최대의 선지자요 민족 해방자였다. 모세의 이름이 물에서 건짐을 받았다는 뜻은 모세의 인도를 받아 가나안 복지에 갈 이스라엘 백성 전체가 물에서 구원받았음이 함의(含意)되어 있는 것이다.

예수의 이름은 죄 속에서 인간을 구원하다는 뜻이 들어 있다. 죄를 없이 하자면 불로 태워 무화(無化)시켜야 하므로 예수는 성령의 불로 세례를 베풀었던 것이다.

모세와 예수의 이름을 볼 때 우리는 그 이름들이 암시하는 뜻에 따라 물과 불로 구원받고 있음을 알 수 있다. 모세의 이름이 수성(水姓)이라면 예수의 이름은 화성(火姓)이다. 이 때문에 모세는 민족의 해방자는 되지만 죄와 사망에서 인간을 자유케 하는 해방자는 되지 못한다. 예수만이 죄와 사망의 권세를 불로 태워 무화(無化)시켜 인간을 해방할 수 있다.

노아의 홍수심판과 소돔과 고모라의 불 심판을 비교하자.

전술한 바와 같이 불 심판은 존재를 무화시키는 심판이므로 영원히 구원받을 수 없는 둘째 사망을 의미한다. 그렇다면 예수가 없던 구약의 마당에서 어찌하여 소돔과 고모라는 물 심판이 아닌 불 심판을 받아 멸망되었던가? 노아 때도 음란으로 심판받았고 소돔과 고모라도 음란으로 심판을 받았다. 그러나 두 음란의 양상은 천양지간(天壤之間)이다. 노아 때 타락한 천사들이 음란을 범했어도 그들은 음양의 도리 안에서 혼음하고 난륜했던 것이다. 다시 말해서 어디까지나 여자 대 남자와의 상대적인 불륜이었는데 소돔과 고모라는 음양(陰陽)의 도리를 벗어나 여자는 여자끼리 남자는 남자끼리 성교한 동성연애였고 괴이한 색(色)을 행했던 것이다. 노아 때 음란은 음양의 도리는 순리를 따라 역천(逆天)했지만 소돔 고모라는 음양의 도리조차 벗어난 역리(逆理)로서 역천을 했다.

> 이 때문에 하나님께서 그들을 부끄러운 욕심에 내버려 두셨으니 곧 그들의 여자들도 순리대로 쓸 것을 바꾸어 역리로 쓰며 그와 같이 남자들도 순리대로 여자 쓰기를 버리고 서로 향하여 음욕이 불 일듯 하매 남자가 남자와 더불어 부끄러운 일을 행하여 그들의 그릇됨에 상당한 보응을 그들 자신이 받았느니(라 롬 1:26-27).

이 성구는 소돔 고모라가 동성연애의 음란으로 멸망받은 원인을 간접적으로 기술하고 있다. 유다서는 보다 직접적인 원인을 밝히고 있다.

> 또 자기 지위를 지키지 아니하고 자기 처소를 떠난 천사들을 큰 날의 심판까지 영원한 결박으로 흑암에 가두셨으며 소돔과 고모라와 그 이웃 도시들도 그들과 같은 행동으로 음란하며 다른 육체를 따라 가다가 영원한 불의 형벌을 받음으로 거울이 되었느니라(유 1:6-7).

소돔 고모라의 괴이한 색 곧 동성연애는 타락한 사탄 마귀의 밀명(密命)을 받아 행해지고 있음을 암시한다. 동성연애의 혼돈된 성은 사탄 마귀의 영감(靈感)에 의해서 최초로 인간이 행한 도착(倒錯)된 성행위인 것이다. 그러므로 노아 때 타락한 천사들과 네피림과 인간은 수장(水葬)시켜 부활의 복음이 증거되기까지 기다리게 하지만 소돔과 고모라에게 동성연애의 도착된 성의 밀교(密敎)를 교시한 천사는 〈영원한 결박으로 흑암 속에 가두어〉 둘째 사망의 불심판을 받게 한다. 그리고 소돔 고모라의 음란한 인간들은 영원한 불의 형벌로 다시는 구원받을 수 없는 거울이 되게 한다.

소돔 고모라를 심판할 때 천사 셋이 아브라함에게 나타난다. 이 세 천사는 하나님의 삼위(三位)를 상징하므로 셋이 한 그룹으로 나타난다. 소돔과 고모라에는 두 천사가 간다.

> 여호와께서 또 이르시되 소돔과 고모라에 대한 부르짖음이 크고 그 죄악이 심히 무거우니 내가 이제 내려가서 그 모든 행한 것이 과연 내게 들린 부르짖음과 같은지 그렇지 않은지 내가 보고 알려 하노라(창 18:20-21).

이 성구에서 보듯이 하나님은 덮어놓고 심판하지 않으신다. 하나님은 친히 인간의 죄악의 현장을 목격하고 감사(監査)한 후 심판하신다. 두 천사(이는 예수와 성신을 상징)가 소돔과 고모라성에 이르러 죄악의 현장을 목격하고 그들에게 죄악을 회개할 것을 부르짖었을 것이다. 그러나 소돔성의 깡패들은 두 천사하고 상관할 것을 요구하였다.

> 그들이 눕기 전에 그 성 사람 곧 소돔 백성들이 노소를 막론하고 원근에서 다 모여 그 집을 에워싸고 롯을 부르고 그에게 이르되 오늘 밤에 네게 온 사람들이 어디 있느냐 이끌어 내라 우리가 그들을 상관하리라(창 19:4-5).

두 천사는 예수와 성령 상징인데 소돔의 백성들은 이 천사들하고 음란한 성교를 시도하였으므로 하나님은 불로 심판하지 않을 수 없었다.

끝 날에도 노아 때와 같은 음란과 소돔과 고모라 때의 음란이 재현될 것을 성경은 예고하고 있다.

제3절 앞으로 도래할 말세

앞으로 도래할 말세는 불로 심판할 말세인데 아직 도래하지 않고 있다. 상미존(尙未存)의 시간 속에서 오고 있는 말세를 향해 현대 인간은 종말의식과 위기감을 안고 가는 불안한 실존들이다.

불로 심판하는 말세는 역사시대의 종말을 의미하며 동시에 천년지복(千年至福) 세계가 열리는 영의 시대의 아침을 예고하는 말세이다. 〈끝머리〉가 되는 말세 즉 낡은 시대의 끝이며 새 시대의 시작이 되는 말세가 앞으로 도래할 말세의 성격이다. 그러므로 사탄 마귀와 악인들에게는 절망적인 종말이지만 의인들과 성도들에게는 희망이 넘치는 종말이 된다.

노아 때 홍수심판을 받아 물 속에 침전된 영혼들에게는 부활의 복음이 증거될 기회가 있었지만 앞으로 불심판을 받을 자들에게는 다시 부활의 복음이 증거될 기회가 없으므로 둘째 사망의 심판이 된다. 이들은 예수가 십자가에 달려 죽은 지 사흘 만에 부활된 소식을 듣고서도 그 진리를 믿지 않았기 때문에 다시는 구원받을 수 없다.

그러나 노아 때 심판받은 인간들은 예수의 십자가의 도와 부활의 소식을 듣지 못하고 심판을 받았으므로 그들에게는 부활의 복음을 들을 기회가 주어지는 것이다. 땅 끝까지 복음이 전파되고 모든 인간에게 십자가와 부활의 도가 증거된 후 불심판이 도래하므로 누구든지 핑계할 수 없는 것이다.

알지 못하던 시대에는 하나님이 간과하셨거니와 이제는 어디든지 사람에게 다 명하사 회개하라 하셨으니 이는 정하신 사람으로 하여금 천하를 공의로 심판할 날을 작정하시고 이에 그를 죽은 자 가운데서 다시 살리신 것으로 모든 사람에게 믿을 만한 증거를 주셨음이니라 하니라(행 17:30-31).

이처럼 부활의 소식이 땅 끝까지 전파된 후에 하나님의 불심판은 임하는 것이다. 하나님은 소멸하는 불이시므로 모든 악의 권세와 세상나라 주권과 불의한 자들을 불로 소멸하여 더럽혀진 하늘과 땅을 정화할 것이다. 이 불은 원자탄 같은 인공적인 불이 아닌 생불(生火)일 것이다. 하나님의 불은 악인을 멸망시키는 능력의 불인 동시에 선인은 정금으로 연단하는 신비의 불이다.

다시 오시는 예수는 맹렬한 심판의 불꽃 속에 강림하여 사탄 마귀와 악인들을 멸망시킬 것이다.

주 예수께서 자기의 능력의 천사들과 함께 하늘로부터 불꽃 가운데에 나타나실 때에 하나님을 모르는 자들과 우리 주 예수의 복음에 복종하지 않는 자들에게 형벌을 내리시리니 이런 자들은 주의 얼굴과 그의 힘의 영광을 떠나 영원한 멸망의 형벌을 받으리로다(살후 1:7-9).

각 사람의 공적이 나타날 터인데 그 날이 공적을 밝히리니 이는 불로 나타내고 그 불이 각 사람의 공적이 어떠한 것을 시험할 것임이라(고전 3:13).

오직 무서운 마음으로 심판을 기다리는 것과 대적하는 자를 태울 맹렬한 불만 있으리라(히 10:27).

그러나 주의 날이 도둑 같이 오리니 그 날에는 하늘이 큰 소리로 떠나가고 물질이 뜨거운 불에 풀어지고 땅과 그 중에 있는 모든 일이 드러나리로다…… 우리는 그의 약속대로 의가 있는 곳인 새 하늘과 새 땅을 바라보도다(벧후 3:10-13).

이처럼 예수는 불꽃 속에 나타나 세상 나라와 악인을 심판하고 세상을 새롭게 할 것이다. 예수는 불꽃 속에서 번개처럼 강림할 것이다. 번개는 화염검이며 악인을 심판하는 불칼이다. 유월절 밤에 하나님의 천사들이 애굽의 장자들을 멸망시킨 칼도 불칼이었다.

그 칼이 날카로움은 죽임을 위함이요 빛남은 번개 같이 되기 위함이니……(겔 21:10),

예수가 번개불처럼 임한다는 뜻은 살육의 칼을 들고 사탄 마귀의 장자를 멸망시켜 죄악 속에서 선택된 영적 이스라엘을 해방시키기 위함이다. 우리들 앞에는 영적 유월절이 남아 있는데 그 날이 곧 예수가 심판의 화염검, 곧 번개의 칼을 들고 나타날 때인 것이다.

출애굽 때 문설주에 어린양의 피가 없으면 심판을 받은 것처럼 끝 날에는 그 이마에 어린 양의 인을 맞지 못한 자는 번개의 칼에 목이 잘릴 것이다. 혹자는 이 불심판을 소멸하여 무화(無化)시키는 불이 아닌 말씀의 심판을 의미한다고 주장한다. 이는 잘못된 성경 해석이다.

이제 하늘과 땅은 그 동일한 말씀으로 불사르기 위하여 보호하신 바 되어 경건하지 아니한 사람들의 심판과 멸망의 날까지 보존하여 두신 것이니라(벧후 3:7).

하나님의 말씀은 곧 불이다. 이미 전술한 바와 같이 하나님의 말씀은 악인을 무화시켜 소멸하는 맹렬한 불로 나타나지만 선인은 정금처럼 연단하여 구원하는 불인 것이다.

그의 코에서 연기가 오르고 입에서 불이 나와 사름이여 그 불에 숯이 피었도다……(시 18:8).

하나님의 말씀은 관념적인 말씀이 아니다. 관념적인 말씀으로 멸망받을 마귀가 어디 있는가? 고라와 그 일당 250명도 산 불(生火)이 그들을 멸망시켰지 말씀의 불이 멸망시킨 것은 아니다. 소돔과 고모라성도 하늘에서 유황과 불이 비처럼 쏟아져 무화시킨 것이지 말씀의 불이 멸망시킨 것이 아니다. 소돔과 고모라의 불심판은 장차 나타날 말세의 불심판을 보여 주는 구약적인 모형임을 잊어서는 안 된다.

끝 날의 불심판은 말씀 심판인 동시에 죄와 악을 소멸할 실질적인 불심판임을 잊어서는 안된다.

제4절 종말과 하나님 나라

아담과 하와의 타락으로 말미암아 이 세상은 악의 씨가 번식되어 사탄 마귀가 주관하는 세상나라가 건설되었다. 역사 이래 하나님이 다스리는 신국(神國)은 건설되지 못하고 있다. 역사시대는 사탄 마귀가 공중의 권세를 잡고 세상나라를 다스린 때이다. 그러나 역사시대의 종말에 하나님은 신국을 건설할 약속을 하고 있다.

> 이 여러 왕들의 시대에 하늘의 하나님이 한 나라를 세우시리니 이것은 영원히 망하지도 아니할 것이요 그 국권이 다른 백성에게로 돌아가지도 아니할 것이요 도리어 이 모든 나라를 쳐서 멸망시키고 영원히 설 것이라(단 2:44).
>
> 인자 같은 이가 하늘 구름을 타고 와서 옛적부터 항상 계신 이에게 나아가 그 앞으로 인도되매 그에게 권세와 영광과 나라를 주고 모든 백성과 나라들과 다른 언어를 말하는 모든 자들이 그를 섬기게 하였으니 그의 권세는 소멸되지 아니하는 영원한 권세요 그의 나라는 멸망하지 아니할 것이니라(단 7:13-14).
>
> 지극히 높으신 이의 성도들이 나라를 얻으리니 그 누림이 영원하고 영원하고 영원하리라(단 7:18).
>
> 나라와 권세와 온 천하 나라들의 위세가 지극히 높으신 이의 거룩한 백성에게 붙인 바 되리니 그의 나라는 영원한 나라이라(단 7:27).

이 성구들에서 보듯 하나님은 역사시대의 종말에 예수와 성민(聖民)들이 다스릴 영원한 신국이 건설될 것을 약속하고 있다. 다니엘이 예언한 신국 건설의 성민(聖民)이 다름 아닌 이사야가 예언한 시온의 자민(子民)인 것이다.

> 시온은 진통을 하기 전에 해산하며 고통을 당하기 전에 남아를 낳았으니 이러한 일을 들은 자가 누구이며 이러한 일을 본 자가 누구이냐 나라가 어찌 하루에 생기겠으며 민족이 어찌 한 순간에 태어나겠느냐 그러나 시온은 진통하는 즉시 그 아들을 순산하였도다(사 66:7-8).

이 놀라운 소식을 믿음이 없는 자들은 비웃을 것이다. 그러나 시온이 구로하는 즉시 성민들이 순산될 것을 우리는 믿자. 하나님의 약속은 미쁘시므로 호리(毫釐)라도 틀리지 않을 것이다.

느부갓네살 왕이 본 우상을 산에서 뜨인 돌이 날아와 부숴버리고 그 후 하나님 나라가 건설될 것을 약속하고 있다.

> 또 왕이 보신즉 손대지 아니한 돌이 나와서 신상의 쇠와 진흙의 발을 쳐서 부서뜨리매 그 때에 쇠와 진흙과 놋과 은과 금이 다 부서져 여름 타작 마당의 겨 같이 되어 바람에 불려 간 곳이 없었고 우상을 친 돌은 태산을 이루어 온 세계에 가득하였나이다(단 2:34-35).

역사시대에 세상나라를 구성한 우상을 쳐부수고 태산처럼 큰 바위가 되어 온 세상을 채운 뜨인 돌은 곧 예수 그리스도의 상징이다. 예수는 돌이다. 반석이며(고전 10:4), 산 돌이며(벧전 2:4), 모퉁이 돌이다(마 21:42).

아담 이래 건설된 세상나라들은 우상인 것이다. 우상은 마귀의 주권으로 세워진 나라이며 세상나라 왕들은 마귀의 괴뢰요 주구이다. 열국(列國)은 우상의 나라들이다. 더구나 현대 국가들은 철과 진흙으로 구성된 발가락 같은 나라들이다.

이데올로기로 무장된 현대 국가들은 철과 흙이 합할 수 없음 같이 일치할 수 없을 것이다. 공산주의와 자본주의는 철과 진흙같이 합할 수 없다. 이들은 다니엘이 본 바 우상의 발가락처럼 철과 진흙으로 공존하는 듯하나 공중에서 날아온 뜨인 돌에 의해 멸망당할 것이다. 이 시대의 조짐을 살펴 성경의 예언과 비교해 볼 때 지금이 뜨인 돌이 날아올 시운(時運)인 것이다.

제5절 종말과 새 일

예수의 재림으로 야기될 종말은 역사시대의 종말이므로 역사 안에서 형성되고 발전된 낡은 종교와, 낡은 가치관과, 낡은 국가와, 낡은 인종의 종말을 의미한다. 아니 낡은 하늘과 낡은 땅마저 두루마리와 같이 말려 자취를 감출 것이다. 새 하늘과 새 땅이 개벽될 때 하나님은 새 일을 하실 것이다. 새 일에 대한 약속이 성경 속에 있다.

> 보라 전에 예언한 일이 이미 이루어졌느니라 이제 내가 새 일을 알리노라 그 일이 시작되기 전에라도 너희에게 이르노라(사 42:9).
>
> 이제부터 내가 새 일 곧 네가 알지 못하던 은비한 일을 네게 듣게 하노니 이 일들은 지금 창조된 것이요 옛 것이 아니라 오늘 이전에는 네가 듣지 못하였으니……(사 48:6-7),

이처럼 하나님은 우리에게 새 일을 약속하였고 새 일을 행하실 것을 예고하였다. 그럼 새 일이란 무엇인가?

> 너희는 이전 일을 기억하지 말며 옛날 일을 생각하지 말라 보라 내가 새 일을 행하리니 이제 나타낼 것이라 너희가 그것을 알지 못하겠느냐 반드시 내가 광야에 길을 사막에 강을 내리니 장차 들짐승 곧 승냥이와 타조도 나를 존경할 것은 내가 광야에 물을, 사막에 강들을 내어 내 백성, 내가 택한 자에게 마시게 할 것임이라 이 백성은 내가 나를 위하여 지었나니 나를 찬송하게 하려 함이니라(사 43:18-21).

이 성구를 보면 하나님께서 행하실 새 일의 내용을 알 수 있다.

새 일이란 사막에 강물을 내는 일이다. 많은 성경학자들이 이 성구를 문자 그대로 해석하여 이스라엘의 네게브 사막이나 아라비아 사막 같은 데가 장차 강이 흐르는 옥토로 변하리라 믿고 있다. 하지만 성경이 암시하는 사막은 그런 것이 아님을 명심해야 한다. 사막에 강물을 흐르게 하시는 새 일은 사막처럼 죽은 인간 심전(心田)을 소생시켜 성령의 강물이 흐르게 하는 은유(隱喩)인 것이다.

아담 이후 모든 인간의 심전은 황폐한 황무지와 사막이 되었다. 성령의 강, 생명수의 강, 복락의 강물이 흐르지 못한 인간 심전의 사막과 황무지 속에는 시랑과 타조와 전갈과 사자 같은 온갖 맹수들이 우글거리고 귀신들이 거하는 처소가 되었던 것이다.

인간의 마음밭은 메마른 사막과 황무지가 되었고 야수들이 우글거리는 짐승의 마음이 되었으니 이 황폐한 마음밭을 개간하고 야수의 마음밭을 순치(馴致)시켜 새 마음을 부어 넣어 주시는 것이 하나님이 하실 새 일이었다. 말세에 새 영을 부어 주고 새 마음을 주시는 하나님의 약속도 바로 이것을 말하고 있다.

> 맑은 물을 너희에게 뿌려서 너희로 정결하게 하되 곧 너희 모든 더러운 것에서와 모든 우상 숭배에서 너희를 정결하게 할 것이며 또 새 영을 너희 속에 두고 새 마음을 너희에게 주되 너희 육신에서 굳은 마음을 제거하고 부드러운 마음을 줄 것이며 또 내 영을 너희 속에 두어 너희로 내 율례를 행하게 하리니 너희가 내 규례를 지켜 행할지라(겔 36:25-27).
>
> 그 후에 내가 내 영을 만민에게 부어 주리니 너희 자녀들이 장래 일을 말할 것이며 너희 늙은이는 꿈을 꾸며 너희 젊은이는 이상을 볼 것이며 그 때에 내가 또 내 영을 남종과 여종에게 부어 줄 것이며……(욜 2:28-29),

새 영과 새 마음을 부어 주실 이 약속이 사막에 성령의 강, 생명수의 강이 흐를 약속인 것이다.

> 그 때에 이리가 어린 양과 함께 살며 표범이 어린 염소와 함께 누우며 송아지와 어린 사자와 살진 짐승이 함께 있어 어린 아이에게 끌리며 암소와 곰이 함께 먹으며 그것들의 새끼가 함께 엎드리며 사자가 소처럼 풀을 먹을 것이며 젖 먹는 아이가 독사의 구멍에서 장난하며 젖 뗀 어린 아이가 독사의 굴에 손을 넣을 것이라 내 거룩한 산 모든 곳에서 해 됨도 없고 상함도 없을 것이니 이는 물이 바다를 덮음 같이 여호와를 아는 지식이 세상에 충만할 것임이니라(사 11:6-9).

> 가련하고 가난한 자가 물을 구하되 물이 없어서 갈증으로 그들의 혀가 마를 때에 나 여호와가 그들에게 응답하겠고 나 이스라엘의 하나님이 그들을 버리지 아니할 것이라 내가 헐벗은 산에 강을 내며 골짜기 가운데에 샘이 나게 하며 광야가 못이 되게 하며 마른 땅이 샘 근원이 되게 할 것이며 내가 광야에는 백향목과 싯딤 나무와 화석류와 들감람나무를 심고 사막에는 잣나무와 소나무와 황양목을 함께 두리니 무리가 보고 여호와의 손이 지으신 바요 이스라엘의 거룩한 이가 이것을 창조하신 바인 줄 알며 함께 헤아리며 깨달으리라(사 41:17-20).
>
> 그 때에 맹인의 눈이 밝을 것이며 못 듣는 사람의 귀가 열릴 것이며 그 때에 저는 자는 사슴 같이 뛸 것이며 말 못하는 자의 혀는 노래하리니 이는 광야에서 물이 솟겠고 사막에서 시내가 흐를 것임이라 뜨거운 사막이 변하여 못이 될 것이며 메마른 땅이 변하여 원천이 될 것이며 승냥이의 눕던 곳에 풀과 갈대와 부들이 날 것이며 거기에 대로가 있어 그 길을 거룩한 길이라 일컫는 바 되리니 깨끗하지 못한 자는 지나가지 못하겠고 오직 구속함을 입은 자들을 위하여 있게 될 것이라(사 35:5-8).

이상의 성구들도 인간 심전의 부활과 야수의 마음이 순화되어 새 마음이 될 것을 비유하고 있다.

이사야는 하나님이 하실 새 일을 사막 같은 심전에 성신의 강물이 흐를 것을 예언하고 예레미야는 하나님이 하실 새 일을 새 도운(道運)으로 예언하고 있다.

> 여호와가 새 일을 세상에 창조하였나니 곧 여자가 남자를 둘러싸리라(렘 31:22).

이 성구는 남녀 관계의 상징을 통하여 새 날의 도를 암시하고 있다. 낡은 세상은 남자가 여자를 포옹한 시대였다. 그러나 새로운 시대는 여자가 남자를 안는 시대가 도래 할 것이다.

여자가 남자를 안는다는 뜻이란 무엇인가? 타락된 모성은 육신의 자식을 낳는 육태가 됨으로서 죄와 사망을 도입하는 장본인이 되었다. 따라서 역사 시대의 모성은 남자에게 천대와 멸시를 받는 존재가 되어 정당한 인권을 인정받지 못하였다. 그러나 영의 시대가 도래하면 회복된 모성은 성령을 따라 언약의 자식을 낳는 도태가 됨으로서 하나님의 신부가 될 것이다. 죽은 인간들은 도태의 모성을 통해 부활해야 하므로 어머니가 아들을 안고 젖먹이는 상태가 될 것이다. 죽은 인간들을 부활시켜야 할 일이 새 일이므로 하나님은 여자가 남자를 안는 상징을 통해 새 날의 도운(道運)을 예고한 것이다.

이처럼 사막 같은 인간의 심전을 개간하여 새 마음을 주시고 성령의 강물을 흐르게 하신 하나님이 도태를 통해 부활의 인간을 낳게 하려면 새 하늘과 새 땅을 개명해야 한다. 죄와 사망으로 더럽혀진 낡은 하늘과 낡은 땅에 새 사람들을 살게 할 수 없다.

> 보라 내가 새 하늘과 새 땅을 창조하나니 이전 것은 기억되거나 마음에 생각나지 아니할 것이라(사 65:17).
>
> 내가 지을 새 하늘과 새 땅이 내 앞에 항상 있는 것 같이 너희 자손과 너희 이름이 항상 있으리라 여호와의 말이니라(사 66:22).
>
> 또 내가 새 하늘과 새 땅을 보니 처음 하늘과 처음 땅이 없어졌고 바다도 다시 있지 않더라(계 21:1).
>
> 보라 내가 만물을 새롭게 하노라(계 21:5).

신랑 신부가 새 집에서 신접살림을 차리듯 하나님도 부활시킨 새 성도들을 만물까지 새롭게 한 새 하늘과 새 땅에 살게 하실 것을 약속하고 있다. 이것이 참 부모의 마음인 것이다. 마귀가 더럽혀 놓은 창기의 방에 신방을 차려줄 부모가 어디 있겠는가?

마찬가지로 죄와 사망으로 더럽혀진 낡은 하늘과 낡은 땅에 어찌 하나님이 자기 아들딸인 부활한 성민(聖民)들을 살게 하겠는가?

인간이 새로워지고 하늘땅이 새로워지는데 타락된 인간을 교화하던 낡은 종교도 자취를 감출 것이다. 때문에 다시 오시는 재림주는 예수라는 낡은 이름을 사용하지 않을 것이다.

> 또 흰 돌을 줄 터인데 그 돌 위에 새 이름을 기록한 것이 있나니 받는 자 밖에는 그 이름을 알 사람이 없느니라(계 2:17).

예수는 새 이름으로 새롭게 재림할 것이다. 예수라는 이름은 죄 속에서 그 백성을 건지시는 이름이므로 죄 없는 세상에서는 그 이름이 낡은 이름이 되지 않을 수 없다.

> 내가 하나님의 이름과 하나님의 성 곧 하늘에서 내 하나님께로부터 내려오는 새 예루살렘의 이름과 나의 새 이름을 그이 위에 기록하리라(계 3:12).

이 성구에도 예수는 새 이름을 기록할 것을 약속하고 있다. 예루살렘도 종의 계명을 주던 낡은 예루살렘은 사라지고 새 예루살렘이 땅 위에 임할 것이다.

> 너는 여호와의 입으로 정하실 새 이름으로 일컬음이 될 것이며……(사 62:2),

새 하늘, 새 땅, 새 예루살렘, 새 사람, 예수의 새 이름, 새 만물, 이처럼 모든 것이 새롭게 될 것이다. 그러나 새롭게 되는 이런 비밀을 모르는 적그리스도들은 낡은 예수의 이름을 도용(盜用)하여 자칭 재림주로 자처할 것이다.

> 많은 사람이 내 이름(예수라는 이름)으로 와서 이르되 나는 그리스도라 하여 많은 사람을 미혹하리라(마 24:5).

자칭 예수들은 예수라는 낡은 이름을 사용함으로써 스스로 적그리스도임을 드러낼 것이다.

종말에 다시 오실 예수는 예수라는 낡은 이름이 아닌 새 이름으로 오실 것이다. 흰 돌을 받는 자는 오실 님의 새 이름을 알 것이다.

개념과 용어해설

[가]

가인(假人) : 거짓 인간이란 의미. 저자는 현존 인류(간)을 완성된 인간이 아닌 도상의 존재로 인식. 도상의 존재 참조

간음(姦淫) : 종교적인 우상숭배의 간음과 육체적인 성적인 간음을 문맥에 따라 구별하여 사용한다. 저자는 인간의 타락은 종교적 간음, 즉 '다른 예수', '다른 복음'과 '다른 영'을 받아들인 것이 근본원인으로 생각함. 문맥에 따라 종교적 간음은 도적(道的) 간음 등으로 표현하기도 함

간지(奸智) : 간사한 지혜

감식안(鑑識眼): 옳고 그름을 판별하는 안목

강령(降靈) : 영적인 기운 혹은 신령이 내림

개명(開明) : 지혜가 계발되어 새로운 사상의 차원이 밝아져 가지게 됨

개안(開眼) : 육안(肉眼)이 아닌 도안(道眼), 영안(靈眼)이 열려 깨달음. 도안 참조

개장(開場) : 새로운 차원이 열림

개천(開天) : 새로운 하늘이 열림. 예) "예수께서 세례를 받으시고…… 하늘이 열리고 하나님의 성령이 비둘기 같이 내려 자기 위에 임하심을 보시더니"(마 3:16)

걸사(乞士) : 걸인

경수(經水) : 월경

계수(計數) : 수를 계산하거나 그로 인해 얻은 값

공동(空洞) : 텅빈 굴

공동각(共同覺) : 개인이 아닌 공동체의 구성원이 같이 깨달음

공력(功力): 구도를 통해 마음을 닦아 얻은 힘

구로(劬勞) : 자녀를 낳아 양육에 애를 씀

균열(龜裂) : 거북이 등처럼 사물이 갈라져 분열됨

귀기(鬼機) : 귀신이 나타날 것 같은 무서운 기운

기라성(綺羅星) : 샛별과 같이 뛰어난 인물

기만자(欺瞞者) : 간교한 행위를 하는 자. 헬라어로 '돌라스'인데 '미끼'란 뜻의 '델'에서 유래된 말로 미끼를 던져 유인하는 행위나 속임수를 말한다. 개역한글판에서는 '궤휼'(詭譎, 벧전 2:1)로 번역됨.

[나]

난교(亂交) : 난잡스러운 성교

난마(亂麻): 갈피를 잡기 어렵게 두얽힌 일

난삽(難澁) : 이해(理解)하기 어렵고 까다로움

남상(濫觴) : 양자장처럼 큰 강의 기원도 조그만 물에서 시작한다는 의미로 사건(물)의 기원을 말함

남색(男色) : 남성끼리의 성교

누진통(漏盡通) : 번뇌를 끊어 다시는 속계에 태어나지 않음을 깨닫는 깨달은 자의 신통력. 저자는 이를 예수가 십자가에서 피와 땀을 흘려 대속을 완성한 영체 혹은 풍류체로 해석함(요 19:34, 요 19:23)

[다]

닫힌 문서 : 닫힌 텍스트, 텍스트 참조

도계(道系) : 도의 계보

도과(道果) : (구도한) 도의 과실이란 의미로 깨달음의 열매

도녀(道女) : 도를 얻은 여자 혹은 기도하는 여자

도도(滔滔) : 물이 끊임없이 흘러가는 모양

도맥(道脈) : 도의 맥락

도맥론 : 도의 핵심적인 맥락을 말하며, 도는 道로 首를 찾아가는 활동. 저자는 도비(道秘), 도적(道的), 도안(道眼), 도통(道通), 도용(道用), 도태(道胎) 등등 다양한 용례로 사용한다. 저자의 신학을 '도(道)의 신학'이라고 불러도 될 정도로 도에 대한 깊이 있는 사색을 깊이 있게 전개한다. 예를 들면 물질적인 도둑(盜賊)을 진리인 도를 훔친 도둑을 도적(道賊)이라고 사용하며, 도인(道人)을 도인(盜人), 지리적인 영역(領域)을 영성적인 구역이라는 의미로 영역(靈域)으로 사용하는 것은 그 대표적인 예라 할 수 있다. 이처럼 저자는 같은 발음이 나는 한자를 사용하여 독창적인 종교적 언어로 사용

도적 간음 : 종교적 간음을 말함. 간음 참조

도량(道場) : (광야는) 구도를 하는 장소로 '도장'이 아닌 '도량'으로 읽음

도력(道力) : (육체적 힘이 아닌) 도의 힘

도로(徒勞) : 어리석은 자의 아무 보람이 없는 수고

도모(道母) : 도의 어머니, 문맥에 따라 영모(靈母)라고도 함

도비(道秘) : 도의 은밀한 비밀

도성인신(道成人身) : 도를 이루어 인간으로 현신한 사람, 하나님이 사람이 되

었다는 예수의 성육신(成肉身) 사건을 말함
도솔천(兜率天) : 미륵불이 있는 욕계 6천(天) 중의 제 4천
도안(道眼) : 육안이 아닌 '도의 눈'이란 의미로 문맥에 따라 영안(靈眼)이라고 도 함. 영안 참조
도심(道心) : 구도하는 마음 혹은 진리를 사모하는 마음
도연(道緣) : (세속적인 혈연과 지연이 아닌) 도의 인연
도용(道用) : 도의 다양한 작용 혹은 도의 쓰임새
도용(盜用) : 남의 물건이나 명의를 몰래 씀
도적(道賊) : (남의 물건을 훔치는 도적(盜賊)이 아닌) 도의 비밀을 훔치는 도둑
도인(道人) : 도를 체득한 사람. 도인(盜人) 참조
도착(倒錯) : 뒤바뀌어 거꾸로 됨
도통(道通) : 바른 도를 통함. 사통(邪通) 참조
도태(道胎) : 영의 어미란 의미로 성령 잉태하는 여인의 태. 육태 참조
독(甕(옹)) : 큰 항아리
독성죄(瀆聖罪) : 신성한 하나님을 모독하는 죄

[라]

루시퍼(Lucifer) : 지혜천사의 이름으로 '누시엘'과 혼용함. 저자는 루시퍼를 "생명나무가 아니면서 생명나무를 자처한" 신적 존재로 본다. 다시 말하면 루시퍼는 '다른 예수', '다른 영', '다른 복음'을 인간에게 가져다 준 지혜천사이다. 저자는 주로 〈피가름의 교리〉를 비판하거나, 적 그리스도의 종교적 행위를 비판하는 종교적 언어로 사용

[마]

망견(妄見) : 잘못되거나 거짓된 견해
망념(妄念) : 이치에 맞지 않는 생각
매도(罵倒) : 심하게 꾸짖음
명부(冥府) : 사람이 죽은 뒤에 가서 심판받는 영혼의 세계
몽시(夢示) : 꿈으로 보여줌
몽학(蒙學) : 보잘 것 없는 낮은 수준의 학문
무기(巫氣) : 무속적인 기운
무명(無明) : 진리를 깨닫지 못한 마음의 상태 혹은 불교 12연기체계의 첫 실마리
무소부재(無所不在) : 없는 곳이 없음, 즉 모든 곳에 있음.

무시무종(無始無終) : 시작도 없고 끝도 없는 영원
무위이화(無爲而化) : 함이 없는 다함으로 모든 것이 이루어짐(출전 ≪논어≫ 〈위령공편〉)
무자(無子) : 자녀가 없음
무적성(無跡性) : 자취이나 흔적이 없음
무형성(無形性) : 형체가 없음
미망(迷妄) : 사리에 어두워 갈피를 못 잡는 어리둥절한 상태
밀통(密通) : (사사롭게) 은밀히 교통

[바]

반포조(反哺鳥) : 어미 새에게 먹을 것을 물어다주는 효를 아는 새. 까마귀를 말함(창 8:7, 열상 17:6)
발광체(發光體) : 구도의 정점에서 빛이 나는 얼굴이나 몸으로 변함. 암체(暗體) 참조
발호(跋扈) : 권력을 제멋대로 부리며 함부로 날뜀
배리(背理) : 이치에 어긋남
백미(白眉) : 아주 뛰어남
백가쟁명(百家爭鳴) : 많은 학자들이 자기의 학설이나 주장을 자유롭게 발표함
백화제방(百花齊放) : 온갖 꽃이 일시에 핀다는 의미로 다양한 학문이나 사상이 융성함
변설(辯舌) : 말을 잘하는 재주
변역(變易) : 변하여 바꿈(히 7:12)
범천(梵天) : 만유의 근원인 브라마를 신격화한 우주의 창조신
복서(卜筮) : 점을 쳐서 앞날의 길흉을 미리 판단하는 종교적 행위
분별지(分別智) : 분별하는 지혜. 절대지인 금강지(金剛智)에 상대하는 불교적 용어
분분질질(扮扮秩秩) : 자신의 위대함을 감추고 민중과 같이 한다는 도덕경의 화광동진(和光同塵)과 비슷한 의미임 (출전 : 『장자』 외편 산목(山木))
불립문자(不立文字) : 글로 표현할 수 없는 경지
불사선(不思善) 불사악(不思惡) : 선도 생각하지 않고 악도 생각하지 않는 선악을 초월한 경지(출전 : 『육조단경』「오분향」)
비류(匪類) : 무기를 가진 도둑떼
비맥(秘脈) : 신비로운 맥

비약(秘葯) : 신비스러운 꽃밥

비유와 상징 : 신칸트학파의 에른스트 카시러(E. Cassirer)는 인간을 상징적 동물(animal symbolicum)이라고 말한다. 언어를 사용하는 인간이 단순히 이성적 동물로서의 개념적 언어만 아니라 시적 상상의 언어도 사용한다. "본래 언어란 사고나 사상을 표현하는 것이 아니라, 감정과 감동을 표현하는 것이다"라는 말이 이를 대변한다. 이를 토대로 보자면, 저자의 해석학은 상징해석학이라고 말할 수 있을 것이다. 리처드 팔머(R. E. Palmer)는 인간의 삶 그 자체가 끊임없는 해석의 과정이요 이해의 과정이라고 했다. 이처럼 해석학은 삶이나 텍스트의 이해 불가능성을 이해 가능한 것으로 옮기는 행위라고 볼 수 있다. 더군다나 슐라이어마허(F. Schleiermacher)가 주장한 것처럼, 신의 말씀이라고는 하나 성경은 인간의 언어로 되어 있는 만큼 의미 지평으로부터 이해되어야 한다. 성경의 난해한 언어의 맥락과 문자의 의미를 이해하려는 해석학적 행위는 성경를 통하여 성서를 이해하려는 해석학적 출발점이다. 상징화, '성경은 성경으로 풀어야 한다', 참조

[사]

사경(査經) : 그리스도 교인들이 모여 성경을 공부함

사과(邪果) : 거짓 깨달음의 열매인 선악과. 정과 참조

사도(邪道) : 거짓 도. 정도(正道) 참조

사독(邪讀) : 거짓으로 읽음

사독(私讀) : 개인적인 욕심을 가지고 읽음

사문난적(斯文亂賊) : 유교적 교리를 어지럽히거나 사상에 어긋하는 언행을 하는 사람. 저자는 이를 성경의 본의를 훼손하는 적그리스도를 지칭.

사령(邪靈) : 거짓 영

사제교리(私製教理) : 개인 욕심을 가지고 만든 성경의 본래의 뜻과 다른 '이단'적 교리

사통(邪通) : 거짓 영과 교통하여 바르게 깨달았다고 착각. 도통(道通) 참조.

산인(散人) : 무소유한 자리에서 한가로운 사람

살모사(殺母蛇) : 어머니를 죽인 뱀이란 뜻을 차용하여 성경의 시모(始母)인 하와(어머니)를 죽인 뱀(적그리스도)을 의미.

살신성인(殺身成仁) : 자기를 희생해 인을 이루는 유가적 언어이지만, 저자는

예수의 십자가 대속을 상징하는 종교적 언어로 사용

상간(相姦) : 남녀가 도리를 어겨 사사로이 정을 통함

상미존(尙未存) : already, not yet이란 의미로 신학적 용어

상징화 : 신칸트학파의 에른스트 카시러(E. Cassirer)는 인간을 상징적 동물(animal symbolicum)이라고 말한다. 언어를 사용하는 인간이 단순히 이성적 동물로서의 개념적 언어만 아니라 시적 상상의 언어도 사용한다. "본래 언어란 사고나 사상을 표현하는 것이 아니라, 감정과 감동을 표현하는 것이다"라는 말이 이를 대변한다. 비유와 상징 참조

생화(生火) : 살아있는 불, 성령의 또 다른 표현

선맥(僊,仙)脈) : 저자는 선맥(僊脈)은 죽지 않고 승천하는 인간모형으로 사람(亻)+천거(遷)하는 합성자로 이해하며, 성경적 인간으로 에녹, 엘리야를 선맥을 이은 선인(僊人)으로 이해한다. 또한 선맥(仙脈)은 죽은 다음에 시체가 해체되어 영화되는 인간모형으로 성경적 인간으로 모서와 예수를 들고 있다. 즉 변찬린의 언어 맥락에서 간혹 혼용하는 경우도 없지 않으나 기본적으로 선맥(僊脈)과 선맥(仙脈)은 엄격하여 다른 의미를 가짐

석녀(石女) : 아기를 못 낳는 여자

성경은 성경으로 풀어야 한다 : 저자의 해석학은 종래의 역사비평학의 역사성도 중시하고 있지만, 역사성을 담지하고 있는 언어도 간과하지 않고 있다. 따라서 그는 성서의 의미를 텍스트 밖에서 찾을 것이 아니라 텍스트 안에 이미 내포되어 있는 의미의 효과들의 망, 즉 구조에서 찾으려고 함

성도(成道) : 도를 이룸

성업(聖業) : 거룩하고 신성한 사업

성조직(聖組織) : 영차원과 성공간에 있는 하늘나라의 신성한 조직

세계(世系) : 조상으로부터 대대로 내려오는 계통

세계심전(世界心田) : 인류의 마음 밭. 심전 참조

수계(受戒) : 계율을 받음

수렴(收斂) : 여럿으로 나누어진 의견이나 사상 등이 하나로 모여 정리됨

수육(受肉) : 인간의 몸을 받아 태어남. 성육신(成肉身)

숙명통(宿命通) : 전생을 아는 신통한 능력(요 4:16-19, 마 11:14)

순명(順命) : 천명에 복종함

순산(順産) : 정상적으로 아이를 낳음

순천(順天) : 순천명(順天命)으로 하늘의 뜻에 따름

순치(馴致) : 목표한 상태로 점차 이르게 함
시산(屍山) : 시체가 쌓인 산
시해선(屍解仙) : 시체(屍)를 해체(解)하여 신선(仙)이 됨, 저자는 신선이라는 메타포를 한자의 조어를 파자하여 문자적으로 해석하여 궁극적 인간의 한 형태로 동서종교 사상을 회통시키는 종교적 언어로 사용한다. 즉 신선이라는 의미의 메타포만 취하고, 갈홍의 언어적 문맥을 따르지 않음
신원(伸冤) : 가슴에 맺힌 원한을 품
신족통(神足通) : 마음대로 어디든지 갈 수 있는 신비한 능력(요 6:19-21)
심전(心田) : 논이나 밭 등의 물리적인 밭이 아닌 인간의 마음 밭

[아]

아아(峨峨) : 산이나 바위가 날카롭게 치솟은 모양
아비도 없고 어미도 없고 : 개역개정에서 '아버지도 없고 어머니도 없고'라고 번역(마 23:9, 히 7:1-3 등)
아연실색(啞然失色) : 뜻밖의 일로 얼굴빛이 변할 정도로 크게 놀람
아전인수(我田引水) : 자기에게만 이익되게 생각하거나 행동함
암체(暗體) : 스스로 빛을 내지 못하는 물체로 저자는 육태에서 태어난 인간을 암체로 표현함. 발광체 참조
야웨 : 지고신(supreme god)이 아닌 이스라엘의 민족신이며, 지방신
억음존양(抑陰尊陽) : 여성(성)은 억압받고 남성(성)은 존중받음,
언어도단(言語道斷) : 언어로 표현할 수 없는 경지
야합(野合) : 부부가 아닌 남녀가 서로 정을 통함
역리(逆理) : 거꾸로 된 잘못된 이치
역산(逆産) : 머리가 먼저 나오고 지체가 나중에 나오는 순산이 아니라 거꾸로 아이를 낳음. 순산 참조
역천(逆天) : 하늘의 이치를 거스름
연쇄(連鎖) : 서로 관련된 양쪽을 연결하는 사슬로 성경의 66권이 서로 유기체적인 문서임을 강조함
열교(裂敎) : 한국 가톨릭교회에서 '개신교'를 이르는 말. 가톨릭교회에서 분열되어 나간 교회
열린 문서 : 열린 텍스트. 텍스트 참조
염담(恬淡) : 욕심이 없고 깨끗한 마음
영계(靈界) : 영들이 있는 세계
영급(靈級) : 영계에 있는 영의 급수

영대(靈臺) : 영적인 능력
영력(靈力) : (육체적인 힘이 아닌) 영적인 힘
영립(靈立) : 인간이 생명과를 따먹고 영적으로 일어섬을 비유한 말. 이립(而立)을 참고할 것
영맥(靈脈) : (혈맥이 아닌) 영적인 맥. 혈맥 참고
영안(靈眼) : 신령스러운 눈이란 의미이다. 도안 참조
영위(靈位) : 영의 위계적인 차이
영모(靈母) : 신령스러운 영적인 어머니. 도모(道母) 참조
영역(靈域) : 영차원의 시공(時空),
영육쌍전(靈肉雙全) : 영과 육이 같이 온전하여야 한다는 의미. 저자는 영혼과 육체가 자기 역할을 온전히 하는 궁극적 인간
영차원(靈次元) 성공간(聖空間) : 영성적 차원과 신성한 공간을 의미하는 영성 우주
영통(靈通) : 영계의 영과 교통
와실(蝸室) : 달팽이의 집이라는 의미로, 작고 초라한 집을 비유함.
우주적 그리스도 : 지구촌에 한정된 구세주가 아닌 우주 차원의 그리스도. 예수교 신부인 떼이야르 드 샤르댕이 언급함
우화등선(羽化登仙) : 육신이 변화하여 신선이라는 궁극적 인간이 된다는 선가적(仙家的) 표현
운니(雲泥) : 구름(하늘)과 진흙(땅)처럼 차이만 큼.
유계(幽溪) : 저승
유무상통(有無相通) : 있는 것과 없는 것을 서로 통용한다는 의미, 오순절 성령체험후 마가 다락방의 120명의 성도가 생활하는 모습을 말함(행 4:32-37)
육맥(肉脈) : 혈과 육으로 낳은 자녀들의 맥
육태(肉胎) : 인간의 자녀를 낳는 여인의 자궁. 도태(道胎) 참조
오신(誤信) : 잘못 믿음
이단사설(異端邪說) : 유교에서 성인의 도가 아닌 다른 파의 학설이란 의미지만 저자는 성경적이지 않은 '다른 예수', '다른 복음', '다른 영'을 증거하는 것을 말함
이립(而立) : 공자가 30살에 뜻을 세운 것을 비유한 말(출전: ≪논어≫ 〈위정편(爲政篇)〉), 영립(靈立) 참조
인면수심(人面獸心) : 사람의 얼굴을 하고 짐승의 마음을 가진 사람이란 의미. 저자는 적그리스도 혹은 거짓 선지자, 탐욕적인 직업종교인을 일컫음

인봉(印封) : 도장을 찍어 개봉하지 못하게 함
인봉(印封)된 문서 : 닫힌 문서, 텍스트 참조
은폐된 문서 : 닫힌 문서, 텍스트 참조

[자]

자기자(自欺者) : 자기 스스로 속이는 자
자력종교 : 스스로 완성을 추구하는 종교
정과(正果) : 바른 깨달음의 열매인 생명과
정도(正道) : 올바른 도
정부(情夫) : 남편이 아닌 정을 가지고 깊이 사귀는 남자
정죄(定罪) : 죄를 결정함
정죄(淨罪) : 죄를 깨끗하게 씻어줌
조사(照射) : (성령으로) 내려쬠
주형(鑄型) : 용해된 금속을 넣어 같은 형태의 주물을 만드는 틀을 의미. 저자는 특정 종교와 교단와 교파의 주의와 사상으로 만들어진 종교적 인간을 '주형에 찍히다'란 표현을 자주 사용함
중생(重生) : 거듭난 인간으로 인간의 육태가 아닌 도태에서 태어나는 것을 말함. 진인, 풍류체, 도태, 육태 참조.
진인(眞人) : 진리의 인간 혹은 참 인간으로 완성된 인간을 의미, 성경적 언어로 부활한 인간을 말함. 풍류체와 진인 참조
질곡(桎梏) : 대단히 속박당하여 자유롭지 못한 고통의 상태

[차]

참람(僭濫) : 분수에 넘치게 몹쓸 행동을 함
참소(讒訴) : 남을 모함하여 윗사람에게 고자질함
천군(天軍) : 천사세계의 무관격. 천사 참조
창궐 (猖獗): 못된 세력이 걷잡을 수 없이 퍼지는 현상
천기(天機) : 하늘의 비밀. 천기누설(天機漏泄)이라고 할 때의 의미.
천사 : 천사세계의 문관격. 개역한글은 하나님이 '부리는 영'으로 개역개정은 모든 천사들은 '섬기는 영'으로 번역(히 1:14). 천군 참조
천안통(천안통) : 세상의 온갖 형상을 꿰뚫어 보는 신통한 능력(마 3:16)
천이통(天耳通) : 세상의 다양한 생명체의 말을 들을 수 있는 신통한 능력(마 3:17)
천의무봉(天衣無縫) : '하늘나라 옷은 이음새가 없다'는 의미로 예수가 입은 속옷(요 19: 23)

천착(穿鑿) : 이치를 알려고 연구
책형(磔刑) : 기둥에 묶어놓고 찔러 죽이는 (십자가의) 형벌
초달(楚撻) : 윗사람이 아랫사람의 잘못을 징계하기 위하여 회초리로 때리며 가르침
초혼(招魂) : 혼을 부름
촉루(髑髏) : 해골이 된 머리뼈. 원효가 의상과 함께 당나라의 불법을 구하러 가다가 어느 무덤에서 배오기를 기다리던 밤에 갈증으로 바가지 물을 달게 마셨는데 알고 보니 해골바가지의 송장 썩은 물이었다는 것을 알고 도를 깨달았다는 의미이다. 저자는 원효의 고사를 연상시키며 성경에 나오는 〈무덤 부재〉와 〈시체 논쟁〉이 성경해석의 핵심이자 제대로 깨닫기 어려움을 이중의 메시지로 전달하고 있음.
치소(嗤笑) : 빈정거리는 비웃음

[타]

타력종교 : 절대자의 도움으로 구원을 얻는 종교. 자력종교 참조
타심통(他心通) : 남의 마음을 알 수 있는 신통한 능력(막 2:8, 요 1:48-49)
텍스트 : 텍스트를 해석하는 데 있어서 편견이나 선 판단이 없을 수는 없다. 그럼에도 역설적으로 텍스트가 열린 텍스트가 되려면 사적인 편견으로부터 자유로울 수 있어야 한다. 이것은 자신의 텍스트 인식이 과연 역사적 전승이나 전통에 기초하고 있는가와 자신의 편견적인 언어와 텍스트의 언어와의 낯선 싸움을 어느 만큼 수용, 비판할 수 있는가가 훌륭한 해석학자의 자세라고 할 것이다. 가다머(Hans-G. Gadamer)가 말한 것처럼, "자신의 선입견에 대립하여 텍스트의 사실적 진리(sachliche Wahrheit)를 다할 수 있기 위해서 자신의 편견(Voreingenommenherit)을 자각할 필요가 있다." 그렇지 않으면 텍스트는 닫힌 텍스트가 될 수밖에 없을 것이고, 이데올로기나 주술적인 텍스트로 전락할 수 있음
퇴수(退修) : 세상에서 물러나 진리를 찾아 구도함

[파]

패역(悖逆) : 도리(道理)를 거스리고 어그러짐
편린(片鱗) : 한 조각의 비늘이라는 의미로 아주 작은 부분
품계(品階) : 벼슬자리에 매기던 등급
풍류 : 신선(神僊). 저자의 신학은 풍류신학 혹은 풍류해석이라고 하여도 무

방할 정도로 풍류라는 개념으로 성경해석의 중요한 개념어로 사용한다. 그 용례로 풍류, 풍류체, 풍류객(風流客), 풍류심(風流心)이란 용어를 사용

풍류객(風流客) : 풍류심을 가지고 자유자재한 생활을 하는 영성생활인

풍류도(風流道) : (특정한 제도종교가 아닌) 풍류심을 지니고 풍류객으로 살아가는 대도(大道)의 길

풍류심(風流心) : 특정한 사상이나 주의 등에 얽매이지 않은 원융무애(圓融無碍)한 마음

풍류체(風流體) : 바람과 같이 자유자재한 거듭난 새로운 몸(요 3:3-8)

피안종교(彼岸宗教) : 죽은 후에 영혼이 하늘나라에서 구원을 받는다는 종교. 저자의 관점에서는 기독교를 포함한 유교, 불교, 도교 등의 제도 종교는 피안종교라고 인식함

피안감성(彼岸感性) : 죽은 후에 영혼이 하늘나라에서 구원을 받는다는 종교적 심정

[하]

합즉진(靈次元) 분즉위(分卽僞) : 합하여지는 것은 참이고, 나누어지는 것은 거짓

해원(解冤) : 쌓인 원한으로 해소함

해후(邂逅) : 오랫동안 헤어졌다가 뜻밖에 다시 만남

혈대(血代) : 혈육의 계보로 대를 계승

혈로(血路) : 피의 길

혈맥(血脈) : 혈육의 계보를 따라 연계된 족보

환골탈태(換骨奪胎) : 뼈를 바꾸고 태를 벗어 새로 거듭남, 육태에서 (성령의) 도태로 거듭남

홍소(哄笑) : 입을 크게 열고 떠드는 웃음

흠향(歆饗) : 신(神)이 제물을 받음.

찾아보기

ㄱ

ㄴ

ㄷ

ㄹ

ㅁ

ㅂ

ㅅ

ㅈ

ㅊ